U0562941

于阗史丛考（增订新版）

张广达 荣新江 著

经典力量

上海书店出版社

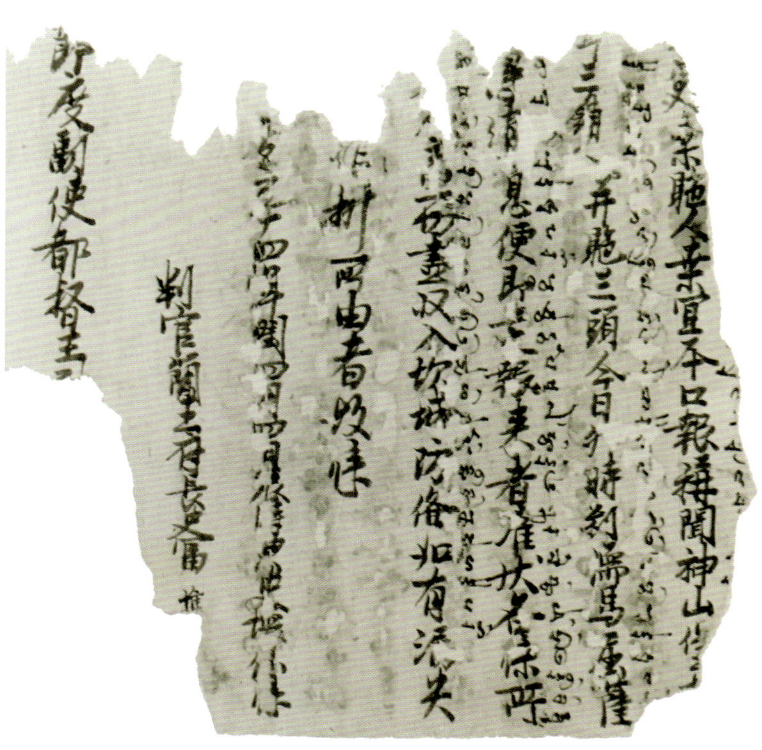

Hedin 24 汉语于阗语双语文书

（瑞典人种学博物馆提供）

增订新版序

本书初版于1993年，由师弟杨继东编辑，在他供职的上海书店出版社出版。2008年，在沈卫荣、孟宪实二位仁兄关照下，增订本由中国人民大学出版社出版，列入国学院“西域历史语言研究丛书”出版。迄今又十多年过去了，承蒙新任上海书店出版社社长孙瑜先生的美意，把这本书列入该社“经典力量”丛书中重印，不胜感激。张广达先生听说后也很高兴，委托我全权处理重印事宜。照例由我执笔来写一篇小序，置于卷首。

于阗位于今天新疆塔克拉玛干大沙漠的西南沿。于阗史的研究，在国内是属于西域史研究的范畴，总体上是属于中国史的研究领域。然而在西方，于阗的研究，更多地是有关于阗语言文字的研究，属于印欧语系伊朗语族研究的组成部分，因此属于伊朗学的范畴。由于于阗处在丝绸之路干道上，受到来自东西方不同文明的影响，因此于阗史也处于东西文化交流史或中西交通史研究的领域。而于阗作为佛教东传的中转站，与佛教学关系密切，于阗史也不可避免地与佛教史相关联。

正是在这样的知识背景下，于阗史的研究必然是一个跨学科的研究领域，而多学科的互动，是推动学术进步的动力。东西方学者各有所长，通过交流而相互促进。我跟从张广达先生自20世纪80年代初开始于阗史的探讨，把汉文史料的发掘利用，作为我们见长的方面，所以努力收集传统正史、僧传、地志、文集中的材料，同时大力发掘已刊、未刊的敦煌、和田出土文书，像敦煌文书中有关于阗的国王、太子、公主、使臣的记录，有关于阗瑞像的记载，都尽可能没有遗漏地检寻出来，用论文的方式整理发表。但于阗史研究的另一类重要材料是和田、敦煌出土的于阗语文献，在这方面我们努力与欧美、日本的于阗语专家充分交流，及时掌握他们发表出来的资料，融入到我们有关于阗历史、文化的研究当中，同时也从历史学的角度，在于阗语文书的年代问题上与国外同行切磋对话。此外，藏文《大藏经》中有关于于阗佛教的几种著作，我们则通过英文译本，尽可能地与汉文、于阗文文献相发明。

我们的合作研究到 2002 年发表《圣彼得堡藏和田出土汉文文书考释》为止，敦煌文献中有关于阗的史料大体收罗殆尽，但和田出土的汉文文书仍陆续有所公开。特别是伦敦、圣彼得堡所藏于阗语文书陆续翻译成英语出版，加上赫定收集品，其实为唐朝统治时期的于阗研究提供了良好的时机。而今，和田本地又发现了大量的于阗语和汉语文书，分藏中国国家图书馆、中国人民大学图书馆、新疆博物馆等处，预示着于阗史研究的新天地。而敦煌藏经洞的于阗语文献，虽然还没有重大的突破，但已经引起于阗语专家的重视。回顾以往，瞻望未来，于阗史研究的新时代值得期待。

本书所收各篇文章，代表着 2002 年之前的水平，偏重史料的整理，于今仍不乏整理之功，故此不加修订，重印再刊，以供愿意从事于阗研究诸君使用。

最后，感谢上海书店出版社俞芝悦女史为编辑此书付出的劳动，感谢何亦凡同学帮忙校对。

荣新江

2021 年 6 月 17 日于江南旅次

增订本序

这是张广达师和我合著的《于阗史丛考》的增订本。张师建议由我全权处理。谨撰小序，略做交待。

于阗史的研究，是属于中亚史（西域史）研究的一个方面，既专门，又精深，相与对话者，多为欧美、日本名校的行家。他们有着优越的研究环境和充足的经费支持，数十年如一日地工作，成绩斐然。与他们相比，中国学者在艰苦的条件下努力追赶因政治运动而丧失的学术水平，可是往往在即将有收成的时候，却又会受到干扰。

1980 年以来，张师和我一起合写了十篇有关于阗史的文章，其中两篇译成法文发表，受到国际同行的关注。张师去国后，孤寂中的我觉得这项于阗史的合作研究恐怕无法继续下去。承蒙在上海书店出版社工作的师弟杨继东的帮助，把这十篇文章辑在一起，出版了《于阗史丛考》一书。就我而言，这是第一本真正意义上的纯学术著作，在此对继东兄的高情厚谊，表示衷心的感谢。香港中文大学的硕学大师饶宗颐教授特撰宏文，置于卷首，以为序言。没想到这样专门的论文集，受到了一些专家从不同角度给予的肯定。先后撰写书评的，有博学的中亚史家徐文堪先生、梅维恒（Victor H. Mair）教授，有敦煌学家戴仁（J.-P. Drège）教授，有于阗史专家殷晴先生等。他们的赞奖，对于当时的我，可以说是铭感五内。

20 世纪 90 年代苏联解体，俄藏敦煌、和田文书陆续显露真容。而我又有机会游学欧美，得以和张师继续研讨于阗文书年代问题，陆续写成三篇文章发表。但见面的时间毕竟很短，文章大多是在通信中商讨而成。由于那时通讯不便，有一篇文章竟然两人都写成初稿寄给对方，好在观点一致，只是浪费不少时间。这次的增订本，主要就是收入 1997 年以后发表的三篇文章，同时也把原来的文章做了一些文字校正，因为这些文章都是和相关学者讨论问题的，所以内容上没有任何改动。

1999—2003 年，东瀛友生广中智之跟从我做于阗佛教方面的博士论文。这些年来，他一直在我们原本所编于阗研究论著目录基础上，大力补充。我也把近年来的积累加上，合编成新版《于阗研究论著目录》，附载书中。这个目录与其说是于阗研究论著目录，不如说是为于阗研究而准备的目录，相信对于今后的于阗乃至相关领域的研究会有裨益。饶公大文，因已收入多部文集，限于篇幅，这次只好割爱。

感谢沈卫荣、孟宪实两位先生把这本专著列入《西域历史语言研究丛书》，也感谢中国人民大学出版社常伯工先生为本书编辑所做的工作。

校读二十多年前的稿子，仿佛和张师在交谈，至感亲切。而掩卷回思，又不免孤独。

二十年前为研究于阗而专程拜访过的 Harold W. Bailey 爵士、Ronald E. Emmerick 教授、James Hamilton 教授先后作古，让人悲伤。而今年 5 月在贝利故居，向 P. Oktor Skjærvø 教授介绍和田新出文书和壁画，又燃起我对于阗研究的激情。

“山川虽异所，草木尚同春。”（无名氏《于阗采花》）和田，是吸引我步入学术殿堂的美丽地方。1992 年以后，我没有再访和田，生怕改变自己对她的印象。和田，在我心中是个迷人的家园，她仍然深深地吸引着我。

荣新江

2007 年 7 月 10 日

目录

Content

和田、敦煌发现的中古于阗史料概述

于阗位于塔里木盆地南沿，地当丝绸之路南道交通要冲。从汉武帝（前 140—前 87 年在位）时初见记载到公元 11 世纪初灭于黑汗王朝止，尉迟（Viśa'）氏一直统治着这个地区，并和中原王朝保持着密切联系。尉迟氏治下的于阗在传播佛教、促进东西文化交流上起过巨大作用，研究这个地区的历史富有科学旨趣和现实意义。

由于种种原因，目前研究于阗史的史料多集中在唐代到宋初的中古于阗王国阶段。大致说来，中古于阗史料可分为文献、文物两类：

在文献方面，（一）于阗自有语言和文献。近 90 年来发现的于阗语文献无疑是研究于阗史的最直接的史料，但数量有限，内容零碎，还不能据以描述于阗国史的全貌。（二）汉文正史、佛教史传、行记、笔记保存了比较丰富的于阗史料；和田、敦煌发现的写卷和文书又增添了新的内容。（三）7 世纪初兴起的吐蕃王国长期与唐朝争夺包括于阗在内的安西四镇，因而吐蕃文献也记载了于阗史上的一些重大事件。特别是从公元 791 年到 9 世纪中叶，吐蕃占有塔里木盆地南缘地区，在和田等地留下了很多古藏文材料。此外，早期佉卢文书、稍晚的突厥语文献也有有关于阗的史料，但不如汉、藏语文献的丰富。

在文物方面，从 19 世纪末到 20 世纪初，帝国主义国家来的一批批探察家、考古家到和田收集古物、发掘遗址，带走大批珍贵文物。这些文物如雕像、壁画、木板画、陶器、木器、钱币等等，为研究于阗经济、文化提供了实物。此外，唐末、五代、宋初敦煌的沙州归义军政权与于阗尉迟氏（即李氏）王朝保持着密切来往和姻亲关系，莫高窟的壁画中也留下了相当数量的反映于阗史的形象材料。

本文拟分四节略述和田和敦煌发现的一些有关于阗国史的于阗、汉、藏文献和文物材料。我们学识有限，挂一漏万，谬误失实之处在所不免，至希读者指正。

一、于阗文文献

于阗语或称于阗塞语，属于印欧语系伊朗语族的东伊朗语支，是用中亚婆罗谜字母书写的塞语方言之一，所以又称于阗塞语，以便与其他方言如图木舒克塞语相区别。其使用年代据英国梵语、伊兰语大家贝利（H. W. Bailey）教授的说法，是从公元300年到1000年，其中分为早期和晚期两种形式。早期于阗语字体规范，语法严谨，年代为4至6世纪，大部分抄写的是佛教经典，多出土于和田附近。晚期于阗语字体由规整变得潦草，有些合体字更难辨识，年代为7至10世纪。晚期于阗语文献保存较多，而且在和田与敦煌莫高窟藏经洞都发现了许多很有价值的世俗文书。敦煌藏经洞发现的于阗塞语文书总数在120份以上，大部分为佛教文献，现分藏在巴黎国立图书馆、伦敦英国图书馆和英国印度事务部图书馆。对于这种已经灭绝近千年而重新出土的文字材料，经过霍恩雷（A. F. R. Hoernle）、洛伊曼（E. Leumann）、斯坦·柯诺夫（Sten Konow）、贝利等学者八十多年的艰辛努力，已经解读出来。这些学者还做了许多转写、考释、翻译工作，使这批珍贵的于阗史料可以为学界所利用。

如上所述，现存的于阗语文献以佛教文献居多，特别是大乘佛教的经典最为丰富，如《僧伽吒经》（*Saṅghāṭa-sūtra*）、《维摩诘经》（*Vimala-kīrti-nirdeśa-sūtra*）、《佛说首楞严三昧经》（*Śūraṇgama-samādhi-sūtra*）、《佛说阿弥陀经》（*Sukhāvatī-vyūha*）都有发现[1]，这些文献本身就是法显、玄奘对于阗大乘佛教盛行情况记录的强有力的注脚。晚期于阗语书写的佛教文献为我们提供了一些过去我们从其他文献无法了解的史实。我们知道，从曹魏时朱士行西至于阗求法，到武则天聘请实叉

〔1〕 参看恩默瑞克（R. E. Emmerick）《于阗文献指南》（*A Guide to the Literature of Khotan*），东京，1979年，15—36页。

难陀东来译经，汉地一直受于阗大乘佛教的影响，可是，敦煌卷子P.3513号文书第59叶背1行至72叶背2行所写的晚期于阗语之《金光明经》（*Suvarṇa-prabhāsottama-sūtra*），却不像用早期于阗语抄写的《金光明经》那样可以和梵文原本一一对勘，反而和义净于公元703年所译的《金光明最胜王经》极其相似〔1〕，考虑到敦煌出土的汉文《金光明最胜王经》数量之多，不得不使人们认为，在唐朝，于阗佛教也受中原的影响。此外，唐宋时期于阗已经不仅仅局限于翻译梵文经典，而且开始有自己的某些解说和加工，其中最好的例证就是于阗王 Viśa' Śūra（967—977年在位）赞助完成的《佛本生赞》（*Jātakastava*，阇陀伽赞）。这件保存在敦煌的长卷（斯坦因编号 Ch.00274，共39叶）是由51个佛本生故事所组成的，这些故事多是人们熟知的，除了约9个故事外，都可以从梵、藏、汉文本找到出处，但是，这个于阗文本并非仅仅是从另一种语言转译而成的译本，而是经过作者的缩写加工，以韵文的形式完成的新作〔2〕。又如，现存的于阗塞语最长的写卷《赞巴斯塔书》，是以印度史料为基础而写成的一部独特的于阗塞语的韵文体宗教著作，书中有些作品是对已知的佛典的解说，第六品自称包括每一部佛经的一首诗偈，现已对证出来有采自《妙法莲华经》（*Sad-dharma-puṇḍarīka-sūtra*）、《金光明经》《金刚经》（*Vajracchedikā*）的偈子。在古代于阗，这份长诗的抄本份数之多，表明它在当地的风行〔3〕。此外，

〔1〕 参看恩默瑞克（R. E. Emmerick）《于阗文献指南》（*A Guide to the Literature of Khotan*），东京，1979年，34页。

〔2〕 德莱斯顿（M. J. Dresden）转写译注《佛本生赞》（The Jātakastava or "praise of the Buddha's former births"），《美国哲学学会丛刊》新辑第45卷第5册，费城，1955年。

〔3〕《赞巴斯塔（Zambasta）书》，学界过去因洛伊曼的编号而通称之为"E"写卷。贝利根据此书系一位名为 Ysambasta 的于阗官员下令撰造而为之拟名为《赞巴斯塔书》，现已为学界所接受。原书当有440叶之多，现存207叶，24品，4 000颂。1965年，苏联学者沃罗比耶夫-捷夏托夫斯基夫妇刊布了其中一部分，称之为《术士跋陀罗皈依佛法故事》（*Skazanie o Bhadra*），即《赞巴斯塔书》之第二品。1968年，恩默瑞克刊行此书，并附译文，名《赞巴斯塔书：于阗文阐扬佛法的颂诗》（*The Book of Zambasta, a Khotanese Poem on Buddhism*，牛津大学出版社，1968年）。贝利教授为此写卷原文作了语汇索引（Prolexis to *The Book of Zambasta*，剑桥，1967年），即贝利教授刊行之六卷本《于阗语文书集》之第6集。

于阗人写的一些《赞文》（Ch.00267；Or.8212.162）[1] 使我们对于阗佛教史的认识更进一步。晚期金刚乘（Vajra-yāna）文献（Ch. ii. 004；Ch.i.0021b，a²；Ch.i.0021b，b）[2] 以及多种陀罗尼咒（dhāraṇīs）则反映了于阗早期密宗的发展情况。

历史价值更大的是世俗文书，在今和田地区多摩科（Domoko，现称达玛沟）、哈达里克（Khadalik）、巴拉瓦斯特（Balawaste）、丹丹乌里克（Dandan-oilik）及麻札塔格（Mazar Tagh）等古代遗址中，出土了一百余件相当于唐代吐蕃占领于阗以前和部分占领时期的于阗语文书。这批文书主要被斯文赫定（S. Hedin）和斯坦因（M. A. Stein）拿走，藏在瑞典斯德哥尔摩的人种学博物馆和英国伦敦大不列颠博物馆，其内容有诏令、账簿、契约、书信等等，根据这些文书，我们可以考察于阗王国的地方各级官制、供奉制度、徭役制度和兵制等许多问题。又因为这批文书或许就是唐代安西四镇之一于阗镇下某个地区的官私文书，所以，我们可以从中发现许多唐代的制度对于阗的影响。而一些双语诏令文书，也向我们揭示唐朝是如何与当地官府一起管理这个在军事上具有十分重要地位的丝路王国的。

在晚期于阗语书写的佛教经卷前后，往往有史料价值很高的序或跋，如 P.4099 汉文失译的佛经《文殊师利无我化身经》（*Mañjuśrī-nairatmyāvatāra-sūtra*）的题记，使我们得知 Viśa' Śūra 是继 Viśa' Saṃbhava（李圣天 912—966 年在位）之后登位的于阗国王[3]。Ch.i.0021a 卷首之汉文《燃灯文》（即所谓 C. 109）及其后面的于阗语《证记文》告诉我们，继 Viśa' Śūra 即位的 Viśa' Darma（978—982 年在位）

---

〔1〕 贝利《于阗语杂考（四）》（Hvatanica IV），《伦敦大学东方和非洲研究院学报》（以下简称《学报》*BSOAS*）第 10 卷第 4 期，1942 年，891 和 893 页；贝利《塞语文书：原文转写卷》（*Saka Documents, Text Volume*），伦敦，1968 年，17—33 页。

〔2〕 贝利《瞿萨旦那国的金刚乘文献》（Vajrayāna in Gostana-deśa），《国际佛教研究协会会刊》（*The Journal of the International Association of Buddhist Studies*）第 1 卷第 1 期，1978 年，53—56 页。

〔3〕 蒲立本（E. Pulleyblank）《钢和泰杂卷年份考》（The Date of the Staël-Holstein Roll），《泰东》（*Asia Major = AM*）新辑第 4 卷第 1 期，1954 年，90—97 页。

曾派出百人使团，由杨节使（Yam Thye-si），Sera 副使（Sera Hvum-si）、张监使（Ca Kama-si）三人率领，前往敦煌向沙州归义军节度使曹延禄（976—1002 年在位）请求降嫁公主[1]。这里的张监使当是在于阗语文书、敦煌汉文文书中有名的张金山。

由此可见，这批敦煌文献主要是公元 9 世纪中叶吐蕃在沙州和于阗的统治垮台之后，于阗和沙州相互交往的产物。在张、曹二氏掌握沙州归义军政权的一百多年中，敦煌、于阗的使者、僧侣在沙州、于阗之间往来不绝，特别是曹议金（914？—935 年在位）女下嫁于阗王李圣天（Viśa' Saṃbhava）以后，双方的交往更加密切。在敦煌出土的汉文文献中，不论是归义军政府衙内的收支账中，还是沙州大寺院的入破历里，都有许多供应于阗使者或僧侣酒食、纸、布的记载。与此同时，于阗的使者和僧侣也在敦煌留下了许多用他们自己的文字书写的书信、愿文和佛经，其中历史价值最大的是一些使者上给于阗王府的报告的副本，这些使者有些是到沙州的，有些则是出使中原、西夏或河西的甘州回鹘的，他们肩负的一项重要任务就是刺探各地的军政情报，并及时报告给于阗王府。这种报告在莫高窟藏经洞中就有七、八件，如 Ch.00269、P.2741、P.2790、P.2958 等[2]，根据这些使臣报告，并参照其他于阗语和汉语文书，人们才对中古后期，特别是吐蕃占领以后直至灭于穆斯林为止的于阗尉迟氏政权有了一个基本的认识，多少弄清了它的世系、国号、年号以及沙州于阗间的交通路程和民族分布情况[3]。特别是

[1] 金子良太《敦煌出土张金山关系文书》，《丰山学报》第 19 号，1974 年，109—118 页。

[2] 贝利《七王子》（The Seven Princes），《学报》（*BSOAS*）第 12 卷，1948 年，616—624 页；贝利《关于甘州回鹘的一件于阗语文书》（A Khotanese Text Concerning the Turks in Kanṭṣou），《泰东》（*AM*）新辑第 1 卷第 1 期，1949 年，28—52 页；贝利《室利尉迟输罗和大王》（Śrī Viśa' Śūra and the Ta-Uang），《泰东》（*AM*）新辑第 11 卷第 1 期，1964 年，1—26 页；贝利《金汗》（Altun Khan），《学报》（*BSOAS*）第 30 卷第 1 期，1967 年，95—104 页。

[3] 蒲立本《钢和泰杂卷年份考》；井之口泰淳《于阗语资料所记之尉迟王家的系谱和年代》，《龙谷大学论集》第 364 册，1960 年，27—43 页；哈密屯（J. Hamilton）《公元 851 至 1001 年于阗年号考》（Les Règnes Khotanais entre 851 et 1001），载苏远鸣（M. Soymié）编《敦煌学论文集》（*Contributions aux Études sur Touen-Houang*），（转下页）

P.5538a号文书，保存了于阗王国的一件比较完整的官府文书，这是天尊四年（970年）于阗王 Viśa' Śūra 给其舅沙州大王曹元忠（944—974年在位）的一封信，在纸缝和文书的末尾钤有数方同样的印，文曰"书诏新铸之印"，文书末尾印旁大书汉文"敕"字和相应的两个于阗词 Parau（敕）。这件官文书不仅为沙州于阗两地的友好交往提供了更为丰富的内容，更重要的是其中记载了当时西域的一场十分重要的宗教战争，即于阗佛教王国和疏勒的大食（当指黑汗王朝）的对抗。信中讲到 Viśa' Śūra 率军进占疏勒（于阗文作 Khyeṣa）地区的三座城池，取得辉煌的胜利。过去，我们只是从《宋史·于阗传》和一些稍晚的穆斯林史料或传说中得知一星半点有关这场影响深远的战争初期的情况，而我们这里举出的这件文书则是战争当时所写的战报，虽然可能有于阗人的渲染夸大之词，但它不失为研究于阗佛教王国灭亡前和黑汗王朝早期历史的珍贵史料。又，P.5538 背面还有僧人前往五台山朝拜文殊菩萨的对话，反映了宋代远在边陲的于阗僧人经常往来宋地，这也应当引起研究东西文化交流的学者们的注意[1]。敦煌于阗文献中，还有一些文学作品，如罗摩的故事（P.2781，P.2783，P.2801）[2]、阿育王的神话（P.2798，P.2958）[3]、迦腻色迦的传说（P.2787）[4]，以及一些抒

（接上页）日内瓦-巴黎，1979年，49—55页；张广达、荣新江《关于唐末宋初于阗国的国号、年号及其王家世系问题》，载北京大学中国中古史研究中心编《敦煌吐鲁番文献研究论集》，北京，1982年，179—209页；贝利《钢和泰杂卷》（The Staël-Holstein Miscellany），《泰东》（*AM*）新辑第2卷第1期，1951年，1—45页；哈密屯《钢和泰卷子研究》（Autour de manuscrit Staël-Holstein），《通报》（*T'oung Pao*）第46卷，1958年，115—153页；哈密屯《10世纪仲云考》（Le Pays des Tchong-yun, Čungul, ou Cumuḍa au Xe siècle），《亚洲学报》（*Journal Asiatique*）第265卷，1977年，351—379页。

〔1〕参看贝利《室利尉迟输罗和大王》，《泰东》（*AM*）新辑第11卷第1期，1964年，7—26页；贝利《于阗语杂考（三）》（Hvatanica III），《学报》（*BSOS*）第9卷第3期，1938年，521—542页。

〔2〕贝利《罗摩》（Rāma），《学报》（*BSOAS*）第10卷，1940年，365—376、559—598页。

〔3〕贝利《阿育王故事》（A Tale of Aśoka），《藏学通讯》（*Bulletin of Tibetology*）第3卷，1966年，5—11页。

〔4〕贝利《迦腻色迦》（Kaniṣka），《英国王家亚洲学会会刊》（*Journal of the Royal Asiatic Society*）1942年卷，14—28页；《Viśa' Saṃgrāma》，《泰东》新辑第11卷，1965年，107—108页。

情诗（Ch.00266，P.2022，P.2025，P.2896，P.2956）等等，对于研究于阗文学以及音韵学都是宝贵的材料。此外，还有于阗文的医药、行纪和双语词汇表，也是十分重要的文献材料。

二、汉文文献

在敦煌、和田发现于阗语文书、汉语文书前，有关于阗的汉文文献无疑比其他种文字的材料要丰富、系统得多，过去人们正是靠着这批材料来研究中古于阗史的，但从今天来讲，仅仅从正史、佛传中勾稽材料，排比事实已经远远不够了，我们还应该注意和田与敦煌出土的那些汉文文书。

和田地区发现的汉语文书和于阗语文书一样，大多也被斯文赫定和斯坦因拿走，藏在斯德哥尔摩和伦敦。斯坦因拿走的部分，已经分别由沙畹（E. Chavannes）和马伯乐（H. Maspero）考释发表[1]，而赫定拿走的材料，除几件汉、于阗双语文书由贝利刊布外，仍有许多卷子还未与学界见面。从斯坦因的收集品来看，这批汉文材料和上面谈到的于阗语文书一起出土于达玛沟、哈达里克、巴拉瓦斯特、丹丹乌里克及麻札塔格等遗址，其中保存的纪年有大历三年（768）、七年（772），建中三年（782）、七年（786）和贞元五年（789）、六年（790），可见大多是于阗陷蕃以前的东西，其内容有告身、牒状、寺院的入破历、契约和古籍抄本等，有些或许就是双语文书的一部分，只不过于阗文部分还没有刊布出来或已经散佚，这些支离破碎的文书虽难卒读，但其中也有许多可以说明问题的材料。斯坦因在于阗古都东北约 120 公里的丹丹乌里克第 V、VII、VIII 号遗址挖掘的 18 件汉文契据，主要是护国寺文书，最重要的一件是学界已熟知的 VII 古遗址中出土的护国寺僧虔英所放高

---

〔1〕 沙畹《斯坦因在新疆沙漠中发现的汉文文书》(*Les documents chinois découverts par Aurel Stein dans les sables du Turkestan oriental*)，牛津，1913 年；马伯乐《斯坦因第三次中亚探险所得汉文文书》(*Les documents chinois de la troisième expédition de Sir Aurel Stein en Asie Centrale*)，伦敦，1953 年。

利贷文书，其中5件之年代为781—789年[1]。除了这些与唐朝文书格式完全相同的牒文、契约外，还有两件很有意思的残片，残片原是学童练字的练习本，一片上残存抄写的“当”和“抗”字两行，一片上抄“俛”“欣”二字两行，值得注意的是旁边学生的题记：“补仁里祖为户□生李仲雅仿书卌（四十）行谨呈上。”这自然而然使人们联想起1969年吐鲁番阿斯塔那363号墓发现的《论语·郑氏注》抄本的题记：“景龙四年三月一日私学生卜天寿□”，“西州高昌县宁昌乡厚风里义学生卜天寿，年十二，状[上]”[2]（阙字是我们据文意所补），尽管李仲雅的题记已残，但对比一下就可以清楚地看出两条题记的相像之处。于阗在唐高宗上元以后立为毗沙都督府，设十羁縻州，属安西都护府统辖，和内地州县统归中央管辖虽有不同，但据李仲雅的题记，于阗也设立了“里”这种和内地乡里制一样的地方行政机构，而且这里的教育，至少是汉人子弟的教育和内地没有什么不同，学生都遵守着一定的格式读书习字，因此，写出的题记格式和语气也大致相同，就是很自然的了。

和田出土的文书多已成残片。与和田出土的残片相比，敦煌藏经洞所发现的一些有关于阗史的文书保存的情况要好得多。这批材料，有些已为学界所知，如P.3532《慧超往五天竺国传》对于阗虽一笔带过，但也有助于我们了解开元时于阗镇及其佛教寺院的情况[3]；P.3918《金刚坛广大清净陀罗尼经》是一位叫昙倩的和尚从于阗所藏梵本译成汉文的，这部佛经在西域广为流传，却没有收入汉文大藏经，这一新材料无疑也是我们研究于阗佛教史时不可忽视的[4]。此外，P.2139吐蕃国三藏法师法成（'Gos Čhos-grub）所译的《释迦牟尼如来像法灭尽之记》讲的是于阗阿罗汉的预言（授记、悬记），这也是一份未收入大藏

[1] 详见斯坦因《古代和田》（*Ancient Khotan*），266、277、525—533页。

[2] 文物出版社《唐写本〈论语郑氏注〉说明》，《文物》1972年第2期，13页。

[3] 罗振玉《敦煌石室遗书》，1909年，藤田丰八《慧超往五天竺国传笺释》，北京，1910年。

[4] 上山大峻《昙倩译〈金刚坛广大清净陀罗尼经〉》，《龙谷大学论集》第399号，1972年，60—82页；森安孝夫《回鹘与吐蕃的北庭争夺战及其后的西域形势》，《东洋学报》第55卷，1973年，483—486页。

经的文献，并且有三个相同的敦煌藏文本可资比较，此卷也是研究于阗佛教史的必读之物[1]。

有关于阗的敦煌汉文世俗文书和上面谈到的敦煌所出于阗语文书一样，大多是归义军特别是曹氏掌握政权时的东西，这里有双方来往使臣的牒状、公凭、愿文等，如 P.3016《天兴七年于阗回礼使索子全状》《天兴九年西朝走马使□富住状》[2]，前节已提及的 Ch.i.0021a《壬午年于阗使张金山燃灯发愿文》[3]，P.4518（2）《天寿二年宝胜状》[4]等等，这些材料和于阗语文书写的于阗使臣报告一样，提供给我们许多有关于阗本身和于阗与沙州交往的具体情况。此外，沙州官府和寺院的入破历以及其他一些文书表明，当时两个政权在经济文化上有着密切的往来，这种往来是丝绸之路东西方贸易的一个侧面，有一定的规律可循：沙州送往于阗的往往是丝织品、工匠，于阗送往沙州的多为玉石、佛经。至于两地思想上的交流，也可以从文书中找到例证，P.3513 第 76 叶背 1 行—84 叶背 4 行于阗文书写的《从德（Tcūṃ-ttehi）太子礼忏文》中，礼忏祝愿的格式、用词与敦煌汉文写本中的愿文非常相似，而且所求之神也是汉地佛教传统所称之四大菩萨，表明这个曾经出使敦煌和北宋朝廷的于阗太子的佛教思想深受汉地佛教的影响[5]。

总之，和田与敦煌发现的有关于阗国史的汉文材料，一方面极大地补充、订正了原有的正史和其他文献材料；另一方面，它们也是解开于阗文或藏文有关史料疑难处的一把钥匙。西方一些学者虽然能懂于阗语和藏语，但往往于汉语不甚了然，所以还有许多工作有待人们进一步研究。

---

〔1〕 伯希和，羽田亨《燉煌遺書》影印本第 1 集；托玛斯（F. W. Thomas）《有关西域的藏文文献和文书》（*Tibetan Literary Texts and Documents Concerning Chinese Turkestan*）第 1 卷，伦敦，1935 年。

〔2〕 张广达、荣新江前引文，《敦煌吐鲁番文献研究论集》，193—197 页。

〔3〕 金子良太《敦煌出土张金山关系文书》，118 页。

〔4〕 张广达、荣新江前引文，《敦煌吐鲁番文献研究论集》，199 页。

〔5〕 贝利《从德太子礼忏文》（The Profession of Prince Tcūṃ-ttehi），载本德尔（E. Bender）编《布劳恩纪念印度学研究论文集》（*Indological Studies in Honor of W. Norman Brown*），纽黑文，1962 年，18—22 页。

三、藏文文献

藏文文献也是构成中古于阗史料的不可忽视的一部分。自吐蕃强大起来以后，塔里木盆地成为它的攻取目标之一，终唐之世，吐蕃曾经数度占领于阗地区，在这里产生很大的影响，因此，吐蕃的佛教文献、历史典籍中也就保存了许多于阗史料。

在藏文《甘珠尔》和《丹珠尔》两部大文献结集中，有5部著作专讲于阗，即（1）《净光明佛所说经》（*Dri-ma med-pa'i 'od-kyis zhus-pa*），（2）《牛角山授记》（*Ri-Glang-ru lung-bstan-pa*），（3）《僧伽伐弹那授记》（*Dgra-bcom-pa Dge-'dun-'phel-gyis lung-bstan-pa*），（4）《于阗阿罗汉授记》（*Li-yul-gyi dgra-bcom-pas lung-bstan-pa*），（5）《于阗国授记》（*Li-yul lung-bstan-pa*）。这5部著作是用藏文编纂而成的，还是从于阗塞语转译而来，迄今没有定论，其中第4部著作除大藏经中的本子外，还有我们上面提到的敦煌所出法成的汉译本《释迦牟尼如来像法灭尽之记》（P.2139）以及三个藏文写本（Ch.08；Ch.09 i 3；Ch.73 vii 3/2）可资比勘。这些文献不独是研究于阗佛教史的基本文献，而且是研究于阗的历史地理、语言文字所必不可少的参考书。此外，敦煌藏文文献中还保存了一部残缺不全的于阗佛教史的著作《于阗教法史》（*Li-yul-chos-kyi lo-rgyus*），也提供给我们许多前所未知的情况〔1〕。

除佛教文献外，敦煌还保存了一些吐蕃王国的官修史书，如《王朝编年史》（P.t.1288；Ch.79 viii 7；Or.8212.187）、《吐蕃大事记》（P.t.1287），其中或者提供给我们一些唐朝和吐蕃在塔里木盆地角逐的背景，或者为我们提供了一些有关于阗陷蕃的情况〔2〕。

---

〔1〕 乌瑞（G. Uray）《公元751年以前有关中亚的古藏文史料概述》（The Old Tibetan Sources of the History of Central Asia up to 751 A. D.：A Survey），载哈玛塔（J. Harmatta）编《伊斯兰时代以前中亚史史料导论》（*Prolegomena to the Sources on the History of pre-Islamic Central Asia*），布达佩斯，1979年，288—290页。

〔2〕 巴考（J. Bacot），托玛斯、图森（Ch. Toussaint）《敦煌有关吐蕃史文书》（*Documents de Touen-houang relatifs à l'histoire du Tibet*），巴黎，1940—1946年。

于阗陷蕃以后的情况如何？如果我们仅仅从汉文文献着眼必然难以了解究竟，斯坦因在麻札塔格、哈达里克发现的藏文木简填补了某些空白[1]。这些官府命令、私人契约、收税派役的名簿账单、驿传文书等，一方面反映了吐蕃本身的军事制度，另一方面也使我们得知，吐蕃占领下的于阗在政治制度等许多方面并没有十分重大的变化，但这个问题还有待于进一步研究。

公元9世纪中叶，吐蕃在于阗的统治垮台以后，藏文并没有退出于阗的历史舞台，从敦煌发现的文书来看，当时于阗朝廷中不仅藏文和于阗文共同使用，而且还有一些吐蕃人仕宦其国，著名的"钢和泰杂卷"（Staël-Holstein miscellany）就是用于阗文和藏文书写的于阗使臣报告书，其年代已为蒲立本考订为925年。这批使臣当中就有吐蕃贵人[2]。此外，在敦煌文献中，我们还可以找到不少公元10世纪于阗、沙州、甘州三个地方政权之间相互来往所写的藏文书信。

目前看来，藏文文献已经成为研究于阗史所必不可少的史源之一。但是，由于还没有人从于阗这个角度对敦煌藏文写卷加以检索，所以，有许多材料还没有被人们所利用。另外，和田出土的许多藏文文书，除斯坦因拿走的一些外，还有许多卷子藏在英国、瑞典等国家的图书馆或博物馆中，有待人们去整理。总的来讲，我们对藏文史料的研究和利用迄今还是非常有限的。

四、文 物 材 料

19世纪末以来，挖宝者、探险家、考古工作者、旅行家陆续在和田数十座古代遗址中收集、挖掘了许多珍贵的古代文物和文献，除了上面谈到的于阗语、汉语和藏语卷子外，还有钱币、雕像、金属饰件、印

〔1〕 斯坦因《亚洲腹地考古图记》（*Innermost Asia*），图版131—132，考释见附录R；托玛斯《有关西域的藏文文献和文书》第2卷，伦敦，1951年。

〔2〕 贝利《钢和泰杂卷》，《泰东》新辑第2卷第1期，1951年，1—45页。

章、壁画、木板画等，为于阗史的研究提供了极为珍贵的形象史料。

在约特干（Yotkan）丰富的文化层中，陆续出土了一大批各种类型的陶器，其中有双面壶、兽面注口、陶制小猿像，它们似乎反映出于阗文化的某些地方特征。斯文赫定在约特干收集到一件陶罐（编号03.11.335），项部浮雕出十二个人物，其中可以辨认出三个竖琴师、两位排箫手、两个鼓手和一个长笛演奏者；另一件安博尔特（N. Ambolt）收集的陶制雕像（编号35.24），是一个女子手拨琵琶的形象，这两件文物不仅证明了法显、玄奘关于于阗人雅好音乐的记载，而且为进一步探讨于阗音乐史提供了形象材料[1]。

在丹丹乌里克、巴拉瓦斯特、哈达里克的一些佛教寺院遗址中，出土了许多比较完整的壁画和木板画，向我们展示出一幅形象的于阗佛教史，其中有毗卢遮那佛像、于阗的守护神毗沙门天王像，还有弥勒、观音、地藏和曷利帝（鬼子母）、大自在天王像[2]，这些年代在8世纪的肖像所反映的当时于阗人的宗教信仰，是和我们从于阗语佛教文献中所了解的情况相一致的。除佛教题材外，斯坦因还在丹丹乌里克发现了关于丝绸传入于阗和鼠王故事的木板画，早已为人所知，这里就不多说了。

此外，时代较以上遗址稍早的热瓦克（Rawak）佛立像的印度风格和时代较以上遗址稍晚的麻札塔格群马图的唐风影响，以及佛像和供养人像的服饰、相貌，都有进一步研究的余地。

与和田出土物相比，敦煌莫高窟的壁画虽然不都能反映于阗的历史内容，但却不乏和田地区所没有的形象资料。在这里，有关于阗的壁画可以分成两类，一类是佛教史迹画，一类是真实的供养人像。

前一类佛教史迹画自中唐开始出现，一直延续到西夏的到来，一般

---

〔1〕 蒙代耳（Gösta Montell）《斯文赫定在和田的考古收集品》（Sven Hedin's Archaeological Collections from Khotan），《远东古物博物馆馆刊》（*Bulletin of the Museum of Far Eastern Antiquities*）第7卷，斯德哥尔摩，1935年，167—168、180页。

〔2〕 威廉斯夫人（J. Williams）《于阗绘画中的佛像》（The Iconography of Khotanese Painting），载《东方与西方》（*East and West*）新辑第23卷第1—2期，1973年，109—154页。此文乃威廉斯夫人的博士论文《于阗绘画》（哈佛大学，1969）的一部分。

按时间先后画在龛四披、甬道顶部和主室内，总共有四十余窟。比较典型的如莫高窟第231和237窟，在龛顶四披处，就有中唐时所绘“于阗坎城瑞像”“于阗媲摩城雕檀瑞像”“毗沙门天王决海图”“于阗海眼寺释迦圣像”“牛头山瑞像”等，这些于阗瑞像有些见于玄奘《大唐西域记》和藏文《于阗国授记》的记载，有些则提供给我们全新的于阗佛教传说[1]。

另一类多半是沙州曹议金女下嫁于阗王李圣天以后绘制的供养人像，在这些像中，我们目前只能从题记中分辨出几位于阗国王、太子或公主的肖像，如莫高窟第98窟的大宝于阗国王李圣天，第61窟的于阗公主曹延禄姬等，而另一些很可能现在仍保存的于阗僧侣、使臣像，我们目前还没有发现或辨别出来。此外，不久以前经搬迁方才发现的第220窟甬道的“新样文殊”中，也提供了一些新的材料[2]。

清康熙朝官修《古今图书集成》时，在《边裔典》里排比抄录了正史和一些笔记中有关于阗的史料，这是对于阗汉文文献的首次系统整理。1820年，法国汉学家雷慕沙（A. P. Rémusat）的《于阗城史》（*Histoire de la Ville de Khotan*）就是根据《边裔典》而编译的。1884年，美国驻华公使、藏学家柔克义（W. W. Rockhill）在《佛陀传》（*The Life of the Buddha*）一书中，翻译了部分有关于阗的藏文文献。19世纪末，塔里木盆地周边的大批文物不断出土，震惊了国际东方学界。考古者接踵而来，和田是他们猎取古物的重点目标。1893年，法国人杜特义·德·兰斯（Dutreuil de Rhins）、费·格瑞纳尔（F. Grenard）行经和田。1896年，斯文赫定在他的第一次新疆考察活动中深入和田以北的沙漠，到了丹丹乌里克、喀拉墩等遗址。1897年，瑞典传教士霍伯格（Högberg）和贝克伦（Backlund）到达约特干。1900—1901年，斯

[1] 孙修身《莫高窟佛教史迹故事画介绍》（一），《敦煌研究文集》，甘肃，1982年；（二），敦煌文物研究所编《敦煌研究》试刊第1期，1982年；（三），同上杂志第2期，1983年。

[2] 敦煌文物研究所《莫高窟第220窟新发现的复壁壁画》，《文物》1978年第12期。

坦因在和田首先进行大规模的系统的发掘工作。此后，日本大谷探险队（1902—1904 年），美国人克罗斯比（O. T. Crosby，1903 年），亨廷顿（E. Huntington，1903 年），德国人勒柯克（A. von Le Coq）领导的第三次吐鲁番考察队（1905—1907 年），大谷第二、三次考察队（1911—1914 年），芬兰人曼涅尔海姆（C. G. E. Mannerheim，1907 年），俄国人奥登堡（S. F. Oldenburg，1914—1915 年），中瑞联合西北考察团中的尼·安博尔特（N. Ambolt，1927—35 年），德国人特灵克勒（E. Trinkler，1928 年）、德·特拉（H. de Terra，1928 年）、费尔希纳（W. Filchner，1934—1938 年）等相继进入和田。这些人中的绝大多数带走了成批的文物。这使可供比较研究的资料大为增多，研究工作有了新的进展。与此同时，于阗语文书被解读出来，有关于阗的藏文文献不断刊布，和田史地研究的面貌因此而大不同于半个世纪之前。

今天，我们就是在这样的基础上开展我们的和田史地研究的。我们有我们的优越条件，例如，我们可以在和田地区进行实地考察、系统考古发掘，等等。但是，为了充分发挥我们的优势，我们不能不调查、统计、登录过去已经出土的文物、文献。大批文物、文献的流失海外，增加了我们这项工作的困难。我们不仅要系统查找斯文赫定、斯坦因等人的有关文献记录，而且要注意传教士、外交人员带走的东西，并且了解实物的下落。例如，勒柯克 1905—1907 年第 3 次考察队行经喀什时所获和田文物，是从英国驻喀什总领事马继业（G. Macartney）手中得到的[1]；英国驻喀什副领事哈丁（H. I. Harding）的和田收藏品现存新德里国家博物馆[2]；1924 年英国驻喀什总领事斯克莱因（C. P. Skrine）去和田，所得文物于 1925 年转赠大不列颠博物馆[3]；俄国驻喀什总领事彼得罗夫斯基（Petrovsky）带走的和田文物现存列宁格勒的

〔1〕 格罗普（G. Gropp）《中国新疆和田的考古出土文物：不来梅市海外博物馆藏特灵克勒的收集品》（*Archäologische Funde aus Khotan, Chinesisch-Ostturkestan. Die Trinkler-Sammlung im Übersee-Museum, Bremen*），不来梅，1974 年，18 页。

〔2〕 斯坦因《亚洲腹地考古图记》第 III 卷，1052—1056 页。

〔3〕 斯克莱因《中国的中亚》（*Chinese Central Asia*），波士顿，1926 年，170—175 页。

爱米塔什博物馆[1]，列宁格勒所藏未刊和田文书达百余件之多[2]，估计也是得自同一来源；德国人特灵克勒的和田收藏品现分散在德国不来梅的海外博物馆、柏林的民族学博物馆、纽约市立艺术博物馆、东京大学东洋文化研究所[3]（后两者的收藏品大概购自特灵克勒，特灵克勒为了弥补考察组的经费之不足而出售了部分掠得物[4]），如此等等。我们要把文物资料搜集齐备，结合于阗语、汉语、藏语等文献作相辅相成的综合研究。这样，定能使我们的优势得到应有的发挥，把于阗史地的研究向前推进一步。

（原载《新疆社会科学》1983 年第 4 期，78—88 页）

---

〔1〕 彼得罗夫斯基拿走的木板画目录见贾科诺娃（Н. Дьяконова）《伊斯兰时期以前中亚的神像资料》（Материалы по Культовой Иконографии Центральной Азии Домусульманского дериода），载苏联列宁格勒国立爱米塔什博物馆丛刊之五《东方民族的文化和艺术》第 6 辑，列宁格勒，1961 年，257—271 页。彼得罗夫斯基拿走的泥陶像目录见贾科诺娃、索罗金（С. С. Сорокин）合编的《和田古文物》（*Хотанские Древности*），列宁格勒，1960 年。

〔2〕 1973 年，苏联印度学家、佛教学家邦嘎尔德·列文（Г. М. Бонгард-Левин）在第 29 届国际东方学家大会上透露，列宁格勒藏有一百多件未刊于阗语文书，见德莱斯顿（M. J. Dresden）《和田（塞语）写卷草目》（Khotanese（Saka）Manuscripts：A Provisional Handlist），载《伊朗学丛刊》（*Acta Iranica*）第 12 册《1976 年杂纂卷》（*Varia* 1976），德黑兰-列日，1977 年，27 页附注。

〔3〕 见前引 J·威廉斯夫人著作，110 页第 7 注。

〔4〕 叶特玛尔（K. Jettmar）《评格罗普中国〈中国新疆和田的考古出土文物〉一书》，《中亚杂志》（*CAJ*）第 20 卷第 1—2 期，1976 年，154 页。

关于唐末宋初于阗国的国号、年号及其王家世系问题

前　　言

公元9世纪中叶前后，吐蕃内乱，势力骤衰，它在西域的统治很快土崩瓦解了。位于丝路南道的于阗重又独立，从汉代以来即在于阗当政的尉迟（Viśa'，Vijaya'）家族再次确立了统治地位。于阗本来是西域各族人民经济、文化交往和佛教传播中心之一，重新立国的于阗再次发挥它在这些方面的作用，而且还进一步和塔里木盆地边缘诸国、河西的瓜州、沙州地方政权以及中原王朝加强了联系。1006年，尉迟家族统治下的于阗为来自喀什的黑韩王朝所征服。此后的历史构成了新疆历史的转折时期，即穆斯林化和突厥化的时期。操伊朗语的于阗人本来笃信佛教，在以后的一段过程中，他们在语言、宗教上发生了历史性的变化，研究这一变化情况，无疑是十分重要的历史课题。

然而，对于这段历史，中国古代史臣、使者留下的记述和穆斯林史料中的零星记载不足以复原其面貌，甚至难于据以考知继吐蕃统治之后重新立国的于阗国号和王统世系。《新五代史》卷七四《四夷附录》三“于阗”条载：“五代乱世，中国多故，不能抚来四夷，其尝自通于中国者仅以名见（此当指李圣天——引者），其君世，终始，皆不可知。”“〔高〕居诲颇记其往复所见山川诸国，而不能道〔李〕圣天世次也。”〔1〕由此可见，于阗的世系早在五代已然不得而知，而国号也唯有“大宝国”一名见于史书。至于年号，唯有李圣天的“同庆二十九年”六个字保存在后晋高居诲的《于阗国行程录》中。

---

〔1〕《新五代史》七四《四夷附录》三，北京，中华书局，1974年，917页。

19世纪末到20世纪初，人们相继在塔里木盆地周围的某些古代绿洲遗址和敦煌莫高窟藏经洞发现了古代文书。几十年来中外学者整理发表了汉、藏、回鹘、粟特、焉耆、龟兹、于阗等各种语言文字的简牍和写本，使古代西域湮没的历史的若干情况重现光明。在于阗史方面，以英国伊朗语学家贝利（H. W. Bailey）教授为代表的一批学者对晚期于阗塞语（The Late Khotanese Saka Language）文书进行了研究，使唐末五代到宋初时期含糊不清的于阗国史的某些情节因此而重映于史册。本文拟利用前人研究的成果，就于阗的国号、年号和世系问题略述浅见于下，错误之处，敬请读者指正。

一、关于9世纪中叶至11世纪初于阗国号问题

在9世纪中叶到11世纪初的不同时期内，于阗作为一个王国有着不同的称号[1]。这些国号的于阗语形式已为贝利教授从不同的文书中检出，并在译注于阗语文书时，从语言学角度进行了研究。贝利对部分于阗国号和汉语进行了比定。但是，根据汉文史料，可以看出这些国号之间存在着历史先后次序。贝利对此似乎没有予以充分注意。下面，我们试图考察一下这段历史时期的于阗国号问题。

1. 金国？（Ysarrnai bāḍä）

1941年，贝利教授在《“吐蕃”考》一文中谈到吐蕃西北部的东女国即“金氏”（Suvarṇagotra，gser-rigs）时指出，伯希和在敦煌千佛洞所

---

〔1〕 于阗又名和阗，但在汉文文献中通称“于阗”，例如，从《史记》到《明史》都是如此。至于于阗的当地名称，在较早的佉卢文字中叫作 Khotana，在于阗语文书中作 Havṃna 和 Hvaṃ，后者也就是玄奘在《大唐西域记》中所称之“涣那”。在周围文明的影响下，当地还有源于梵语的 Gaustana（瞿萨旦那）和源于汉语的 Yūttina 等叫法。详见伯希和（P. Pelliot）《马哥波罗游记诠释》第1卷，巴黎，1959年，408—425页，和阗条；贝利《于阗语文书集》（*Khotanese Texts*，简作 *KT*，以下简作《文书集》）第4卷，剑桥，1961年，1—18页，《引言——瞿萨旦那：于阗的塞人王国》（Gaustana：The Kingdom of the Sakas in Khotan）。但是，在晚期于阗语文书中，一般常用于阗语的 Yanījai-janavai 来表示于阗，它有许多变体，一般转写为 Ratna-janapada，原意为“产玉之地”。参看《伦敦大学亚非学院学报》（以下简称《学报》/*BSOAS*）第10卷第4期，1942年，919—920页；《泰东》（*AM*）新辑第7卷第1—2期，1959年，14页；第9卷第2期，1965年，102页。

得 P.2790 号于阗语文书中多处出现的 ysarrnai bāḍā 一词意为“金地”，指的是沙州[1]。其后，贝利在研究敦煌的于阗语文书过程中看法有变化，将“金地”有时比定为沙州，有时比定为于阗。在 P.2741 号于阗语文书中，此词被贝利译为“金国”[2]。法国高等研究院第四部研究员哈密屯（J. Hamilton）教授根据 P.2998 号汉文写卷背面的回鹘语文书，指出“金国”（altun el）使者既然是从于阗派往沙州的，故沙州根本不可能以“金国”见称。德国汉堡大学的恩默瑞克（Ronald E. Emmerick）教授也倾向于把文书中所有有关“金国”的段落都解释为指于阗[3]。我们从汉文文献和文书中得知，沙州除了在 10 世纪初叶张承奉掌权的十年左右时间内号称“金山国”[4] 之外，一直是作为归义军节度使驻地而存在的，而从我们下面的考证中可以看出，“金国”存在的时间远较沙州的“金山国”为长，所以我们同意哈密屯和恩默瑞克的观点，把“金国”比定为于阗。

从我们所能见到的有关金国的于阗语文书看，于阗在 940 年被称为大宝国（详见下文）之前，一直叫作金国。关于金国一名的上限，目前只能做如下推断。P.2741 号于阗语文书是金国的使臣 Thyai paḍä-tsā 上给于阗朝廷的报告，报告他们出使沙、甘二州的情况，其中谈到他们于季冬到沙州以后，会见了司空张尚书（Cā Svāṃ-śi），又在甘州会见了籍隶朔方之灵都（Ḍittu）的汉使，后者提及沙州人张大庆（Cā

[1] 贝利《“吐蕃”考》（Ttāgutta），《学报》（*BSOAS*）第 10 卷第 3 期，1941 年，602—603 页。参看哈密屯（J. Hamilton）《五代回鹘》（*Les Ouïghours à l'époque des Cinq Dynasties*），巴黎，1955 年，50 页注①。

[2] 贝利《关于甘州回鹘的一件于阗语文书》（A Khotanese Text Concerning the Turks in Kanṭṣou），《泰东》（*AM*）新辑第 1 卷第 1 期，1949 年，37 页；《室利尉迟输罗和大王》（Śrī Viśa' Śūra and the Ta-Uang），《泰东》新辑第 11 卷第 2 期，1965 年，110 页；《金汗》（Altun Khan），《学报》（*BSOAS*）第 30 卷第 1 期，1967 年，95 页，P.2958 号文书第 1 件。此外，此词又见于 P.4649 号于阗语文书。应该说明的一点是，这里所用的“金国”一词是从于阗语 ysarrnai bāḍä 译成汉语的，是一种构拟的形式。ysarrnai bāḍä 一词相应的汉语形式是否如此，还有待于从汉语文书和史籍进一步取证。

[3] 参看哈密屯《10 世纪于阗突厥语中的不稳定的鼻音》（Nasales Instables en Turc Khotanais du Xe Siècle），《学报》（*BSOAS*）第 40 卷第 3 期，1977 年，508 页。

[4] 参看王重民《金山国坠事零拾》，《国立北平图书馆馆刊》第 9 卷第 6 号，1935 年，1—28 页。

Ttäyä-Khī)[1]。人们根据汉语文书得知，867—890年掌握沙州归义军节度使权力的张淮深因破回鹘有功，被唐朝“诏赐尚书，兼加重锡”[2]，因此，P.2741号文书中的沙州张尚书是张淮深，殆无疑义。这种比定如果不错，那么P.2741号文书的年代当在867—890年之间。又据P.2913号文书张景球撰《归义军节度使检校司徒南阳张府君〔淮深〕墓志铭》载：“乾符之政，以功再建节髦。特降皇华，亲临紫塞，中使曰宋光廷。”[3] 则P.2741号文书的年代还可以缩小在乾符元年(874年)至大顺元年（890年）之间。我们比定了张尚书即张淮深以后，自然可以认为P.2741号文书中灵都汉使所提到的张大庆应即张淮深的幕僚——节度参谋张大庆[4]，他的名字又见于斯坦因敦煌千佛洞所得S.367（G.7140）号汉语文书题记：“光启元年（886年）十二月廿五日张大庆因灵州安慰使嗣大夫等来至州，于嗣使边写得此文书讫。”[5] 如果P.2741号文书中对于阗使人谈到张大庆的灵都汉使就是S.367号文书的灵州安慰使等的话，那么，把P.2741的年代断为光启元年，也是有把握的了。因而此时之于阗国号称金国（ysarrnai bāḍä）也可得以间接推定。从种种迹象看，这个国号或许还可以追溯到于阗摆脱吐蕃，重新建国的851年。

此外，P.2790号于阗语文书对我们来说也是十分重要的。这是于阗金国的使臣上给于阗朝廷的报告甘、沙政情书。其中特别强调了甘、

〔1〕《文书集》(*KT*) 第2集，剑桥，1954年，87—92页；贝利《关于甘州回鹘的一件于阗语文书》，《泰东》(*AM*) 新辑第1卷第1期，1949年，28—52页；又《伊朗金石铭文汇编》第2编《东伊朗和中亚的塞琉古和安息时期金石铭文》第5卷《塞语编》：贝利《塞语文书：原文转写卷》(*Saka Documents, Text Volume*)，伦敦，1968年，61—67页。

〔2〕《张淮深变文》，《敦煌变文集》上集，123页。我们据P.2762号文书《张氏勋德记》，张淮深先授户部尚书，后加兵部尚书（见羽田亨、伯希和编《燉煌遗书》活字本第1集）。又《南阳张延绶别传》称张淮深为“河西节度金紫光禄大夫检校尚书左仆射河西万户侯”（见罗振玉辑《鸣沙石室佚书》）。

〔3〕 本文所引敦煌汉文写本，凡未注明出处者，均据北京大学图书馆所藏敦煌写本缩微胶卷迻录。参看《敦煌变文集》上集，128页，校记一。

〔4〕《张淮深变文》，《敦煌变文集》上集，125页。

〔5〕 参看《敦煌遗书总目索引》，北京，1962年，116页，刘铭恕先生的本卷说明。

沙二州之间争战不已，形势复杂[1]。这一点很值得注意，因为我们从史籍与文书得知，甘、沙争战不已只可能是归义军张氏当政时代，亦即848年沙州独立到大约914年之间的情况[2]，而与沙州归义军曹氏当政时代（约914年以后直到11世纪初）甘、沙之间维持着友好关系的情况不相符合。就在这份相当于沙州归义军张氏时代的文书里，第96行提到于阗的统治者为金汗（ysarrnai ha:nä）。又，P.2958号于阗语文书是一份内容涉及于阗、沙州、甘州乃至朔方和夏州的杂纂，在其中甘州可汗致于阗金汗的信（该文书第149—181行）里，甘州可汗回顾了两国早先的友好关系，谈到在他的兄长为甘州可汗时，于阗的金汗（回鹘语写作Altun Khan）经常派遣使臣到甘州来。但是，当两国可汗相继去世以后，两国的交往中断，自此以后十年未通往来。恰值蛇年，甘州可汗致书于阗统治者，希望大宝于阗国遣使甘州[3]。文书表明，这位金汗（Altun Khan）已然去世，他是现任大宝国统治者的先人，他生活的时代似乎应早于大宝于阗国时期。P.2958号文书上的金汗（Altun Khan）和P.2790号文书上的金汗（ysarrnai ha:nä）是否同为一人，尚待考证，但是，汗（ha:nä，Khan）这种突厥族的称号看来在唐末五代初期曾为于阗统治者所用，至少甘州回鹘与之打交道时如此，殆无疑义，这似乎说明有两种可能，一是在李圣天这个自称为唐之宗属的国王[4]掌握政权以前，于阗的统治者和回鹘人来往十分密切，并且受其影响，在和他们往来中采用他们的称号。另一可能是李圣天之前于阗

[1] 《文书集》（*KT*）第2集，110—114页；贝利：《室利尉迟输罗和大王》，《泰东》（*AM*）新辑第11卷第1期，1964年，1—26页。

[2] 关于张氏时代沙州归义军和回鹘的战争关系，参看藤枝晃《沙州归义军节度使始末》一、二，《东方学报》（京都）第12册第3分，1942年，58—98页；第4分，42—75页；姜亮夫《唐五代瓜沙张曹两世家考——〈补唐书张议潮传〉订补》，载《中华文史论丛》第3辑，1979年，37—57页；唐长孺《关于归义军节度的几种资料跋》第4节《归义军节度和甘州、凉州的关系》，载《中华文史论丛》第1辑，1962年，285—295页；王重民《金山国坠事零拾》，《国立北平图书馆馆刊》第9卷第6号，1—28页。

[3] 《文书集》（*KT*）第2集，117—121页；贝利《金汗》，《学报》（*BSOAS*）第30卷第1期，1967年，96—97页。

[4] 《宋史》卷四九〇《外国传》六，于阗条："晋天福中，其王李圣天自称唐之宗属，遣使来贡。"（北京，中华书局，1977年，14106页。）

王确实称汗。固然，我们遍检于阗语文书中 Viśa' Saṃbhava（尉迟僧乌波，即李圣天）、Viśa' Śūra（尉迟输罗）、Viśa' Dharma（尉迟达磨）和 Viśa' Saṃgrāma（尉迟僧伽罗摩）等相当五代宋初时期的于阗王的称号，都是“王”（rruṃdä），而不是“汗”（ha:nä）〔1〕，更确切地说，从著名的于阗语写本所谓《钢和泰杂卷》（Staël-Holstein miscellany，学者已考定其年代为 925 年）中第一次出现 Viśa' Saṃbhava 王（rruṃdä）起，直到 1006 年尉迟家族的王国灭亡为止，在我们看到的所有于阗语文书中，这一段时期内于阗统治者的称号一直使用“王”（rruṃdä），但是，只要文献不足证，就不排除李圣天以前于阗统治者称“汗”（ha:nä）的可能。据此可以反过来推断，在李圣天之前，于阗统治者既然称过“金汗”，那么，属于金国时期的 P.2790 号文书也应在唐末或五代时期。

由此人们可以推知，“汗”这个称号即便是受回鹘人的影响而使用的，于阗的统治者之所以在汗上加“金”字而称“金汗”，仍应出于国号叫做金国的缘故。而金国这个名称至少在李圣天在位初年仍然使用。关于这一点，今天可以找到旁证。P.2027 号于阗语文书从内容看是于阗金国的一位公主在沙州写给于阗的父兄表达思亲之情的诗篇，年代是同庆（thū-khī）六年（917 年）〔2〕。由此可见，于阗的国号直到 917 年仍叫金国。

至于 917 年至 938 年（后晋天福三年）李圣天被册为大宝于阗国王之间的国号如何，很遗憾，我们现在接触的史料不足以使我们做出判断。它也许在此期间一直使用金国这一名称；更可能的是，它在这个时期的某一年内把国号改成了下文即将叙及的大宝国。

2. 大宝国（Ttayi-pū kuhä：jinave）

《册府元龟》卷九六五《外臣部・封册》三载：“晋高祖天福三年（938 年）十月制曰：于阗王李圣天境控西陲，心驰北阙，顷属前朝多事，久阻来庭，今当宝历开基，乃勤述职，请备属籍，宜降册封，将引

〔1〕《文书集》（*KT*）第 2 集，72 页第 1 行，73 页第 7 行和 74 页 32 行；123 页第 436、437 行；13 页第 b2 行；54 页第 20 行；103 页 51 行等。

〔2〕《文书集》（*KT*）第 2 集，79—82 页；第 3 集，剑桥，1956 年，53—54 页；第 4 集，16 页。

来达之恩，俾乐无为之化，宜册封为大宝于阗国王，仍令所司择日备礼册命。以供奉官张光（匡）邺克使。”见于汉文文献的大宝国号的来历就是如此。

大宝国在于阗语中的拼法业经贝利教授指出，P.2739 号于阗语文书第 12 行的 ttayi-pū 和第 43 行的 ttaya-pau 以及上面谈到的 P.2958 号文书第 180 行的 thī-pā 都可以说是汉语“大宝”的音译〔1〕。在汉语文书中，除下面提到的 S.6264 号文书和 P.3016 号文书属于大宝国时期外，S.3180（G.3199）号文书和 P.5535 号文书分别谈到了于阗大宝国。至于敦煌石窟的题名中，除莫高窟第 98 窟李圣天题名中的大宝国外，在莫高窟第 444 窟东壁盛唐画《见宝塔品》南北两侧还有这样的题名：“南无释迦牟尼佛说《妙法华经》，大宝于阗国皇太子从连供养；南无多宝佛为听法故来此法会，大宝于阗国皇太子琮原供养。”〔2〕这两个于阗太子，敦煌文物研究所的贺世哲、孙修身先生在《〈瓜沙曹氏年表补正〉之补正》一文中认为就是 P.3184 号文书背面题名的于阗太子。该文书称：“甲子年八月七日，于阗太子三人来到佛堂内，将《法华经》第四卷。”他们推断这个甲子年即宋乾德二年（964 年）〔3〕。我们同意这种推断，并试作一点补充。文书所记有三个太子，而石窟题名只有两人，另一位是谁呢？我们认为当是乾德四年（966 年）二月入贡于宋的于阗太子德从〔4〕。他在乾德二年八月参加了敦煌法会之后启程，于乾德四年初来到汴梁，在时间上是很合适的。这样，第 444 窟的“大宝国”的年代就可以断为 964 年，它说明一直到李圣天于 966 年去世之前，于阗还在使用大宝国的称号。至于大宝国的下限，1938 年贝利教

〔1〕 贝利《于阗语杂考（四）》（Hvatanica IV），《学报》（*BSOAS*）第 10 卷第 4 期，1942 年，919 页；又《金汗》，《学报》（*BSOAS*）第 30 卷第 1 期，1967 年，102 页；参看《文书集》（*KT*）第 2 集，85 页第 12 行，86 页第 43 行，119 页第 181 行。

〔2〕 谢稚柳《敦煌艺术叙录》，上海，1957 年，299 页。

〔3〕 贺世哲、孙修身《〈瓜沙曹氏年表补正〉之补正》，《甘肃师大学报》1980 年第 1 期，78 页。又，其录文和《敦煌遗书总目索引》281 页的录文，皆漏一“内”字。

〔4〕《续资治通鉴长编》卷七称：“乾德四年二月，于阗国王遣其子德从来贡方物。”（北京，中华书局，1979 年，第 2 册，167 页。）

授在《于阗语杂考》一文中指出，印度事务部图书馆所藏斯坦因得自敦煌千佛洞的 Ch i.0021a，a 号于阗语文书第 11 行的 gaustami̱-deśa ranīje jīni̱ve vī，意为“于大宝于阗国”，其年代是“菩萨王尉迟达磨中兴五年七月”。〔1〕中兴五年即公元 982 年（见下），这是我们见到的大宝国时期的最晚卷子。另外，贺世哲、孙修身在上引论文中指出，莫高窟第 61 窟东壁北侧“大朝大于阗国天册皇帝第三女天公主李氏为新授太传曹延禄姬供养”的题记，是 980 年左右重画的〔2〕，因为我们发现在稍后时间同一个公主的题名中，于阗被称为金玉国（详后），这似乎可以证明，980 年前后的中兴年间，于阗仍然用大宝为国号，大宝国的下限应当断在中兴末年，即 982 年或稍后。

3. 金玉国（Ysarnai bāḍa ū ranijai janaivai）

金玉国一名，见于榆林窟第 25 窟洞口甬道北壁第一身题名：“大朝大于阗金玉国皇帝的子天公〔主〕……”，其相对的南壁第一身题名：“敕推诚奉化功臣归义军节度瓜沙等州观察处置管内营田押番落等使特进检校太师兼中书令燉煌王谯郡开[国公]食邑一千七百[户]曹延禄一心供养。”〔3〕这个于阗公主就是上面提到的莫高窟第 61 窟中的曹延禄姬，她的题名又见于南林蒋氏所藏《于阗公主供养地藏菩萨画像》中。这幅画的菩萨像下有小字曰：“忌日画施”，下面盛装女子题名：“故大朝大于阗金玉国天公主李氏供养。”〔4〕从上面这些题名中，特别是

〔1〕贝利《于阗语杂考（三）》，《伦敦大学东方研究院学报》（*BSOS*）第 9 卷第 3 期，1938 年，541 页；又《塞语文书·原文转写卷》，67—70 页；参看《文书集》（*KT*）第 2 集，54 页。

〔2〕贺世哲、孙修身上引论文，78—79 页。

〔3〕《敦煌艺术叙录》，487—488 页。题记文字略有校正，下同。

〔4〕见王国维《观堂集林》卷二十，北京，1961 年，999 页。王国维《于阗公主供养地藏菩萨像跋》，据《曹夫人赞》：“辞天公主，偏照孤孀，执司空手，永别威光”，认为这个曹大王夫人为曹元忠妻，司空为延禄，天公主为延恭妻，和画上的天公主为一人。这是作者由于当时所能利用的材料有限而产生的误解，因为《续资治通鉴长编》《宋史》《文献通考》都仅仅记载曹元忠赠敦煌郡王，所以曹大王之夫人必为曹元忠妻。其实，据石窟题名，曹议金早就称“托西大王”了。谢稚柳在《敦煌艺术叙录·概述》中认为，这个曹夫人是曹议金妻广平宋氏，天公主是议金另一妻回鹘可汗女，司空是曹元德，上引《曹夫人赞》文记的是广平宋氏将曹元忠托付给元德的事。所以画上的天公主李氏应为敦煌王曹延禄妻，也即榆林窟第 25 窟的于阗公主，和《曹夫人赞》的天公主没有关系。

曹延禄的题名，可以推测出于阗金玉国的大约时间。莫高窟第431窟题梁称："维大宋太平兴国五年（980年）岁次庚辰二月甲辰朔廿二日乙丑，敕归义军节度瓜沙等州观察处置管内营田押番落等使□特进检校太傅同中书门下平章事谯郡开国公食邑一阡五百户食实封七佰户曹延禄之世创建此窟檐纪。"[1] 比较上引榆林窟第25窟曹延禄的题衔，980年曹延禄的加官太傅，低于太师，而且也未称燉煌王，显然，榆林窟的题名应在980年以后。S.4400（G.6322）号文书和P.2649号文书分别为太平兴国九年（984年）二月和三月《曹延禄祈祷文》，其中曹延禄的题衔是"敕归义军节度使特进检校太师兼中书令燉煌王"，加官与王号和榆林窟题衔相同。所以榆林窟第25窟的题名时间应在984年前后，而于阗金玉国之称，大致也开始于984年前后。这个时间恰好和上引中兴最晚的年份982年大致相衔接，金玉国的称号极可能是紧接着大宝国称号而使用的一个于阗国号。

金玉国的下限，我们也可以在上面的题记中找到一些线索。《于阗公主供养地藏菩萨画像》的题名明确告诉我们，这位于阗公主已经故去，并且说明这幅画是"忌日"施舍的。我们无从知道她的死期，但很有可能她是和丈夫曹延禄一起在咸平五年（1002年）自尽的[2]。如果事实是这样的话，那么，可以说有可能直到1006年，于阗还使用着金玉国这个国号。

金玉国的于阗语拼法，见于P.2787号于阗语文书第51行，作ysarnai bāḍa ū ranījai janaivai[3]。对这个于阗语短语，贝利教授没有看

〔1〕《敦煌艺术叙录》，281页。

〔2〕《宋会要辑稿》第198册《蕃夷》五"瓜沙二州"条称："〔咸平〕五年八月，权归义军节度兵马留后曹宗寿遣牙校阴会迁入贡，且言为叔归义军节度使延禄、瓜州防御使延瑞见害，臣先知觉，即投瓜州。盖以当道二州八镇军民，自前数有冤屈，备受艰辛，众意请臣统领兵马，不期内外合势，使围军府，延禄等知其力屈，寻自尽。"

〔3〕《文书集》（*KT*）第2集，103页。

到汉语的“金玉国”一词，所以译为“金国和玉国”[1]，简言之即金玉国。特别值得注意的是，这件文书告诉人们，金玉国时代的于阗国王是尉迟僧伽罗摩，文书的第34—38行是为这个王写的一篇颂词[2]。可惜的是这件文书没有提供和尉迟僧伽逻摩王有关的任何纪年资料。此外，藏于英国博物馆的东方收集品Or.8212.162号于阗语文书和Ch.00267号于阗语文书也是有关这个国王的。但是，人们同样没有发现有关纪年的材料，只是前者表明，他的在位时间不少于12年[3]，这提供了金玉国之称极可能沿用到1006年的一个旁证。后者是一个叫Tcū-syau的大王所作的祈祷文，其中说到尉迟僧伽罗摩王已不在人世[4]。Tcū-syau一词大概相当于汉语的“曹氏”[5]，于阗语maista rraispūra tcū syau即“曹氏大王”，考虑到这件文书出于沙州人的手笔[6]，就更使人们倾向于这种看法。这个曹氏大王不可能是982年（中兴五年）以前的任何人，因为那时于阗王是李圣天及其后继者尉迟输罗、尉迟达磨，而不是尉迟僧伽罗摩，所以这个曹氏大王很可能是曹延禄或其后的沙州统治者。由此可以推知，尉迟僧伽罗摩王的年代当在982—1006年之间，即金玉国时期。最后应当指出，日本学者井之口泰淳教授把尉迟僧伽罗摩王放在他构拟的天质年间，即983—1006年[7]，哈密屯教授也倾向

---

〔1〕 贝利《尉迟僧伽罗摩考》，《泰东》（*AM*）新辑第11卷第2期，1965年，103页；同作者《新疆古代于阗的伊朗语系王国的文化》（The Culture of the Iranian Kingdom of Ancient Khotan），《东洋文库欧文纪要》（*The Memoirs of the Research Department of Toyo Bunko*）第29期，1971年，23页。

〔2〕 见上注所引两文，前者的103—105页，后者的23页。

〔3〕《文书集》（*KT*）第2集，1—10页；又《塞语文书·原文转写卷》，17—34页。

〔4〕 贝利《于阗语佛教文书集》（*Khotanese Buddhist Texts*），伦敦，1951年，146—148页。参看恩默瑞克《于阗文献指南》（*A Guide to the Literature of Khotan*），东京，灵友会图书馆，1979年，40页。

〔5〕 参看高本汉所拟古音：曹氏K1034，879 tśau-ṣï<* dz'âu-źie。

〔6〕 参看贝利《于阗语杂考（四）》，《学报》（*BSOAS*）第10卷第4期，888—891页。

〔7〕 井之口泰淳《于阗语资料所记之尉迟王家的系谱和年代》，《龙谷大学论集》第364册，36—37页。

于把他的年代放在他考订的天兴年间，即986—999年[1]（参看本文下节）。这些意见虽属推测，但是，似乎两位学者都从某些历史背景中窥测出，这个国王很可能是于阗转入穆斯林手之前的末代君主。这样，我们就碰到了982年以后的于阗国号和末代国王，但这个国王的年号暂不能确定。

为了进一步说明这个问题和探讨于阗王国的世系，有必要对同一时期的于阗诸王年号略作考查。

二、前人对于阗世系和年号的研究

在现有的于阗语文书中，《钢和泰杂卷》的于阗语行纪部分最为学人瞩目，各国学者发表了十数篇文章研究这份卷子的丰富的地理学内容[2]。然而，关于这件文书的年代，从挪威学者科诺夫（Sten Konow），到由德入英的夏伦（Gustav Haloun）教授，都没有提出令人十分满意的结论。1954年，蒲立本（Edwin G. Pulleyblank）教授在《钢和泰卷子年份考》一文中，把这卷文书的绝对年代定为925年，同时根据于阗语文书和汉语史籍，考证出三个于阗王的年号，其结论如下：

912—966　尉迟僧乌波（即李圣天），年号同庆（于阗语作 thū-khī）

967—977?　尉迟输罗，年号拟为天尊（于阗语作 thyena-tcūnä）

978—982—?　尉迟达磨，年号拟为中兴（于阗语作 cū-hīṇa）[3]

蒲立本教授在于阗年号的研究上，筚路蓝缕，奠定了学者们进一步考证

[1] 哈密屯《公元851至1001年于阗年号考》（Les Règnes Khotanais entre 851 et 1001），载苏远鸣（Michel Soymié）编《敦煌学论文集》（*Contributions aux Études sur Touen-Houang*），日内瓦-巴黎，1979年，52页。

[2] 五十年代之前有关钢和泰杂卷的研究，见哈密屯《钢和泰卷子研究》（Autour du manuscrit Staël-Holstein）所辑目录，《通报》（*TP*）第46卷，1958年，116页。

[3] 蒲立本《钢和泰卷子年份考》（The Date of the Staël-Holstein Roll），《泰东》（*AM*）新辑第4卷第1期，1954年，94页。

的基础。此外，他还在贝利《于阗语文书集》第4集的附录上作了一篇札记，根据斯文赫定考察队收集的于阗语和汉语第15、16、24号文书，考证出851—904—912？年间有一个于阗王在位[1]。

在蒲立本教授研究的基础上，日本龙谷大学教授井之口泰淳在1960年发表了《于阗语资料所记之尉迟王家的系谱和年代》一文，该文第4节专门探讨五代宋初的于阗世系。作者在介绍了蒲立本的论点并加以补充之后，又从敦煌发现的于阗语写卷中检出 thyina hiṇa 和 thyaina śiva 或 thina sitsä 两个年号。关于 thyina hiṇa，作者发现 S.6264（G.6640）号文书《南阎浮提大宝于阗国迊摩寺八关戒牒》署年是“天兴十二年正月八日”，授戒师为“左街内殿讲经谈论兴教法性大师赐紫沙门道圆”[2]，并认为这个道圆就是汉语文献所记后晋天福年间（936—943年）出游西域、宋太祖乾德三年（965年）伴随于阗朝贡使入朝的沧州僧人道圆。作者又找出 Ch.c.002 和 Ch.00272 号于阗语文书所反映的一个始于戌岁的统治期（年号），因为同庆二十九年（940年）以后第一个戌年是950年，把这一年作为天兴年号的开始，和从有关道圆记载的年代逆推的结果正相吻合，因而得出结论：天兴即 thyina hiṇa，其

---

〔1〕 蒲立本《斯文赫定收集之第15、16号于阗语文书的年代》，载《文书集》（*KT*）第4集，179—181页。

〔2〕 S.6264号文书的录文见井之口泰淳《于阗语资料所记之尉迟王家的系谱和年代》，《龙谷大学论集》第364册，42—43页，注56；又见《敦煌遗书总目索引》，238页。现据照片，将录文揭载于下：

1 南阎浮提大宝于阗国迊摩寺八关戒　牒
2 　　　　授戒弟子　曹清净　牒
3 　牒前件弟子久慕圣因，遐游觉海，负
4 　出尘之极要，投入圣之机谋，遂厌火
5 　宅之喧嚣，骤出尘之路。此乃爱河
6 　永别，彼岸须攀，添究室以盈□，
7 　变觉花而证果。事须急牒，仮（仍）牒知
8 　者，故牒。
9 　　　天兴十二年正月八日授戒弟子清净牒。
10 　奉请兜率天宫弥勒菩萨为坛头和尚，
11 　奉请阿弥陀佛为教授阿阇梨，
12 　奉请金粟如来为提摩阿阇梨，
13 　奉请十方诸佛为戒〔师〕阿阇梨，
14 　奉请诸大菩萨为同学伴侣。
15 授戒师左街内殿讲经谈论兴教法性大师赐紫沙门道圆。

年代为 950—966 年。至于 thyaina śiva 或 thina sitsä，作者从语言学上把它构拟为汉语的“天质”，但是加上了疑问号。作者在 Ch.00269 和 S.2469（G.2199）号于阗语文书中找出一个始于未岁的统治期（年号），于是把它和“天质（?）”联系起来，因为中兴五年（982 年）是目前所见尉迟达磨王最晚的年代，而 983 年恰好是个未年，于是作者就将“天质（?）”这个年号放在出现于 P.2787 号文书中的尉迟僧伽罗摩王的名下，定其年代为 983—1006 年，这样，井之口教授便得到下面的结论：

尉迟僧乌波(李圣天)	同庆	thū khī	912—949
	天兴	thyina hīṇa	950—966
尉迟输罗　（男）	天尊	thyenä tcūnä	967—977
尉迟达磨	中兴	cū hīṇa	978—982
尉迟僧伽罗摩	天质	thyaina śiva / thīna sitsä	983—1006（?）[1]

1977 年，哈密屯教授在《10 世纪仲云考》一文中，据 P.2028 和 P.2798 号于阗语文书上天兴（thyina-hīṇa）九年为马年的记载[2]，认为出现在 P.3016 号汉语文书的天兴年号应相当于 986—999 年[3]。显然，他没有看到井之口泰淳的上引文章，因而没有考虑到天兴当在 950—966 年的意见；此外，他恪守蒲立本考证的年号框架，也没有顾及蒲立本考订的 851—912 年之间有一于阗王在位的可能性，便把他检出的天兴年号排到了中兴（978—982—？年）之后。稍后，1979 年，哈密屯教授在《公元 851—1001 年于阗年号考》一文中，把蒲立本和他本人的考证系统化。他注意到《苏联亚洲民族研究所藏敦煌汉文写本注记目录》第 1 册第 660 页和第 2 册第 540 页注录的Дx.1400 和Дx.2148 号汉语文书中的“天寿”年号，将其比定为 P.2928 号于阗语文书中的 thyaina śiva，并根据 P.2928 号于阗语文书的“天寿三年、牛年六月十

〔1〕 井之口泰淳上引文，《龙谷大学论集》第 364 册，37 页。
〔2〕《文书集》（*KT*）第 2 集，82 页；第 3 集，64 页。
〔3〕 哈密屯《10 世纪仲云考》（Le pays des Tchong-yun, Čungul, ou Cumuḍa au Xe Siècle），《亚洲学报》（*JA*）1977 年卷，360—361 页。

日”的记载，把它放在天兴以后的999—1001—（1005?）年。这样就得到了一个从851—1001年的看来颇为完整的年号表：

851—904（—912? 年）　〔于阗某王〕

912—967年　同庆　thū khī　尉迟僧乌波（李圣天）

967—978年　天尊　thyena/thyainä-tcūnä　尉迟输罗

978—982（—986? 年）　中兴　cū-hīṇa　尉迟达磨

986—999年　天兴　thyenä /thaina/thyina-hīṇa/hīja

999—1001（—1005? 年）　天寿　thyaina-śiva[1]

在这里，他把thyaina śiva比定为“天寿”无疑是正确的，井之口泰淳教授仅据拟音而提出的“天质（?）”之说因此不攻自破。此外，哈密屯教授在这篇文章中的又一贡献是，他把他认为有比较确切年代的写本分别放在各个年号下面，表列成目。固然，该表还未能达到十分完善的程度，例如，井之口泰淳刊布的S.6264号和下面我们刊布的P.4518号汉语文书都未收入；又如，Ch.00269号于阗语文书，蒲立本在上引札记中考证应在851—912年间，其七年恰为牛年，哈密屯却放在天兴年间，亦恐有误，又P.2958号文书的年份也有待进一步考订。但是，这份有年代的于阗卷子目录无疑为学者进一步研究提供了许多方便，他的劳绩值得人们感谢。

三、关于天兴、天寿两年号起讫年份的商榷

哈密屯教授关于天兴年号的考订，简单说来，就是排除了它也许位于蒲立本教授考订的851—982年间的一切可能，天兴元年被放在了986年丙戌岁这个狗年上。蒲立本教授当年看到的仅仅是同庆、天尊、中兴三个年号，所以不作任何保留地认为：李圣天长达五十四年的统治只有一个年号。随着人们看到的材料之增多，这种推断看来值得商榷。我们

〔1〕 哈密屯《公元851—1001年于阗年号考》，《敦煌学论文集》，49—54页。

现在所见到的标有天兴年号的最晚一个卷子是 Ch.00272 号于阗语文书，其年款是“天兴（thyuina-hīṇa）十四年，猪年二月二十五日”[1]，而据蒲立本教授推断长达 54 年的同庆年号最晚一个卷子是 Ch.00275 号于阗语文书，其年款为“三十年、牛年三月”[2]，即 941 年。同庆年号当然很可能长于 30 年，但是，不管怎样，就今所知，在 941 年到 967 年尉迟输罗王即位之间，存在着 27 年的间隔，这里有没有可能放入一个至少为 14 年的天兴年号呢？

把这种可能性变为现实性的根据之一，就是井之口泰淳教授已经提到的道圆还经于阗一事。井之口氏把 S.6264 号文书上的天兴十二年的道圆和《续资治通鉴长编》上的乾德三年的道圆推断为一个人。我们赞同这种看法。关于道圆，《宋会要》《续资治通鉴长编》《宋史》《佛祖统纪》等书记载略同，明确指出他是“还经于阗，与其使偕至”[3]。如果按井之口氏的意见，把天兴十二年比定为宋太祖建隆二年（961 年），就和道圆“还经于阗”的时间正相吻合。此外，我们从 P.2893 号汉语文书《报恩经》卷第四的末尾，检出这样一条题记：“僧性空与道圆雇人写记。”[4] 从雇人写经的记载似乎可以看出，这个道圆是一个路过的行脚僧，或许无暇自抄，方才雇人写记。这件文书正面《报恩经》正文的边上和整个背面都是于阗文，背面的于阗文是长达二百多行的医药文书，其中包括许多药方[5]。于阗和道圆的这种不解之缘，使我们认为 P.2893 号文书上的道圆是 S.6264 号文书上的“授戒师”，也就是宋代史籍中的“沧州僧人”。

---

〔1〕《文书集》(*KT*) 第 2 集，51 页，第 63 行；哈密屯上引文，51 页。

〔2〕《文书集》(*KT*) 第 3 集，19 页，第 1 行；哈密屯上引文，51 页。

〔3〕《宋史》卷四九〇《外国传》六“天竺国”条：“乾德三年，沧州僧道圆自西域还，得佛舍利一、水晶器、贝叶梵经四十夹来献。道圆晋天福中诣西域，在涂十二年，住五印度凡六年，五印度即天竺也；还经于阗，与其使偕至。太祖召问所历风俗山川道里，一一能记。”参看《宋会要辑稿》第 197 册《蕃夷》四“天竺”条；《文献通考》卷三三八《四裔考》十五“天竺”条；《宋史》卷四九〇《外国传》六“于阗”条；《佛祖统纪》卷四三；并参见张星烺《中西交通史料汇编》第 6 册，北京，1979 年，334 页。

〔4〕 参看《敦煌遗书总目索引》275 页录文：“雇”原作“雇”，“与”原作“与”。

〔5〕《文书集》(*KT*) 第 3 集，83—93 页。参看恩默瑞克《于阗文献指南》，49 页。

在敦煌汉语文书中，和天兴年号有关的还有哈密屯教授在文章中几次谈到的P.3016号文书。文书的正面是题签不详的书和一件牒文，背面是正倒相间抄写的五件牒状，其中包括《天兴七年十一月于阗回礼使索子全状》和《天兴九年九月西朝走马使□富住状》，现依次录于下：[1]

1. 奉辞
2. 奖擢关拜，
3. 恩辉
4. 睿泽，天波共同，
5. 台造敢竭万国之
6. 赕命，庆祚千里之
7. 山河，兆祝南山，怙然皎靖。爰于柒月柒日，告辞
8. 本道，星驰朔余，达于
9. 朝庭。捌月贰拾贰日，
10. 宣旨迎接接[2]，便令
11. 朝见。
12. 皇帝幸于暑官。亻彝袖称臣，具
13. 奏本道回礼进贡贡[3]
14. 大朝事，别
15. 敕宣问河隍道归义军使臣卿，于（予）虚受东
16. 朝之臣节，为
17. 朕国之血属，膺娉诸域，来
18. 朝万里，柱国良弼，并迈远昔，任土作贡，开
19. 天未有。仍选拣进贡

---

〔1〕 P.3016号文书注记于《敦煌遗书总目索引》277页；《斯坦因敦煌文献及研究文献中业经引用介绍的西域出土汉文文献分类目录初稿》第1分册，东京，1964年，39页。

〔2〕 衍一“接”字。

〔3〕 衍一“贡”字。

20. 皇后内殿筝妓，及添太常寺乐人，特回
21. 天眷。宣问
22. 皇后，于虚此理。何者，
23. 圣后所奏承
24. 天，骨肉庆幸。
25. 两朝所为，翼禅傅
26. 圣之君，仁德盛明之
27. 主，乾坤再佑，菩萨
28. 天子，日月重明，兆民
29. 父母，所以不惧众云、炎摩多，将军将弓弩偻罗
30. 之人，尽命血战，不虑死生，但愿
31. 圣躬宝祚长春，紫陌成于洛驿。
32. 一仁有感，万国赖之，路不拾余（遗），万万余载，即
33. 臣妾之，
34. 后殿幸也。微臣子全[又]（?）则（?）
35. 圣后所奏，道儛空恤，鼎鼐镂铭，益清竹帛，殷
36. 殷不古。叫呼
37. 鸾凰，
38. 圣听奏闻，
39. 后殿可赖，兼藉乐业。谨具
40. 朝觐回礼进贡
41. 龙庭大宝国事仪，岂敢隐匿。
42. 圣情超三迈五之化，乃文乃武
43. 披图，时惟不具。伏惟
44. 指挥、都衙、都头等，尊体起居万福，即日子全蒙
45. 恩（偏佑），伏惟顺时，柱国善佳[1]

〔1〕“佳”即“加”。

46. 保重，卑情所望。不宣，伏惟
47. 察悉，谨状。
48. 天兴柒年拾壹月　日于阗回礼史[1]内亲从都头前寿昌县令御史大夫检校银青光禄大夫上柱国索子全状[2]。
49. 指挥等　挥右
50. 　　　　谨空。

....

51. 季秋霜冷，伏惟
52. 指挥都衙、宋都衙、周都衙、小宋都衙及两班诸都头等，
53. 尊体起居万福。即日富住蒙
54. 恩不审，近日拜别赞俌
55. 府庭，为
56. 社稷生灵，尊用何似，伏惟　依时，倍佳（加）
57. 保治，卑情所望。于陆月[3]贰拾壹日出于本道，沿路虽
58. 逢奸危贼寇，上下一行，并无折欠，其于
59. 国朝信物，亦无遗失，于柒月贰拾叁日得达　西朝[4]。
60. 鸾驾亲征西幸，富住等至捌月拾壹日出迎接
61. 朝觐，奏　奉本道
62. 太师令公[5]差充走马，奏回礼使索子全等贰人于伍
63. 月伍日入沙州，不逢贼寇，亦无折欠，
64. 宣诰军府内外官班僧道等，兴庆　钦奉
65. 皇恩，天高海阔，限以参俌，守职远方，不获

---

〔1〕“史”应作“使”。
〔2〕落款处有印一方，文曰：“寿昌县印”。
〔3〕原作“月陆”，旁注√号，表明应作“陆月”。
〔4〕“西朝”指于阗。
〔5〕关于太师令公，曹家的统治者如曹议金、曹元忠、曹延禄都曾使用“太师”“令公”或称“检校太师兼中书令”，其中以曹元忠的材料最多。由于曹元忠和曹延禄都可以被称作“太师令公”，所以我们不用此词作为考证天兴年号的依据。哈密屯在《10世纪仲云考》中用此来证明天兴年号当在10世纪，似乎失之于泛泛。

66. 朝觐。限以富住未获回走马

67. 参拜

68. 起居。伏惟

69. 照察，兼未及信物，谨状。

70. 天兴玖年九月　日前检校银青光禄大夫新受内亲侍都头西朝走马使□富住状。

71. 指挥都衙等閤下

72. 　　　　谨空

在上面的文书中，有两点值得注意：

第一，《天兴七年索子全状》的第 41 行称于阗为“龙庭大宝国”。按后晋天福三年（938 年）十月晋高祖石敬瑭册封李圣天为大宝于阗国王[1]，因此，天兴年号似不应放在约 938 年以前的于阗称金国时期。又，如本文第一节所述，中兴末年（大约 982 年）以后，于阗的国号当称金玉国，所以大宝国时期的长达 14 年的天兴年号，不应放在中兴以后的 986—999 年间，而以放在同庆之后，即始于 950 年为宜。

第二，《天兴七年索子全状》用了大量言词“宣问”一位于阗皇后。此人是谁呢？为何沙州的使臣要特别颂称和慰问她呢？

人们知道，公元 9、10 世纪沙州和于阗保持着密切的交往以及和亲关系。沙州归义军节度使，特别是曹氏年表的复原，对于于阗世系和年号的考证是大有裨益的。目前所见关于曹氏年表的最好考证，是前面已经提到的贺世哲、孙修身先生的《〈瓜沙曹氏年表补正〉之补正》，现将其结论列表如下：

914—935 年　　曹议金

936—940 年　　曹元德

[1]《旧五代史》卷七七《晋书》三《高祖纪》三，北京，中华书局，1976 年，1021 页；《新五代史》卷八《晋本纪》八，《高祖纪》，北京，中华书局，83 页；《五代会要》卷二九“于阗”条，上海，1978 年，465 页。

940—945 年	曹元深
945—974 年	曹元忠
974—976 年	曹延恭
976—1002 年	曹延禄
1002—1014 年	曹宗寿

在沙州和于阗的和亲关系中，最为人称道的莫过于李圣天的皇后曹氏。敦煌莫高窟第 98 窟东壁右下方第一身题名："大朝大宝于阗国大政大明天……"第二身题名："大朝大于阗国大政大明天册全封至孝皇帝天皇后曹氏一心供养。"第一身是李圣天，第二身就是他的皇后、98 窟的窟主曹议金的女儿〔1〕。她的名字又见于莫高窟第 61 窟东壁右下方第三身题名："姊大朝大于阗国大政大明全封至孝皇帝天皇后一心供养。"〔2〕 61 窟的窟主是 945—974 年任沙州归义军节度使的曹元忠和他的翟氏夫人〔3〕。所以这个于阗皇后是曹元忠的姐姐。从目前所能见到的材料看，沙州曹氏嫁给于阗的公主，只有这位皇后，因此，可以认为 P.3016 号文书上的皇后就是这位皇后，天兴年号应大致相当于曹元忠统治时期，而不是哈密屯教授所考订的相当于曹延禄时期（976—1002 年）。这样，曹元忠时期沙州的使臣到了于阗，对节度使曹元忠的姐姐大加存问是完全可以理解的了。

曹元德兄弟对这个嫁出去的姊姊是颇为关心的，有关的文书除 P.3016 号文书外，还应有 P.2638 号文书《后唐清泰三年（936 年）六月沙州儭司教授福集状》，这是曹元德时期沙州净土寺三年中支给破除算会帐。该文书第 42 行载："破用数，楼机绫壹匹，寄上于阗皇后用。"〔4〕 这大概也是曹元德对这位于阗皇后的宣问吧。更重要的是与

---

〔1〕 题名见《敦煌艺术叙录》，90 页。关于 98 窟窟主，参看贺世哲、孙修身上引论文，74 页。

〔2〕《敦煌艺术叙录》，134 页。

〔3〕 贺世哲、孙修身上引论文，78 页。

〔4〕 见池田温《中国古代籍帐研究》，东京，1979 年，649 页。

此性质相类的P.4518号文书，该文书包括39件佛像、佛画和题识一类的纸片，其中第2件的背面有如下残文：

1 [　　　　　　　　] 宝胜今远将情恳，

2 [　　　　　　　　]

3 天皇后圣颜□□不

4 怪愆尤，细赐照察，谨奉状奏

5 闻，谨奏。

6 　　天寿二年五月　日宝胜状奏[1]。

从上面的文书中可以看出，第一，宝胜是“远将情恳”，来到于阗的，所以我们推测他大概是沙州的使臣。第二，他也和索子全等人一样，在上给于阗朝廷的状文上用于阗的年号。这似乎是沙州使臣的一种固定的礼节程序。第三，这个沙州使臣求请的天皇后，我们在敦煌石窟题名和文书中很难找出除李圣天皇后之外的任何一个和她相符的角色，所以，我们推测宝胜可能是曹元忠派遣的使臣，而这件文书中的天皇后大概就是曹元忠的姐姐、大宝于阗国王李圣天的皇后曹氏。这样，我们就可以把井之口泰淳教授考订的“天质”年号，依据哈密屯的考证而订正为“天寿”之后，放在曹元忠时期（945—974年）。在此期间内，李圣天的同庆年号相当于912—949年，天兴继之，而967年以后则是尉迟输罗王的天尊时期。同时，我们已经提到，天兴年号最晚的一件文书的年代是天兴十四年，即公元963年癸亥岁。而天寿年号最晚的一件文书P.2928的年代是天寿三年、牛年。这样，在天兴十四年到尉迟输罗王即位之间，不仅可以而且有理由再放进一个仅仅三年时间的天寿年号，天寿元年很可能就是天兴十四年，公元963年。

我们所以将天寿元年比定为963年，还因为我们考虑到这个年号本身具有特定的意义。于阗自汉以来和中原王朝保持密切的关

[1] 参看《敦煌遗书总目索引》302页录文，其所录“仁”“韵”显为“后”“颜”之误。

系，汉武帝时派张骞出使聘问西域诸国，其中即有于阗。唐代，尉迟王家与中原王朝保持着密切关系，唐高宗时，于阗设毗沙都督府，其地分为十州[1]，在军镇之下实行类似中原的行政制度。从唐初到没蕃，于阗许多国王或子弟都曾留宿长安，自然对唐朝的制度和文化十分熟悉，因此，华夏族的制度和文化对于于阗有着深厚的影响。于阗语文书中所见到的大量汉语官名和纳税制度[2]，有力地证明了这一点。汉地统治者之立年号和立年号的用意等等自然也为于阗的统治阶级所熟悉。按照汉文化传统，帝王改元，在当时是一件大事，都有一定的背景和原因。例如北魏太祖拓拔珪在398年改元天兴，是在他定国号、正封畿、修礼乐、定律令之后，作为称帝建国的时间标志的[3]。又如隋文帝于600年议改年号，《隋书》记载：太史令袁充奏景短日长，以为祥瑞，“上（隋文帝）临朝谓百官曰：‘景长之庆，天之佑也。今太子新立，当须改元，宜取日长之意，以为年号。’由是改开皇二十一年为仁寿元年。”[4]开皇二十年恰好是隋文帝五十大寿，所以，这次改元除景长之吉和太子新立的原因外，恐怕更重要的原因在隋文帝的大寿，所以年号叫仁寿。于阗王李圣天的同庆、天兴年号也应当有它自己的历史背景，李圣天的统治到963年已长达50年，他的年龄必然在五十岁以上，为颂寿而改元“天寿”也就是合乎逻辑的了。

总之，关于天兴年号，我们同意井之口泰淳教授的考证。关于天寿，我们认为则应置于天兴之后。

---

〔1〕《旧唐书》卷五《高宗纪》下，北京，中华书局，1975年，99页；《新唐书》卷二二一上《西域传》上“于阗”条，北京，中华书局，1975年，6235页。

〔2〕关于汉语官名，见《文书集》（*KT*）第4集，《引言》，4页，关于纳税制度，见同书21页以下。

〔3〕参看《魏书》卷二《太祖纪》二，北京，中华书局，1974年，31—34页。

〔4〕《隋书》卷一九《天文志》上，北京，中华书局，525页。

四、9世纪中叶至11世纪初于阗国号、世系、年号的对照

综合上面的论述，可以得出这样的结论（我们把蒲立本、井之口泰淳和哈密屯三家有关年号的推论附表于下，以资对照，其所考世系和年号的于阗语形式从略，请参看本文第二节）：

<table>
<tr><th>国　号</th><th>世　系</th><th>年　号</th><th>蒲立本</th><th>井之口</th><th>哈密屯</th></tr>
<tr><td rowspan="2">约851
金国
Ysarranai bāḍa</td><td>851</td><td></td><td>851</td><td></td><td>851</td></tr>
<tr><td rowspan="4">李圣天
Viśa
Sambhava</td><td rowspan="2">912
同庆
thū-khī</td><td rowspan="4">912
同庆</td><td rowspan="2">912
同庆</td><td rowspan="4">912
同庆</td></tr>
<tr><td rowspan="5">约917?

938
大宝国
Ttayipūkuha:
-jinave</td></tr>
<tr><td>950
天兴
thyina- hīṇa</td><td rowspan="2">950
天兴</td></tr>
<tr><td>963
天寿
thyaina-śiva</td></tr>
<tr><td>967
Viśa' Śūra</td><td>967天尊
thyaina-tcūnä</td><td>967
天尊</td><td>967
天尊</td><td>967天尊</td></tr>
<tr><td>978
Viśa'
Dharma</td><td>978
中兴
cū-hīṇa</td><td>978
中兴</td><td>978
中兴</td><td>978
中兴</td></tr>
<tr><td rowspan="2">约983
金玉国
Ysarnai bāḍa ū
ranījai janaivai

约1006</td><td rowspan="2">983
Viśa'
Samgrama

1006</td><td rowspan="2">983</td><td rowspan="2"></td><td rowspan="2">983
天质?

1006?</td><td>986
天兴</td></tr>
<tr><td>999
天寿
1005?</td></tr>
</table>

在我们的材料中，没有一个年号有元年的记载，所以上表所列年号和年号的交替年当然会有若干年的出入。特别是中兴年号，最晚只有中

兴五年（982 年）的记载，所以我们姑且用这一年作为尉迟达磨和尉迟僧伽罗摩两王的交替年份，事实上可能稍后一些。国号始终的情况也同样如此。又由于材料的缺乏，我们还不能知道统治 851—912 年这段时间的君主的名字和他的年号，也不知道尉迟僧伽罗摩王的年号名称。甚至蒲立本教授早已构拟的“天尊”和“中兴”两个年号以及我们构拟的“金国”的汉文形式也有待最后实证，这取决于人们今后对各种语言文字材料的进一步发现、刊布和研究。

（原载《敦煌吐鲁番文献研究论集》，北京，中华书局，1982 年，179—209 页）

敦煌文书 P.3510（于阗文）《从德太子发愿文（拟）》及其年代

——《关于于阗国的国号、年号及其王家世系问题》一文的补充

P.3510 号敦煌写卷，是一份纸质贝叶型写卷，共 10 叶，内容有二：前 8 叶是用工整的晚期于阗塞语写的一篇发愿文性质的文书，首尾完整；后 2 叶是另一篇同类性质的文书，仅存开头部分，人们要了解其全文，需看 P.3513 号贝叶型文书的第 76 叶背 1 行至 84 叶背 4 行。换言之，P.3510 文书的后两叶，即第 9 叶第 1 行至第 10 行只是一份发愿文性质的文书开端，内容与之相同而完整成篇的文书另见 P.3513。

P.3510 号写卷前 8 叶的转写，最早由贝利（H. W. Bailey）教授刊布在《于阗语佛教文书集》（*KBT*，伦敦，1951 年）第 47—53 页。这份文书共 43 小节，末节之后有题记，意为“Tcūṃ-ttehi 太子一切恭敬，敬礼佛法，命人写讫”。按 Tcūṃ-ttehi 当是从德太子，说详下文。1965 年，丹麦学者阿斯木森（J. P. Asmussen）于其名著《摩尼教忏悔词——摩尼教研究》（哥本哈根，1965 年）中，刊出这件文书的第 6—9 小节译文，见该书第 256—257 页。1960 年，贝利教授译出第 12—13 小节，刊于《伦敦大学亚非学院学报》（*BSOAS*）第 23 卷第 1 期（1960 年）第 29 页。1980 年，贝利教授在《南亚艺术和文化研究》第 6 卷上发表一篇短文，题为《从德太子》，又翻译了这篇文书的第 38—40 小节从德发愿部分和末行题记[1]。与此同时，恩默瑞克（R. E. Emmerick）教授在同年出版的《伊朗学研究》第 9 卷第 2 期上，发表了全部 43 小

---

〔1〕 贝利《从德太子》（The Great Prince Tcūṃ-ttehi），载钱德拉（Lokesh Chandra）主编《南亚艺术和文化研究》第 6 卷（*Studies in Indo-Asian Art and Culture*, Volume 6, *Commemoration Volume on the 78th Birthday of Acharya Raghuvira*），新德里，1980 年，49 页。

节及题记的英译，并附以词汇解释[1]。以上诸家前后发表的译文使我们了解了文书内容的全貌。现将这份文书摘要译载如下：

（第 1—2 小节）一切恭敬，敬礼一切诸佛并诸菩萨、八圣贤、佛说真谛及常住三宝。

（第 3—4 小节）叹佛亿万功德，不能一一称颂，谨默诵在心，并数万次匍匐礼拜。

（第 5 小节）伏愿诸佛慈悲于我从德太子，佑我得悟真识。

（第 6—9 小节）从无始时来，因痴而生身至今日，由身舌心三行，由不崇敬信徒，由众多烦扰而有无数行为，今并一切忏悔；因嗔、染痴而对母、对父、对诸师乃至对三宝造罪得罪，无量无间，无论记忆与否，今并发露，许我忏悔（deśanā）。

（第 10 小节）至心发愿，愿借菩萨善戒力而脱我虚妄，并借菩萨五力导我以正。

（第 11—20 小节）（其内容为罗列真心施舍之诸宝、法具等物，从略）。

（第 21—25 小节）至心发愿，愿借三宝，脱离生死（轮回），并借六婆罗密多而得识十地，得脱五毒。

（第 26—34 小节）至心发愿，向有生各界宣扬佛法，以此功德普及一切众生，庇佑疾苦，共成佛道，并愿自身敬信佛法无碍，恒到涅槃，如佛所行。

（第 35—37 小节）愿生而为男，有德有勇，有智有慧，孔武健壮，盛福大贵，肢躯为金刚（Vajra）身，神威无敌。

（第 38 小节）我至亲至善（manāpa）之父、王中之王、圣君（śiṃ-kūṃ）功德无量。伏愿其命居三聚（trivarga）而宝位恒昌。

（第 39 小节）我至亲至善之母、大汉皇后，予我此生性命

［1］ 恩默瑞克《从德太子的押韵文》（The Verses of Prince Tcūṃ-ttehi：），《伊朗学研究》（*Studia Iranica*）第 9 卷第 2 期，185—193 页。

(gati)。伏愿其命居三聚而坚远永隆。

(第40小节) 又愿诸王子、小娘子（公主）身体安泰，已躬永寿。诸臣仆効力至忠，亦愿其灾病俱消，福庆相资，永不分袂。

(第41小节) 又愿自身我从德太子灾祛孽除，瘳疾不作，破诸烦恼，永泰增寿。

(第42小节) 愿我诸世皆识前生，愿我拯救诸界众生皆得涅槃。

(第43小节) 愿我亲见诸佛，永无疾苦，愿我因虔敬而往生极乐世界（Abhirati)。(末题) 从德太子一切恭敬，敬礼佛法，命人写讫。

这一文书实为韵文体的礼佛偈或归敬偈式的发愿文。恩默瑞克的全译只称之为《从德太子的押韵文》，并指出它和于阗文中的礼忏文（Deśanā，提舍那）都属于于阗的密教金刚乘传统。

关于这篇文书的性质，如上所述。我们拟称之为发愿文，而不称之为礼忏文，理由如下：

于阗塞语文书中有《礼忏文》，是日本学者田久保周誉首先确定的。英国印度事务部图书馆藏Ch.c.001号于阗文写卷包括六件文书，除四件写经外，有两件，即该写卷的第755—851行、第1062—1190行（即贝利《于阗语佛教文书集》所转写的530、531号文书，见该书第249—252、253—255页）被田久保分别标为Deśanā（提舍那，即礼忏文）I和II[1]。后来贝利在《于阗语佛教文书集》第112—116页转写了P.3513号卷的1—12行，后者被人认为是Ch.c.001号写卷Deśanā I和II的大同小异的文本；贝利还把P.3513第76叶背1行—84叶背4行的文书也称为deśanā。如上所述，这个写本的开头部分与P.3510的最后两叶相同。

贝利在1962年发表了P.3513的英译本，直接称作《从德太子的礼

〔1〕 田久保周誉《燉煌出土于阗语秘密经典集的研究》，春秋社，1975年。

忏文（Deśanā）》。在译文之前，贝利解释了Deśanā的涵义，认为既可用以指颂佛宣教，也可以表示忏悔罪过[1]。我们对比了一下P.3513和P.3510前8叶的内容，认为两者性质不尽相同。另外，我们也对照了一下汉文写卷中的礼忏文[2]，认为P.3510前8叶与之也有所不同，因此，我们把此文书拟名为《发愿文》。

下面，我们主要讨论一下这篇《发愿文》的年代。关于它的年代，贝利教授在《从德太子》一文中只是说："10世纪于阗作者笔下的'中国''汉'几乎都是指张、曹两氏长期掌权的沙州独立政权（848—约1055年），于阗王尉迟输罗（Viśa' Śūra，967—977年在位）是沙州大王的外甥。"[3] 恩默瑞克教授指出，从德太子发愿文属于密宗金刚乘一类的文献，文书第38段提到他的父亲"圣君"（śiṃ-kūṃ）王，又见于敦煌文书斯坦因收集品Ch.I.0021b号背面《金刚乘文献》的第50—51行（《于阗语佛教文书集》〔*KBT*〕，第155页），其中讲到愿此王永保寿年。因为Ch.i.0021b背面文书的年代大致为10世纪后半期（参看恩默瑞克《于阗文献指南》，第41—42页），所以，从德太子的发愿文也应写于此时[4]。英国学者辛姆斯—威廉姆斯（Nicholas Sims-Williams）在一篇为恩默瑞克的《于阗文献指南》所写的书评中也认为，《张金山金刚乘发愿文》（Vajrayāna Verses of Cā Kīmä-śani）写于"圣君"王在位期间，而据P.3510第38段从德是"圣君"王之子，那么表明《从德太子发愿文》的年代应在10世纪后半期[5]。

看来，三位学者都认为这篇《发愿文》写成于公元10世纪或10世

---

〔1〕 贝利《从德太子礼忏文》（The Profession of Prince Tcūṃ-ttehi），本德尔（E. Bender）主编《布劳恩纪念印度学研究论集》（*Indological Studies in Honor of W. Norman Brown*），纽黑文，1962年，18—22页。

〔2〕 如《大正新修大藏经》第85卷，1303—1306页刊布的中村不折藏本两件和S.2354；井之口泰淳《关于敦煌本〈礼忏文〉》中刊布的P.2722（见《岩井博士古稀记念论文集》，85—87页）。此外，我们还从胶片中检读了S.236、S.332、S.1084、S.1306、P.2341背等号文书。

〔3〕 贝利《从德太子》，49页。

〔4〕 恩默瑞克《从德太子的押韵文》，185页。

〔5〕 辛姆斯-威廉姆斯《评〈于阗文献指南〉》（Review of *A Guide to the Literature of Khotan*），《英国皇家亚洲学会会刊》（*JRAS*）1981年号，第1期，85页。

纪后半期，至于具体的年代，则没有言及。实际上，要解决文书的年代问题，首先必须明了这篇《发愿文》的作者从德其人。

从德，于阗文原作 Tcūṃ-ttehi，比定为汉语的“从德”（高本汉拟音：* dz’i̯ung/dz’i̯wong/ts’ung-* tak/tak/tē[1]）在语音学上没任何障碍。我们在此所以采用“从德”这两个汉字而不用其他同音汉字的原因，主要是基于这样两条史料。首先，向觉明先生在《西征小记》一文中谈到他 1942—1943 年西行途中，在武威民众教育馆陈列室中，“见一木塔，六面俱绘佛像，色彩如新，描绘极精，不失五代宋初规模。木塔中空，据说明书云，内中原有小银塔一座，银塔上镌‘于阗国王大师从德’云云，原出敦煌千佛洞……五代时于阗与瓜沙曹氏互为婚姻，则此当是于阗国供养千佛洞之物。”[2] 这里的“于阗国王大师从德”，应即 P.3510 于阗文《发愿文》的太子从德。其次，1983 年 9 月初，我们在敦煌莫高窟参观期间，承段文杰所长、樊锦诗副所长和贺世哲、孙修身两位先生的多方照拂，仔细参观了一些有代表性的敦煌洞窟，其中最引起我们兴趣的是第 244 窟（张大千编号 253 窟，伯希和编号 95 窟），其甬道供养人像，南壁第一身为曹议金像，后为一童子像，再后是持弓箭侍从；北壁第一身为曹元德像，后为一童子像，再后是持弓箭侍从。其中南壁童子像未见题记，而北壁童子像旁有两条题记，第一条是“□德太子□□”，第二条是“德从子□□”[3]。第一条题记的第一个字根据其残存的笔画，似乎可以复原为“从”。如果这种识读能够成立的话，这里的“从德太子”也即 P.3510 于阗文《发愿文》的作者太子从德。

---

〔1〕 高本汉（B. Karlgren）《汉语形声新编》（Gramata Serica Recensa），《远东古物博物馆馆刊》（*The Bulletin of the Museum of Far Eastern Antiquities*）第 29 卷，斯德哥尔摩，1957 年，no.1191 和 919。

〔2〕 向达《唐代长安与西域文明》，北京，1957 年，340 页。银塔外的木塔，现藏甘肃省博物馆，承甘肃省博物馆吴礽骧同志的帮助，1983 年 8 月末我们见到了这座木塔的入藏照片及说明：“编号 2486，五代木彩绘塔罩，1956 年武威文物保管所移交。”根据下面考订的从德即位年代，这里的“五代”似应改为宋初。

〔3〕 我们检索了陈万里的《西行日记》、史岩的《敦煌石室画像题识》和谢稚柳的《敦煌艺术叙录》，均未录这两条题记。

从德到底是哪位于阗王太子呢？这或许可以从他自己所写的《发愿文》中找到答案。他称他的父亲为“王中之王”和“圣君”。关于“王中之王”，P.4099 号卷子是用于阗文抄写的一部佛经，名《文殊师利无我化身经》（*Mañjuśri-nairātmyātvatarā-sūtra*），在经文之后的题记中，发愿人写道：“我愿王中之王尉迟僧乌波早升净土；我愿尉迟输罗王已躬永寿。”〔1〕尉迟僧乌波（Viśa' Saṃbhava）即 912—966 年在位的于阗王李圣天。无独有偶，这里也把李圣天称为“王中之王”。另外，“圣君”，于阗文原作 Siṃ-Kūṃ，是来自汉语的一种称号。〔2〕我们曾在《关于唐末宋初于阗国的国号、年号及其王家世系问题》一文中刊布了 P.3016 号背面文书，其中《天兴七年（956 年）十一月于阗回礼使索子全状》的第 25—27 行，称李圣天为“翼祥传圣之君，仁德盛明之主”〔3〕，“圣君”或许就是“传圣之君”的简称。这样，P.3510《发愿文》中从德太子父亲的称号都可以在于阗王李圣天的称号中找到。但仅仅依据这些，还不能说从德之父即李圣天，因为我们知道，“王中之王”是来源于印度的一种尊称，常见于贵霜王朝的钱币上。在于阗，这一称号最早以佉卢文的形式见于大约公元 2、3 世纪的一位国王尉迟僧诃（Vij'ida Siṃha）的称号中〔4〕。到公元 10 世纪的晚期于阗塞语中，它除了出现在李圣天的称号中外，还出现在 978—约 982 年在位的尉迟达磨（Viśa' Dharma）王和大约 983—1006 年在位的于阗王尉迟僧伽罗摩（Viśa' Saṃgrāma）王的称号中；同时，我们在后者的称号中还找到了“圣君”这一称号的两个例证〔5〕。所以，仅仅从“王中之王”和“圣君”两个称号，还难以对从德太子之父是谁作出判断。在此应当指

---

〔1〕《于阗语佛教文书集》（*KBT*），135 页；同作者《于阗语文书集》（*KT*）第 2 卷，剑桥，1954 年，123 页；蒲立本（E. R. Pulleyblank）《钢和泰卷子年份考》（The Date of the Staël-Holstein Roll），《泰东》（*AM*）新辑第 4 卷第 1 期，1954 年，92—93 页。

〔2〕贝利《瞿萨旦那：于阗的塞人王国》（Gaustana：The Kingdom of the Sakas in Khotan），《于阗语文书集》（*KT*）第 4 卷，剑桥，1961 年，4 页。

〔3〕张广达、荣新江《关于唐末宋初于阗国的国号、年号及其王家世系问题》，北京大学中国中古史研究中心编《敦煌吐鲁番文献研究论集》，北京，1982 年，194 页。

〔4〕恩默瑞克《于阗文献指南》，东京，1979 年，3 页。

〔5〕贝利《瞿萨旦那：于阗的塞人王国》，4—5 页。

出的是，恩默瑞克和辛姆斯—威廉姆斯都把张金山《金刚乘发愿文》中的“圣君”作为一个王的名字而不是称号来考订 P.3510 的年代，自然得不出满意的结果。

更重要的证据是从德太子对他母亲的描述，《发愿文》称其母是“大汉皇后”，可见这位皇后出身于一个汉族家庭。贝利教授早就指出，于阗作者笔下的“中国”或“汉”指的是张、曹两氏先后掌权的归义军地方政权。这样，可以说从德太子的母亲是来自沙州的一位和亲公主。我们遍检史籍、文书和壁画题记中有关归义军张、曹两氏和于阗交往的材料，除 Ch.i.0021a 于阗文文书中记载了尉迟达摩王曾派使臣到沙州请求降嫁公主，但未知与否外〔1〕，只有李圣天曾经娶曹议金女为皇后，这在敦煌莫高窟第 61 窟和第 98 窟这位曹氏皇后的题记中可以得到明证。由此，我们可以比较有把握地说，从德太子的母亲“大汉皇后”即李圣天的皇后曹氏。这样，我们回过头来再看莫高窟第 244 窟甬道壁画把从德太子画在其舅曹元德的身后就不足为奇了。我们根据从德太子在《发愿文》中对其父母的称谓，基本可以把从德比定为于阗王李圣天及其皇后曹氏的太子。

这样，我们自然而然地想到《续资治通鉴长编》卷七中的两条记载：“乾德四年二月，于阗国王遣其子德从来贡方物。”“是岁，于阗国王李圣天遣其子德从来贡方物。”〔2〕我们在《关于唐末宋初于阗国的国号、年号及其王家世系问题》一文中认为，这位德从太子是和在莫高窟第 444 窟留下题名的大宝于阗国皇太子从连和琮原一起于乾德二年（甲子，964 年）八月在敦煌参加法会后，再入贡于宋的。如果我们根据 P.3510 中的“Tcūṃ-ttehi”把《长编》中“德从”的名字颠倒过来，写作“从德”，就恰好与其他两位太子从连、琮原的名字相符合〔3〕。

---

〔1〕 贝利《塞语文书转写卷》（*Saka Documents*, *Text Volume*），伦敦，1968 年，68—70 页；金子良太《敦煌出土张金山关系文书》，《丰山学报》第 19 号，1975 年，109—118 页。

〔2〕《宋史》卷四九〇《外国传·于阗国》略同。

〔3〕 按“琮”，古音通“从”，《唐韵》“藏宗切”；《广韵》“疾容切”。参看高本汉《汉语形声新编》no.1003 拟音 dzöng/dz'uong/ts'ung。

因此，我们认为P.3510《发愿文》的作者从德太子，就是乾德四年入贡于宋的李圣天之子“德从”，其名字的颠倒可能是由于传译或宋朝国史实录当时记录、抄写之误，所以，《长编》等宋代史籍给我们留下的名字都是“德从”而不是从德，如果没有敦煌出土的文物、文献和保存的题记，这千年之讹是难以澄清的。

由《长编》的“德从”一名，又联系到莫高窟第244窟甬道北壁的第二条题记：“德从子□□”。看来，当时确实有一个叫德从的人，但这个德从肯定不会是《长编》所记乾德四年入贡于宋的“德从”，因为我们已经证明《长编》的“德从”应当是第244窟第二条题记“德从子□□”之前的第一条题记所载的“从德太子”。这两条题记目前已残，题在甬道北壁画的一个童子之旁，而对面南壁上的童子像目前找不到题名，那么，“德从子”会不会是指对面南壁上的童子呢？就我们所知，似乎很难找到这种方式的题名法。目前，我们只可以比较有把握地说，北壁上的童子像应即从德太子。那么“德从子”又如何解释呢？日本学者金子良太先生在《敦煌出土张金山关系文书》一文中，根据敦煌文书Ch.00274于阗文《佛本生赞》（阇陀伽赞 *Jātakastava*）跋文，复原了于阗王尉迟输罗和尉迟达磨两朝重臣张金山的家族成员的姓名。其中，张金山的叔父就叫张德从（于阗文 Cā ttaiha tcainä <Chang Tē-ts'ung)[1]。我们知道，于阗文长卷《佛本生赞》是张金山请人（一说自己）写成献给当时的于阗王尉迟输罗（967—977或978在位）以为功德的[2]，由此可知张金山和尉迟输罗是同时代人，后面我们将要证明，P.3510中的太子从德即后来的尉迟输罗王，那么，张金山叔父张德从之子与从德太子为同时之人，并以贵戚之子的身份与从德太子一起

---

〔1〕 金子良太《敦煌出土张金山关系文书》，111页。此外，金子良太还检出张德从的于阗文字为Kharūṣa，见于《钢和泰杂卷》第40行和第47行。

〔2〕 德莱斯顿（M. J. Dresden）《佛本生赞》（The *Jātakastava* or “Praise of the Buddha's former Births”），《美国哲学学会会刊》（*Transactions of the American Philosophical Society*）新辑第45卷第5期，费城，1955年；贝利《佛本生赞题记》（The Colophon of the *Jātakastava*），《大印度学会会刊》（*The Journal of the Greater India Society*）第11卷第1期，1944年，10—12页。

题名莫高窟，似乎就可以理解了。

我们已经考订了P.3510《发愿文》的作者是于阗王李圣天的太子，根据上引千佛洞所出银塔题名“于阗国王大师从德”，可知从德后曾为于阗王。贝利教授在《从德太子》一文中指出，于阗王尉迟输罗即沙州曹大王的外甥[1]。他虽然没有作进一步的探讨，看来似乎已经倾向于把从德太子比定为尉迟输罗王。实际上，蒲立本教授早已证明，尉迟输罗在967年继李圣天为王，年号天尊，根据P.5538正面于阗文文书，他曾在对疏勒的黑汗王朝的战争取得胜利之际，于天尊四年（970年）致书其舅沙州曹元忠大王，报告他率军进攻所取得的战果[2]。从这封钤有尉迟输罗的“书诏新铸之印”的国王诏书中，我们可以清楚地知道尉迟输罗的母亲就是曹元忠的姐姐，也即嫁给李圣天为后的曹氏。由此可推定，尉迟输罗即李圣天之子[3]。我们目前找不到从连、琮原曾经为王的记载，而从千佛洞所出银塔题铭可知从德却曾为王，所以，这位尉迟输罗王作为李圣天之太子，舍“于阗国王大师从德”莫属。也可能，从德是李圣天的长子，所以李圣天在964年只派遣他到宋朝入贡，而从德因为有东入大宋一段因缘，在兄弟中又以嫡以长最为显贵，所以，967年由宋回国后就即位为王，年号天尊，“天尊”之义也许就是受天朝之尊而立的意思吧。

总之，把以上材料按年代排比一下，可以粗略了解从德（尉迟输罗）的大致生平。从德还在孩童时就曾来到沙州舅家，在莫高窟第244窟的甬道留下了题名和画像。待其长大成人，曾在李圣天天寿二年（宋乾德二年，964年）八月与兄弟从连、琮原一起再到敦煌参加法会，然后登程，于天寿四年（乾德四年，966年）二月到达汴梁，向宋朝进贡。回国后恰遇父王李圣天去世，于是即位为王。在他统治时期，于阗佛教更加兴盛，显教学之外，密教学金刚乘（Vajrayāna）也流行起来，

---

〔1〕 贝利《从德太子》，49页。

〔2〕 蒲立本《钢和泰卷子年份考》，91—94页。

〔3〕 贝利《室利尉迟输罗和大王》（Srī Viśa' Śūra and The Ta-Uang），《泰东》新辑第11卷第1期，1964年，17—26页。

《佛本生赞》《文殊师利无我化身经》《金刚乘发愿文》等大批于阗文佛教文献就产生在他的时代。在他统治的后半期，于阗曾经与占有疏勒的大食即信仰伊斯兰教的黑汗王朝进行过长期的宗教战争，并取得了一定的胜利。从德也和其父李圣天（尉迟僧乌波）一样，既有自己本民族的名字尉迟输罗（Viśa' Śūra），又按汉族的习惯取了汉名“从德”，这也反映了于阗尉迟氏政权和中原的汉族政权以及沙州归义军地方政权之间源远流长的密切关系。

P.3510《发愿文》的作者从德的生平既明，其年代也就不难考定。首先，因为从德是以太子的身份让人写这篇《发愿文》的，所以，它的下限不会晚于 967 年从德即位；又因为莫高窟第 244 窟是沙州节度使曹元德 935—940 年节度瓜沙时重修的[1]，当时从德还是个孩子，因此，保守地说，《发愿文》的上限不早于 935 年。实际上，这篇保存在敦煌的完整《发愿文》，很可能是 964 年前后从德在敦煌参加法会时留下的东西。

最后还应提到的是，P.3510《从德太子发愿文》后面第 9—10 叶所写的另一篇《礼忏文》的开头，和 P.3513 文书第 76 叶背 1 行至 78 叶正 1 行《礼忏文》开头一样，因此，贝利教授在 1962 年所写的《从德太子礼忏文》一文中翻译 P.3513《礼忏文》全文时，尽管 P.3513《礼忏文》中没有“从德”一名出现，正如标题所示，他仍然认为其作者某太子就是从德。这种看法是正确的。在这篇完整的《礼忏文》中，我们可以看出从德的佛教思想深受汉地佛教的影响，但这个问题涉及于阗佛教的演变史，越出本文范围，故在此从略。

（原载《1983 年全国敦煌学术讨论会文集·文史遗书编》上，甘肃人民出版社，1987 年，163—175 页）

〔1〕 贺世哲、孙修身《瓜沙曹氏与敦煌莫高窟》，敦煌文物研究所编《敦煌研究文集》，兰州，甘肃人民出版社，1982 年，241—242 页。

关于和田出土于阗文献的年代及其相关问题

自19世纪末以来，在和田和敦煌发现的每一件于阗语写本或残片，对于解明古代西域乃至河西走廊的历史，都具有极其重要的价值。但是，在利用这批珍贵文献做历史学研究之前，除了对这些“死文字”材料进行解读之外，还应确定各类写本以及各个写本的年代，至少应当找出每种文献或文书的大致年代界限。这不仅能使人们利用它们正确地解释历史，同时也有助于于阗语言文字的深入探讨。因此，有关于阗文献的年代学研究，应当是和于阗语的研究同步进行的。在这方面，于阗语研究的前辈学者如霍恩雷（A. F. R. Hoernle）、柯诺夫（S. Konow）、贝利（H. W. Bailey）以及汉学家蒲立本（E. G. Pulleyblank）、佛教史家井之口泰淳等，都对考订于阗文献的年代做出过贡献。直到今天，有关这一问题的讨论仍在突厥学家哈密屯（J. Hamilton）、伊朗语学者熊本裕和本文作者之间进行，并引起越来越多的学者的兴趣，据闻现在大力研究于阗文献的施杰我（P. O. Skjærvø）也正准备发表新的见解。可以说，有关于阗文献年代的探讨，已经超出论题本身而大大丰富了人们对于阗历史和语言的认识。

1982年，我们发表了《关于唐末宋初于阗国的国号、年号及其王家世系问题》〔1〕。翌年，又在《敦煌文书P.3510〈从德太子发愿文（拟）〉及其年代》一文中〔2〕，做了某些补充。其中前稿被译为法文

〔1〕 北京大学中国中古史研究中心编《敦煌吐鲁番文献研究论集》，北京，中华书局，1982年，179—209页。

〔2〕 敦煌文物研究所编《一九八三年全国敦煌学术讨论会文集·文史遗书编》上，兰州，甘肃人民出版社，1987年，163—175页。

在巴黎刊出后[1]，哈密屯教授[2]和熊本裕博士[3]先后发表文章，提出了一些补充和批评意见。这使我们得到教益，促使我们深入考虑问题。与此同时，近年来又有一些关于于阗年代的新材料被发现，促使我们核对某些原来的见解。本文就是我们根据同行的教示和新发现的材料而做的进一步探讨。在本文中，我们集中讨论和田范围内出土文献的年代，目的在于从考古、历史、语言等不同角度来考察近年新发现的木函文书的年代，并对蒲立本提出的一大批和田出土文书的年代重做考订，我们希望我们对这些文书年代的新考订有助于利用这些文书说明更加确切的时代的历史真相。至于敦煌文献所反映的晚唐、五代、宋初的情况，我们拟在另一篇文章中加以详细考察。

一、和田新出土的于阗文木函文书的来源及其年代

1981 年，中国的《人民画报》第 1 期刊出了一件新发现的于阗文木函的部分照片。经吉田丰氏的提示，这件新发现的于阗文文献引起了汉堡大学恩默瑞克（R. E. Emmerick）教授的注意。1984 年，他根据新疆博物馆提供的照片，转写、翻译了这一木函文书[4]。这件木函文书是一份人口买卖契，年份是 salī 4 māśta 2 haḍā 5 ṣa' kṣuṇä miṣḍā gyasta havanä rraṃdä viśa'sīmhyi（圣天于阗王 Viśa' Sīmhyi 四年二月五日）。恩默瑞克在文章中推测这位 Viśa' Sīmhyi 王是公元 851—911 年在位的统治

---

〔1〕 Zhang Guangda et Rong Xinjiang, "Les noms du royaume de Khotan", *Contributions aux Études de Touen-houang*, Vol. III, Paris 1984, pp. 23–46 + 4 pls.

〔2〕 J. Hamilton, "Sur la chronologie Khotanaise au IXe–Xe siècle", *Contributions aux Études de Touen-houang*, Vol. III, pp. 47–53.

〔3〕 H. Kumamoto, "Some Problems of the Khotanese Documents", *Studia Grammatica Iranica. Festschrift für Helmut Humbach*, ed. by R. Schmitt and P. O. Skjærvø, München, 1986, pp. 227–244.

〔4〕 R. E. Emmerick, "A New Khotanese Document from China", *Studia Iranica*, XIII. 2, 1984, pp. 193–198, pl. XIV; R. E. Emmerick and P. O. Skjærvø, *Studies in the Vocabulary of Khotanese* II, Wien 1987, pp. 131–132, s. v.

者，因为自从蒲立本教授根据 Hedin 24 于阗文书考订了这段时间的王统[1]以来，人们一直没有找到相应的统治者。其后，熊本裕氏基于9世纪于阗历未必与中原历一致这一认识，否定了蒲立本的年代考证以及相应建立的851—912年间的王统，认为木函文书中的 Viśa' Sīmhyi 似是978年即位的尉迟达磨（Viśa' Dharma）的继承者[2]。

我们认为，要正确地考订这一木函文书的年代，首先应当对它的来龙去脉有个清楚的认识。《人民画报》的报道说木函是在“丹丹乌勒克”发现的，并把它和著名的“丹丹乌里克”（Dandan-Uiliq）联系起来。实际上，两者并非一地。该《画报》所绘地图表明，发现木函的丹丹乌勒克不会越出老达玛沟（Old Domoko）的范围，距斯坦因（M. A. Stein）发掘的丹丹乌里克有数十公里之遥。据1978年征集这件木函时在场的殷晴先生撰文介绍，这个木函实际上是在策勒县老达玛沟东北“铁提克日木”遗址发现的。他还指出，距现耕地界约11公里的铁提克日木，是一个范围广阔的古代遗址，即黄文弼《塔里木盆地考古记》中所记录的“特特尔格拉木”遗址。[3] 1977年，策勒县曾组织人在这一带调查，发现过一些钱币、装饰品和生活用品。

因为文书的出土地情况对于判定文书的年代至关重要，所以，我们不妨把黄文弼先生1929年访察该遗址的报告摘要录载于下：

> 通过旧达摩戈（Old Domoko）村，向北东行，入沙碛，约五、六里地，即有红色陶片散布，显示已逼近古代住宅区域也。转东行，至一为数众多之瓦砾场，地名特特尔格拉木。西南东北一浅绵延约数里。房屋虽已毁败，但审其痕迹，街衢巷陌尚可辨识，中有大道一条，路向东北，显为一旧时市镇之残迹。达摩戈干河经行旧址之西，向北微偏西去。……旧达摩戈在其西南约十余里。[4]

---

[1] E. G. Pulleyblank, “Date of (the Hedin) 15, 16”, *KT* IV, pp. 179-181.

[2] H. Kumamoto, “Some Problems of the Khotanese Documents”, pp. 11, 14.

[3] 殷晴《一件新发现的于阗语文书》，《新疆社会科学研究》1986年第12期，1—2页。

[4] 黄文弼《塔里木盆地考古记》，北京，科学出版社，1958年，48页。

黄先生在此除见到许多水波纹、联珠纹红陶片或边缘为浮雕人、兽形的器柄外，还拾到许多“龟兹小铜钱”，并断定为4、5世纪物。此外，遗址中心西约五、六里处有一土墩，又北里许有高土台，旁有房屋遗址和街衢，在房址中得五铢钱一枚。再北亦有建筑区，陶片散布，拾五铢钱数枚，他认为似刘宋“荚子钱”，说明这一带古址的年代为5世纪。

20世纪初，斯坦因曾在其先后三次中亚探险中，详细地考察、发掘过策勒县东北老达玛沟一带的遗址。“铁提克日木”或“特特尔格拉木”一名，未见斯坦因著录，但在老达玛沟东北的古遗址，他的地图上却只有 Farhād-beg-yailaki〔1〕。1908年2月，斯坦因从 Kara-dong 溯克里雅河南上，又转西进入策勒境内，希望找到这个早已听说过的遗址。但由于向导引错了路，只好经老达玛沟来到 Malaka-ālagan（玛拉阿拉干，今为策勒县良种场场部所在地）。经过休整，斯坦因等人于3月2日由此出发，向东转北进入这一遗址区。据斯坦因的记载，遗址距玛拉阿拉干最近处为六英里，遗址范围由东南到西北约4.5英里，分布相当广阔。斯坦因在此总共发掘了12处遗址（编号作 F. I–XII），出土了梵文贝叶写经、木板婆罗谜（Brāhmī）文书以及木板佛画、壁画、东汉五铢钱等物，还找到了一座与和田城正北方向的遗址热瓦克佛塔（Rawak Vihāra）形制相类似的残塔基（F. VI）。他根据出土文物推断，除 F. XII 号遗址年代稍晚一点外，Farhād-beg-yailaki 遗址的年代应在唐朝以前，其理由有五：（1）当地只有东汉五铢而绝无唐钱；（2）封泥的形式与尼雅遗址出土者相同；（3）在绘画上受印度影响较丹丹乌里克和哈达里克（Khādalik）出土的为重；（4）书写材料以木板为主，而不像丹丹乌里克、哈达里克等唐代遗址那样，纸占统治地位；（5）文字只有婆罗谜文，而未见汉文和藏文。此外，斯坦因还指出，这里没有找到4世纪之前使用的佉卢文文书。他根据他推断的捍（媲）摩城的位置（Uzun-tati），把此地和宋云记载的“末城”联系起来〔2〕。

---

〔1〕 M. A. Stein, *Serindia*, Oxford 1921, map No. 31, A4.

〔2〕 *Serindia*, pp. 1246–1262, figs 296–317, plates 56–58.

对比以上三者记述的方位、里程、古河道位置、遗迹分布和出土文物的情况，斯坦因的 Farhād-beg-yailaki 应当就是铁提克日木或特特尔格拉木。我们近年在这一带的实地考察为两者的比定提供了实证。

1983 年秋和 1986 年秋，我们曾两次到和田的策勒县达玛沟（Domoko）一带做短时间的踏访。1983 年 9 月 30 日，在当地负责人帮助下，由维吾尔族人 Asiyahan 氏向导，从玛拉阿拉干乘炮车牵引车北偏东行，在红柳（柽柳、Tamarisk）根部多年形成的巨大沙包群中迂曲前进。约行 12.5 公里，开始出现房屋遗址，这种遗址实际是红柳枝编成的墙，墙脚内外有大量陶片、胡杨木片。稀疏的墙脚遗址沿古河道展开，间有窑址、桑林残根、受火烧过的残铜钱。房屋遗址中常可找到方孔小铜钱、铜环等。如此绵延 2、3 公里，到达一处土台，据称原是佛塔。自佛塔改向北行，沿渠底前进，数百米有佛塔残基，当地百姓称之为“丹丹”（Dandan）。由佛塔西北行，约 5 公里有遗址，存墙基、红陶片，方圆百余米。西北 300 余米有佛塔，在土阜之上，佛塔四周有房屋遗址。我们是带着斯坦因的地图进入沙漠的，道路任凭人们在柽柳根沙丘中迂回选择，全由多年在沙丘中放牧的向导指点。向导称这一带为铁提克日木（Titirkerem）。今天所见遗迹的一般面貌与斯坦因、黄文弼时期无大差别，只是佛塔等遗址已遭进一步的破坏。发现于阗文木函文书的丹丹乌勒克，显然指的就是有这一类被称作“丹丹”的佛塔的地方。

今天的铁提克日木（Farhād-beg-yailaki）布满柽柳根沙丘，遗址的废弃年代应当就是这里出土的文书的年代下限。斯坦因把这片遗址和宋云的末城相联系固然有待证明，但他把大部分遗址断在 5 世纪却是有根据的。黄文弼先生也持有同样的看法。对此，我们可以补充几点意见。

斯坦因已经指出，F. VI 号佛塔残基与热瓦克佛塔形制格局很相似，而后者的年代约在公元 3、4 世纪之交〔1〕。据此，F. VI 号佛塔的年代

〔1〕 B. Rowland, *The Art of Central Asia*, New York 1907, pp. 126, 220–221；熊谷宣夫《西域の美术》,《西域文化研究》第五，法藏馆，1962 年，86—87 页。

也不应晚于4世纪末期。至于这里的壁画，虽然早期研究者如安德烈斯（F. H. Andrews）把它们和哈达里克、巴拉瓦斯特（Balawaste）等地壁画混为一谈，认为是7、8世纪的产物[1]，但后来的研究者们倾向于把Farhād-beg-yailaki区分出来，因为其绘画的手法和形制都较哈达里克等唐代遗址为古老，如F. II. iii.2毗卢折那主像小像的安排，也是和热瓦克佛塔的壁雕形制相同[2]。甚至斯坦因认为稍晚一些的F. XII号遗址，也不会太晚，因为这里出土的壁画鬼子母像被艺术史家考订在6世纪中叶[3]。同一地点出土的贝叶本梵文《妙法莲华经》，也由梵语文学者断定在6世纪[4]。除了F. XII遗址出土的梵文贝叶经外，在文字材料方面，斯坦因在F. II和F. III遗址找到很少一些于阗语文书。从书写材料看，这些文书都是写在木板之上[5]，显然较哈达里克、巴拉瓦斯特和丹丹乌里克出土的唐代纸质文书要早得多；从文书的字体来看，也比和田其他遗址出土文书的字体显得古老些，托玛斯（F. W. Thomas）由此怀疑F. II. i.1和F. II. i.006-007等号文书是于阗语言的最早记录[6]；从文书的语言来看，F.05是所谓古于阗文（Old Khotanese）所写的佛教文献*Karmavibhaṅga*[7]，其他则是用晚期于阗文（Late Khotanese）写的世俗文书。下文将谈到，晚期于阗文的年代至少可以推到7世纪初叶甚至更早。所以，上述一系列事实表明，铁提克日木遗

---

〔1〕 F. H. Andrews, *Catalogue of Wall-paintings from Ancient Shrines in Central Asia and Sīstān*, Delhi 1933, pp. viii, 48, 52, 53, 56, 81-82.

〔2〕 J. Williams, "The Iconography of Khotanese Painting", *East and West*, new series, Vol. XXIII, Nos. 1-2, Rome 1973, pp. 110-111, 122.

〔3〕 M. Bussagli, *La peinture de l'Asie Centrale*, Genève 1978, p. 54.

〔4〕 Cf. A. Yuyama, *A Bibliography of the Sanskrit Texts of the Saddharmapuṇḍarīkasūtra*, Canberra 1970, pp. 22-33及其所引文献。L. de la Vallée Poussin曾提醒人们注意，这批梵文贝叶经较丹丹乌里克出土的梵本《金刚经》似更为古老些，见所撰"Documents sanscrits de la seconde collection M. A. Stein", *JRAS*, 1911, p. 1068.

〔5〕 A. F. R. Hoernle, "Inventory List of Manuscripts in Sanskrit, Khotanese, and Kuchean", *Serindia*, pp. 1455-1456.

〔6〕 F. W. Thomas, "Brāhmī Script in Central-Asian Sanskrit Manuscripts", *Asiatica*, *Festschrift F. Weller*, Leipzig 1954, pp. 679, 692. F. II. i. 1 in *KT* II, p. 69; F. II. i. 006 in *KT* II, p. 69; *SD* IV, pl. LXXV; *SDTV*, pp. 101-102; Cf. H. W. Bailey, "Kusanica", *BSOAS*, XIV. 3 (1952), p. 426; F. II. i. 007 and F. III. ii. 001 in *KT* V, p. 271.

〔7〕 *KT* III, p. 132.

址的年代下限至少在唐代以前，其中的出土文物以属于5、6世纪者居多。

铁提克日木遗址新出土的木函文书和斯坦因所得木函文书形制相似，又出土于同一地区，因此不难把它的年代上溯到公元7世纪以前。关于这一点，还可以从以下事实得到佐证。

迄今所知，与恩默瑞克转写、翻译的这一木函文书〔以下简称木函一〕相类似的木函，还有贝利教授刊布的Or.9268号文书[1]〔以下简称木函二〕和施杰我博士在伦敦印度事务部图书馆（India Office Library）发现的第三件木函文书〔以下简称木函三，未刊〕。木函二的出土地点不明，但它来源于和田地区当无疑问。这可以从恩默瑞克指出的下述事实得到证明，即在所有已知的于阗文献中，有两个人名仅见于木函一和木函二[2]。这件明确标示为 salī x māśtä 8 haḍā 27 si' kṣuṇä miṣḍāṃ gyastä hvaṃnä mistä rruṃdänu rruṃdä viśa' dharmä“时圣天、于阗大王、王中之王 Viśa' Dharmä 某年八月廿七日”的文书，由哈密屯教授编入他认为的中兴年间（978—982—986?），显然，他把木函二中的Viśa' Dharmä 王和敦煌文书 Ch.i.0021a. a 中的 Viśa' Dharma 王勘同为一[3]。然而，据藏文《于阗国授记》（*Li-yul lung-bstan-pa*），于阗历史上至少有三位君主名叫 Vijaya Dharma[4]，若无其他有力证据，木函二文书中的 Viśa' Dharmä 王似乎不能只考虑列入10世纪末的可能，也应参照文书的形制，考虑放在与铁提克日木出土的木函文书同样时代的可能。

从考古学的遗址年代和器物分期的角度考虑，木函一文书中的Viśa' Sīmhyi 王的年代或许应列入唐代以前的5、6世纪，与之相关的木函二文书中的 Viśa' Dharmä 王的年代也可能属于同样的时期。这两位国

---

〔1〕 *KT* II, pp. 13-14; *SD* I, pl. IV-V; *SDTV*, pp. 5-9.

〔2〕 R. E. Emmerick, “A New Khotanese Document from China”, p. 194.

〔3〕 J. Hamilton, “Les règnes khotanais entre 851 et 1001”, *Contributions aux études sur Touen-houang*, ed. by M. Soymié, Genève-Paris 1979, p. 51.

〔4〕 R. E. Emmerick, *Tibetan Texts concerning Khotan*, London 1967, p. 99.

王的关系还可以从施杰我发现的木函三加以推测。施杰我于1984年在布达佩斯做的一次讲演中，报导了他的新发现。在长方形木函的内侧，是写于 salī 1 māśtä 10 haḍā 22mye kṣuṇä miṣḍā gyastä havṃni misti rrāṃdäna rrāṃdi viśya sīhye“圣天、于阗大王、王中之王 Viśa' Sīmhye 元年十月廿二日”的文书；而底部是写于 salī 2 10（?）māśti llmye kṣuṇä miḍāṃ gyasti hvaṃni misti rrāṃdä viśa dharmä“圣天、于阗大王 Viśa' Dharmä 二年十月十一日”的文书。他认为两件文书是先后写成的，因此可以把 Viśa' Sīmhye 王插入蒲立本考订的尉迟输罗（Viśa' Śūra）和尉迟达磨（Viśa' Dharma）王之间，在位年代是973—976年[1]。由于三件木函的相似性，我们上面关于木函一和木函二的年代讨论也可以用来判定这件木函文书的年代，因此，其中提到的 Viśa' Sīmhye 和 Viśa' Dharmä 王或许就是木函一、二中分别见到的 Viśa' Sīmhyi 和 Viśa' Dharmä。关于 Viśa' Sīmhyi 和 Viśa' Dharmä 王的确切年代，目前不易考定。上文提及，藏文《于阗国授记》记载了三位 Vijaya Dharma 王，同书还记载了三位 Vijaya Siṃha[2]。但该书记载的大部分王统都没有绝对年代，而且其所记于阗建国的年代和该书的成书年代也都在讨论之中，迄无结论。因此，我们只把现象列举于上，而不勉强做推测性的比定。总之，藏文材料所记于阗史上同名国王的大量存在使我们相信，上述三件木函文书中的 Viśa' Sīmhyi 和 Viśa' Dharmä 两王的年代，很可能要随木函年代而上溯到5、6世纪，而不是置于9、10世纪。

我们之所以倾向于把目前发现的三件于阗文木函文书的年代追溯到唐朝以前，根据在于这种木函正是5、6世纪乃至更早的于阗王国最基本的文书形式。唐初姚思廉所撰《梁书》卷五四《诸夷传》于阗条记载当地的制度、风习，有“书则以木为笔札，以玉为印。国人得书，戴于首而后开札”[3] 的记载。所谓“木札”，应当就是这种可以用绳索

---

〔1〕 此据 P. O. Skjærvø,“The Khotanese Documents” 的讲演稿和1985年4月30日的信。谨在此向 Skjærvø 博士表示感谢，并希望尽早读到他关于木函三的详细论说。

〔2〕 R. E. Emmerick, *Tibetan Texts concerning Khotan*, pp. 99–100.

〔3〕《梁书》卷五四《诸夷传·于阗》，北京，中华书局，1973年，814页。

和封泥封住的木函，所以要开札才能阅读。上面提到的哈密屯、恩默瑞克、熊本裕和施杰我诸氏在试图将上述三件木函放在公元9、10世纪时，显然都忽视了这一点。而且，敦煌发现的各种官私文书，几乎无例外地都是用纸来书写，特别是从于阗王府送到沙州的P.5538a《天尊四年（970年）于阗王尉迟输罗致沙州大王曹元忠书》，标识着当时的于阗文书早已不使用木函或木板的形式了。

因此，从文献记载来看，于阗使用木函的时代至晚应当在公元6世纪上半叶的梁代。不仅如此，从目前所见新疆各地发现的文书材料来看，除了少量丝织品或兽皮类之外，主要是简牍和纸。两汉以来主要是以简牍为主，至西晋时期出现了有明确纪年的纸本文书，而简牍和纸的交替时期应在东晋、前凉时期。[1] 因此，于阗使用木函的年代似乎还可以考虑提前。早期的于阗和3、4世纪的鄯善国一样，在贵霜王朝的影响下，一度使用佉卢文拼写的犍陀罗语（Gāndhārī，即西北印度的梵文俗语）作为官方语言。值得注意的是，和田、且末之间的安得悦（Endere）出土过一件木质佉卢文契约文书（原编号E. VI. ii.1，一般用整理编号No.661）[2]，其年代是saṃvatsara 10 mase 3 dhivajha 10 4 4 ij'a ch'unami khotana maharaya rayatiraya hinajha dheva vij'ida siṃha“时于阗大王、王中之王、军事首领、天神Vij'ida Siṃha十年三月十八日”[3]。由于这件文书的孤立性，目前对它的年代还未能得出一个比较满意的结论，于阗东面的鄯善使用佉卢文的下限在公元4世纪，所以，这件文书的年代似乎不应晚于这个界限。但是，如果从整个塔里木盆地来看，佉

〔1〕 参看马雍《新疆所出佉卢文书的断代问题》，《文史》第7辑，北京，中华书局，1979年，82页。诚然，Hedin编号的木简文书属于唐中叶以降，藏文木简文书属于吐蕃时期，应是由于当地缺少纸的缘故，这更是当时在不得不用木简时，也不再使用木函的佐证。

〔2〕 *Serindia*, pp. 276, 291, pl. XXXVIII.

〔3〕 M. A. Boyer, E. J. Rapson and É. Senart, *Kharoṣṭhī Inscriptions discovered by Sir Aurel Stein in Chinese Turkestan*, Part II, Oxford 1927, p. 249; S. Konow, "Notes on Khotanī Saka and the Central Asian Prakrit", *AO*, XIV (1936), pp. 231-240; T. Burrow, *A Translation of the Kharoṣṭhī Documents from Chinese Turkestan*, London 1940, p. 137; H. W. Bailey, *The Culture of the Sakas in Ancient Iranian Khotan*, New York 1982, p. 2; 林梅村《佉卢文书及汉佉二体钱所记于阗大王考》，《文物》1987年第2期，36—37页。

卢文在北道龟兹地区一直使用到公元7世纪[1]。所以，也不排除把这件No.661文书放在4至7世纪之间的某个年代里的可能性。前人早已指出，这件文书的特征是其中的两个伊朗语词汇和几个零星的婆罗谜字母[2]，透露出它和于阗塞语有某些关系。最近希契（D. Hitch）氏进一步指出，No.661文书末尾字母的形式也和于阗塞语相似[3]。现在拿它来和木函一和木函三加以对比，不仅国王的名字相同，而且No.661中于阗国王的佉卢文称号与木函三的于阗文相应部分，除hinajha dheva和miṣḍā gyasta有少许差异外，其他都一一相应。因此，我们不排除上述佉卢文书与于阗文文书所记同名国王为同一人的可能性。但是，上文已经指出，于阗史上叫作Vijaya Siṃha的国王不止一位；另外，佉卢文书中的khotana应相应于古于阗文的hvatana，而于阗文书中的hvanä或hvaṃni，则是晚期于阗文的形式。目前对所谓古于阗文和晚期于阗文的年代还没有明确的界说，仅从上述不同点出发，我们对两种文书中的同名国王似为同一人的可能性持保留的态度。总起来讲，佉卢文书和于阗文书之间至少应存在着某种连续性，而这种从文书形式、语言到内涵的连续性同样使我们倾向于把三件于阗文木函文书放在公元5、6世纪，这或许正是于阗官方语言文字从佉卢文写的犍陀罗语转变成婆罗谜文写的于阗塞语的最初阶段。

由于于阗文木函文书具有晚期于阗语特征，我们在此简要谈谈古于阗文和晚期于阗文的使用年代问题。研究于阗语的学者一般把现存的于

---

〔1〕 F. Bernhard, “Gāndhārī and the Buddhist Mission in Central Aisa”, J. Tilakasiri (ed.), *Añjali, Papers on Indology and Buddhism, O. H. de A. Wijesekera Felicitation Volume*, Peradeniya 1970, pp. 55-62（笔者未见，转引自D. Hitch, “Kharoṣṭhī Influences on the Saka Brāhmī Scripts”, W. Skalmowski and A. van Tongerloo (eds.), *Middle Iranian Studies*, Leuven 1984, p. 198). Cf. H. W. Bailey, “Taklamakan Miscellany”, *BSOAS*, XXXVI. 2 (1973), p. 226, pls. III-IV.

〔2〕 T. Burrow, “Iranian Words in the Kharoṣṭhī Documents from Chinese Turkestan”, *BSOS*, VII. 3 (1935), p. 514; H. W. Bailey, “*hinaysä* ‘general’”, *BSOS*, VIII. 2-3 (1936), pp. 790-791; R. E. Emmerick, *A Guide to the Literature of Khotan*, Tokyo 1979, p. 4.

〔3〕 D. Hitch, “Kharoṣṭhī Influences on the Saka Brāhmī Scripts”, p. 189.

阗文献的语言，划分为古于阗文和晚期于阗文两个阶段[1]，以表示“于阗人、于阗语”的词为例，古于阗文作 hvatana-，晚期于阗文则作 hvaṃna-，hvana-，hvaṃ-，后者即玄奘所记的“俗语谓之涣那国”的“涣那”。恩默瑞克由此认为，不论是古于阗文的 hvatana-，还是晚期于阗文的 hvaṃna-，都可以追溯到7世纪以前[2]。从现存的材料看，两种于阗文曾在很长的时期内同时并存，如编号为 Jñ1 的古于阗文贝叶本《智炬陀罗尼》的最后一叶，却是用晚期于阗文写的题记[3]。又如 Hedin 27《药师经》是用古于阗文写的[4]，但属于同组的其他世俗文书则都是用晚期于阗文写成的。还有大约产生于7世纪前半期的著名于阗文佛教文献《赞巴斯塔书》(*The Book of Zambasta*)，基本上是用古于阗文写的，但其中不无晚期于阗语特征[5]。从整个现存于阗文献来看，几乎所有的古于阗语所写的文献都是和田地区出土的早期佛教文献，除用诗颂体规范地抄写的《赞巴斯塔书》外，大多是梵文佛典的忠实译本。这些贝叶写本文字古朴，语言遵循固定的格式，所以变化不大。晚期于阗语所写的材料内容较为广泛，其中既有佛教典籍，又有世俗文书；值得注意的是，这些佛教文献大多是于阗人自己编纂的作品，而不是完完全全的译本；文书则更少规范，因而语言变化更大，字体也不一致，日渐草体化。由此我们能否设想，所谓古于阗文和晚期于阗文，虽然有两个大致的年代先后关系——即先产生古于阗文，再出现晚期于阗

---

〔1〕 H. W. Bailey, “Hvatanica”, *BSOS*, VIII. 4 (1937), p. 932; idem., “Irano-Indica II” *BSOAS*, XIII. 1 (1949), pp. 138-139; *KT* V, pp. vii-viii; Bailey, *The Culture of the Sakas in Ancient Iranian Khotan*, p. xi.

〔2〕 R. E. Emmerick, *Saka Grammatical Studies*, London 1968, p. 1; cf. H. W. Bailey, “The Bodhisattva in the Prajñā-pāramitā”, *Studies in South Asian Culture*, vol. VII, Leiden 1978, p. 20.

〔3〕 熊本裕《コータン语文献概说》,《敦煌胡语文献》，大东出版社，1985年，109页。

〔4〕 同上文108页。

〔5〕 R. E. Emmerick, “The Transition from Old to Late Khotanese”, *Transition Periods in Iranian History*, Studia Iranica. Cahier 5, 1987, p. 36. 关于成书年代，见 S. Konow, “The late Professor Leumann's Edition of a new Saka Text, II”, *Norsk Tidsskrift for Sprogvidenskap*, XI (1939), pp. 9-37.

文，但至晚从公元6世纪起，两者就并行不悖，而最终由晚期于阗文占据了统治地位。用这种观点来考虑用晚期于阗文写成的三件木函文书的年代，把它们推断在5、6世纪也就不无可能了。三件木函中的hvanä、hvaṃnä、hvaṃni，都是玄奘“涣那”的语源，再结合文书的形制和出土地点的年代，我们对于属于9、10世纪的说法提出异议，而认为5、6世纪可能是这些木函文书的年代界限。从种种迹象看，铁提克日木（Farhād-beg-yailaki）遗址出土的木质文书，很可能是最早一批于阗语世俗文书。

二、Hedin 24号文书的年代及其相关问题

于阗文木函文书的年代问题的解决，还可参照Hedin 24号文书以及与之相关的文书的年代考订，因为这涉及人们如何从总体上认识和田出土文献和敦煌出土文书的年代问题。

人们看一下哈密屯氏罗列的写本年代表〔1〕，就可以发现，目前已经明确考订的三个国王的年代，即尉迟僧乌波的912—966年、尉迟输罗的约967—977年、尉迟达磨的约978—982年，所依据的材料几乎全部都是敦煌文献〔2〕。由此我们不得不怀疑蒲立本根据和田出土的Hedin 24，15，16等号文书推断851—912年的王统的可靠性。蒲立本教授在《于阗语文书集》第4集的附录中对这段王统的考定，方法很简单。他首先根据Hedin 15、16号双语文书中汉文的“巳年”相当于于阗文的30 5mye kṣuṇi“〔在位〕第三十五年”，确定元年为羊年。再把他抄录的Hedin 24号汉文文书中的“五十四年”定为鼠年，根据唐历的朔闰，同时考虑到713—760年间更换了五位于阗王，认为该文书中的“五十四年闰四月”就只能是指吐蕃统治以后的904年这个鼠年的

〔1〕 J. Hamilton, “Les règnes khotanais entre 851 et 1001”, pp. 50-52. 应把天兴、天寿的年代提到同庆之后，所列文书年份也做相应调整。

〔2〕 其中，来历不明的Hardinge 076.7.2中的thyaina-tcūna只是没有上下文的单词，无法确定其含义，见*KT* V, p. 281, No.611.

闰四月了。于是，他认为从851年（羊年）到李圣天即位的912年应当有一个于阗王在位[1]。其后，哈密屯把许多于阗语文书编排在这一王统下面[2]。我们过去也追随这一做法。

熊本裕博士根据藤枝晃教授对晚唐五代敦煌历的考证结果，指出当时的于阗也应和敦煌一样使用当地历本，而不是中原历，因此，蒲立本根据Hedin 24推定的五十四年即904年之说是有问题的，其年代或许应当提前[3]。熊本裕博士对851—912年的王统提出质疑是卓有见地的，这对我们有极大的启示。现据贝利刊布的图版[4]，迻录Hedin 24号汉文文书于下，再做讨论。

（前缺）

1 □史，乘駞人桒（桑）宜本口报称：闻神山堡□

2 □三铺人并駞三头，今日子（?）时刻（?）濡（?）马屈萨

3 得消息，便即走[5]报来者。准状各牒所

4 由，人畜一切，尽收入坎城防备。如[6]有漏失，

5 ］罪科[7]所由者，故牒。

6 ］四年闰四月四日辰时典史环仆牒

7 判官兰王府长史富惟谨［

8 节度副使都督王□［

（后缺）

首先应当指出，蒲立本一方面认为Hedin 24中的“五十四年”是一位于阗王的纪年，一方面又根据唐历来推断这个五十四年的“闰四月”的具体年份，这一做法有不妥之处。就和田已出土的文书来看，

---

［1］ *KT* IV, pp. 179-181.

［2］ J. Hamilton, “Les règnes khotanais entre 851 et 1001”, p. 50.

［3］ H. Kumamoto, “Some Problems of the Khotanese Documents”, p. 11.

［4］ *SD* I, pl. VII.

［5］ Pulleyblank作“是”，误。见*KT* IV, p. 136.

［6］ Pulleyblank漏“如”字。出处同上。

［7］ Pulleyblank作“折”，误。出处同上。

汉文文书都有唐朝的年号、数字或用天干地支来表示年份，而于阗语文书则用某王在位年数或十二支纪年表示。Hedin 24 是汉语于阗语双语文书，纪年法应和 Hedin 15、16 号文书的一样，汉文部分用中原方式，于阗文部分用于阗方式（可惜这一纪年部分残缺）。

检查 Hedin 24 号文书的汉文内容，人们不难看出这是一份牒文，它的格式、用词、署名、判案等，都与和田出土的《唐大历三年（768年）三月典成铣牒》[1]、《唐大历十六年（781 年）二月杰谢百姓思略牒》[2] 等文书一样，符合唐代牒式[3]。这样，蒲立本录文第 6 行的“五十四年闰四月四日”的“五十四年”就不能成立了。首先，按照牒式，月日之上看不清的几字只能是唐朝的年号和年份；其次，这里绝对不会是像蒲立本推测的于阗王的年数，属于唐朝所设羁縻州长官的于阗王不能如此僭越，而唐帝之中没有一人的年号长达五十四年；最后，根据贝利对这件文书的于阗文部分的转写、注释和翻译[4]，于阗文原件只有与汉文“闰四月四日”相对应的 śe' semjsījsä 4mye haḍai，而没有与蒲立本从汉文残笔画判断的“五十四年”相对应的字样。有鉴于此，Hedin 24 号文书第 6 行上部的年号、数字虽然难以辨认，但绝非“五十四年”则可断言。

和上述木函文书一样，Hedin 24 号文书的年代也可以通过其出土地点而考虑其大致的阶段。关于这批文书的来历，贝利说是斯文赫定（S. Hedin）、诺林（E. Norin）和安博尔特（N. Ambolt）等人在和田得到的[5]。赫定博士早在 1896 年就曾进入和田地区考察，并深入塔克拉玛干大沙漠，挖掘了丹丹乌里克遗址。他还曾在和田买到一些 Hanguja

〔1〕 M 9 (Hoernle Collection), See Hoernle 1901, pl. III; Chavannes 1907, p. 523.

〔2〕 D. V. 6=S.5864. See Stein 1907, pl. CXV; Chavannes 1907, pp. 525-526.

〔3〕 P.2819. See T. Yamamoto, O. Ikeda and M. Okano (co-ed.), *Tunhuang and Turfan Documents concerning Social and Economic History* I. Legal Texts, A, Tokyo 1980, p. 29; B, Tokyo 1978, pp. 56-57.

〔4〕 *KT* IV, pp. 37, 135; *SDTV*, pp. 12-13.

〔5〕 *KT* IV, p. vii.

以东沙漠中出土的梵文和于阗文写本[1]，其中一叶于阗文佛典，已由斯密特（H. Smith）发表[2]。据贝利讲，后者原件已不知所在[3]，这显然和*KT*, IV中所刊Hedin编号文书不属于同一组。1985年，本文作者之一荣新江走访瑞典人种学博物馆（The Ethnographical Museum of Sweden）时[4]，夏义普（Bo Sommarström）博士曾提供赫定、诺林和安博尔特等人所获新疆出土文献的草目稿本（Proviscrisk Katalog）。据此可知，所谓"Hedin Collection"实际主要是1929—1932年安博尔特在新疆考察时所获。在此期间，他曾数次进入和田地区[5]，这些写本或许就是在当地购买的。

"Hedin Collection"无疑是和田地区出土的，至于出土于何处，也可以做进一步的考察。Hedin 15、16号汉文于阗文双语文书是于阗某王三十五年·巳年十一月二十五日至十二月二十一日六城百姓纳进奉絺紬抄[6]。无独有偶，贝利刊布的Dumaqu C、D两件文书也是完全同样的内容[7]，而且，Dumaqu C的日期正好和Hedin 15的日期相衔接。下面是有关部分录文：

Hedin 16：

（前略）

35　六城南牟没纳进奉絺紬叁丈陆尺，

36　又叁丈陆尺贰寸。巳年十二月七日判官富

---

[1] S. Hedin, *En färd genom Asien 1893-97*, Stockholm 1899, Vol. II, p. 96.

[2] H. Smith, "Appendix to 'Sven Hedin's Archaeological Collections from Khotan II' by G. Montell", *Bulletin of the Museum of Far Eastern Antiquities*, No. 10 (1938), pp. 101-102, pl. IX.

[3] *KT* III, p. 16.

[4] 遗憾的是，当时该馆刚移至新址，据称Hedin 24等纸本文书还封在箱中，故未得寓目。

[5] Cf. N. Ambolt, *Latitude and Longitude Determinations in Eastern Turkestan and Northern Tibet derived from Astronomical Observations*, Stockholm 1938, p. 12.

[6] *KT* IV, pp. 29-31, 106-108, 173-176.

[7] *KT* II, p. 63; *SD* IV, pl. XCVI; *SDTV*, p. 123. 这些文书的原本留在了新疆，照片存印度事务部图书馆，见*SD* IV的序言。按Hedin 15、16号文书最后一字为朱笔，见*KT* IV, p. 177, n. 3，这在Dumaqu C、D的黑白照片上无法认出，然原文应有，今据补。

37　惟谨，萨波深莫抄，行。

Hedin 15：

1　六城勿萨踵拂里勿共纳进奉絁紬

2　肆拾尺。巳年十二月廿一日判官富惟谨，

3　萨波深莫〔抄〕，行。

Dumaqu C：

1　六城南牟没纳进奉絁紬叁丈陆尺陆寸。

2　巳年十二月廿二日判官富惟谨，萨波深莫抄，

3　〔行〕。

Dumaqu D：

1　六城没达门纳进奉絁紬贰丈叁尺，苏里捺

2　纳伍尺。午年三月六日判官富惟谨，萨波深莫

3　抄，〔行〕。

Dumaqu 即 Domoko，今称达玛沟。显然，这批文书是来自策勒县达玛沟地区。这些纳絁紬税抄中的判官富惟谨（hū phanä-kvanä），也见于 Hedin 24 号文书，这就确凿地证明了 Hedin 文书的来源。

除 Dumaqu 编号的文书之外，今藏英国图书馆的 Or. 11252、Or. 11344 两组于阗文文书[1]也是和 Hedin 文书属于同组的。从内容看，与文书有关的人都生活在 Kṣvā auvā “六城” 地区。我们在《唐大历三年（768 年）三月典成铣牒跋》一文中[2]，考证六城为于阗国王属下、唐毗沙都督府的羁縻州之一，它由（1）Cira · 质罗 · Ji-la；（2）Phema · 媲摩=坎城 · Kam-sheng；（3）Phaṃña · 潘野 · Pho-ña；（4）Birgamdara · Be-rga-hdra；（5）Āskvīra · 'O-rgu；（6）Gayseta（?）· 杰谢组成。它的

〔1〕 *KT* II, pp. 15–38. 两组文书的出土地点不明，Or. 11252 是英国驻喀什领事 Sherriff 赠给 British Museum 的，见 H. W. Bailey, “Hvatanica”, *BSOS*, VIII. 4, 1937, p. 924.

〔2〕 张广达、荣新江《〈唐大历三年三月典成铣牒〉跋》，《新疆社会科学》1988 年第 1 期，61—62 页；Zhang Guangda et Rong Xinjiang, “Notes à propos d'un manuscrit chinois découvert à Cira de Khotan”, *Cahiers d'Extrême-Asie*, *Revue de l'Ecole Française d'Extrême-Orient*, 3 (1987), pp. 79–83.

大致范围在今策勒县达玛沟乡以北，即老达玛沟及其东、西一带。哈达里克、巴拉瓦斯特、玛札托胡拉克（Mazar-Toghrak）等著名唐代遗址都分布在这一带。

明确了 Hedin 24 等构成的 Hedin Collection 出土于古代于阗的六城地区，我们就可以进一步借助该地区出土的其他文书来作为考订 Hedin 文书年代的旁证。下面先把我们搜集到的所有带有纪年的汉文文书列表于此，其中永泰三年简是荣新江在瑞典人种学博物馆收藏的同一组 Hedin 文书中找到的，因没有于阗文而为贝利所忽略（表中两件麻札塔格出土文书可做参考）。

公元	文书年月日	编号	刊布或著录出处
730	开元十八年三〔月〕	Hedin 22 verso	*KT* IV，129
767	永泰三年正月五日	The Ethnographical Museum of Sweden 41. 33. 52	
768	大历三年三月廿三日	M9（Hoernle Coll.）	Hoernle 1901，pl. III；Chavannes 1907，523
772	大历七年十月廿八日	Balaw.0160 = Or.8212.702	Maspero 1953，186，pl. XXXVII
781	大历十六年二月	D.V.6 = S.5864	Stein 1907，pl. CXV；Chavannes 1907，525-6
782	大历十七年闰[正]（?）月	D.VII.4.a = S.5871	Stein 1907，pl. CXV；Chavannes 1907，530
c.782	大历十□年	D.VII.3.a = S.5872，S.5870	Stein 1907，pl. CXVI；Chavannes 1907，528
782	建中三年七月十二日	D.VII.2 = S.5867	Stein 1907，pl. CXX；Chavannes 1907，526-7
786	建中七年七月廿日、十月五日	M9c（Hoernle Coll.）	Hoernle 1901，pl. IV；Chavannes 1907，525
786	建中七年十一月十九日	M. T. c. iii = Or.8211.974	Chavannes 1913，216-7，pl. XXXVI

续　表

公元	文书年月日	编　　号	刊布或著录出处
787	建中八年四月廿日	D. VII.4 e = S.5869	Stein 1907, pl. CXVI; Chavannes 1907, 531, 529
789	贞元五年五月	Balaw.0163 = Or. 8212.701	Maspero 1953, 186, pl. XXXV
790	贞元六年十月四日	M.T.0634 = Or.8212. 709	Maspero 1953, 187
790	贞元六年	D. IX. i = S.5862	Stein 1907, pl. CXVI; Chavannes 1907, 533
c.785 −790	贞元年间	D. VII.4. e = S.6967; D. Vii.4. b = S.6971	本文 65 页注③引池田温文 48 页
c.790	贞元年间	D. VII.3. c = S.6972	Chavannes 1907, 528

从此表中可以得出以下几点认识：

第一，现存和田出土汉文文书的年代基本在开元十八年（730 年）至贞元六年（790 年）前后，其他没有年代的文书，根据出土地点和文书内容，其年代也应大致在此范围之内。Hedin 24、15、16 号汉文文书也同样应当在这一时段当中。因为目前还没有在和田出土汉文文书中找到一件确切属于 790 年陷蕃以后的文书，更没有晚到 9 世纪下半叶或 10 世纪的东西。

第二，于阗地区的汉文文书，除个别用甲子纪年外，大多用唐朝的年号系年，这是于阗作为唐朝的安西四镇之一的反映。在汉文、于阗文双语文书中，也是先写汉文，后写于阗文，表明唐朝在于阗人心目中的宗主地位。因此，把 Hedin 24《史环仆牒》的纪年读作唐朝某个年号下的某年，较蒲立本的“五十四年”更切实际。

第三，唐朝年号的连续使用，表明当时于阗地区使用的是唐朝历法。安史之乱后，吐蕃占据河西陇右，切断了唐朝中央与于阗镇的联系，所以，永泰以后于阗往往不知道唐朝的改元。文书中有大历十六、十七年，实际相当于建中二、三年。值得注意的是，丹丹乌里克出土的D.VII.4. a（S.5871）号文书的年代“大历十七年闰□□”[1]，遗憾的是文书“闰”字下面一字已漫漶不清，我们在英国图书馆校录该文书时，曾试图读作“闰三月”[2]，但仍有疑问。池田温教授读作“闰正月”，但也谨慎地在“正”字旁加了问号[3]。从大历十七年的纪年来看，文书写成时，于阗肯定没有接到唐长安都城颁发的建中三年历。那么，这里的大历十七年闰某月是否正好相当于唐德宗建中三年的闰正月，目前还很难判断。如果文书的残字正是“闰正月”，就可以推测当时的随军参谋可以在当地推定与中原相应的历日。因此，Hedin 24 中的某年闰四月四日也可以据之认为是唐肃宗乾元三年（760 年）闰四月四日。但这只是一种假说，因为与 Hedin 24 第 6 行的字迹不合。不过，即使于阗当时已无法使用长安颁行的唐历，通过以上对和田地区出土的汉文文书的全面探讨，至少可以说明，不论 Hedin 24 号文书的绝对年代是否是在乾元三年，它总不会晚至蒲立本考订的 904 年，至少应当把它放在吐蕃占领于阗以前的年代里。

于阗语文书材料还可以进一步丰富我们的看法。Hedin 编号文书中的于阗语文书应当是和上述汉文文书属于同时的，它们一起出土于同一地区、同一遗址，记载了同样的一些事情，甚至有些就是双语文书，和汉文并排写在一张纸上。在目前所能见到的于阗语文书纪年中，最长的年份就是 Hedin 20 号第 8 行的 36mye kṣuṇä “第三十六年”。[4] 此年又见于 Or.11252.34 第 8 行 salī kṣeradirsä[5]、Dumaqu F 第 1 行 30 6mye kṣuṇi[6] 等。按照 Hedin 15、16 双语文书中的“巳年”等于“第三十

---

〔1〕 Chavannes 1907, p. 530 未录出“闰”字；《敦煌资料》第 1 辑，北京，中华书局，1961 年，464 页亦未录“闰”字以下。

〔2〕 藤枝晃《敦煌历日谱》录作“闰二〔月〕”，见《东方学报》第 45 册，京都，1973 年，383 页。

〔3〕 池田温《吐鲁番、敦煌契券概观》，《汉学研究》第 4 卷第 2 期，1986 年，48 页。

〔4〕 *KT* IV, pp. 34, 121, 124.

〔5〕 *KT* II, p. 27; Cf. H. W. Bailey, “Hvatanica”, *BSOS*, VIII. 4, p. 935.

〔6〕 *KT* II, p. 63; *SD* IV, pl. XCVI; *SDTV*, pp. 123-124.

五年”，Dumaqu D 中的“午年”应即此“第三十六年”（该件文书于阗文部分未记年份）。据此得知这位在位至少三十六年的于阗王是某个羊年即位的。根据井之口泰淳氏[1]和我们编制的唐代于阗王世系表，有唐一代，只有伏阇璥（一名瑕，691—705—728 年）和尉迟曜（755—785—790 年）两位君主有可能在位年份在三十六年以上。伏阇璥立于天授三年辛卯腊月[2]，是为兔年，因此不会是于阗语文书的归属。尉迟曜的即位年份史无明确记载，但不难推知。《资治通鉴》卷二一九记，肃宗至德元载（756 年），“于阗王胜闻安禄山反，命其弟曜摄国事，自将兵五千入援。上嘉之，拜特进，兼殿中监。”[3] 据同书同卷记载，至德二载正月，西安、北庭及拔汗那、大食诸国兵才至凉、鄯二州，可知上一年已抵达中原并被授以官爵的于阗王尉迟胜一定出发得较早。可以推想，他率领五千人马，跋涉近万里的路程，所花时间不会太短，他很可能是在天宝十四载（755 年）年底一听到安禄山起兵的消息，就领兵入援的[4]。天宝十四载乙未岁作为尉迟曜代其兄摄国事的第一年，恰好就是羊年，其第三十六年是贞元六年（790 年），上表罗列的汉文文书表明，这一年也正好就是于阗被吐蕃占领的年份或其前一年。汉文史籍和悟空行纪都记载，安史乱后，于阗王一直是尉迟曜[5]。藏文《于阗国授记》则记载，吐蕃占领之前的于阗王名叫 Vijaya Bo-han Chen po[6]。柯诺夫（Sten Konow）教授早已将他考订为尉迟曜，并比定为于阗语文书中的 Viśa' Vāhaṃ 王[7]。目前所知，Viśa' Vāhaṃ 一名

---

〔1〕 井ノ口泰淳《ウテン语资料によるViśa 王家の系谱と年代》，《龙谷大学论集》第 364 册，1960 年，34 页。

〔2〕 见《资治通鉴》卷二〇五。时用周正，以十一月为岁首，天授三年腊月实际就是天授二年辛卯岁十二月。参看《旧唐书》卷一九八。

〔3〕 参看《新唐书》卷一一〇《尉迟胜传》。

〔4〕 按安禄山以天宝十四载十一月九日举兵，至年底以前，消息应当可以传到于阗，因军情紧急，驿骑行程不同往常，如唐太宗时郭孝恪破焉耆的消息，在一月内就送到七千三百里以外的长安（见《资治通鉴》卷一九七）。况且，这次是征兵赴难，而不是奏捷，更应当快马加鞭。

〔5〕《资治通鉴》卷二三二；《大正新修大藏经》第 51 卷，980 页。

〔6〕 R. E. Emmerick, *Tibetan Texts concerning Khotan*, pp. 60-61.

〔7〕 S. Konow, “Khotan Studies”, *JRAS*, 1914, pp. 342-343; idem, “The Dates in Saka Texts from Khotan and Tunhuang”, *AO*, VII (1929), p. 74.

见于三个写本：（1）Hoernle 1 的纪年是 salī 17 māśtä skarhvārä haḍā 5 hvaṃnä rruṃdä viśa' vāhaṃ[1]“于阗王 Viśa' Vāhaṃ 十七年十一月五日”；（2）Hoernle 7（= Or.6397.1）的年代是 salī 20 māśtä cvātaja haḍā 13 ttye hvaṃnä rrāṃdä väśa' vāhaṃ[2]“于阗王 Viśa' Vāhaṃ 廿年一月十三日”；（3）Or.6393.2 的纪年是（前残）śā māśti kaja haḍā 20 2 hvaṃnä rrāṃdi väśa' vāhaṃ[3]“于阗王 Viśa' Vāhaṃ 某年二月廿二日”。如果柯诺夫的比定不误的话，前两件文书的年代就分别相当于 771 和 774 年。我们倾向于接受他的考证结果，因为在已知的于阗王纪年文书中，Viśa' Vāhaṃ 是其中在位最长的一位。

以上我们通过对和田出土的汉文和于阗文文书的详细探讨，基本可以得出这样的结论，即 Hedin 编号的文书，大部分都属于 755—790 年尉迟曜（Viśa' Vāhaṃ）统治时期的产物，哈密屯年表中罗列的许多于阗文献，都可以排比在这一长达三十六年的统治时段里。蒲立本关于 851—912 年王统的考证是值得商榷的。

现在让我们回到本节开头提出的问题上来，即对和田出土文书和敦煌出土文书的总体认识。我们把原先排在 851—912 年中的和田出土文书已统统提前到 755—790 年之间，则吐蕃统治以后就只有敦煌材料了。因此可以说，敦煌出土的于阗文史料主要是 9、10 世纪的东西，特别是曹氏归义军与于阗尉迟氏王族结成姻娅之好以后的产物。和田出土者主要来自老达玛沟和麻札塔格。前者范围内有六城质逻，即一些著名遗址如哈达里克、巴拉瓦斯特及属于此区的丹丹乌里克之所在，在唐朝统治时期最盛。这里出土的大量精美绘画品，已由艺术史家考订在公元 7、8 世纪[4]，其唐代文化层的年代下限，斯坦因推测在 8 世纪末叶，即

〔1〕*KT* II, p. 64; Hoernle 1901, pl. VI.

〔2〕*KT* II, p. 66; *SD* II, pl. XXVIII; *SDTV*, p. 54.

〔3〕*KT* V, p. 2; *SD* II, pl. XXV; *SDTV*, p. 52.

〔4〕熊谷宣夫《西域の美术》，92—98 页；J. Williams, “The Iconography of Khotanese Painting”, pp. 109-112; M. Bussagli, *La peinture de l'Asie Centrale*, pp. 52, 55, 60.

吐蕃790年占领于阗之前[1]。半个多世纪以来的新研究成果，证明他的说法大致不误。吐蕃占领于阗后，六城地区的个别据点如哈达里克，仍然存在了一个阶段，所以曾有少量藏文文书出土[2]，而且，与Hedin文书属于同组的Or.11252.37背面文书，也有用藏文拼写的于阗官人称号和名字spa sor-zhong（Kh. spāta sudārrjāṃ）[3]。但是，当时吐蕃人的军事统治中心是在麻札塔格，从这里出土的文献来看，吐蕃统治时期，藏文成为当地的官方公文用语，于阗文恐怕只是在于阗人中间使用，汉文则暂时退出了历史舞台。因此可以说，和田出土的于阗文和汉文文书主要是属于唐朝统治于阗时期的产物，很少有延续到9世纪后半和10世纪的遗迹。对和田出土文书和敦煌出土的文书做合理的区分[4]，有助于我们对汉文文书的理解，同时也有助于判定于阗语文献的年代。

以上我们就和田地区出土的木质和纸本文书的大致年代范围，提出了我们的意见，认为用木函形式所写文书的年代应提前到唐朝以前的5、6世纪，而古代于阗六城地区出土的Hedin编号文书及Or.11252、Or.11344两组文书，则应是8世纪中叶以降唐朝统治于阗末期的产物。我们通过文献记载以及对木函文书使用年代等多方面的考察，提出这一看法，意在使人们在把上述文书推迟到9、10世纪的倾向之外，也考虑另外一种断代之可能，从而为利用这些木函及纸本于阗文书研究中世纪于阗国史进一步打好基础，作为史学研究者，后一点正是我们详细探讨上述文书年代的真正目的。

---

〔1〕 *Serindia*, p. 207.

〔2〕 F. W. Thomas, *Tibetan Literary Texts and Documents concerning Chinese Turkestan*, Vol. II, London 1951, pp. 251, 373.

〔3〕 *KT* II, p. 28; Cf. H. W. Bailey, "Hvatanica", *BSOS*, VIII. 4, pp. 934-935; *KT* IV, p. 56; idem, "Taklamakan Miscellany", *BSOAS*, XXXVI. 2 (1973), pl. VII.

〔4〕 S. Konow, *JRAS*, 1914, pp. 339-353; idem, *AO*, VII (1929), pp. 66-76；以及井ノ口泰淳前揭文27—43页，均曾将两者区别看待。但自蒲立本提出851—912年王统以后，近年的研究者多把两者混在一起来考虑问题，显然有所不妥。现在是总结以往研究成果，做更加精细的年代学分类的时候了。

缩略词表:

AO = *Acta Orientalia*.

BSO(A)S = *Bulletin of the School of Oriental* (*and African*) *Studies*.

Chavannes 1907 = Ed. Chavannes, "Chinese Documents from the Sites of Dandan-uiliq, Niya and Endere", in Stein 1907, pp. 521–547.

Chavannes 1913 = Ed. Chavannes, *Les documents chinois découverts par Aurel Stein dans les sables du Turkestan oriental*, Oxford 1913.

Hoernle 1901 = A. F. R. Hoernle, "A Report on the British Collection of Antiquities from Central Asia, part II", *Journal of the Asiatic Society of Bengal*, LXX. 1, 1901, Extra-No. 1.

JRAS = *Journal of the Royal Asiatic Society*.

KT I–V = H. W. Bailey, *Khotanese Texts*, Cambridge University Press, 1969, 1979, 1980.

Maspero 1953 = H. Maspero, *Les documents chinois de la troisième expédition de Sir Aurel Stein en Asie Centrale*, London 1953.

SD I–VI = *Saka Documents*, portfolios I (1960), II (1961), III (1963), IV (1967), ed. by H. W. Bailey, and V (1971), VI (1973), ed. by R. E. Emmerick.

SDTV = H. W. Bailey, *Saka Documents*, *Text Volume*, London 1968.

Stein 1907 = M. A. Stein, *Ancient Khotan*, Oxford 1907.

(原载《东洋学报》第69卷第1·2号，1988年，59—86页)

关于敦煌出土于阗文献的年代及其相关问题

早在20世纪20年代末、30年代初，陈寅恪先生就说过这样的话："一时代之学术，必有其新材料与新问题。取用此材料，以研求问题，则为此时代学术之新潮流。……敦煌学者，今日世界学术之新潮流也。"〔1〕今天距离陈先生说这段话的时间已经半个世纪多了。但是，人们看到，情况依然有如陈先生当年指出的那样，敦煌藏经洞提供的写本、刻本、纸画、绢画，仍是学者所取用不尽的新材料；由此而提出的种种新问题，也仍为学者所探讨不已。这证明了陈先生的睿见卓识，也反映了敦煌研究至今仍然具有推动学术发展、促成学术上形成潮流的意义。

人所共知，陈先生作为学术界的一代宗师，贡献是多方面的，其中包括陈先生自己取用敦煌新材料以研究新问题所做的贡献。在这方面，陈先生做了很多开创性的工作，为后学留下了很重要的成果。例如，陈先生是在中国最先利用敦煌发现的于阗语文献来探讨新问题的。早在1920年，先生就在《忏悔灭罪金光明经冥报传跋》中，利用了伯希和（P. Pelliot）、洛伊曼（E. Leumann）刊布的于阗文《金光明经》〔2〕。于阗文是"死文字"，于阗文献是新材料，所涉及的问题在当时是颇为费解的新问题，就世界学术界利用于阗语文献而言，陈先生的研究属于最早的业绩之列。今天，当人们纪念陈寅恪先生的学术成就的时候，不能不对这位学界大师开辟学术新潮流的贡献深表敬意。

我辈生而晚，希风往哲，深以未得亲接陈先生謦欬为憾，然仰慕之

〔1〕陈寅恪《陈垣敦煌劫余录序》，《历史语言研究所集刊》第1本第1分，1930年；今收入《金明馆丛稿二编》，上海古籍出版社，1980年，236页。

〔2〕《北平图书馆月刊》第1卷第2号，1928年1月；今收入《金明馆丛稿二编》，257页。

情，实不能已。兹谨掇拾有关敦煌之于阗文献年代问题的资料为文一篇，奉献给一代宗师陈先生。陈先生当年跋《金光明最胜王经·忏悔品》利用的是P.3513号贝叶形于阗文写本[1]。抄写这部文献的功德主极可能就是本文探讨的活动于10世纪的于阗国从德太子，我们亦即就此而有所陈述，略彰陈先生学术开创之功德。笔者学殖荒落，昧于故实，旧书雅记，十不窥一，率尔动笔，错误必多，敬祈读者指正，匡其不逮。本文在内容上与笔者另文《关于和田出土于阗文献的年代及其相关问题》（刊于日本《东洋学报》第69卷第1·2号，1988年，59—86页）密切相关，尚希读者垂览，一并多予指教。

一、关于于阗国号问题

1982年，我们在前人研究的基础上，根据于阗文、汉文写本及莫高窟题记所记于阗国的国号和年号，试图确定一些于阗语写本的年代，构拟9、10世纪于阗国的王统世系[2]。1984年，我们的文章被译成法文在巴黎刊出后[3]，法国突厥学者哈密屯（J. Hamilton）[4]和日本伊朗语学者熊本裕[5]先后发表文章，针对我们的见解提出一些补充和异议。关于这些意见，下文将予评述。在这两篇文章发表之前，我们也对自己的文章补充了新材料，见于我们提交给“1983年全国敦煌学术讨论会”的论文[6]。现在看来，有些成说，如蒲立本（E. G. Pulleyblank）建立的851—912年的王统[7]，我们日益确信其难以成

[1] 较新的刊本见*KT* I, pp. 242-249。
[2] 张一荣 1982，179—209页。
[3] Zhang-Rong 1984, pp. 23-46.
[4] Hamilton 1984, pp. 47-53.
[5] Kumamoto 1986, pp. 227-244.
[6] 张一荣 1983，163—175页。
[7] E. G. Pulleyblank, “The Date of (the Hedin) 15, 16”, *KT* IV, pp. 179-181.

立[1]；至于我们对于阗国号的个别推测，如我们未把“金国”与“大宝于阗国”的实际用法加以区别，径把“金国”当作国名看待这一点，应接受批评者的意见而予以修正；有些史料，如关于从德太子的记载，我们也应大加补充。感谢哈密屯、熊本先生给予我们的指正，他们的批评使我们在修订和补充我们的观点过程中日益明确地认识到：为了在探讨有关问题时避免发生年代谬误，必须对所依据的写本本身的年代进行认真仔细的研究，从某种意义上来说，对于阗文写本的年代学探讨，比一个个有关问题本身的研究更为重要。基于这一认识，本文的任务在于：一、对我们过去提出的问题做补充修订；二、根据于阗文献的主人——于阗太子、僧侣、使臣等——在敦煌的行迹，并根据汉、藏、回鹘、于阗等多种文字材料提供的线索，从整体上判定敦煌于阗文献的年代。

我们关于9、10世纪于阗国号的说法[2]所引起的一些学者的异议大致如下：哈密屯教授认为，在被我们考订为分属于不同年代的一些于阗语文书之中，有些并不是孤立的文书，它们实际是属于以Ch.00269开头的、由至少大约十五件于阗语文书构成的一组文书（如Ch.00269、P.2741、P.2786、P.2028、Or.8212.186等），其年代应当相差不远，理由是“这些卷子中程度极其不等地见到了同样一批人和同样一些事件”[3]。另外，P.2027第7行除ysarnai bāḍa“金国”一名外，还出现了ranījai janavai“宝国”一名，因而应归入“金玉国”时期。又P.2787除51行的ysarnai bāḍa ū ranījai janaivai“金玉国”一名外，第41、44、62、63、65行都有ranījai janavai“宝国”的例子[4]。看来，他含蓄地不同意“金国”的说法，但对“大宝国”和“金玉国”的年

[1] 参看张广达、荣新江《关于和田出土于阗文献的年代及其相关问题》，《东洋学报》第69卷第1·2号，1988年，59—86页。和田地区出土的木函或纸本文献的年代考订以及我们不同意蒲立本年代的理由已详该文，兹不赘述。

[2] 张—荣1982，181—188页；Zhang-Rong 1984，pp. 25-33.

[3] Hamilton 1984，p. 50.

[4] Hamilton 1984，p. 52，n. 18，19.

代界限没有加以评论。哈密屯在他的文章结尾处说得非常正确："人们可以期望，对全部于阗文写卷做更深入更协调的研究，将使人们更清楚地看出问题。"我们也完全持这种看法，本文就是沿着这一方向的努力。

熊本裕博士则明确地否定这些于阗国称号具有任何年代学上的价值。他也举出了 P.2787 中"金玉国"和"宝国"重出的反证，并指出蒲立本考订在 982 年的 Ch.i.0021a，a 号文书中有 māje ysarne bāḍi"我们的金国"一句，这与我们把"金国"的下限放在 938 年的说法相左。他又特别详细地分析了 P.2958，指出除第 127 行有 mistye ysarnai bāḍä"大金国"一名外，149、216 行又出现了 ranījai janavai"宝国"，而且此文书的 120—123 行和 133—139 行分别相当于 P.2739 号的 1—3 和 6—11 行，而后一文书第 12 行则有 ttayi-pū yūttyenä kuhä: jinave"大宝于阗国"的拼写。最后，P.2958 第 IV 件文书第 149—150 行有 Khū thyautta ranījai janavai vīra alattuna hana pasta yai"先是，宝国的金汗命令……"语。由此，他不同意把"金国""大宝国"看作是特定时代于阗的国号[1]。

如上所述，现在有必要对我们有关国号的论说做某些修订。

第一，"金国""宝国"和另一国号"大宝于阗国"的用法应有所区别。"金国"的确是于阗国一种常见的称号，我们把它作为一个在某段时间（约 851—约 938 年）里的固有名称是不够妥当的。看来，无论是 ysarnai bāḍa"金国"，还是 ranījai janvai"宝国"，只是一种经常使用的于阗国名称，而不是特定时期的专名。除了于阗文书的例证外，回鹘文还有 altun el"金国"（P.2998 第 3 行）[2]，梵文中有 ratnapadajana-"宝石之国"的类似用法[3]。因此，ysarnai bāḍa 没有汉文的固有名词"金国"与之相对应，而 ranījai janavai 也不能译作"大宝国"。仅用这

〔1〕 Kumamoto 1986, pp. 227-230.

〔2〕 Hamilton 1986, pp. 93, 95.

〔3〕 G. Uray, "The old Tibetan Sources of the History of Central Asia up to 751 A. D. : A Survey", *Prolegomena to the Sources on the History of Pre-Islamic Central Asia*, ed. by J. Harmatta, Budapest 1979, p. 294.

两个普通名词判定写本的年代是根据不足的。

第二，大宝国的名称与“金国”“宝国”则不同。如果把 ysarnai bāḍa“金国”和 ranījai janavai“宝国”作为于阗国一直使用的普遍名称而排除在专称之外，那么以上两位学者提出的驳论对于“大宝国”的年代界限则没有任何伤害，因为“金国”和“宝国”是作为于阗国的一般名称和“大宝国”同时存在的。如果从汉文史料出发，目前还很难否定“大宝国”一名在考订于阗文献年代上的价值。中原王朝的文化传统是重视名分，儒家政治思想中最重要的一点是“正名”。天福三年（938 年）十月后晋王朝封于阗为“大宝于阗国”，这一方面是李圣天仍想象唐朝盛世时那样，让于阗作为中原王朝的附属；另一方面，后晋也通过这样的册封，来确定君臣名位。因此，在 938 年以后，至少是汉文文书或洞窟题词中，“大宝国”无疑是作为于阗的专有名词而正式使用的。下面把目前所能见到的有关大宝国的史料按年代列举如下：

1. 晋高祖天福三年（938 年）十月，册封李圣天为大宝于阗国王（册封制书载《册府元龟》卷九六五；参看《旧五代史》卷七七，《新五代史》卷八、七四，《五代会要》卷二九）。

2. 晋天福三年（938 年）十二月，制授大宝于阗国进奉使官（《旧五代史》卷七七）。

3. 940 年左右莫高窟第 98 窟重绘的李圣天像题名为“大朝大宝于阗国大圣大明天子……”（张—荣 1982，198 页；Zhang-Rong 1984，pp. 41-42）。

4. P.5535 于阗体梵文《陀罗尼咒》后题“大宝于阗国进奉使司空刘再升”，时在 943 年前后（张—荣 1987，124 页）。

5. 于阗天兴七年（956 年）十一月《索子全状》第 41 行提到“龙庭大宝国”（P.3016，见张—荣 1982，195 页；Zhang-Rong 1984，p. 39）。

6. 于阗天兴十二年（961 年）正月《大宝于阗国匝摩（Tsarma）寺八关戒牒》（S.6264，张—荣 1982，207 页，注 40；Zhang-

Rong 1984, p. 34, n. 41)。

7. 莫高窟第444窟大宝于阗国皇太子从连、琮原供养像题名，时在964年前后（张—荣1982，185页；Zhang-Rong 1984, p. 29)。

8. 某年某月二十八日就衙奉为大宝国皇帝百辰追念疏（S. 3180)。

以上材料表明，在938年秋到964年李圣天在位末年，汉文文献中于阗的正式称号是“大宝国”，这也反映到于阗文文献当中，即P.2739第12和43行的ttayi-pū yūttyenä kuhä: jinave和ttaya-pau yūttyaina kūauha[1]。但这并不排除在同一时段内，于阗仍被称作hvaṃ kṣīrä“于阗国”、ysarrnai bāḍä“金国”或ranījai janavai“宝国”等。因此，我们在改变我们对“金国”“宝国”用法的意见的同时，仍然坚持认为汉文“大宝国”是一个专有名词，它代表着10世纪中叶于阗国的一个历史阶段。

第三，“金玉国”一名在汉文材料中见于榆林窟第25窟题记和南林蒋氏藏《于阗公主供养地藏菩萨画像》[2]上。由于史料的局限性，目前还很难说这一名称是于阗文ysarrnai bāḍä“金国”和ranījai janavai“玉国”的合称，还是ysarnai bäḍa ū ranījai janaivai的一般译名，抑或是北宋王朝给予李圣天以后的于阗王朝的又一正式称呼，两种可能有待于新史料的证明。

总之，目前对于阗国号问题的研究还不够全面，有关这些国号的于阗文史料和汉文史料具有同等重要的价值，我们过去忽视了一些重要的于阗文材料，因而对所谓“金国”的论证有不妥之处。但我们也不同意完全不管汉文史料中关于“大宝国”的种种记载，仅仅根据于阗文中的例证，而不加区别地否定所有国号具有年代学上的价值的看法。根据上述修订意见，P.2739号文书中出现的ttayi-pū yūttyenä kuhä: jinave

〔1〕 *KT* II, pp. 85-86.

〔2〕 王国维《于阗公主供养地藏菩萨画像跋》，《观堂集林》卷二〇，北京，1959年，999页；张—荣1982，186页；Zhang-Rong 1984, p. 31.

（行 12）或诗文部分的 ttaya-pau yūttyaina kūauha（行 43），应是“大宝于阗国”一名的对应词[1]，它标志着该写本似应完成于 938 年后晋封于阗为“大宝于阗国”以后。与此有关联的是 P.2958 号文书。P.2958 的内容庞杂，据上引熊本氏的考证，P.2739 的 1—3 行和 6—11 行分别相当于 P.2958 的 120—123 行和 133—139 行[2]，表明两者抄写的时间大致相同。此外，P.2958 的 149—181 行为甘州可汗致于阗金汗书，正是在该信结尾处的第 180—181 行，我们又看到了汉文和于阗文对应的 thī-pā ranajai janavai“大宝国”一名[3]，说明 P.2958 杂纂卷也应是在 938 年以后抄成的。至于该信的具体年份——蛇年[4]，似乎应置于 966 年李圣天去世以后。目前，我们还没有大宝国使用下限的确切材料，更重要的是我们对文书本身提到的史实还不够清楚，例如，P.2958 第 182 行以下出现了另外的内容（199—215 行为《朔方王子上于阗朝廷书》，216—227 行为《朔方王子禀母书》），其中 83 行出现的 Daisai，201、202、208、218 行出现 hväṃ Capastaka，又见于 P.2741、P.2786、Ch. 00269、Or.8212.186 等卷，因此，考虑年代需对多种因素做通盘考虑。此外，文书本身的释读也有待进一步完善。基于上述原因，现在还不能确指这里的蛇年是指 10 世纪下半期的哪一个蛇（巳）年。

二、从德（Tcūṃ-ttehi：）太子及其相关文书

近年来，有关 9、10 世纪于阗年代问题的重要发现是找到了一些涉及于阗国从德太子的材料。事实上，有关 Tcūṃ-ttehi：的最重要文献 P. 3510 号写本，早在 1951 年就由贝利（H. W. Bailey）教授刊布在《于

[1] *KT* II, pp. 85, 86. 节译见 H. W. Bailey, “Mā'hyāra”, *Bulletin of the Deccan College Research Institute*, XX. 1-4, Poona 1960, p. 277.

[2] *KT* II, pp. 85, 117, 118.

[3] *KT* II, p. 119; H. W. Bailey, “Altun Khan”, *BSOAS*, XXX. 1 (1967), pp. 97, 102.

[4] *KT* II, pp. 118-119; H. W. Bailey, *op. cit.*, pp. 96-97. Cf. Hamilton 1984, pp. 51-52.

阗语佛教文书集》中[1]，但在当时，人们还没有发现它在于阗写本年代学上的价值。1980年贝利摘译介绍了P.3510中有关Tcūṃ-ttehi：太子及其家族成员的最重要的一段[2]。同年，恩默瑞克（R. E. Emmerick）教授又把P.3510前8叶的《Tcūṃ-ttehi：太子发愿文》全文译出[3]，使研究者得以全面了解该文献的内容。在贝利和恩默瑞克上述二文的推动下，哈密屯[4]、高田时雄[5]和本文作者[6]不约而同地把注意力集中到Tcūṃ-ttehi：身上，并各自独立地得出结论，把他和《续资治通鉴长编》等宋代史籍所记乾德四年（966年）入贡于宋的于阗王李圣天子“德从”联系起来，并认为“德从”是“从德”之误，Tcūṃ-ttehi：的汉文对应词是“从德”，此人和莫高窟第444窟题名中的从连和琮原应是兄弟行。熊本裕在文章中也接受了这种看法[7]。

除了Tcūṃ-ttehi：即从德、并被宋人误写为“德从”这一共同结论外，哈密屯、熊本裕和本文作者的文章中都补充了一些有关从德的新史料。由于各自完成各自的论文时，都未能读到他人提供的新材料，所以在某些看法上难免有出入。下面首先对几位学者已经揭示的史料加以综合评述，而后补充一条确切属于从德的材料以及相关文献，最后根据敦煌汉文和于阗文文书，试行勾勒出从德太子在敦煌活动的一些情况。

哈密屯认为，P.5538正面《天尊四年（970年）于阗王尉迟输罗（Viśa' Śūra）致舅沙州大王曹元忠书》中提到的另一太子Tcūṃ-hye:nä或Tcūṃ-hyai:nä似相当于汉文的“从贤”，并提出他是否是投入穆斯林阵营中的李圣天儿子的问题。他还引证了他认为是“975年沙州曹氏致

---

〔1〕 *KBT*, pp. 47-52.

〔2〕 H. W. Bailey, “The Great Prince Tcūṃ-ttehi”, *Studies in Indo-Asian Art and Culture*, VI (1980), pp. 49-50.

〔3〕 R. E. Emmerick, “The Verses of Prince Tcūṃ-ttehi：”, *Studia Iranica*, IX. 2 (1980), pp. 185-193.

〔4〕 Hamilton 1984, pp. 48-49.

〔5〕 *Studies in the Vocabulary of Khotanese*, II, ed. by R. E. Emmerick and P. O. Skjaervø, Wien 1987, pp. 49-50, s. v. Tcūṃ-ttehi：.

〔6〕 张一荣 1983，169—170页。

〔7〕 Kumamoto 1986, pp. 231-232.

于阗王书"的 P.4065 号汉文文书，其中提到"向西太子领大石兵马来侵大国"事[1]。熊本氏在此基础上进一步发挥，认为"从贤"可能是从德的同父异母兄弟，并把 P.4065 中的"大国"解释为于阗[2]。这种比定当然不无可能，然而，仅仅从名字的头一个字相同就把他们看作兄弟，似有待更多材料的证实。在该文书中（行 3、14、51、76），"从贤"一直被称作 Ttaśī'kä Tcūṃ-hye:nä"大石的从贤"（姑用哈密屯汉译名），而从未被称作 rrispūrä "太子"[3]。另外，两位先生引用的 P.4065 号汉文写本，实际是由三件表文组成。最近，李正宇先生撰文考释，认为三件表文之（一）、（二）是曹元深上后晋皇帝表，谢赐其父兄旌节官告，表文（三）才是提到"向西太子"的文书，李先生认为这是开宝三年（970 年）秋或稍后曹元忠致于阗王李圣天的书信。本文书（二）、（三）件表文中间夹写题记一条：

乙亥年十一月十六日乾明寺学使（仕）郎扬定千自手书记。

乙亥年被比定为 975 年是可以成立的，并且有一些旁证材料加以肯定[4]，但这条学郎的题词只能说明（一）、（二）件表文抄于 975 年，而不能据此断定第（三）件信稿也写于该年。至于 970 年或稍后曹元忠致李圣天信的说法，因李圣天 966 年已经退位或故去，由从德太子即位，所以也不能成立。目前既不能圆满地解释第（三）件表文的内容，所以还很难利用它来考订于阗文献的年代。

相比而言，熊本博士在高田时雄教授的协助下所补充的新材料似更为重要，此即北京图书馆藏丽字 73 号写本。这件写本的背面有七行于阗文，内容是《善财童子譬喻经》（*Sudhanāvadāna*），就在第 1 行于阗

〔1〕 Hamilton 1984, p. 49, n. 7.

〔2〕 Kumamoto 1986, p. 231.

〔3〕 *KT* II, pp. 125–129; H. W. Bailey, "Śrī Viśa' Śūra and the Ta-Uang", *AM*, XI. 1 (1964), pp. 17–20.

〔4〕 参看李正宇《敦煌学郎题记辑注》，《敦煌学辑刊》1987 年第 1 期，37 页；又《归义军曹氏"表文三件"考释》，《文献》1988 年第 3 期，3—14 页；又《敦煌遗书 P. 4065 表文三件的初步考释》，《新疆社会科学》1988 年第 3 期，94—101 页。

文的前面，残存有三个不规则的汉字，写着："□常宗德"[1]。他们认为，这里的"宗德"应即从德，而残名"□常"很可能是《宋史》所记开宝二年（969年）入贡于宋的于阗"国王男总尝"。Ch.00267号文书中的太子Tcū-syau的名字或即此名的于阗文对应词[2]。在评论熊本氏关于丽字73号的"□常宗德"及有关人物的看法之前，有必要先对我们在《敦煌文书P.3510〈从德太子发愿文〉及其年代》中引用的两条材料略作补充说明。事实上，从德太子如果是有一定重要性的政治人物，他的活动必然还会留下其他方面的证迹。

一条材料出自敦煌莫高窟第244窟。该窟甬道南、北壁绘有五代供养人像，两壁形制布局相同，都是主人在前，后有两位侍从，在主从之间又绘一孩童。据残题记，南壁的供养人是归义军节度使曹议金，北壁则是其子曹元德。南壁孩童的题记是[3]：

1　戊□□五

2　月十□日

3　□□太子

北壁孩童的题记是：

1　德从子［

2　□德太子

1983年我们参观该窟时，还可以看见北壁题记第2行"德"字上有"从"字的残划，可以据之补订为"从德太子"。我们考订这里的从德太子即P.3510中的Tcūṃ-ttehi：或宋人所记的"德从"。至于"德从子"，或许与于阗王尉迟输罗、尉迟达磨（Viśa' Dharma）两朝重臣张金

〔1〕野村博最早注意到这件于阗文写本，见所著《北京图书馆藏敦煌文书"丽字73号"于阗文》，载《东洋史苑》第7号，1973年，16—25页。但他没有详论这三个汉字。按陈垣《敦煌劫余录》第七帙，北京，1931年，叶323背；许国霖《敦煌石室写经题记》上辑，商务印书馆，1937年，叶4背都把"常宗德"看作一个人名。

〔2〕Kumamoto 1986, p. 332.

〔3〕敦煌研究院编《敦煌莫高窟供养人题记》，北京，文物出版社，1986年，108页。两条题记有编者注："此题记可能是宋初于阗太子补写。"

山的叔父“张德从”有关[1]。由于南壁的题记目前已无法用肉眼辨识，所以我们当时未能抄录下任何文字。据称，最近一、二年敦煌研究院利用红外线仪器，读出了其中的部分字迹，除上面引用者外，施萍亭先生在《敦煌随笔之一》中，又提供了一个更详细的录文：

1　戊辰□五

2　月十[五]日

3　从□太子

她综合南北壁的两条题记认为，“德从”即《宋史·太祖纪》所记乾德四年（966年）入贡于宋的德从，“德从子从德太子”则是P.3510中的从德太子，戊辰年应是宋乾德六年（968年）[2]。然而，如果“戊辰”的读法成立的话，则968年从德还是个几岁的孩童。按从德是李圣天和曹氏所生，据P.4638《丙申年（938年）正月归义军马军武达儿状》《马军宋和信状》等三件文书，曹议金女下嫁于阗王的年代似在文书中谈到的“辛卯年”（931年）[3]。据此可以推知从德生在932年以后不久。所以244窟从德童年时的像应绘于曹议金（920?—935年执政）末年，或补绘于曹元德（935—939年执政）时期。至968年时，从德已入壮年，而且很可能继其父李圣天为王了。看来，《供养人题记》一书录作“戊□”，是比较谨慎的做法。另外，“德从子”三字下有阙文，从文理也很难把它和下一行连续为“德从子从德太子”[4]。由于题记本身的残缺难识，目前还无法做出十分完满的解释，但它反映了从德太子童年时曾留在敦煌的事实。

另一条材料是敦煌千佛洞出土的一座银塔上的题铭，文曰：“于阗

[1] 张一荣 1983，168—171页。

[2] 《敦煌研究》第3期（1985年），73页。

[3] 蒋斧《沙州文录》录有部分文字。池田温先生推测此辛卯年为931年，见《讲座敦煌》第3卷《敦煌の社会》，大东出版社，1980年，339页，注38。参看藤枝晃《沙州归义军节度使始末》（四），《东方学报》，京都第13册第2分，1943年，73页。

[4] 高田时雄《コータン文书中の汉语语汇》，《汉语史の诸问题》，京都，1988年，83页也不接受“德从子从德”的读法。

国王大师从德”云云。我们认为这里的从德即 P.3510 和 244 窟题名等史料中的“从德太子”，并从“国王”的称号出发，推测他应是继李圣天之后的尉迟输罗王[1]。对于从德和尉迟输罗的比定，还可以作如下补充。于阗的王位继承制度是嫡长子继承制，藏文《于阗国授记》（*Li-yul lung-bstan-pa*）所记于阗自建国以来的王位世袭，非嫡长子继承的只有一例，即尉迟阇耶（Vijaya Jaya）王有三个儿子，因长子和次子都遁入空门，西到印度求取功德或研习佛法，才由幼子尉迟达磨（Vijaya Dharma）继位为王[2]。唐史所记于阗王位交替情况也不例外[3]，值得注意的是《新唐书》卷一一〇《尉迟胜传》的记载：“贞元初，曜上言：国中以嫡承嗣，今胜让国，请立其子锐。帝欲遣锐袭王，胜固辞，以曜久行国事，人安之，锐生京华，不习其俗，不可遣。”[4] 代兄尉迟胜摄理国事的尉迟曜，一定想要尉迟胜的嫡子尉迟锐回国即位，更明确证明了于阗是“以嫡承嗣”。所以，继李圣天（Viśa' Saṃbhava）为王的尉迟输罗应即李圣天的长子，尉迟达磨又当是尉迟输罗的长子。现在已考证出，从德、从连、琮原为李圣天之子。从保存下来的敦煌文献看，从德不仅是书写 P.3510 和 P.3513 等长卷的功德主，而且还在 966 年尊父王之命代表于阗入觐于宋并纳贡品。结合银塔所题“于阗国王大师”这一称号，我们倾向于认为从德即尉迟输罗王。和其父李圣天一样，他除了汉名“从德”外，还应有于阗文的本名，即 Viśa' Śūra “尉迟输罗”。他从中原返回时，正值父王故去，于是以长子身份即位为王，年号天尊，写于天尊四年（970 年）的《尉迟输罗致舅沙州大王曹元忠书》[5]，也完全符合从德的身份。

现在回来检查一下熊本氏关于丽字 73 号中“□常宗德”的看法。熊本氏认为，“宗德”即从德，“□常”就是 969 年入宋进贡的“国王

---

〔1〕 张一荣 1983，167，171 页。

〔2〕 R. E. Emmerick, *Tibetan Texts concerning Khotan*, London 1967, pp. 34–35.

〔3〕《旧唐书》卷一九八《西戎传》于阗条。

〔4〕《旧唐书》卷一四四本传略同。

〔5〕 *KT* II, pp. 125–129; H. W. Bailey, “Śrī Viśa' Śūra and the Ta-Uang”, *AM*, XI. 1 (1964), pp. 17–20.

男总尝”，并推测“□常宗德”的排列应代表着兄弟次序，因此，967—977年在位的尉迟输罗既不是总尝，也不是从德，而可能是从连或琮原[1]。但是，汉文史籍明确标明总尝是当时的“国王男”，也即国王的儿子，而当时的国王是李圣天的长子尉迟输罗，所以很难把总尝放在和尉迟输罗同一辈分上。熊本氏用于阗文的 mista rrispūra“太子”来解释“国王男”，恰恰只能得出相反的结果。总尝无疑是尉迟输罗王的儿子。另外，熊本氏没有看到银塔上从德具有“国王”的称号，也就完全忽视了尉迟输罗就是从德太子的可能性，如果我们上述的比定成立的话，则总尝应当是从德的王子，而不是兄弟，丽字73号的“□常”也应另求他解了。总之，只凭对音来考虑问题似过于简单，熊本氏关于“□常”即总尝的看法有待更多的材料加以明证。

由于丽字73号文书已残，“常”字之上有无字或有几字均不得而知，我们不强作解人。但这条汉文题记显然与旁边所写的于阗文《善财譬喻经》有关联。所以，尽管我们有三个“从德”写法的例证（包括“德从”一词），我们仍然倾向于接受熊本氏关于“宗德”即从德的看法，除了从德的兄弟有写作“琮原”的例子外，在敦煌于阗语文献中可以找到更强有力的材料来支持这种说法。丽字73号所写于阗文《善财譬喻经》在敦煌于阗语写本中还有另外七个抄本，即P.2896的2—15行、P.2957的164—171行、P.2784年1—7行、P.2025的80—267行+P.4089 a的1—21行、Ch.00266的44—223行、P.2957的14—160行、P.5536 bis[2]。这些写本至少有两个共同点：（1）有些写本上同时写有其他内容，而所写者又往往是内容相同的一种抒情诗，如P.2896的49—53行、P.2025的7—79行、Ch.00266的01—

〔1〕 Kumamoto 1986, p. 232, p. 242, n. 7.

〔2〕 *KBT*, pp. 11-39; *KT* V, p. 327. 关于最后一种，详见 R. E. Emmerick, “A Khotanese fragment: P. 5536 bis”, *Monumentum H. S. Nyberg*, *I* (Acta Iranica 4), Leiden 1975, pp. 233-236。对这批写本的综合研究，见 H. W. Bailey, “Sudhana and the Kinnarī”, *Bhāratīya Vidyā*, XX-XXI, Bombay 1963, pp. 192-195; idem, “The Sudhana Poem of Ṛddhiprabhāva”, *BSOAS*, XXIX. 3 (1966), pp. 506-532.

42 行等[1]。(2)除两面都是于阗文献的写本外，正面的汉文只有 P.2025 是写的《大般若波罗蜜多经》，其余都是汉文《妙法莲花经》[2]，丽字 73 号也是这样[3]。这些并非出于偶然的共同点，至少可以说明这些《善财譬喻经》的写本不无联系，它们很可能是利用一次得到的《法华经》卷，在不长的时间内陆续写成的，因此也就很可能属于同一组文献，属于同一位施主。除丽字 73 号有"宗德"一名外，值得注意的是 P.2896 号写本。该写本主要有三项内容，(1)第 1—48、56—68 行是几篇书信的草稿，(2)第 2—15 行是《善财譬喻经》，(3)第 49—55 行是抒情诗[4]。就在第(1)项书信草稿第 34—36 行的地方，杂写着一些不规范的汉字，可以辨认出来的有"太子""从德""司空""敕"等。[5] 这里的从德应当就是我们上面讨论的从德太子，因此，旁边所写的"太子"称号也应属于他。这样，把同样是写在于阗文《善财譬喻经》旁的"宗德"解释为从德，就有了一条有力的旁证。从德太子很可能就是这批《善财譬喻经》写本的功德主。所有《善财譬喻经》和抒情诗的写本在敦煌保存下来，似乎表明供奉这些经典或文学作品的从德太子曾长期住在敦煌。附带提及，在敦煌文书中有不少记载太子的材料，且有太子庄、太子宅等记载。太子似乎不止一位，其中有的与迎接于阗使有关，有的可能是敦煌府主的太子。很遗憾，现已难以区分敦煌文书所见的太子或多位太子之中哪些专指于阗太子而言，因此，有关太子的许多材料只好从略。目前可以肯定的一点是，于阗自国王李圣天娶沙州曹议金女为皇后以后，两地结为姻亲，不

---

〔1〕 *KT* III, pp. 34-36, 45-48; M. J. Dresden, "A Lyrical Poem in Khotanese", *Beiträge zur Indienforschung*, *Ernst Waldschmidt zum 80. Geburtstag gewidmet*, Berlin 1977, pp. 81-103. Cf. H. W. Bailey, "Lyrical Poems of the Sakas", *Dr. Unvala Memorial Volume*, Bombay 1964, pp. 1-5.

〔2〕 Ch.00266 见 K. Enoki, "Chinese Manuscript Fragments", *Catalogue of the Tibetan Manuscripts from Tunhuang in the India Office Library*, by L. de la Vallée Poussin, Oxford 1962, p. 247；伯希和编号写本，见张一荣 1987，111—112、117、105、97 页。

〔3〕 陈垣《敦煌劫余录》第七帙，叶 323 背。

〔4〕 分别见 *KT* III, pp. 94-96; *KBT*, pp. 11-12; *KT* III, p. 36。

〔5〕 张一荣 1987，111 页；图见黄永武编《敦煌宝藏》第 125 册，100 页。

断有于阗太子来到沙州，前面谈到的莫高窟第 244 窟从德太子的童像，表明从德太子早在童年时代就到过敦煌。此后，P.3184 记“甲子年（964 年）八月七日，于阗太子三人来到佛堂内，将《法华经》第四卷”。我们曾推测这三位太子就是从德、从连和琮原[1]。从德太子的留居敦煌，除了为在政治上与沙州曹氏政权增进友好关系外，还有他爱慕中华文化的一面。P.3510《从德太子发愿文》之后的 9—10 叶，是一篇《礼忏文》的开头[2]，其全文抄在 P.3513 的第 76 叶背 1 行至 78 叶正 1 行，文中只提到作者是 aysa rraispūrrä“我太子”，而未标其名[3]。贝利根据 P.3513 和 P.3510 两件写本内容上的关系，认为这篇《礼忏文》的作者“太子”就是 Tcūṃ-ttehi:（从德）太子[4]。这篇完整的《礼忏文》，反映出从德太子深受汉地佛教思想的影响。而且，P.3513 号贝叶形写本是一部由几种佛教文献组成的合集，在《礼忏文》前，依次还抄有:（1）《佛名经》（叶 1—12，*KT* III，112—116）、（2）《般若心经疏》（叶 13—42，*KBT*，54—61）、（3）《普贤行愿赞》（叶 43—58，*KT* I，222—230）、（4）即陈寅恪先生引用过的《金光明最胜王经 · 忏悔品》（叶 59—75，*KT* I，242—249）。这些文献的内容多与忏悔思想有关，而且连续工整地抄在一起，表明它们应同属于从德太子。其中的《般若心经疏》是依据汉译大本《心经》加注的[5]；《金光明最胜王经 · 忏悔品》很可能就出自义净的汉译本[6]，这都说明了从德太子对汉译佛典了解甚深，是这位太子兼佛教大师吸取汉地佛教文化的明证。

---

〔1〕 张—荣 1982，185—186 页；Zhang-Rong 1984，pp. 29-30.

〔2〕 *KBT*，p. 53.

〔3〕 *KBT*，pp. 62-66.

〔4〕 H. W. Bailey，“The Profession of Prince Tcūṃ-ttehi”，*Indological Studies in Honor of W. Norman Brown*，ed. by E. Bender，New Haven 1962，pp. 18-22；idem，*The Culture of the Sakas in Ancient Iranian Khotan*，New York 1982，p. 68.

〔5〕 L. Lancaster，“A Study of a Khotanese Prajñāpāramitā Text：After the work of Sir Harold Bailey”，*Prajñāpāramitā and Related System: Studies in Honour of Edward Conze*，ed. by L. Lancaster，Berkeley 1977，pp. 163-183.

〔6〕 R. E. Emmerick，*The Sūtra of Golden Light*，London 1970，p. xi.

以上论述的所有材料，丰富了我们关于从德太子的知识。这位太子是于阗王李圣天和曹议金女的长子，在儿童时期（935年前后）就被带到敦煌，其像绘在归义军节度使的窟内。在10世纪中叶，从德可能长期留居在敦煌，留下了不少于阗语文献，到966年奉命入宋朝贡。翌年，父王晏驾，他作为合法继承人，回于阗即位为王，即尉迟输罗，年号天尊。弄清楚从德太子在敦煌活动的年代，有助于我们判定一些敦煌于阗语写本的年代，上面讨论的八种《善财童子譬喻经》写本（Ch. 00266，P.2025+P.4089a，P.2957，P.2896，P.2784，P.5536bis，丽字73号）[1] 和与之相关联的六种《抒情诗》写本（Ch.00266，P.2025，P. 2895，P.2896，P.2956，P.2022）[2]，以及P.3510和P.3513贝叶本佛教文献合集的完成时间，应当就是在它们的主人——从德太子在敦煌的年代，即公元10世纪中叶，约935—966年间。

三、于阗使臣及其相关文书的年代

10世纪中叶的几十年中，居住或逗留在敦煌的不仅仅是从德等于阗太子，而且还有数批于阗使臣，他们也和从德太子一样，在沙州撰写或抄录过一些文书或文献。敦煌出土于阗文献中保存的一些使臣报告，几乎都是写于敦煌的草稿或副本，应当就是出自这些留居敦煌的使臣或僧侣的手笔。因此，敦煌汉文文书中关于这些于阗使臣或僧侣在敦煌活动的记录，是帮助我们澄清争论较大的一些于阗使臣报告产生年代的基本文献之一，找出于阗使臣在敦煌的年代，就为人们提供了于阗使臣报告或其他在敦煌完成的于阗语文献的一些可能的参照年份，而且，汉文史料提供的丰富内容，也有助于于阗使臣报告本身的解读。为此，我们把目前收集到的反映于阗使臣或其他人员在敦煌活动情况的汉文文书资料按年代摘录于下：

〔1〕 *KBT*, pp. 11-39; *KT* III, p. 118; *KT* V, p. 327; Kumamoto 1986, p. 242, n. 6.
〔2〕 *KT* III. pp. 34-41, 42-48.

资料一　P.4640《唐己未、庚申、辛酉年（899—901 年）归义军军资库司布纸破用历》记：

辛酉年三月十二日，又都押衙罗通达传，支与于阗使梁明明等一行细纸壹束捌帖。[1]

这是我们读到的有明确年代的最早来敦煌的于阗使者记录，但这是否标志着 901 年是于阗使首次访问敦煌的年份呢？值得注意的是 S.4359 中所抄曲子词《谒金门·开于阗》。词云：

开于阗，绵绫家家总满。奉戏生龙及玉碗，将来百姓看。尚书座客典，四塞休征罢战。但阿郎千秋岁，甘州他自离乱。

其后又抄咸通末年的韦蟾所作《送卢潘尚书之灵武》诗，末题“维大梁贞明五年（919 年）四月日，押衙某首（手）写流□”[2]。这是抄写的时间，而《开于阗》的创作年代，则应从其本身的内容来判断。从文意看，它是归义军的某个文人所作颂扬府主尚书德政的歌辞，其时归义军刚刚和于阗建立了往来关系，即所谓“开于阗”，而和甘州回鹘则处在敌对状态中，这和 901 年前后的张承奉时期正相符合，甘、沙二州处在大战的前夜，于阗使臣正好来到敦煌，而且据我们考订，张承奉在 901—903 年间的称号正是尚书[3]。如果于阗使梁明明等人的来到敦煌，就是归义军方面所说的“开于阗”——开始了与于阗的往来，那么 901 年很可能就是吐蕃统治结束以后归义军与于阗王国之间首次往来的年份，这将为写于敦煌的于阗文文献提供一个可供参考的年代上限。

资料二　S.1366《归义军宴设司面、油破历》记载：

二十一日，于阗罗阇梨身故助葬，细供十分，胡〔并〕五十

---

〔1〕 池田温《中国古代籍帐研究》，东京大学出版会，1979 年，610 页。该《历》中还记有“于阗使押衙张良真”，是归义军派往于阗的使者，故不录。参看卢向前《关于归义军时期一份布纸破用历的研究》，《敦煌吐鲁番文献研究论集》第 3 辑，北京大学出版社，1986 年，460—463 页。

〔2〕 Jao Jsong-yi, *Airs de Touen-houang*, Paris 1971, p. 237；任半塘《敦煌歌辞总编》，上海，1987 年，463 页。

〔3〕 荣新江《沙州归义军历任节度使称号研究》，《敦煌吐鲁番学研究论文集》，上海，1990 年，787—790 页。

枚，用面四斗四升，油八合。五月二日，支于阗使遍，面一石，油三升。汉僧三人、于阗僧一人、波罗门僧一人、凉州僧一人，共面二斗，油一升。

文书已残，纪年不存。从其中“迎狄寅及使命”和“赛金山王”两项记载，可以推测文书完成于曹氏时代初期[1]。

资料三　P.2704《后唐长兴四、五年（933—934年）归义军节度使曹议金回向疏》（共三份）中[2]，在施入大众的袄子旁注：

其袄子，于阗宰相换得。

三份《回向疏》又有这样的祈愿：

东朝奉使，早拜天颜；于阗使人，往来无滞。

朝贡专使，往来不滞；于阗使人，回骑无虞。

朝庭奉使，驲骑亲宣；于阗专人，关山不滞。

说明这两年中有于阗宰相及使臣在敦煌停留，然后回于阗。

资料四　P.2638《后唐清泰三年（936年）六月沙州儭司教授福集等状》记癸巳年（933年）六月至丙申年（936年）六月间儭司出破数中有：

绵绫壹匹，于阗僧鞔衣用。[3]

说明这三年中，有于阗僧人在敦煌受到沙州僧团的款待。

资料五　P.5535于阗体梵文写《陀罗尼咒》尾部汉文题记称：

大宝于阗国进奉使司空刘再升。[4]

据《新五代史》卷九《晋出帝本纪》，天福七年（943年）十二月，“于阗使都督刘再升来，沙州曹元深、瓜州曹元忠皆遣使附再升以来。”可知这条题记应写于943年前后。这件写本应即刘再升往来沙州时留下的。

---

〔1〕参看《西域出土汉文文献分类目录初稿》I，东京，东洋文库，1964年，127页。其中关于驼官邓留通的比定不足取。

〔2〕参看伯希和、羽田亨编《燉煌遗书》活字本第1集，上海，1926年，9—14页。

〔3〕《中国古代籍帐研究》，649页。

〔4〕张—荣1987，124页。

资料六　P.3234背有沙州净土寺各种入破历二十一件，其中记该寺破用数有：

油一杪，于阗僧来供助用。

面二斗五升，于阗客僧来此得官料供助用。

粟三升沽酒，送路于阗僧用。[1]

这些帐历中的一些人名和内容又见于P.2049《同光三年（925年）沙州净土寺直岁保护手下诸色入破历计会》和《长兴二年（931年）沙州净土寺直岁愿达手下诸色入破历计会》[2]，可知其中的《甲辰年二月后东库惠安、惠戒手下便物历》和《壬寅年正月一日已后直岁沙弥愿通手上诸色入历》分别相当于944和942年[3]。帐中所记于阗僧人在沙州净土寺的时间，也应在942—944年前后。

资料七　P.2026于阗文佛教文献杂纂卷中，第89—90行中间，绘佛像两躯，旁有施主作供养状，又绘小塔，内书：

维大晋天福十年乙巳，敕于阗班上监一心供养。[4]

时在945年。题记使用中原年号和汉文，表明该卷写绘于敦煌。

资料八　P.2641《丁未年六月归义军都头知宴设使宋国清牒》共四份，内容相同，日期连贯，现录其中有关供应于阗使者食料的记载如下：

十九日，寿昌迎于阗使，细供陆拾分，壹胡并，又胡并壹伯枚，油胡并子肆伯枚，每面贰斗，入油壹升。廿日，太子迎于阗使，油胡并子壹伯枚，每面贰斗，入油壹升。廿一日，马圈口迎于阗使，用细供叁拾分，壹胡并，又胡并贰拾枚，灌肠面叁升。城下迎于阗使，细供贰拾分，壹胡并，灌肠面三升。于阗使迎于阗使，细供拾分，壹胡并，中次料拾分。廿二日，太子屈于阗使，细供拾

---

〔1〕 那波利贞《唐代社会文化史研究》，东京，创文社，1974年，315页录第一条。

〔2〕《中国古代籍帐研究》，617—644页。

〔3〕 Cf. *Catalogue des manuscrits chinois de Touen-houang*, III, Paris 1983, pp. 184-185.

〔4〕 参看饶宗颐《燉煌白画》第2卷，巴黎，1978年，44—45页；张一荣1987，98页。

伍分，壹胡并。廿三日，大厅设于阗使，用细供贰拾捌分，内叁分贰胡并。廿四日，又太子龙兴寺屈于阗使，细供拾伍分，壹胡并，又胡并捌拾伍枚。于阗使□料□下，面肆斗。

藤枝晃教授曾抄录过这件文书的一部分，并推测这里的丁未年应是后汉天福十二年（947年）〔1〕。这一看法可以成立，因为文书中的宋国忠又见于S.1898（936年左右），宋迁嗣见于P.3160（951年），赵员子见于P.2629（964年〈?〉），而且，文书上的简式鸟形画押，据艾丽白（D. Eliasberg）的考证，也应出自曹元忠（944—974年执政）之手〔2〕。

资料九　P.3160《辛亥年六月归义军押衙知内宅司宋迁嗣牒》记柴草支出：

廿日，看于阗使，煮肉两束。

艾丽白据牒尾的简式鸟形画押，把这件文书断在951年〔3〕。宋迁嗣一名又见于资料八（947年）中，这为上述考订作了补充。

资料一〇　S.3728《乙卯年二、三月归义军押衙知柴场司安佑成牒》中，有关供应柴草的记载如下：

二月廿四日，于阗使赛神，付设司柴壹束。三月三日，支于阗博士月柴壹拾伍束。

艾丽白据牒后的简式鸟形画押，推定在955年〔4〕。对此可以补充的是，文书中安佑成一名又见于S.1898归义军名籍文书中，作“十将安佑成”〔5〕，而同一名籍中的张威贤，又见于S.1285《后唐清泰三年（936年）扬忽律哺卖宅舍契》中〔6〕，据此，可以间接证明S.3728的乙卯年应是后周显德二年（955年）。

〔1〕藤枝晃《沙州归义军节度使始末》（四），82页。

〔2〕Eliasberg 1979, pp. 30-33, 39.

〔3〕Eliasberg 1979, p. 32.

〔4〕Eliasberg 1979, p. 32.

〔5〕中国科学院历史研究所编《敦煌资料》第1辑，北京，中华书局，1961年，207页。

〔6〕同上，312—313页。

资料一一　P.3111是《庚申年七月十五日于阗公主新建花树等帐》，全文如下：

> 庚申年七月十五日，于阗公主新建官造花树、新花树陆，内壹是瓶盏树。又新布树壹，又旧瓶盏树壹，又布树壹，纸树壹。新花叶壹伯陆拾柒，又旧花柒拾玖叶。新镜花肆，旧镜花陆。新绿叶壹拾捌，旧绿叶叁。紫台子壹拾壹，红台子壹拾叁，青台子壹拾壹，又新五色台子叁拾捌，又旧五色台子贰拾柒。磨睺罗壹拾，瓶子捌拾肆。（鸟形画押）

艾丽白据鸟形画押，断定在960年的庚申[1]。

资料一二　敦煌文物研究所藏No.001+董希文藏卷+P.2629《归义军官府用酒破历》记有关于阗使臣等用酒情况：

> 六月三日，太子屈于阗使，酒半瓮，酿羊皮酒叁斗五升。去正月廿四日供于阗葛禄逐日酒贰升，至六月五日夜断，除三个月小尽，中间壹伯贰拾玖日，计给酒肆瓮壹斗捌升。去三月十九日供于阗罗尚书逐日酒伍升，至六月五日夜断，除两个月小尽，中间柒拾伍日，内两日全断，计给酒陆瓮伍升。去五月贰拾捌日，供修于阗文字孔目官逐日壹斗，至陆月伍日夜断，除月小尽，中间柒日，计用酒壹瓮壹斗。七月一日，太子迎于阗使酒壹瓮。三日，□□□阗使，酒壹斗。廿一日，衙内看于阗使，酒壹瓮。廿六日，衙内看甘州使及于阗使僧，酒壹角。八月一日，看于阗使，酒壹瓮。廿二日，看甘州使及于阗使，酒半瓮。十月二日，东园看于阗使及南山，酒壹斗。十日，衙内看于阗使，酒壹斗。

本文前后残缺，纪年已失，纸缝钤有“归义军节度使新铸印”，据陈祚龙、施萍亭两位先生的考证，该印的使用期限是在961—975之间[2]。因此，这件《酒破历》应当就是这一期间的产物。施萍亭还根据月建

---

〔1〕 Eliasberg 1979, p. 32.

〔2〕 陈祚龙《古代敦煌及其他地区流行之公私印章图记文字录》，《敦煌学要钥》，台北，1982年，330页；施萍亭《本所藏〈酒帐〉研究》，《敦煌研究》创刊号，1983年，146页。

大小等理由，认为其确切年份是宋乾德二年（964年），可备一说[1]。按本文书中出现的赵员子见于上面提到的P.2641文书（947年），史骨子见于P.2236《壬申年（972？年）沙州敦煌乡官布籍》[2]，都可以旁证酒帐应是曹元忠时期的文书。

资料一三　S.2474《归义军宴设司面、油破历》残存的记事有：

> 于阗僧油一升。闰三月五日，于阗使面一斗。窟上看于阗使，细供十分，小食子十枚，用面二斗一升，油一升。十二日，太子宅于阗使一人，用面七斗。

这份《破历》的前面抄有《己卯、庚辰年驼官邓留通、张憨儿牒》，艾丽白据牒末的繁式鸟形画押，断定为979—980年[3]。《破历》的第18—19行间，有小字"于时太平兴国七年（982年）壬午岁二月五日立契"云云。藤枝晃在考虑了这些情况后，把《破历》中的"闰三月"，考订为太平兴国五年（980年）的闰三月[4]。《破历》的年代应为980年。

资料一四　P.2744《归义军宴设司面、油破历》载：

> 廿三日，支四道使客箸节料残，于阗使二人，共面二斗；汉大师等面五斗，油三升；石大师、孙大师二人，共面三斗，油二升；达干宰相及公主交关人，面三斗。廿四日，衙内看汉僧及于阗僧，细供六分，有饊饼小食子两枚，餘欣子两格，用面一斗五升，油九合二勺。西衙看四道使客，用细供五十八分，饊饼四枚，灌肠面六升，用面一石一斗七升八合，油四升八合。

此件年代已残，内容与资料一三相同，所以土肥义和先生推测其年份为980—982年左右是可以接受的[5]。

---

〔1〕 施萍亭《本所藏〈酒帐〉研究》，146—150页。
〔2〕《中国古代籍帐研究》，615—616页。
〔3〕 Eliasberg 1979, p. 34.
〔4〕 藤枝晃《敦煌历日谱》，《东方学报》（京都）第45册，1973年，427页。
〔5〕 土肥义和《归义军时代》，《讲座敦煌》第2卷《敦煌の历史》，大东出版社，1980年，244页。

资料一五　英国印度事务部图书馆藏 Ch.I.0021a《壬午年于阗使张金山供养文》全文如下：

壬午年十二月廿一日，于阗使张金山幸者，来取窟头燃灯来者，焚香发愿，礼佛庆告者，好转经坐禅者，竟发心造塔，愿以过到来平善者，再发心造塔，诸周在世界子，有沙州人语好者，又窟更好者，木石更好，怎生暂打得者，幸者书记耳。[1]

因本文下面所写的于阗语文书纪年为中兴五年（982 年），知此壬午为 982 年[2]。这段于阗使者在沙州用汉文写的文字，虽然文理多有不通处，但却十分珍贵。

此外，还有一些文书年月不够完备，但它们也反映了于阗使臣在沙州的活动，现摘要如下，以保存数据的完整性。

资料一六　P.2812 有《于阗宰相绘画功德记》，文字如下（句读为原文所有）：

厥今青春告谢。朱夏初合。舍异类之珍财。召丹青之巧匠。绘如来之铺席。图菩萨之真仪。渴仰虔恭。倾心恳切者。为谁施作。时则有于阗宰相。先奉为龙天八部。护大地之苍生。梵释四王。卫普天而安乐。西头天子。居宝位而延祥。东府大王。并乾坤之宠禄。先亡后过。速诣莲宫。见在枝罗。延年吉庆。己躬清吉。得贤圣而护持。患疾痊除。静四支而克顺。一行长幼。途路□泰而无危。两国通流。平善早临于桑梓之福会。伏惟我宰相□德云云　加以信珠顶棒。心镜恒明。爰召良工。广施财宝。遂得丹青晃曜。万菩萨亲降而现形。紫磨分辉。十方佛并临而赴会。是时也。百花竞发。万物滋荣。鸟喜林间。宫商合韵。总斯多善。莫限良缘。

这篇优美的文字，可能是于阗宰相在莫高窟修功德时留下的，从其中用

---

〔1〕 图见 H. W. Bailey (ed.), *Saka Documents*, III, London 1963, pl. xlix；录文见 Enoki, "Chinese Manuscript Fragments", pp. 261–262；金子良太《敦煌出土张金山关系文书》，《丰山学报》第 19 号，1974 年，48 页；金冈照光《敦煌本赞偈类数则》，《东方宗教》第 46 号，1975 年，7 页。

〔2〕 E. G. Pulleyblank, "The Date of the Staël-Holstein Roll", *AM*, IV. 1 (1954), p. 94；金子良太《敦煌出土张金山关系文书》，112 页。

“东府大王”指称归义军节度使来看，应写于10世纪托西大王曹议金、西平王曹元忠或敦煌王曹延禄节度瓜沙二州的某一时期。

资料一七　S.2528《于阗僧龙大德请公凭状》〔1〕，文字如下（圆括号中是前字的校正字）：

于阗僧龙大德状：右大德自到沙州，吃令公阿〔郎〕恩荫任似（仁慈?）。近秋寒冷，依庄（衣装）则看阿郎，随身囊猢狲一个，依伏（衣服）总在阿郎，伏请公凭裁下处分。牒建（件）状如前，谨状。九月廿五日，于阗龙大德〔状〕。

这位于阗高僧写的汉文也有些文理不通，但大意还是明确的。从“令公”一名指沙州统治者来看，时间也应在曹氏归义军时期〔2〕。

资料一八　P.4705《残油帐》记有：

二月五日，供甘州来于阗大德二人，逐日午时□供□夜（下缺）

资料一九　S.6452《某寺面破历》记：

十月十六日，于阗大师来造饭，面叁升。十七日，又造饭，面壹斗。麸贰斗，于阗大师马吃用。

资料二〇　P.2642《某寺粟破历》记：

十七日，粟陆斗沽酒，于阗使就寺来吃用。

资料二一　P.3231《某寺残帐历》记：

于阗使十二分。

资料二二　　日本龙谷大学藏敦煌文书第48号写本题：

于阗册礼般若先排使张宗瀚留此残本。〔3〕

以上五条材料，目前还无法判定它们的年代。

下面根据上述敦煌资料，并结合汉文有关于阗入贡中原的使臣的记载，编成年表，来提示于阗使臣在沙州的年份和各自的身份：

---

〔1〕　图见土肥义和《归义军时代》，240页。

〔2〕　荣新江《沙州归义军历任节度使称号研究》。

〔3〕　龙谷大学西域文化研究会编《龙谷大学所藏敦煌古经现存目录》，《西域文化研究》第一，京都，1958年，240页。

公元纪年	在沙州时间	在中原时间	使臣情况	根　据
901	辛酉年三月十二日		于阗使梁明明等一行	P.4640/资料一
c.920	某年某月廿一日		于阗罗阇梨、于阗使、僧	S.1366/资料二
923—926		后唐同光年间	于阗来胡僧	新五代史 14 皇后刘氏传
933—934	长兴四年十月九日至五年二月九日		于阗宰相、于阗使人	P.2704/资料三
933—936	癸巳年六月一日至丙申年六月一日		于阗僧	P.2638/资料四
937		后晋天福二年十一月	于阗僧曼哥罗赞尝罗	册府元龟 52
938		后晋天福三年九至十二月	进奉使马继荣、副使张载通、监使吴顺规	旧五代史 77；五代会要 29
943		后晋天福七年十二月丙子至八年正月乙巳	刘再升	新五代史 9，旧五代史 81；P.5535/资料五
c.942—944	壬寅年正月至甲辰年二月		于阗僧、于阗客僧	P.3234/资料六
945	天福十年		于阗班上监	P.2026/资料七
947	丁未年六月十九至廿四日		于阗使	P.2641/资料八
947		后汉天福十二年六月	于阗使者	新五代史 10
948		后汉乾祐元年五至六月	入朝使王知铎、副使张文达、判官秦元宝、监使刘行立	五代会要 29

续 表

公元纪年	在沙州时间	在中原时间	使臣情况	根据
951	辛亥年六月廿日		于阗使	P.3160/资料九
955	乙卯年二月廿四日至三月三日		于阗使、于阗博士	S.3728/资料一〇
960	庚申年七月十五日		于阗公主	P.3111/资料一一
962		宋建隆二年十二月	于阗使、摩尼师使	续资治通鉴长编 2、宋史 490
964（?）	六月三日至十月十日		于阗使、于阗葛禄、于阗罗尚书、于阗使僧、修于阗文字孔目官	敦煌所 No.1+董希文藏卷+P.2629/资料一二
964	甲子年八月七日		于阗太子三人：从德、从连、琮原	P.3184、莫高窟 444 窟题记
965		宋乾德三年五月	于阗僧善名、善法	长编 6、宋史 490
965		宋乾德三年十二月戊午至癸亥	道圆、于阗使	长编 6、宋史 490
966		宋乾德四年二月丙辰	于阗使、德从（从德）	长编 7、宋史 490
968		宋开宝元年十一月	于阗使	宋会要 197 回鹘条
969		宋开宝二年十二月廿二日	直末山、善名、总尝	宋会要 199、宋史 490
971		宋开宝四年	僧吉祥	宋史 490
980	闰三月五日前至十二月		于阗僧、于阗使	S.2474/资料一三

续　表

公元纪年	在沙州时间	在中原时间	使臣情况	根　据
c.980—982	廿三日至廿四日		于阗使、于阗僧	P.2744/资料一四
983	壬午年十二月廿一日		于阗使张金山	Ch.i.0021a/资料一五
989		辽统和七年二日	于阗使	辽史 12
989		辽统和七年十一月甲申	于阗使张文宝	辽史 12
990		辽统和八年二月丁未朔	于阗使	辽史 13
994		宋淳化五年	沙门吉祥	宋会要 200、佛祖统纪 43
10 世纪	四月（朱夏初合）		于阗宰相	P.2812/资料一六
10 世纪	某年九月廿五日		于阗僧龙大德	S.2528/资料一七
不详	某年二月五日		甘州来于阗大德二人	P.4705/资料一八
不详	某年十月十六日		于阗大师	S.6452/资料一九
不详	某年某月十七日		于阗使	P.2642/资料二〇
不详	不详		于阗使	P.3231/资料二一
不详	不详		于阗册礼般若先排使张宗瀚	龙谷大学 48 号/资料二二

此表表明，目前所确知的最早来到沙州的于阗使者，是 901 年归义军节度使张承奉在位时的梁明明等一行，而且他们很可能是归义军成立后来到敦煌的第一批于阗使。但上表所列的史料说明，只是在曹议金掌

握归义军政权（920年左右）以后，于阗的使臣、僧侣乃至宰相、尚书、公主、太子等才大批地、络绎不绝地来到敦煌，甚至远赴洛京或汴梁，入贡中原王朝。上文已经指出，敦煌文书中的于阗文使臣报告或其他一些文献，应当就是这些逗留或居住在敦煌的于阗使、僧等在这里起草或抄写的。因此，上表所列于阗使、僧等在敦煌的年代，就很可能是这些于阗语文书完成的绝对年代。我们目前还不能一一指出哪一年来的于阗使或其他人写的是哪一篇于阗文书，但如果上述看法成立，则可以把在敦煌完成的于阗语文献的相对年代判定在公元10世纪。

除上表所列汉文史料所提供的证据外，还可以列举敦煌发现的回鹘文和藏文文书来证成上述看法。

据哈密屯最近出版的新著《敦煌出土9至10世纪回鹘文写本集成》一书，目前确知的有关沙州、于阗往来的回鹘文文书只有两件。P.2998背是金国（Altun el，即于阗）使者在沙州写的愿文，年代是 yunt yïl bešinč ay “马年五月”[1]。巴赞（L. Bazin）教授比定为982年[2]；哈密屯列举出922、934、970、982和994年作为可能的年份[3]；森安孝夫氏更放宽到10世纪至11世纪的前半[4]。另一件文书编号 Pelliot Ouïgour 2，是一件处理一位在于阗去世的商人财产的诉讼文书。该商人死于 ït yïlïn yettinč ayda yetti yegirmi-dä “狗年七月十七日”，文书还提到另一个时间 to bečin yïlïn tončor ayïn “土猴年七月”[5]。巴赞将后者定为948年[6]，哈密屯和森安孝夫都没有异议[7]。根据他们研究的成果，回鹘文所记于阗与沙州的往来，于阗使臣在敦煌的时间，也是在公元10世纪。

---

〔1〕 Hamilton 1986, pp. 93-94.

〔2〕 L. Bazin, *Les Calendriers turcs ancients et médiévaux*, Université de Lille III 1974, pp. 303-305.

〔3〕 Hamilton 1986, p. 95.

〔4〕 森安孝夫《ウイグル语文献》，《讲座敦煌》第6卷《敦煌胡语文献》，大东出版社，1985年，23页。

〔5〕 Hamilton 1986, pp. 103-104.

〔6〕 Bazin, *Les Calendriers turcs ancients et médiévaux*, pp. 298-302.

〔7〕 Hamilton 1986, pp. 103, 105；森安孝夫《ウイグル语文献》，19页。

由于吐蕃对河西及塔里木盆地长期统治的影响，在吐蕃统治结束以后，在相当长的一段时间内，藏文仍然是甘州回鹘、沙州归义军、于阗王国等地方政权间往来信函的一种通用语。近年，乌瑞（G. Uray）教授从敦煌出土藏文文献中，找出八件与于阗有关的文书，并且考订它们全都属于10世纪[1]。这八件文书是：

（1）钢和泰藏卷背《于阗使臣上沙州太保状》；

（2）P.t.984第2残片《河西节度使沙州曹令公上圣神之主（于阗王）书》；

（3）P.t.1106背第1件文书《于阗天子长兄致弟令公状》；

（4）P.t.1120背《沙州主曹尚书致菩萨于阗圣神天子书》；

（5）P.t.1256背猪年于阗使刘司空（Li'u Si-kong）文书；

（6）P.t.1284第3件文书《河西节度使曹太保致于阗王书》；

（7）P.t.2111第7和第2件文书《于阗王致甘州忠贤大臣长史于伽书》；

（8）P.t.1106正面《于阗王天子长兄致〔沙州〕弟登里尚书书》。

其中，文书（1）可根据背面于阗语文书中李圣天十四年鸡年为925年的考证结果[2]，推测当在这一年左右，因为藏文文书的内容与于阗文文书的内容有部分相关联；文书（2）（4）（6）因为标有“曹”姓，确属10世纪掌权的归义军曹氏时期无疑；文书（3）的“令公”也只能是指曹氏的某位节度使；文书（5）的于阗使刘司空，已由森安孝夫氏考证为上面提到过的刘再升[3]，“猪年”应指939年或951年；最后，文书（7）的年代不够明确，武内绍人氏从对全体藏文书信文书格

〔1〕 G. Uray, “L'emploi du tibétain dans les chancelleries des États du Kan-sou et de Khotan postérieurs à la domination tibétaine”, *JA*, CCLXIX (1981), pp. 81-90; idem, “New Contributions to Tibetan Documents from the post-Tibetan Tunhuang”, *Tibetan Studies*, ed. by H. Uebach and J. L. Panglung, München 1988, pp. 520-521.

〔2〕 Cf. E. G. Pulleyblank, “The Date of the Staël-Holstein Roll”, pp. 90-97.

〔3〕 森安孝夫《イスラム化以前の中央アジア史研究の现状について》，《史学杂志》第89编第10号，1980年，66页。

式的综合研究出发，判定为归义军后期（曹氏时期）[1]，补充了乌瑞的考订。（8）与（3）写在同一写本的正背，年代应相差不远。乌瑞指出，登里（dang-re，源于回鹘文 tängri）这种突厥称号用于沙州统治者，应是 10 世纪末沙州部分突厥化的时期，又因归义军节度使的尚书称号不晚于 931 年，所以这里的尚书应是 10 世纪末期某位节度的弟弟或儿子。这一看法可以成立。因此可以说，目前所知的记载沙州、甘州和于阗交往的敦煌藏文文书，也都是公元 10 世纪的产物。人们不禁要问，为什么距离吐蕃统治结束时间较近的 9 世纪后半叶没有产生这类藏文文书呢？答案恐怕只能是当时于阗和沙州的往来或是还未开始，或是始而不久，两地的交往还不密切的缘故。

最后，让我们看看敦煌发现的于阗文文书本身的证据。下面先把明确标有年代并且基本考订清楚的写本表列如下[2]：

公元纪年	于阗文献纪年	内　容	编　号	根　据	备注
917	同庆六年	诗	P.2027	*KT* II，80	[3]
925	李圣天王十四年鸡年二月十二日，四月廿日	于阗使臣文书	钢和泰藏卷	*KT* II，72-74	
941	〔同庆〕三十年牛年三月十五日	《金刚经》写本序	Ch.00275	*KT* III，19	

〔1〕 武内绍人《敦煌・トルキスタン出土チベット语手纸文书の研究序说》，山口瑞凤编《チベットの佛教と社会》，春秋社，1986 年，588—592 页。

〔2〕 Cf. J. Hamilton, "Les Règnes khotanais entre 851 et 1001", *Contributions aux études sur Touen-houang* I, Genève 1979, pp. 50-52；张一荣 1982，192—202 页；Zhang-Rong 1984, pp. 36-45.

〔3〕 按：这里的"同庆六年"是诗人父亲的生年，见 Kumamoto 1986, p. 242, n. 7; Cf. H. W. Bailey, "Iranian *miṣṣa*, Indian *bīja*", *BSOAS*, XVIII. 1 (1956), pp. 33-34。我们曾误作文书的年代（张一荣 1982，184 页；Zhang-Rong 1984, p. 28)。该文书应完成于同庆六年以后。

续 表

公元纪年	于阗文献纪年	内 容	编 号	根 据	备注
943	兔年五月一日、五月廿日、九月五日、十月八日	佛典题记	Ch.c.001	*KT* V, 376, 252, 255, *KBT*, 143	〔1〕
958	天兴九年马年六月十九日	习字	P.2028	*KT* II, 82	
958	天兴九年马年七月十日	习字	Ch.c.002	*KT* V, 385	
958	天兴九年马年十月	《阿育王传说》题记	P.2798	*KT* III, 64	
958—972	Abhimanyugupta在位年间	《于阗至迦湿弥罗国行记》	Ch.i.0021 a, b	*KT* II, 57	〔2〕
963	天兴十四年猪年二月廿五日	习字	Ch.00272	*KT* II, 51	
965	天寿三年牛年六月十日	诗序	P.2928	*KT* III, 105	〔3〕
970	天尊四年马年正月九日	尉迟输罗王致曹元忠信	P.5538a	*KT* II, 129	
971	天尊五年羊年七月十七日	《金刚乘赞文》题记	Ch.i.0021b	*KT* II, 57	
967—977	尉迟输罗王在位年间	《佛本生赞》序	Ch.00274	*KT* I, 198	

〔1〕 Cf. Hamilton, "Les Règnes khotanais entre 851 et 1001", pp. 53-54; R. E. Emmerick, *A Guide to the Literature of Khotan*, Tokyo 1979, p. 19.

〔2〕 Cf. H. W. Bailey, "An Itinerary in Khotanese Saka", *Acta Orientalia*, XIV. 4 (1936), p. 258.

〔3〕 熊本裕认为天寿始于987年（H. Kumamoto, *Khotanese Official Documents in the Tenth Century A. D.* (University of Pennsylvania Dissertation 1982), p. 59; Kumamoto 1986, p. 235）。但这只是从动物纪年一点推断的，不足以说服人。天寿年号的最终考订有赖于新史料的发现，特别是我们还无法读到苏联列宁格勒藏Дх.1400（M. 1629）和Дх.2148（M. 2920）两件天寿二年汉文文书的原貌，无法从内容上加以判断。所以此处仍用我们的考证结果断代。

续 表

公元纪年	于阗文献纪年	内 容	编 号	根 据	备注
967—977	尉迟输罗王在位年间	《文殊师利无我化身经》题记	P.4099	*KT* II，123	
982	中兴五年马年七月	尉迟达磨王颂辞	Ch.i.0021a，a	*KT* II，54	

除上表所列举的外，有些写本可以间接推知它们的大致年代。P.2782 第 1—61 行是用韵文体写的于阗文《法华经纲要》，其第 12 行和 61 行有供养人的名字 ḍyau tceyi-śīnä 或 ḍyau si-khūṃ[1]。据金子良太氏的考证，分别相当于“刘再升”和“刘司空”[2]，也就是上文提到的 943 年入贡于晋的于阗使臣，他的名字还见于敦煌汉、藏文文书。这样，就可以把 P.2782 第 1—61 行所写的《法华经纲要》的年代，定在 943 年左右。同一写本下面还写有《陀罗尼》（62—72 行）、于阗字母拼写的藏文信札（73—80 行）、《使臣报告稿》（80—83 行）和另一篇《陀罗尼》[3]，它们的年代也应在 943 年前后。另外，Or.8212.162 的 82—90 行[4]和 P.2029 背 17—21 行[5]也是与 P.2782 同样的《法华经纲要》的不同抄本，它们的年代或许应在 943 年以后。

上引资料一五中的张金山，是另一位来过敦煌的重要于阗使臣。他的名字的于阗文拼法是 Cā kīmä-śanä。敦煌于阗语文书中与他有关联的至少有以下几种：(1) 上表列举的 Ch.00274《佛本生赞》是张金山在尉迟输罗王时期请娑摩若寺大师 Vedyaśīla 编译的。张金山的名字除了以

〔1〕 *KT* III, pp. 58, 62. Cf. H. W. Bailey, “A Metrical Summary of the *Saddharma-puṇḍarīka-sūtra* in Gostana-deśa”, *Bulletin of Tibetology*, II. 2 (1965), pp. 5-7; idem, *Saddharma-puṇḍarīka-sūtra, the Summary in Khotan Saka*, Canberra 1970.

〔2〕 金子良太《Pelliot 2782 文书所见のḌyau Tceyi-śīṇä》，《丰山学报》第 22 号（1977 年），128—125 页；KT VII, p. 13.

〔3〕 *KT* III, pp. 62-63.

〔4〕 *KT* II, pp. 5-6.

〔5〕 *KT* III, p. 55.

婆罗谜字母的形式写在正文中外，还用粟特文的形式 kymš'n 写在文末〔1〕。(2) Ch.i.0021b，a 和 Ch.i.0021b，b 所写两份《金刚乘赞文》，也都出自张金山的手笔〔2〕。前者的年代是“天尊五年”（971 年），后者的年代也应相差不远。(3) Ch.ii 002 医药文献《悉昙婆罗》（*Siddhasāra*）第 156 叶背的叶边，用粟特文写着 čw kymš'n “张金山”〔3〕，说明这部现存最长的敦煌于阗文写卷也是张金山的所有物，它被带到沙州，很可能是 982 年张金山出使沙州的结果。

如果把上面列举的所有已经断定绝对或相对年代的文书，和本文第二节考订的几组属于从德太子的文书结合在一起，已经构成全部敦煌于阗语文献约三分之一的数量，据此可以得出这样的结论，即敦煌发现的于阗语文献大部分都是公元 10 世纪在敦煌地区抄写的，这一年代界限和上面从汉、藏、回鹘文文书所见的沙州、于阗间频繁交往的年代正相符合。

以上我们对敦煌出土汉、藏、回鹘、于阗四种文献提供的年代线索加以综合考察，所得结论是一致的，即从现存可以明确考知年代的文献看，于阗使臣大批地来到敦煌和大批于阗语文献由他们在这里抄写完成，主要应当是在公元 10 世纪的一百年里。

然而，在这里对一些过去考订在 9 世纪下半叶的于阗文使臣报告不应避而不谈。过去，我们在蒲立本关于 851—912 年的王统说和我们用“金国”一名断代的看法的支配下，曾把 P.2741、P.2790、P.2958 和 P.2027 放在所谓“金国”的时段中（约 851—约 938 年）〔4〕。上文已经申明，851—912 年的王统和“金国”的时代界说不能成立，P.2958 和

---

〔1〕 *KT* I, pp. 198-219; Cf. H. W. Bailey, "The Colophon of the *Jātaka-stava*", *Journal of the Greater India Society*, XI. 1 (1944), pp. 10-12; M. J. Dresden, "The Jātaka-stava or 'Praise of the Buddha's former Births' " (*Transactions of the American Philosophical Society*, *new series*, XLV. 5, Philadelphia 1955), pp. 397-508, esp. pp. 445-446.

〔2〕 *KBT*, pp. 149-156; 参看金子良太《敦煌出土张金山关系文书》，114—113 页；H. W. Bailey, "Vajrayāna in Gostana-deśa", *The Journal of the International Association of Buddhist Studies*, I. 1 (1978), pp. 53-56.

〔3〕 *KT* I, p. 104.

〔4〕 张—荣 1982，181—184 页；Zhang-Rong 1984, pp. 25-29.

P.2027 的年代也在上文重新考订，此不赘述。P.2790 的年代也应据哈密屯指出的第 10 和第 12 行的 tteyi hvāṃ“大王”一词，放在曹氏归义军时期〔1〕。问题在于 P.2741 及与之密切相关的 Ch.00269 号文书的年代。早年，哈密屯曾把 P.2741 于阗使臣报告中提到的 Cā ttäyä-khī 比定为敦煌汉文文书 S.367《光启元年（886 年）沙州伊州地志》的抄者“张大庆”〔2〕。后来，他在专门讨论沙州西罗布泊地区的仲云部时，又把 P.2741、Ch.00269 等一大批于阗使臣报告统统放在了 10 世纪〔3〕。我们在他关于张大庆的比定的基础上，认为 P.2741 第 6 行的 si-khūṃ cā śvāṃ-śī“司空张尚书”是指 867—890 年的归义军节度使张淮深，并据 S.367 的题记，疑此文书写于光启元年〔4〕。哈密屯同意此点并做了补充，认为 P.2741 第 46 行所记中原来的使臣 Sūṃ śāṃ-śū“宋尚书”，应即乾符年间前来沙州赐节的宋光廷，并由此认为 P.2741 的年代应在乾符年间（874—879 年）〔5〕。熊本则根据 P.2741 所记甘州动乱的情况，推断该文书写于 9 世纪末叶〔6〕。这样，似乎所有迹象都表明 P.2741 是属于 9 世纪张氏归义军时代的文书。

可是，这一孤立的结论似乎与上面综合考察所得出的大批于阗文写本产生于 10 世纪的结论格格不入。实际上，哈密屯虽然倾向于把 P.2741 的年代放在张淮深时期，但他同时仍然坚持认为 P.2741 不是孤立的写本，它是以 Ch.00269 为开端，至少十五份于阗文使臣文书的一部分，这些文书程度不等地记录了同样的一批人和同样的一些事件，如 P.2741 中的一些人名，又见于标有“天兴九年”（958 年）的 P.2028 和

〔1〕 Hamilton 1984, p. 50. 熊本认为 P.2790 描述的情况很可能是 9 世纪的最后十年（Kumamoto 1986, p. 229），似有未谛。

〔2〕 J. Hamilton, “Autour du manuscrit Staël-Holstein”, *T'oung Pao*, XLVI (1958), p. 151.

〔3〕 J. Hamilton, “Le Pays des Tchong-yun, Čungul, ou Cumuḍa au Xᵉ siècle”, *JA*, CCLXV (1977), pp. 364-369.

〔4〕 张一荣 1982，182 页；Zhang-Rong 1984, pp. 26-27.

〔5〕 Hamilton 1984, pp. 52-53.

〔6〕 Kumamoto 1986, pp. 240-241, n. 1.

标有“天兴十四年”（963 年）的 Ch.00272 等同类文书中[1]。熊本氏在研究哈密屯列举的十五种写本中的 P.2786、Or.8212.186、Or.8212.162 时，认为不同写本中的同名之人未必是同一个人[2]。但是，个别人名可能同名不同人，而出现上述写卷中的同名之人数不在少数，就不能全以偶然来解释。在没有把所涉及的每一件于阗文使臣报告的原文解释清楚之前，不宜过早地全盘否定哈密屯所列举的众多相同人名为同一人的看法，特别是当我们把大部分于阗文献据当时的历史背景推定在 10 世纪以后，就应当把哈密屯自己是否坚持都感到犹豫的观点重新重视起来。当然，我们并不想全盘接受他的观点，而且确信于阗文献中名同实异的人一定存在，P.2741、Ch.00269 和 P.2786、Or.8212.186 分别描绘的情况有着一定的差异。在此，我们只想在于阗使臣报告年代问题的研究进程中，利用汉文文书材料，提供把上述于阗使臣报告放在 10 世纪的可能依据。拿 P.2741 号文书来看，哈密屯把于阗文的 Sūṃ śāṃ-śū 考订为“宋光廷”。但《张淮深墓志铭》中只说宋光廷是“中使”，即宦官，他能否被称作“尚书”是值得怀疑的。又文书中的 si-khūṃ cā śvāṃ-śī“司空张尚书”，过去都把他看作是张淮深，其实，从唐朝节度使兼检校官的制度来看，司空和尚书相差几级，似不应同时指同一个人，这里如果不是尚书的对音有误，就是于阗使者用的惯称，即因这位节度使任过尚书，所以当他升为司空时，仍用尚书名其名。在归义军张姓节度使中，唯有张议潮和张承奉先后有过尚书和司空两衔，目前尚未发现张淮深有司空称号[3]，因此，于阗文书中的“司空张尚书”指淮深的可能性极小，而议潮在世时，于阗似尚未与沙州往来。按 S.1604《天复二年（902 年）四月廿八日河西都僧统帖》中仍称张承奉为“尚

〔1〕 Hamilton, “Le Pays des Tchong-yun, Čungul, ou Cumuḍa au Xe siècle”, p. 366, n. 32; Hamilton 1984, p. 50.

〔2〕 H. Kumamoto, *Khotanese Official Documents in the Tenth Century A. D.*, pp. 59–60, n. 16; pp. 150, 206–207, 235, 237, 238, 243, 249.

〔3〕 荣新江《沙州归义军历任节度使称号研究》。

书"[1]，而P.3324背《天复四年（904年）应管衙前兵马使随身官刘善通状》中则称他为“司空阿郎"[2]，司空的头衔还见于S.5747《天复五年（905年）正月五日张承奉祭风伯神文》他自己的署名职称中[3]。因此，902—904年间的张承奉，是可以作为P.2741中的“司空张尚书”的候选人的。最后，Cā ttäyä-khī即张大庆的比定如果不误[4]，也可以推测他到10世纪初头仍然健在[5]。以上解说并不是要肯定P.2741就是张承奉时的产物，而仅仅是为了表明，张承奉任节帅的10世纪最初几年也有可能是这些于阗使臣报告产生的年份。上引资料一所记901年来沙州的于阗使臣梁明明等一行，是目前所知最早的一批使臣，该文书表明，当时和于阗使臣一起在敦煌的，还有天使（即唐朝的使节），朔方使麻大夫、甘州使押衙王保安等[6]，这和P.2741也有某些相通之处。从大的历史背景来看，905年前后正是张承奉和刚刚在甘州立国不久的回鹘相争战的时候[7]，这又和P.2741、Ch.00269所述史实有某些相似。因此，应把10世纪前期纳入人们选择P.2741年代的范围之内。对于明确属于10世纪的于阗使臣报告，也同样需要在解读文书本身的同时，结合汉、藏、回鹘文书，从所记人物特别是历史事实本身来判定年代。如果一些使臣报告是在10世纪相距不远的年代中完成的，那不同文书中出现同一个人物就不足为奇了。看来，今后的任务首先是以汉文文书为基础，参照藏、回鹘、于阗、粟特等文献，搞清9世纪末期到10世纪河西及塔里木盆地的历史真实面貌，而后才能

---

〔1〕 荣新江《沙州归义军历任节度使称号研究》。

〔2〕 同上。

〔3〕 同上。

〔4〕 Cf. R. E. Emmerick, “Cā tteya khī in the Musée Guimet”, *Studia Iranica*, XIII. 2 (1984), pp. 251-252. 此文为这一比定提供了新的佐证。

〔5〕 按P.3322《卜筮书》末题：“庚辰年正月十七日学生张大庆书记之也。”李正宇考证为860年（见上引文，《敦煌学辑刊》1987年第1期，34页）。时张大庆还是学生，据此推测10世纪初他仍健在是没有什么问题的。

〔6〕《中国古代籍帐研究》610页。

〔7〕 参看王重民《金山国坠事零拾》，《敦煌书遗论文集》，北京，中华书局，1984年，86—99页。

据以对于阗使臣报告的年代作出正确的判断。这就是我们下一步应认真从事的工作。

结　　语

（一）我们从敦煌汉文史料出发，结合回鹘文和藏文文书，考订出于阗和沙州之间的密切交往以及于阗太子、使臣等在敦煌活动的年代应在公元10世纪，又根据于阗文文献本身提供的年代证据，推测那些出自这些于阗太子或各种使臣手笔的于阗语文献，主要也是在公元10世纪陆续撰写或抄成的。

（二）本文的另一目的，是在探讨敦煌出土于阗文献年代的同时，从一个侧面展示公元10世纪于阗和沙州之间的友好关系，为人们全面了解当时两地间的交往史打下基础。

（三）最后，在对旧有的各种成说详细加以评价之后，我们对史料价值很高的于阗使臣报告一类文书的断代，仅提出一点建议性的意见，在这些文书本身文字的解释和人们对9、10世纪河西和塔里木盆地民族变迁史的认识还不充分之前，似可多提出几种假设，不必过早地下结论。

缩写语：

AM = *Asia Major*, *new series*.

BSOAS = *Bulletin of the School of Oriental and African Studies*.

Eliasberg 1979 = D. Eliasberg, "Les signatures en forme d'oiseau dans les manuscrits chinois de Touen-houang", *Contributions aux études sur Touen-houang* I, Genève 1979, pp. 29–44, pls. x–xvii.

Hamilton 1984 = J. Hamilton, "Sur la chronologie khotanaise au IXe–Xe siècle", *Contributions aux études de Touen-houang* III, Paris 1984, pp. 47–53.

Hamilton 1986 = J. Hamilton, *Manuscrits ouïgours de IXe–Xe siècle de Touen-houang*, I, Paris 1986.

JA = *Journal Asiatique.*

KBT = H. W. Bailey, *Khotanese Buddhist Texts*, London 1951.

KT I–III, V, VII = H. W. Bailey, *Khotanese Texts*, I–III, V, VII, Cambridge 1969, 1980, 1985.

Kumamoto 1986 = H. Kumamoto, "Some Problems of the Khotanese Documents", *Studia Grammatica Iranica. Festschrift für Helmut Humbach*, ed. by R. Schmitt and P. O. Skjærvø, München 1986, pp. 227–244.

张—荣 1982 = 张广达、荣新江《关于唐末宋初于阗国的国号、年号及其王家世系问题》，北京大学中国中古史研究中心编《敦煌吐鲁番文献研究论集》，中华书局，1982 年，179—209 页。

张—荣 1983 = 张广达、荣新江《敦煌文书 P.3510（于阗文）〈从德太子发愿文〉及其年代》，敦煌文物研究所编《1983 年全国敦煌学术讨论会文集文史・遗书编》上，甘肃人民出版社，1987 年，163—175 页。

Zhang-Rong 1984 = Zhang Guangda et Rong Xinjiang, "Les Noms du Royaume de Khotan", *Contributions aux études de Touen-houang* III, Paris 1984, pp. 23–46.

张—荣 1987 = 张广达、荣新江《巴黎国立图书馆藏敦煌于阗语写卷目录初稿》，《敦煌吐鲁番文献研究论集》第 4 辑，北京大学出版社，1987 年，90—127 页。

（原载北京大学中国中古史研究中心编《纪念陈寅恪先生诞辰百年学术论文集》，北京大学出版社，1989 年，284—306 页）

《唐大历三年三月典成铣牒》跋

一

敦煌出土的文书中有许多珍贵的于阗史料，这些有关于阗的史料可以分成两部分。一部分是于阗语写的各种文书，在整理和研究于阗语文书方面，贝利（H. W. Bailey）做了奠基的工作。德莱斯顿（W. J. Dresden）编有《于阗塞语写本草目》[1]，我们以这份目录的部分内容为基础，编纂了《巴黎国立图书馆所藏敦煌于阗语写卷目录初稿》，刊于《敦煌吐鲁番文献研究论集》第4辑。另一部分是敦煌汉、藏文写本中有关于阗的记载，我们也做了登录，将以录文（或转写）附校注的形式发表。对于于阗史的研究来说，更重要的是和田本地出土的于阗文、汉文和藏文文书，目前，我们正做搜集工作。沙畹（Ed. Chavannes）、马伯乐（H. Maspero）等已刊布的这种汉文文书有五十余件，我们现在重新予以校录，并参考本地出土的于阗文、藏文文书做一些注释。本文只就其中最重要的文书之一——《唐大历三年（768年）毗沙都督府六城质逻典成铣牒》，谈几点粗浅的意见。

二

这件文书编号M.9，出土地点不明，是马继业（George Macartney）从和田的一名商人巴德鲁丁（Badruddin）手中得到的。霍恩雷（A. F. Rudolf Hoernle）获得包括这件文书在内的十件汉文文书以后，根据文书中出现的“桀谢”一名，推测它们来自和田东北沙漠中的丹丹乌里克

---

〔1〕 M. J. Dresden, “Khotanese (Saka) Manuscripts: A Provisional Handlist”, *Acta Iranica* 12 (1977), pp. 72-77.

遗址[1]。后来，斯坦因挖掘了这个遗址，证实了霍恩雷的看法[2]。沙畹根据霍恩雷提供的图版，把这件文书和斯坦因在丹丹乌里克发现的其他文书放在一起，做了录文、注释和翻译[3]。沙畹的录文为研究于阗的历史提供了一份基本史料。1984 年，森安孝夫在池田温教授的协助下，重新迻录并做了订正和探讨[4]。我们在上述学者们的劳绩的基础上，结合于阗文、藏文材料，仅就本文书提出的问题，做几点史实注释。

三

本文书稍有残缺，但文意尚完整。下面根据图版，参考沙畹、森安两氏的录文，按原文书的格式迻录如下：

1 [　　　　　] 牒杰谢百姓并□ [

2 　杰谢百姓状诉杂差科等

3 右被镇守军牒称：得杰谢百姓胡书，翻称“上件百

4 姓 [　] 深忧养，苍生频年被贼损，莫知其

5 计。近日蒙差使移到六城。去载所著差科，并纳

6 足。□□慈流，今年有小小差科，放至秋熟，依限输

7 纳。其人粮并在杰谢，未敢就取，伏望商量者。”

8 使判：“一切并放者。”其人粮，状称并〔在〕杰谢，未有处

9 分。□杰谢百姓胡书状诉杂差科，准使判，牒所

10 由放。其人粮并在杰谢，欲往使人就取粮，未敢

〔1〕 Hoernle 1901, pp. 22–24, pl. III.

〔2〕 M. A. Stein, *Ancient Khotan*, Oxford 1907, pp. 266–268.

〔3〕 Chavannes 1907, pp. 521–524.

〔4〕 森安孝夫《吐蕃的中亚进出》，《金泽大学文学部论集·史学科篇》第 4 号，1984 年，52—56 页，图版二。

11 □擅，执案谘取处分讫。各牒所由者。使又

12 判："任自般运者。"故牒。

13 大历三年三月廿三日典成铣牒

14 六城质逻剌史阿摩支尉迟信（?）

四

本文书中出现的地名杰谢（傑謝）、质逻、六城，是于阗历史上的重要城镇。杰谢一名，马继业、霍普金斯（L. C. Hopkins）和沙畹都作"桀谢"（Li-hsieh）。后者已说可能是"杰谢"，但认为只有从其他汉文文书找到这个地名时，方能最后决定[1]。托玛斯（F. W. Thomas）据"杰谢"的读法，和藏文的 Ling-sked-chad 联系起来[2]。实际上，"桀"字不过是"傑"字的异体，藤田丰八、岑仲勉和森安孝夫均已指出[3]。因此，杰谢与藏文 Ling-sked-chad 没有关系。杰谢一名另见于 M. 9（b）（=Hoernle MS 2）《某年十二月二十三日知镇官杨晋卿帖》第 1 行，该处杰谢称"杰谢镇"[4]。又见斯坦因在丹丹乌里克发现的 D. V. 6（= S.5864）《大历十六年（781 年）二月杰谢百姓思略牒》第 5 行，该处称"六城杰谢"[5]。另外，M. 9c（= Hoernle MS 3）《建中七年（786 年）七月二十日苏门悌举钱契》后，有"建中七年十月五日杰谢萨波斯略"云云[6]。上面已经谈到，霍恩雷和斯坦因都认为杰谢就是丹丹乌里克，这一看法已为一些学者所接受。至于杰谢的原语，现在还没有肯定的答案。与上述 D. V. 6《杰谢百姓思略牒》同出

---

〔1〕 Hoernle 1901, p. 22; Chavannes 1907, p. 521, n. 1.

〔2〕 F. W. Thomas, *Tibetan Literary Texts and Documents Concerning Chinese Turkestan*, II, London 1951, pp. 239, 246-247, 249.

〔3〕 藤田丰八《东西交涉史研究》，东京，1933 年，270—271 页；岑仲勉《唐史余渖》，上海，1979 年，259 页；森安孝夫《吐蕃的中亚进出》，52 页，75—76 页，注 236。

〔4〕 Hoernle 1901, p. 24; Chavannes 1907, p. 524.

〔5〕 Stein, *Ancient Khotan*, pl. CXV; Chavannes 1907, p. 526.

〔6〕 Hoernle 1901, pp. 24-25, pl. IV; Chavannes 1907, p. 525 没有录出"萨波斯略"四字。

于一座房屋遗址的 D. V. 4 号于阗语文书，是《Spāta Tturgāśi（萨波突骑施?）致 Spāta Siḍaki 书》[1]，其中的收信人 Spāta Siḍaki 又见于 Hoernle 2 号于阗语文书第 1 行：Gayseta Spāta Siḍaka[2]，意为“Gayseta 的 Spāta Sīḍaki”。Spāta 即萨波[3]，“杰谢萨波斯（思）略”或许就是 Gayseta Spāta Sīḍaki 的汉文音译，杰谢（《切韵》音 giat zia）相当于 Gayseta，斯略即 Sīḍaki，这种看法还有待于证明。

六城，于阗文作 Kṣvā auvā[4]。沙畹以为六城是用来指于阗的一种名称[5]。夏伦（G. Haloun）已辨其误，并认为六城是毗沙都督府下的十州之一，地点在于阗东北的策勒、固拉合玛、达玛沟绿洲地区[6]。其中，达玛沟又作 Domoko 或 Dumaqu，在杜特义·德·兰斯（J. L. Dutreuil de Rhins）和费·格瑞纳尔（F. Grenard）的书中作 Doumakou[7]。于阗语文书 Hedin 3 背第 1—2 行有 Kṣvā auvā Spāta u Tsiṣī “六城萨波与刺史”的表述法[8]，为夏伦关于六城为十州之一的论断提供了一条佐证。关于六城的地理位置，夏伦的推测大致不误。森安孝夫没有指出质逻的方位，但怀疑六城位于丹丹乌里克[9]。后一看法显然难以成立。根据本文书和斯坦因、斯文赫定收集的其他汉文、于阗文文书，质逻、潘野、媲摩以及杰谢等城镇都是六城的下属。其中，质逻应即于阗文的 Cira、藏文的 Ji-la[10]，也就是今天作为县名的“策勒”

---

〔1〕 *KT* V, p. 259; *SDTV*, pp. 40-41, 42.

〔2〕 *KT* II, p. 65.

〔3〕 *KT* IV, p. 55.

〔4〕 *KT* IV, p. 72

〔5〕 Chavannes 1907, p. 522, n. 5.

〔6〕 *KT* IV, pp. 176-177, n. 1

〔7〕 J. L. Dutreuil de Rhins et F. Grenard, *Mission scientifique dans la Haute Asie 1890-1895*, Paris 1897-1898, iii, p. 45.

〔8〕 *KT* IV, p. 23.

〔9〕 森安孝夫《吐蕃的中亚进出》，54 页，76 页，注 245。

〔10〕 夏伦将质逻比定为藏文的 Ji-la（*KT* IV, pp. 176-177, n. 1）；贝利和恩默瑞克（R. E. Emmcrick）都将 Ji-la 比定为于阗文的 Cira（*KT* IV, pp. 104-105; R. E. Emmerick, *Tibetan Texts Concerning Khotan*, London 1967, p. 96）。所以，质逻即 Cira 的音译。贝利却又将 Cira 一名和麻札塔格出土汉文文书 M. Tagh b. 003 中的“薛刺”联系起来（*KT* IV, p. 105）。显然是不可取的。

(Chira)。潘野见 Hedin 16 号汉文于阗文双语文书，于阗文作 Phaṃña[1]，藏文作 Pho-nya 或 Pha-nya[2]。媲摩于阗文作 Phema，也即坎城，藏文作 Kam-sheng[3]，斯坦因考订其地当在今乌曾塔提(Uzun-Tati)[4]。杰谢（Gayseta）极可能是在丹丹乌里克。此外，我们还应该注意藏文史籍《于阗国授记》（*Li-yul Lung-bstan-pa*）的有关记载。该书最后分三个区域统计于阗境内佛寺僧伽数目时，对于阗东北地区的记录如下："自 Ji-la 至 Kam-sheng，Pho-nya，Be-rga-'dra 和 O-rgu，城堡内外，计大寺二十三，中寺二十一，小寺二十三，私家所供兰若及小塔八百三十九，二部众（saṃgha）、寺户及居士，计四百三十八人。"[5]

这里的 Ji-la、Kam-Sheng 已如上述，余下的 Ba-rga-'dra 和 O-rgu 分别相当于于阗文的 Birgaṃdara 和 Āskvīra 或 Ustāka[6]，这两个地名也和 Cira、Phema、Phaṃña 等一样，经常出现在达玛沟一带遗址出土的文书中。如从阿什玛（Achma）得到的一件六城收税文书，纳税者分属 Phaṃña、Birgaṃdara 和 Āskūra 三地[7]。综合于阗、汉、藏文史料，我们似乎可以排出六城的具体名称：

(1) Cira　质逻　Ji-la

(2) phema　媲摩=坎城　Kam-sheng

(3) phaṃña　潘野　Pho-nya

(4) Birgaṃdara　Be-rga-'dra

(5) Āskvīra　'O-rgu

---

[1] *KT* IV, pp. 30, 173, 178.

[2] *SDTV*, p. 8; *Tibetan Texts Concerning Khotan*, p. 99.

[3] 见 Hedin 24 汉文于阗文双语文书，载 *KT* IV, pp. 37, 135, 137。Cf. *Tibetan Texts Concerning Khotan*, p. 93；张广达、荣新江《敦煌瑞像记、瑞像图及其反映的于阗》，《敦煌吐鲁番文献研究论集》第 3 辑，北京，北京大学出版社，1986 年，111—112 页。

[4] Stein, *Ancient Khotan*, pp. 452-464.

[5] *Tibetan Texts Concerning Khotan*, pp. 72-75.

[6] *KT* IV, pp. 74, 76, 87, 105; *SDTV*, pp. 12, 39, 43, 76; *Tibetan Texts Concerning Khotan*, pp. 101, 107.

[7] *KT* II, p. 62; Cf. *SDTV*, pp. 121-122.

(6) Gayseta (?)　杰谢

由此可见，六城的范围大致应在今策勒县以东24.6公里处的达玛沟乡，位于80°55′—81°15′和37°00′—37°20′之间，东有达玛沟雅尔，西有帕纳克雅尔灌溉，南以玛拉阿拉干，北以乌曾塔提为界，也即考古上称之为老达玛沟（Old Domoko）及其以西的绿洲，许多著名的唐代遗址，如Balawaste、Khadalik、Mazar-Toghrak等都分布在这一带[1]。这一带古遗址星罗棋布，表明六城是由许多大大小小的城镇聚落组成的。至于位于其北部偏西的杰谢，孤悬于北方的沙漠边缘，作为六城地区的前哨，在军政编制上，应属六城州管辖，本文书是最好的证明。

五

以下按文字顺序，就其中出现的几个专有名词，做一些历史评注。

行1. 牒　唐人避太宗讳，将“牒”字写作“㖕”。本文书和和田出土的其他汉文文书均作“㖕”，而且，牒文本身也完全按照唐朝的《公式令》中规定的《牒式》写成。[2] 这表明唐朝安西四镇属下的羁縻州所遵从的公文程序，与内地无异。

行1. 百姓　在唐代文献中，百姓一词是指区别于贱人的良人。这个专有名词被借入于阗文，作pa'kisina，见Hedin 3背第2行、Hedin 21第1行、Or.11252.15第2行、Or.11252.12第2行[3]，意思与汉文同。

行2. 差科　沙畹作“差秫”，误，但译文仍可通。森安孝夫录文已改正，译作“年贡”（一意为地租）。按《唐律疏议》卷十三载：“依《赋役令》：‘每丁，租二石；调絁、绢二丈，绵三两，布输二丈五

[1] 关于老达玛沟一带的遗址，Cf. G. Gropp, *Archäologische Funde aus Khotan, Chinesisch-Ostturkestan*, Bremen 1974, p. 17, Abb. 2, pp. 23-25.

[2] 参看敦煌发现的《唐公式令·牒式》(P.2819)，载T. Yamamoto, O. Ikeda and M. Okano (co-ed.), *Tunhuang and Turfan Documents concerning Social and Economic History* I, Legal Texts (A), Tokyo 1980, p. 29; (B), Tokyo 1978, pp. 56-57.

[3] *KT* IV, pp. 23, 24, 72; *KT* II, pp. 20, 21.

尺，麻三斤，丁役二十日’。此是每年以法赋敛，皆行公文，依数输纳；若临时别差科者，自依临时处分。”[1] 据此，差科是官府临时设的徭役，随着差科制的发展，后来有以租代役的现象[2]，本文书应当就属于这种情况，但将这种临时设置的徭役或租税译作每年按时交纳的“年贡”（地租），似有未妥。

行 3. 镇守军　　《旧唐书》卷一九八《西戎传·龟兹》载：“则天临朝，长寿元年，武威军总管王孝杰、阿史那忠节大破吐蕃，克获龟兹、于阗等四镇。自此复于龟兹置安西都护府，用汉兵三万以镇之。即征发内地精兵，远逾沙碛，并资遣衣粮等，甚为百姓所苦。言事者多请弃之，则天竟不许。”[3] 武则天这种征发内地精兵镇守四镇的措施，对稳固唐朝在西域的统治取得了十分显著的成效。唐玄宗以后，仍然采用这种方式来控制西域。以于阗为例，敦煌写本 P.2005《沙州图经》卷三“张芝墨池”条记：“去开元二年九月，正议大夫使持节沙州诸军事行沙州刺史兼豆卢军使上柱国杜楚臣赴任，寻坟典，文武俱明，访睹此池，未获安厝。乃劝诸张族一十八代孙，上柱国张仁会……游击将军守右玉钤卫西州蒲昌府折冲都尉摄本卫中郎将充于阗录守使敦煌郡开国公张怀福……等，令修葺墨池，中立庙及张芝容。”[4] 菊池英夫指出，这里的“于阗录守使”应是“于阗镇守使”[5]，其说不误。从这条材料得知，沙州籍的西州府兵，被派到于阗镇守。慧超于开元十五年（727 年）十一月上旬走访五天竺归来，也记载了这支镇军：“又安西南去于阗二千里，亦是汉军马领押，……从此已东，并是大唐境界，诸人

---

[1] 《唐律疏议》卷十三，北京：中华书局，1982 年，252 页。

[2] 关于差科和敦煌出土差科簿的详细研究，参看西村元佑《中国经济史研究·均田制度篇》，京都，1968 年，467—706 页；池田温《中国古代籍帐研究》，东京，1979 年，98—115 页。

[3] 《旧唐书》卷一九八，北京：中华书局，1975 年，5304 页。参看 Ed. Chavannes, *Documents sur les Tou-Kiue (Turcs) occidentaux*, St.-Pétersbourg 1903, p. 119.

[4] 池田温《沙州图经略考》，《榎博士还历记念东洋史论丛》，东京，1975 年，75—76 页。

[5] 菊池英夫《从西域出土文书看唐玄宗时代府兵制的运用（上）》，《东洋学报》第 52 卷第 3 号，1969 年，37—38 页，注 10。

共知，不言而悉。”[1] 可见，于阗在开元中叶仍是由汉军马领押的。杨炎撰《四镇节度副使右金吾大将军杨公神道碑》称，天宝中，杨和“自武卫将军四镇经略副使，加云麾将军兼于阗军大使。其他兵甲之富，宝玉之林，公镇以清静，同其习俗，如鼓簧琴，政用大康。又迁金吾大将军、四镇节度副使。……以十四载五月，薨于镇西官舍，春秋若干。”[2] 碑文中的于阗军，应即于阗镇守军，于阗军大使即于阗军镇守使。直到贞元初年，也即于阗陷蕃的前夜，行经西域的悟空还记载，这里有汉人镇守使郑据[3]。可见从武则天长寿元年（692 年）到贞元初（785—787 年），从诸州调来的汉军马，一直镇守在于阗。本文书中的镇守军，应指六城一带的汉族镇守军。

行 8、9、11. 使　　从文意看，这里的“使”显然是指管辖于阗地区的唐朝最高军政长官。乍看起来，他可能是镇守使[4]。但是，从现存的史料来看，于阗地区最高的军政首脑并不是镇守使，而是节度副使。上文“镇守军”条注引杨炎《杨公神道碑》称杨和以云麾将军兼于阗军大使（即镇守使），又迁四镇节度副使。迁官之际，碑文没有说他曾移驻他处。又《资治通鉴》卷二二一载：“上元元年春正月丙戌，以于阗王胜之弟曜同四镇节度副使，权知国事。”[5] 可知尉迟曜也曾一度任“同四镇节度副使”。因此，可以比较肯定地说，四镇节度副使驻扎在于阗，或任以汉人，或由于阗王兼职，是于阗地区最高的军政长官。这一点也可以从出土文书中得到验证。Hedin 24《某年闰四月四日

---

〔1〕 伯希和、羽田亨编《燉煌遗书》影印本第一册，京都，1926 年；羽田亨编《慧超往五天竺国传逘录》，《羽田博士史学论文集》上卷，京都，1957 年，626—627 页。

〔2〕《文苑英华》卷九一七，北京：中华书局，1966 年，4829 页。

〔3〕《悟空入竺记》，《大正新修大藏经》卷五一，980 页 c 栏。Cf. S. Lévi et Ed. Chavannes, “L'itinéraire d'Ou-k'ong (751-790)”, *Journal Asiatique*, VI (1895), pp. 362-363.

〔4〕 参看森安孝夫《吐蕃的中亚进出》，53 页。

〔5〕 胡三省注：“于阗王与四镇节度使皆在行营，故令其弟与节度副使同权国事”（《资治通鉴》，北京，中华书局，1976 年，7090 页）。这里的“同”是职同正员的“同”，胡注似误。参看 Chavannes, *Documents sur les Tou-Kiue (Turcs) occidentaux*, p. 127。

典史环仆牒》[1] 和 M. Tagh c.iii（ = Or.8211.974）《建中七年（786年）十一月十九日节度副使榜牒》[2]，分别出土于于阗东部的六城地区和北部的神山堡（Mazar Tagh），判牒均由节度副使发布。因此，本文书应是六城质逻刺史根据节度副使判案的文牒，签署下发给杰谢百姓并告镇守军的牒文。“使”似指节度副使，而不是镇守使。

行9、10、11. 所由　《资治通鉴》卷二四四穆宗长庆二年条胡三省注：“所由，绾掌官物之吏也。事必经由其手，故谓之所由。”[3]又同书卷二五二僖宗乾符元年条胡注：“所由，谓催督租税之吏卒。”[4] 可见，所由是官府衙门中的小吏，所掌职事不一[5]。本文书中的所由，应是“催督租税之吏卒”。

行13. 典　《唐六典》卷二载：“凡别敕差使，事务繁剧要重者给判官二人，每判官并使及副使各给典二人。非繁剧者，判官一人，典二人，使及副使各给典一人。”[6] 典虽然是不具品阶的流外胥吏，但从敦煌、吐鲁番文书来看，典是掌管文案的重要人员。于阗文中有一个表示“属下、部下”的官称 dīna，常与人名连称，如 Hedin 3 第 17 行 Vageve dina，Hedin 10 第 3 行 Spāta Vīsa dīna，Hedin 57 第 1 行 Vagivi dīna 和 Hedin 16 第 26 行 pharṣa Sudarana dīna Vidarjū[7]，其中最后一件是汉文、于阗文双语文书，dīna 的汉文对应词是“下”。但是，不论是转译于阗文部分的贝利，还是注录汉文部分的夏伦，都认为这里的“下”字不可解[8]。我们怀疑这个 dīna 是汉文“典”（ * tian/tien：/

[1] H. W. Bailey, *Saka Documents* I, pl. VII; *KT* IV, p. 136. 关于本文书的年代和出土地点等问题，详见张广达、荣新江《关于和田出土于阗文献的年代及其相关问题》，日本《东洋学报》第69卷1、2期，1988年，59—86页。

[2] Ed. Chavannes, *Les documents chinois découverts par Aurel Stein dans les sables du Turkestan oriental*, Oxford 1913, p. 217, pl. XXXVI.

[3] 《资治通鉴》7815页。

[4] 同上书8169页。

[5] 参看蒋礼鸿《敦煌变文字义通释》（增订本），上海，上海古籍出版社，1981年，30—33页。

[6] 《大唐六典》卷二，千叶县广池学园，1973年，37页。

[7] *KT* IV, pp. 22, 27, 47, 31.

[8] *KT* IV p. 71, p. 77, n. 5.

tien）的音译[1]。在 Hedin 16 中，它的汉文对应词写作“下”，这或许因为原文是“典”的同音字“丁”，形近而讹作“下”；也有可能是因为 dīna 的于阗文词根 dī 原有“下面”的意思[2]，于是，于阗书手萨波深莫（śem'maki）就用“下”来表示意为“属下”的“典”了。从 dīna 在文书中的位置和它所扮演的角色来看，似是唐朝军政体制中的典。

行 14. 刺史　　唐朝每州置刺史一人，为州之长官，其职掌详见《旧唐书》卷四四《职官志》[3]，这里一般指的是大唐直属的州的情况。至于像于阗这样的羁縻州，《新唐书》卷四三下《地理志》羁縻州条云：“自太宗平突厥，西北诸蕃及蛮夷稍稍内属，即其部落列置州县。其大者为都督府，以其首领为都督、刺史，皆得世袭。虽贡赋版籍，多不上户部，然声教所暨，皆边州都督、都护所领，著于《令》《式》。”[4] 是羁縻州也置刺史，与本文书合。“刺史”一名也被直接借入于阗文，作 tsīṣi 或 tciṣi[5]。

行 14. 阿摩支　　汉文“阿摩支”应当是于阗文 āmāca 的音译，而于阗文 āmāca 又是来源于佛教梵语的 āmātya-或 amātya-。āmātya 的原意是国王的顾问、亲信的意思[6]。在于阗，阿摩支一词应是一种荣誉称号，而不是职事官名。除本文书外，“刺史阿摩支”一词又见于 Balaw. 0160（=Or.8212.702）第 2 行[7]，与之相对应的于阗文 tciṣi āmāca，见 M. Tagh c.0018 第 2 行[8]。又 Hoernle 6 第 1 行、Hedin 2 第 1 行有

---

〔1〕 Cf. B. Karlgren, “Grammata Serica Recensa”, *The Bulletin of the Museum of Far Eastern Antiquities*, No. 29 (1957), no. 476a.

〔2〕 H. W. Bailey, *Dictionary of Khotan Saka*, Cambridge 1979, p. 153, s. v. *di*.

〔3〕《旧唐书》1919—1920 页。Cf. R. des Rotours, *Traité des fonctionnaires et traité l' armée*, Leyde 1948, p. 721.

〔4〕《新唐书》，北京，中华书局，1975 年，1119 页。

〔5〕 *KT* IV, p. 54.

〔6〕 *KT* IV, p. 62.

〔7〕 H. Maspero, *Les documents chinois de la troisième expédition de Sir Aurel Stein en Asie Centrale*, London 1953, p. 186, pl. XXXVII. 马伯乐录作“史□释支”。

〔8〕 *KT* II, p. 72; Cf. *KT* IV, p. 54.

hiyaudä āmācä ṣṣau 的说法[1]。此外，āmāca 一词还单独出现在 Hedin 18、48、69 等号文书中[2]。最后，《册府元龟》卷九六四《外臣部》封册二载："（开元）十六年正月，封于阗阿摩支知王事右武卫大将军员外置同正员上柱国尉迟伏师为于阗王。"[3] 以上材料中的阿摩支都可以作为一种荣誉称号而不是实际官职来理解。āmāca 一词还以藏文 a-ma-ca、a-ma-cha 的形式，出现在吐蕃统治时期的文书中[4]。

行 14. 尉迟信（?）　　尉迟，于阗文作 Viśa'，是于阗王族的姓[5]。最后一字是署名，字形似"信"，但笔顺不对，沙畹表示怀疑[6]，但井之口泰淳、森安孝夫仍录作"信"[7]。我们暂录作"信"，但仍存疑。据上引《新唐书·地理志》羁縻州条，"以其首领为都督、刺史，皆得世袭。"这里的六城质逻刺史，显然是由王族尉迟氏世袭担任的，这从 Balaw. 0160《大历七年（772 年）纳布条记》第 2 行"刺史阿摩支尉迟□□"的题名中也可以看出[8]。

六

这件文书成于大历三年（768 年），时在尉迟曜代其兄尉迟胜为王的时期。看来，自武则天长寿元年（692 年）以后，唐军一直镇守在于

〔1〕 *KT* II, p. 66; *KT* IV, p. 21.

〔2〕 *KT* IV, pp. 32, 45, 49.

〔3〕《册府元龟》，北京，中华书局，1960 年，11344 页。Cf. Chavannes, *Documents sur les Tou-Kiue (Turcs) occidentaux*, p. 207.

〔4〕 A. H. Francke, "Königsnamen von Khotan (*a · ma · ca*) auf Tibetischen Documenten der Turkistansammlung von London und Berlin", *SPAW*, *Phil. Hist. klasse*, 1928, XXXI. pp. 671-676; F. W. Thomas, *Tibetan Literary Texts and Documents Concerning Chinese Turkestan*, II, pp. 191-194.

〔5〕 H. W. Bailey, *The Culture of the Sakas in Ancient Iranian Khotan*, New York 1982, p. 26.

〔6〕 Chavannes 1907, p. 524, n. 13.

〔7〕 井之口泰淳《于阗语资料所记之尉迟王家的系谱和年代》，《龙谷大学论集》第 364 册，1960 年，34 页，42 页，注 2；森安孝夫《吐蕃的中亚进出》，54 页，76 页，注 242。

〔8〕 见 Maspero, *Les documents chinois de la troisième expédition de Sir Aurel Stein en Asie Centrale*, p. 186, pl. XXXVII。

阗，而且，安史之乱以后，尽管尉迟胜率兵五千赴难中原[1]，仍有部分唐军马镇守在那里。

从刺史（tsīsi）、百姓（pa’kisina）等词汇及其于阗文的借词形式，和本文书的公文程序、用语，都可以看出唐朝军政体制对于阗的深刻影响。同时，节度副使的存在和尉迟氏的职任，表明当地存在着一种胡汉结合的军政体制。从本文书来看，移到六城的杰谢百姓，在做申请缓纳本年差科和使人往杰谢取粮两件事时，由于身属军事性质较强的杰谢镇，所以首先把用于阗文写的状递交给当地的镇守军。镇守军译成汉文，送交上司于阗镇守使；又因为差科属于民政，所以，镇守使上报节度副使，由节度副使判给六城质逻刺史。六城质逻的典成铣草成此牒，由刺史签署，将节度副使的判案结果牒下杰谢百姓，告知今年差科可放至秋熟时再纳。同时牒报镇守军，因为杰谢一带常常有“贼”出没，百姓取粮，恐怕得由镇守军派兵护卫，方能完成。

归纳起来，可以图示出这种牒状上通下达的情况如下图：

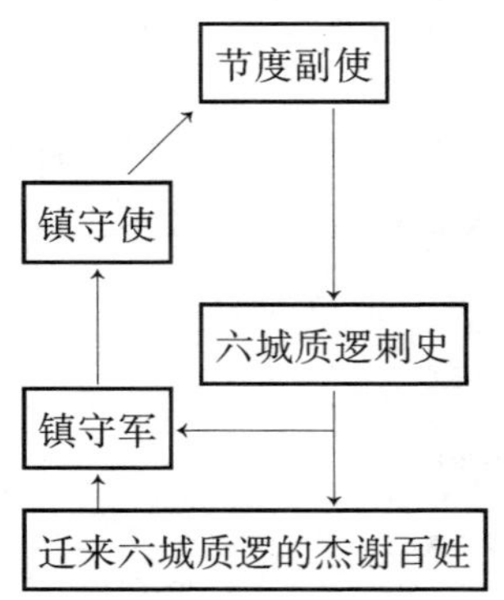

这件牒文所反映的于阗胡汉结合的军政体制，是值得进一步研究的课题，深入探讨这一问题，对于理解唐朝羁縻州的性质，以及安西四镇的内部结构，都具有十分重要的意义。

---

〔1〕《旧唐书》卷一四四《尉迟胜传》，3924页。

缩略词表：

Chavannes 1907 = Ed. Chavannes, "Chinese Documents from the Sites of Dandan-Uiliq, Niya and Endere", in M. A. Stein, *Ancient Khotan*, Oxford 1907, pp. 521-547.

Hoernle 1901 = A. F. R. Hoernle, "A Report on the British Collection of Antiquities from Central Asia, Part II", *Journal of the Asiatic Society of Bengal*, LXX-1 (1901), Extra-No. 1.

KT II, IV, V = H. W. Bailey, *Khotanese Texts*, Vols. II, IV, V, Cambridge 1969, 1979, 1980.

SDTV = H. W. Bailey, *Saka Documents Text Volume*, London 1968.

（原载《新疆社会科学》1988 年第 1 期，60—69 页）

巴黎国立图书馆所藏敦煌于阗语写卷目录初稿

前　　言

19 世纪末，一些贝叶形梵文文献首先在库车和和田两地出土。包括这种贝叶经在内的大批文物是被挖宝人在沙漠废墟、洞窟或古城残壁中找到的，经商人、传教士和驻新疆、克什米尔和拉达克的西方外交官之手，转到一些学者手中。例如，著名的佉卢文《法句经》（Dharmapada）写本，即出土于和田的牛角山（Kohmārī）某洞窟，被法国探察家杜特义·德·兰斯（Dutreuil de Rhins）和俄国驻喀什总领事彼得罗夫斯基（Petrovsky）所分别收购。这些文物引起了世人的震惊，尤其是在它们的学术价值被确认之后，一大批以收集古物为目的的地理探险家、考古学者和东方学家争先恐后，涌进我国新、甘、蒙、藏等地，攫取文书写卷、丝织品、金石碑志以及他们所能拿走的各种文物。其中为中国人发现但在晚清腐败政局下未被妥善保存的敦煌藏经洞的宝藏，精华部分也先后为英、法、日、俄掠走，现分藏在这些国家的主要博物馆和图书馆中。数十年来，以敦煌吐鲁番文书为主的这批材料，解决了中国历史上的许多疑难问题，其中用中国古代少数民族语言文字书写的一批经卷和文书，提供了研究印欧语系、阿尔泰语系语言文化的十分丰富的材料，更具有独特的科学价值。与此同时，人们又在吐鲁番卷子中找到了梵文、中古波斯文、三种粟特文、回鹘文以及所谓吐火罗文的残卷，在和田和敦煌等地出土的文献中找到了一种当时称之为“不知名的语言”、后来定名为于阗塞语或于阗语书写的各种残卷。已经刊布的于阗语写卷至少在一千个号码以上[1]，其中分藏在法国巴黎国立图书馆、英国伦敦印度事务部图书馆和英国图书馆的敦煌出土文献，就有121卷。于阗语属于印欧语系伊朗语族的东伊朗语支，文字是使用印度婆罗谜字母的一种中亚变体。由于这种语言自11世纪以后就被回鹘语取代而不再流行，因此，在发现之初，无人能识，因而称之为“不知名的语言”。八十多年来，经西方学者霍恩雷（A. F. R. Hoernle）、洛伊曼（E. Leumann）、柯诺夫（S. Konow）、贝利（H. W. Bailey）及其弟子德莱斯顿（M. J. Dresden）和恩默瑞克（R. E. Emmerick）等人的持续努力，大部分材料已经用转写的形式刊布，在中亚史地和佛教传播特别是历史语源学的研究中发挥着重要的作用。遗憾的是，由于语言的隔阂，这批材料在我国还没有被充分利用[2]。

在敦煌出土的各种语言书写的材料中，已经刊布的一百多卷于阗语写卷，就数量和史料价值而言，大概是仅次于汉、藏文的材料。其中有译自梵文的佛经，于阗人自己编辑加工的本生故事，弘法人的发愿、礼忏文等宗教文献，也有爱情诗、药方和习字等世俗文书。后者之中史料价值最高的是地理行纪和使臣报告。当时，于阗朝廷经常向河西一带派遣使臣或送王子、高僧等人员东来，有的足迹远到中原王朝。这些使臣或僧人留下的行纪和报告抄本，为我们研究9、10世纪模糊不清的河西以及塔里木盆地的历史地理、民族分布情况，提供了无比重要的价值。然而，由于这些世俗文书不像佛经那样有对应的梵、汉、藏文文献可资帮助解读，所以，这个领域的研究工作进展十分缓慢，文书的全译目前尚无可能，就连文书的全部定名和编目工作也不完善。

---

〔1〕 参看德莱斯顿《于阗（塞语）写卷草目》（Khotanese (Saka) Manuscripts, a Provisional Handlist），《伊朗学丛刊》（*Acta Iranica*）第12册《1976年杂纂卷》（*Varia 1976*），莱顿-德黑兰-列日，1977年，27—85页。

〔2〕 中国较早注意及于阗文材料者，当推陈寅恪和岑仲勉两位先生。见前者的《忏悔灭罪金光明经冥报传跋》，原载《北平图书馆月刊》第1卷第2号，1928年1月，收入《金明馆丛稿二编》，上海古籍出版社，1980年，257页；后者的《“回回”一词之语源》，原载《历史语言研究所集刊》第12本，1945年，收入《中外史地考证》下册，北京，中华书局，1962年，432—434页。

早年，王重民先生在为巴黎国立图书馆敦煌汉文写卷编目时，常将汉文佛经背面的某些民族语文，包括于阗文文献，标作“梵文”[1]。尽管这些材料早在50年代之初即经贝利刊布在《于阗语佛教文献集》和《于阗语文书集》中，但是在1962年出版的《敦煌遗书总目索引》和二十年后此书的重版中[2]，有关的标注都没有做相应的更正。法国国立图书馆1970年刊布的《敦煌汉文写卷目录》第1卷，正确地标明了于阗语写卷，并给出贝利的刊本所在，但没有像注录汉文写卷那样，逐项加以注记。德莱斯顿在1976年发表了他编写的《于阗（塞语）写卷草目》，把已刊布的于阗语文献编了一个索引，为人们检索利用这批材料做出了巨大的贡献。不过，这份草目在内容的注记上仍有不足之处。1979年，恩默瑞克出版了《于阗文献指南》，补充了德莱斯顿编目以后新刊或待刊的论著，以及其他语言中的参照文献。但《指南》重在佛教文献，关于敦煌出土的地理行纪和使臣报告，除《钢和泰杂卷》外，未置一词[3]，这令人不无遗憾。

我们在工作中日益体会到于阗文写卷之重要，在对照汉文文献和汉文文书研读这些于阗文材料时，深感有必要将敦煌出土的于阗文献编出一个内容较为详尽的目录。学界在研究于阗文献方面已取得了长足的进步，尽管于阗语特别是书写在敦煌卷子上的晚期于阗语的研究还未尽完善，另外，部分写卷也还难以断定其确切的内涵，但大部分文献的定名已成为可能。因此，我们不揣浅陋，将我们几年来积累的卡片和读书所得，初步整理如下。这里刊布的是伯希和敦煌文献中的于阗文材料。这份目录仅仅是为学界利用这批材料提供一个线索，错误之处，在所难免，敬请读者惠予指正。

---

〔1〕 例如《敦煌遗书总目索引》，北京，商务印书馆，1962年，253—254页，P.2022—2031号文书说明。

〔2〕 北京，中华书局，1983年。

〔3〕 恩默瑞克《于阗文献指南》（*A Guide to the Literature of Khotan*），日本灵友会图书馆，1979年，49—51页。

说　明

1. 本目按流散到国外的收藏者的编号顺序排列。专门研究于阗语的学者常用 a，b 表示写卷正背面，a，b 并不表示年代的先后。

2. 于阗语文献常常是多种内容抄在一起的杂纂[1]。本目依先后为序，逐项注记。确切内容难以比定的部分，用“佛教文献”和“文书”的一般名称暂作归类。遇到可以决定年代的题记和人名，转写翻译在该项之内。与于阗文有关的汉、藏文字和图画，略加注记，余则仅提名称。

3. 本目举列的参考文献分以下三项：

① 图：指该项图版所在。

② 转写：指该项于阗文的罗马字母转写所在。

③ 研究：指随转写一起刊布的翻译、注释以及解题或后三项单独出现的文献。西文参考文献，译名后均附原文，以便查找。

④ 本目所用缩略语如下（按汉语拼音顺序排列）：

《草目》＝德莱斯顿《于阗（塞语）写卷草目》（Khotanese（Saka）Manuscripts，A Provisional Handlist），《伊朗学丛刊》（*Acta Iranica*）第12册《1976年杂纂卷》（*Varia 1976*），莱顿-德黑兰-列日，1977年，27—85页。

《法馆汉目》＝法国国立图书馆写本部编《（伯希和汉文文库）敦煌汉文写卷目录》（*Catalogue des manuscrits chinois de Touen-houang*（*Fonds Pelliot chinois*））第1卷，巴黎，1970年。

《法馆藏目》＝拉露（M. Lalou）编《法国国立图书馆所藏敦煌藏文写卷目录》（*Inventaire des manuscrits tibétains de Touen-houang: conservés*

〔1〕 参看恩默瑞克《于阗文写卷的史料价值》（The Historical Importance of the Khotanese Manuscripts），哈玛塔（J. Harmatta）编《伊斯兰时代以前中亚史史料导论》（*Prolegomena to the Sources on the History of Pre-Islamic Central Asia*），布达佩斯，1979年，171页。

à la Bibliothèque Nationale (*Fonds Pelliot tibétain*)）第1—3册，巴黎，1939—1961年。

《佛教集》= 贝利《于阗语佛教文献集》(*Khotanese Buddhist Texts*)，伦敦，1951年；修订版，剑桥，1981年。

《国年号考》= 张广达、荣新江《关于于阗国的国号、年号及其王家世系问题》，北京大学中国中古史研究中心编《敦煌吐鲁番文献研究论集》，北京，1982年，179—209页；本文法译"Les noms du royaume de Khotan, les noms d'ère et la lignée royale de la fin des Tang au début des Song"，《敦煌研究论文集》(*Contributions aux études de Touen-houang*)第3集，巴黎，1984年，23—46页。

《会刊》=《英国皇家亚洲学会会刊》(*Journal of the Royal Asiatic Society*)。

《抒情诗》= 德莱斯顿《于阗文抒情诗》(A Lyrical Poem in Khotanese, Part I: Text)，《瓦尔德施密特八十寿辰纪念印度学论集》(*Beiträge zur Indienforschung, Ernst Waldschmidt zum 80. geburtstag gewidmet*)，柏林，1977年，81—103页。

《泰东》新辑=*Asia Major, new series*。

《文书》=《伊朗金石铭文汇编》第2编《东伊朗和中亚的塞琉古和安息时期金石铭文》第5卷《塞语编》(*Corpus Inscriptionum Iranicarum*, Part II, Inscriptions of the Seleucid and Parthian Period and of Eastern Iran and Central Asia, Vol. V. Saka)，贝利与恩默瑞克编《塞语文书》(*Saka Documents*)第1—6辑，伦敦，1960—1973年。

《文书集》=贝利《于阗语文书集》(*Khotanese Texts*)第1—6集，剑桥，1945—1967年；第1—3集合订本第2版，1969年。

《学报》=《伦敦大学亚非学院学报》(*Bulletin of the School of Oriental (and African) Studies*)。

《札记（四）》= 贝利《于阗语札记（四）》(Hvatanica IV)，《学报》第10卷第4期，1942年，886—924页。

《指南》= 恩默瑞克《于阗文献指南》(*A Guide to the Literature of Khotan*), 日本灵友会图书馆, 1979 年。

《转写卷》= 贝利《塞语文书原文转写卷》(*Saka Documents, text volume*), 伦敦, 1968 年。

《总目》=《敦煌遗书总目索引》, 北京, 商务印书馆, 1962 年。

目　　录

P.t.821 = P.4518 (27)

毗沙门天王像题记

本卷绘毗沙门天王, 左手以云气莲花托宝塔, 右手持长矛。其左侍绘一魔鬼形像, 右侍为一宽服阔带的供养人像, 旁有汉文题记, 从右向左读:"王上卿一心供养。"毗沙门脚踏女神, 右下角绘长鼻大耳的魔鬼, 左下方绘执香供养的汉人形像, 旁有汉文题记。从左向右读:"发心供养, 张儒者。"两者之间, 有于阗文题记三行:(1) hvāṃ: śāṃkhīṇä pasti pīḍe bu'ysye jsīña (2) priyaugä udiśāyä sahaicä salya (3) didye māśta lomye haḍai nauda "王上卿令绘(此图), 惟愿长生福庆, (卯) 兔年三月十日敬礼讫。"类似的发愿文, 又见 Ch.c.001 第 1102—1106 行。

正面: 藏文《入楞伽经》。

图: 拉露《印度神祇与中亚绘画 (一): 佛教财神》(Mythologie indienne et peintures de Haute-Asie I: Le dieu bouddhique de la fortune),《亚洲艺术》(*Artibus Asiae*) 第 9 卷第 1—3 期, 1946 年, 102 页, 图版二; 巴黎国立图书馆编《东方宝藏》(*Trésors d'orient*), 巴黎, 1973 年, 143 页, 解说见 142 页, No.372; 部分图版, 见杜德桥 (G. Dudbridge) 与恩默瑞克合撰《伯希和藏文文书 0821 号》(Pelliot tibétain 0821),《伊朗学研究》(*Studia Iranica*) 第 7 卷第 2 期, 1978 年, 图版一五。转写:《文书集》第 3 集, 138

页，编号作 Paris W。研究：杜德桥与恩默瑞克上引文，283—285 页。

P.2022

抒情诗

存 61 行，四行一个诗节，与此卷一些诗节相同的抒情诗，见 P.2025，7—9 行；P.2895，1—41 行；P.2896，49—55 行；P.2956，1—77 行；Ch.00266，01—42 行。

正面：汉文《金刚般若波罗蜜经》。

图：《抒情诗》，103 页，插图 22。转写：《文书集》第 3 集，42—44 页；《抒情诗》，88，92—93 页。研究：第 1—3 行译文，见贝利《印度伊朗语研究的曲折道路》（Ambages indoiranicae），《那波利东方学院年报·语言卷》（*Annali Istituto Orientale di Napoli, Sez. Ling.*）第 1 卷第 2 期，1959 年，127 页；12—13 行译文，见贝利《雅利安语杂考》（Ariana），《尼伯格纪念论文集》（*Donŭm Natalicium H. S. Nyberg Oblatŭm*），乌普萨拉，1954 年，11 页；17—19 行译注，见贝利《雅利安语札记》（Ariaca），《学报》第 15 卷第 3 期，1953 年，537—538 页。《抒情诗》81—103 页。

P.2023

于阗人发愿文

存 16 行。其后应接 P.2929（参看《法馆汉目》第 1 卷，18 页）。

正面：汉文《妙法莲华经》卷七。

转写：《文书集》第 3 集，45 页。

P.2024

布帛破历

背，62 行。

正面：汉文《胜天王般若波罗蜜经》卷三，叶边空白处也抄 2 行于阗文。

图：背，《文书》第5辑，图版97—100；正，《文书》第6辑，图版127—130。转写：《文书集》第2集，76—78页。

P.2025

1. 于阗使臣上书残稿

1—7行。转写：《文书集》第2集，79页。

2. 抒情诗

7—79行。参看P.2022项。转写：《文书集》第3集，45—48页；《抒情诗》85—93页。研究：第7—14，37—40行译文，见贝利《塞人的抒情诗》（Lyrical Poems of the Sakas），《安瓦拉博士纪念文集》（*Dr. J. M. Unvala Memorial Volume*），孟买，1964年，3页；《抒情诗》81—103页；第56行译文，见《文书集》第6集，345页。图：以上两部分图版，见《抒情诗》100页，插图18。

3. 神威（Ṛddhiprabhāva）《善财譬喻经》（Sudhana-avadāna）

80—267行。此为佛教传说中的善财童子故事，以韵文诗体写成。本卷与P.4089正面所抄于阗文衔接。同一写卷的另一钞本是Ch.00266第44—223行。此外，P.2784，1—7行；P.2896，2—15行；P.2957，14—161行；164—171行以及P.5536bis背面，都是这首韵文体诗的不同钞本，内容也略有差异。据P.2957卷末的题记，此诗作者名叫神威。

全卷正面：汉文《大般若波罗蜜多经》卷五六三。

转写：《佛教集》13—20页。研究：贝利《善财与紧那罗》（Sudhana and Kinnarī），《门西纪念印度学论集》（*Munshi Indological Felicitation Volume*），孟买，1963年，192—195页；贝利《神威的善财譬喻诗》（The Sudhana Poem of Ṛddhiprabhāva），《学报》第29卷第3期，1966年，506—532页。

P.2026

1.《维摩诘书》

1—60行。

2.《佛名经》

61—63 行。

3.《礼佛赞文》

64—89 行。研究：第 64—72 行转写译注，见《札记（四）》，894—895，906—907 页。

4. 佛像两躯

坐貌，旁绘一桌，上置茶具及纸札，施主执香作供养状，旁绘小塔，内书“维大晋天福十年乙巳，敕于阗班上监一心供养”。此外，旁边杂记“韩宰相”“秦宰相”等名号共十三人。研究：饶宗颐《燉煌白画》（*Peintures monochromes de Dunhuang*），巴黎，1978 年，第 1 卷，24—25 页，第 2 卷，44—45 页。

5. 戒文

90—99 行。研究：第 99 行译文，见恩默瑞克《芥子之喻》（The Mustard *upamā*），《会刊》1967 年号，25 页。

6. 佛教文献

100—121 行。

正面：汉文《金光明最胜王经》卷三。

全卷转写：《文书集》第 3 集，58—63 页。

P.2027

1. 游方僧人诗等

1—66 行。其中包括一位旅行僧的诗和一位于阗公主在沙州写的思亲诗。后者提到 thū-khī kṣailmye kṣūṇa“同庆六年（917—918 年）”的纪年，系指其父之生年。转写：《文书集》第 2 集，79—82 页。研究：关于 16—19 行，见贝利《伊朗语 *miṣṣa* 和印度语 *bīja*》（Iranian *miṣṣa*, Indian *bīja*），《学报》第 18 卷第 1 期，1956 年，33—34 页。参看《文书集》第 4 集，16 页。

2.《佛名经》

67—86 行。同类文献有 P.2742，P.3513，1—12 行等。转写：

《文书集》第 3 集，53—54 页。

正面：汉文《妙法莲华经》卷七。

全卷图版：《文书》第 5 辑，图版 101—106。

P.2028

学生习字

间有其他短文。第 3 行是用粟特文写成的。88—90 行有纪年：thyina hīṇa nāmye kṣuṇä aśi salya rarūyi māśta nausamye haḍi “天兴九年〔午〕马岁（958 年）六月十九日”。

正面：汉文《大般若波罗蜜多经》卷三三〇。

图：《文书》第 5 辑，图版 107—113。转写：《文书集》第 2 集，82—83 页（不全）。

P.2029

1. 佛教文献

正面 1—11 行，背面 12—16 行。

2.《妙法莲华经纲要》

背 17—21 行。韵文体，不全。同类卷子有 P.2782，1—61 行；Or.8212.162，82—92 行。

转写：《文书集》第 3 集，54—55 页。

P.2030

文书残片

共 4 行。

正面：汉文《大般若波罗蜜多经》卷八九。

转写：《文书集》第 2 集，83 页。

P.2031

于阗使臣上于阗朝廷书

共 23 行。本卷下接 P.2788。

正面：汉文《大般若波罗蜜多经》卷二二七。

图：《文书》第 5 辑，图版 114。转写：《文书集》第 2 集，

83—84 页。研究：熊本裕《有关 Thyai Paḍä-tsā 的两件于阗语残卷》（Two Khotanese Fragments concerning Thyai Paḍä-tsä），《东京大学语言学论集》第 11 号，1991 年，101—120 页。

P.2739

1. 文书

1—37 行。第 12 行有 ttayi-pū yūttyenä kuhä “大宝于阗国”，据此可定文书年代约在 938—982 年之间。参看《国年号考》185 页。

2. 诗

38—57 行。系一位诗人赞扬其兄长的诗篇。第 43 行有 ttaya-pau yūttyaina kūauhą “大宝于阗国”，年代同上。

正面：汉文《大智度论》卷七四、七五。

图：《文书》第 5 辑，图版 115—119。转写：《文书集》第 2 集，85—87 页。研究：38—44 行译文，见贝利《Mā'hyāra》，《德干学院研究所纪要》（*Bulletin of the Deccan College Research Institute*）第 20 卷第 1—4 期，1960 年，277 页。

P.2740

嗢呾罗神变（Uttaratantra）文献

共 13 行，用于阗体梵文书写。文中夹有汉字，如“田家”等。

正面：汉文《大乘无量寿经》。

转写：《文书集》第 5 集，239—240 页。

P.2741

于阗使臣 Thyai Paḍä-tsā 上于阗朝廷书

共 135 行，写于沙州，与 Ch.00269 等使臣报告所记为同一件事。

正面：汉文《大般若波罗蜜多经》《金刚般若波罗蜜经》。

图：《文书》第 2 辑，图版 39—48。转写：贝利《伊朗-印度语札记》（Irano-Indica），《学报》第 12 卷第 2 期，1948 年，319—323 页；《文书集》第 2 集，87—92 页。研究：贝利《关于甘州回

鹘的一件于阗语文书》(A Khotanese Text concerning the Turks in Kanṭṣou),《泰东》新辑第1卷第1期,1949年,28—52页;《转写卷》61—67页。

P.2742

《佛名经》

共63行。中间夹有汉文"南无师子佛"等,应属同一文献。

正面:汉文《大方等大集经》卷三贤护分。

转写:《文书集》第3集,55—57页。

P.2745

文书残卷

共10行,诗体书写。

正面:汉文《金光明最胜王经》卷八。

图:《文书》第5辑,图版115。转写:《文书集》第2集,92—93页。

P.2781

《罗摩衍那》

共93行,另有1行(161a)写于第65行以下叶边。按此卷上接P.2801,下续P.2783,三卷原为同一写卷,后被撕成三段。此卷相当于全卷的69—161行。

正面:汉文《妙法莲华经》卷一。

三卷转写:贝利《罗摩考》(Rāma),《学报》第10卷第2期,1940年,366—376页;《文书集》第3集,65—76页。研究:贝利《于阗文罗摩故事》(The Rāma Story in Khotanese),《美国东方学会杂志》(*Journal of the American Oriental Society*)第59卷第4期,1939年,461—468页;贝利《罗摩考(二)》(Rāma II),《学报》第10卷第3期,1940年,559—598页;榎一雄《于阗语的罗摩王故事》,《从丝绸之路的历史说起》,东京,1979年,100—112,205—208页;恩默瑞克《于阗文罗摩衍那中的两个问题》

(Two Problems in the Khotanese Rāmāyana)，提交第二届欧洲中亚学术讨论会的论文，伦敦，1987 年，1—4 页；季羡林《罗摩衍那在中国》，《佛教与中印文化交流》，南昌，1990 年，103—112 页。

P.2782

1.《妙法莲华经纲要》

1—61 行，韵文体。同文献的另外两件钞本是 Or.8212.162，82—90 行和 P.2029 背 17—21 行，而以此卷最完整。本卷供养人之一 ḍyau tceyi-śīṇä 或 ḍyau sikhūṃ，分别见于第 12 行和 61 行，据金子良太的考证，分别相当于“刘再升”和“刘司空”，即后晋天福七年（941 年）入贡于晋的于阗使臣。（见《新五代史》卷九《晋出帝纪》；卷七四《四夷附录》于阗条；《旧五代史》卷八一《晋少帝纪》。参看金子良太《P.2782 文书所见的 Ḍyau Tceyi-śīṇä》，《丰山学报》第 22 号，1977 年，125—130 页。）刘再升一名还见于 P.5535 第 9 行，汉文作“大宝于阗国进奉使司空刘再升”，及 P.t. 1256，藏文作 yu-then gi pho-nya li'u si-koug“于阗使臣刘司空”（参看《法馆藏目》第 2 册，93 页；乌瑞（G. Uray）《吐蕃统治以后河西与于阗诸国行政事务中使用藏文的情况》（L'emploi du tibétain dans les chancelleries des états du Kan-sou et de Khotan postérieurs à la domination tibétaine），《亚洲学报》（*Journal Asiatique*）第 269 卷，1981 年，84 页；森安孝夫《关于伊斯兰时期以前的中亚史研究之现状》，《史学杂志》第 89 编第 10 号，1980 年，66 页）。由此可以确定文书的年代应在 942—943 年前后。研究：本卷和 Or.8212.162 相应部分的研究，见贝利《瞿萨旦那国的一篇韵文体妙法莲华经纲要》（A Metrical Summary of the Saddharma-puṇḍarīka-sūtra in Gostana-deśa），《藏学集刊》（*Bulletin of Tibetology*）第 2 卷第 2 期，1965 年，5—7 页；贝利《妙法莲华经的于阗塞语纲要》（*Saddharma-puṇḍarīka-sūtra, the Summary in Khotan Saka*），《澳大利亚国立大学亚洲研究系特刊》（*The Australian National University, Faculty of Asian Studies*, *Occasional Paper*）第 10 卷，堪培拉，1971 年；贝利《妙法莲华经的于阗语纲要》（The Khotanese Summary of the Saddharma-puṇḍarīka-sūtra），《大正大学研究纪要》第 57 号，1972 年，526—530 页。最后一篇有金子良太的日译文《贝利讲演——关于于阗语法华经纲要》，《丰山学报》第 16 号，1971 年，130—154 页。

2.《陀罗尼》

62—72 行，用佛教梵语书写。

3. 一位巡礼僧人的书札

73—80 行，用于阗文字母和正字法拼写的藏文写成。图：贝利《塔克拉玛干杂纂》（Taklamakan Miscellany），《学报》第 36 卷第 2 期，1973 年，图版 2。研究：金子良太曾为贝利做了转写和英译，见贝利上引文，224—225 页；金子良太《关于敦煌出土的一、二未解明文书》，《丰山学报》第 17，18 合并号，1973 年，142—150 页。

4. 于阗使臣上于阗朝廷书残片

80—83 行。其中提到的 āśarī dharmaidrākarapūña 又见 Or.8212.162，155 行和 Paris Z，23 行，这两件内容相近的文书，都是于阗使臣在沙州起草的报告（参看《指南》27—28 页；熊本裕的博士论文《公元 10 世纪的于阗语官文书》（*Khotanese Official Documents in the Tenth Century A. D.*），宾夕法尼亚大学，1982 年，264 页）。

5.《陀罗尼》

84—86 行。正面前二行为粟特语文书纪年：prβγy n'm m'kr srδ wγšmyk m'γy 20 sγδ“金猴〔申〕年六月廿日”（贝利《评邦旺尼斯特〈粟特语文献选刊〉》（Review of *Codices Sogdiani* by E. Benveniste），《学报》第 10 卷第 4 期，1021 页；熊本裕上引论文 264 页）。以下全卷抄汉文《大般若波罗蜜多经》卷一五四。

全卷转写:《文书集》第 3 集，57—63 页。

P.2783

《罗摩衍那》

共 94 行，上接 P.2801 和 P.2781，相当于全卷的 162—255 行。

正面:汉文《妙法莲华经》序品。转写和研究:参见 P.2781 条。

P.2784

神威《善财譬喻经》

共 7 行。参看 P.2025 第 3 项。

正面:汉文《妙法莲华经》卷四。

转写:《文书集》，13 页。

P.2786

1. 于阗使臣 Ana Saṃgai 上于阗朝廷书

1—77 行，抄本。同文书的另一抄本，见本卷 85—165 行。后者抄写时间较前者为晚。

2. 于阗使臣上于阗枢密使书

78—84 行；166—171 行重复，情况同上。

3. 于阗使臣 Ana Saṃgai 上于阗朝廷书（二）

172—250 行，另一抄本见 Or.8212.186 正面 6—59 行以及背面 1—21 行。三份报告的年代均在 966 年前后。另外，Or.8212.162 正面 125—164 行和背 1—5 行书写的文书也记载了同一件事，但出自另一人的手笔。

正面:汉文《维摩诘经》卷下。

图:《文书》第 4 辑，图版 131—149。转写:《文书集》第 2 集，93—101 页。熊本裕《公元 10 世纪的于阗语官文书》67—98 页。研究:熊本裕上引论文；同作者《伯希和写本 P.2786 号于阗语文书》（The Khotanese Documents of the Pelliot MS P.2786），第 31 届国际亚非人文科学会议（1983 年）提交的论文。

P.2787

1. 尉迟僧伽罗摩（Viśa' Saṃgrāma）王颂词

1—154 行。除 34—83 行为颂词的主体外，还包括阿阇梨为俗人讲道、说法，建立伽蓝等传说。按，尉迟僧伽罗摩王又见于 Or. 8212.162 的 139 行和 Ch.00267 的 53 行。此王或许就是约 983—1006 年在位的于阗统治者（参看《国年号考》187—188 页）。研究：26—37，43—52，59—60 行译文，见贝利《尉迟僧伽罗摩王考》（Vijaya Sangrāma），《泰东》新辑第 7 卷第 1—2 期，1959 年，22—24 页。

2. 迦腻色迦王传说

155—195 行。研究：贝利《迦腻色迦》（Kanaiṣka），《会刊》1942 年号，14—28 页；《补正》，同上出处，250 页；贝利《栴檀考》（Candra and Caṇḍa），《会刊》1949 年号，2—4 页；贝利《迦腻色迦考》（Kaniṣka），巴沙姆（A. L. Basham）编《迦腻色迦年代论集》（*Papers on the Date of Kaniṣka*），莱顿，1968 年，35 页。

正面：汉文《阿毗达磨顺正理论》卷五。

全卷转写：《文书集》第 2 集，101—108 页。研究：全卷翻译和 1—154 行的注释，见贝利《尉迟僧伽罗摩考》（Viśa' Saṃgrāma），《泰东》新辑第 11 卷第 2 期，1965 年，101—119 页。

P.2788

于阗使臣上于阗朝廷书

共 13 行，首行残，末行写在正面汉文《大般若波罗蜜多经》卷二二七旁。本卷上接 P.2031。

图：正面 1 行，《文书》第 4 辑，图版 150；背面，同上，图版 151。转写：《文书集》第 2 集，108—109 页。研究：见 P.2031 条熊本裕文。

P.2789

文书

共 30 行。

正面：汉文《金刚般若波罗蜜经》。

转写：《文书集》第 2 集，109—110 页。

P.2790

1. 于阗使臣上于阗朝廷书

1—126 行，写于沙州。转写：《文书集》第 2 集，110—114 页。研究：贝利《室利尉迟输罗与大王》（Śrī Viśa' Śūra and the Ta-Uang），《泰东》新辑第 11 卷第 2 期，1964 年，1—17 页。

2. 佛教文献

127—144 行，其中 140 行以下写在正面。

正面：汉文《大般若波罗蜜多经》卷四八四。

转写：《文书集》第 3 集，63 页。

P.2798

1. 习字

1—122 行。

2. 阿育王传说

123—212 行。此卷和 P.2958，1—120 行是同一文献的不同抄本。转写：《佛教集》42—44 页。研究：贝利《阿育王传说》（A Tale of Aśoka），《藏学集刊》第 3 卷第 3 期，1966 年，5—11 页。

3. 阿育王传说题记

213—223 行。其中第 213 行有纪年为 thyina hīṇi nāmyi kṣuṇi aśi salya muñāji māśta“天兴九年〔午〕马岁（958 年）十月”。

正面：汉文《大般若波罗蜜多经》卷三六九。

转写：《文书集》第 3 集，64 页。

P.2800

《归依三宝文》

共 23 行。同类文献有 P.2787，7—8 行和 Ch.00263。

正面：汉文《大般若波罗蜜多经》卷四九四。

转写：《文书集》第 3 集，64 页。

P.2801

《罗摩衍那》

共68行。下续P.2781和P.2783。

正面：汉文《妙法莲华经》卷一。

转写和研究：见P.2781条。

P.2834

1. 文书残片

1—5行，每行残缺十二或二十六个字母。转写：《文书集》第3集，77页。

2. 商人难陀的故事。

6—58行。

正面：汉文《说一切有部顺正理论》卷五。

转写：《佛教集》，45—47页。研究：恩默瑞克《商人难陀》(Nanda the Merchant)，《学报》第33卷第1期，1970年，72—81页；恩默瑞克《〈商人难陀〉中的于阗语词汇》(Khotanese Glossary to "Nanda the Merchant")，《东方学报》(*Acta Orientalia*) 第35卷，1973年，115—126页。

P.2855 (=P.t.243)

1. 藏文毗卢折那佛命名仪轨残卷

共33行，正面：中间夹有汉文咒语。

2. 汉文《回向发愿文》

3. 于阗文《阿难陀目劫Nirhāri陀罗尼咒》

正面：自标行数1—24行。

4. 藏文曼陀罗

5. 于阗文《阿难陀目劫Nirhāri陀罗尼咒》

背面，自标行数25—26行。

6. 汉文《般若波罗蜜多心经》

转写：《文书集》第3集，77—78页。研究：参看《法馆藏目》

第1册，67—68页；辛姆斯-威廉姆斯（N. Sims-Williams）《评〈于阗文献指南〉》，《会刊》1981年号，85页。

P.2889

药方

共15行。

正面：汉文《须摩提长者经》，卷端题“于阗开元寺一切经”。

转写：《文书集》第3集，78页。

P.2891

游方僧人诗

共43行。

正面：汉文《大般若波罗蜜多经》卷五七七。

转写：《文书集》第3集，79—81页。

P.2892

1. 印度医药文献《悉昙娑罗》（Siddhasāra）

1—166行，相当于Ch.ii 002第5叶背第4行—14叶背4行。转写：《文书集》第5集，315—324页。

2. 突厥-于阗双语词汇表

157—185行。突厥语均用于阗文使用的婆罗谜字母拼写，内容涉及射箭术和身体各部位的名词，似为学突厥语者所书。

正面：汉文《大般若波罗蜜多经》卷三一一。

图：贝利《塔克拉玛干杂纂》，《学报》第36卷第2期，图版1。转写：《文书集》第3集，81—82页。研究：贝利《一份突厥-于阗语词汇表》（A Turkish-Khotanese Vocabulary），《学报》第11卷第2期，1944年，290—296页；霍德豪根（E. Hovdhaugen）《于阗文献中的突厥语汇——语言学分析》（Turkish Words in Khotanese Texts：A Linguistic Analysis），《挪威语言学杂志》（*Norsk Tidsskrift for Sprogvidenskap*）第24卷，1971年，163—206页；贝利《塔克拉玛干杂纂》，出处见上，224页；克劳森（G. Clauson），

《重刊突厥-于阗语词汇表》(The Turkish-Khotanese Vocabulary re-edited),《伊斯兰研究院院刊》(*Islâm Tetkikleri Enstitüsü Dergisi*)第5卷第1—4期,1973年,37—45页。

P.2893

1. 于阗人发愿文

1—31行。研究:第7—19行译注,见《札记(四)》,892—893,904—905页;张广达、荣新江《敦煌“瑞像记”、瑞像图及其反映的于阗》,《敦煌吐鲁番文献研究论集》第3辑,北京,1987年。

2. 医药文献

32—267行。以上两部分转写:《文书集》第3集,82—93页。

3. 文书

写于正面汉文《报恩经》卷四的叶边。此经汉文题记作:“僧性空与道圆雇人写记”。这里的道圆即《宋会要》《续资治通鉴长编》《宋史》等书所记乾德三年(965年)由西域与于阗使一起回到中原的沙门道圆,也即S.6264《天兴十二年(961年)正月八日南阎浮提大宝于阗国匝摩寺八关戒牒》中的授戒师道圆(参看《国年号考》189—193页)。转写:《文书集》第5集,394页。

P.2895

抒情诗

共41行。参看P.2022条。

正面:汉文《金刚般若波罗蜜经》。

图:《抒情诗》101页,插图19。转写:《文书集》第3集,40—41(编号作Paris Y);《抒情诗》85—87,90—92页。研究:《抒情诗》81—103页。

P.2896

1. 于阗使臣上于阗朝廷书

16—48和56—71行,书写不连贯,其中一行(35a)写于叶边。第35行杂有汉字“从德”“司空”等，此行于阗文有rrispūra“太子”，似乎表明这里的从德即P.3510于阗文《礼忏发愿文》及其他史料中的从德太子，也即后来的尉迟输罗王。据此，本卷年代在960年前后。另外，第56行开头部分，绘马一匹，白画。转写：《文书集》第3集，94—96页。研究：张广达、荣新江《关于敦煌出土于阗文献的年代及其相关问题》，《纪念陈寅恪先生诞辰百年学术论文集》，北京，1989年，290页。

2. 神威《善财譬喻经》

2—15行，韵体诗，参看P.2025条第3项。转写：《佛教集》11—12页。

3. 抒情诗

49—55行，参看P.2022条。

正面：汉文《大乘密严经》卷中。

图：《抒情诗》101页，图20。转写：《文书集》第3集，36页，《抒情诗》85—86页。研究：《抒情诗》81—103页。

P.2897

1. 佛教文献

1—13行。

2. 于阗使臣报告杂抄

14—44行。此节文字除最后一节（39—43行）外，可能属于《书仪》类文字，或抄自其他人写的文书，可细分为三项：(1)书札草稿（或书仪）：14—34行。(2)诗体书信：35—38行，其中35—36行是逐字逐句地抄自Or.8212.162第64—65行，属于一位叫Nāgendravardhana的于阗大德在沙州写给于阗佛教团的诗体书信中的一部分（参看熊本裕《公元10世纪的于阗语官文书》47—49页）。(3)于阗使臣上于阗朝廷书：39—44行。写于沙州，年代是mauya salay ttāṃjarrai māśta didyai haḍai tta“〔寅〕虎年七月三日”。据考为965/966年。

正面：汉文《金刚般若波罗蜜经》。

图：《文书》第 6 辑，图版 151—153。转写：《文书集》第 2 集，114—116 页。研究：熊本裕上引文 44—51 页。

P.2898

于阗使臣上于阗朝廷书

共 14 行。写于沙州，下接 Ch.00327。

正面：汉文《大乘无量寿宗要经》。

图：《文书》第 5 辑，图版 120。转写：《文书集》第 2 集，116—117 页。研究：见 P.2031 条熊本裕文。

P.2900

《佛名经》

共 8 行，用佛教梵文书写。

正面：汉文《药师经》，题记："上元二年十月廿七日，弟子女人索八娘为难月，愿无诸苦恼，分难平安。"

转写：《文书集》第 3 集，138 页。研究：第 1—3 行转写译注，见《札记（四）》894—895，907 页。

P.2906

《佛名经》

共 33 行，最末一行写在正面汉文《妙法莲华经》卷一的叶边，其第 27—31 行与 P.2910 第 31—36 行大致相同，32—33 行为残题记。

转写：《文书集》第 3 集，97—98 页。

P.2910

《佛名经》

共 37 行。其中 31—36 行与 P.2906 第 27—31 行相同。

正面：汉文《大方广佛华严经》卷十。

转写：《文书集》第 3 集，98—99 页。

P.2925

1. 文书

1—58 行。内容不一，其中 15—17，22—25 行与 S.5212 内容大致相同。

2.《佛说帝释般若波罗蜜多心经》

59—60 行。用于阗体梵文书写，同类文献见 P. 5537 和 Ch.0044。

正面：汉文《妙法莲华经》卷四。

转写：《文书集》第 3 集，100—102 页。

P.2927

1. 残字

1—3 行。

2. 汉文于阗文双语词汇表

4—25 行。每行先用于阗婆罗谜字母拼写汉文，然后是对应的于阗文。同类文献有 Ch. 00271，2—5 行；S. 5212 正面和 Or. 8212.162，1—12 行。研究：高田时雄《敦煌资料所见之汉语史的研究》，东京，1988 年，197，206—207，224—227 页。

3. 文书

36—55 行，其中 44—47 行和 P.2936 第 4—6 行相同。

正面：汉文《大般若波罗蜜多经》卷一〇一。

转写：《文书集》第 3 集，102—105 页。

P.2928

凡夫俗子和贵臣之女的爱情故事诗

共 41 行，1—3 行为诗序，首标年代为 thyaina śīva dīde kṣuṇa gūha salye rarūya māśta dasamye haḍai "天寿三年〔丑〕牛岁（965 年）六月十日"（参看《国年号考》200 页）。

正面：汉文《药师经》。

转写：《文书集》第 3 集，105—106 页。研究：贝利《早期于阗的浪漫主义文学》(Romantic Literature in early Khotan),《亨利·马西七十五岁寿辰纪念东方学论集》(*Mélanges d'orientalisme offerts à Henri Massé à l'occasion de son 75ème anniversaire*),德黑兰,1963年,19页。

P.2929

于阗人发愿文

共21行。

正面:汉文《妙法莲华经》卷七。

转写:《文书集》第3集,107页。研究:3—13行译注,见《札记(四)》892—895,905—906页。

P.2933

佛陀弟子大劫宾那的故事诗

共10行,诗体。叶边有汉字“天子”“皇帝”“皇后”等。

正面:汉文《金光明最胜王经》卷八。

转写:《文书集》第3集,107—108页。

P.2936

抒情诗

共12行,其中4—6行与P.2927,44—47行相同。

正面:汉文《金光明最胜王经》卷三。

转写:《文书集》第3集,108—109页。

P.2942

发愿文

共19行,诗体。

正面:汉文《唐永泰元年(765年)至大历元年(766年)河西巡抚使判集》(见池田温《中国古代籍帐研究》,东京,1979年,493—497页;安家瑶《唐永泰元年—大历元年河西巡抚使判集(P.2942)研究》,《敦煌吐鲁番文献研究论集》,232—242页)。

转写:《文书集》第 3 集，109—100 页。研究：5—7 行译注，见《札记（四）》，894—895，907 页。

P.2949

《贤劫千佛名经》序

共 18 行。此经于阗文正文部分，见 Ch.c.001 第 32 叶。

正面：汉文《妙法莲华经》卷三。

转写:《佛教集》75 页。

P.2956

抒情诗

共 77 行。参看 P.2022 条。

正面：汉文《大般若波罗蜜多经》卷二六〇。

图:《抒情诗》102 页，插图 21。转写:《文书集》第 3 集，36—39 页；《抒情诗》86—93 页。研究:《抒情诗》81—103 页。第 28—31 行译文，又见贝利《塞人的抒情诗》，《安瓦拉博士纪念文集》4 页。

P.2957

1. 前 13 行模糊不清，无转写研究发表。
2. 神威《善财譬喻经》

   14—160 行，与 P.2025 等写卷属于同一文献的不同抄本，参看 P.2025 条第 3 项。转写:《佛教集》31—39 页。研究：见 P.2025 条第 3 项。
3. 残文书

   160—163 行。
4. 神威《善财譬喻经》

   164—171 行，是与上不同的另一抄本。转写:《佛教集》12—13 页。
5. 正面汉文《妙法莲华经》卷三叶边有杂写于阗文字。转写:《文书集》第 5 集，324 页。

P.2958

1. 阿育王传说

1—120 行，与 P.2798 为同一文献的不同钞本，参看该条。转写：《佛教集》42—44 页。研究：参看 P.2798 条第 2 项。

2. 于阗官文书杂纂

内容可细分为七项：（1）于阗使臣上沙州敦煌王书：121—131 行，此为精心书写的草稿开端；（2）Kim Tun Śan 与某人书：132—139 行，也是草稿开端；（3）于阗使上沙州官府书：140—148 行，开端部分的草稿；（4）甘州可汗致于阗金汗书：149—181 行，最后一行提到 thī-pā ranajai janavai“大宝于阗国”，知此节当写于 938—982 年间（参看《国年号考》183—184 页）；（5）于阗使臣上于阗朝廷书：182—198 行；（6）朔方王子上于阗朝廷书：199—215 行；（7）朔方王子致母书：216—227 行。

正面：汉文《金光明经》卷二，叶边有杂写于阗文字句。

转写：《文书集》第 2 集，117—121 页。研究：贝利《金汗考》（Altun Khan），《学报》第 30 卷第 1 期，1967 年，95—104 页。

P.3510

贝叶形写本，带有文字的共 18 叶。以下按贝利的编号和分行，分四项著录：

1.《从德太子礼忏发愿文》

1—8 叶，韵文体，4 行为一节。据张广达、荣新江《关于敦煌出土于阗文献的年代及其相关问题》所考从德生平，此卷年代当在 965 年前后。转写：《佛教集》47—52 页；部分转写，见《文书集》第 2 集，121—122 页。研究：第 6—9 节译文，见阿斯木森（J. P. Asmussen）《摩尼教赞美诗——摩尼教研究》（*X^{u}āstvānīft, Studies in Manichaeism*），哥本哈根，1965 年，256—257 页；贝利《从德太子》（The Great Prince Tcūṃ-ttehi），载钱德拉（L. Chandra）主编《南亚艺术和文化研究》（*Studies in Indo-Asian Art and Culture*）

第6卷，新德里，1980年，49页；恩默瑞克《从德太子的押韵文》(The Verses of Prince Tcūṃ-ttehi：)，《伊朗学研究》第9卷第2期，1980年，185—193页；恩默瑞克《从德太子押韵文的一个诗节》(A Stanza from the Verses of Prince Tcūṃ-ttehi：)，《古代近东的社会与语言论集》(*Societies and Languages of the Ancient Near East*)，瓦尔敏斯特，1982年，62—63页；张广达、荣新江《敦煌文书P.3510于阗文〈从德太子发愿文〉及其年代》，《1983年全国敦煌学术讨论会文集·文史遗书编》上，兰州，1987年，163—175页。

2.《礼忏文》

9—10叶，与P.3513第76叶背1行至78叶背1行大致相同。转写:《佛教集》52页。

3.《般若心经》

c，d，g，f，a，b，e七叶，每叶正背面各3行。转写:《文书集》第3集，110—112页。研究:施杰我（P. O. Skjaervø）《于阗文〈般若心经〉》(The Khotanese *Hṛdayasūtra*)，《阿斯木森教授纪念论文集》(*A Green Leaf. Papers in Honour of Professor Jes Asmussen* = *Acta Iranica* 28)，莱顿，1988年，157—171页。

4.《陀罗尼》

A1叶，正3行，背2行，用于阗体梵文书写。转写:《文书集》第5集，324—325页。

P.3513

贝叶形写本，共85叶，分为五项内容:

1.《佛名经》

1—12叶。转写:《文书集》第3集，112—116页。

2.《般若心经疏》

13—42叶。转写:《佛教集》54—61页。研究:13叶背1行至14叶正4行译文，见贝利《大般若波罗蜜多经中的菩萨》(The

Bodhisattva in the *Prajñā-pāramitā*),《南亚文化研究》(*Studies in South Asian Culture*)第7卷，莱顿，1978年，20—21页；39叶正2行至背4行译文，见贝利《伊朗语印度语札记（四）》,《学报》第13卷第4期，1951年，934—936页；全译见贝利《于阗文〈大般若波罗蜜多经〉》(Mahāprajñāpāramitā-sūtra)，兰卡斯特编《般若波罗蜜多及其相关体系：爱德华·孔兹纪念文集》(*Pajñāpār-amitā and Related System: Studies In Honor of Edward Conze*)，伯克利，1977年，153—162页；兰卡斯特《于阗文般若波罗蜜多文献研究：写在哈罗德·贝利爵士的著作之后》(A Study of a Khotanese Prajñāpāramitā Text: After the Work of Sir Harold Bailey)，同上书，163—183页；P.3510条第3项引施杰我文。

3.《普贤行愿赞》

43—58叶。转写:《文书集》第1集，222—230页。研究：井之口泰淳《于阗语普贤行愿赞考》,《佛教学研究》第16卷第17号，1959年，87—97页；阿斯木森《于阗语普贤行愿赞》(*The Khotanese Bhadracaryādeśanā*)，哥本哈根，1961年。参看井之口泰淳《佛教文献在敦煌的传译》(The Translation of Buddhist Texts at Tun-huang),《亚洲学报》第269卷，1981年，100页。

4.《金光明最胜王经·忏悔品》

59—75叶。转写:《文书集》第1集，242—249页。研究：59叶背1行至64页正1行译文，见伯希和《一件东伊朗语写的金光明经残卷》(Un fragment du *Suvarṇabhāsasūtra* en iranien oriental),《巴黎语言学会论集》(*Mémoires de la Société de Liguistique de Paris*)第18卷，1913年，89—125页；60叶背2行至63叶正4行译文，见洛伊曼《佛教文献》(*Buddhistische Literatur*)第1卷，1920年，57—63页。

5.《礼忏文》

76—84叶。参看P.3510条第2项。转写:《佛教集》62—66

页。研究：84 叶正 1 行至 4 行译文，见阿斯木森《摩尼教赞美诗》257 页。全译见贝利《从德太子礼忏文》（The Profession of Prince Tcūṃ-ttehi），本德尔（E. Bender）编《布劳恩纪念印度学论文集》（*Indological Studies in Honor of W. Norman Brown*），纽黑文，1962 年，18—22 页。

P.3861（= P.t.85）

册子本，三种文字写三项内容：

1. 于阗文发愿文

共 3 行。转写：《文书集》第 2 集，122 页。

2. 汉文《金刚二十八戒》《散食法》《三窠法皑仪》等。

3. 藏文和汉文相间书写的曼陀罗（参看《法馆藏目》第 1 册，28 页）

P.4068

于阗使臣上于阗朝廷书

共 9 行。

正面：汉文《妙法莲华经》卷三。

图：《文书》第 6 辑，图版 154。转写：《文书集》第 2 集，122—123 页。

P.4089

1. 神威《善财譬喻经》

正面：共 21 行，上接 P.2025，参看该条第 3 项。转写：《佛教集》20—21 页。研究：参看 P.2025 条第 3 项。

2. 文书

背面，共 22 行。转写：《文书集》第 3 集，116—117 页。

P.4091

1. 文书

1—3 行。

2. 诏敕

4—7 行。第 6 行有 PARAU“敕”字，并有印数方。

图:《文书》第 6 辑，图版 155—156。转写:《文书集》第 2 集，123 页。

P.4099

《文殊师利无我化身经》(Mañjuśrīnairātmyāvatāra-sūtra)

两面书，共 445 行。此经或为于阗人编纂，其中第 267—277 行和 Ch.00275《金刚经》第 41 叶正 4 行至 43 叶背 4 行相同。另外，还有数段文字和《赞巴斯塔书》的一些段落相同。卷末题记称: rradāna rrada viśa' sabava jsa habrrīhe baysaśta brruva “我愿王中之王尉迟僧乌波早生净土”, rrada viśa' śūra jsa habrrīha jsana hūṣaya “我愿尉迟输罗王己躬永寿”。据此，本卷年代应在 967—977 年尉迟输罗天尊年间。

转写:《佛教集》113—135 页。题记部分转写，又见《文书集》第 2 集，123—124 页。研究: 与《赞巴斯塔书》相同的部分，见恩默瑞克《赞巴斯塔书——于阗文阐扬佛法的颂诗》(*The Book of Zambasta, a Khotanese Poem on Buddhism*) 附录二，伦敦，1968 年，437—453 页；54—82 行，见恩默瑞克《于阗佛教教义中的三种烦恼》(Three Monsters in Khotan),《伊朗学研究》第 6 卷第 1 期，1977 年，65—74 行；261—277 行，见恩默瑞克《于阗文〈金刚经〉的尾赞》(The Concluding Verses of the Khotanese *Vajracchedikā*),《般若波罗蜜多及其相关体系》，83—92 页；又见德格奈 (A. Degener)《于阗文中的四“无穷”》(The Four Infinitudes in Khotanese),《伊朗学研究》第 15 卷第 2 期，1986 年，259—264 页；恩默瑞克《于阗文中译自〈楞伽经〉的几个诗节》(Some Verses from the *Laṇkāvatārasūtra* in Khotanese),《阿斯木森教授纪念论文集》，125—133 页。题记部分，见蒲立本 (E. G. Pulleyblank)《钢和泰卷子年份考》(The Date of the Staël-Holstein Roll),《泰东》新辑第 4 卷第 1 期，1954 年，92—93 页；张广达、荣新江《敦煌文书 P.3510 于阗文〈从德太子发愿文〉及其年代》168 页。

P.4518（27）

毗沙门天王像题记

参看 P.t.821 条。

P.4649

于阗人发愿文

共 22 行。

正面绘六手观自在菩萨，手执法器，坐于莲座上，参看饶宗颐《燉煌白画》第 1 卷，22 页；第 2 卷，43 页；第 3 卷，图版 29。又有汉文《丙申年报恩寺残牒》。

图:《文书》第 5 辑，图版 121。转写:《文书集》第 2 集，124—125 页。研究: 6—7 行译注，见《札记（四）》894—895，907 页。

P.5532

《不空羂索咒心经》

共 53 行。文末有汉字残文“□□□诸比丘□□□”。

转写:《文书集》第 5 集，325—326 页。

P.5535

《陀罗尼咒》

共 8 行，用于阗体梵文书写。第 9 行为汉文：“大宝于阗国进奉使司空刘再升”，据此知本件年代当在 942—943 年前后（参看 P.2782 条第 1 项）。

转写:《文书集》第 3 集，138—139 页。

P.5536

《佛名经》

正背面，共 11 行。其中提到的 Hūyī Kīmä-tcūnä 是 S.2471 佛教文献的作者。

转写:《文书集》第 3 集，117 页。

P.5536 bis

1. 正面第 1 行仅残存两字。

2. 书仪类文书

正面 2—7 行。

3. 神威《善财譬喻经》

背面 1—8 行。参看 P.2025 条第 3 项。图：恩默瑞克刊载《奈伯格纪念文集》第 3 卷（*Monumentum H. S. Nyberg* III = *Acta Iranica* 6），莱顿，1975 年，图版 35—36。转写：《文书集》第 3 集，118 页；《文书集》第 5 集，327 页。研究：恩默瑞克《一件于阗文残卷：P.5536 bis》（A Khotanese Fragment：P.5536 bis），同上论文集第 1 卷（*Acta Iranica* 4），莱顿，1975 年，223—236 页。

P.5537

《佛说帝释般若波罗蜜多心经》

共 76 行，其中部分是用于阗体梵文书写的。此卷开头出自一个学生的手笔，第 25 行以下则为教师所写，学生照抄。

正面：汉文《辩中边论颂》。

转写：《文书集》第 3 集，118—120 页。

P.5538

1. 天尊四年（970）于阗王尉迟输罗致沙州大王舅曹元忠书

正面，共 81 行。本卷有纪年 thyenä tcūnä sūhye bāḍä tcūrmye kṣūṇä aśä salya paḍauysye māśti nāmye haḍai “天尊四年〔午〕马岁吉祥之时正月九日”，已由蒲立本考订为公元 970 年（见《钢和泰卷子年份考》91—92 页）。这是尉迟输罗致曹元忠信的正本，纸缝及最后年份上共钤汉文朱印九方，文曰：“书诏新铸之印”；年份前还有一个很大的汉字“敕”和相对应的于阗文 PARAU“敕”。

图：《文书》第 2 辑，图版 30—38。转写：《文书集》第 2 集，125—129 页。研究：贝利《室利尉迟输罗与大王》，《泰东》新辑第 1 卷第 1 期，1964 年，17—26 页；《转写卷》58—61 页；黄盛璋《和田文〈于阗王尉迟徐拉与沙州大王曹元忠书〉与西北史地问题》，《历史地理》第 3 辑，1983 年，203—219 页。

2. 于阗使臣上于阗朝廷书

背 1—8 行。

3. 梵文于阗文双语对照文书

背 9—87 行。似是一位往五台山朝圣的天竺僧人和一位甘州（?）人的对话。

转写:《文书集》第 3 集，121—124 页。研究: 贝利《于阗语札记（三）》(Hvatanica III),《学报》第 9 卷第 3 期，1938 年，521—543 页；熊本裕《西域旅行者用梵语于阗语会话练习簿》，《西南亚研究》第 28 号，1988 年，53—82 页。

P.5597

《梁朝傅大士颂金刚经序》

共 5 行，每行残存一半。恩默瑞克将此残片缀合到 Ch.00120 的左上角（参看《草目》38 页）。按，Ch. 00120 的主要部分(24—93 行)，是用于阗婆罗谜字母拼写的汉文《金刚般若波罗蜜经》，托玛斯（F. W. Thomas）在《一件用婆罗谜文拼写的汉文佛教文献》(A Buddhist Chinese Text in Brāhmī Script）一文中，刊布了这一部分的转写研究和此卷的全部图版，载《德国东方学会杂志》(*Zeitschrift der Deutschen Morgenländischen Gesellschaft*）第 91 卷，1937 年，1—48 页。翌年，贝利在《金刚般若波罗蜜经考》(*Vajra-prajñā-pāramitā*）一文中，又转写了此卷前 24 行《启请文》，载同上杂志第 92 卷，1938 年，579—593 页。

关于此卷，还可参看西门华德（W. Simon）《藏文转写的汉文文献札记》(A Notes on Chinese Texts in Tibetan Transcription),《学报》第 21 卷第 2 期，1958 年，335 页；瓦雷·普散（L. de la Vallée Poussin）《印度事务部图书馆所藏敦煌藏文写卷目录》(*Catalogue of the Tibetan Manuscripts from Tunhuang in the India Office Library*）及附录：榎一雄编《汉文写本目录》，伦敦，1962 年，267—268，251—252 页；陈国（B. M. Csongor）《一篇婆罗谜字母

拼写的汉文佛教文献》（A Chinese Buddhist Text in Brāhmī Script），《麒麟》（*Unicorn*）第10号，1972年，36—77页。

正面：汉文《金光明经》卷一。

转写：《文书集》第5集，394页。此处贝利编号作FM. 25，《草目》称不知何意。按P.5597是法国国立图书馆在王重民等编目后又找到的碎片之一。FM应即法文fragment“碎片，残片”的缩写。研究：高田雄时《敦煌资料所见之汉语史的研究》38—40页。

Paris Z

于阗使臣上于阗朝廷书

共24行，其中1—17行与Or.8212.162，36—52行相同，18—22行与其99—104行相同。转写：《文书集》第3集，126—127页。

（原载《敦煌吐鲁番文献研究论集》第4辑，北京大学出版社，1987年，90—127页）

上古于阗的塞种居民

19世纪末20世纪初，在新疆的塔里木盆地边缘地区和甘肃敦煌，随同多种古代语言文字的文书和文献之发现，也找到了属于中期伊朗语东支的塞语文书和文献。根据出土情况，塞语文书和文献可分为四组，即：今和田地区以东至安得悦（Endere）诸遗址出土者；敦煌莫高窟藏经洞发现者；19世纪80年代末到20世纪初由驻喀什的英国总领事马继业（G. Macartney）、俄国总领事彼得罗夫斯基（Petrovsky）等人在当地通过购买等途径多方搜求的收集品；塔里木盆地其他地点的少量出品。这些文书和文献在年代上绝大多数属于7至10世纪，在内容上绝大多数属于佛教典籍。这些塞语文书和文献的出土及其以后解读的成功揭示了如下已被淹没的史实：

1. 公元后第一千纪前半期，今和田地区已出现了和田塞语文献，记录了佛教内容。

2. 这个时期的和田地区的居民，至少统治上层当是操塞语、信佛教的塞种。

3. 于阗塞语分为早晚两期。在喀什东北之今巴楚县，邻近古代吐火罗语流行区的图木舒克（Tumshuq），存在着比于阗塞语更古老的图木舒克塞语[1]，在吐鲁番的木头沟（Murtuq）也发现了一片木头沟塞语残片[2]。木头沟塞语与图木舒克塞语的关系类似早期与晚期于阗塞语的关系[3]。在楼兰、鄯善地区，特别是邻接古代于阗国的精绝（尼

〔1〕 H. W. Bailey, "Languages of the Saka", *Handbuch der Orientalistik*, I-4-i, Leiden 1958, p. 134; R. E. Emmerick, *The Tumshuqese Karmavācanā Text*, Wiesbaden 1985.

〔2〕 S. Konow, "Ein neuer Saka-Dialekt", *Sitzungsberichte der Preussischen Akademie der Wissenschaften. Phl.-hist. Klasse*, XX, 1935, pp. 43–45, pl. 8; idem, "The Oldest Dialect of Khotanese Saka", *Norsk Tidsskrift for Sprogvidenskap*, XIV, 1947, pp. 172–173.

〔3〕 赫尔岑恩格《于阗塞语》,《伊朗语言学基础·中期伊朗语》（*Основы Иранского Языкознания. Среднеиранские Языки*），莫斯科，1981年，234页。

雅），以佉卢字体书写的犍陀罗语（Gāndhārī）文书中保存了或混入了某些塞语单词[1]。下文将述及，莎车、小石城等西域古国名称极可能与塞语有关。至于古代喀什的居民，文献记载指明，他们讲一种称为 Känchäk 的塞语[2]（藏文文献中作 Ga-'Jag）。

基于以上史实，人们更新了概念。今天塔里木盆地的人文面貌，乃是 9 世纪中叶以后不断突厥化、伊斯兰化的结果。以和田地区为例，1004 或 1006 年，建都于喀什不久的黑韩王朝（哈拉汗朝）征服了于阗，操塞语的居民不断突厥化，维吾尔族逐渐成为主要民族[3]，于阗作为佛教中心也变为伊斯兰教流行的地区。

一

研究和田地区的古代历史，亦即于阗国史，必然涉及塞种，而从古代欧亚内陆的民族活动来观察，和田地区塞种的活动只是塞种在更广大地区移徙活动的一部分。具体地说，出现于今和田地区的第一批居民——塞种，是和公元前一千纪前在天山南北、葱岭（帕米尔）以西直到顿河、多瑙河的整个塞种的活动联系在一起的。

关于塞人的起源地点，至今尚无定论。在阿尔泰地区的考古发掘，特别是巴泽雷克（Pazirik）墓葬的发掘，提示了一种迹象，塞人不无起源于西部西伯利亚的可能。公元前 8 世纪后，塞人逐渐出现于欧亚内陆更广大的地区。约前 650—620 年，塞人立足于南俄草原，以斯基泰之名见称于希腊典籍。其分支侵入美索不达米亚上游、叙利亚，威胁及于

〔1〕 T. Burrow, "Iranian Words in the Kharoṣṭhi Documents from Chinese Turkestan", *Bulletin of the School of Oriental Studies*, VII. 3, 1935, pp. 509-516; VII. 4, 1935, pp. 779-790.

〔2〕 马合木·喀什噶里《突厥语词典》(Maḥmūd Kāshgharī, *Dīvān lughāt al-Turk*), B. Atalay 土耳其文刊本，安卡拉，1939—1941 年，第 1 卷，原作者总序部分，9—12，9—19，29—5，30—19，32—28 页；词典部分，480—10 页；第 4 卷，118—26，136—26，442—11 页；H. W. Bailey, *Khotanese Texts*, VII, Cambridge 1985, pp. 50-54.

〔3〕 参看荣新江《九、十世纪于阗族属考辨》，《新疆社会科学》1987 年第 4 期，76—83 页。

犹太国；另一支越喀尔巴阡山，侵袭巴尔干半岛，直抵多瑙河中游，波斯、马其顿的亚历山大都曾对塞人用兵讨伐。公元前 3 世纪，黑海北岸的塞人逐渐融入 Sarmatae 人。巴尔干的塞人则为 Celts 所消灭。

如果说，活动于欧亚内陆西部的塞种于公元前一千纪末已渐消失，那么，活动于欧亚内陆东部的塞种则保持其活动较久，而且文献文书保留了较多的有关他们活动踪迹的记载。

塞种在汉文典籍如《汉书 · 西域传》中称为“塞”（sa<sə̣k），古波斯语作 sakā，希腊拉丁古典作家作 saca-或 saga-，印度两部史诗《罗摩衍那》和《摩诃婆罗多》多次提到 Saka，另外，在佉卢字体文献中作 saka-（k 表示 γ），婆罗谜字体文献中作 saka-或 śaka，其实指的都是一个民族。

古波斯磨崖碑铭中保留了三种不同的塞人名称：戴高尖帽塞（Sakā tigraxauda-）、海外（或河外）塞（Sakā para draya，此处之河多半指 Ister 河，今多瑙河）和 Sakā humvrg。后一种塞语的定语有 haumavarga-，haumavrga-等不同读法，其意义颇难考释。有的学者释为“食用压榨汁液者”，有的解释为非拜火教僧的宗教礼仪所用“敬畏汁液”。这些解释未被学界普遍接受，有的学者甚至视为“引人发笑之名词”[1]。另一些学者（如 R. N. Frye、I. Gershevitch、O. Szemerényi）认为，古波斯人不可能对不同的塞种作出确切的区分，Saka 一词的本义无非是“游荡”“游牧”[2]。

相比之下，汉文史籍对东部塞种的分布与去向留下了确切得多的记载。东汉初年成书的《汉书 · 西域传》在记述西汉时期的西域诸国时，顺便提到了一些塞种的分布：

> 休循国，王治鸟飞谷，在葱岭西。东至都护治所三千一百二十一里，至捐毒衍敦谷二百六十里，西北至大宛国九百二十里，西至

[1] Bailey, *Khotanese Texts*, VII, p. 69.

[2] O. Szemerényi, *Four old Iranian Ethnic Names: Scythian-Skudra-Sogdian-Saka*, Wien 1980, pp. 44-46.

> 大月氏千六百一十里。民俗衣服类乌孙，因畜随水草，本故塞种也。
>
> 捐毒国，王治衍敦谷。东至都护治所二千八百六十一里。至疏勒（下有缺文）。南与葱岭属，无人民。西上葱岭，则休循也。西北至大宛千三十里，北与乌孙接。衣服类乌孙，随水草，依葱岭，本塞种也。
>
> 乌孙国，大昆弥治赤谷城。东至都护治所千七百二十一里，西至康居蕃内地五千里。东与匈奴，西北与康居，西与大宛，南与城郭诸国相接，本塞地也。大月氏西破走塞王，塞王南越县度，大月氏居其地。后乌孙昆莫击破大月氏，大月氏徙，西臣大夏，而乌孙昆莫居之，故乌孙民有塞种、大月氏种云。

又，在罽宾国条中有总结性的记述：

> 昔匈奴破大月氏，大月氏西君大夏，而塞王南君罽宾。塞种分散，往往为数国。自疏勒以西北，休循、捐毒之属，皆故塞种也。

另外，同书卷六一《张骞李广利传》也有类似记载：

> 时月氏已为匈奴所破，西击塞王。塞王南走远徙，月氏居其地。

上述记载中，休循、捐毒二国的确切地点不可考，但都在帕米尔山中当无疑义，即所谓都城皆在山谷之中。位于其西北方的大宛，即今费尔干纳，那里似是古波斯磨崖碑中 Sakā humvrg 的住地。乌孙在汉代是以伊犁河流域为中心的大国，它东与占据蒙古高原到阿尔泰山的匈奴为邻，西接大宛，南抵塔里木盆地的城郭诸国，这一广阔领域原本都是塞人的住地，这就和锡尔河以北、以东处的高尖帽塞人连成一片。由《汉书·西域传》上述记载得知，塞种在公元前 1 世纪的西域分布很广，从天山北麓的伊犁河流域，西南经帕米尔高原到克什米尔的罽宾，都是塞人的故地，而且从地理位置上看，天山、帕米尔一带的塞种应属于古波斯磨崖碑铭中的戴高尖帽塞人的范围。

然而，《汉书·西域传》所记录的时代，塞种在天山北部地区当家作主的时代已经过去，乌孙已经成为这里的主人，所以把这里称之为“本塞地也”，而称其人民为“故塞种也”。而且，《汉书》的作者关于塞种的记载，多是和大月氏的西迁引起塞人南迁罽宾这件事联系在一起。因此，除了乌孙、休循、捐毒之外，在公元前2世纪前半月氏西徙伊犁河流域之前，西域其他地方是否有塞种，《汉书》等文献并没有留下记录。值得庆幸的是，近年新疆考古的新收获补充了史籍的不足，扩大了人们关于塞人的认识。

对于锡尔河以东、以北直到新疆地区的戴高尖帽塞人，古希腊历史学家希罗多德的《历史》一书有如下记载：

> 塞人，是斯基泰部落，他们头戴高耸的尖顶厚毡帽，穿着裤子，有当地产的弓、短剑和特殊的钺……

苏联考古学家在东帕米尔和伊塞克湖（热海）地区的考古发掘，揭示了据认为是塞人的墓葬，出土文物反映了物质生活、风俗习惯和意识形态等多方面的内容，也提供了初步判断是否塞人遗物的许多标准器物。在新疆境内，1966—1967年，在地处帕米尔山中的塔什库尔干塔吉克自治县县城北约四公里处塔什库尔干河谷西岸第二台地上的香宝宝（又名香巴拜），发掘了40座墓葬，年代在公元前5至4世纪左右，根据头骨特征、埋葬方式和出土器物与苏联在此地区发掘的塞人墓葬及出土物的一致性，可以认为是塞人的遗迹〔1〕。1983年，在伊犁新源县东北20多公里处巩乃斯河南岸，出土了一批青铜器，其中有一尊半跪的武士俑，展现了尖帽塞人的一种典型形象，他头上戴的那顶高高的顶部向前弯曲的圆帽，给人以深刻的印象。这与著名的贝希斯通（Behistun）磨崖碑表现的波斯大流士一世（公元前？—前486年）俘获的塞王斯孔哈（Skunkha）所戴尖顶略向后弯曲的圆帽略有不同，但属于同一类型。此外，出土物中还有一件方盘，盘内两角有蹲兽，表现出比较典型的塞

〔1〕陈戈《帕米尔高原古墓》，《考古学报》1981年第2期；韩康信《塔吉克县香宝宝古墓出土人头骨》，《新疆文物》1987年第1期，32—36页。

人艺术风格[1]。这应是一组先于乌孙的塞人的文物遗迹。1976—1978年间，在乌鲁木齐市南山矿区，天山阿拉沟东口，发掘了4座竖穴木椁墓，年代在公元前5至前1世纪。从竖穴木椁、封丘成链向排列的埋葬习俗以及与新源出土方盘风格相同的承兽铜盘来看，可以认为是塞人的墓葬[2]。

与上述伊犁、阿拉沟发现的游牧塞人文化略有区别，在塔克拉玛干沙漠南缘，发现了一些走向定居的塞人文化遗存。1980年，在楼兰古城东北郊发现两处墓地，发掘墓葬9座，年代在西汉晚期至东汉初年（纪元前后），随葬品多为实用的陶器、丝、毛、棉织品。据所测六个头骨的结果，五个与帕米尔塞人的人类学特征一致，一个属于蒙古人种[3]，表明两汉时期楼兰一带的居民中，塞人占有相当大的比重。在我们所关心的和田地区，也有新的发现。1984年，在位于和田洛普县山普拉乡南3公里处古河床上（当地人称作“沙依巴赫”，意为“河床上的果园”），先后发掘了52座墓葬，根据碳14测定，年代大约在公元前3世纪到公元3世纪之间，其葬俗和随葬物品据说与楼兰地区发现的塞人遗迹、遗物有某些相似之处。值得注意的是有个死者的头上戴着一顶不太高的尖顶毡帽，该墓（编号M01）的年代大致属于西汉时期[4]。由于这种尖顶毡帽与贝希斯通碑及新源出土武士俑的尖帽不同，因此不能据此判定是否属于塞人，但最近人类学家对该处发现的头骨特征所作的研究表明，他们与帕米尔塞人的头骨特征是一致的[5]。这一

〔1〕 王炳华《古代新疆塞人历史钩沉》；王明哲《伊犁河流域塞人文化初探》，两文均载《新疆社会科学》1985年第1期，48—58页与59—64页，附彩色图版。

〔2〕 新疆社会科学院考古研究所《新疆阿拉沟竖穴木椁墓发掘简报》，《文物》1981年第1期，18—22页，图版捌；参看（苏）李特文斯基等着、李琪译《论东突厥斯坦塞人的早期历史》，《新疆文物》1988年第3期，120—121页。

〔3〕 新疆楼兰考古队《楼兰城郊古墓群发掘简报》，《文物》1988年第7期，23—39页并附图版；韩康信《新疆楼兰城郊古墓人骨人类学特征的研究》，《人类学学报》第5卷第3期，1986年，227—242页。

〔4〕 阿合买提·热西提《洛浦县山普拉古墓地》，《新疆文物》1985年第1期，109—111页。

〔5〕 韩康信、左崇新《新疆洛普桑普拉古代丛墓葬头骨的研究与复原》，《考古与文物》1987年第5期，91—99页。

成果从考古学、人类学角度，确定了塞人在于阗地区的存在，我们相信，这批墓葬出土文物的正式公布，将有助于认清古代于阗早期居民塞人的文化特征。

此外，早年斯坦因、黄文弼、贝格曼等人在罗布泊地区，1949 年后新疆考古工作者在孔雀河下游古墓沟、哈密五堡、且末等地，也发现过一些早期人类文化遗迹，其特征之一是死者头戴略微尖顶的毡帽。有些学者认为是塞人的遗迹[1]，可备一说。但如上所述，这种尖帽与确知的塞人所戴尖帽不同，而且古墓沟的人种也与帕米尔塞人有别[2]，有些资料还未做考古学和人类学的详细研究，所以上述文化遗迹是否属于塞种或尖帽塞人尚需进一步探讨。

以上所引史籍和考古材料所展示的天山南北广大地区的一些塞人遗迹，说明在月氏西迁以前，塞种或文化面貌与尖帽塞种相近的民族，是新疆境内的主要居民之一，和田地区的塞种正是这个分散的塞种大家庭中的一员。

二

除了考古学的根据外，语言学的研究也为塞种在和田乃至新疆的存在提供了强有力的佐证。

当 19 世纪末 20 世纪初人们首次在和田地区发现于阗语写本的时候，对于这种自 11 世纪中叶以来就灭绝的“死语言”毫无所知，只好称作“不知名的语言”[3]。不久，德国语言学家洛伊曼把这种语言称作“北雅利安语”（Nordarisch），认为是印度和伊朗语之外的第三支雅

---

〔1〕 王炳华上引文；王小甫《先秦我国西北的塞种》，《西北史地》1987 年第 1 期，57—64 页。

〔2〕 韩康信《新疆孔雀河古墓沟墓地人骨研究》，《考古学报》1986 年第 3 期，361—384 页，图版 17—20；又《新疆古代居民种族人类学的初步研究》，《新疆社会科学》1985 年第 6 期，61—71 页。

〔3〕 A. F. R. Hoernle, “A Report on the British Collection of Antiquities from Central Asia”, part II, *Journal of the Asiatic Society of Bengal*, LXX. 1, Extra No. 1, Calcutta 1901.

利安语[1]。但这一看法很快就遭到反对，法国的伯希和认为这种语言与伊朗语最接近，因而称之为“东伊朗语”（Iranien oriental）[2]。挪威语言学家斯坦·柯诺夫根据文书的来源和所记内容，证明这是古代于阗国的居民所使用的语言，并称之为“于阗语”（Khotanese）[3]。第三支“雅利安语”的说法显然有误，东伊朗语的认识无疑是正确的，但又过于空泛，仍不能确定于阗语在伊朗语支中的具体位置。这一难点最终为德国梵文学家吕德斯圆满解决，他发现这种语言中有一个表示 z 音的特殊字母 ys，而这个同样的字母又见于印度西北塞种统治者的名称里，表明两地说的都是一种塞语，因此定名为“塞语”（Saka）[4]。这一说法得到了学术界的公认。于阗古代的语言无疑是一种塞语，现通称于阗塞语（Khotan Saka），简称为于阗语（Khotanese）。这样，从于阗使用的语言也证明了古代土著的于阗人应是塞种。

和田，古名于阗，在古代于阗文中作 hvatana，德国于阗文专家恩默瑞克对此词做了语源学分析，认为它来自 * hu-vat-ana，意为“非常强有力的”；而 Saka（塞种）一词来源于 * sak-，意为“是强有力的”，由此从语义上把两个词联系起来，说明“于阗”一词和“塞种”一词本义无异[5]，从一个侧面证明于阗是塞人之地。另外，于阗语中的许多基本词汇和保存在帕米尔地区的另一种塞语——瓦罕语的基本词汇几乎完全相同，如于阗语中的 hīśśana-，晚期作 hīśana-，意为“铁”，和瓦罕语的 ĭšn 相同；于阗语的 aśśa-，意为“马”，和瓦罕语的

---

〔1〕 E. Leumann, *Zur nordarischen Sprache und Literatur*, Strassburg 1912.

〔2〕 P. Pelliot, “Un fragment du *Suvarṇaprabhāsasūtra* en iranien oriental”, *Mémoires de la Société de Linguistique de Paris*, XVIII, 1913, pp. 89-215.

〔3〕 S. Konow, “Khotan Studies”, *Journal of the Royal Asiatic Society*, 1914, pp. 339-353.

〔4〕 H. Lüders, “Die Śakas und die ‘nordarische’ Sprache”, *Sitzungsberichte der Preussischen Akademie der Wissenschaften*, *phil.-hist. Kl.*, 1913, pp. 406-427 (= *Philologica Indica*, Göttingen 1940, pp. 236-255); S. Konow, *Saka Studies*, Oslo 1932.

〔5〕 R. E. Emmerick, “Names from Central Asia”, *Central Asiatic Journal*, XII. 2, 1968, pp. 88-89.

yaš 相同，等等[1]。这也揭示了于阗塞种和帕米尔塞种的亲密关系。

学者们对中亚古代语言的研究还丰富了我们对南疆其他地区塞种痕迹的认识，本文开头提到的图木舒克塞语和木头沟塞语的发现，反映了塞人在巴楚地区甚至吐鲁番盆地的存在。另外，库车发现的一件佛教梵语文书记录了三个国王，由东到西依次为 Bharuka-rāja、Saka-rāja 和 Hečyuka-rāja。其中之 Bharuka 当是玄奘所记之跋禄迦，汉代称姑墨，唐代称拨换，可能即今阿克苏。Hečyuka 当是汉代之温宿，唐代之于祝，今之乌什。根据唐代贾耽的《皇华四达记》（《新唐书·地理志》），原拨换和于祝之间是小石城。据此，文书中的 Saka-rāja 即“塞王”，应是小石城的统治者[2]，表明这里也是塞种的住地。还有和田、喀什之间的莎车，汉代即以此名著称，其古音可拟为 suâ-ki̯wo，与 Saka（塞种）一名非常接近，因此也有人认为莎车也是塞人的住地[3]。最后，喀什的塞种遗迹也由上述《突厥语词典》所记 Känchäk 语的词汇表露出来。

总之，语言学的材料和研究结果表明，和田地区的早期居民和新疆其他某些地区一样，主要是操印欧语的塞人，更具体地说，是操印欧语系中伊朗语东支的塞语。但是，上述考古、历史、语言学的材料都表明，各个地区的塞人文化面貌也存在着相当大的差别，所以，把塞种看作是中亚广阔地域内一大群不同部落的总名[4]，似乎更为恰当。作为于阗最早居民的这支塞人，在新疆地区延续时间较长，直到 11 世纪中叶以后，才逐渐融合于突厥、回鹘族当中。但是，我们同时并不否认在很早的时期于阗地区也有其他民族。于阗处在东西交通干道上，东面的月氏，西面的印度、大夏人都可能来此定居；另外，沿和田河北上抵龟

---

〔1〕 H. W. Bailey, “Saka of Khotan and Wakhān”, *Pratidānam: Indian, Iranian and Indo-European Studies presented to Franciscus Bernardus Jacobus Kuiper on his Sixtieth Birthday*, ed. By J. C. Heesterman et al., The Hague 1968, pp. 157–159; idem, “Khotan Saka Metal and Mineral Names”, *Studia Orientalia*, 47, Helsinki 1977, p. 21.

〔2〕 Bailey, *Khotanese Texts*, VII, pp. 71–73.

〔3〕 同上。

〔4〕 O. Franke, “Beiträge aus Chinesischen Quellen zur Kenntniss der Turkvölker und Skythea Zentralasiens”, *Sup. to Abhandlungen der Königlichen P. A. W. zu Berlin*, 1904, p. 47.

兹范围，与所谓“吐火罗人”相邻；南入山岭，则和诸羌作伴，土著之中也很难不杂入羌人血统。总之，有关上古时代的于阗材料很少，目前还无法指出这些部族在于阗境内所占的比重，甚至于阗居民的主体民族塞种在于阗的出现，我们也只是依据考古材料和出土文书作出如上的判断，因为在晚期于阗人中流传的建国传说，没有给塞人明确地安排任何重要的角色。

三

塞人是否参与了于阗的建国活动，是和于阗塞种的来历、塞种统治的建立等一系列问题相联系的，有必要加以详细的考察。

于阗何时建立起独立的王国，早期的历史典籍并没有明确的记载。但是公元7世纪以后的一些佛教著作却详细地记述了于阗建国的传说。这种传说首先见之于唐朝初年去印度取经的三藏法师玄奘所著《大唐西域记》中；稍后，慧立、彦悰所作的《大慈恩寺三藏法师传》也记下了同一传说，但两书的内容并不一致。在藏文《大藏经》中保存的《牛角山授记》（*Ri-Glang-ru lung-bstan-pa*）和《于阗国授记》（*Li-yul lung-bstan-pa*）中，也有大致相同的记载，其成书年代当在8、9世纪，因为在敦煌发现的《于阗国教法史》（*Li-yul-chos-kyi lo-rgyus*）中有内容相同但文字比较简略的记述。这些文献是佛教徒为了宣扬佛教而写的，后两种藏文文献特别是为了记录于阗大小佛寺兴建的缘起而编纂的，因而都充满了佛教的色彩。但有些段落，特别是关于建国的传说，应是在于阗的古老传说基础上蒙上佛教外衣，因此仍可以多少追寻出某些原始传说的踪迹。下面先选录二、三种有代表性的传说记载，而后对其真伪试加分析。

玄奘《大唐西域记》卷十二瞿萨旦那国条的记载如下：

> 王甚骁武，敬重佛法，自云“毗沙门天之祚胤也”。昔者此国虚旷无人，毗沙门天于此栖止。无忧王太子在呾叉始罗国被抉目

已，无忧王怒遣辅佐，迁其豪族，出雪山北，居荒谷间。迁人逐牧，至此西界，推举酋豪，尊立为王。当是时也，东土帝子蒙谴流徙，居此东界，群下劝进，又自称王。岁月已积，风教不通。各因田猎，遇会荒泽，更问宗绪，因而争长。忿形辞语，便欲交兵。或有谏曰："今何遽乎？因猎决战，未尽兵锋。宜归治兵，期而后集。"于是回驾而返，各归其国，校习戎马，督励士卒。至期兵会，旗鼓相望。旦日合战，西主不利，因而逐北，遂斩其首。东主乘胜，抚集亡国，迁都中地，方建城郭。忧其无土，恐难成功，宣告远近，谁识地理。时有涂灰外道负大瓠，盛满水而自进曰："我知地理。"遂以其水屈曲遗流，周而复始，因即疾驱，忽而不见。依彼水迹，峙其基堵，遂得兴功，即斯国治，今王所都于此城也。城非崇峻，攻击难克，自古已来，未有能胜。

其王迁都作邑，建国安人，功绩已成，齿耋云暮，未有胤嗣，恐绝宗绪。乃往毗沙门天神所，祈祷请嗣。神像额上，剖出婴孩，捧以回驾，国人称庆。既不饮乳，恐其不寿，寻诣神祠，重请育养。神前之地忽然隆起，其状如乳，神童饮吮，遂至成立。智勇光前，风教遐被，遂营神祠，宗先祖也。自兹已降，奕世相承，传国君临，不失其绪。故今神庙多诸珍宝，拜祠享祭，无替于时。地乳所育，因为国号。[1]

《慈恩传》卷五相应的记载有所不同：

其王雄智勇武，尊受有德，自云毗沙门天之胤也。王之先祖即无忧王之太子，在怛叉始罗国，后被谴出雪山北，养牧逐水草，至此建都。久而无子，因祷毗沙门天庙，庙神额上剖一男，复于庙前地生奇味，甘香如乳，取向养子，遂至成长。王崩后嗣立，威德遐被，力并诸国，今王即其后也。先祖本因地乳资成，故于阗正音称

〔1〕 季羡林、张广达等《大唐西域记校注》，北京，中华书局，1985 年，1006—1007 页。

地乳国焉。[1]

《慈恩传》与《西域记》最大的不同点是把阿育王的太子说成是于阗的建国者，而《西域记》则说是蒙谴流徙的东土帝子，在杀掉被阿育王谴出兴都库什山北的豪族酋长后建立了王国，这些豪酋是因犯了使阿育王太子在呾叉始罗国被剜掉双眼的罪而遭谴的，在这里，阿育王太子只是作为故事的背景人物而被提及。看来，《西域记》保存的传说要比《慈恩传》古老。

藏文典籍《牛角山授记》《于阗国授记》和《于阗国教法史》三者记载的这一传说内容详略不同，但大体一致，应属同一个系统。现将记载最详的《于阗国授记》中的有关文字节译如下：

佛涅槃后二百三十四年，天竺有王名法阿育者。为向释迦牟尼佛所加持之南瞻部洲所存诸寺塔作礼拜，此王乃出寻善力加持之处而建八万四千塔寺。

尔时，于阗国海子虽已干涸，然虚旷无人，为使今于阗城堡处之 Kus-po-yen 不至空旷，此王于夜间在此扎营，而正妃生一男，相貌绝好。先是，王妃入一园林中，当她在莲池中沐浴时，见毗沙门天及其眷属于其上履空而过。王妃既见毗沙门天绝妙之形，窃而思之，受孕而于 Kus-po-yen 生产。法阿育王集诸相士问曰："此婴之寿命长短？其相好坏？其命若何？"相者答道："此子相貌端好，命运弘通，非凡人也！其父王寿命未终，即作国王。"法阿育王以妒恨故，怒曰："其命即如此弘大，或将在我有生之年篡夺王位。我无需此子，须将其抛弃！"言罢，其母不忍。王怒甚，其母惧王杀此子，忍痛遗弃。尔后，地上隆起一乳，神童饮吮，遂至成立，后因得名曰地乳（Sa-nu）。

寻有一汉王，乃一大菩萨，拥有千子。先是，此王有九百九十

[1] 孙毓棠、谢方点校本《大慈恩寺三藏法师传》，北京，中华书局，1983 年，120 页。

又九子，因少一子，难成千数，故祈求于毗沙门天。毗沙门天即受其请，见功德子地乳恰被遗弃，乃携送汉王为子，汉王遂养育之。尔后，地乳渐渐长大，乃请于汉王曰："愿寻本生之国，请准出寻其地。"汉王乃给地乳王子以诸种方便，集一万大军，送其西向，寻找国土，来至于阗国之平川（Me-skar）。

地乳抵达此地后，法阿育王之宰臣耶舍（Yasha）因反对国王而在天竺国身败名裂，遂亲率其子及随侍臣仆七千余众远离国土，东西寻觅新境，来至于阗玉河上游处。

地乳率其从者来至于阗玉河上游，二者相会于'Di-nya下方之杭桂（Hang-gu-dzo）。王子与宰臣耶舍商谈未妥，寻诸干戈，两边锋刃交战，忽有毗沙门天及功德天女现于空中，两边息甲休兵，不再纷争。地乳王子与宰臣耶舍言归于好，地乳为王，耶舍为臣，汉、梵双方共同敬立此国而创建都城。[1]

与《西域记》和《慈恩传》相比，《授记》的记述要丰富、完备得多。首先，《授记》和《慈恩传》相同，把建国者说成是阿育王的太子，但又把这个阿育王的太子说成是王的正妃见毗沙门天而感孕生出的，并由地乳养育而成，因名地乳。这就把《西域记》和《慈恩传》中所记的建国者和在神祠毗沙天王像上剖出的地乳合成一人了。其次，《授记》又把地乳说成是汉王的帝子之一，似乎是想和《西域记》的东土帝子建国说相吻合。最后，《授记》把于阗的建国归结为西进的地乳王子所率汉人集团和东来的阿育王大臣耶舍所率印度人集团共同缔造的结果。此外，《授记》还增加了不少未见于《西域记》和《慈恩传》的细节，而且加重了整个传说的佛教色彩，表明它是建国传说最晚出的文本。

上引诸书对于阗建国传说的记载虽然不尽一致，但这显然是一种传说不断演化、完善的结果。那么，这些相对晚出的传说记录能否反映于

〔1〕 R. E. Emmerick, *Tibetan Texts concerning Khotan*, London 1967, pp. 14–21.

阗建国的历史事实？对于这个问题，有的学者给以肯定的答复，把传说看作信史，认为于阗的建国是阿育王时代的事情；而另一些学者则持怀疑甚至否定的态度。以下结合前人的研究成果，分三方面加以分析。

第一，关于传说本身的发展。我们今天看到的这个传说，都是 7 世纪以后由佛教徒记载下来的。综合几种汉、藏文献的内容，至少有三个共同点：(1) 此地原本虚旷无人，是外来的殖民团体在此兴邦立国；(2) 王室的祖先是毗沙门天王；(3) 因地乳哺育了王子，他所建之国因而名为地乳（梵文音译汉字作瞿萨旦那）。后两项的主要内容无疑是佛教传入于阗以后增加的，而第（1）项内容多少保存了一些原始的民间传说，但后来也不断被涂上佛教的色彩。佛教传入于阗应是公元 2 世纪以后的事，所以，与佛教有关的种种成分只能是这以后的产物。佛教徒为了增添佛教的荣光，先是把于阗王国的建立年代，比附在佛灭后 100 年内的辉煌时代（见《日藏经》护塔品），而后又和大力推行佛教的印度阿育王直接联系起来（《西域记》），到《授记》时，更按于阗的王统史，建国的年代被置于佛灭后 234 年以后的绝对年代里〔1〕。因此，现存传说的第（1）点内容可以追溯到较早的历史年代；与佛教有关的(2)、(3) 点内容，除国名“地乳”尚需做语源学的考察外，其产生的年代只能与佛教的传入相联系，而不会早于公元 2 世纪。

第二，与阿育王传说的关系。阿育王（Aśoka，？—前 232 年）是古印度孔雀王朝的国王。他立佛教为国教，派传教师到各地传教，被佛教徒尊为大法王，有关他的传说非常多，在汉译佛典中就有《阿育王传》七卷（西晋安法钦译）、《阿育王经》十卷（南朝梁僧迦婆罗译）、《阿育王子法益坏目因缘经》（前秦昙摩难提译）等。由于阿育王在佛教徒心目中具有崇高的地位，在印度周围的各佛教王国都有一种倾向，即把本国的历史上的重要人物与阿育王的太子比附在一起〔2〕，晚期于阗建

〔1〕 参看山崎元一《于阗建国传说之一考察》，《山本博士还历记念东洋史论丛》，东京，1972 年，469—480 页。

〔2〕 参看山崎元一《摩哂陀传说考》，《东洋学报》第 48 卷第 2 号，1966 年，第 33—34 页。

国传说也是一样。实际上，上述三种汉译阿育王传说只记载阿育王的长子拘那罗（Kuṇāla、法益）被王妃谋抉双目，并提及王妃及其他预谋者被杀或被监禁，而没有说遣出雪山以北，当然更谈不上远到于阗。唯《大唐西域记》卷三呾叉始罗国条记载这一传说时提到，“王乃责彼辅臣，诘诸僚佐，或黜或放，或迁或死，诸豪世禄移居雪山东北沙碛之中”[1]，为同书卷十二记他们来到于阗埋下伏笔。到《于阗国授记》成书的时代，阿育王太子乃至阿育王本人都直接成为于阗建国传说中的重要角色。比较《阿育王传》等早期著作，《西域记》和《授记》关于阿育王的辅臣或太子为于阗建国者的说法显然是于阗佛教徒的杜撰。不仅如此，于阗的传说把阿育王描写成一个多忌好杀的人，他的太子反被说成是相貌绝伦，能力超凡，这显然是传说窜改者为了抬高于阗佛教王国的地位而精心制作的[2]。可以断言，建国传说中的阿育王及其太子、大臣只是传说中的人物，而不是于阗历史上的真正建国者，与之相联系的大批印度人参与了于阗建国的说法也就不攻自破，而且，把于阗建国的年代放在阿育王时期是缺少根据的。

第三，东土帝子或汉王之子的意义。《西域记》明确说于阗是在东土帝子打败阿育王谴臣后建立的王国，《授记》则把阿育王的太子换成汉王之子，再西至于阗建国，这种倾向也有一定的历史根源，极可能是于阗受中原王朝强大影响的反映。从历史上看，这种影响开始于西汉武帝时期（前140—前88年），该传说反映了汉武帝以后汉朝对于阗影响增大的某些事实[3]。但是，《西域记》只说是东土帝子，这还不等于《授记》的汉王之子。或许晚出的《授记》中的汉王之子地乳反映了汉朝逗留长安的于阗质子的情况[4]，汉王之子——汉王身边的于阗质子回于阗建国，似反映了汉朝势力的西进。无论事实真相如何，东土帝子

---

〔1〕《大唐西域记校注》，309页。

〔2〕参看山崎元一《于阗建国传说成立之背景》，《国学院杂志》第73卷第3号，1972年，10—11页。

〔3〕同上，11—13页。山崎元一有《阿育王传说之研究》一书，春秋社，1979年，笔者未见。

〔4〕《汉书·西域传》传赞。

特别是汉王之子建国的说法，也只能是晚出的传说，而不是历史的现实，所谓大批汉人参与了于阗建国的说法也不能成立。

以上分析表明，尽管现存于阗建国传说讲得绘声绘色，但可信的内容却很少。其中的共同因素是于阗原为虚旷之地，外来的殖民团体在此兴邦立国，这或许是唯一的真正古老的建国传说的核心。这些外来的殖民团体既不是印度人，也不是汉人，值得考虑的另一候选者是我们前面指出的于阗早期居民塞种。于阗塞种的来源虽然没有明确的材料说明，但在公元前 2 世纪上半叶，天山北部塞种受月氏压迫大批南迁之际，“塞种分散，往往为数国”，或许可以认为当时有一支塞种迁到了虚旷无人的于阗一带，建立了城郭，过起定居的生活。这种假说有待于将来出土的考古材料加以验证。

几种于阗建国传说记载虽然没有明确提到塞人，但其中提到的一些专有名词，却透露出一些塞语的痕迹。

《授记》记地乳王子和耶舍分别来到于阗但还未见面的时候，有一段佛教色彩淡薄的文字，似属于原始传说的一部分，现转译如下：

> 地乳王子从者中有二商人，名 Shel 和 Zang，喜有一牛已孕，即将分娩，此牛自平川跑到奴卢（To-la）之 Zhugs-ngams。二人追寻至奴卢，此牛已生一犊，故而此地因牛犊出生而得名 'Bru-so-lo-nya，而奴卢之 Zhugs-ngams 亦得于阗语之名，曰 Sher-bzang。二人四处眺望，见此地虚旷幽美，曰：“此地最宜为地乳王子之国。”二人相议于此建国。既至于阗玉河上游，偶遇宰臣耶舍从者，对方问曰：“你等何人？自何处而来？”二人细说地乳王子之事。耶舍派使者至平川谓地乳王子曰：“你乃王系，我是臣族，既合在一处，何不在此于阗地区共建一国，你作国王，我为臣子。”地乳王子遂率其从者来到于阗玉河上游。二众相会于 'Di-nya 下方之杭桂（Hang-gu-dzo）。[1]

---

〔1〕 Emmerick, *Tibetan Texts concerning Khotan*, pp. 18-19.

这里提到的几个地名应是于阗的原始居民或建国者命名的，找出这些藏文拼写的地名的原语，有助于说明建国者的族属。所幸的是，其中两个地名已由恩默瑞克从语言学角度找出了它们的于阗塞语根源。一个词是 Sher-bzang，藏文本身就明说是拼写的于阗文，此词显然是两个商人名字 Sher 和 Zang 的合写，Sher 应是于阗文 śśära-的转写，意为“好”；Zang 则是于阗文 ysaṃggā-的音译，意为“生育”，两者拼合而成的词还未在于阗文中发现，但可以构拟为 śśäraysaṃggā，意思是指那个生犊的牛〔1〕。这个明确说明是用于阗塞语叫起来的地名，表明这批前来建国的民众是塞人。另一个词是 Hang-gu-dzo，此为东西两支殖民团体会见处的地名，可以毫无疑问地指出它的于阗文原语是 haṃggūj-，意为“会见”〔2〕。这个塞语地名的含意应当也是首批迁来的塞人所赋予的。

最后，着重就“地乳”及由此产生的国名“瞿萨旦那”这个关键性的专有名词加以说明。《西域记》称：“瞿萨旦那国，唐言地乳，即其俗之雅言也。”〔3〕由地乳养育的神童，是建国传说中的中心人物，因而地乳就成了这位王子的名字，并进而成为于阗的雅号。然而，仔细分析一下构成这个名称的词素，上述由佛教徒披上层层神秘外衣的地乳之说实际并没有存在的基础。“瞿萨旦那”的梵文原形应是 gostana，这已为敦煌出土的梵文、于阗文双语文书证实，于阗字母的拼法是 gaustana、gāstana〔4〕。如果用梵文语义来解释，go-意为“牛”，stana-意为“乳”，合意应是“牛乳”〔5〕。“地乳”之说，显系杜撰。对于“瞿萨旦那”一词，伯希和有更详细的考证。他认为此词的另一种复原法是 gosthāna，梵文意为“牛国”，但梵文的-sthāna 有伊朗语的对应词 -stāna，因此，“瞿萨旦那”也可以说是由 go+伊朗语的后缀-stāna（意

〔1〕 Emmerick, “Names from Central Asia”, pp. 90, 91.

〔2〕 同上。

〔3〕《大唐西域记校注》，1000 页。

〔4〕 H. Kumamoto, “A Sanskrit-Khotanese Conversation Manual for Central Asian Travelers”, *Colloque Franco-Japonais de Documents et Archives provenant de l'Asie centrale*, Kyoto 1988, pp. 5, 14, 25.

〔5〕 Emmerick, “Names from Central Asia”, p. 89.

为“国”）构成的，而此词作为于阗的雅名，其早期于阗语的形式可以构拟为 * Gostan。根据这一构拟，“地乳”一说同样失去了原有的根据。伯希和进一步指出，* Gostāna 或 Gostana 是从公元前 2 世纪的古老形式 * Godan 演化而来的，不论在哪种语言中，其含义都是“ * Go 地（或国）”。而且 Go 这个词素常见于于阗的专名当中，如梵文化的 Gomatī（瞿摩帝寺），以及 * Gomasālagandha（瞿摩娑罗乾陀塔）等，因此，他怀疑 * Go 可能是国名和人种名〔1〕。

根据上述前人考证结果，Gostāna 或 Gostana 一名显然与“地乳”没有直接的联系，用梵文来解释，意为“牛乳”或“牛地”，用伊朗语解释，意为“牛国”，其中共同的因素是“牛”（go-），这似乎和建国传说中所述在产牛之地建国不无联系。Go 这一共同因素常见于于阗的一些梵文化专名中，除伯希和举出的外，还可以补上 Gośṛṅga（牛头山）。值得进一步探讨的是这个词素在于阗塞语中的情况。上文已经提到，Gostana 的于阗文拼法是 Gaustana 或 Gāstana；另外，“牛头山”的于阗文拼法是 Gūttauṣanä；“瞿摩帝”的于阗文拼法作 Gūmattīrä；藏文所记于阗寺名 'Gu-zhan-ta 的于阗文原语作 Gūśa'dau〔2〕。由此可见，Go-在于阗文中作 Gau-或 Gū-，这使我们联想到于阗文中表示“牛”的字 gūha-（牛、公牛）、gūhā-（母牛、乳牛），其佛教梵文对译词是 Go-danta-〔3〕。因此，于阗塞语的词根 Gau-或 Gū-和梵文 Go-一样，也有“牛”的意思。于阗的国名（瞿萨旦那）、于阗最著名的山（牛头山）、于阗的大寺（瞿摩帝、'Gu-zhan-ta）和于阗的大塔（瞿摩娑罗乾陀）等名中都包含表“牛”意的塞语词根，说明了最早的一批居民对牛的重视或崇拜，这和建国传说中找牛的那两位塞种商人的事迹有相通之处，或许露透出迁徙而来的塞人对牲畜的重视。

---

〔1〕 P. Pelliot, *Notes on Marco Polo*, I, Paris 1959, s. v. Cotan.

〔2〕 以上比定见 Emmerick, *Tibetan Texts concerning Khotan*, p. 95.

〔3〕 H. W. Bailey, *Dictionary of Khotan Saka*, Cambridge 1979, p. 89, s. v. gūha-.

以上根据考古、人类和语言学数据，论证了新疆古代塞种的存在，特别阐明了古代于阗的早期居民主体应是塞种，并且详细分析了被佛教徒歪曲了的于阗建国传说，指出其中原始内容所包含的塞种活动的遗迹。我们相信，随着考古工作的进步和研究的深入开展，将进一步弄清于阗塞种的真实面貌。

（原载《西北民族研究》1989 年第 1 期，172—183 页）

敦煌“瑞像记”、瑞像图及其反映的于阗

前　言

本文将介绍四份敦煌文书，即 P.3033 背、P.3352、S.5659 和 S.2113。四份文书的内容为瑞像目录和佛教圣迹的扼要表述，涉及的区域有天竺、尼波罗、于阗、河西、江南等地。其中，简短条目只用几个字点明某一名称，如“指日月瑞像记”“石佛瑞像记”“于阗牛头山”；表述圣迹的条目文字稍长，然而也不过一事数语，行文往往欠连贯。此外，条目之间大多漫无次序，而且每每重出，甚至一份文书之内一事两、三见。从种种迹象判断，这些文书应是佛教壁画的榜题汇辑或文字设计。例如，P.3033 背面文书第 10 行下有“已东”二字，说明 10 行以上的榜题标记的画面位于洞窟的东壁或龛顶的东披。又如 S.2113 前半（本文以下称 S.2113A 件）文书第 50 行最下方注记“北”字，同文书后半（本文以下称作 S.2113B 件）的第 26 行上端注记“东”字，27 行上端注记“西”字。不仅如此，该文书许多条目之旁注有“下，其头上有冠”，“下，其像承云”，“其像两手立”，“其像坐貌”，“下，其像手把袈裟”，“其像海内行”，“其下像侧”等等字样，这不仅仅标明了画像位置，而且也指示出来画像的姿势、装具等要领；此外，有的条目开头处标有“了”或“ろ”等符号，可能是画匠绘图时做的标志。有的条目行文作“……时”，如“于阗国舍利弗、毗沙门天王决海时”，更是壁画榜题的标准表达用语。因此，我们推断以上四份文书应是壁画的文字设计或绘后记录，殆无大误。

四份文书中有相当多的条目称某某“瑞像”、某某神护某某地，因而，许多为敦煌文书编目的学者多为之拟题为“瑞像记”“佛像榜题

抄”“佛像题记”等等。四份文书中以记载“瑞像”为最多，本文在未找到这种性质的文书的本名之前，暂且统称之为“瑞像记”，并加引号。

“瑞像记”著录的榜题很自然地使人们联想到敦煌壁画中的瑞像图。敦煌洞窟壁画中的瑞像图从时代上看，多出现于晚唐、五代、宋初，直到西夏的来临，从其被彩绘的位置看，除莫高窟第220窟已毁的一组绘在主室南壁外，几乎全都画在特定的部位，即甬道顶部南北披、主室龛顶四披，令人仰望谛视的部位。此外，从瑞像反映的内容来分析，它也不同于佛本生故事画、佛传画、譬喻故事画、因缘故事画等佛教形象资料，更不同于大乘诸宗大肆宣扬的经变画，就某些点来说，瑞像图接近佛教史迹画，但是，就瑞像的功用而言，看来亦应与史迹画加以区分。

瑞像不仅见于洞窟壁画，而且也见于敦煌出土的绢画和于阗寺院遗址出土的木板画。为了全面了解这些瑞像的涵义和功用，人们还需要参照某些文献记载，除了人们常常引用的《大唐西域记》等佛教僧侣行纪和有关佛典之外，古藏文有关文献和中世纪于阗语文书具有极其重要的意义。看来，只有把敦煌文书中的“瑞像记”、敦煌洞窟壁画和于阗寺院遗址出土的木板画中的瑞像图、敦煌瑞像绢画以及汉、藏文献和于阗语文书中的有关材料放在一起做对照研究，才可以看出孤立地、单独地研究“瑞像记”或瑞像图所看不出来的某些问题。

本文拟对“瑞像记”和瑞像图分类加以介绍，而后考察“瑞像记”和瑞像图特别反映的于阗的情况。通过藏文文献和敦煌汉、藏语文书，我们看到，在唐末、五代、宋初的于阗，关于佛教像法（Saddharma-pratirūpaka）阶段即将过去，末法阶段即将到来的思想在这个佛教国家中广泛流行起来。自9世纪中叶以后，于阗虽然从吐蕃贵族的统治下解放出来，但仍然“常与吐蕃相攻劫”〔1〕。10世纪中叶前后，东有勇而

〔1〕 高居诲《于阗国行程录》，《新五代史》卷七四《四夷附录》于阗条，北京，中华书局，919页。

好战的仲云部族，西有皈依回教的黑韩王朝，严重阻碍着于阗使人僧侣的东往西去，也威胁着这个佛教王国本身的安全。在长期战乱过程中，当疏勒（今喀什）等地佛庙被“不行法贼”[1]破坏后，于阗的地位一方面有所提高；另一方面，于阗统治阶级也对内忧外患之纷至沓来深感畏惧，因而企求神灵的呵护，特别是求助于佛典中所记载的于阗守护神们的佑持，这些神灵于是大量以瑞像的形式出现。因此，瑞像之较多地出现在于阗，并非时间上的巧合，而有其现实的背景。佛教包含着庞杂的、丰富的说教，在特定时期流行的某种说教，必然有其适合现实世界之需要的理由；前已存在的某些神祇在特定情况下被赋予了某些新的功能，应该说是曲折地反映着被宗教颠倒了的现实世界的某些历史变动。

文献资料还表明，“瑞像记”中出现的某些于阗护法神祇，显然与于阗流行密宗或金刚乘有关。而在敦煌的瑞像中，于阗瑞像占很大比重，这种情况除了从一个侧面证实敦煌和于阗长期存在着的亲密关系外，还反映了于阗在东西文化交流过程中经常起着重要的作用。

一、“瑞像记”（P.3033背、P.3352、S.5659、S.2113）校录

P.3033背：法国科研中心敦煌研究组编《敦煌汉文写卷目录》第3卷拟题作“画榜题抄”[2]，缺首，未抄完，为天竺、中亚、中国圣地、塔、佛瑞像的简短题记。全卷长47公分，宽26.5—26.8公分，“榜题抄”写在背面，共20行，行17—22字。

P.3352第4部分：王重民先生《伯希和劫经录》对此部分拟题作“诸佛瑞像记”[3]。上揭法国敦煌研究组所编目录为全卷拟题作“已绘

〔1〕敦煌汉文文书P.2139《释迦牟尼如来像法灭尽之记》第8—9行。图版见伯希和、羽田亨编《燉煌遗书》影印本第1集；录文见《大正新修大藏经》第51卷史传部，No.2090，996页。

〔2〕法国敦煌研究组编《敦煌汉文写卷目录》（*Catalogue des manuscrits chinois de Touen-Houang*）第3卷，3001—3500号，巴黎，1983年，27页。

〔3〕《敦煌遗书总目索引》，北京，商务印书馆，1962年，285页。

图像榜题汇抄”或“将绘图像榜题草稿”，对其第 4 部分，即第 2—3 叶第 30—44 行，拟作“佛瑞像题记”[1]，共 15 行。全卷长 100.9 公分，宽 28.7 公分。

S.5659：翟林奈（L. Giles）拟目作“神护于阗的诸佛和菩萨录”[2]。刘铭恕先生《斯坦因劫经录》拟作“石佛瑞像记”，并加了问号[3]。共 15 行，正反面书。全卷长 21 公分，宽 30 公分。

S.2113：翟林奈拟作“释迦牟尼佛瑞像记”“于阗守护神记”和“瑞像简记”三个子目[4]。刘铭恕先生拟题作“瑞像记”[5]。“瑞像记”中间插入《唐乾宁三年（公元 896 年）沙州龙兴寺上座沙门俗姓马氏香号德胜宕泉创修功德记》，从而把瑞像等榜题汇编分割为前后（以下简称 A，B）两部分，A 共 61 行，B 共 27 行。全卷长 15.5 英尺，宽 32 公分，全卷抄录年份当在 896 年之后。

下面是四个写卷的录文和校记。

P.3033 背录文：

1 舍卫城南大树林中是释迦如来生地，沐太子水成油河，

2 今现流不绝立塔记。　此菩提寺高广大塔，舍利

3 如指，斋日示之，皆便放光，天雨花。此俱睒弥国西石窟前

4 树下，佛化毒龙已，龙念言，佛今已去，我起恶念，广损

5 众生，佛便留影，更无复起恶。　阿育王造八万四千塔，

6 未测(1)其地，罗汉以手遮日，日光所下之处，而便立之。王

7 舍城北那罗陀寺东有迦叶佛时三亿罗汉舍利，

8 立塔记之，于今(2)现在。　此像从憍赏弥国飞往于

9 阗东媲摩(3)城中，今现在，殊灵瑞。大目犍连已神

〔1〕《敦煌汉文写卷目录》第 3 卷，287—288 页。

〔2〕翟林奈《英国博物馆所藏敦煌汉文写本注记目录》（*Descriptive Catalogue of the Chinese Manuscripts from Tunhuang in the British Museum*），伦敦，1957 年，214 页，G.6722 号。

〔3〕《敦煌遗书总目索引》，225 页。

〔4〕《英国博物馆所藏敦煌汉文写本注记目录》，168 页，G.5553 号。

〔5〕《敦煌遗书总目索引》，151 页。

10 通力将三十二匠，往天各貌如来一相时。已东。

11 南天竺国王信邪谤佛，一言不〔伏〕[(4)]，龙树菩萨手持赤幡，便

12 于王〔前〕[(5)]立曰，我是大智人，今日天共阿修〔罗〕[(6)]战，须臾身首[(7)]从

13 空而下。　　北天竺乌杖国石塔高四十尺，佛为天人说法，

14 塔从地踊出，至今见在。　　此是百梯山延法师隐处。

15 后汉恒帝上[(8)]，安息国王太子出家，名世高，长大来汉

16 地游化，广度众生，庙神舍物，世高泛舟于江中，其神

17 又于山顶上出送世高，举手重别时。佛在毗耶离

18 国巡城行化紫檀瑞像。　　世高行至[(9)]庙所，见同学

19 者为发愿受犯[(10)]，令神施物已，于江南豫章造寺立

20 塔。　　世高施物置寺。张掖郡西影像古月支王时现。

校记：

（1）测：原作“侧”，据 S.2113A 第 59 行改。

（2）于今：原作“手令”，据 S.2113A 第 4 行改。

（3）娓摩：《大唐西域记》作“媲摩”，于阗文作 Phema，见贝利（H. W. Bailey）《于阗语文书集》（*Khotanese Texts*）第 4 集，剑桥，1961 年，135 页。

（4）伏：据 S.2113B 第 21 行补。

（5）前：据 S.2113B 第 22 行补。

（6）罗：据 S.2113B 第 23 行补。

（7）首：原作“道”，据 S.2113B 第 23 行改。

（8）上：S.2113B 第 19 行作“王”，莫高窟第 108 窟榜题作“二”。疑应作“末”。

（9）至：原作“立”，S.2113B 第 4 行改。

（10）受犯：似当为“受记”。

P.3352 第 4 部分录文：

1 分身像者，胸上分现，胸下合体，其像遂为变形。　　南天竺国弥勒

2 白佛瑞像记。　　阿波罗质多神护于阗国。　　释迦牟尼佛真容

3 从王舍城腾空而来在于阗国海眼寺住。中印度境，佛额上

4 宝珠。时有贫士，既见宝珠，乃生盗心，像便曲躬授珠与贼。

5 毗婆尸佛〔从〕[1]舍卫国腾空而来在于阗国住，有人钦仰，不可思议。

6 濮[2]州铁弥勒瑞像，今改为濮[2]阳郡。如意轮菩萨手

7 掌日月。　　指日月瑞像记。石佛瑞像记。迦叶佛从舍

8 卫国腾空而来在于阗国住，国人虔敬，无不遂愿。

9 观世音菩萨〔于蒲特山放光成道瑞像〕[3]憍赏弥国佛来住于阗国。张掖郡

10 西影像古月支王时现瑞像记。　　老王庄北佛在地中

11 焉。　　中天竺国憍赏弥宝檀〔刻瑞像〕[4]。于阗国舍

12 利弗毗沙门天王决海时。　　佛在毗耶离巡城

13 行化时紫檀瑞像。　　中天竺摩迦陀国〔放光瑞像〕[5]。

14 摩竭陀国须弥座释〔迦并银菩萨瑞像〕[6]。天竺白银弥勒瑞像。

15 鹿野院中瑞像。

校记：

（1）从：据文意补。

（2）濮：原作“漠”，据 S.2113A 第 26 行改。

（3）于蒲特山放光成道瑞像：据莫高第 231 窟榜题补。

（4）刻瑞像：据莫高第 231 窟榜题补。

（5）放光瑞像：据莫高第 231 窟榜题补。

（6）迦并银菩萨瑞像：据莫高第 231 窟榜题补。

S.5659 录文：

1 金刚藏菩萨护于阗国。　　毗婆尸佛〔从〕[1]舍卫国腾空而来

2 在于阗国住，有人钦仰，不可思议。　虚空藏菩萨〔于西玉河萨迦耶仙寺住〕[2]。分身

3 像者，胸上分现，胸下合体，其像遂为变形。　　南天

4 竺国弥勒白佛瑞像记。　　阿婆罗质多神护于阗国。

5 释迦牟尼佛真容从王舍城腾空而来在于阗国海

6 眼寺住。　　中印度境[3]佛额上宝珠，时有贫士，既见宝

7 珠，乃生盗心，像便曲躬授珠与贼。　　提头赖吒天王。

8 恭陀那天女[4]守护于阗国。　　张掖[5]郡西影像古月支王[6]

9 时现瑞像记。　　憍赏弥国佛来住于阗国。观世音

10 菩萨〔于蒲特山放光成道瑞像〕[7]。　　迦叶佛从舍卫国腾空而来在于阗国住，

11 国人虔敬，无不遂愿。　　石佛瑞像记。

12 指日月瑞像记。　如意轮菩萨手掌日月。　濮[8]州铁弥

13 勒瑞像，今改为濮[8]阳郡。　　本师释迦牟尼佛令

14 住[9]牛头山。　　观世音菩萨助于阗国。　　宝坛花菩

15 萨助于阗国。　　于阗牛头山，此是于阗国。

校记：

（1）从：参看 P.3352 校记（1）。

（2）于西玉河萨迦耶仙寺住：据 S.2113A 第 55—57 行补。

（3）境：原作“镜”，据 S.2113A 第 4 行改。

（4）恭陀那天女：据 S.2113A 第 52 行当是“悉他那天女”。

（5）张掖：原作“张涙”，据 P.3033 第 20 行、S.2113A 第 12 行改。

（6）王：原作“士”，据 S.2113A 第 12 行改。

（7）于蒲特山放光成道瑞像：参看 P.3352 校注（3）。

（8）濮：原作“漠”，据 S.2113A 第 26 行改。

（9）住：原作“注”，据文意改。

S.2113A 录文：

1 释迦牟尼佛从灵鹫山向牛头山[(1)]

2 说法来。　　王舍城那罗陀寺东[(2)]

3 有迦叶佛时三亿罗汉舍利，立塔记[(3)]

4 之，于今见在。下，其头上有冠。　　中印度境有寺，佛高

5 二丈，额上宝珠[(4)]。时有贫士，既见宝珠[(4)]，

6 乃生盗心，诈见清君，尽量长短[(5)][

7 构梯逮乎欲登，其梯犹短，日日如[

8 渐增高，便兴念曰，我闻诸佛求者不

9 违，今此素像吝此明珠如姓明（性命），并为座（坐）

10 阐（禅），语讫，像便曲躬授珠与贼。

11 此像从憍赏弥国飞往于阗东娓摩[(6)]

12 城，今见在，殊[(7)]灵瑞。下，其像承云。　　张掖郡西影像，月之[(8)]王时现[(9)]

13 瑞像。其像两足返。　　高浮（伯录“浮”下有“图”字）寺放光佛，其光声如

14 爆。其像两手立。　　指日月瑞像记。　　南天竺国弥勒[(10)]

15 白佛瑞像记。其像坐貌。

16 释迦牟尼佛真容白檀身从〔摩揭陀〕[(11)]国王舍城

17 腾空而来在于阗海眼寺住。其像手把袈裟。

18 释迦牟尼佛真容白檀香为身，从汉国腾[(12)]

19 空而来在于阗坎城住。下，其像手把袈裟。

20 释迦牟尼佛从舍卫国腾空于固城住。

21 结迦宋佛亦从舍卫国来在固城住。其像手捻袈裟。

22 于阗玉河浴佛瑞像，身丈余，杖锡持钵，

23 尽形而立。其像赤体立。　　佛在天，又王[(13)]思欲见，乃

24 令目健连日[14]三十二匠往天图佛，令匠

25 取各一相。非从[15]降下，其檀〔像〕[16]乃迎本形礼拜。其像□□□。

26 濮州铁弥勒瑞像，今改为濮阳郡是。

27 南天竺国达嚫[17]国北，有迦叶佛寺，五香盘

28 石为之，今见在山中。其像坐。老庄王地[18]，佛在

29 城中[19]，因马掊[20]地而出。其像□小佛□□。大目健连已（以）神通力[21]，

30 将三十二匠，往天各貌如来一相。

31 释迦牟尼亦从舍卫国腾空同来在于阗固

32 城住。手把袈裟。　　徽波施佛从舍卫国住，腾

33 空而同来在于阗城住，城人钦敬，不可思

34 议。其下像侧。酒泉郡呼蕃河瑞像奇异，不可思

35 议，有人求□，获无量福。其像坐，菩萨形。

36 迦叶佛亦从舍卫国腾空而来住于阗国，人

37 皆虔敬，不可思议。其像亦把袈裟。

38 迦叶佛。　　伽你迦牟尼佛从舍卫国腾空而来

39 在固城住。其像手捻袈裟。　　此菩提寺高广大塔，舍利如指[22]，

40 斋日示人，放光，天雨缦陀罗花。

41 分身像者，中印度[23]境犍驮逻国东大窣覩波

42 所，有画像一丈，胸上分现，胸下合体。有一贫女，将

43 金钱一文，谓□我今图如来妙相，匠功取钱，指

44 前施主像示，其像遂为变形。

45 北天竺国泥婆罗国有弥〔勒〕[24]冠柜在水中，有人来

46 取，水中火出。

47 此寺每年正月十六日现大神变，放大光明，一切

48 奔凑，希见此瑞。　　迦迦耶莎利神守护于阗

49 国。　　莎耶末利神守护于阗国。　　莎耶摩利神守护

50 于阗国。阿隅阇天女守护〔于〕[25]阗国。北

51 毗沙〔门〕[26]天王神守护于阗国。　　阿婆罗质多神守护于阗国。

52 摩诃迦罗神守护于阗国。　　悉他那天女护于阗国。

53 世高施物置寺。　　提头赖吒天王。毗楼博叉天王。毗楼勒

54 叉天王。　舍利弗共毗沙门神决海至于阗国。　于阗牛

55 头山。　　虚空藏菩萨如来于萨迦耶仙寺住。

56 弥勒菩萨随释迦牟尼佛来住汉城。虚空藏菩萨

57 于西玉河萨迦耶仙寺住。　　佛在毗耶离国巡

58 城行化紫檀瑞像。其佛在海内行。　　此是于阗城。阿育王造八万

59 四千塔，未测其地，罗汉以手遮日，日光所下之处，

60 而便立之。　　释迦如来从灵鹫山至牛头山顶会

61 八部众说法。舍卫城南树林中是释迦如来生地，沐太子水成油河，今现流不绝立塔记。

S.2113B 录文：

1 昔仁[27]王相侵，行阵两边，锋刃交战，忽有

2 此佛，踊现军前，仁王睹已，息甲休兵，□□□

3 略，净心便息，其像便住于阗勃伽夷城。

4 世高行至庙所，见同学者为发愿受记[28]，

5 令神施物，施物已，于江南[29]豫章寺造塔。

6 庙神舍物，世高泛舟于江中，其神又于山顶出

7 送世高，举手重别时。

8 其寺无忧王之所建立，寺中佛牙舍利，白月圆

9 满，时辉神光，睹者众庶，咸来供养，见斯瑞□

10 流传，咸欣授记。其塔阿育王建造，神瑞多[30]

11 能，余有神变，庶如斯记。

12 北天竺乌杖国石塔高四十尺，佛为天人说法[31]，

13 其塔从地踊出，至今见在。

14 此是百梯[32]延法师隐处。

15 拘尸那城中纯陀故宅，当为佛设供穿井，

16 其井见在，水香甘味不绝。

17 育王怀地狱已，造寺，咸集四十万众僧百过

18 养，又执香炉，请尊者宾头卢圣僧受

19 供养时。　　后汉桓帝王[33]，安息国王太子出

20 家，名世高，长大来汉地游化，广度众生[34]。

21 南天竺国王信邪谤佛，一言不伏，龙树菩萨手持[35]

22 赤幡，便于王前立言曰，我是大智人，今日天共[36]

23 阿修罗战，身首而下[37]。

24 柏林寺放光佛，每有洁净人以手摩佛光□，

25 光明散出，都似火爆。

26 金翅鸟王。东　　乾闼婆王。　　紧那罗王。　迦楼罗王[38]。

27 龙王。西　　阿修罗王。　　摩睺罗迦[39]王。　　夜叉王[40]。

校记：

（1）头山：据本卷 A 第 60 行补。

（2）东：据 P.3033 第 7 行补。

（3）塔记：据 P.3033 第 8 行补。

（4）宝珠：据 P.3352 第 4 行、S.5659 第 6—7 行补。

（5）短：据残存笔画和文意补。

（6）娓摩：参看 P.3033 校记（3）。

（7）殊：原作“珠”，据 P.3033 第 9 行改。

（8）月之：P.3033 第 20 行、P.3352 第 10 行、S.5659 第 9 行均作“古月支”。

（9）现：据 P.3352 第 10 行、S.5659 第 9 行补。

（10）勒：据 P.3352 第 1 行、S.5659 第 4 行补。

（11）摩揭陀：据上下文意补。

（12）国腾：据莫高第 220 窟榜题及文意补。

（13）又王：据《大唐西域记》应作“优填王”。

（14）日：疑应作“以”。

（15）非从：文句不通，似应据莫高第 231 窟榜题作“时佛从天”。

（16）像：据莫高第 231 窟榜题补。

（17）达嚫：原作“建嚫”，据《法显传》改。达嚫，梵文作 dakṣiṇa，即今德干高原。参看饶宗颐《达嚫国考》，《选堂集林・史林》中，香港中华书局，1982 年，459—467 页。

（18）老庄王地：P.3352 第 10 行作“老王庄北”，莫高第 231 窟榜题作“老王□比”。似应以 P.3352 为是。

（19）佛在城中：P.3352 第 10 行、莫高第 231 窟榜题作“佛在地中”，据补“在”字。又，“城”似应作“地”。

（20）掊：原作“捂”，据莫高第 231 窟榜题改。

（21）力：据 P.3033 第 10 行补。

（22）指：据 P.3033 第 3 行补。

（23）中印度：据下文应作“北天竺”。又下第 45 行“北天竺”，据下文应作“中天竺”。

（24）勒：据莫高 237 窟榜题补。参看孙修身《莫高窟佛教史迹故事画介绍》（一），《敦煌研究文集》，甘肃，1982 年，337 页。

（25）于：据上下文意补。

（26）门：据上下文意补。

（27）仁：在此意为“二”。莫高第76窟题记作“二”。

（28）记：参看P.3033校记（10）。

（29）江南：原作“西南”据P.3033第19行改。

（30）多：据莫高第108窟榜题补。

（31）法：据P.3033第13行补。

（32）百梯：据P.3033第14行，“百梯”下当有“山”字。

（33）王：参看P.3033校记（8）。

（34）广度众生：据P.3033，以下缺一行。

（35）持：据P.3033第11行补。

（36）天共：据P.3033第12行补。

（37）身首而下：P.3033作“须臾身道（首）从空而下”。

（38）罗王：据上下文意补。

（39）迦：据上下文意补。

（40）王：据文章补。

二、敦煌壁画中的瑞像图及部分榜题抄

就我们的见闻所及，敦煌莫高窟至少有27座洞窟中绘有瑞像，很多瑞像图在画面之旁附有榜题。这些瑞像图及其榜题是和敦煌文书中的“瑞像记”相辅而行的，因而，配合起来研究可以互相补充内容。例如，我们在上节“瑞像记”的校记中，用瑞像图的榜题添补了某些字句。同样，瑞像图旁榜题中漫漶不清的字迹，往往可据“瑞像记”中的条目补校。兹根据谢稚柳先生的《敦煌艺术叙录》[1]、敦煌文物研究所的《敦煌莫高窟内容总录》[2]、伯希和的《敦煌石窟笔记》

〔1〕谢稚柳《敦煌艺术叙录》，上海，上海古典文学出版社，1957年。

〔2〕敦煌文物研究所编《敦煌莫高窟内容总录》，北京，文物出版社，1982年。

一、二分册[1]诸书，按敦煌文物研究所编号为序，将瑞像图的年代（本表列举的只是洞窟中所绘瑞像图的年代，而非洞窟年代）、位置和简况表列于下：

表一：

窟号	年　代	位　　置	现　存　简　况
5	五代	甬道盝形顶南北披	瑞像图：南披残存8幅，北披残存6幅。
9	归义军张氏	甬道顶南北披	甬道顶中央有毗沙门、舍利弗决海等；瑞像图：南披存8幅，北披存7幅。
25	宋	甬道盝形顶北披	甬道顶中央当是与瑞像有关的画。瑞像图：北披存4幅。
39	五代	甬道盝形顶南北披	甬道顶中央当是与瑞像有关的画。南北披为瑞像图。
45	五代	甬道盝形顶	甬道顶中央当是与瑞像有关的画。南北披为瑞像图。
53	五代、宋	主室西壁盝顶帐形龛顶四披	龛顶中央棋格柿蒂花，四披为瑞像图。
72	五代	主室西壁盝顶帐形龛顶四披	龛顶中央棋格团花；瑞像图：西披存8幅，南北披各存5幅，东披药师佛8身，供养菩萨2身。
85	归义军张氏	甬道盝形顶南北披	南北披有瑞像图。
98	五代	甬道盝形顶南北披	甬道顶中央当是与瑞像有关的画（残）[2]。瑞像图：南披存6幅（东端残），北披存7幅（东端残）。
100	五代	甬道盝形顶南披	残存瑞像图2幅。

〔1〕 伯希和《敦煌石窟笔记》（*Grottes de Touen-houang, Carnet de notes de Paul Pelliot*）第1分册，第2分册，巴黎，1981年，1983年。

〔2〕 孙修身先生曾发表其中的于阗牛头山图等，见敦煌文物研究所编《敦煌研究》第2期，敦煌，1983年，93页，插图四。

续　表

窟号	年　代	位　　置	现　存　简　况
108	五代	甬道盝形顶南北披	甬道顶中央当是与瑞像有关的画；瑞像图：南北披各存 10 幅〔1〕。值得注意的是，此窟的佛教史迹画与瑞像图区分得清清楚楚。
126	五代	甬道盝形顶南北披	甬道顶中央残存与瑞像有关的画〔2〕。南北披有瑞像图。
144	五代	前室北壁龛	龛上有毗沙门天王、舍利弗决海图。
146	五代	甬道盝形顶南北披	甬道顶中央当是与瑞像有关的画〔3〕。瑞像图：南披存 9 幅，北披存 10 幅。
220	五代	主室南壁	1943 年以前存瑞像图 30 余幅〔4〕。
231	吐蕃〔5〕	主室西壁盝顶帐形龛龛顶	龛顶中央棋格团花；四披瑞像图：西披 13 幅，南披各 8 幅，东披 11 幅。
236	吐蕃	主室西壁盝顶帐形龛龛顶	龛顶中央棋格团花；四披瑞像图：西披 8 幅及供养菩萨、比丘各 1 身，南披 5 幅，北披 4 幅，东披 8 幅。
237	吐蕃	主室西壁盝顶帐形龛龛顶	龛顶中央棋格团花；四披瑞像图：西披 13 幅，南披 8 幅，北披 8 幅，东披 12 幅。

〔1〕 伯希和记录了有关题记，即他的编号第 52 窟题记（下文）。

〔2〕 孙修身先生介绍过“于阗国太子出家时”的图像与榜题，见《敦煌研究文集》，348—349 页，图版 114。

〔3〕 孙修身先生曾细心观察，发现有榜题作“释迦牟尼佛腾空至于阗国”，见《敦煌研究》第 2 期，92 页。

〔4〕 此主室南壁瑞像群至堪注意。可惜的是，全壁瑞像图在 1943 年为了剥出下层初唐时期富丽堂皇的经变画而被破坏无遗，今天只能靠伯希和、罗寄梅拍摄的照片和伯希和记录的部分榜题了解其概貌，见伯希和《敦煌石窟图录》（*Les grottes de Touen-houang*）第 1—6 卷，巴黎，1921 年，图版第 111 幅；松本荣一《敦煌画的研究》附图卷，东方文化学院东京研究所，1937 年，图版 93b 转载，松本称之为“诸佛图”，实应称为“瑞像图”；伯希和抄录了该壁（伯希和称之为右侧壁）瑞像图的部分榜题，见伯希和《敦煌石窟笔记》第 2 分册，34 页（见下）。罗寄梅夫妇敦煌石窟壁画摄影 No. 220—7；韦陀（R. Whitfield）编《西域美术 · 大英博物馆斯坦因搜集品》（日文版）第 2 卷，讲谈社，1982 年，308 页转载。

〔5〕 吐蕃统治末期（839 年）阴嘉政开窟。

续 表

窟号	年 代	位 置	现 存 简 况
313	西夏	甬道盝形顶	甬道顶中央瑞像图1幅，南北披各画佛（?）5身。
334	五代	甬道盝形顶	甬道顶中央画于阗牛头山、毗沙门天王决海等；南北披瑞像图（模糊）
340	晚唐	甬道盝形顶	甬道顶中央当是与瑞像有关的画；瑞像图：南披存7幅，北披存6幅。
342	五代	甬道盝形顶	甬道顶中央当是与瑞像有关的画；南北披为瑞像图。
345		甬道盝形顶	“甬道顶盛唐画于阗佛教史迹故事画一铺。”[1]
397	五代	甬道盝形顶	甬道顶中央当是与于阗等地瑞像有关的画；南北披为瑞像图。
401	五代	甬道盝形顶	甬道顶中央当是与于阗瑞像有关的画；南北披瑞像图，各存5幅。
449	吐蕃、宋	主室西壁盝顶帐形龛龛顶	龛顶中央棋格千佛，四披瑞像图共25幅，供养菩萨4身。
454	宋	甬道盝形顶	甬道顶中央当是与瑞像有关的画[2]。南北披瑞像图，各16幅。

从上表列举的情况来看，在敦煌莫高窟（榆林窟等处有关瑞像情况，因缺乏参考资料而暂不具列），瑞像图大多出现于晚唐、五代、宋初，以五代宋初曹氏掌权时为多。其出现部位集中于甬道顶部中央及其南北两披，主室西龛龛顶四披，唯220窟主室南壁已被剥离的瑞像群为例外。

据伯希和于1908年2月至5月之间某日所拍摄的220窟（伯希和编号第64窟）南壁照片，除了一两身瑞像结跏而坐外，全部单个而立，

〔1〕《敦煌莫高窟内容总录》，127页。
〔2〕孙修身先生发表了于阗牛头山图等，见《敦煌研究》第2期，92页，插图3。

计最上排存十三身，自上而下第二排存十一身，第三排残存十身，第四排残存正中一身及其左侧小瑞像一身；照片上尚有个别图形，疑是属于其覆盖着的下层初唐经变画上的佛像而未计入数内。到40年代初，当罗寄梅夫妇拍摄同一幅壁画的时候，上排西端瑞像已损毁，自上而下第二排瑞像还残存八身，再下第三排残存五身，其他部位已全被剥脱。现在仅就这点天壤仅存的数据来看，瑞像的数目当在三十余身以上。这一点也为231、237窟正室西壁龛顶四披瑞像的数量所证实，所不同的只是220窟正室南壁瑞像成排而列于平面，231、237窟则分列在龛顶四披之上。

瑞像图出现的年代集中于晚唐、五代、宋初，它们在石窟中被放置的地位如此固定，这些情况强烈地提示人们注意瑞像的特点，它们在敦煌壁画中似乎是自成体系。这一点如从瑞像整体内容，其绘制上某些特有表现方法进行研究则更明显。

目前，瑞像的特点开始引起人们的注意，因而，伴随瑞像的榜题自然也受到重视。在瑞像榜题还没有做系统的、完整的登录之前，我们只好满足于使用前人已刊布的某些重要的瑞像榜题数据。下面就是一些残存的瑞像画榜题，由于有些字迹漫漶难辨，当年抄录的文字不免时有错讹，今据上揭敦煌写卷“瑞像记”汇辑的榜题录文略加补苴校正：

第72窟：孙修身先生《莫高窟佛教史迹故事画介绍》（一）中，抄录了此窟主室西龛盝顶四披的两条榜题：

1 分身瑞像者，胸上分现，胸下体合，其像随形神变。

2 中印度境，佛头上宝珠，时有贫士，既见宝珠，乃生盆（应为贪）(1)心，像便曲既(2)躬授珠于(3)贼。[1]

校记：

(1) 盆：据P.3352第4行、S.5659第7行、S.2113A第6行应作“盗”。

---

〔1〕《敦煌研究文集》，350—351页，图版116。

（2）既：衍。

（3）于：据 P.3352 第 4 行、S.5659 第 7 行、S.2113A 第 10 行应作“与”。

第 108 窟（伯希和编号 52 窟）：伯希和《敦煌石窟笔记》第 2 分册录此窟甬道顶南北披瑞像榜题：

1　毗沙门天王守护于阗国。

2　摩诃迦罗神护于阗国。

3　□□□□□□□护于阗国。

4　莎耶末利护于阗国(1)。

甬道顶之湮蚀之榜题字迹有：

1　此是百梯山延法师隐处(2)。

2　其塔阿育王造，神瑞多能，余有神变。

3　后汉恒帝二(3)安息国。〔1〕

校记：

（1）莎耶末利护于阗国：“莎”原作“苾”，据 S.2113A 第 49 行改；“末”“利”“于”“阗”四字据补，又“末”，一作“摩”。

（2）孙修身先生《莫高窟佛教史迹故事画介绍》（一）录此条榜题同，见《敦煌研究文集》，344 页。

（3）二：参看上节 P.3033 校记（8）。

第 220 窟（伯希和编号 64 窟）：伯希和《敦煌石窟笔记》第 2 分册录此窟主室南壁瑞像榜题（参看上文 220 窟瑞像画介绍）：

1　迦叶如来从舍卫国腾空至于阗国。

2　分身佛从中印度揵驮罗国来。

3　石佛应现于阗国时。

4　释迦牟尼佛白檀真容从汉国来次（坎）(1)城住。

5　□毗婆尸佛从舍卫国腾空至于阗国时。

---

〔1〕 伯希和《敦煌石窟笔记》第 2 分册，21 页；插图 132 和插图 133。

6 濮州镶[(2)] [　　　]至于阗国时。

7 南无拘留孙佛[　　]来住于阗国。

8 北方众□天王决海至于阗国。[1]

校记：

(1) 次：据 S.2113A 第 19 行作“坎”，是。

(2) 镶：据 P.3352 第 6 行、S.5659 第 12 行、S.2113A 第 26 行应作“铁”。

第 231 窟（张大千编号 47 窟）：本窟内容与 237 窟大致相同。可参看 237 窟主室西壁盝顶帐形龛龛顶四披所画瑞像图：西披画犍陀罗瑞像等 13 身，南披画于阗媲摩城瑞像等 8 身，北披画酒泉郡瑞像等 8 身，东披画中天竺摩伽陀瑞像等 12 身。[2] 谢稚柳先生《敦煌艺术叙录》称 231 窟同样位置有“小佛三十五躯”，并抄录了四披瑞像的榜题：

东披，自左至右：

1 塔（无题字）。

2 业力自远事将来，业自近事将去，非山非海石□[(1)]。

3 弥勒菩萨随释朱谣城[(2)]。

4 （题字剥落。）

5 中天竺波罗奈国鹿野院中瑞像。

6 张掖郡佛瀑像月支王时[(3)]。

7 盘和都督讨仰容山番禾县北圣容瑞像[(4)]。

8 天□白银弥勒瑞像[(5)]。

9 摩竭国须弥□释[(6)]

10 虚空藏菩萨于西玉河

11 ……………………

萨迦耶倦寺住瑞像[(7)]。

12 中天竺摩加陀国放光瑞像。

---

〔1〕 伯希和《敦煌石窟笔记》第 2 分册，34 页；插图 164。
〔2〕《敦煌莫高窟内容总录》，82—83 页。

13 塔，山中一大手（无题记）。

南披，自左至右：

1 塔（题字剥落）。

2 二佛并立（无题字）。

3 佛在毗耶离巡城行化紫檀瑞像。

4 观世音菩萨于蒲特山放光成道瑞像。于阗媲摩城中雕檀瑞像[8]。

5 中天竺摩诃菩提寺造释迦瑞像。

6 此牛头山像，从耆山履空而来[9]。

7 ……………………

指日月像。

8 塔（无题字）。

西披，自左至右：

1 ……………………

2 ……………………

3 足揞出

老王□比佛在地中，马[10]。

4 迦叶佛从舍□□□于固城住瑞像[11]。

5 陈国圣容像。

6 于阗海眼寺释迦圣容像。

7 分身瑞像者，乾陀罗国二人出钱画像，其功毕，一身二头[12]。

8 微波施佛从舍卫城腾空于国城住[13]。

9 于阗坎城瑞像[14]。

10 中天竺憍愓弥宝檀刻瑞像[15]。

11 高浮寺放光佛，其光如火[16]。

12 时佛从天降下，其檀像及仰礼拜时[17]。

北披，自左至右：

1 塔（无题名）。

2 ……………………

3　于阗国石瑞像。

……………………………

4　释迦牟尼真容从王舍城腾空住海眼寺。

5　酒泉释迦牟尼瑞像(18)。

天竺摩加国观世音□(19)。

6　于阗古城瑞像(20)。

7　于阗国舍利弗毗沙门天王决海时(21)。

8　塔（第七题字在此）[1]

校记：

(1) 此条孙修身先生录作“业力自远牵将来，业力自近牵将去，非山非海非石”，见《敦煌研究文集》，337页。伯希和录文同。

(2) 此条似即S.2113A第56行“弥勒菩萨随释迦牟尼来住汉城”。

(3) 此条史苇湘先生录文“瀑”作“影”，“月支”作“月氏”，“时”下有“见”字（见史苇湘《关于敦煌莫高窟内容总录》，《敦煌莫高窟内容总录》，199页。下引史录页数并同此），上节所刊四件“瑞像记”文书同史录，应据改。

(4) 此条孙修身先生录文“讨”作“府”，“禾”作“和”，“比”作“北”（《敦煌研究》第2期，106页）。史录同。应据改。又，史苇湘先生录文“仰容山”作“御谷山”。武威新出残碑有“御山”名，见《敦煌研究》创刊号，102—103页。

(5) 据P.3352第14行“天”下当补“竺”字。

(6) 此条孙修身先生录作“摩伽（陀）国须弥座释迦并银菩萨瑞像”（《敦煌研究》第1期，105页），史录同，唯“摩伽”作“摩竭”，与谢录同。此条应据孙录补。

(7) 据S.2113A第55—57行、孙修身先生237窟录文（《敦煌研究》第1期，100页），“虚空藏菩萨于西玉河”和“萨迦耶倦

[1] 谢稚柳《敦煌艺术叙录》，103—105页。

寺住瑞像”两句应连读为一句，“倦”应作“仙”。

(8) 麼摩，孙修身（《敦煌研究》第1期，98页）、史苇湘先生录作“媲摩”。参看P.3033校记（3）。

(9) 此条孙修身先生录文“像”前有“瑞”字（《敦煌研究》第2期，93页）。

(10) 据P.3352第10行、S.2113A第28—29行，此条应作“老王庄北，佛在地中，马足掊出”。

(11) 据P.3352第7—8行、S.5659第10—11行、S.2113A第36行，此条应作“迦叶佛从舍卫国腾空而来于固城住瑞像”。

(12) 此条史苇湘先生录文“乾”作“健”，“二人”上有“贫者”二字。

(13) S.2113A第32—33行，“微”作“徽”，“国”上有“于阗”二字。

(14) 孙修身先生237窟同条录文同（《敦煌研究》第1期，99页）。

(15) 据P.3352第11行，此条“憍慆弥”应作“憍赏弥”。

(16) 其光如火，据S.2113A第14行作“其光声如爆”。

(17) 据孙修身先生录文（《敦煌研究文集》，333页）、S.2113A第25行，“及”应作“乃”。

(18) 史苇湘先生录文“酒泉”下有“郡”字；“像”上无“瑞”字。

(19) 史苇湘先生录文“摩加”作“摩迦”，“音”下有“菩萨”二字。

(20) 史苇湘先生录文同。

(21) 孙修身先生237窟同条录文同（《敦煌研究文集》，352页）。

三、新德里、伦敦分藏的一幅瑞像绢画（Ch.xxii 0023）和于阗寺院遗址出土的瑞像图

在斯坦因从敦煌莫高窟拿走的绢本、麻布、纸本画和绣幡之中，有一幅表现天竺、于阗乃至河西走廊地区瑞像的绢本着色绘画，编号 Ch. xxii 0023（Ch. = 千佛洞），一些学者将其定名为"释迦瑞像图"[1]。这幅绢画早已碎为多段，当英国博物馆和印度新德里中亚古物博物馆（今国立博物馆）根据 1917 年去世的比利时学者佩特鲁齐（R. Petrucci）制定的分配方案而瓜分斯坦因从我国新疆、甘肃拿走的文物时，这幅绢画比较完整的一大片（应是原画的左半部）分给了新德里博物馆，另外几段碎片交英国博物馆收藏[2]。据说，列宁格勒的爱米塔什（Эрмитаж）博物馆还收藏着这幅绢画的残片[3]。我国文物流失海外，而且一物分藏数地，严重地阻碍着研究工作的进行，这又是一个令人心伤的典型例证。

这幅瑞像绢画既然已碎为多段，因此，如何排列或裱装便成了问题。自 1910 年起，日本人大桥氏、漆原氏就参与过斯坦因盗走的敦煌绘画的复制裱装工作，漆原氏是否研究过这一幅瑞像绢画的排列，我们不了解情况。20 年代初，斯坦因大概在得到一些研究绘画的专家学者帮助的情况下，提出一种排列方式，即将英国博物馆收藏的最大残片拼接在新德里博物馆收藏的残片的上部，这就是斯坦因在《西域考古图记》中刊布的样式。其后，索珀依据的是英国博物馆的排列法[4]。最

---

〔1〕 见斯坦因《西域考古图记》（*Serindia*）第 2 卷，牛津，1921 年，1024—1026 页对本绢画的描述及第 4 卷图版 LXX 原绢画照片；又斯坦因和宾雍（L. Binyon）合刊的《千佛图录》（*The Thousand Buddhas*），伦敦，1921 年，26—28 页及原版 XIV。

〔2〕 韦陀《西域美术》第 1 卷，序言，10—11 页。

〔3〕 韦陀《西域美术》第 2 卷，307 页。此说系据里布夫人（K. Riboud）的报导，见《丝绸之路和钻石之道》（*The Silk Road and the Diamond Path*），加利福尼亚，1983 年，126 页。

〔4〕 索珀（Alexander C. Soper）《敦煌的瑞像图》（Representations of Famous Images at Tun-huang），载《亚洲艺术》（*Artibus Asiae*）第 27 卷，瑞士阿斯库那，1965 年，349—364 页，插图一。

近，英国博物馆专门从事整理和刊布斯坦因搜集的中亚艺术品的韦陀博士认为，斯坦因发表的拼接排列次序，反映了几大碎片之间正确的相对位置，他以此为基础提出了一种新的排列法，但仍有零星碎片无法安置〔1〕。考虑到这幅绢画的某些碎片据传还在列宁格勒，此画的进一步复原或许尚需俟诸异日。

这幅绢画的各段残片尽管在排列上存在着问题，但是很早以来就吸引着学者们的注意，有的甚至誉为“斯坦因在敦煌洞窟发现的最引人瞩目的文物之一”〔2〕。这幅瑞像图，或者更正确地说，这幅由若干瑞像集合而成的瑞像群体图之所以如此引人注意，看来有多方面的原因。在敦煌，绘画、刺绣等艺术品中，大约一半或一半以上是菩萨像。菩萨像有的单独只画菩萨一身，有的伴以菩萨的随侍和供养人像。菩萨像在敦煌大量存在的事实，正如斯坦因指出的，再好不过地证明，在大乘佛教影响之下，菩萨尤其是观世音菩萨在东方佛徒中享有巨大的优势。〔3〕相比之下，这幅绢本“释迦瑞像（群体）图”就占有着独特的地位。此外，吸引着更多学者注意的是这幅绢画的图像学和造像艺术方面的特色，几位研究印度和西域艺术的专家指出，这幅瑞像画中某些佛像的相好、宝冠、装身具乃至天盖、火焰光等许多细部表现，反映了犍陀罗艺术的影响，或体现了犍陀罗和6世纪北魏风格的混合形式〔4〕。有些学者，例如韦陀，正是根据佛像学和艺术风格两方面的特色而倾向于把这幅瑞像绢画的年代尽量提前，提到早于斯坦因从敦煌带回来的其他绝大

〔1〕韦陀《西域美术》第2卷，单色图版第9d图。

〔2〕索珀《敦煌的瑞像图》，349页。

〔3〕斯坦因《西域考古图记》第2卷，861页。

〔4〕参看佩特鲁奇《集美博物馆年鉴》（*Annales du Musée Guimet*）第41卷，121页以下文字；魏礼（A. Waley）《斯坦因敦煌所获绘画目录》（*A Catalogue of Paintings Recovered from Tunhuang by Sir Aurel Stein*），伦敦，1931年，84页（LI）、95页（LIII）、268—271页（CDL）；安德烈斯（F. H. Andrews）《中亚和塞斯坦古寺出土壁画目录》（*Catalogue of Wall Paintings from Ancient Shrines in Central Asia and Sīstān, recovered by Sir Aurel Stein*），德里，1933年，224页；罗兰德（B. Rowland）《中国雕塑中的印度瑞像》（Indian Images in Chinese Sculpture），载《亚洲艺术》（*AAs*）第10卷，1947年，5—20页；索珀《敦煌的瑞像图》；巴塔恰里耶（B. Bhattacharyya）对这幅瑞像绢画的解说，载《丝绸之路和钻石之道》，128—129页；韦陀的解说，载《西域美术》第2卷，11—12页及307—312页。

多数绘画的时期，并推断它极可能是7世纪的作品，至少不是晚到8世纪末之物，因而把该绢画列入初唐期（7世纪至8世纪初绘画品之内）[1]。

我们对于佛像学和佛教艺术了解不多，对于通过艺术风格对这幅瑞像画所作的断代不能多加评论。在这里，我们感兴趣的是这幅瑞像画的内容。如前所述，这幅绢画上绘有尺寸大小不同的瑞像十八身以上，有的独自一尊，有的伴有随侍。兹将其中有前人比定结果的瑞像汇总介绍如下：

藏于新德里博物馆的断片：

（1）上排左侧坐像：佛交脚坐于石上，作指地印（bhūmisparśa-mudrā），原榜题残存：“中天竺摩伽陀国放光瑞像。图赞曰：此图形令仪颜首，络以明珠，饬以美璧，方座棱层，圆光□瞻仰尊颜功德。”[2]（方格中字是我们补加，下同。）斯坦因最早将其比定为释迦初成正觉瑞像[3]；魏礼、罗兰德则据题记认为是摩伽陀国金刚座上放光佛瑞像[4]，而索珀却据莫高第231窟所绘瑞像图及榜题，认为是“中天竺摩诃菩提寺〔造释迦〕瑞像”[5]。按孙修身先生在《莫高窟佛教史迹故事画介绍》（二）中刊布的231窟摩诃菩提寺瑞像[6]，作立像，而非交脚而坐，故索珀之说不足取，此像应以榜题所示内容为准。

（2）上排中间立像：佛立于莲台之上，右手上举作施无畏印（abhaya-mudrā），左手下垂，捻袈裟，身光中绘满对称而坐的半身小佛像。斯坦因、魏礼比定为舍卫城释迦牟尼〔分身亿万〕瑞像[7]；罗兰德认为难以肯定，同时指出这尊瑞像的衣褶、身光千佛与和田热瓦克

〔1〕 韦陀《西域美术》第2卷，11页。
〔2〕 魏礼《斯坦因敦煌所获绘画目录》，268—269页。
〔3〕 斯坦因《西域考古图记》第2卷，877页。
〔4〕 魏礼《斯坦因敦煌所获绘画目录》，268页；罗兰德《中国雕塑中的印度瑞像》，9页。
〔5〕 索珀《敦煌的瑞像图》，362页。
〔6〕《敦煌研究》第1期，108页，插图8。
〔7〕 斯坦因《西域考古图记》第2卷，878页；魏礼《斯坦因敦煌所获绘画目录》，269页。

（Rawak）佛寺遗址残存的佛雕像下半完全相同[1]；索珀则依据“瑞像记”文书和洞窟榜题，疑是媲摩城檀像[2]。

（3）中排左侧四小瑞像之左上角像：佛交脚而坐于华盖下椅上，两手上举，手掌朝外，两旁上有飞天，下有雄狮，残榜题作：“迦毗罗[卫国]银瑞像。图赞曰……真容……像则功德。”[3] 魏礼据残题记定为迦毗罗卫（Kapilavastu）国银瑞像[4]。

（4）中排左侧四小瑞像之右下角像：佛坐于三个象首之上，魏礼比定为佛在王舍城战胜象王时瑞像[5]。

（5）中排中间坐像：此像交脚坐于龙座之上。魏礼根据其衣饰认为是一尊菩萨[6]；罗兰德一方面认为此像确实为菩萨状，一方面又根据其座下的龙，推断为佛陀征服龙王瑞像[7]；索珀疑是张掖郡西影像[8]。

（6）中排右侧立像：佛立于莲台之上，身光顶端有小佛坐于莲花之上，两菩萨侍之，有鹿跪于菩萨之下，下层残存此像的榜题：“中〔天竺〕婆罗痆斯国鹿野苑中……像。图赞曰……尊面。”[9] 斯坦因认为即佛在婆罗痆斯国鹿野苑初转法轮像[10]；魏礼遵从其说[11]；索珀参照洞窟榜题，指此原题应为“中天竺波罗痆斯国鹿野苑中瑞像”[12]。

（7）下排左侧立像：菩萨立于莲台之上，右手持莲，左手提瓶，两旁有小坐佛和供养人及鸟、狮等，背影为岩石，魏礼、罗兰德认为是伽

---

〔1〕 罗兰德《中国雕塑中的印度瑞像》，11 页，又 9—10 页插图 2—3。
〔2〕 索珀《敦煌的瑞像图》，262 页。
〔3〕 魏礼《斯坦因敦煌所获绘画目录》，269 页。
〔4〕 同上。
〔5〕 魏礼《斯坦因敦煌所获绘画目录》，270 页。
〔6〕 同上。
〔7〕 罗兰德《中国雕塑中的印度瑞像》，10—12 页。
〔8〕 索珀《敦煌的瑞像图》，362 页。
〔9〕 魏礼《斯坦因敦煌所获绘画目录》，270 页。
〔10〕 斯坦因《西域考古图记》第 2 卷，878 页。
〔11〕 魏礼《斯坦因敦煌所获绘画目录》，270 页。
〔12〕 索珀《敦煌的瑞像图》，362 页。

耶城菩提树精舍三重洞外龛室左侧的观世音菩萨像[1]；索珀则比定为观世音菩萨于蒲特山放光成道瑞像[2]。

（8）下排右侧立像：佛立于莲台之上，右手下垂，左手把袈裟，背景为岩石。斯坦因、魏礼、罗兰德一致比定为释迦牟尼灵鹫山说法瑞像[3]；索珀据“瑞像记”和洞窟榜题，勘定为“释迦牟尼佛真容从王舍城腾空而来在于阗国海眼寺住”[4]。

藏于英国博物馆的断片：

（1）绢画残片，绘右手指托日轮立佛像。索珀指出，西安陕西省博物馆收藏有一件同形制的石刻佛像，像下的题记写作“释迦牟尼佛降服外道时”，但“瑞像记”文书中没有这个条目，因此，这里所画的或许是“瑞像记”中的“指日月瑞像”[5]。

（2）绢画残片，绘二人携梯于残佛像旁。索珀比定为“中印度境佛额上宝珠，时有贫士既见宝珠，乃生盗心，像便曲躬授珠与贼”[6]。其中的梯子，见S.2113“瑞像记”，可知其比定不误。

（3）绢画残片，绘矛与塔。此当是毗沙门天王像。

罗兰德、索珀等人在比定这些瑞像过程中，发现瑞像都有形制相同的原型，如新德里藏断片上排中间之立像，即比定为舍卫城释迦瑞像者，与和田热瓦克寺院遗址出土的立佛雕像残存之下部完全相同；中排中间佛或菩萨像和白沙瓦省立博物馆所藏一尊犍陀罗式雕像极其相似[7]；索珀在考证伦敦英国博物馆所藏残片上的指日月瑞像时，则发现与西安的陕西省博物馆的石像同一形制。绢画瑞像与石刻瑞像之如此近似或一致的事实告诉人们，瑞像的造作，无论是雕刻，还是绘画，都

〔1〕魏礼《斯坦因敦煌所获绘画目录》，270—271页；罗兰德《中国雕塑中的印度瑞像》，16页。

〔2〕索珀《敦煌的瑞像图》，362页。

〔3〕斯坦因《西域考古图记》，第2卷，879页；魏礼《斯坦因敦煌所获绘画目录》，271页；罗兰德《中国雕塑中的印度瑞像》，17—18页。

〔4〕索珀《敦煌的瑞像图》，361页。

〔5〕索珀《敦煌的瑞像图》，351、362页。

〔6〕索珀《敦煌的瑞像图》，363页。

〔7〕罗兰德《中国雕塑中的印度瑞像》，10页，插图4、5。

严格地遵循着某一原型。

在这里，我们还可以从于阗废寺出土的一些佛像木板画中寻找瑞像的原形或其复制品，这些文物在20世纪初被外国探险家掠走，现分藏在印度新德里国立博物馆和美国纽约大都会艺术博物馆，据美国学者威廉斯（J. Williams）夫人的收集考订〔1〕，和田出土的瑞像有：

（1）F. II. iii.002：木板正面画兰边白袈裟立佛瑞像，左手握袈裟，右手作施无畏印。

（2）F. II. iii.4：木板上绘兰边白袈裟立佛瑞像，左手握袈裟，右手作施无畏印。

（3）Met. 30. 32. 96：木板上绘白边红袈裟立佛瑞像，右手作施无畏印。

（4）Met. 30. 32. 95：木板上绘红袈裟坐佛瑞像，作禅定印。

这些瑞像都拘泥于一定的形制，人们正是根据其固定化了的形制才在没有榜题的情况下判断其属于瑞像。此外，和田还出土了一批毗沙门天王像、药叉大将散脂（Samjaya）像，为研究敦煌的“瑞像记”、瑞像图添加了参考资料〔2〕（见下文）。

还有，前苏联还藏有若干和田出土的佛像〔3〕，其中有无瑞像，因有关材料未得寓目，不敢妄说。

我们根据上述材料所反映的情况而产生了一种不成熟的看法：瑞像既然十分拘泥于其原型，则瑞像反映的某些艺术风格只是时代较早的原型的模写，并非瑞像本身时代的绝对特征。我们认为敦煌出土的这幅绢本瑞像群体图和敦煌壁画上的瑞像图、敦煌写卷中的“瑞像记”是同

〔1〕 威廉斯夫人《于阗绘画中的佛像》（The Iconography of Khotanese Painting），载《东方与西方》（*East and West*）新辑第23卷第1—2期，罗马，1973年，125—129页，插图23—26。

〔2〕 同上，132—135、136—138页，插图34、36—38、40—43。

〔3〕 参看贾可诺娃（Н. Дьяконова）《伊斯兰时期以前中亚的神像资料》（Материалы по Культовой Иконографии Центральной Азии Домусульманского Периода），载苏联列宁格勒国立爱米塔什博物馆丛刊之五《东方民族的文化和艺术》第6辑，列宁格勒，1961年，259页。

一性质的东西，其时代仍应属于敦煌洞窟大量绘制瑞像的时期，即公元9世纪下半叶或稍早时期直至11世纪初。

四、瑞 像 概 说

上文粗略介绍了敦煌写卷中的“瑞像记”文书、敦煌壁画中的瑞像图及其若干榜题、敦煌瑞像绢画及其榜题、于阗地区一些寺院废址出土的瑞像木板画。这些瑞像资料的表现形式各异，有的形诸文字，有的图为形象，但是性质完全相同，图文正可互相补充、互相印证，共同反映着瑞像的某些特征。根据这些资料可以看出：

（一）“瑞像记”、瑞像图及其榜题等等表现的瑞像图幅数目是稳定的，总数大约三十几幅。

（二）数目相对稳定的瑞像，就其内容而言，可分为几类，几类之间还有着发展关系。

首先，释迦牟尼真容或圣容、释迦的传说在印度某些地点显示灵迹或圣迹的形象在“瑞像记”、瑞像图中占有着中心地位。在这里，概未收入譬如弹多落迦山苏达拏太子栖隐、酰罗山舍身闻偈、尸毗王割肉贸鸽、摩诃萨埵舍身饲虎一类的佛本生故事；如果说这里有释尊以外的佛陀的话，那也是与前世佛迦叶等其他过去六佛有关的瑞像。同样，这里除了“舍卫城南沐太子水成油河”个别条目或图幅之外，也不收入佛传故事，因而孤零零收入的上一条文也给人以偶然阑入瑞像之中的印象。以上一类瑞像核以佛典和僧记中有关记载，当与起源于印度的传说有关。

其次，在瑞像中，释尊等神祇运用神力飞来于阗的瑞像在数量上占了绝对优势，在这一类瑞像中，牛头山以及与牛头山有关的瑞像占着中心位置。所有与于阗有关的瑞像的特点在于他们都负有呵护于阗的使命。核以佛典、僧记和藏文、于阗文数据，这一类瑞像的出现显然与当地政治形势的变化和佛教某些教派的流行有关。

再次，“瑞像记”、瑞像图中有些内容类似佛教史迹画和感应故事画。其中属于印度境内的有阿育王造塔、北天竺乌杖国石塔涌出、尼婆罗水火池等等。这一类瑞像的存在开了先例，使得汉地也增殖出来“张掖郡西影像”“古月支王时现瑞像”“濮州铁弥勒瑞像”“酒泉郡呼蕃河瑞像”“安世高化度同学，于江南舍物置寺”“百梯山延法师隐处”几个内容。和《集神州三宝感通录》等书出现的道理一样，汉地佛徒总是无原则从本地找出同样的某些灵异，于是，某些地点的传说便有幸被赋予了瑞像的属性，经过固定化的过程而传开，因此，最后一类内容的瑞像即便形式上与佛教史迹画或感应故事画相似，实际作用也不尽相同。具体说来，某些与佛教史迹画或感应故事画相似的图像一旦被纳入瑞像范畴，便受到与其他瑞像同样的崇拜，这就把它们和孙浩迎康僧会、西晋石佛浮江等一般史迹画或感应故事画区别开来。

（三）瑞像随佛像的产生而产生[1]，但又与大量存在的一般佛教造像不同。在佛教徒心目中，凡被称为瑞像的应是释迦真容或圣容的模写[2]，至少是和释迦以及其他神祇或圣者的某些灵迹（例如放光、飞来等等）联系在一起。真容或具有灵异，这不妨说是瑞像所以成为瑞像的必须具备的条件。瑞像见于记载之最早者应该说是憍赏弥国（Kauśāmbī）优填王（Udayana，又作邬陀衍那王，汉名又译作出爱王）造旃檀瑞像和拘萨罗国（Kosala）波斯匿王（Prasenajit）造黄金瑞像。日后的佛徒们深信，这是佛陀在世时的直接真貌，当优填王（以及波

---

〔1〕 学者们根据近年考古学发现而进行的研究表明，佛教初传时期既不存在佛陀本尊像，也不存在佛弟子像。这和《增一阿含经》的记载是相符的。该经指出，超凡的“如来身者不可造作”“不可模则”（《增一阿含经》卷二一，《大正藏》第2卷，659页）、“诸天人自然梵生……也不可貌像”（同上，卷二二，《大正藏》第2卷，664页）。至于佛教神谱及佛陀等众神像的起源，学者们正在探讨，认为这当与大乘佛教于公元200年前后，在贵霜王朝统治下的西北天竺兴起有关，也和犍陀罗艺术和秣兔萝艺术的相应发展有关。参看高田修《佛像的起源》（东京，1967年），266—267页。还有的学者强调佛教神谱及其造型的出现与密宗或金刚乘密切相关，而密宗或金刚乘在公元300年前后已与小乘、大乘同时存在。参看巴塔恰里耶《印度佛教神像学》（*The Indian Buddhist Iconography*），加尔各答，1958年增订版，31—33、8页。

〔2〕 参看李伯特（G. Liebert）编《印度宗教神像辞典》（*Iconographic Dictionary of the Indian Religions*，莱顿，1976年）27页中对pratimā（瑞像）一条的解释。

斯匿王）渴思佛陀圣容时，佛陀十六弟子之中最具神通的大目犍连运用神通力，把三十二名工匠带至天上，使每位工匠各自模写了佛陀三十二相之一相。优填王造旃檀佛像的传说流布甚广[1]；优填王所造旃檀佛像的仿制像或模拟像也很早传入中国。这些传入中国的仿制像也被称为瑞像，例如《梁书》记载，519年（梁武帝天监十八年），扶南国遣使所送天竺旃檀像即被称为“天竺旃檀瑞像”[2]。以上所说是取海路经南海而来到中国金陵的瑞像。另外，优填王造像也经天竺西北从陆路传到中国，例如慧乘于隋炀帝大业十二年图写的檀像，就是鸠摩罗什带到东都的[3]。总之，瑞像作为佛像的一种类型产生于印度之后，即被模写仿造，传播极广。王玄策于643—661年间（唐太宗贞观十七年至高宗龙朔元年）数度出使印度，曾建铭灵鹫山（耆阇崛山Gṛdhrakūṭa）[4]、立碑摩诃菩提寺（Mahābodhi）[5]，这些都是“瑞像记”、瑞像图中一再出现的地点。王玄策归国后撰述的记载称“西国瑞像无穷”[6]，这是亲履印度的人的目睹记录。玄奘求法印度稍早于王玄策之出使的年份，他在643年归国时带回一系列佛像，佛像名目列在

---

〔1〕 优填王及波斯匿王造像传说仅在汉文中即见于以下佛典和僧记：后汉末译出的《大方便佛报恩经》卷三（《大正藏》第3卷，136页），384—385年译出的《增一阿含经》卷二八（《大正藏》第2卷，705—706页），5世纪初的法显《佛国记》，5世纪上半期的《观佛三昧海经》卷六（《大正藏》第15卷，677—678页），7世纪上半期的《大唐西域记》卷五，691年译出的《大乘造像功德经》卷上（《大正藏》第51卷，27页）。此据高田修上引书，15页。

〔2〕《梁书》卷五四《诸夷传》扶南国条，标点本，790页。关于优填王造像之入中国，有如下记载：《集神州三宝感通录》卷中，《法苑珠林》卷一二、《三宝感应要略录》卷上，《佛祖统纪》卷三三提及公元64年（后汉永平七年）派使者蔡愔携来“优填王画释迦像”。释道宣称此传说出自南齐王琰之《冥祥记》。关于梁武帝于511年（天监十年）派郝骞等迎优填王最初所造真像之第二像（按即仿制像）事，见《广弘明集》卷一五、《集神州三宝感通录》卷中、《法苑珠林》卷一四、《三宝感应要略录》卷上。此像经历陈朝、隋朝而入唐（《续高僧传》卷二九《法力传》、《法苑珠林》卷二三）。参看高田修上引书，16—17页。该像经唐、吴扬、南唐入宋的情况，蔡絛《铁围山丛谈》卷五有所叙述（中华书局，1983年，82—83页）。

〔3〕《续高僧传》卷二四《慧乘传》，《大正藏》第50卷史传部，633页。

〔4〕《法苑珠林》卷二九引《王玄策传》，《大正藏》第53卷事汇部，504页。冯承钧《王玄策事辑》并引及李义表撰《登阇崛山铭》，见《全唐文》卷一六二。参看冯承钧《西域南海史地考证论著汇辑》，北京，中华书局，1957年，114页。

〔5〕《法苑珠林》卷二九引《王玄策传》，《大正藏》第53卷，503页。

〔6〕《法苑珠林》卷二九引《王玄策传》，《大正藏》第53卷，502页。

他带回的经书之前，计有摩揭陀国前正觉山龙窟留影金佛像一躯，拟婆罗痆斯国鹿野苑初转法轮像刻檀佛像一躯，拟憍赏弥国出爱王（即优填王）思慕如来刻檀写真像刻檀佛像一躯，拟劫比他国如来自天宫下降宝阶（疑应作檀）像银佛像一躯，拟摩揭陀国鹫峰山说《法华》等经像金佛像一躯，拟那揭罗曷国伏毒龙所留影像刻檀佛像一躯，拟吠舍厘国巡城行化刻檀像等[1]。除了一个例外外，所有这些佛像前面都有一个“拟”字，也就是说，这些都是传说真有灵迹的“瑞像”的模拟像。

（四）由此可见，到了中土仍称瑞像之佛像，多与传说中的佛像原型有关。玄奘带回来的都称拟像，虽非原像，但必然力求逼真。在这里，我们又间接得到了瑞像为什么拘泥原型、恪守原型的原因的解释，即拟像应竭力追踪原像。《酉阳杂俎》续集卷五寺塔记上靖善坊大兴善寺条记：“《新记》云：优填像，总章（668—669年）初为火所烧。据梁时，西域优填在荆州，言隋自台城移来此寺，非也。今又有旃檀像开目，其工颇拙，犹差谬矣。”[2] 大兴善寺新雕旃檀像之所以被讥为既差且谬，除了其工颇拙之外，显然还因为它背离了已固定化了的原型。因此，瑞像的又一特征应该说是具有一定的固定化的型式。

总而言之，瑞像的主要特征是它遵循着固定的原型；每个瑞像一般只有一个画面，往往表现显示灵瑞的瞬间；瑞像总数有限，这和一般的可以繁衍的佛教史迹画或感应故事画不同。这种固定化的、数目有限的、显示灵瑞的瑞像的功用不仅仅像一般佛画那样是为了宣扬佛教，而主要地着眼于以灵瑞来护持日益受到各种威胁的佛法。由于瑞像的研究还处在初步探讨阶段，以上对瑞像的一般特征的叙述容有不当，敬盼读者给予指正。

---

〔1〕 慧立、彦悰《大慈恩寺三藏法师传》卷六，北京，中华书局，1983年，126—127页。

〔2〕《酉阳杂俎》，北京，中华书局，1981年，245页。

五、“瑞像记”、瑞像图等资料反映的于阗

如前所述，“瑞像记”、瑞像图及其榜题著录的大批佛陀、菩萨、天王、龙王等等纷纷飞来于阗，其中既有源于印度传说的神祇，也有于阗当地添加于其中的成员。现即分类举例如下，略示于阗佛教万神殿的内容。

（一）佛陀类

（1）释迦：

释迦自天竺飞来或住牛头山，或住于阗海眼寺，或住坎城，或住媲摩城。

（a）住牛头山的记载有：

“本师释迦牟尼佛令住牛头山”（S.5659 第 13—14 行）。

“释迦牟尼佛从灵鹫山向牛头山说法来”（S.2113A 第 1—2 行）。

“释迦如来从灵鹫山至牛头山顶会八部众说法”（S.2113A 第 60—61 行，莫高窟第 98、146、231、237 等窟瑞像榜题）。

“于阗牛头山，此是于阗国”（S.5659 第 15 行，S.2113A 第 54—55 行，莫高第 98、354 等窟瑞像）。

查释迦自印度腾空而来于阗牛头山的记载甚多，较早的有《大方等大集经》卷四十五日藏分护塔品第十三：“佛告龙王：‘我今不久住瞿摩娑罗牟尼住处，结（迦）〔跏〕七日受解脱乐，今于阗国于我灭度后一百年，是时彼国还复兴立……’”[1] 按瞿摩娑罗（Gomasāra）早经列维（S. Lévi）比定为于阗南方的牛头山，也就是 5 世纪初安阳侯遇梵僧佛驮斯那（Buddhasena）的衢摩帝寺[2]。

《一切经音义》卷十一于阗条下注：“彼城中有毗沙门天神庙，七

---

〔1〕《大正藏》第 13 卷，294—295 页。

〔2〕《出三藏记集》卷一四；参看列维《汉文记载中的印度（四）》（Notes Chinoises sur l'Inde IV），载《法国远东学院院刊》（*BEFEO*）第 4 卷第 3 期，1904 年，555—556 页。

层木楼，神居楼上，甚有灵验。其国界有牛头山，天神时来，栖宅此山。”[1]

藏文《甘珠经》中的《牛角山授记》（*Gośṛṅga-Vyākarana*，*Ri-Glang-ru lung-bstan-pa*）当是不早于7世纪下半期的作品[2]，其中记载说：“如是我闻，世尊释迦牟尼佛经历无数劫后……而成正果，在瞻部洲化众之后曾住吠（或作毗）舍厘国王舍城（按王舍城不属吠舍厘）大瑜伽仙人（Yoga-Ṛṣi）之处”[3]，“……尔时世尊深思未来〔于阗境内〕Dge-ba之地，而对众随侍说：‘善男子！北方Go-ma（按即于阗之哈拉哈什河之土名[4]）河岸牛角山（即牛头山）旁有圣者大仙人之塔，名瞿摩娑罗香，应加修饬。’尔时世尊及其全部随侍升空……来到牛角山处。”[5] 按释迦来到牛角山瞿摩寺后，当众随侍面赐予牛头山及诸寺以种种福佑，并对佑护该地做了种种部署，这些构成了《牛角山授记》一书的内容。

又《于阗国授记》（* *Gostana Vyākarana*，*Li-yul lung-bstan-pa*）录自《瞿摩娑罗乾陀宝塔及牛头山释迦牟尼大像安置功德经抄》的记载称：“尔时于阗久为湖泊（Saras），释迦牟尼佛为预言：该湖将成陆地获治之国，乃引菩萨、声闻弟子在内之二十万众，龙王、天人等八部众于灵鹫山升空。既至于阗，时为湖泊，乃坐于今mgo-ma（按即Go-ma，哈拉哈什河）河附近水中莲华座上。释迦预言该湖泊将变为获治之陆地之国，乃口申教敕，命包括八大菩萨在内之二万随侍、三万五千五百〇七眷属之护法神祇护持该国的这一供养圣地。舍利弗、毗沙门奉敕而开通墨水山，排除湖水，而得地基。佛于原来莲华座上，在牛头山现今立有

---

〔1〕《大正藏》第54卷事汇部，375页。

〔2〕托玛斯（F. W. Thomas）《有关西域的藏文文献和文书》（*Tibetan Literary Texts and Documents Concerning Chinese Turkestan*）第1卷，伦敦，1935年，9页。

〔3〕托玛斯《有关西域的藏文文献和文书》，11页。

〔4〕参看乌瑞（G. Uray）《有关公元751年以前中亚史的古藏文史料概述》（The Old Tibetan Sources of the History of Central Asia up to 751 A. D.: A Survey），载哈玛塔（J. Harmatta）编《伊斯兰时代以前中亚史料导论》（*Prolegomena to the Sources on the History of pre-Islamic Central Asia*），布达佩斯，1979年，292页。

〔5〕托玛斯《有关西域的藏文文献和文书》，12页。

释迦牟尼大佛像处结跏七日，而后返回天竺国之吠舍厘城。”[1]

关于牛头山，学者已比定为今和田县城（伊里奇城）南偏西二十余公里处的 Kohmari 山[2]。牛头山在敦煌瑞像图中表现为两种形式：一种形式是首先画出一组山峰，其顶部画出牛头，嘴、鼻、眼、耳、角等具全，牛头之上为蘑菇云状佛座，座上为佛像或殿堂式建筑；另一形式是首先画出蘑菇云状佛座，其上为牛头，牛头之上为佛像而没有殿堂建筑[3]。

（b）佛陀住于阗海眼寺的记载有：

“释迦牟尼佛真容白檀身从摩揭陀国王舍城腾空而来在于阗海眼寺住”（P.3352 第 2—3 行，S.5659 第 5—6 行、S.2113A 第 16—17 行）。

“释迦牟尼真容从王舍城腾空住海眼寺”（莫高第 231 窟龛顶北披左数第四身瑞像榜题）。

“于阗海眼寺释迦圣容像” （同上窟龛顶西披左数第六身瑞像榜题）。

伯希和敦煌藏文写卷 P.t.960（旧编 P.t.254）《于阗教法史》（*Li-yul-chos-kyi lo-rgyus*）第 109—110 行称：“关于李域（即于阗地区）于阗（Hu-ten）正中的海眼（mchohi-myig）：它今在于阗的那丹（lngar-ldan）城堡的大集市上方，瞿摩帝寺的光佛（pra-ba-sha，托玛斯疑指月光佛 Candraprabhasa；恩默瑞克认为是瞿摩帝寺的一个殿堂名称）瑞像脚下。海眼今乃受光佛瑞像脚之踏压。”[4]

瞿摩帝寺，藏文作 ’Gum-tir，于阗文作 Gūmattīrä，有些学者认为，这个名称无疑是《水经注》卷一所记于阗以南山岭的当地名称仇

〔1〕 托玛斯《有关西域的藏文文献和文书》，89—90 页；恩默瑞克（R. E. Emmerick）《关于于阗的藏文文献》（*Tibetan Texts Concerning Khotan*），伦敦，1967 年，2—5 页。

〔2〕 斯坦因《古代和阗》（*Ancient Khotan*），牛津，1907 年，185—190 页。

〔3〕 参看孙修身《莫高窟佛教史迹故事画介绍（三）》，《敦煌研究》第 2 期，91 页。

〔4〕 托玛斯《有关西域的藏文文献和文书》，322 页；恩默瑞克《关于于阗的藏文文献》，91 页。

摩置[1]。

（c）佛陀也飞来于阗固城住：

“释迦牟尼佛从舍卫国腾空于固城住”（S.2113A 第 20 行，又第 31—32 行）。

藏文《牛角山授记》称：“尔时世尊应诸诸天人曰：‘善哉！此国已获我祝佑，此国将因我之福佑而地位特出。在即将来临的战乱之世，孙波（Sum-pas）及其大军、各部突厥（Drug-gus）、回鹘（Hor）和其他不奉佛法者将到此国，毁灭此国。尔时如来诸瑞像将从各地来到此国，守护此国边境。此国将借其神通力而免于彻底毁灭。继诸瑞像之到来而诸菩萨、众多天人、威武龙王也将接踵而至，他们将打翻在各国作恶者，挽救众生免遭敌人毁灭。名富那生（puṇya-saṃbhava）之瑞像者，来自 Dge-ba-can 城，立于西城——固城（Ku-Sheng），守护此国边境；名 Shen-zha 之如来瑞像者，出自阴府，于北部名 Shen-zhe 之地，守护此国边境……名 Kihn-lang 之如来瑞像者，来居东部之媲摩（Phye-ma）城，守护此国边境……名 phye-se 之如来瑞像者，来住牛角山之迦叶佛宝塔，将于北部守护如来之法和此国边境……（按以下还有六如来瑞像分守十方之其他各方，略。）’”[2]

藏文《丹珠经》Rgyud 85，叶 142b：“此旃檀瑞像曾在汉地一千二百八十五年，六十八年间在于阗固城（Khu-sen），而后四十年在弭药（mi-nyag，按指党项之一部）……”[3]

藏文《于阗教法史》第 78—84 行：“释迦佛言曰：‘为守护此国和永保圣教长存，我已指派诸菩萨，Sheng-yong-phur 诸瑞像，Hbyor-hbyi 寺、于阗市集之光明寺诸瑞像，罗阇卓玛（Ro-je-gro-ma）瑞像，……

---

〔1〕参看恩默瑞克书 95 页专名索引 hgumtir 条所引意大利藏学家伯戴克（L. Petech）《水经注中所记载的北天竺》（Northern India according to the *Shui-ching-chu*）及加拿大汉学家蒲立本（E. G. Pulleyblank）的意见。

〔2〕托玛斯《有关西域的藏文文献和文书》，24—25 页。

〔3〕托玛斯《有关西域的藏文文献和文书》，263 页。关于弭药，参看石泰安（R. A. Stein）《弭药和西夏》（Mi-nyag et Si-hia, géographie historique et légendes ancestrales），载《法国远东学院院刊》（*BEFEO*）第 44 卷第 1 期，1951 年，223—265 页。

固城（Ko-Sheng）砦堡入口处之六瑞像……为此国边境守护者。’”[1]

固城，藏文作 Ku-Sheng 或 Ko-Sheng，其地无疑在于阗之西，托玛斯推测其为皮山[2]，但还无法肯定。

（d）释迦佛瑞像曾飞来于阗坎城：

“释迦牟尼佛真容白檀香为身从汉国腾空而来在于阗坎城住”（S. 2113A 第 18—19 行）。

“释迦牟尼佛白檀真容从汉国来坎城住”（莫高第 220 窟南壁瑞像榜题）。

“于阗坎城瑞像”（莫高第 231 窟主室西壁龛顶西披左数第九身瑞像榜题）。

“于阗坎城瑞像”（莫高第 237 窟主室西壁龛顶西披北数第三身瑞像榜题）。

藏文文献中也有坎城（Kam-Sheng）之名，言及坎城及质逻（Ji-la，今策勒）一带有大、中、小庙宇为数甚多，但未提到坎城的瑞像[3]。唐贾耽《皇华四达记》入安西路记载之“于阗东三百里有坎城镇”[4]；五代后晋高居诲《于阗国行程录》中的“绀州”[5]，均当为此城。有的学者还比定《洛阳伽蓝记》卷五所载宋云、惠生行纪之“捍麼城”亦即此城，其南十五里有一大寺，“有金佛一躯……父老传云：此像本从南方腾空而来，于阗国王亲见礼拜。”[6] 这条材料似可补藏文记载之不足。然而，由于坎城与下文谈到的媲摩城是一是二的问题尚未解决，故此像通常被主张坎城即媲摩城的学者比定为媲摩瑞像。

（e）释迦瑞像亦来媲摩城：

---

〔1〕 托玛斯《有关西域的藏文文献和文书》，317 页；恩默瑞克《关于于阗的藏文文献》，87—88 页。

〔2〕 托玛斯《有关西域的藏文文献和文书》，318 页，注③。

〔3〕 托玛斯《有关西域的藏文文献和文书》，135—136、322—323 页；恩默瑞克《关于于阗的藏文文献》，72—75、90—91 页。

〔4〕《新唐书》卷四三下《地理志》七下，1150 页。

〔5〕《新五代史》卷七四《四夷附录》于阗条，918 页。

〔6〕 范祥雍《洛阳伽蓝记校注》，上海，1958 年，265 页。

“此像从憍赏弥国飞往于阗东娓摩城，今现在，殊灵瑞”（P.3032第8—9行，P.3352第9行，S.2113A第11—12行）。

“憍赏弥国佛来住于阗国”（S.5659第9行）。

“于阗媲摩城中雕檀瑞像”（莫高231窟瑞像榜题）。

“于阗媲摩城中雕檀瑞像”（莫高237窟瑞像榜题）。

媲摩城瑞像见于汉、藏文献的记载颇多。

《洛阳伽蓝记》卷五：“……至捍麼，城南十五里有一大寺，三百余众僧，有金像一躯，举高丈六，仪容超绝，相好炳然，面恒东立，不肯西顾。父老传云：此像本从南方腾空而来，于阗国王亲见礼拜……人有患，以金箔贴像所患处，即得阴愈。”[1]

《大唐西域记》卷十二：“……至媲摩城。有雕檀立佛像，高二丈余，甚多灵应，时烛光明。凡有疾病，随其痛处，金箔帖像，实时痊复。虚心请愿，多亦遂求。闻之土俗曰：此像，昔佛在世憍赏弥国邬陀衍那王所作也。佛去世后，自彼凌空至此国北曷劳落迦城中。”[2] 又《大慈恩寺三藏法师传》卷五所记略同。

藏文《牛角山授记》称：“名Kihu-lang（憍赏弥?）之如来瑞像者，来居东部之媲摩城，守护此国边境。”[3]

贝利（H. W. Bailey）教授通过研究于阗语文献提出一种解释，即于阗语中，媲摩城作Phema，是得自于阗语“瑞像”pema一词，而后者可能又是从梵语pratimā“瑞像”一词衍化而来[4]。

关于坎城和媲摩的关系，学界一直有两种意见。一种意见是坎城和媲摩应是同地异名，对这种见解最有力的证据是斯文赫定在和田东北沙漠古城中发现的一件同一内容的汉、于阗语双语文书（纸本文书编号

---

〔1〕 范祥雍《洛阳伽蓝记校注》，上海，1958年，265页。
〔2〕《大唐西域记》卷十二，上海，1977年，302页。
〔3〕 托玛斯《有关西域的藏文文献和文书》，24页。
〔4〕 贝利《于阗语杂考（四）》（Hvatanica IV），《伦敦大学东方研究院学报》（*BSOS*）第10卷第4期，1942年，918页；又同作者《于阗塞语辞典》（*Dictionary of Khotan Saka*），剑桥，1979年，263页。

Hedin 24），其中汉文“坎城”相应的于阗语对译词即作“媲摩”（phema）[1]。另一种意见认为坎城和媲摩城为不同的两城，“瑞像记”“瑞像图”中两地瑞像分别画出，可为两城不是同地的最有力的左证[2]。但如果贝利教授将媲摩城名的于阗文 phema 解为“瑞像”之说今后得到有力旁证，则坎城即媲摩之说似可确定。这样，藏文文献中不记坎城有瑞像之阙或许也因而得到合理的解释。

（f）释迦牟尼佛还来至于阗玉河沐浴：

“于阗玉河浴佛瑞像，身丈余，杖锡持钵，尽形而立。其像赤体立。”（S.2113A 第 22—23 行）。

此外，还有“石佛应现于阗国时”（莫高第 220 窟瑞像榜题）、“于阗国石瑞像”（莫高第 231 窟瑞像榜题）、“石佛瑞像记”（P.3352 第 7 行，S.5659 第 11 行），这几条瑞像内容过于空泛，与文献所记众多瑞像难于对比。

（2）七佛（Sapta Buddha）中的其他佛陀：

在大乘佛教中，一种说法是佛有三身，即涅槃佛、Dhyāni 佛和 Mānuṣī 佛。大乘佛典对这些佛名有若干种排列法，其中最后七佛称为 Mānuṣī 佛，亦即有生死的佛[3]。现先列举其名如下：

毗婆尸佛　Vipaśyin

尸弃佛　Śikhin

毗舍婆佛　Viśvabhū

以上三佛又称过去庄严三佛。

拘留孙佛　Krakucchanda

拘那舍牟尼佛　Kanakamuni

迦叶佛　Kāśyapa

---

〔1〕贝利《于阗语文书集》第 4 集，135—136 页。

〔2〕孙修身《莫高窟佛教史迹故事画介绍（二）》，《敦煌研究》第 1 期，108—110 页，注③。

〔3〕巴塔恰里耶《印度佛教神像学》，76 页。

释迦牟尼佛　　Śakyamuni

以上四佛又称现在贤劫（Bhadrakalpa）四佛。

七佛中的释迦牟尼瑞像已如上述，它的瑞像及其榜题在瑞像中数量最多。其余六佛，见于“瑞像记”和瑞像图的有过去庄严三佛之第一佛和现在贤劫四佛中除释迦之外的所有三佛，现分列如下：

（a）过去庄严佛：

“毗婆尸佛从舍卫国腾空来在于阗国住，有人钦仰，不可思议”（P.3352 第 5 行，S.5659 第 1—2 行，莫高第 220 窟瑞像榜题）。

“徽波施佛从舍卫国住，腾空而同来在于阗城住，城人钦敬，不可思议”（S.2113A 第 32—34 行）。

“微波施佛从舍卫城腾空于于阗国城住”（莫高第 231 窟瑞像榜题）。

微波施或徽波施是梵文 vipaśyin（毗婆尸）的另一种译法。由以上材料可以看出，毗婆尸佛在瑞像中地位颇为重要。

（b）现在贤劫佛：

“南无拘留孙佛□□来住于阗国”（莫高窟第 220 窟瑞像榜题）。

“结迦宋佛亦从舍卫国来在固城住。其像手捻袈裟。”（S.2113A 第 21 行）。按结迦宋佛，梵文作 Krakucchanda，亦作 Krakusunda，后者更接近结迦宋的对音。此佛汉译名较多，有羯洛迦孙、羯罗迦寸地、羯句忖那、迦罗鸠餐陀、鸠楼孙、俱留孙、枸楼秦、拘留孙等[1]，以拘留孙佛一名最为通行。结迦宋无疑即拘留孙。

“伽你迦牟尼佛从舍卫国腾空而来在固城住。其像手捻袈裟。”（S.2113A 第 38—39 行）。按伽你迦牟尼（Kanakamuni）又译迦诺迦牟尼、拘那含牟尼，以后者的译法最为通行。

“迦叶佛亦从舍卫国腾空而来住于阗国，人皆虔敬，不可思议。其像亦把袈裟。”（P.3352 第 7—8 行，S.5659 第 10—11 行，S.2113A 第

〔1〕 参看苏慧廉（W. E. Soothill）、霍都斯（L. Hodous）编《中国佛教术语辞典》（*A Dictionary of Chinese Buddhist Terms*），伦敦，1937 年，“七佛”条，见该书 10 页。

36—37行)。

“迦叶如来从舍卫国腾空至于阗国”(莫高第220窟瑞像榜题)。

“迦叶佛从舍□□□于固城住瑞像”(莫高第321窟瑞像榜题)。

关于迦叶佛,《大方等大集经》卷四十五日藏分护塔品第十三:“僧儿耶言:我念往昔迦叶佛时,此牛角山圣人住处,迦叶如来亦于彼处七日结跏受解脱乐,过七日已从禅定起。我时到彼瞿摩娑罗香牢尼住处礼拜供养。彼迦叶佛亦以平等法行比丘,精勤方便坐禅正慧,修善法者付嘱于我。”[1]

同《大方等大集经》日藏分护塔品称:“佛言:……我念往昔迦叶佛时,彼于阗国名迦罗沙摩,国土广大,安稳丰乐,种种华果,众生受用……。以其国土安稳丰乐,彼土众生多行放逸,贪着五欲,谤毁圣人,为作恶名,以灰尘土坌圣人。时诸行者受斯辱已,各离彼国,散向余方。时彼众生见圣人去,心大欢喜。是因缘故,彼国土中水天、火天皆生瞋忿,所有诸水、河、池、泉、井一切枯竭。时彼国众生无水、火故,饥渴皆死,是时国土自然丘荒。”[2] 这里值得注意的是,以灰尘土坌圣人,被玄奘《大唐西域记》记录为曷劳洛迦大丘阜的土俗传说[3]。

据藏文《于阗国授记》,释迦之飞来牛头山,是迦叶佛以后的灵迹。《于阗国授记》引《于阗国史》称:“昔,迦叶佛出世时代,于阗刚刚成为陆地,定居该地的人民信奉佛法。与迦叶佛教法衰微同时,于阗国佛法也趋于凌替。包括羯罗湿婆(kha-ra-shva)和羯洌宇颠(Kha-rehu-steng)在内的许多神仙曾短期住在于阗的Rtsa-dag山。后某些恶人篾视虐待诸神仙,诸神仙怒而升空离开于阗。于阗人众既不信法,皆堕迷途。龙王怒而降雨,于阗变为湖泊。其后该地长期为湖泊,而释迦牟尼诞生于天竺,转法轮,利众生(Sattva),及近寂灭,乃于王舍城之灵

[1] 《大正藏》第13卷,295页。
[2] 《大正藏》第13卷,294—295页。
[3] 参看《大唐西域记》卷一二,303—304页。

鹫山说《月藏经》（Candragarbha），在将各地付嘱与护法神及天王、龙等守护者的时候，也作了于阗的预言，并交付与毗沙门、散脂（或称僧儿耶）夜叉大将、阿阇世王女、无垢光、……曷利帝天女等及其眷属。世尊率四部众数万升入空中，来到于阗，在今瞿摩帝大宝塔处坐在莲华座上……世尊为利众生而住于牛头山今为小宝塔之左侧立有大像的庙内七日。”[1]

上引藏文文献中有关迦叶佛从舍卫城飞来于阗之说的段落，可以说是释迦继之而来于阗的序幕。该段落提到了教法衰微问题、释迦在灵鹫山说《月藏经》及将于阗付嘱于诸护法神、天王、诸龙的问题，这实际是给瑞像群体增添不见于天竺的神祇提供了佛典的依据。

“瑞像记”和瑞像图没有强调作为未来佛的弥勒，在“瑞像记”和瑞像榜题中，弥勒或伴随释迦而来于阗为护法菩萨之一而与其他菩萨并列。

敦煌出土的于阗文卷子中有十方佛的名称[2]，核以“瑞像记”和瑞像图榜题，十方佛名无一收入。特别值得注意的是，于阗因为大乘华严部颇为流行而十方佛中的毗卢遮那（Vairocana）的神像较多[3]，但在敦煌的这组瑞像中，毗卢遮那佛的形象却没有因为于阗地方的影响而跻入瑞像之列。

（二）菩萨类

敦煌出土的于阗语写卷 Ch.00267 第 19—24 行首先列出了住在兜率天的护于阗国八位菩萨的名字，这些名称也大多见于 P.3510、P.3513、S.2471 等于阗语文书[4]。在汉文瑞像资料中，只有金刚藏菩萨护于阗国的反映。

于阗语写卷 P.2893 和藏文《于阗教法史》（即 P.t.960）、《牛角山

[1] 托玛斯《有关西域的藏文文献和文书》，93—95 页；恩默瑞克《关于于阗的藏文文献》，6—11 页。

[2] 贝利《于阗语杂考（四）》，908—909 页。

[3] 威廉斯夫人《于阗绘画中的佛像》，117—124 页，插图 1—22。

[4] 贝利《于阗语杂考（四）》，910—911 页。

授记》还提供了住于阗的八位菩萨的名字及其在于阗的各自住地[1]。八位菩萨的名字除观世音一名在藏文文献中作 'ar-ya ba-lo 之外，其他均与于阗语文书中住于阗菩萨的名字相同。汉文瑞像资料中住于阗国的菩萨有弥勒、观世音、虚空藏、宝坛花。兹将于阗文献（Ch.00267、P.2893 以及 P.3510、P.3513、S.2471 等）、藏文文献（《牛角山授记》《于阗国授记》《于阗教法史》《无垢光问经》等）和汉文瑞像资料（P.3352、S.5659、S.2113 及莫高第 231、237、220 等窟榜题等）所记菩萨表列如下[2]：

（见下页表二）

在菩萨类瑞像中，唯一举出具体住地的是虚空藏菩萨。正如上表所示，其住地在西玉河之萨迦耶仙寺，此寺既见于于阗语文书，也见于藏文文书。值得注意的是，虚空藏菩萨所住此寺在于阗文献中作 Sakāya-gīra，藏文《于阗国授记》中作 Sa-ka-ya-gyi-ri，均意为“萨迦耶之山”，“萨迦耶”乃一山谷名称殆无疑议，该山谷位于僧伽伐弹那罗汉（Arhat Saṃghavardhana）居住的僧伽修寺（Śaṇka-prahāṇa' 'jigs-tshogs-spong-byed）近旁。僧伽伐弹那即藏文文献《僧伽伐弹那授记》的传说作者。他的一名弟子从其学律（毗奈耶）。一天，弟子依《月藏经》和律研习佛陀教训，读到于阗、疏勒、安息三国正法阶段的佛法、尊像、宝塔等将在佛灭后若干年亦归灭亡而提出灭法者为谁、最终结果如何等问题。罗汉根据《日藏经》《月藏经》中的如来授记，作出了像法阶段之终结与三国民众耽于利欲而放弃佛法以及赭面国、突厥、回鹘等入侵战乱的预言，此即《僧伽伐弹那授记》的缘起[3]。这一事实说明，藏文文献中的某些与于阗有关的《授记》或《悬记》之作，当与萨伽耶仙寺有关。法成所译《释迦牟尼如来像法灭尽之记》的藏文原本《于阗国阿罗汉授记》（*Li-yul-gyi dgra-bcom-pas lung-bstan-pa*，敦煌藏文写卷 Ch.

〔1〕 贝利《于阗语杂考（四）》，892—893、911 页。
〔2〕 此表是在贝利上引文 911 页所列表的基础上绘制的。
〔3〕 参看托玛斯《有关西域的藏文文献和文书》，41—96 页。

表二：

护于阗菩萨			住于阗菩萨					
于阗文文书	藏文文书	汉文瑞像资料	于阗文文书		藏文文书		汉文瑞像资料	
			菩萨名	住地	菩萨名	住地	菩萨名	住地
弥勒	弥勒				弥勒	Bi-si-mo-nya	弥勒	汉城
观音	观音		观音	Jūsña	’ar-ya ba-lo	’Jnsna	观音	于阗国
文殊	文殊		文殊	Kāśaviśela	文殊	牛头山上之 Par-spong-byed		
地藏	地藏		地藏	Ñānagīrai	地藏	Nyon-bgyir;Ye-shes-ri		
虚空藏	虚空藏		虚空藏	Sakāya-gīra	虚空藏	Sa-ka-ya-ka-ri；Skohi-brong	虚空藏	西玉河之萨迦耶仙寺
药上 Béṣa-jarayi	药王 Bhaiṣa-jyarāja		药王	Banācvā	药王	Ba-no-co		
普贤	普贤		普贤	Ttula 的 Sagapālām	普贤	To la 的 Sang-ga-po-long 等处		
金刚手		金刚藏			金刚手	Shong-pya		
			Māna bhava/摩尼跋陀罗/Manibhadra	Kā	Ma-ni-b’a-ba	牛头山	宝坛花	于阗国

08、Ch.09 i 3、Ch.73 vii 3/2)[1] 也应出于同一文献来源。

（三）天王或天子类

关于天王的文献也很丰富。

敦煌于阗语卷子 P.2893 号称：“尔后八部菩萨取其国，居于各有所依的住地（寺庙）之区，以造福众生；彼（指释尊?）为众生福祉而来 Bisināña 村（?），大加称许。药师住 Banācvā（或 Banāca），普贤居 Ttula 之 Sagapālāṃ，地藏住 Ñānagīrai，观世音救护众生于 Jūsna，文殊及其眷属居迦叶佛舍利堂，摩尼跋婆居……，虚空藏为护持养育众生住萨迦耶山谷……八护法者威力强大，现形庇护周围之地。虔诚皈依信佛法的各位天王毗沙门、散脂、阿婆罗质多、迦迦那莎伐罗、莎伐那末（或作摩）利、阇诃伐达驮，而后阿隅阇，悉他那率其眷属……悉来护持于阗国。”[2]

P.t.960 藏文《于阗教法史》第 32—33 行记：“为了李域（于阗）圣教之不衰及该地八大依住护法神，毗沙门天王、散脂大将、阿婆罗质多、迦迦那莎伐罗、莎伐那末（摩）利、阿隅阇（阿紧首）天女、悉他那天女、阇诃伐达龙王等起誓随侍。”[3]

《牛角山授记》也记载：“尔时世尊对毗沙门天王、散脂大菩萨、阿质多天王、阇诃多诃龙王、虚空头陀天王（Ākāsadhātu）、莎伐那末利天王、阿隅阇（阿紧首）天女、悉他那天女言曰：‘善男女！我今将瞿摩娑罗香宝塔、牛角山以及该国和我的教法一皆付嘱于汝等，由汝等加以护持养育，永为众人供奉膜拜。愿此国敬信佛法之诸王、诸臣宰、诸供养人亦若此护持供养。愿此《牛角山授记》经籍，彼等已施舍而永行不衰。若此国因水、火、外敌之侵而遭苦难，诵读此经，膜拜此经，默念此经皆可消除此国之受害。’”[4]

---

〔1〕 参看托玛斯《有关西域的藏文文献和文书》，73—87 页；乌瑞《有关公元 751 年以前中亚史的古藏文史料概述》，288—289 页。

〔2〕 贝利《于阗语杂考（四）》，892 页。

〔3〕 托玛斯《有关西域的藏文文献和文书》，310 页；恩默瑞克《关于于阗的藏文文献》，82 页。

〔4〕 托玛斯《有关西域的藏文文献和文书》，19—20 页。

藏文《于阗国授记》载："世尊为了造福众生，于牛头山今为小宝塔之左侧立有像的庙宇内留住七日……于是文殊、观世音等八菩萨、毗沙门、散脂药叉大将、净光明（Vimalaprabhā）天女、Kumāra Vajra 兄妹诸天人、诸龙王等被如来指定为永远的守护神。于是文殊、弥勒、观世音、虚空藏、地藏、普贤、大势至、药王诸菩萨，毗沙门及三千夜叉，夜叉大将散脂及其十万眷属，阿婆罗质多（难胜）天子及其一千眷属，虚空眼（Ākāśacakṣus）及其八千眷属，莎伐那末利及其五百眷属，Sthānatapta 龙王及其一千眷属，〔阿隅阇〕铁钩天女（Devī Ankasavatī）及其一万眷属，悉他那天女及其五千眷属，净光明夫人，Kumāra Vajrasena，Deva-putra Susthiramati，曷利帝天女及其眷属以及其他部众在世尊面前起誓守护李域（于阗）。从彼时至今，世尊由八菩萨、毗沙门和其他护法神、诸天人、诸龙、诸天女侍从来至牛头山，住在该地，由其无数眷属、诸菩萨、诸护法神、诸天人、诸龙王环绕居留该地，各在其所居之地区及他们起誓的地点，守护至今，控制李域，呈众瑞征。"〔1〕

以上主要神祇亦见于汉文《大方等大集经》卷五十五月藏分分布阎浮提品："尔时世尊以于填（阗）国土付嘱难胜天子千眷属，散脂夜叉大将十千眷属，羖羊脚大夜叉八千眷属，金华鬘夜叉五百眷属，热舍龙王千眷属，阿那紧首天女十千眷属，他难阇梨天女五千眷属，毗沙门王神力所共汝护持于阗国土，乃至佛及大众咸皆赞言：善哉！善哉！"〔2〕

与以上文献对比，S.2113A 第48—54 行的一段文字至堪注意，它提供了汉文其他文献所不见的一系列天王或天子等的译名，可以补苴烈维、贝利等前辈学者引用藏文、于阗文神名对应汉译名之不足。

下面是 S.2113"瑞像"记中的神名与其他文献所记神名的对照表：

---

〔1〕 托玛斯《有关西域的藏文文献和文书》，95—97 页；恩默瑞克《关于于阗的藏文文献》，11—15 页。

〔2〕《大正藏》第 13 卷，368 页。

表三：

S.2113 “瑞像记”	梵文名	汉译《月藏经》	于阗语写卷 P.2893	藏文文献
毗沙（门）天王神	Vaiśramaṅa Vaisravana	毗沙门王神	Vrrīśamamą（又见于 Ch.i0021a；P.2896；P.2900；P.2022 等）	be-sha-ra-ma-ni
……	Sañjaya	散脂（《日藏经》中作僧儿耶）	Samñī（又见于 P.2900 等）	Sa-nye（'du-shes-can），（min-can），（yang-dag-shes）
阿婆罗质多神（又见于 P.3352、S.5659）	Aparājita	难胜天子	Aparajai[ja]tta（又见于 P.2900，S.2471）	apara-ajita（lha mi-pham-pa）
迦迦那莎利神	Gaganasvara	羖羊脚大夜叉	Gaganasvarä	gha-gha-na-svara（nam-mkhahi dhyangs）
莎那末利神 莎那摩利神	Suvarṇamāla	金华鬘夜叉	Svarṇamāla	Su-gar-na-ma-la（lha gser-gyi phreng-ba-can）
……		热舍龙王（《日藏经》中作吃利呵婆达多）	Grrahavadatti（又见于 Ch.00267；P.2787；Ch.I 0021a；S.2471）	‘gra-ha-bad-ta（Khyim-'tshig 或 khyim-tshig）
阿隅阇天女	Aṅgūsa	阿那紧首天女	Aṃgūśa'（又见于 S.2471、作 augśa）	lcags-kyu-can 或 lcags-kyu
悉他那天女		他难阇梨天女	Sthānāva（又见于 S.2741；Ch.i 0021a）	Sta-na-ba-ti（lha-mo gnas-can）

上表揭示了 S.2113 著录的天王类神祇系统与于阗语文书、《日藏经》《月藏经》等汉文文献、诸种藏文《授记》中有关材料的异同。应

该说，除了下文即将指出的不同点外，四者之间是基本一致的，这种基本一致证明几种语言的文献至少就记载于阗守护神这一点而言有密切关系，或许同出于一种史源也未可知。无论如何，几种语言的材料在记载于阗守护神上的基本一致是值得人们研究的现象。

上表揭示的最主要的一个不同点是，在汉文《日藏经》《月藏经》、藏文《授记》类文献、于阗语有关文书中记载的散脂或僧儿耶没有出现在S.2113“瑞像记”文书中；反之，在S.2113A第52行中出现的摩诃迦罗神又未见于上述文献。散脂是一个重要的于阗护法神，这不仅仅反映在上述文献记载中它与释迦对话的地位上，并且在于阗流行颇广的《金光明经》中占有一品；而且还反映在于阗佛寺出土木板画上有他的形象出现〔1〕。为什么他没有反映到“瑞像记”或瑞像图之中，其原因目前还不易解释。至于摩诃迦罗神出现在S.2113之中，这反映了一些可以注意的情况。

摩诃迦罗（Mahākāla）是密宗或金刚乘（Vajrayāna）从印度教吸收入佛教的典型神祇之一。在印度教中，这是著名的凶神恶煞。它的形象有二臂、四臂、六臂和八面十六臂的形式，青面獠牙，袒胸凸肚，身着虎皮，有蛇缠身作为装饰。它可以生吃罪犯或兽类。摩诃迦罗作为凶神而受崇拜，是人们企求借助于它而抵御仇敌，佛徒希望以它的狞恶形象使不敬信三宝之徒心怀畏惧〔2〕。

由此可见，金刚乘引入的神祇摩诃迦罗进而被列入于阗守护神群，其用意仍在求其庇佑，所不同者只是更看重于利用其设想中的暴力而已。

在上述天王类于阗守护神中，毗沙门天王被赋予了特殊的作用，这就是人们从瑞像图中常常看到的毗沙门与释迦弟子舍利弗（或作舍利子，Śāriputra）曾在于阗共同决海造地的业绩：

“舍利弗共毗沙门神决海至于阗国”（P.3352第11—12行，S.

〔1〕 威廉斯夫人《于阗绘画中的佛像》，136—138页，插图34、40—43。
〔2〕 巴塔恰里耶《印度佛教神像学》，344—348页。

2113A 第 54 行）。

“北方众□天王决海至于阗国”（莫高第 220 窟瑞像榜题）。

“于阗国舍利弗毗沙门天王决海时”（莫高第 231 窟瑞像榜题）。

“毗沙门天王神守护于阗国”（S.2113A 第 51 行）。

藏文《牛角山授记》称：“尔时释尊乃告舍利弗和毗沙门：‘善男子，汝二人且去……破沙（sha）山决海……保护水族不使受损，并使此国呈露明确陆地边界。’大弟子舍利弗乃借神通力以锡杖尖，毗沙门以矛头决海，使沙山半干，并导流而西，成一大河，二人将大湖及其族类转移至索赞波之中段，因而开拓出瞿摩娑罗香宝塔、牛角山和于阗国土。”〔1〕又《于阗国授记》〔2〕《于阗国教法史》〔3〕所记略同。

此外，住勃伽夷城瑞像当与毗沙门有关。S.2113B 第 1—3 行称：“昔仁（即二）王相侵，行阵两边，锋刃交战，忽有此佛踊现军前，仁（二）王睹已，息甲收兵，……其像便住于阗勃伽夷城。”《大唐西域记》卷十二、《大慈恩寺三藏法师传》卷五和藏文《于阗国授记》《于阗教法史》都有相应的记载，重要的是后两部书告诉我们，阵前踊现之佛实为毗沙门和室利提婆〔4〕。

又，毗沙门和提头赖咤、毗楼勒叉、毗楼博叉等一起出现在 S.2113A 第 53—54 行中，但这里的毗沙门等四大天王与瑞像性质有所不同，故此处不多论述。

在《日藏经》《月藏经》和藏文《授记》类文献中，作为于阗守护神祇的龙王、天女亦为数甚夥，而且行动非常活跃。贝利教授研究于阗语 S.2471 等相应文书时，举出于阗众神谱中有龙王十位，天女十三

〔1〕托玛斯《有关西域的藏文文献和文书》，34—35 页。

〔2〕托玛斯《有关西域的藏文文献和文书》，95 页；恩默瑞克《关于于阗的藏文文献》，10—11 页。

〔3〕托玛斯《有关西域的藏文文献和文书》，307 页；恩默瑞克《关于于阗的藏文文献》，80 页。

〔4〕托玛斯《有关西域的藏文文献和文书》，101、309 页；恩默瑞克《关于于阗的藏文文献》，21、82 页。

位[1]。然而在“瑞像记”中，热舍龙王没有出现，天女虽然出现两位（阿隅阇、悉他那），但依然被列入天王类于阗守护神群之中。由于“瑞像记”、瑞像图及其榜题没有涉及更多的龙王、天女两类神祇，本文也随之从略。

六、守护于阗的瑞像增多的社会原因和与金刚乘发展的关系

上文列举的资料表明，“瑞像记”、瑞像图反映的于阗瑞像的数目既超过了印度境内的瑞像原型数目，也超过了汉地增殖的瑞像数目。守护于阗的瑞像的增多有着明显的原因，这就是当地战乱相寻、社会动荡，统治阶级和僧俗佛徒需要祈求神明庇护。

对我们的主题说来，有助于阐明这一历史背景的材料首先应举大乘佛典中的《大集部》经书。大方等大集部中有《日藏经》（*Sūryagarbha Sūtra*）、《月藏经》（*Candragarbha Sūtra*），两经记载了释迦牟尼为护持佛法长存而做的大量预言，佛徒形诸文字而称之为“授记”或“悬记”。按佛教教义中本来就有正法、像法、末法三阶段之说，《日藏经》《月藏经》借助于释迦牟尼所做的一系列“授记”而对正法将灭、像法凌夷的前景做了极其悲观的描述。两经的许多叙述好似释迦的遗嘱，释迦预见到了自身的灭度，因而把阎浮提五十五国一一地付嘱给众菩萨、众天人、诸龙王乃至诸星宿，命其好生加以护持。在这里，护持佛法实际上就是护持现实世界的现行秩序，因为宗教本身就是颠倒着的世界。关于护持佛法的社会原因及其必要性，《月藏经》法灭尽品讲得最为明白透彻：释迦和月藏菩萨、月灯菩萨看到了世人贪瞋痴惑，不敬三宝，耽于嗜欲，投身俗业，因而佛法面临着衰微毁灭的前景。针对这一前景，释迦提出对策，其中包括为诸国诸地指定大批守护神祇、授予神咒

---

[1] 贝利《于阗语杂考（四）》，915—917页。

或指定诵读某某经或某某“授记”以护持该国该地，从而达到守护佛法长在的目的。在《日藏经》《月藏经》一一列举的受到释迦佑护的诸国诸地中，于阗占着相当突出的地位。

《日藏经》《月藏经》依托释迦“授记”而记载的这些内容，有些明显易见是于阗当地的增添和创造。人们知道，于阗长期以来是大乘佛教的中心之一，这里不断出现一些有才能的人物对佛典进行诠释解说或加工改造[1]。早在大约是6世纪成书的于阗文赞颂佛法的韵文体著作《赞巴斯塔（Zambasta）书》之中，有些情节就是4至6世纪社会动荡和民族冲突的反映。正像《赞巴斯塔书》记载木骨闾（柔然）、赭面、匈奴、苏毗等部蹂躏于阗国土的情况一样，7世纪以来继续解说《日藏经》《月藏经》中末法思想的于阗作品也曲折地反映着当时的社会动乱和战争冲突的情况。其后，从8世纪中叶以来，于阗地区和唐中原地区一样，进入了外患、内乱频仍、疫疠、天灾流行时期，与此相应，末法思想更为盛行，这有汉、藏文献为证。

敦煌汉文写卷P.2139号法成译《释迦牟尼如来像法灭尽之记》提及，在于阗国萨迦般啰诃那寺不远的娑迦耶几那山谷之中有一罗汉，罗汉有一苾刍弟子从其学习律仪。这个弟子读到了《月藏菩萨所问经》和《月藏菩萨受经记》[2]，即问尊师罗汉说：“佛灭度后，于阗、疏勒及与安息如来像法、窣覩波等几时住世？谁当毁灭？究竟至其何所？愿为解说！”罗汉回答说：“……释迦牟尼如来灭后，彼法影像及以塔庙二千年在世，然后灭没。”这是罗汉对他的弟子的第一问题的“解说”。然后罗汉继续讲道：“此三之国，汉与赤面〔即《赞巴斯塔书》的赭面〕、苏毗、突厥、回鹘等贼动其干戈而来侵损，是故佛法以渐衰微毁灭，塔寺、众僧、资具亦皆断绝。此三国中，安息、疏勒不行法贼被侵

〔1〕 烈维《汉文记载中的印度（五）》，《法国远东学院院刊》第5卷，1905年，256页；参看冯承钧译《大方等部之西域佛教史料》，《西域南海史地考证译丛九编》，北京，中华书局，1958年，162页；玉贝尔（Ed. Huber）《佛教文献研究（八）》，载《法国远东学院院刊》第6卷，1906年，339页；羽溪了谛《西域之佛教》，贺昌群译本，北京，商务印书馆，1956年，262—263页。

〔2〕 法成译《释迦牟尼如来像法灭尽之记》第4、18、67行。

扰故，塔寺多分焚烧毁灭，皆悉空弃；诸寺众僧多分移从于阗。”这是罗汉对他的弟子的第二、三两个问题的“解说”。在罗汉的继续“解说”中，于阗的地位受到了进一步推崇：由于五百菩萨（二百五十出家，二百五十在俗）护持于阗塔寺，由于贤劫一千五佛以牛头山寺为宫殿“常当履践”，“为诸圣贤威德悲慈加持于阗塔寺妙法”,〔1〕于阗的“行法人”多过了其他国度。

这样，人们便看到了一个过程：在末法思想流行时，如果说，在《日藏经》中，于阗塔寺在全世界塔寺中占据的是荣誉的地位；在《月藏经》的统计数字中于阗进而取得了神圣位置〔2〕；那么，在法成所译的《像法灭尽之记》中，于阗则由于邻国疏勒等国的没落而跃为佛徒聚集的中心。不仅如此，《华严经》列举的二十五圣地之一牛头旃檀，在实叉难陀译本中位于疏勒，在佛驮跋陀罗译本中位于边地〔3〕，到了《月藏经》和《像法灭尽之记》中则确定不移地固定到了于阗。凡此种种，无一不是于阗地位提高的反映。然而，也正是由于它的地位提高，它成了四周“不行法贼”的更加集中攻击的目标。《像法灭尽之记》称：“尔时诸国王等为欲取于阗国故，斗争纷纭”，而“斗争纷纭”的诸国之中，又以“赤面国王有大威势，多侵余国，以为自境”〔4〕。

藏文文献《牛角山授记》《僧伽伐弹那授记》《于阗教法史》等记述的有关动乱的内容与法成译成汉文的《像法灭尽之记》完全一致。藏文写卷伯希和编号 P.t.960 号文书《于阗教法史》卷末明确揭示该《教法史》系根据《日藏经》《月藏经》《无垢光请问经》节录、重译而成〔5〕。按:《无垢光请问经》也是一部既有混合说教，又曲折地反映民族侵袭、社会动乱的作品。然藏文文献在数量上多过于《像法灭尽之记》等汉文文献，因而其中更多可值得注意之处。例如，在藏文文

〔1〕 法成译《释迦牟尼如来像法灭尽之记》，第 9—11 行。
〔2〕 烈维《汉文记载中的印度（五）》，285 页。
〔3〕 烈维《汉文记载中的印度（五）》，282 页。
〔4〕 法成译《释迦牟尼如来像法灭尽之记》第 13 行。
〔5〕 托玛斯《有关西域的藏文文献和文书》，323 页；恩默瑞克《关于于阗的藏文文献》，91 页。

献中，随着于阗地位的不断提高，被释迦付嘱呵护于阗的八部菩萨、八部龙王等等神祇被一一安排在有具体名称的地点和各自“依住”的寺院、庙宇之中；于阗在释尊的二十一处世间依住的福田中也有了超过其他二十处的功德（guṇa）；等等。

以上汉藏文献有关赤面（吐蕃）、突厥、回鹘活动的记载完全符合8世纪以来的实际历史情况。及至9世纪中叶，吐蕃势力转衰，不再是“有大威势、多侵余国”的强权，但是，终唐末、五代、宋初之世，重得立国的于阗始终不能摆脱干戈扰攘的局面。在它的南部和东部，吐蕃的煊赫固然已成陈迹，但残部仍有余力不时侵犯邻国；在它的西方，以疏勒为基地而兴起的黑韩王朝从10世纪中叶皈依伊斯兰以来，势力不断膨胀。诚然，于阗有远征疏勒而暂时获胜的记录〔1〕，但这不足以解除黑韩王朝势力东渐的隐忧。从敦煌写卷中有关于阗、敦煌之间使节往来祈求道路平安的许多记载看，于阗的对外交通都受着诸如仲云等部的干扰和威胁。

正是在这种历史背景下，统治者和僧俗徒众倍加渴望神明保佑。

“在即将到来的干戈扰攘的年代，孙波大军、各部突厥、回鹘和其他不行法者将来此国，毁灭此国。尔时诸如来瑞像将从各地来至此国，护此国边境。”〔2〕——《牛角山授记》既然如此明确地指出瑞像具有呵护于阗的作用，那么，人们也就不难由此看出于阗的佛陀瑞像增加的消息了。

又，《于阗国授记》引《大释迦牟尼佛像安置功德经》称：“于阗国遇有疫疠、外患诸难时，且诵大乘经部之《大集经》（按：《大集经》中有《日藏分》《月藏分》）和《法华经》，灾难可靖。”〔3〕

又，《牛角山授记》称：“若此国因水、火、外敌之侵而遭苦难，

---

〔1〕 P.5538号文书《于阗王尉迟输罗致舅沙州大王曹元忠书》；参看《宋史》卷四九〇《外国传》六《于阗传》有关于阗破疏勒国事，北京，中华书局，1997年，14107页。

〔2〕 托玛斯《有关西域的藏文文献和文书》，91页；恩默瑞克《关于于阗的藏文文献》，4—5页。

〔3〕 同上。

且诵读此经〔按指《牛角山授记》〕，膜拜此经，默念此经，祸即可脱。"[1] ——以上两部《授记》既然如此明确地强调诵读其中列举的佛经即可脱祸，那么，人们也就不难由此理解，上举诸经记录的守护于阗的八部菩萨、八部龙王等等神祇自然也就受到特殊的崇奉，乃至其中某些神祇被纳入瑞像之列了。

除了上述社会原因之外，于阗瑞像的增多还因为于阗开始流行金刚乘，或者说，还因为于阗正从流行大乘向流行密宗或金刚乘过渡。上述《日藏经》《月藏经》等几部经典在于阗流行这一事实本身就起着促进向金刚乘转变的作用，人们可以看到，无论是《大方等大集经》，还是《金光明经》《无垢光问经》，都收录了大量咒语（陀罗尼），意在向佛徒提供具有超凡的禳灾祛祸的"保证"。

于阗语文献也证实了金刚乘在于阗的流行。8世纪或更早一些的时候，于阗就有了明显属于金刚乘性质的《理趣般若经》。在敦煌写卷中，有许多用于阗语写的和用于阗婆罗谜字体梵文写的咒语（陀罗尼）。金刚乘文献中某些偈子或《礼忏文》还和于阗国王尉迟输罗（967—977）、尉迟达磨（978—982）及其臣宰张金山、刘再升有关。于阗语《佛本生赞》（*Jātakastava*）卷末题记载明，抄写此经，用意在于为所有信仰金刚乘的僧俗荐福[2]。

金刚乘趋于流行，自然也把金刚乘从印度教吸收的神祇带入于阗的众神谱系之中。金刚乘的教义系从大乘的瑜伽行派发展而来，金刚乘的神祇则吸收了印度教的神祇。早在大约4世纪纂成的《楞伽阿跋多罗宝经》（*Laṅkāvatāra Sūtra*，亦作《入楞伽经》）已不再批判印度教，反而开始调协佛教和印度教的歧异，解释两者在哲学观点上的相似。在印度教的影响之下，佛陀也自称有无数多的化身。印度教的许多主尊神不

---

〔1〕托玛斯《有关西域的藏文文献和文书》，20页。

〔2〕德莱斯顿（M. J. Dresden）转写译注《佛本生赞》（The *Jātakastava* or "Praise of the Buddha's former births"），费城，1955年，美国哲学学会丛刊新辑第5卷第5册，446页。

仅变成了佛陀的随侍，而且也成了佛教金刚乘万神殿里具有充分资格的成员〔1〕。

这样，我们便在于阗瑞像之中看到了典型的金刚乘神祇——摩诃迦罗的亮相。因此，通过对护佑于阗的瑞像的考察，人们也应该注意于阗地区金刚乘的流行，金刚乘的流行为佛教形象资料添加了前所未有的内容。研究这一问题应是于阗佛教史的重要篇章。

结　　语

以上我们对瑞像数据做了大致的分类排比，计从敦煌写卷中找出有关文书四件；为了说明这四件文书的内容，我们对文书、敦煌洞窟壁画瑞像图及其榜题、敦煌瑞像绢画和于阗瑞像木板画四者做了简单的比照；然后，根据我们所能找到的于阗文、藏文、汉文文献对护持于阗的瑞像的名称、特点、作用和产生背景做了粗略的说明。工作是初步的，文中对于阗瑞像所做的介绍或许是片面的、残缺不全的，更无可能顾及印度境内和汉地的瑞像。不仅如此，关于瑞像的形象学的对证问题，我们也没有起码的交代。我们撰写本文的意图在于搜集有关于阗的资料，通过于阗瑞像从一个侧面来阐明于阗和敦煌的密切关系，并考察于阗在东西文化交流中的作用。

附　记：

本文从 1984 年 4 月完稿到付印，经过了将近一年半的间隔。在这段时间内，我们看到了我们在写作本文时没有见到的材料。在这里，有必要做些补充说明。

我们在写作时曾经检索苏远鸣（M. Soymié）先生领导下的法国敦煌资料研究组编纂的《敦煌汉文写卷目录》第 1 卷（巴黎，1970 年）、第 3

〔1〕 巴塔恰里耶《印度佛教神像学》，10—12 页、384—386 页；威廉斯夫人《于阗绘画中的佛像》，115—116 页。

卷（巴黎，1983年）。该目录第3卷第27页P.3033号写卷注记下载明：苏先生有专文论述《瑞像榜题抄》，刊于该研究组编纂的《敦煌研究论文集》第3辑（*Contributions aux études de Touen-houang*, vol. III）。后我们接到苏先生寄赠的上揭论文集（巴黎，1984年，该论集被列为法国远东学院专刊第135种），苏文的题目为《敦煌洞窟中的一些瑞像图》，载该文集第77—102页。该文根据作者本人对敦煌莫高窟第231窟的实地考察，详尽地研究了P.3352号写卷有关瑞像的题记，并对P.3033背、S.5659、S.2113写卷有关瑞像题记部分也做了描述。我们高兴地看到，苏文对P.3352号等写卷的研究比我们的文章完整而且细致。文章的结尾部分扼要地论述了于阗及于阗王国辖境内的瑞像的重要意义，指出瑞像已超出了宗教范围而应引起历史学者的注意，瑞像实际反映了当时于阗和敦煌保持着的某种形式的联系（参看上揭论文集第102页）。稍后，苏先生就瑞像及有关瑞像的敦煌写卷又写了一篇文章，题作《敦煌写卷中搜集的若干壁画题记》，刊于1983年2月中法学者联合讨论会论文集《敦煌壁画和敦煌写卷》（*Les Peintures Murales et les Manuscrits de Dunhuang*，巴黎，1984年）第35—39页。我们深感遗憾的是，我们读到苏先生的文章为时过晚，因而未能将科研的最新成果反映到我们的文章之中。

另外，我们在同一期间内陆续得到了伯希和的《敦煌石窟笔记》第3分册（巴黎、1983年）、第4分册（巴黎，1984年）。两分册中有伯希和在1908年2月至5月间抄录于第72（伯希和编号第106窟）、76（P.102）、98（P.74）、231（P.81）、237（P.84）、453（P.119）诸窟的瑞像榜题。我们的文章无法大动，在这种情况下，我们将上述诸窟的伯希和的瑞像榜题录文附载于后，以补我们的文章的第二部分的严重缺陷，以供读者参考。

第72窟（伯希和编号106窟）

1. 结迦宋佛亦从舍卫国来在……

2. 弥勒佛随释迦牟尼佛现

3. 分身像者胸上分现胸下体其像变形随□
4. 中印度境佛额上宝珠时有贫士既见宝珠乃生盗心像便曲既躬授珠与贼
5. 观音菩萨瑞像记
6. 伽你释迦牟尼佛从舍卫国来在固城
7. 南天竺国弥勒白佛瑞像记
8. 濮州铁弥勒瑞像今改为濮阳郡是
9. 于阗河浴佛瑞像身丈余杖锡持钵形而立
10. 南无东方十二上愿药师瑠璃光佛
11. 南无东方十二上愿药师瑠璃光佛
12. 南无东方十二上愿药师瑠璃光佛
13. 南无东方十二上愿药师瑠璃光佛
14. 南无东方十二上愿药师瑠璃光佛
15. 南无东方十二上愿药师瑠璃光佛
16. 南无东方十二上愿药师瑠璃光佛
17. 南无东方十二上愿药师瑠璃光佛
18. 南无宝境如来像佛
19. 南无郊（?）吉祥菩萨
20. 南无圣容像来住牛头山
21. 南无观音菩萨
22. 南无圣容诸像来住山
23. 南无圣容诸像来住山
24. 指日月瑞像纪
25. 张掖郡西影像古月之王时见在瑞像
26. 释迦牟尼佛真容从王舍城腾空如来在于阗海眼寺住

第 76 窟（伯希和编号 102 窟）

1 盲王愿造

圣者罗惹（?）舡（?）

之岩而（?）……

2 大目轧连现神通…… 士（?）

二相住水（?）谷户 如来所（?）曰（?）

3 南天竹违亲□□□□□□□上

香盘石为□□□在（?）□□

4 濮州铁弥勒瑞像今改濮阳郡是□

5 释迦佛亦从舍卫国□空同来在于

阗国城□□

6 天立□□佛在城……

7 …… 印……

……

12 此像从憍（?）恪（?）弥国飞往于阗东（?）媲摩城中今见在殊灵瑞（寺?）

13

14 微波施佛亦从□□□□□而同来在于阗□□□□

15 结（?）迦佴（?）佛亦从舍卫……

16

17

18 于阗国平赴中……

19

20

21 湄徽郡…… 不…… 无量福

22 迦叶佛亦从舍卫国腾空而来于阗国人虔敬不可思议

23 伽你□□□□佛□□□国腾空□□在□□□

24 昔二王相○行作灵…… 二王睹已捍申□上

无明（?）…… 住于阗劝伽（?）……

25 印度境□□□高…… 宝珠乃盗心乍见蔺…… 乃

……平欲　　　　　　　　　　登其□……　　如其将□增高

便兴念（?）曰□诸佛求□□违今世（?）索（?）

□上怯（?）□知……　为灵阐诲詔（?）

26　南天竺国弥勒现佛（?）瑞像记

27　释迦□□□□□□□□□□□腾空而来住于阗□□

28　彳休（林）□□□佛舟（?）□□竿（羊?）汉（奴?）（次?）半

摩佛□□□□□□化□火爆

29

30

31　南无大势至菩萨来降于阗国

32

33

34

35

36　南天竺王……　　　菩萨手持龙（?）……　　　白天……

第98窟（伯希和编号第74窟）

1　北天竺国尼婆罗国有弥勒头冠噴（?）在水中有人来取水中火出

第231窟（伯希和编号第81窟）

1

2　微波施佛从舍卫城腾空于国城住

3　于阗坎城瑞像

4　中天竺憍惂弥克瑞像

5　高浮啚寺放光佛其光如火

6　时佛从天降下其檀像乃仰礼拜时

7　释迦牟尼　真容从王舍城腾□□　海眼寺

8　于阗国石瑞像

10　天竺摩加国　观世音井

11　于阗古城瑞像

12　于阗国舍利弗毗沙门天王决海时

13　业力自远牵将来业　自近　将去非山非海非石中

14　弥勒菩萨随释　朱滛城

15　中天竺波罗柰国鹿野院中瑞像

16　张掖郡佛澋像月支王时

17　盘和都督府仰容山番禾县北圣容瑞像

18　天竺　白银弥勒瑞像

19　摩竭国湏弥座释迦并银菩萨瑞像

20

21　虚空藏菩萨于西玉河萨伽耶倦寺住瑞像

22　中天竺摩加陁国放光瑞像

24　佛在毗耶离巡城行化时紫檀瑞像

25　观世音菩萨于蒲特山放光成道瑞像

26　于阗媲摩城　琱檀瑞像

27　中天竺摩□

28　此牛头山像从耆山履空而来

29　指日月像

33　老王在北佛在地中马足掊出

31　朱具半国佛腾空于奴

34　迦叶佛从舍卫　腾空于固城住瑞像

35　陈国圣容像

1　分身瑞像者轧陁罗国　二人出钱画像其功毕一身二头

36　于阗海眼寺释迦圣容像

第237窟（伯希和编号84窟）

1　佛在毗耶离巡城行化紫檀瑞像

2　　　　　　□自至（?）□

3　观世音菩萨于蒲特山放光成道瑞像

4　于阗媲摩城　琱檀瑞像

5　中天竺摩□

6　此牛头山像从耆山履空而来

7　指日月像

8

9　朱俱半国佛腾空于奴越寺住

10

11　陈国圣容像

12　分身瑞像者乹陁逻国贫者二人出钱画像其功至已一身两头

13　于阗海眼寺释迦圣空

14　□□□□　舍　城□□　园（国）□像

15　于阗坎城瑞像

16

17　高浮畐寺放光佛其光如火

18

19　释迦牟尼佛真容从王舍城腾□□海眼寺

20

21　酒泉郡释迦牟尼瑞像

22

23　天竺摩伽国救苦观世音菩萨

24　于阗故城瑞像

25　于阗国舍利弗毗沙门天王决海时

26　业力自远　将来业力自近　将去非山非海非石中无有晄诸不受者

27

28

29　弥勒菩萨随释迦来汉城住

30　中天竺波罗柰国鹿野院中瑞像

31　张掖郡佛影像月支王时现

32　盘和都督府御谷山番禾县北圣容瑞像

33　天竺国白银弥勒瑞像

34　摩竭国须弥座释迦并银菩萨瑞像

35

36　虚空藏菩萨于西玉河萨伽耶倦寺住瑞像

37　中天竺摩伽陁国放光瑞像

第453窟（伯希和编号119窟）

龛顶：

1　北天竺乌仗国有老（?）塔高四十三丈人不可思仪

2　□皮毗曰［　　仏（?）巡

3　阿育王起八万四千塔罗汉与手遮日日光下处见之

甬道顶两披：

1　此（?）　　　　国腾空飞来在于阗国

2　此印……　　　　　　　　……

　……　　　　　　　　　　……

3　南无清凉山顶圣

4　慈氏如来现□□□□往于阗国

5　　　　　　　　飞来往于阗国

（原载《敦煌吐鲁番文献研究论集》第3辑，北京大学出版社，1986年，69—147页）

于阗佛寺志

于阗国在中国佛教史中的地位之重要，已为人所共知。我国大乘佛典，若华严、方等、般若、法华、涅槃诸部经原本，大多来自于阗；我国早期西行求法高僧，从曹魏朱士行起，也大多以于阗为目的地。凡此种种，学者们的研究既详且备，无待赘言。值得注意的是，于阗不仅仅是大乘佛典的传播中心，于阗自身也孕育发展出来若干佛教经典，或为某些佛典添加了出自当地的内容。在这方面，于阗佛寺起着重要的作用。梁释僧佑（445—518 年）《出三藏记集》（成书当在 506—512 年）卷九记《贤愚经》的产生经过说：

> ……河西沙门释昙学（按唐释智升《开元释教录》卷六作释慧觉，一云昙觉）、威德等，凡有八僧，结志游方，远寻经典，于于阗大寺，遇般遮于瑟之会（于阗文 paṃjavaṣṣi，paṃjsi-vaṣāri；梵文 pancavārṣika）。般遮于瑟者，汉言五年一切大众集也。三藏诸学各弘法宝，说经讲律依业而教。学等八僧随缘分听，于是竞习胡音，折以汉义，精思通译，各书所闻，还至高昌，乃集为一部。既而逾越流沙，赍到凉州，于时沙门释慧朗，河西宗匠，道业渊博，总持方等，以为此经所记源在譬喻，譬喻所明，兼载善恶，善恶相翻则贤愚之分也，前代传经已多譬喻，故因事改名，号曰《贤愚》焉。[1]

这是于阗佛寺中的高僧阐扬佛法、经河西僧人结集成经的一例[2]。又如《大集部》（*Mahāsaṃnipāta*）中的《日藏经》（*Sūryagarbha-sūtra*）

---

〔1〕 僧佑《出三藏记集》卷九，《大正新修大藏经》第 55 卷，67 页。

〔2〕 参看高楠顺次郎《藏文和汉文中的贤愚经故事》（Tales of the Wise Man and Fool, in Tibetan and Chinese），载《英国皇家亚洲学会会刊》（*JRAS*）1901 年卷，447—460 页；烈维（S. Lévi）《中亚文献中的贤愚经》（Le sūtra du sage et du fou dans littérature de l'Asie centrale），载《亚洲学报》（*JA*）1925 年卷 10—12 月号，305—332 页。

和《月藏经》(*Candragarbha-sūtra*),包含了大量出自塔里木盆地西部地区的内容[1]。10世纪大宝于阗国国王李圣天之子尉迟输逻(Viśa' Śūra,967—977年在位)赞助纂成的于阗语《佛本生赞》(Jātakastava,阇陀伽赞)[2]、19世纪90年代俄国驻喀什总领事彼得罗夫斯基(Н. Ф. Петровский)以及其他一些人从和田等地搜集到的著名的于阗语韵文长卷《赞巴斯塔书》[3]或其中第二品《跋陀罗缘起》[4],在性质上,均属于于阗地区的独创性佛教撰述。鉴于于阗佛寺在孳乳、发展佛教中起了如此重要的作用,本文汇集有关于阗佛寺的资料就不仅仅是考证的旨趣了。

一、赞摩寺/桚摩寺/匝摩寺

《洛阳伽蓝记》卷五引《宋云惠生行记》称:"于阗国王不信佛法,有商胡将一比丘名毗卢旃(Vairocana),在城南杏树下,向王伏罪云:'今辄将异国沙门来在城南杏树下。'王闻忽怒,即往看毗卢旃。旃语王曰:'如来遣我来,令王造覆盆浮图一躯,使王祚永隆。'王言:'令我见佛,当即从命。'毗卢旃鸣钟告佛,即遣罗睺罗(Rāhula)变形为佛,从空而现真容。王五体投地,即于杏树下置立寺舍,画作罗睺罗像,忽然自灭。于阗王更作精舍笼之,令覆瓮之影恒出屋外。见之者无不回向。其中有辟支佛(Pratyeka)靴,于今不烂,非皮非缯,莫能审之。"[5]《大唐西域记》和藏文《于阗国授记》也记载了相似而更加繁

[1] 参看列维《汉籍有关印度的资料》(Notes chinoises sur l'Inde),载《法国远东学院院刊》(*BEFEO*)第2—5卷,1902—1905年;冯承钧节译《大藏方等部之西域佛教史料》,载《西域南海史地考证译丛九编》,北京,中华书局,1958年。

[2] 德莱斯顿(M. J. Dresden)《佛本生赞》转写译注(*The Jātakastava or "praise of the Buddha's former births"*),费城,1955年。

[3] 恩默瑞克(R. E. Emmerick)《赞巴斯塔书》译注(*The Book of Zambasta, a Khotanese Poem on Buddhism*),牛津,牛津大学出版社,1968年。

[4] 沃罗比耶夫·捷夏托夫斯基(В. С. Воробьев-Десятовский)与沃罗比耶娃·捷夏托夫斯卡娅(М. Н. Воробьева-Десятовская)合刊《跋陀罗缘起——塞语"E"抄本新叶》[*Сказание о Вхадре*(*Новые листы сакской рукописи "E"*)],莫斯科,1965年。

[5] 范祥雍《洛阳伽蓝记校注》,上海,1978,271—272页。

复的故事，后者给我们留下此寺的名称——Tsar-ma〔1〕。前人早已将这里的 Tsar-ma 比定为《北史》卷九十七《西域传》于阗条的“赞摩寺”，该传称：“城南五十（应作‘十五’）里有赞摩寺，即昔罗汉比丘〔比〕卢旃为其王造覆盆浮图之所，石上有辟支佛跣（据《周书》应作‘趺’）处，双迹犹存。”〔2〕显然，《北史》的记载和《洛阳伽蓝记》一样也是来源于《宋云惠生行记》，而可贵的是给我们提供了它的名称，使人们很容易地将汉藏文献的有关记载联系在一起。赞摩寺是佛教传入于阗的标志，乃“最初之立也”〔3〕，因此在于阗佛寺中居突出的地位。公元5世纪初叶至于阗的凉州沙门僧表说：“赞摩伽蓝有宝胜像，外国相传云，最似真相。”〔4〕这里的佛像也名扬域外。由此看来，《宋云惠生行记》《西域记》和《授记》都以大量的篇幅和首要的地位记载此寺，并非偶然。

由上引材料可以看出，从北魏甚至更早，直到唐初，赞摩一直是于阗一所鼎盛的寺院。其后情况如何，汉文正史和僧传没有提供更多的史料，而和田、敦煌出土的文书填补了这个空白。

在斯文赫定（Sven Hedin）探险队由今和田东北一带掘到的纸本文书中，有两件文书提到赞摩（于阗文作 Tcarma）寺。一件编号为 Hedin 7，是《某年二月二十六日赞摩寺法师尉迟跋陀罗（Viśä'-bhadra）致媲摩城诸三藏法师书》〔5〕，这封报问起居平安的信，使我们看出当时于阗国寺院间僧侣的交往与情谊。另一编号为 Hedin 23，是一篇不知名的

〔1〕 玄奘《大唐西域记》（以下简称《西域记》），章巽校点本，上海，1977 年，297—298 页。《于阗国授记》（*Li-yu lung-bastan-pa*，下文简称《授记》），恩默瑞克最新译本《有关于阗的藏文文献》（*Tibetan Texts Concerning Khotan*），伦敦，1967 年，23—29 页。

〔2〕《周书》卷五十《异域传》下于阗条略同。

〔3〕 慧立、彦悰《大慈恩寺三藏法师传》，孙毓棠、谢方校点本，北京，1983 年，122 页。

〔4〕 宝唱《名僧传》卷二六，载《大日本续藏经》收《名僧传抄》。参看羽溪了谛《西域之佛教》，法林馆，1914 年，272，286—287 页；贺昌群译本，上海，1956 年重印版，210，220 页。

〔5〕 贝利（H. W. Bailey）《于阗语文书集》（*Khotanese Texts*）第 4 卷，剑桥，1961 年，82 页。

佛经的题记，供养者在题记中说，他将与赞摩寺法师 Braṃgala 共同享有写经的功德〔1〕。

敦煌卷子中也为我们保存了一些宝贵的材料。P.2139《释迦牟尼如来像法灭尽之记》，是公元9世纪前后由吐蕃三藏法师法成从藏文《于阗国阿罗汉授记》（*Li-yul-gyi dgra-bcom-pas lung-bstan-pa*）译为汉文的一部文献〔2〕，主要是记载一位于阗国阿罗汉对于阗像法毁灭的预言。其中讲到当于阗王不信佛法时，众僧走投无路，“集栘摩寺评议是事”，然后奔向赤面国（即吐蕃）〔3〕。这里的栘（音 zǎn）摩寺相对应的藏文原文作 Tsar-ma〔4〕，也即赞摩。这篇预言虽然是佛徒们的捏造，但恰好反映了赞摩寺在于阗佛寺中的主导地位，在他们眼里，这座最早兴建的伽蓝，也将最后一个被毁灭。

此外，S.6264 是《天兴十二年正月八日南阎浮提大宝于阗国匝摩寺八关戒牒》，授戒师是后晋天福（936—943年）中入五天竺求法，于宋初还至于阗的“左街内殿讲经谈论兴教法性大师赐紫沙门道圆”，受戒弟子为于阗人曹清净，年代是大宝于阗国王李圣天（Viśa Saṃbhava）天兴十二年（961年）正月八日，地点在于阗国匝摩寺〔5〕。这里的

---

〔1〕《于阗语文书集》第4卷，130页。

〔2〕汉文本见伯希和、羽田亨编《燉煌遗书》影印本第1集；藏文英译本见托玛斯（F. W. Thomas）《有关西域的藏文文献和文书》（*Tibetan Literary Texts and Documents Concerning Chinese Turkestan*）第1卷，伦敦，1935年，77—78页。参看乌瑞（G. Uray）《有关公元751年以前中亚史的藏文史料概述》（The Old Tibetan Sources of the History of Central Asia up to 751 A. D.: A Survey），载哈玛塔（J. Harmatta）编《伊斯兰时代以前中亚史史料导论》（*Prolegomena to the Sources on the History of pre-Islamic-Central Asia*），289页；汉译文载中央民族学院藏族研究所编《藏族研究译文集》第2集，北京，1983年，98页。

〔3〕《燉煌遗书》影印本第1集。

〔4〕托玛斯上引书第1卷，80页。

〔5〕录文见拙稿《关于唐末宋初于阗国的国号、年号及其王家世系问题》，载北京大学中国中古史研究中心编《敦煌吐鲁番文献研究论集》北京，1982年，207页；文书的年代参看文章第二、三节。按文书中将“匝摩”录作“迎摩”，是沿日本学者井之口泰淳《于阗语数据所记之尉迟王家的系谱和年代》一文中录文的错误，见《龙谷大学论集》第364册，42—43页；刘铭恕先生录文亦误，见《敦煌遗书总目索引》，238页。土肥义和撰《归义军时代》也误作迎摩寺，见《讲座敦煌》卷二《敦煌的历史》，大东出版社，1980，262—263页。惟翟林奈（L. Giles）《英国博物馆所藏敦煌汉文写本注记目录》（*Descriptive Catalogue of the Chinese Manuscripts from Tun-huang in the British* （转下页）

“匝摩”无疑是“赞摩”的同音异译。可见，直到宋初，赞摩寺仍是于阗国的重要寺院，它不仅是大法师给俗弟子授戒的场所，而且还是招待东往西去的行脚僧人的地方。

晚期于阗语书写的敦煌卷子中也常见赞摩寺之名。P.4099《文殊师利无我化身经》（*Mañjuśrīnairātmyāvatāra-sūtra*）的题记中提到“赞摩寺住持 Maledpranya”[1]，这部长达四百余行的于阗语写经是继李圣天为王的尉迟输罗在位期间（967—977）产生的[2]。另外，P.5537《佛说帝释般若波罗蜜多心经》（*Kauśaka-prajñā-pāramitā*）的题记[3]和 P.2025 杂文书中也都提到赞摩寺[4]。可见，在于阗王国已经开始与疏勒的穆斯林展开圣战的时候，尽管边境已是烽火硝烟，而赞摩寺的僧众仍在译经弘法，静心佛事。

归纳起来，赞摩又作梫摩、匝摩，藏文作 Tsar-ma，于阗文作 Tcarma。赞摩寺是于阗国兴建的第一座寺院，而且一直是于阗重要的寺院之一。

《水经注》卷二记于阗国：“城南十五里有利刹寺，中有石靴，石上有足迹，彼俗言是辟支佛迹。”[5] 利刹寺的里数和传说都与赞摩寺相符，但寺名利刹，不解其义。段成式《酉阳杂俎》前集卷十既记有“于阗国刹利寺有石靴”；又记：“于阗国赞摩寺有辟支佛靴，非皮非彩，岁久不烂。”[6] 可能是抄自不同的史料，并不能由此认为赞摩和利刹（刹利）寺两者有别。

（接上页） *Museum*）不误，作匝摩寺（211 页）。饶宗颐先生在《巴黎藏最早之敦煌写卷金光明经（P.4506）跋》附录（一）中谈到这件戒牒时说：“于阗事摩尼教，故其寺名曰‘迎摩寺’。”（《选堂集林 · 史林》上册，香港，1982 年，415—416 页），此说恐怕难以成立。

〔1〕 贝利《于阗语文书集》第 2 集，剑桥，1954 年，124 页。

〔2〕 参看蒲立本（E. G. Pulleyblank）《钢和泰卷子年份考》（The Date of the Staël-Holstein Roll），《泰东》（*AM*）新辑第 4 卷第 1 期，1954 年，92 页以下。

〔3〕 贝利《于阗语文书集》第 3 集，剑桥，1956 年，120 页。

〔4〕《于阗语文书集》第 2 集，79 页。

〔5〕《水经注》卷二，《四部丛刊》本，叶五 A 面。

〔6〕《酉阳杂俎》前集卷一〇，北京，98 页。

二、瞿摩帝寺

寺名最早见于《高僧法显传》:“国主安顿供给法显等于僧伽蓝。僧伽蓝名瞿摩帝,是大乘寺,三千僧共揵搥食。……瞿摩帝僧是大乘学,王所敬重,最先行像。”[1] 据藏文文献如《授记》记载,寺内有殿堂名光明殿(Pra-ba-śa)。公元4世纪末、5世纪初,由于国王崇重大乘,所以行大乘学的瞿摩帝寺较其他诸寺更受敬重,在行像时,以瞿摩帝寺为首。

其后,北凉王沮渠蒙逊从弟沮渠京声曾渡流沙至于阗,于瞿摩帝大寺遇天竺大乘法师佛驮斯那,从授禅法,而《禅法要解》二卷当即佛驮斯那于瞿摩帝寺所传授[2]。这表明此寺一直以大乘学著称于世,而且还是印度与西域学者交流思想、传授学问的场所。

《授记》在赞摩寺后接着记载,瞿摩帝(藏文 Hgum-tir)寺是于阗王尉迟毗梨耶(Vijaya Virya)时创建的[3]。遗憾的是尉迟毗梨耶王和《授记》中记载的其他于阗国王一样,没有确切的年代标志。因此,瞿摩帝寺的兴建年代还是不得而知。

敦煌出土的晚期于阗语文书中,也常见瞿摩帝一名,于阗文写作 Gūma-ttirä。如925年于阗使者在沙州书写的所谓《钢和泰杂卷》第41—42行载:“张都督命人为瞿摩帝塔制一新帐,长二十丈。”[4] 因为这是于阗使臣在沙州做的一种功德,所以,此处的瞿摩帝塔应是著名的于阗瞿摩帝大塔的一个敦煌仿制品,这也正好可以看出瞿摩帝寺大塔在

---

[1] 《大正藏》第51卷,857页;参看《法华传记》卷七天竺于阗国瞿摩帝寺沙弥条:“于阗国有僧伽蓝,名瞿摩帝,是大乘寺,三千僧居,揵搥而食。”见《大正藏》第51卷,79页。

[2] 《高僧传》卷二《昙无谶传》,见《大正藏》第50卷,337页;《开元释教录》卷四《禅法要解》条,见《大正藏》第55卷,521页。

[3] 恩默瑞克《有关于阗的藏文文献》,29—31页。

[4] 贝利《钢和泰杂卷》(The Staël-Holstein Miscellany),《泰东》新辑第2卷第1期,1951年,44页;参看贝利《于阗塞语辞典》(*Dictionary of Khotan Saka*),剑桥,1979年,471页 haśirma 条。

佛教徒心目中的地位。

此外，Ch.00296 和 P.2958 两份于阗使臣报告中，分别提到了瞿摩帝的太子和大师[1]。Or.8212.162 号于阗文杂纂中，不仅提到了两位瞿摩帝的阿阇梨的名字，而且还记载了 Vijita Sagrauma 王在瞿摩帝一带兴建伽蓝的事情[2]。

由以上于阗文写卷可以看出，瞿摩帝寺和赞摩寺一样，直到五代宋初仍然香火不绝。我们甚至还可以看出，一些瞿摩帝的法师还肩负着王朝的神圣使命，与政府的使臣一起，出使沙州、甘州、西夏乃至中原王朝。这对于中原、河西和于阗佛教文化的传播与交往必然起着一定的积极作用。

早年，黄文弼先生曾认为瞿摩帝寺即赞摩寺[3]，最近出版的周连宽先生的《大唐西域记史地研究丛稿》已指出其误[4]。从上引有关两寺的史料和它们的于阗文、藏文读音看，两者绝对无法勘合。

三、牛头山寺

日本学者光岛督在《于阗的名刹瞿摩帝寺考》一文中认为，法显所记的瞿摩帝寺，即《授记》中所记尉迟毗梨耶王建造的瞿摩帝寺，而且也就是同一国王所建的牛头山（hgehu-to-can）寺[5]。按《授记》关于这两所寺院的记载十分清楚，虽然它们都建于尉迟毗梨耶王在位时期，但瞿摩帝寺是国王为善友尊者佛陀杜底（Buddhadūta）阿罗汉所建，文献中没有明确记载其方位；而牛头山寺则是因为国王在牛头山上

[1] 贝利《七王子》（The Seven Princes），《伦敦大学亚非学院学报》（*BSOAS*）第7卷第3—4期，1943年，621页；又见贝利《塞语文书：原文转写卷》（*Saka Documents, Text Volume*），伦敦，1968年，110—111页；贝利《金汗》（Altun Khan），同上《伦敦大学亚非学院学报》第30卷第1期，1967年，98页。

[2] 《塞语文书：原文转写卷》，25—29页。

[3] 《塔里木盆地考古记》，北京，1958年，54页。

[4] 《大唐西域记史地研究丛稿》，北京，1984年，243—244页。

[5] 见东京教育大学东洋史研究室编《东洋史学论集》，东京，1953年，111—117页。

一小山谷中找到了遗失的孩童，而发心愿在山谷中建造的[1]。玄奘曾简要记述了后者："王城西南二十余里，有瞿室餧伽山（唐言牛角）。山峰两起，岩隒四绝，于崖谷间建一伽蓝，其中佛像时烛光明。昔如来曾至此处，为诸天人略说法要，悬记此地当建国土，敬崇遗法，遵习大乘。"[2]

从另一方面看，"瞿摩"或"瞿摩帝"最早是于阗一条河的名字，梵文作 Gomatī，藏文作 Go-ma 或 mGo-ma，于阗语作 Gūmattīrä。《水经注》卷二记："〔河水〕南源导于阗南山，俗谓之仇摩置。自置北流，径于阗国西。"[3]"仇摩置"是瞿摩帝的同音异译。学者已考定此河即稍晚文献中所记载的墨玉河（今哈喇哈什河）[4]，与《水经注》的记载相吻合。至于寺名"瞿摩帝"（Hgum-tir），藏文意为"瞿摩河岸"[5]。因此可以推测，瞿摩帝寺当建于王城西南瞿摩河岸边，这里正好是牛角山或牛头山麓，与位于牛头山某小山谷的牛头山寺尽管相近，但却不在一处。语源和地理两方面的考察，也把两所寺院明显地区分开来，所以，我们很难接受光岛督氏的看法。

在隋天竺三藏那连提耶舍译的《日藏经》中，牛头山就是诸神守护的胜地[6]，在保存至今的藏文文献《牛角山授记》《于阗国授记》等书中，都以大量篇幅叙述释迦牟尼佛如何从王舍城灵鹫山飞来于阗牛头山讲说预言的故事[7]。牛头山在很早以前就被佛教徒添上了浓厚的宗教色彩，而且传说释迦时代那里曾经建有瞿摩娑罗乾陀大宝塔，在于阗佛教徒的心目中，牛头山就是于阗的灵鹫山。这样一处重要的宗教圣

---

〔1〕 恩默瑞克《有关于阗的藏文文献》，29—33 页。

〔2〕 《大唐西域记》，298 页。

〔3〕 《四部丛刊》本，叶五 A 面。蒲立本认为这里的"仇摩置"是于阗南部山的土名（见恩默瑞克《有关于阗的藏文文献》，95 页），似乎于原文理解有误。

〔4〕 参看乌瑞《有关公元 751 年以前中亚史的藏文史料概述》，291—294 页；汉译文，99—100 页。

〔5〕 托玛斯《有关西域的藏文文献和文书》第 1 卷，108 页，注 7。

〔6〕 《大正藏》第 13 卷，294—295 页。

〔7〕 托玛斯《有关西域的藏文文献和文书》第 1 卷，11—35 页；恩默瑞克《有关于阗的藏文文献》，3—15 页。

地，一定建有许多伽蓝，牛头山寺和瞿摩帝只不过是其中的两座较大的寺院而已。

牛头山作为一座佛教名山，不仅在于阗僧众中具有崇高的地位，而且随着于阗和沙州间文化交往的日益密切，它还以一种“瑞像”的形式，屡屡出现在敦煌的洞窟和写卷中〔1〕。在牛头状的山峰上，绘着一所辉煌的殿堂，这大概就是我们这里所说的牛头山寺吧。

四、娑摩若寺（王新寺）

《西域记》称：“王城西五、六里有娑摩若僧伽蓝。中有窣堵波，高百余尺，甚多灵瑞，时烛神光。”以下记述一位罗汉手擎此塔，放置舍利的故事〔2〕。托玛斯将此寺定为《授记》中的 Sum-nya 寺〔3〕，学者间没有什么异议。《授记》关于此寺的来历是这样记载的：“尔后，尉迟达磨（Vijaya Dharma）王之子尉迟信诃（Vijaya Simha）在位之时，疏勒王率大军侵入于阗国。尉迟信诃〔率军〕迎战，疏勒军败北，于阗王以套索（或译陷阱）擒获其王，且令斩之。疏勒王祈求赦免，尉迟信诃王曰：‘王，若不杀而赦，则当你修成阿罗汉时，回来作我善友。’于阗王赦之，取法名曰阿难陀斯那（Anandasena），送回疏勒。尔后，比丘阿难陀斯那寻即成为阿罗汉，以其与于阗王有誓在先，腾空而来于阗国，为尉迟信诃王善友。国王以怜悯真诚之心，为尊者阿难陀斯那阿罗汉兴建娑摩若寺及窣堵波。毗沙门与迦比罗天王为护持此伽蓝而住于此地，故此伽蓝威力无边，显赫无比。”〔4〕

〔1〕 孙修身《莫高窟佛教史迹故事画介绍》（三），《敦煌研究》第 2 集，兰州，1983 年，91—93 页；参看拙稿《敦煌“瑞像记”、瑞像图及其反映的于阗》，《敦煌吐鲁番文献研究论集》第 3 辑。

〔2〕 《大唐西域记》，300—301 页。

〔3〕 托玛斯《有关西域的藏文文献和文书》第 1 卷，118 页，注 3。

〔4〕 恩默瑞克《有关于阗的藏文文献》，45—47 页。

斯坦因把《西域记》中的娑摩若寺比定为《授记》中的瞿摩帝寺[1]，显然是没有通盘考虑《授记》的前后记载而致误。但是，他关于娑摩若寺即法显所记的王新寺的论证[2]，却是正确的。《法显传》记载："其城西七、八里有僧伽蓝，名王新寺，作来八十年，经三王方成，可高二十五丈，雕文刻镂，金银覆上，众宝合成。塔后作佛堂，庄严妙好，梁柱户扇窗牖皆以金薄。别作僧房，亦严丽整饰，非言可尽，岭东六国诸王所有上价宝物多作供养。"[3] 和玄奘关于娑摩若寺的记载相对照，除里数略合外，两者都特别地描绘了寺中的塔，"金银覆上"而"时烛神光"，"众宝合成"而"甚多灵瑞"。尽管不同时代产生的著作取材不同，各有侧重，因而有一定的差异，但相似之处使我们也认为，娑摩若寺即王新寺。

敦煌出土的于阗语文书进一步丰富了我们关于娑摩若寺的知识。早在1938年，贝利教授在刊布敦煌卷子Ch.00274《佛本生赞》（*Jātakastava*）的图版时就曾指出："这部《佛本生赞》是娑摩若（于阗文Sāmanyā；藏文Sam-nya或So-ma-nya）寺阿阇梨的著作。"[4] 1955年，贝利的学生德莱斯顿（M. J. Dresden）将此于阗文卷全部译为英文。娑摩若一名出现在赞诗的序中："微臣（按：指功德主张金山）以敬信慈爱之心，敬请娑摩若寺三藏法师Vedyaśīlä，法师有如阿阇梨提婆（Ācāryadeva），精于文辞有如水中渔夫：'而今尊者以爱菩提之心屈尊为我转译，并将此功德善念奉与尉迟输罗大王；并愿此国疾病不起，灾祸尽消。'"[5] 从这部完成于尉迟输罗王在位时期（967—977）的著

[1] 斯坦因《古代和田》（*Ancient Khotan*）第1卷，牛津，1907年，223页。羽溪了谛从之，见《西域之佛教》，贺昌群译本，214页。其中《于阗国授记》译作《西藏传》；瞿摩帝译作库恩斯德尔，似有未妥。

[2] 斯坦因《古代和田》第1卷，223—224页；《西域之佛教》，贺译本214—215页。

[3] 《大正藏》第51卷，857页。

[4] 格林贝赫（K. Grønbech）刊《亚洲小语种丛刊》（Monumenta Linguarum Asiae Maioris）第2卷，贝利编《于阗文抄本》（*Codices Khotanenses*），哥本哈根，1938年，12页。

[5] 德莱斯顿《佛本生赞》，422页。

作可以得知，公元10世纪中叶，娑摩若寺是于阗王国一处十分重要的译经场所。

五、毗沙门天王神庙

《西域记》记载于阗建国之王“未有胤嗣，恐绝宗绪，乃往毗沙门天神所，祈祷请嗣，神像额上剖出婴孩”，“传国君临，不失其绪”。而其国王则“自云毗沙门天之祚胤也”。“故今神庙多诸珍宝，拜祠享祭，无替于时”[1]。在《授记》中，从决海成陆，到涌现军前，毗沙门天王在于阗建国传说中都扮演着主要角色[2]。另外，毗沙门天王作为于阗最主要的守护神祇早就见于汉文《月藏经》[3]，有关的藏文文献更为丰富。慧琳《一切经音义》卷十一于阗条下注云：“于彼城中有毗沙门天神庙，七层木楼，神居楼上，甚有灵验。”[4] 从考古材料看，不仅于阗王城中立有毗沙门天王庙，而且于阗周围一些寺院中也供有毗沙门的神像[5]，甚至“毗沙门和舍利弗决海”的文字和图像也大量出现在敦煌卷子和洞窟壁画中[6]。这反映了于阗毗沙门天王信仰的东渐，也表明公元10世纪前后，战乱频仍，人们迫切要求神灵庇护的心理。

六、麻射寺

《西域记》和《授记》都记载了一个关于丝绢传入于阗的美妙传

---

〔1〕《大唐西域记》，299—297页。

〔2〕恩默瑞克《有关于阗的藏文文献》，21页。

〔3〕《大正藏》第13卷，368页。

〔4〕《大正藏》第54卷，375页。

〔5〕威廉斯（J. Williams）《于阗绘画中的佛像》（The Iconography of Khotanese Painting），《东方与西方》（*East and West*）新辑第23卷第1—2期，罗马，1973年，132—135页；图版34，36—38。

〔6〕拙稿《敦煌“瑞像记”、瑞像图及反映的于阗》；孙修身《莫高窟佛教史迹故事画介绍（一）》，《敦煌研究文集》，兰州，1982年，351—352页。

说[1]，尽管内容略有差异，但大的方面还是吻合的。因此，学者们早就将《西域记》中麻射僧伽蓝比定为《授记》中的 Ma-źa 寺。这座寺院是由于蚕种的传入于阗而兴建的，在于阗诸寺中具有特殊的地位。位于今和田东北的丹丹乌里克（Dandān-Oilik）、东方的哈达里克（Khadalik）等于阗佛教寺院遗址，曾出土了八块木板画，描绘了汉地公主把丝绢传入于阗的一幕幕戏剧性场景[2]，形象地说明了这个故事的广泛流传，也反过来说明麻射寺在于阗国的特殊意义，即她是中国丝绢及其工艺向西传播的重要里程碑之一，这也就是几乎所有关于丝路的著作中都有麻射寺的名字的原因。

七、龙兴寺

此寺见慧超《往五天竺国传》："于阗有一汉寺，名龙兴寺；有一汉僧，名□□，是彼主寺，大好住持，彼僧是河北冀州人士。"[3] 慧超以唐玄宗开元十五年（727 年）回到安西，留下上面这段记载。于阗是唐安西四镇之一，于阗的这所汉寺——龙兴寺或许就是唐中宗复辟，天下寺观同号龙兴时奉敕兴建的[4]。这和龟兹的大云寺、龙兴寺，疏勒以及碎叶的大云寺一样，都是唐朝政令行使于西域的反映。而且，从这些寺院的兴建可以进一步窥测出，唐朝统治者除了利用政治和军事等手段控制西域外，还利用在西域建立汉寺的方法，让汉地佛教渗透到这些佛教王国中，使西域在精神文化上也和中原紧密联系起来，共同对抗吐蕃和西突厥余部的侵扰。

根据《授记》的记载，驻扎在于阗镇的唐朝军使还曾和于阗王一

[1] 《大唐西域记》，301—302 页；恩默瑞克《有关于阗的藏文文献》，33—35 页。
[2] 威廉斯《于阗绘画中的佛像》，147—150 页，图版 57—64。
[3] 羽田亨《慧超往五天竺国传迻录》，《羽田博士史学论文集》上卷，京都，1957 年，627 页。
[4] 参看《唐会要》卷四八；房琯《龙兴寺碑序》，《全唐文》卷三三二，北京，中华书局影印本，3368—3369 页。

起共建伽蓝[1]，这更清楚地说明了唐朝的这种策略；同时，汉寺的兴建也为于阗的佛教增添了异彩。

八、Dro-tir 寺

《授记》记载，这座寺院是尉迟达磨（Vijaya Dharma）王为其兄尊者达磨难陀（Dharmānanda）建立的，是于阗城和坎城周围十六所奉行摩诃僧祇部（Mahāsāṃghika，大众部）的寺院之一[2]。我们在汉文文献中没有找到有关此寺的材料。但在晚期于阗文书写的敦煌卷子 P.2958 中，找到了一位 Dro-tir（于阗文 Drūtir）寺的阿阇梨，他和一位瞿摩帝寺的法师一起，作为于阗的使臣来到沙州，又继续向东到朔方[3]。另外，Or. 8212.162 杂纂的最后一件状文中，也两次提到一位 Dro-tir 寺的法师[4]。表明此寺和瞿摩帝寺一样，这里的僧人在于阗的政治生活中起着一定的作用。然而，Dro-tir 寺最引人注目的是它的僧众属于摩诃僧祇部。

《授记》还记载，尉迟达磨王时期，小乘萨婆多部（Sarvāstivada，说一切有部）也传入于阗[5]。玄奘至于阗，即被“延入城，安置于小乘萨婆多寺”[6]。由此可见，于阗虽说是大乘佛教的中心，但对于佛教的其他派别兼容并蓄。因此，从 Dro-tir 的兴盛情况看，仅仅把于阗理解为大乘佛教王国是不够的，于阗佛教其他派别的状况如何，更应引起我们的注意。

九、Hgu-źan 寺（净土寺）

根据《授记》，此寺是尉迟散瞿罗摩（Vijaya Sangrāma）王率军攻

〔1〕 恩默瑞克《有关于阗的藏文文献》，61 页。
〔2〕 恩默瑞克《有关于阗的藏文文献》，35—41 页。
〔3〕 贝利《金汗》，《伦敦大学亚非学院学报》第 30 卷第 1 期，98 页。
〔4〕《塞语文书：原文转写卷》，28—29 页。
〔5〕 恩默瑞克《有关于阗的藏文文献》，41—45 页。
〔6〕《大慈恩寺三藏法师传》，121 页。

灭曾经侵扰于阗的游牧族诸国后，还至于阗玉河下游时，发信心为七位尊者阿罗汉所建[1]，藏文 Hgu-źan 又作 Hgu-źanta，意为“净土”，贝利教授比定为于阗文的 Gūśūṃ'dā[2]。此词作为地名四次出现于 Or. 8212.162 号杂纂中。同文书的最后一件状文中，还提到了一位出使沙州的 Hgu-źan 寺的大德，名叫 Nāgaidravarda[3]。此人或许就是 S.2528 文书所记载的“于阗僧龙大德”[4]，他在沙州请求令公节度使发给公凭，准备继续自己的旅程。Hgu-źan 寺虽然还没有找到汉文材料的记载，但从藏、于阗文的材料也可以看出，它是于阗较大的寺院之一。

十、地迦婆缚那寺

《西域记》载：“王城西南十余里有地迦婆缚那伽蓝。中有夹纻立佛像，本从屈支国来至此。”[5] 关于这所寺院，仅见于玄奘的记载，于阗文写卷 Ch.00268 第 103—104 行提及 Ditka-banī 菩萨[6]，据此或可推断此寺之得名殆因其奉祀地迦婆缚那菩萨。

十一、护国寺

从宋云、惠生和玄奘关于捍麽或媲摩的瑞像记载可知，媲摩城南的大寺也是十分隆盛的[7]，它以寺中的瑞像著称于世，而且在敦煌石窟的壁画中也是常见的瑞像之一[8]。遗憾的是这所寺院的名字未见记载。

---

〔1〕恩默瑞克《有关于阗的藏文文献》，51—53 页。
〔2〕《于阗语文书集》第 4 卷，9 页。
〔3〕《塞语文书：原文转写卷》，25—29 页。
〔4〕参看《英国博物馆所藏敦煌汉文写本注记目录》，255 页；图版见《讲座敦煌》第 2 卷《敦煌的历史》，240 页。
〔5〕《大唐西域记》，298 页。
〔6〕贝利《于阗语佛教文书集》，1951 年，103 页。
〔7〕《洛阳伽蓝记校注》，265—296 页；《大唐西域记》，303—304 页。
〔8〕孙修身《莫高窟佛教史迹故事画介绍（二）》，《敦煌研究》第 1 集，98—99 页。

媲摩地区是于阗王城东部的一块大绿洲，考古和文献材料都表明这里曾经是佛寺林立的宗教圣地，但目前我们仅仅从斯坦因在丹丹乌里克掘获的几件汉文文书中，找到一个寺的名称，即护国寺。这几件文书编号分别为 D.VII.2、D.VII. 4. a、D.VII.7 等。其中前两件是当地俗人向护国寺僧虔英举借钱粮的契约，后一件是当寺僧官下的帖〔1〕。这大概是位于杰谢镇的一所寺院，从佛寺的名称和寺僧的法名如虔英、宝明、法进、道超、惠达、惠云等等来看，这所寺院似乎也是汉僧为主的寺，其中的僧人大概是随着唐朝的势力而来到这里的。

十二、金 轮 寺

《贞元新定释教目录》卷十四《普遍智藏般若波罗蜜多心经》条记载，东天竺三藏沙门达摩战涅（一作坦）罗于开元二十九年（741 年）由唐西行归国，路上染疾，“旋骑退入疏勒城中，转次东南行八百里，至于阗国，住金轮（一作转）寺……以天宝二年（743 年）岁次癸未十一月二十三日卒于此寺矣。”〔2〕关于此寺的进一步研究，有待于新材料的发现。

十三、萨 迦 耶 仙 寺

法成译《释迦牟尼如来像法灭尽之记》开首记载：“有于阗国来六代王已过，至第七代王，名毗尼耶讫多。治国之时，彼国有寺，名萨迦耶般罗诃那。去此寺不远，有一山谷，名娑迦耶几那，彼山谷中有一罗汉。”〔3〕以下是罗汉关于于阗像法灭尽的预言。这里的寺名萨迦耶般罗诃那，相对应的藏文作 San-ka-ya-pra-ha-na-ya，山谷名娑迦耶几那作

〔1〕《古代和田》第 1 卷，527—533 页。
〔2〕《大正藏》第 55 卷，879 页。
〔3〕《燉煌遗书》影印本第 1 集。

Sa-ka-ya-gyi-ri〔1〕。这座寺院除了作为罗汉的住持地外，在其他一些材料中，它还是守护于阗的虚空藏菩萨（Ākāśagarbha）的住所，S.2113《瑞像记》第56—57行有“虚空菩萨于西玉河萨迦耶仙寺住”〔2〕，同样的题记还见于敦煌莫高窟第231和237窟的壁画中〔3〕。与之相应的是P.2893号于阗文写卷，其中也记载虚空藏菩萨的住所是Sakāyagīra〔4〕，即萨迦耶仙寺。此外，在敦煌藏文卷子P.t.960《于阗国教法史》中，虚空藏的住所是Skohi-brong〔5〕，其差异或许是由于方言和转译造成的。根据以上记载，萨迦耶仙寺是位于深山峡谷、玉河岸边的一座寺院。有关它的材料相对来讲是比较多的，但缺乏当地文书的记载，而且似乎也没有高僧前去访道观瞻。因此，给此寺披上一层神秘的色彩，使人感到它好像是在若有若无之间。

十四、毗摩寺（附）

最后，我们附带谈谈毗摩寺。P.2007《老子西升化胡经》卷一称：“（老子）……便即西度，经历流沙，至于阗国毗摩城所。”〔6〕其方位，《北史》卷九十七《西域传》载：“于阗西五百里有比摩寺，云是老子化胡成佛之所。”由于《老子化胡经》是道士在远离于阗的中土虚构的东西，而毗摩寺的记载除了见于有关老子化胡的传说之外，别无他证，所以，似乎不应把它列入于阗佛寺之林。

最后，应当指出，专门记载于阗佛寺情况的《于阗国授记》一书

---

〔1〕托玛斯《有关西域的藏文文献和文书》第1卷，77页。

〔2〕拙稿《敦煌“瑞像记”、瑞像图及其反映的于阗》。

〔3〕孙修身《莫高窟佛教史迹故事画介绍（二）》，100—101页；伯希和《敦煌洞窟笔记》第3册，巴黎，1983年，25，29页。

〔4〕贝利《于阗语杂考（四）》（Hvatanica IV），《伦敦大学东方和非洲研究学报》（*BSOAS*）第10卷第4期，1942年，892—893页。

〔5〕托玛斯《有关西域的藏文文献和文书》第1卷，311页。

〔6〕罗振玉《敦煌石室遗书》。

列举了大量僧尼寺院，如南无佛寺（na-mo-hbu-gdoṅ）、弥勒寺（hbas-no-nya）、伽师尼寺（Khye-śo-no）、太后正果寺（gus-sde-re-ma）、公主寺（hbah-no-co）等，数量远远超过上文列举的寺院。于阗语文书中也散见一些佛寺名称[1]。5世纪初，法显称于阗有大伽蓝十四，小者无数，家家门前皆起小塔[2]。7世纪初，玄奘称该地伽蓝百余所[3]。《于阗国授记》成书大概在9世纪末或10世纪初，它反映当时当地具有一定规模的寺院达四百余所，兰若小塔数逾五千[4]。

20世纪初以来，考古探察人员在和田地区找到了大量寺塔遗址，这向人们提出了进一步研究和比定于阗佛寺的任务。我们通过初步搜集的有关于阗佛教资料认识到，于阗地区的佛教发展情况值得人们深入地加以研究。

（原载《世界宗教研究》1986年第3期，140—149页）

---

〔1〕贝利《于阗语杂考（四）》，923页。
〔2〕《大正藏》第51卷，857页。
〔3〕《大唐西域记》，296页。
〔4〕恩默瑞克《有关于阗的藏文文献》，73—75页。

8 世纪下半至 9 世纪初的于阗

研究唐代中原与西域的关系，民族与文化是至关重要的眼目。太宗贞观四年（630 年）以来，唐廷开始与北方游牧民族打交道，行军之同时，逐步在边疆经营镇防体制。高宗显庆三年（658 年）以后，唐朝在西域绿洲地区建立军镇体制之同时，也根据各个地区的实际情况，在承认当地民族首领或国王世袭、自治的基础上建立羁縻制度。长寿元年（692 年），则天武后再设四镇，发汉兵三万人镇守，在完成镇戍体制之同时，也完善了羁縻体制。对于羁縻体制的具体形态及其运作方式，今天人们还说不上有深入的了解。幸而 19 世纪末、20 世纪初以来，在唐代安西四镇之一的毗沙（Viśa'）都督府所辖羁縻州府属下的城镇遗址，陆续发现于阗语或与于阗有关的汉语公私文书和佛教典籍，大大有助于我们考察唐朝在绝域以内建构的军政制度以及当时中原与于阗的文化交流情况。这也就是我们从 20 世纪 80 年代初以来不断就唐代于阗史地有所论述的原因。

8 世纪下半至 9 世纪初，经过安史之乱，唐朝与西域交通不便，河西及安西四镇渐次没蕃，吐蕃开始统治于阗。对此，汉文史料缺少记载，而和田当地出土文书又多为残篇断简，于阗语和藏语文书的年代迄今不能准确指定公元年代。我们在《关于和田出土于阗文献的年代及其相关问题》等文章中，曾经根据有明确年代的汉文文书，来考订和田古遗址中同时和同地发现的于阗语文书的年代[1]。大约同时，施杰我（P. O. Skjærvø）在《8 世纪的于阗王》一文中，整理了于阗语文书

〔1〕 张广达、荣新江《〈唐大历三年三月典成铣牒〉跋》，《新疆社会科学》1988 年第 1 期，60—69 页；作者《于阗史丛考》，上海，上海书店出版社，1993 年，140—154 页；又《关于和田出土于阗文献的年代及其相关问题》，《东洋学报》第 69 卷第 1.2 号，1988 年，59—86 页；《于阗史丛考》，71—97 页。

中的纪年和于阗王称号的材料，力图建立于阗语文书的年代体系[1]。此外，林梅村发表《新疆和田出土汉文于阗文双语文书》一文，在重新解释和田出土于阗语汉语双语文书的基础上，也讨论了文书的年代问题[2]。孟凡人在《隋唐时期于阗王统考》一文中，结合文书和史籍记载，提出他对文书年代和相关于阗王年代的看法[3]。最近，熊本裕在《和田地区出土的于阗语文书》一文中，综述收藏于世界各地的资料，并讨论了年代及相关的其他问题[4]。这些文章或多或少地在文书的理解上取得了进步，但在文书的年代上却没有任何一位得出了使人信服的结论。

和田地区出土的汉语和于阗语文书年代的论定，是我们进而研究这段混乱历史的前提，也是研究 8、9 世纪西域史的关键所在，有必要彻底地做更细致的工作。感谢斯德哥尔摩大学罗信（S. Rosen）教授提供给我们新的 Hedin 24 号文书的照片，也感谢施萍婷女史和熊本裕博士从圣彼得堡东方学研究所抄录或拍照回未刊和田出土文书，使我们有可能在前人工作的基础上更进一步。

一、Hedin 24 号文书的重刊

本文书为汉语于阗语双语文书，最早由贝利（H. W. Bailey）转写翻译了于阗语部分，汉文部分由蒲立本（E. G. Pulleyblank）参考夏伦（G. Haloun）的意见，做了录文并译成英语[5]。此后，贝利又刊布了

---

〔1〕 P. O. Skjærvø, "Kings of Khotan in the Eight Century", *Histoire et cultes de l'Asie centrale préislamique, sources écrites et documents archéologiques. Actes du colloque international de CNRS (Paris, 22-28 novembre 1988)*, eds. P. Bernard et F. Grenet, Paris 1991, pp. 255-278.

〔2〕《考古学报》1993 年第 1 期，89—107 页；作者《西域文明》，北京，东方出版社，1996 年，209—233 页。

〔3〕《西域研究》1994 年第 2 期，43—50 页。

〔4〕 H. Kumamoto, "The Khotanese Documents from the Khotan Area", *Memoirs of the Research Department of the Toyo Bunko*, 54, 1996, pp. 27-64.

〔5〕 *KT*, IV, pp. 135-138.

该文书的图版[1]。我们曾据图版重新校录，改正一些蒲立本的误识和漏录，并施以标点符号[2]。林梅村对汉文部分做了一些新的改订[3]，但受到熊本裕的批评[4]。

这里根据罗信教授提供的新照片，对 Hedin 24（见正文前彩图）重加校录如下。

（前缺）

1 　　　　］□□乘驼人桑宜本口报称：闻神山堡□

2 　　　　］□三铺人并驼三头，今日卯时□，濡马屈萨

3 　　　　］得消息，便即走报来者。准状各牒所

4 由者，］人畜一切尽收入坎城防备，如有漏失，

5 　　　　］罪科所由者，故牒。

6 　　　　　　贞元十四年闰四月四日辰时，典史怀□牒。

7 　　　　　　　　　　判官简王府长史富惟谨［

8 节度副使都督王［尉迟曜］

以下按行次略加校注。

1. □□乘驼人：蒲氏录作“史桑（?）驼人”，我们旧录作“史，乘驼人”，林梅村作“（戍）吏弃驼人”。乘马人之专称见库车 Douldour-âqour 39 号文书（*Les manuscrits chinois de Koutcha. Fonds Pelliot de la Bibliothèque Nationale de France*, par E. Trombert avec la collaboration de Ikeda On et Zhang Guangda, Paris 2000, p. 66)。

1. 桑宜本口报称：“桑”原作“桒”，蒲氏照录，我们校录作“桑”，林梅村改作“弃”，断句作“弃宜本口，报称”。按“桒”为“桑”之俗字，唐代文书上的实例见吐鲁番阿斯塔那 509 号墓出土《唐开元二十一年（733 年）西州都督府案卷为勘给过所事》第 97 行的

---

〔1〕 H. W. Bailey (ed.), *Saka Documents*, I, London 1960, pl. VII.

〔2〕 张广达—荣新江 1988，70 页；《于阗史丛考》，82 页。

〔3〕 林梅村《新疆和田出土汉文于阗文双语文书》，93、95、98—101 页；《西域文明》，209—233 页。

〔4〕 Kumamoto 1996, p. 57, n. 36; p. 58, n. 40.

“桒”，整理者即厘定为“桑”，见《吐鲁番出土文书》（图版本）肆，北京文物出版社，1996 年，291 页。关于此俗字之演变，详参张涌泉《汉语俗字研究》，长沙岳麓书社，1995 年，101—102 页。“桑宜”当是对应于某个于阗文人名的固定词组，如麻札塔格（Mazar Tagh）出土《唐开元九年（721 年）十月至十年正月于阗某寺支出簿》第 62 行有“桑宜洛”名（陈国灿 1995，498 页；池田温 1996，224 页）；沙畹所刊同遗址所出另一残帐有“桑宜没”名（Chavannes 1913，204，pl. xxxii；池田温 1996，224 页）。又，“口报”为一词，唐代文书习语，不可点破。

1. 神山堡：见《新唐书》卷四三《地理志》所存贾耽《皇华四达记》佚文。遗址在今和田北方和田河西岸麻札塔格山东麓山顶，现唐代古堡犹存。唐朝在神山堡设馆，接待经于阗河往来之人使。德国印度艺术博物馆藏《唐于阗诸馆人马给粮历》（MIK III 7587）记有“神山已北四馆”，证明了唐朝沿于阗河设有驿道，而神山堡正是扼守这条道路的最重要堡垒（参看荣新江《于阗在唐朝安西四镇中的地位》，《西域研究》1992 年第 3 期，59 页）。吐蕃占领于阗后，这里仍然是军事重地，藏文称作“Shing-shan”（F. W. Thomas，*Tibetan Literary Texts and Documents*, II, London 1951, pp. 198-199, 219）。据 Hedin 24 推测，唐朝时神山堡与坎城（今老达玛沟的乌曾塔提）间有路东西相通，即由神山东行，经杰谢（丹丹乌里克）而南到坎城的要道，详侯灿《麻札塔格古戍堡及其在丝绸之路上的重要位置》，《文物》1987 年第 3 期，63—75 页。俄藏 Дх. 18917《唐贞元四年（788 年）五月杰谢百姓瑟□□牒为伊鲁欠负钱事》记杰谢人伊鲁“见在神山路探候”（施萍婷 1997，329 页），确切证明了从神山到杰谢的道路的存在。

2. □三铺人：林梅村作“（牛）三头”，并称：“‘牛’字尚存下半部分，所谓铺当释‘头’，又见本行下文‘驼三头’中同一字。哈隆（即夏伦）的‘人’实为表示停顿的符号。”按原文书残存之首字下半，据其书体，不可能释作“牛”；“铺”字亦清楚无误，与下文“头”字绝不相类。唐人文书不施标点，何顿号之有？“人”字残划不只有“、”，还有左边一撇，释作“人”字不误。林氏有此误解，或因不明唐朝烽铺制度，请参看程喜霖《释烽铺》一文，载《魏晋南北朝隋唐史资料》第4期，1982年，38—41页；又同作者《汉唐烽堠制度研究》，台北联经出版公司，1991年，255—273页。

2. 今日卯时□濡马屈萨：“卯”字，夏伦已作“卯”，蒲立本作□，我们旧录作“子”，加问号，林梅村肯定为“卯”，今细审图版，当从“卯”字。“□”，蒲氏作“到”，我们旧录照描，林氏作“刹”。“濡”，原作“濡”，蒲氏读作“濡”，我们旧录从之，但加问号，林氏作“無”，字形不似，且唐人多用“无”，不用“無”。“濡”为“濡”的俗写。

3. 林梅村在“得消息”前补“若”字，于文意不通。

4. 由者：蒲立本补“由”字，林梅村补“者”字，均可从。细审图版，“者”字尚有残划。

5. 坎城：于阗文部分作 phema，即媲摩。Phema 在于阗语文书中常常被称作 Kaṃtha，即“城”的意思，见 H. W. Bailey, *Dictionary of Khotan Saka*, Cambridge 1979, p. 51。或许汉人据之音译为“坎”。参看 J. Hamilton 说，见 *T'oung Pao*, 46, 1958, p. 118。坎城是于阗六城质逻州下辖城镇之一，其地一般依斯坦因说比定在今老达玛沟的乌曾塔提，参看 Zhang Guangda et Rong Xinjiang, “Notes à propos d'un manuscrit chinois découvert à Cira de Khotan”, *Cahiers d'Extreme-Asie*, No. 3, 1987, pp. 81-82；张广达、荣新江《〈唐大历三年三月典成铣牒〉跋》，《新疆社会科学》1988年第1期，62页；作者《于阗史丛考》，143—144页。最近，李吟屏提出坎城今地当在今策勒县城北偏东41公里处的卡纳沁古城，见所撰《古于阗坎城考》，提交1996年9月乌鲁木齐召开的“世纪之交中国古典文学及丝绸之路文明国际会议”论文（后收入马大正、杨镰主编《西域考察与研究续篇》，新疆人民出版社，1998年，236—262页）。

6. 贞元十四年闰四月四日：蒲立本最早据不清楚的图版将“贞元

十四年”读作“五十四年”。我们曾否定了这种读法，而认为原文当是以唐朝年号纪年的方式纪年，但囿于闰四月的记录，而假设这个唐朝年号是“乾元三年（760 年）”的闰四月。林梅村认为这件文书所用是甲子纪年，并推测为“午年闰四月”，又依中原历的置闰年份，定为贞元六年（790 年）的闰四月。孟凡人也认为此文书不用中原方式纪年，而且也推测纪年部分是“午年闰四月四日”。然而，俄藏的 Дx.18919 有“大历十七年闰三月廿九日”的明确记载，不仅肯定了 D.VII.4. a（S. 5871）号文书上的同样的闰月记载（见表一），而且使我们得知于阗此时置闰与中原历不同（池田温 1996，224 页，注［37］和 Kumamoto 1996，39 页都已指出此点）。因此不必依中原历来考虑 Hedin 24“闰四月”的年代，据下文所举安西地区出土文书和钱币材料，于阗此时不可能按年及时得到中原历本。从新刊的照片可以清楚地看出，此闰四月实为当地历本的“贞元十四年闰四月”。按本年中原历闰五月，与于阗当地所用历差一个月，晚唐五代时敦煌小历与中原历置闰也常常是相差一个月，参看藤枝晃《敦煌の历日谱》，《东方学报》（京都）第 45 册，1973 年，199—292 页。

6. 史怀□：他处未见此名。林梅村读作“史怀保”。

7. 简王府：蒲立本录作“兰王府”，我们旧录及林梅村均从之。细审实作“简王府”，此名又见 Дx.18918 第 5 行（施萍婷 1997，329 页）。按，“简王”当指代宗第六子李遘，见《新唐书》卷八二：“简王遘，始王鄜，徙封简，元和四年（809 年）薨。”其徙封年份，可据同卷丹王逾传得知：“始王郴，建中四年（783 年）与简王同徙。”《资治通鉴》卷二二八系在六月丁卯（7347 页）。据此亦知此文书写于建中四年六月以后。

7. 富惟谨：此名又见 Hedin 15、16，Dumaqu C、D 双语文书及 Hedin 19。林梅村指“惟谨”为虚词，对译于阗文 u（和）。按“惟谨”用小字书写，为判官署名，正合唐朝文书制度，若是虚词，则应与文书其他字体同样大，且“惟谨”与“和”绝不可对译。又林氏说富惟谨一名还见于 Hedin 7、12、20、22，则是将 *KT*，IV 的人名索引所示各号行数误作文书编号。

8. 节度副使都督王：应是指“安西四镇节度副使、毗沙都督府都督、于阗王”。《资治通鉴》卷二二一乾元三年（761 年）正月条记：“丙戌，以于阗王胜之弟曜同四镇节度副使，权知本国事。”（7090 页。参看 Zhang Guangda et Rong Xinjiang, “Notes à propos d'un manuscrit chinois découvert à Cira de Khotan”, p. 85；张广达、荣新江《〈唐大历三年三月典成铣牒〉跋》，64 页；《于阗史丛考》，146 页）安西四镇节度副使及毗沙都督府都督皆由于阗王兼任，此后应当未变，故“王”下一字当是“尉迟曜”的“尉”字残划，其下当即他本人的署名。林梅村读“王”作“主”，熊本裕已指出其误。

二、8 世纪末至 9 世纪初于阗统治权力的转移

我们曾经把和田出土汉文纪年文书列成一表，现在可以加上近年所见俄藏和英藏残卷中的和田出土文书及 Hedin 24 号，并结合汉文史籍和库车等地出土文书、洞窟题记，大体上可以看出 8 世纪下半至 9 世纪初，于阗地区的政权由唐朝向吐蕃转移的历程。

下面先把我们所能见到的和田出土汉文纪年文书按年代顺序排列如下（表一）[1]：

表一：和田出土汉语纪年文书

公元	文书时间	编　　号	出　　处
721—722	（开元九年至十年）	M. T. b. 009	池田温 1996，208—211。

〔1〕 部分俄藏文书见施萍婷 1997，328—330 页，其他参看张广达—荣新江 1988，75 页；《于阗史丛考》，85 页。又，英藏斯坦因第三次探险所得文书残片，在荣新江于 1997 年 7 月走访伦敦时做了订正和补充。正在整理这部分文书的沙知先生也核定了此表，并指出我们的纰漏，谨此致谢。

续 表

公元	文书时间	编　号	出　处
730	开元十八年三〔月〕	Hedin 22 v.	*KT*, IV, 129.
738	开元廿六年六月十三日	M.T.0114 (Or. 8212 - 1530)	郭锋 1992, 42。
746	(天宝) 五载二月	M.T.0111 (Or. 8212 - 1531)	郭锋 1992, 42。
747	天宝六载十月一日	M.T.0129 (Or. 8212 - 1514)	郭锋 1992, 36; 陈国灿 1995, 501。
748	(天) 宝七载十二月	M.T.0103 (Or. 8212 - 1536)	郭锋 1992, 44; 陈国灿 1995, 502。
754	天宝十三 (载)	M.T.0122 (Or. 8212 - 1541)	郭锋 1992, 46。
754	(天) 宝十三载二月	M.T.0127 (Or. 8212 - 1512)	郭锋 1992, 226。
767	永泰三年正月五日	Hedin Collection 41. 33. 52	张广达—荣新江 1988, 76; 《于阗史丛考》, 85。
768	大历三 (?) 年正月	Дx.18929	
768	大历三年三月廿三日	M.9	Chavannes 1907, 523.
772	大历七年十月廿八日	Balaw. 0160 (Or. 8212 - 702)	Maspero 1953, 186.
775	大历十年五月廿八日	S.9464	荣新江 1994, 29, 130。
779	大历十四年十月	Дx.18920	
780	大历十五年四月一日	Дx.18916	
780	大历十五年四月廿八日	S.9464v.	荣新江 1994, 29, 130。

续 表

公元	文书时间	编　号	出　处
781	大历十六年二月	D.V. 6（S.5864）	Chavannes 1907，525.
781	大历十六年六月廿一日	Дх.18926+Дх.18928	
782	大历十七年闰三月	D.VII.4. a（S.5871）	Chavannes 1907，530.
782	大历十七年闰三月廿九日	Дх.18919	
782?	大历十□年	D.VII.3. a（S.5872+5870）	Chavannes 1907，528.
782	建中三年七月十二日	D.VII.2（S.5867）	Chavannes 1907，526.
785	建中六年十二月廿一日	Дх.18927	
786	建中七年七月廿日，十月五日	M.9. c	Chavannes 1907，525.
786	建中七年十一月十九日	M.T. c. iii（Or.8211-974）	Chavannes 1913，216.
787	建中八年四月廿日	D.VII.4. e（S.5869）	Chavannes 1907，531，529.
788	贞元四年五月	Дх.18917	施萍婷 1997，329。
788	贞元四年	D.VII，3b；3c（S.6972）	沙知提供。
789	贞元五年	D.VII.4. d（6969）；D.VII.4. c（6970）；D.VII.4. b（6971）	沙知提供。
789	贞元五年五月	Balaw. 0163（Or.8212-701）	Maspero 1953，186.
790	贞元六年十月四日	M.T.0634（Or. 8212-709）	Maspero 1953，187.

续　表

公元	文书时间	编　　号	出　　处
790	贞元六年	D.IX.i（S.5862）	Chavannes 1907，533.
798	贞元十四年	Hedin 24	图版一
	□元二（?）年正月	Kuduk-Kol 040（Or. 8212-1714）	沙知提供。

我们过去所见和田地区出土的最晚汉语纪年文书是贞元六年（790年），最晚的于阗语纪年文书是某王第三十六年（汉文作午年），其元年必为甲子纪年的未年（羊年），由此上推，我们把此王的元年定为天宝十四载（755 年）乙未。而这一年末，正好应当是于阗王尉迟胜听到安禄山叛乱，命其弟曜摄领国事，领兵入中原赴难之时。因此，我们就把这一年当作尉迟曜即位年份，而把与此王有关的文书，以此为基准放在相应的年代里〔1〕。感谢一些学者向我们指出，安禄山以天宝十四载十一月九日在范阳起兵，消息传到于阗，似不会如此之快〔2〕。

现据 Hedin 24 新照片订正贞元十四年的纪年，这一订正解决了我们多年来的困惑。首先，它证明于阗的陷蕃至早不会早于贞元十四年。第二，这件文书上的判官富惟谨，又见于 Hedin 15、16，Dumaqu C、D，它们的于阗文纪年是某尉迟王的第 35—36 年，汉文则作“巳年”和“午年”〔3〕。距贞元十四年最近的巳年和午年，是贞元十七年辛巳和十八年壬午（801—802 年）〔4〕。第三，我们之所以不把这组 35—36/巳—午年的文书放在贞元十四年之前的巳年和午年，是因为考虑到还有另一

〔1〕 张广达—荣新江 1988，69—78 页；《于阗史丛考》，81—89 页。

〔2〕 吴其昱先生曾当面表示过这种看法。Kumamoto 1996，p. 58，n. 43；孟凡人《隋唐时期于阗王统考》，《西域研究》1994 年第 2 期，47 页也表示了同样的看法。

〔3〕 *KT*，IV，pp. 29-31，106-108，173-176；*KT*，II，p. 63；*SDTV*，p. 123.

〔4〕 孟凡人《隋唐时期于阗王统考》，47 页把 Hedin 24 假定在“午年”（790 年），把 Hedin 16，Domoko C、D，Hedin 15 等文书的“巳年”和“午年”假定在 825—826 年，而认为两组文书上的“富惟谨”是同一人。且不论其对 Hedin 24 年代的误解，单从一个人在长达三十六年间一直任判官而不变，恐怕是难以想象的。熊本裕有类似的分组和断代，吉田丰也抱有与我们同样的疑问，见 Kumamoto 1996，pp. 41-42，58，n. 46。

件 Hedin 21 文书的存在。Hedin 24 文书于阗文部分的纪年为“śe' seṃjsījsa 4mye haḍai”，与汉文的“闰四月四日”对应。从其他于阗语文书也可得知，于阗语文书记载月和日，都与汉文完全一致，于阗文似乎只是翻译而已[1]。在已知的于阗语文书中，另有记有闰四月的 Hedin 21 第 5—6 行“śe' siṃ〔jsījsa〕28mye haḍai”（闰四月二十八日）[2]，而此文书的纪年是某王第 32 年。若把贞元十七年对应某尉迟王第 35 年，则贞元十四年正是第 32 年。从内容上看，Hedin 24 与 Hedin 21 也有关联（详下）。

如果把某王的 35—36 年放在贞元十七至十八年（801—802 年），则其元年应在大历二年（767 年）丁未，当地作永泰三年，这一羊年和我们以前的推测相差地支一轮。据唐朝史料，于阗王尉迟胜闻安禄山叛乱，随即命其弟曜摄国事，亲率兵入援。以后安史之乱虽然平定，但尉迟胜并未返国。上引《资治通鉴》卷二二一乾元三年（760 年）正月条记：“丙戌，以于阗王胜之弟曜同四镇节度副使，权知本国事。”说明当时的于阗王名义上还是尉迟胜，曜只不过是权知本国事而已。据《通鉴》，到了广德二年（764 年），代宗遣胜还国，胜固请留宿卫，以国授其弟曜[3]。若按《通鉴》系年，尉迟曜的正式即位应在 764 年，而不是 767 年。如果在天下太平的日子里，唐朝首都长安的一纸任命一定会很快传达到于阗，但在 764—767 年间，则要考虑西北地区唐蕃间的战争形势所造成的延宕。

于阗地区出土的官文书表明，于阗一直使用唐朝年号纪年，这是奉正朔的标志。因此，考查于阗出土文书中唐朝年号的改变情况，可以得知于阗与唐朝之间大体的往来年份。

吐蕃乘唐朝忙于平定安史之乱，而河西陇右兵内调之机，大片蚕食唐朝领地。据唐朝史料记载，吐蕃由东向西，于 764 年攻占河西重镇凉

---

〔1〕 Kumamoto 1996, pp. 39-40.

〔2〕 *KT*, IV, pp. 34, 125. Cf. Kumamoto 1996, p. 40.

〔3〕《旧唐书》卷一四四和《新唐书》卷一一〇《尉迟胜传》均记为“广德中”，《通鉴》卷二二三系在“广德二年”。

州，766 年占甘州、肃州[1]。因此，764—767 年间，唐朝任命于阗王的使臣恐怕不很容易西行。这一点实际上可以从上面罗列的和田出土汉文纪年文书中得到证明。我们见到的 764 年以后最早的纪年是“永泰三年（767 年）正月五日”（Hedin Collection 41. 33. 52），表明于阗既不知广德年号，也不知改元大历，而使用永泰年号。唐朝使者的出发当在广德二年的次年元旦改元永泰以后，永泰二年十一月改元大历以前，很可能是在永泰二年末到达于阗，所以三年正月于阗即用了永泰年号。也正是因为在永泰二年的年末到达，所以尉迟曜的新纪元只能从永泰三年丁未开始。从道路的形势和于阗当地出土文书两方面综合考查，把尉迟曜的即位羊年放在 767 年更为合适，也就是说放在比我们原本考订的 755 年晚一轮地支的年份上，这既可使大多数原本已经论定属于尉迟曜时期的文书年代得以确切地排定，也与安史乱后西域与唐朝交往的史实相符。基于这一考查结果，我们不接受林梅村、孟凡人、熊本裕假定的 Hedin 24 和 Hedin 16 及相关文书的年代，也不采取施杰我把尉迟曜的即位年份放在 763—764 年的说法。

尉迟曜接受唐朝的册封，当遣于阗使随唐朝使者回长安谢恩，大历年号也就会随着于阗使的回归而带到于阗。翌年，于阗使用了大历年号（M. 9：大历三年（768 年）三月廿三日）。

大历共十四年（766—779 年），下一年（780 年）元旦唐朝改元建中，但于阗地区不知改元，所以仍用大历年号。Дx.18916 有“大历十五年（780 年）四月一日”，S.9464 背有“大历十五年四月廿八日”，D.V.6（S.5864）有“大历十六年（781 年）二月”，Дx.18926+Дx.18928 有“大历十六年六月廿一日”，D.VII.4. a（S.5871）有“大历十七年（782 年）闰三月”，Дx.18919 有“大历十七年闰三月廿九日”，大历十七年置闰于三月也不同于唐朝历法（唐历闰正月），也确证其时没有唐朝的消息。其实，建中二年（781 年）六月，安西、

〔1〕《元和郡县图志》卷四〇。

北庭两节度曾遣使入朝[1]。这是吐蕃隔离西域与唐朝交往十余年以后的一次难得机会，因此唐朝于七月马上加两镇军将官阶，而且兵士皆超七资[2]。唐朝的授官使者何时到达安西，不得而知，因为同一年吐蕃与唐朝会盟没有成功，开始进攻河西的最后堡垒沙州，陷寿昌城[3]，河西的形势不利于旅行，因此唐使也不会是一帆风顺的。至少在建中三年七月以前，加官连同改元的消息还没有到于阗地区，因为我们所见的最早的建中纪年文书是 D. VII.2（S.5867），题“建中三年七月十二日”。

唐朝的建中年号只有四年（780—783 年），然后改元兴元（784 年），只有一年，又改元贞元（785 年），看来于阗均未得到信息，继续用建中年号，Дх.18927 有“建中六年（785 年）十二月廿一日”，M. 9. c(1) 有“建中七年（786 年）七月廿日”，M. 9. c(2) 有“建中七年十月五日”，M.T.c. iii（Or.8211-974）有“建中七年十一月十九日”，D. VII. 4. e（S.5869）有“建中八年（787 年）四月廿日”。从迄今出土的文书看，自兴元元年（784 年）至贞元三年（787 年）间，于阗没有得到唐朝消息[4]。近年来，钱币学者对“大历元宝”“建中通宝”及其省文“元”字钱和“中”字钱做了详细调查，发现它们主要出土于新疆地区，特别是以库车为中心，包括和田在内的唐朝安西都护府管辖的范围，因而确定这些粗制的钱是安西地区在中原所铸“开元通宝”钱无法正常输入的情况下自铸的钱[5]。大历、建中钱的铸造和流通，也证

---

〔1〕《资治通鉴》卷二二七，7303 页。

〔2〕同上。

〔3〕《元和郡县图志》卷四〇记建中二年沙州没蕃，实则本年吐蕃只攻占寿昌，沙州州治敦煌仍为唐守。详见陈国灿《唐朝吐蕃陷落沙州城的时间问题》，《敦煌学辑刊》1985 年第 1 期，1—7 页。

〔4〕陈国灿《安史乱后的唐二庭四镇》，《唐研究》第 2 卷，1996 年，417—425 页考察了整个安西地区出土文书所用唐朝年号的情况，也与上述结论相符。

〔5〕参看王永生《大历元宝、建中通宝铸地考——兼论上元元年以后唐对西域的坚守》，《中国钱币》1996 年第 3 期，3—11 页。F. Thierry, “On the Tang Coins Collected by Pelliot in Chinese Turkestan (1906-1909)”, *Studies in Silk Road Coins and Culture. Papers in honour of Professor Ikuo Hirayama on his 65th birthday*, ed. by K. Tanabe, J. Cribb and H. Wang, Kamakura, 1997, pp. 149-179.

明了安西与唐中央朝廷之间的阻绝。同时，上述安西地区出土文书所示安西所用大历、建中年号的时限，可以反证大历、建中钱的铸造时间，当分别在 768—782 和 782—787 年之间。

《旧唐书》卷一四四《尉迟胜传》记："贞元初，曜遣使上疏，称有国以来，代以嫡承嗣，兄胜即让国，请传胜子锐。上乃以锐为检校光禄卿兼毗沙府长史还。固辞，且言曰：'曜久行国事，人皆悦服，锐生于京华，不习国俗，不可遣往。'"〔1〕王子虽然没有请来，但这批于阗使臣无疑把唐朝已经改元贞元的事实带回西域。不知是使者在京城逗留较长，还是因为 786 年吐蕃再次进攻沙州，并最终迫降〔2〕，使河西路断，于阗的使者大概到贞元四年初才回到于阗。"贞元四年（788 年）五月"记载见于 Дx. 18917，以后又有"贞元五年（789 年）五月"（Balaw. 0163/Or.8212-701），"贞元六年（790 年）十月四日"（M. T. 0634/Or.8212-709），"贞元六年"（D. IX. i/S.5862），直到"贞元十四年（798 年）闰四月四日"（Hedin 24）的记载，这是目前所见于阗所用最晚的唐朝年号。从这些纪年文书和贞元五年前后经于阗、安西（龟兹）、北庭回朝的僧悟空所留下来的《行记》来看〔3〕，贞元六年以前于阗地区的日常生活还是很正常的。

唐朝史料均记北庭于贞元六年陷蕃〔4〕，《元和郡县图志》卷四〇记西州贞元七年陷蕃，敦煌文书 P.3918 写经题记则记西州陷蕃年代在贞元八年〔5〕，而过去所见于阗汉文文书的最晚年份是贞元六年，因此

〔1〕《新唐书》卷一一〇《尉迟胜传》略同。《资治通鉴》卷二三二系在贞元元年（785 年）年末（7467 页）。

〔2〕陈国灿《唐朝吐蕃陷落沙州城的时间问题》。

〔3〕《悟空入竺记》，《大正新修大藏经》第 51 卷，No. 2089，980 页 c 栏；S. Lévi et E. Chavannes, "L'itinéraire d'Ou-k'ong（751-790）", *Journal Asiatique*, 9e série, tome VI, No. 2, Set.-Oct. 1989, pp. 362-363。

〔4〕《旧唐书》卷一四五，《唐会要》卷七四，《资治通鉴》卷二三三，7520 页。

〔5〕《元和郡县图志》卷四〇；陈国灿《八、九世纪间唐朝西州统治权的转移》，《魏晋南北朝隋唐史资料》第 8 期，1986 年，15—17 页。

大都数学者都认为安西四镇的陷蕃也是在贞元六年或七年[1]。但史籍记载北庭没蕃后，“自是安西阻绝，莫知存否”[2]，说明唐朝并不知晓安西四镇的陷落时间。实际上，唐军在北庭安西已经坚守数十年，不会轻而易举地交给吐蕃。据森安孝夫氏考证，吐蕃与回鹘在北庭曾经有过一段拉锯战[3]。至于西州，虽然在贞元八年一度被吐蕃攻占，但据静嘉堂文库所藏吐鲁番出土“贞元十一年（795 年）正月”的官文书[4]，这里很快恢复了唐朝的统治。又据敦煌文书 P.2132 保存的西州僧义琳自建中四年至贞元十九年（803 年）的写经题记，唐朝势力退出吐鲁番盆地而转归回鹘汗国所有的时间当在 803 年[5]。至于安西地区，龟兹范围的克孜尔千佛洞，曾出土过“贞元七年”的文书[6]；其中第 222 窟中有“贞元十年”题记[7]，表明龟兹的陷蕃当在 794 年以后。因此，于阗的贞元十四年的文书并非孤证，它证明了于阗应当是安西四镇中较晚陷蕃的唐朝堡垒，从吐蕃军队由东向西步步进攻的总体形势来看，于阗陷蕃较龟兹要晚也是合理的。

贞元十四年闰四月四日文书（Hedin 24）的内容是说，据一个叫桑宜本的人报告说，闻听神山堡一带的三个铺人到名叫屈萨的地方饮马，得到有贼人到来的消息，马上来报，于是六城州某下属城镇的典史怀

---

〔1〕 A. Stein, *Serindia*, 207; C. I. Beckwith, *The Tibetan Empire in Central Asia*, Princeton 1987, p. 155；张广达—荣新江 1988，69—79 页；《于阗史丛考》，86—89 页；孟凡人《隋唐时期于阗王统考》，45—47 页；Kumamoto 1996, p. 39。按林梅村《新疆和田出土汉文于阗文双语文书》103 页；《西域文明》，230 页认为藏文史籍《于阗国授记》绝笔的戌年，即 794 年，也即于阗陷蕃的年代。但他对相关文字的理解有误，Kumamoto 1996, p. 57, n. 38 已指出其误。

〔2〕《旧唐书》卷一九六《吐蕃传》。《资治通鉴》卷二三三所记同，7522 页。

〔3〕 森安孝夫《增补：ウィグルと吐蕃の北庭争夺战及びその后の西域情势について》，流沙海西奖学会编《亚洲文化史论丛》3，东京山川出版社，1979 年，226—299 页；T. Moriyasu, “Qui des Ouigours ou des Tibetains ont gagne en 789-792 à Bes-baliq?”, *Journal Asiatique*, 269, 1981, pp. 193-205。

〔4〕 荣新江《海外敦煌吐鲁番文书知见录》，江西人民出版社，1996 年，189 页。

〔5〕 荣新江《摩尼教在高昌的初传》，待刊（后刊于刘东编《中国学术》第 1 辑，北京，商务印书馆，2000 年，166—170 页）。

〔6〕 黄文弼《塔里木盆地考古记》，北京，科学出版社，1958 年，36 页。

〔7〕 阎文儒《新疆天山以南的石窟》，原载《文物》1962 年第 4 期；此据《新疆考古三十年》，乌鲁木齐，1983 年，564 页。

□，牒有关吏人（所由），将人畜一切，尽收入坎城之中，以防不虞。此行动较大，因此判官简王府长史富惟谨批示后，节度副使毗沙都督府都督于阗王尉迟曜亲自签署批准。我们还可以参照同年同月二十八日于阗语文书（Hedin 21）的记载，这是于阗王下给六城质逻官人（stanada）和百姓的一则命令，说这些官人和百姓上状要求把武器装备送到媲摩（坎城），国王已听读了其名目。他让此官人留意百姓所要的是何种武器，并说他就此用藏文写了一封信给此官人，告知武器有些问题，并让此官人调查百姓必要的胸铠是什么类型的。最后国王让此官人亲往媲摩，然后报告〔1〕。两件文书前后呼应，透露出当时坎城地区备战的情形。据Hedin 24推测，贼人来自神山堡北，显然是顺于阗河南下的部队，不难想象他们就是从龟兹而来的吐蕃大军。

至此，于阗的陷蕃已为时不远，但我们目前尚无法得知确切的日期。如上所述，Hedin 24和Hedin 16、Hedin 15、Dumaqu C、Dumaqu D都有“判官富惟谨”名，它们均属于大体同时的文书当无疑义。Hedin 24为贞元十四年闰四月四日的文书，则后一组文书上的“巳年”和“午年”应相当于贞元十七年辛巳（801年）和十八年壬午（802年），也即相当于尉迟曜纪年的第三十五年和三十六年。在这组文书中，以Hedin 16第一件的时间最早，即“巳年十一月廿五日”，单用一个地支纪年，是敦煌吐蕃时期文书的特征〔2〕。这组文书的内容都是六城地区征收进奉絁紬的帐历，一般来讲，“进奉”之物是上贡宗主国王的物品〔3〕，此时不可能有进贡唐朝之举，颇疑这里的絁紬，是要进奉给吐

〔1〕 此处系按贝利的翻译加以解说，见*KT*，IV，p. 125。Kumamoto 1996，240把“in Tibetan”理解为“in the Tibetan period”，似无证据。但于阗王此时为何用藏文写命令，不得而知。

〔2〕 藤枝晃《吐蕃支配期の敦煌》，《东方学报》（京都）第31册，1961年，199—292页。

〔3〕 絁紬是于阗地方织的一种丝织品，见季羡林等《大唐西域记校注》卷一二，北京，1985年，1001页；参看段晴《于阗文中蚕字、茧、丝字》，《季羡林教授八十华诞纪念论文集》上，南昌，江西人民出版社，1991年，45页。按，絁，夏伦（*KT*，IV，173-176）、金子良太（*SDTV*，123）及我们旧录均作“绨”，即“絁”的别字；王冀青《斯坦因第四次中亚考察所获汉文文书》（《敦煌吐鲁番研究》第3卷）识作“锦”。

蕃赞普的，以表示于阗对吐蕃王国的归顺。无论如何，地支纪年文书取代唐朝年号文书，表明于阗在此之前已为吐蕃所有，但地支纪年所对应的于阗语纪年仍以某王三十五年和三十六年计，可知于阗王尉迟曜并没有马上退位，而文书中富惟谨等官吏也都未变，正说明了吐蕃是使于阗降服而不是强行攻占的，因为占领一事发生不久，所以原来的社会组织和人员都还没有变动。此外，前人已经指出有些于阗语文书中的人物又出现在藏语文书中，或者有些于阗语文书也抄有一些藏语短句[1]。特别是与上述 Hedin 编号的于阗语文书同一来源的 Hedin 编号三件藏语文书，其中两件（Hedin 1、3）都是“蛇年”，即巳年，而且其中的一些人名也可与 Hedin 16 等一组汉语于阗语双语文书所记人名确切比定，因此刊布这些藏语文书的武内绍人氏推测这组汉语于阗语文书和这三件藏语文书大致同时，并依我们原本所定 Hedin 16 等文书的年代为 789—790 年，而把三件藏语文书退后一轮（或两轮）而定在 801（或 813 年）年[2]。这一按照严密的逻辑推理而得出的结论与我们上面重新考订的 Hedin 16 文书的巳年为 801 年正相吻合，从上面所描述的历史背景和文书年代综合考虑，把三件 Hedin 编号藏语文书放在 801 年的蛇年是没有问题的。藏语文书的最早一件写于夏季，表明至晚从 801 年夏天起，藏文已经成为于阗社会生活中的公共用语之一。

以上利用新见和田出土汉文文书和史籍相结合，考订出从于阗王尉迟曜 767 年丁未即位，到其第三十六年（802 年）间的汉文文书纪年，也把相关的汉文于阗文双语文书、Hedin 21 号于阗语文书和 Hedin 编号藏语文书圆满地镶入这个年代框架中。

这批汉文和于阗文文书，有相当数量是来自杰谢（丹丹乌里克）的，而思略或斯略（Sīḍaka）其人，是这组文书中常见的人物。熊本裕已经注意到于阗语文书中此人身份的变化情况，即他以 auva-haṃdasta

〔1〕 T. Takeuchi, “Three Old Tibetan Contracts in the Sven Hedin Collection”, *BSOAS*, LVII. 3, 1994, p. 577.

〔2〕 *Ibid.*, pp. 577-578; T. Takeuchi, *Old Tibetan Contracts from Central Asia*, Tokyo: Daizo Shuppan, 1995, pp. 169-172.

的身份见于 Viśa' Vāhaṃ 王第 15 年、16 年、18 年；称为 spāta 的思略（Sīḍaka），则见于此王的第 19 年、20 年、22 年，还有 20 年或 25 年的一件[1]。auva-haṃdasta 似相当于敦煌吐鲁番文书中的“城主”，虽然职掌一个小城镇之杂事，但身份属于色役一类，是从百姓中找家业富裕者充当[2]。Spāta 汉文作“萨波”，有一定的身份地位。Viśa' Vāhaṃ 王即尉迟曜当无疑义（详下），那么我们把他的纪年放入上面我们考定的公元和唐朝纪年表中，并加上汉文文书中有关思略的记录，制成表二如下：

表二：思略年表

公元	尉迟曜纪年	甲子纪年	唐朝纪年	文书编号	身份
777	11	丁巳	大历十二年	SI P 103. 11	未标身份
781	15	辛酉	大历十六年	D.V.6（S.5864）	杰谢百姓
				SI P 94. 1	auva-haṃdasta
782	16	壬戌	大历十七年	SI P 103. 49	Gaysāta auva-haṃdasta
				Дx.18919	未标身份
784	18	甲子	建中五年	SI P 103. 38	Gaysāta auva-haṃdasta
785	19	乙丑	建中六年	Or.6397.2	Gaysāta spāta
786	20	丙寅	建中七年	M. 9. c（2）	萨波
				SI M 52	Spāta
788	22	戊辰	贞元四年	Дx.18917	所由萨波
				SI P 103. 31	Spāta
				Or.6395.1	Spāta

〔1〕 Kumamoto 1996, p. 33.

〔2〕 auva-haṃdasta 的语源学注释，见 *KT*, IV, 10。关于城主较新的讨论，参看沙知《唐敦煌县寿昌城主小议——兼说城主》，《敦煌学》第 18 辑，1992 年，49—58 页；周绍良《说“城主”兼论寿昌是镇是县》，陕西师范大学古籍所编《古典文献研究集林》第 3 集（庆祝黄永年先生七十寿辰论文集），1995 年，1—4 页。

由上表可见，781 年时思略身份是一般百姓，同年又被称作 auvahaṃdasta（城主），则城主似乎即是以百姓身份兼任的。从 785 年思略任萨波，汉文于阗文交替出现其名。两种文书所记思略身份年代的契合，也可佐证上面我们推测的尉迟曜的年代。

三、尉迟曜（Viśa' Vāhaṃ）王时期于阗语文书系年

我们已经指出，藏文《于阗国授记》所记吐蕃占领前的于阗王名叫 Vijaya Bo-ham Chen po（Great Viśa' Vāhaṃ）[1]，柯诺夫（Sten Konow）已将其比定为于阗语文书中的 Viśa' Vāhaṃ 王[2]。我们进而将 Hoernle 1 所记 Viśa' Vāhaṃ 王第 17 年和 Hoernle 7（Or.6397.1）所记 Viśa' Vāhaṃ 王第 20 年，按旧的论说指为公元 771 和 774 年[3]。现在看来，把尉迟曜比定为 Viśa' Vāhaṃ 已无必要再费笔墨，施杰我和熊本裕都接受了这种看法[4]，如依我们新考订的年代，上述两件文书分别系于公元 783 和 786 年。

施杰我把与 Viśa' Vāhaṃ 纪年文书拥有同样官名的一些有纪年而无王名的文书列为他文章的 Table 2b，均放在尉迟曜名下，从 11 年至 22 年，共 15 件，有两件无年代。他进而怀疑 Hard 074. 4. 1-4（*KT*，V，274）所记"Yauvarāya 在位元年，Ṣau Hvaṃdū 之年"，是尉迟曜正式登上王位以前的纪年法，即 756/757 年，而此王正式即位是在 763/764 年。其证据是 Ṣau Hvaṃdū 一名又见于 Or.9268.1 木函文书[5]。事实上，木函文书形式是于阗王国早期（5、6 世纪）的文书形式，唐朝时期从未见使用，因此我们认为不论是 Or.9268.1，还是被列入 Table 2b 的 Or.

〔1〕 R. E. Emmerick, *Tibetan Texts concerning Khotan*, London, 1967, pp. 60-61.

〔2〕 S. Konow, "Khotan Studies", *JRAS*, 1914, pp. 342-343; idem, "The Dates in Saka Texts from Khotan and Tunhuang", *AO*, VII, 1929, p. 74.

〔3〕 张广达—荣新江 1988，78 页；《于阗史丛考》，88—89 页。

〔4〕 Skjærvø 1991, pp. 263-265; Kumamoto 1996, p. 33.

〔5〕 Skjærvø 1991, p. 263.

9268.2，都不能因为一个名字的相同而放到8世纪[1]。至于Hard 074.4的年代，因为Yauvarāya的称号又见于Hedin 18，为某王第33年[2]，从内容看即尉迟曜时期，因此Hard 074.4也应在此期间，但确切年份尚难肯定。另外，施杰我在Table 3中，罗列了可能属于8至9世纪的一些纪年于阗语文书的年代和其上出现的相关人名、官称[3]，其中的Hedin 21、16两件，我们前面已论证其属于尉迟曜，据相关人名，可将Hedin 18，Or.11344.3，Achma，Hedin 1，Hedin 2，Or.11252.16，Hedin 19，Or.11252.30，Or.11344.4，Domoko F，Hedin 20等文书全部系于尉迟曜的年代框架中。至于其他文书，第5年的Or.6398.2中的Saṃganaṃda又见于Hedin 6（*KT*，IV，25），后者中的Visarrjāṃ又见Hedin 15（*KT*，IV，29）。第7年的Hedin 26中的ṣṣau Vidyadatta又见于Hoernle 7（*KT*，II，66）Visa' Vāhaṃ的20年文书。Godfrey 2从内容看也很像同时代文书。其他出土地点不明，或者像麻札塔格又距六城地区较远，即使有相同人名，也不能轻易据以断代。现将比较可靠地属于尉迟曜（Visa' Vāhaṃ）的于阗语纪年文书列为表三，并附公元和唐朝纪年。

表三：尉迟曜时代的于阗语纪年文书系年

尉迟曜纪年	公元纪年	甲子纪年	唐朝纪年	文书编号	出处
1	767	丁未	永泰三年	Hard 074.4（?）	*KT*，V，274
2	768	戊申	大历三年	SI P 103.6	*SD*，VII，107；*SDTV*，III，137
5	771	辛亥	大历六年	Or.6398.2	*KT*，V，6

〔1〕关于于阗文木函的年代问题，参看张广达—荣新江1988，60—69页；《于阗史丛考》，72—81页，此不赘述。

〔2〕*KT*，IV，p. 32. 而且与Hard 074.4同组的Hard 074.8上，即有spāta sīḍaka名，见*KT*，V，p. 276。

〔3〕Skjærvø 1991，p. 267.

续 表

尉迟曜纪年	公元纪年	甲子纪年	唐朝纪年	文书编号	出处
7	773	癸丑	大历八年	Hedin 26	*KT*，IV，38
9	775	乙卯	大历十年	SI P 103. 47，48	Kumamoto 1996，375
9	775	乙卯	大历十年	SI P 103. 40	*SD*，VII，121；*SDTV*，III，152
10	776	丙辰	大历十一年	SI P 94. 21	*SD*，VII，79；*SDTV*，III，103
11	777	丁巳	大历十二年	Or.6392	*KT*，V，1
11	777	丁巳	大历十二年	SI P 103. 11	*SD*，VII，105；*SDTV*，III，139
12	778	戊午	大历十三年	SI P 103. 6	*SD*，VII，107；*SDTV*，III，137
13	779	己未	大历十四年	Hedin 29	*KT*，IV，39
15	781	辛酉	大历十六年	SI P 94. 1	*SD*，VII，70；*SDTV*，III，96
15	781	辛酉	大历十六年	Godfrey 2（?）	*KT*，II，76
16	782	壬戌	大历十七年	SI P 103. 24	*SD*，VII，114；*SDTV*，III，145
16	782	壬戌	建中三年	SI P 103. 49	*SD*，VII，124；*SDTV*，III，156
17	783	癸亥	建中四年	Hoernle 1	*KT*，II，64
17	783	癸亥	建中四年	Or.6395.2	*KT*，V，4
18	784	甲子	建中五年	SI P 103. 38	*SD*，VII，120；*SDTV*，III，151
19	785	乙丑	建中六年	Or.6396.2	*KT*，V，5
19	785	乙丑	建中六年	SI P 96. 11	*SD*，VII，85；*SDTV*，III，111
20	786	丙寅	建中七年	SI M 52	*SD*，VII，159；*SDTV*，III，236

续　表

尉迟曜纪年	公元纪年	甲子纪年	唐朝纪年	文书编号	出　　处
20	786	丙寅	建中七年	Hoernle 7	*KT*，II，66
20	786	丙寅	建中七年	Or.6396.1	*KT*，V，4
20	786	丙寅	建中七年	Or.6397.2	*KT*，V，5
21	787	丁卯	建中八年	Hedin 4	*KT*，IV，23
22	788	戊辰	贞元四年	SI P 103.31	*SD*，VII，118；*SDTV*，III，148
22	788	戊辰	贞元四年	Or.6395.1	*KT*，V，3
32	798	戊寅	贞元十四年	Hedin 24	*KT*，IV，37
32	798	戊寅	贞元十四年	Hedin 21	*KT*，IV，34
33	799	己卯	贞元十五年	Hedin 18	*KT*，IV，32
33	799	己卯	贞元十五年	Or.11344.3	*KT*，II，32
35	801	辛巳	贞元十七年	Achma	*KT*，II，62
35	801	辛巳	贞元十七年	Hedin 1	*KT*，IV，21
35	801	辛巳	贞元十七年	Hedin 13	*KT*，IV，29
35	801	辛巳	贞元十七年	Hedin 15	*KT*，IV，29
35	801	辛巳	贞元十七年	Hedin 16	*KT*，IV，30-31
35	801	辛巳	贞元十七年	Or.11252.16	*KT*，II，21
35	801	辛巳	贞元十七年	Hedin 19	*KT*，IV，32
35	801	辛巳	贞元十七年	Or.11252.30	*KT*，II，25
35	801	辛巳	贞元十七年	Or.11344.4	*KT*，II，34
35	801	辛巳	贞元十七年	Domoko C	*KT*，II，63
36	802	壬午	贞元十八年	Domoko D	*KT*，II，63
36	802	壬午	贞元十八年	Domoko F	*KT*，II，63
36	802	壬午	贞元十八年	Hedin 20	*KT*，IV，33

从80年代初以来，我们即参与于阗语文献年代问题的讨论，力图用汉文文书的有关记载，推进这项工作。但材料有限，过去的结论也常难使人满意。感谢俄藏文书的再发现和 Hedin 24 号文书照片的得以再刊，使我们能够重新考虑问题，而得出比较满意的结论。我们在本文中不拟探讨于阗语木函文书和敦煌于阗语文献，也不想接触非尉迟曜时代的文献，如果上面所列这些文书的绝对年代能够成立，则意味着一批内容相似、人名相同、质地相仿的于阗语文书也可以大体上断定它们的年代了。

四、结　　语

作为历史学者，我们考订于阗文书的年代是为进一步的历史研究做准备。事实上，在我们以上的考证中，已经揭示出不少前所未明的史事，特别是关于安西四镇的陷蕃问题，提出全新的看法。我们希望本文将是一篇史学研究论文的梗概，我们不厌其烦地考证伊朗语文书的年代正是我们没有忽略根据考据进行史学研究的努力。为此，谨将文中所论述的内容，列大事年表如下〔1〕。

表四：安史乱后于阗大事年表

公元	甲子	唐朝纪年	尉迟曜纪年	大　事　纪
764	甲辰	广德二年		尉迟胜奏请唐朝，以国授其弟曜，唐朝遣册封使往于阗。 吐蕃陷凉州。
765	乙巳	广德三年		元旦改元永泰。然西州仍用广德纪年。

〔1〕 本表所记西州、北庭大事，参考了陈国灿《安史乱后的唐二庭四镇》，《唐研究》第2卷，1996年，415—436页。

续　表

公元	甲子	唐朝纪年	尉迟曜纪年	大　事　纪
766	丙午	广德四年		十一月唐朝改元大历。西州仍用广德纪年。吐蕃陷甘州、肃州，河西节度使杨休明移衙沙州。
767	丁未	永泰三年（大历二年）	1	唐朝使者在大历改元前出发，是年正月五日前到达于阗，于阗、西州等地开始使用永泰年号。同时，尉迟曜正式即位为王，开始新纪元。尉迟曜遣使入唐朝谢恩。
768	戊申	大历三年	2	三月廿三日以前于阗得知改元大历。
769	己酉	大历四年	3	
770	庚戌	大历五年	4	
771	辛亥	大历六年	5	
772	壬子	大历七年	6	
773	癸丑	大历八年	7	
774	甲寅	大历九年	8	
775	乙卯	大历十年	9	
776	丙辰	大历十一年	10	吐蕃陷瓜州。
777	丁巳	大历十二年	11	
778	戊午	大历十三年	12	
779	己未	大历十四年	13	
780	庚申	大历十五年	14	元旦改元建中，于阗不知改元，仍用大历年号。
781	辛酉	大历十六年	15	六月，安西北庭两镇节度遣使入朝。七月，唐朝加两镇将官阶，士卒皆超七资。授官使者出发，但旅途不顺。吐蕃开始攻沙州，陷寿昌城。 杰谢百姓思略（Gaysāta Sīḍaka）任城主（auva-haṃdasta）。

续 表

公元	甲子	唐朝纪年	尉迟曜纪年	大 事 纪
782	壬戌	大历十七年	16	唐使四至七月间到于阗，得知改元建中。而西州已于三月使用建中年号。
783	癸亥	建中四年	17	六月，李遘封简王。
784	甲子	建中五年	18	元旦，改元兴元。 七月，唐德宗先将安西北庭许给吐蕃，欲招两镇将回，李泌谏止。
785	乙丑	建中六年	19	元旦，改元贞元。 思略始任杰谢萨波（spāta）。 尉迟曜遣使上疏唐朝，请立尉迟胜子锐，唐廷拟遣，胜谏止。
786	丙寅	建中七年	20	于阗使返于阗途中被阻。唐朝任命杨袭古继李元忠为北庭大都护行伊西庭节度使。 吐蕃陷沙州。
787	丁卯	建中八年	21	唐朝僧悟空由印度经于阗。
788	戊辰	贞元四年	22	五月之前，于阗方知改元贞元。
789	己巳	贞元五年	23	唐朝安西四镇北庭宣慰使段秀明来北庭。悟空九月十三日与北庭安西奏事官一同入朝。
790	庚午	贞元六年	24	北庭没蕃，自此安西与唐朝阻绝，唐廷不知安西存否。
791	辛未	贞元七年	25	龟兹唐朝镇军仍在坚守。
792	壬申	贞元八年	26	西州初次陷蕃。龟兹仍为唐守。
793	癸酉	贞元九年	27	
794	甲戌	贞元十年	28	吐蕃与回鹘争北庭，征兵南诏。
795	乙亥	贞元十一年	29	西州再度为唐军所有。
796	丙子	贞元十二年	30	
797	丁丑	贞元十三年	31	

续　表

公元	甲子	唐朝纪年	尉迟曜纪年	大　事　纪
798	戊寅	贞元十四年	32	吐蕃军自于阗河南下，于阗王据神山堡消息而令坎城防备。
799	己卯	贞元十五年	33	
800	庚辰	贞元十六年	34	
801	辛巳	贞元十七年	35	于阗被吐蕃占领。十二月，于阗王向百姓征收絁细，进奉吐蕃王廷。
802	壬午	贞元十八年	36	于阗继续征收进贡絁细。

缩略语：

Chavannes, E. 1907, "Chinese Documents from the Sites of Dandan-uiliq, Niya and Endere", Appendix A to *Ancient Khotan*, Oxford, 1907, pp. 521–547.

Chavannes, E. 1913, *Les documents chinois découverts par Aurel Stein dans les sables du Turkestan oriental*, Oxford, 1913.

陈国灿 1995,《斯坦因所获吐鲁番文书研究》，1995 年，武汉，武汉大学出版社。

池田温 1996,《麻札塔格出土盛唐寺院支出簿小考》,《段文杰敦煌研究五十年纪念文集》，北京，世界图书出版公司，1996 年，207—225 页。

郭锋 1992,《斯坦因三探中亚所获甘肃新疆出土汉文文书》，1992 年，兰州，甘肃教育出版社。

KT, II, III, IV, V = H. W. Bailey, *Khotanese Texts*, vols. I–III, IV, V, Cambridge, 1969, 1961, 1963.

Kumamoto, H. 1996, "The Khotanese Documents from the Khotan Area", *Memoirs of the Research Department of the Toyo Bunko*, 54, 1996, pp. 27–64.

Maspero, H. 1953, *Les documents chinois de la troisième expédition de Sir Aurel Stein en Asie Centrale*, London, 1953.

荣新江 1994,《英国图书馆藏敦煌汉文非佛教文献残卷目录》,台北,新文丰出版公司,1994 年。

SD, VII = R. E. Emmerick and Margarita I. Vorob'eva-Desjatovskaja, *Saka Documents* VII: *the St. Petersburg Collections*, London: School of Oriental and African Studies, 1993.

SDTV = H. W. Bailey, *Saka Documents Text Volume*, London, 1968.

SDTV, III = R. E. Emmerick and Margarita I. Vorob'eva-Desjatovskaja, *Saka Documents Text Volume* III, London: School of Oriental and African Studies, 1995.

施萍婷 1997,《俄藏敦煌文献经眼录(二)》,《敦煌吐鲁番研究》第 3 卷,北京,北京大学出版社,1997 年,313—330 页。

Skjærvø, P. O. 1991, "Kings of Khotan in the Eight Century", *Histoire et cultes de l'Asie centrale préislamique, sources écrites et documents archéologiques. Actes du colloque international de CNRS (Paris, 22-28 novembre 1988)*, eds. P. Bernard et F. Grenet, Paris, 1991, pp. 255-278.

张广达—荣新江 1988 =《关于和田出土于阗文献的年代及其相关问题》,《东洋学报》第 69 卷第 1.2 号,1988 年,59—86 页;《于阗史丛考》,71—97 页。

(原载《唐研究》第 3 卷,北京大学出版社,1997 年,339—361 页)

补记：对 1997 年以后发表的相关论点的回应

2002 年，施杰我出版了 *Khotanese Manuscripts from Chinese Turkestan in the British Library*，转写、翻译了英国图书馆所藏全部和田地区出土的于阗语文书[1]，并根据官吏和百姓名称的互见等情况，把一些文书比定为 Viśa' Vāhaṃ 王时期，并给出相应的公元纪年。他虽然在参考文献中提到拙文《8 世纪下半至 9 世纪初的于阗》，但并没有对我们比定的相同文书的不同年份加以讨论，而是用他在 1991 年发表的观点，把 Viśa' Vāhaṃ 王的在位年份放在 763—784？年之间[2]。由于他没有提出可以推翻我们 1997 年提出的观点的论据，因此我们在此仍然坚持过去的观点。

感谢熊本裕在 2004 年他提交给伦敦于阗研讨会的论文中对拙文《8 世纪下半至 9 世纪初的于阗》的介绍。不过他企图用 Дх.18927 上前面汉文文书上的建中六年（785），来确定后面于阗语文书中的某王 18 年为随后的 786 年，从而建立一个新的 Viśa' Vāhaṃ 王的年代体系，但他似乎对自己的论证把握不大[3]。他的这一看法已经由吉田丰做了彻底的否定，也就是说，Дх.18927 上的汉文和于阗文文书是分别写在两张纸

---

〔1〕 P. O. Skjærvø, *Khotanese Manuscripts from Chinese Turkestan in the British Library. A complete catalogue with texts and translations*, with contribution by U. Sims-Williams, 2002, British Library Publishing (corrected repr. 2003). 这部著作对于阗研究的巨大贡献，Y. Yoshida 有详细的评述，见 Review of P. O. Skjærvø, *Khotanese Manuscripts from Chinese Turkestan in the British Library*,《神户外大论丛》第 55 卷第 7 号，2004 年，21—33 页。

〔2〕 P. O. Skjærvø, *Khotanese Manuscripts from Chinese Turkestan in the British Library*, p. lxvii. Cf. H. Kumamoto, "The St. Petersburg Bilingual Documents and Problems of Chronology", Paper read at the symposium "The Kingdom of Khotan to AD 1000: A Meeting of Cultures" held at the British Library on May 10-11, 2004, 1. (http: www. gengo. l. u-tokyo. ac. jp/~hkum/pdf)

〔3〕 Kumamoto, "The St. Petersburg Bilingual Documents and Problems of Chronology", pp. 6-8. 又见 Kumamoto, "Sino-Hvatanica Petersburgensia part II". http: www. gengo. l. u-tokyo. ac. jp/~hkum/pdf., pp. 4-6.

片上的，两者未必有直接的关联，这是当时纳税者习惯的做法，就是在交税时把自己写的条子让官吏签名，以免被要求重复交纳，而这些条记文书常常是被粘贴在一起的。另外，熊本裕的观点也和于阗文、汉文所记杰谢萨波斯略（Gaysāta spāta Sīḍaka）的官职迁转年份相矛盾〔1〕。

吉田丰在《喀喇巴尔嘎逊碑与于阗语文书》一文中，接受了我们1997年文提出的Viśa' Vāhaṃ王的年代界说，但是他根据自己对相关汉文、于阗文文书的不同解释，对于于阗被吐蕃占领的年代提出与我们不同的看法。他以《喀喇巴尔嘎逊碑》所记791年北庭之战后漠北回鹘汗国与吐蕃在龟兹、于术等两地的战争为背景，解释了按照我们确定为802年的Hedin 20所记的史事：唐朝将领Lä thihä tsyenä率两千士兵奔赴于阗，而匈人（指回鹘人）攻击疏勒的Tumga śem，所以从Lunä tcabi ysamgä那里没有任何消息到来，故此命令百姓将人畜收入Phema城防备。这说明回鹘攻击吐蕃的军队在802年到达疏勒，这也和808—821年间写成的摩尼教赞美诗Maḥrnāmag题记所记其时疏勒、龟兹、焉耆等地都成为漠北回鹘领地相符合。他进一步根据Hedin 24汉文文书所记神山堡送到坎城（Phema）地区的消息说有敌人将要到来，与之相关的Hedin 21于阗文文书也提到准备兵器之事，从《喀喇巴尔嘎逊碑》和Hedin 20提供的前后背景来推断，他认为Hedin 24和Hedin 21所记要防备的敌人，应当也是回鹘人，而不是像拙文所推测的是吐蕃人，因此在我们推定的这两件文书所在的年份——Viśa' Vāhaṃ王32年（798年）时，吐蕃已经占领于阗。他确认出Hedin 21于阗文书后面的汉字为于阗王尉迟曜的署名“曜”字〔2〕，并提示Hedin 21中于阗王曾声称要用藏文给地方官写信。至于确切的于阗陷蕃年份，他认为大概发生在790—796年之间，因为敦煌发现的《吐蕃大事记》记赤松德赞Khri srong lde

---

〔1〕 吉田丰《コータン出土8—9世纪のコータン语世俗文书に关する觉え书き》（神户市外国语大学研究丛书第38册），神户市外国语大学外国学研究所，2006年，69—71页；Y. Yoshida, “Karabalgasun Inscription and the Khotanese documents”, forthcoming.

〔2〕 吉田丰上引书，30—31页。这一点，Kumamoto “The St. Petersburg Bilingual Documents and Problems of Chronology”, p. 4已经注意到了。

btsan（r. 755—796 年）时，吐蕃已经从于阗征收税收。他还对吐蕃统治以后于阗用“贞元”年号予以解说，认为这正像回鹘统治龟兹以后当地仍有节度使这样的唐朝官职一样[1]。

吉田丰对于阗语文书的内容的解说是很有说服力的，我们基本赞同他的解说，唯有一点难以认同的是，Hedin 24 汉文文书上的“贞元”年号，是代表着统治权力归属的，和官称不同，应当随着政权的易手而变异，正像我们在敦煌、吐鲁番文书中所见到的那样，吐蕃占领其地以后，马上不用唐朝的年号。而且，Hedin 24 号汉文文书的格式也完全和唐朝文书格式相符。因此，我们推测在贞元六年（790 年）和贞元十四年（798 年）之间，于阗曾一度被吐蕃占领，但中间又被唐军收复，正像这上面说到过的那样，西州在贞元八年（792 年）陷蕃，但是到了贞元十一年（795 年）又重新收复一样，这样才可以解释为什么有贞元十四年的文书，也可以说明贞元六年到十四年之间唐朝纪年文书极其少见的情形。

上节表中的 Or.11252/34，其年代为某王 36 年，过去 Skjaervo 1991 和拙文《8 世纪下半至 9 世纪初的于阗》的表中都没有列，根据其所提到的人名也见于 Or.11252 的其他编号文书，这些文书的年代应当都是大体相同的时间[2]，根据 Or.11252/16 和 Or.11252/30 的年份都是 Viśa' Vāhaṃ 王 35 年（801 年），Or.11252/34 的 36 年应当就是 802 年。

〔1〕 吉田丰上引书，28—31，66—76 页；Yoshida，“Karabalgasun Inscription and the Khotanese documents”.

〔2〕 张广达、荣新江《8 世纪下半至 9 世纪初的于阗》，《唐研究》第 3 卷，1997 年，90 页；吉田丰上引文；Y. Yoshida，“On the Taxation System of pre-Islamic Khotan（1）”，*Acta Asiatica*，94，2008，pp. 95-126.

圣彼得堡藏和田出土汉文文书考释

一、引　　言

圣彼得堡东方学研究所（St. Petersburg Branch of the Institute of Oriental Studies of Russian Academy of Sciences）所藏和田出土的汉文文书，大多数应当得自丹丹乌里克，数量虽然不多，但学术价值极高，它们不仅有助于唐代西域史的深入探讨，而且也促进了于阗语文书年代和内容的解读与考释。

已经发表的同类文书共有三组。一是霍恩雷收集品（Hoernle Collection），最早由沙畹（Ed. Chavannes）公布了三件较完整的文书[1]，其余九件残文书直到最近才由王冀青和郭锋分别刊布[2]。二是斯坦因收集品（Stein Collection），先由沙畹、马伯乐（H. Maspero）刊布，近年郭锋和陈国灿重新整理录文[3]，但还有一些残片混编入敦煌卷子编号当中，图版已随《英藏敦煌文献》公布，但还没有录文[4]。斯坦因第四次中亚探险所获汉文材料的照片，最近在英国图书

---

〔1〕 Ed. Chavannes, "Chinese Documents from the Sites of Dandan-uiliq, Niya and Endere", Appendix A to *Ancient Khotan*, by A. Stein, Oxford 1907, pp. 521-525.

〔2〕 王冀青《英国图书馆东方部藏"霍尔宁搜集品"汉文写本的调查与研究》，《兰州大学学报》1991年第1期，143—150页；郭锋《斯坦因第三次中亚探险所获甘肃新疆出土汉文文书》，兰州，甘肃教育出版社，1992年，70—74页。

〔3〕 Chavannes, "Chinese Documents from the Sites of Dandan-uiliq, Niya and Endere"; idem, *Les documents chinois découverts par Aurel Stein dans les sables du Turkestan oriental*, Oxford 1913, pp. 201-219; H. Maspero, *Les documents chinois de la troisième expédition de Sir Aurel Stein en Asie Centrale*, London 1953, pp. 186-191; 郭锋《斯坦因第三次中亚探险所获甘肃新疆出土汉文文书》，31—70页；陈国灿《斯坦因所获吐鲁番文书研究》，武汉，武汉大学出版社，1995年，480—567页。

〔4〕 荣新江《英国图书馆藏敦煌汉文非佛教残卷目录（S.6981—13677）》，台北，新文丰出版公司，1994年，130页，No. 9464。图版见《英藏敦煌文献》第14卷，298—299页。

馆寻获，并由王冀青整理公布[1]。三是斯文赫定收集品（Hedin Collection），其中三件双语文书由贝利（H. W. Bailey）刊布，汉文部分则由蒲立本（E. G. Pulleyblank）和夏伦（G. Haloun）考释[2]。本文作者曾在以前的研究中引用过余下的一枚只有汉字的木简文书[3]。此外，德国柏林印度艺术博物馆（Museum für Indische Kunst）和德国国家图书馆（Staatsbibliothek Preussischer Kulturbesitz）藏德国吐鲁番探险队所获文书中，也混有数量有限的文书残片。

过去学术界只知圣彼得堡（原列宁格勒）藏有于阗语世俗文书，1990 年，在意大利举行的“吐鲁番敦煌文献学术讨论会”上，沃罗比耶娃-捷夏托夫斯卡娅（M. Vorob'ëva-Desjatovskaja）发表了关于列宁格勒所藏丹丹乌里克出土于阗语世俗文书的概述[4]，继而她与恩默瑞克（R. E. Emmerick）连续刊布圣彼得堡藏于阗语文书[5]，其中多件文书上有汉名或汉字画押，使人们联想到与这些于阗文书写在一起的应当还有汉文文书。1995 年 5—7 月，敦煌研究院施萍婷教授考察俄藏敦煌文献，抄出若干和田出土汉文文书，录入《俄藏敦煌文献经眼录》(二)[6]。以后，东京大学熊本裕教授从圣彼得堡摄回一些汉文文书照片，他曾就其中的一件汉语、于阗语双语文书做过考释[7]，并把一些

---

〔1〕 王冀青《斯坦因第四次中亚考察所获汉文文书》，《敦煌吐鲁番研究》第 3 卷，北京，北京大学出版社，1998 年，263—264 页。

〔2〕 H. W. Bailey, *Khotanese Texts*, IV, Cambridge 1979, pp. 173-176, 136, 179-181。

〔3〕 张广达、荣新江 1988b，76 页；《于阗史丛考》，85—86 页。至于其他，事实上，荣新江在 1985 年走访斯德哥尔摩的瑞典人种学博物馆时，已经注意到了那几件似是而非的“汉文”木简文书，因有疑问而未加引用。林梅村 1993，91，95—96 页据日本书道教育会议编《楼兰发现残纸木牍》一书加以考释。Kumamoto 1996, p. 30 正确地指出它们实系赝品。

〔4〕 M. I. Vorob'ëva-Desjatovskaja, “The Leningrad Collection of the Sakish Business Documents and the Problem of the Investigation of Central Asian Texts”, *Turfan and Tun-huang. The Texts*, ed. by A. Cadonna, Firenze, 1992, pp. 85-92.

〔5〕 R. E. Emmerick and Margarita I. Vorob'eva-Desjatovskaja, *Saka Documents* VII: *the St. Petersburg Collections*, London: School of Oriental and African Studies, 1993; idem., *Saka Documents Text Volume* III, London: School of Oriental and African Studies, 1995.

〔6〕 施萍婷 1997，328—330 页。但她没有指出此系和田出土文书。

〔7〕 Kumamoto 2001.

照片交我们考释发表。

本文初稿撰写于 1996 年，当时我们有机会在巴黎一起工作，主要根据熊本教授提供的照片，部分参考了施萍婷教授尚未发表的录文。1997 年我们在美国纽黑文参加丝绸之路研讨会时再次会面，确定文稿，并请同时参加会议的陈国灿教授对文书录文做了订正。但由于个别文书只有施萍婷录文而没有见到照片，有些文字不敢确定，因此这篇考释文字一直没有发表。现在，上海古籍出版社出版的《俄藏敦煌文献》第 17 册，已将这组文书的图版发表，我们得以校订录文。本文是对这组文书的初步整理结果，不妥之处，敬请指正。

二、录文与注释

以下按编号顺序加以校录，并对文书中的史实、名物加以考证或说明。在星号后面，对文书外观加以描述，并提示前人有关的研究成果。为了不影响录文的完整，注释的编号用所注文字所在的行数标志。

Дx.18915　《某年九月十七日杰谢镇帖羊户为市羊毛事》：

1　杰谢镇　　　　　帖羊户等
2　　当镇诸色羊户共料官市毛壹伯斤
3　　　右被守捉帖，称："上件羊毛，帖至速市供，
4　　　分付专官介华领送守捉，不得欠少。其价
5　　　直，卖即支遣者。"准状各牒所由，限三日内
6　　　送纳。待凭送上，迟违科所由。九月十七日帖。
7　　　　　　　　　判官别将卫惟悌。
8　　　　镇官将军杨晋卿。

＊ 首尾完整，左上角略残，但不伤文字。又文书上有朱印痕，但不可识读。图版见《俄藏敦煌文献》第 17 册，280 页下栏。

1. 杰谢镇："杰谢" 一名，又见 M. 9（= Hoernle MS 1）《大历三年

（768）典成铣牒》，我们将其比定为于阗文的Gaysāta（张广达—荣新江1988a，62页；《于阗史丛考》，142页），现又得到俄藏汉文、于阗文双语文书Дx.18930的印证（Kumamoto 1996，p. 33，p. 57，n. 29）。其地位于今和田东北沙漠深处的丹丹乌里克（Dandan-uiliq）遗址。在唐朝，它应是六城质逻州下属的一个城，而从军事体制来讲，它是于阗军下属的一个镇（荣新江《于阗在唐朝安西四镇中的地位》，《西域研究》1992年第3期，58页）。

1. 帖：唐代普遍行用的一种文书形式。参看唐长孺《〈木兰诗〉补正》一文对帖的解说，见《唐长孺社会文化史论丛》，武汉大学出版社，2001年，224—225页。

1. 羊户：专司放羊的人户。

2. 官市：由官府出钱据时估中价购买。《唐六典》卷二〇京都诸市令条："凡与官交易及悬平赃物，皆用中贾。"《唐律疏议》卷四平赃条云："依令，每月旬别三等估。"但唐朝各级官府在向百姓购买物品时，往往"境内市买，无所畏惮，虚立贱价，抑取贵物"（《唐大诏令集》卷八二仪凤二年十一月十三日审理冤屈制），因此这里才明令不得欠少价值。

3. 守捉：《新唐书》卷五〇《兵志》："唐初，兵之戍边者，大曰军，小曰守捉，曰城，曰镇，而总之者曰道。其军、城、镇、守捉皆有使。"此处之守捉，当是于阗军下属之守捉。据《新唐书》卷四三《地理志》，于阗东有坎城守捉，或即本文书所指者。斯坦因在达玛沟所获Dom 0136（Or.8212-1369）文书有"守捉使冯仙期"名，郭锋推测为坎城守捉使（《斯坦因三探中亚所获甘肃新疆出土汉文文书》，64页）。杰谢镇接守捉帖而转帖羊户等，说明守捉在军政体制中高于镇。

5. 所由：唐朝官府衙门中的小吏，掌催征租税等杂事（张广达—荣新江1988a，64页；《于阗史丛考》，146页）。

7. 判官：唐方镇使府设有判官，为主将之副。

7. 别将：唐府兵制中有别将一职，位在果毅都尉下，校尉之上。

8. 镇官将军杨晋卿：又见 M.9（b）（= Hoernle MS 2）《唐某年十二月二十三日杰谢镇知镇官将军杨晋卿帖》（Chavannes 1907, 524；陈国灿 1995，537 页）、SI P 103.24 于阗语文书末尾的汉字署押，作“将作监杨晋卿”，其于阗文的音译作 Yā Tcīkhe（R. E. Emmerick and Margarita I. Vorob'ëva-Desjatovskaja, *Saka Documents VII: The St. Petersburg Collections*, London: School of Oriental and African Studies, 1993, pl. 114; idem, *Saka Documents Text Volume* III, London: School of Oriental and African Studies, 1995, p. 145）。三件文书中的杨晋卿当是一人。镇官即知镇官，将作监是其加官。按，SI P 103.24 于阗语文书是于阗大王尉迟曜（Viśa' Vāhaṃ）在位第 16 年所写，据我们考订，相当于唐朝纪年的大历十七年，公元 782 年。据此，本件文书的年代也应当在 782 年前后。

Дx.18916 《大历十五年（780）杰谢镇牒为征牛皮二张事》

1 　　韉鼓牛皮二张[

2 牒得举称：“奉处分[

3 因恐贼默来侵抄，辰宿至要鼓声相应者，[

4 自各牒所由处。”牒举者，准状各牒，火急限当

5 日内送纳，迟科附者，故牒。

6 　　　　　　大历十五年四月一日，判官果毅□□进[

7 　　　　　　　　知镇官大将军张顺。

* 文书前端下部残 2 行，纸缝后书于阗文 4 行，上下有残缺，又背书于阗文 11 行。图版见《俄藏敦煌文献》第 17 册，281 页。

1. 韉鼓牛皮：又见 M.2（Hoernle MS 2）第 2 行，系杰谢镇之军事器械（Chavannes 1907, p. 524；陈国灿 1995，537 页）。据上下文，这种牛皮当是用作鼓面。

3. 贼：指侵扰于阗地区的唐朝敌对势力，此时很可能是指吐蕃。

6. 大历十五年即公元 780 年。

7. 知镇官大将军张顺：据同组文书多出于丹丹乌里克遗址来看，此镇当即杰谢镇。本文书是先写汉文再写于阗文的文书，Дх.18930 也是形式一样的双语文书，其内容为交纳杰谢镇所征牛皮的领抄文书。两件文书或是同组文书，若然，可据其“杰谢”一名，补证本文书为杰谢镇文书。SI P 103.14 于阗语文书系“张将军”（Cāṃtcyaṃ-kunä）给杰谢首领思略（auva-haṃdastä Sīḍakä）的一份指令，末尾有汉字花押“顺”（*Saka Documents VII*, pl. 110; *Saka Documents Text Volume* III, pp. 140-141）。两处的张顺应当是同一人。张顺以大将军身份任知镇官，参考上件文书注引数据，其任职时间较杨晋卿早两年。

Дх.18917　《贞元四年（788）五月杰谢百姓瑟□诺牒为伊鲁欠负钱事》

1 杰谢百姓伊鲁
2 　右件人，先欠负[　　　]年正月内，被所由萨
3 　波思略掣[　　　　　　　]与前游奕副使
4 　赵刚取[　　　　　　　]理，又其妇人更自取
5 　钱一千五[　　　　　　　]伊鲁见在神山路
6 　探候，昨被思略[　　　　]诺，将钱四千三百
7 　文赎来在此，更觅得钱四百文，余欠六百文，
8 　作油麻价，秋熟便送来。其妇人将去，共平
9 　章，赵副使不肯。伏望骠骑□鉴，请处分。
10 牒件状如前，谨牒。
11 　　　贞元四年五月　日，杰谢百姓瑟□诺[
12 　　“勒还妇人，即须发
13 　遣。廿一日□（押字）。”

* 文书已断作两纸，上下相连，但前 6 行中部残失。前 11 行为牒文，后 2 行为大字判文。图版见《俄藏敦煌文献》第 17 册，282 页上，施萍婷 1997，329 页有录文。

1. □□：据文书末“杰谢”和文中“萨波斯略”推断以及残字迹推测，开首所缺应是“杰谢”二字。

1. 百姓：唐法令规定的良人。参看张广达—荣新江 1988a，63 页；《于阗史丛考》，144 页。

1. 伊鲁：于阗人名的汉字音译。

2—3. 所由萨波思略：“萨波思略”，其名又作“斯略”，音译自于阗文的 Spāta Sīḍaki，又见 D. V. 6（S.5864）《大历十六年二月杰谢百姓思略牒》（陈国灿 1995，540—541 页）、M. 9. c（Hoernle MS 3）《建中七年十月五日杰谢萨波斯略条记》（陈国灿 1995，539 页），是杰谢镇处理行政事务的地方胥吏，还见于多件于阗语文书，详参张广达—荣新江 1997，350—351 页。

3—4. 游奕副使赵刚：《资治通鉴》卷二〇九景龙二年胡三省注：“游奕使，领兵以巡奕者也。杜佑曰：游奕，于军中选骁勇谙山川泉井者充，日夕逻候于亭障之外，捉生问事。”（参看朱雷《〈伍子胥变文〉、〈汉将王陵变〉辩疑》，《魏晋南北朝隋唐史资料》第 7 期，1985 年，23—24 页）游奕副使为游奕使的副手，其职掌也是领兵在烽堡之外巡逻。下文称伊鲁在神山路探候，当是赵刚手下之兵士。

5. 钱：贞元时唐朝内地所铸钱已无法正常带进西域地区，此处所说的钱，或指安西当地所铸之大历元宝和建中通宝（参看王永生《大历元宝、建中通宝铸地考——兼论上元元年以后唐对西域的坚守》，《中国钱币》1996 年第 3 期，3—11 页）。

5. 神山路：神山即神山堡，见《新唐书》卷四三《地理志》四夷路程和 Hedin 24 文书（张广达—荣新江 1997，340 页，图版一），遗址在今和田城北方和田河西岸麻札塔格山（Mazar Tagh）东麓，山顶现在尚存唐代古堡，斯坦因等曾在此发现许多唐代汉文和于阗文文书，有些与丹丹乌里克遗址出土文书同时。人们曾据 Hedin 24 推测，唐朝时神山堡与坎城（今老达玛沟一带）间有路相通，即由神山东行，经杰谢而南到坎城的要道（侯灿《麻札塔格古戍堡及其在丝绸之路上的重要位置》，《文物》1987 年第 3 期，63—75 页）。本文书证实了前人的推测，并且明确告诉我们神山与杰谢间的一段道路，唐朝时称作“神山路”。

6. 探候：唐朝军镇中负责侦察警戒之事的人。《通典》卷一五七下营斥候条附《卫公李靖兵法》及《武经总要》前集卷六警备法记，凡军驻营则置外探、巡探等，以司警戒。吐鲁番文书记有长期任巡探的“长探”一类人，由虞候、三卫、白丁、行客等充任（朱雷《〈伍子胥变文〉、〈汉将王陵变〉辩疑》，20—21 页）。伊鲁以白丁充探候，与唐制合。

9. 赵副使：游奕副使赵刚。

11. 贞元四年即公元 788 年。

11. 瑟□诺[：于阗百姓名的音译，惜已残缺。

12—13. 此 2 行为长官判文。最后一字为画押式的署名，惜不可识。

Дx.18918 《某年五月简王府长史王□□帖为欠税钱事》

（前缺）

1 □[

2 □[

3 右件人各欠税[

4 帖至，仰已上至，并[

5 同到，迟科所由。五月[

6 用守捉印。

7 专官起复简王府长史王[

（余白）

* 此件首、下残，图版见《俄藏敦煌文献》第 17 册，282 页下。施萍婷 1997，329 页有不完整录文。

3. 税[：因文字已残，不明为何种税收，视其他文书，或为税役钱。

7. 专官起复简王府长史王[　：“简王”当指代宗第六子李遘，见《新唐书》卷八二《十一宗诸子传》：“简王遘，始王鄜，徙封简，元和四年（809年）薨。”其徙封年份，可据同传丹王逾条得知：“始王郴，建中四年（783年）与简王同徙封。”此事《资治通鉴》卷二二八系在六月丁卯。据此知本文书写于建中四年六月以后。又，Hedin 24文书第7行前人均录为“判官兰王府长史富惟谨”（H. W. Bailey, *Khotanese Texts*, IV, p. 136；张广达—荣新江1988b，70页；《于阗史丛考》，82页；林梅村1993，95页），现在细审图版，“兰王”当作“简王”，而该文书的年代，也可以重新释读为贞元十四年（798年）（张广达—荣新江1997，340页）。按唐制，宗王可遥领节度使，但不出阁，史籍中未见简王遥领安西四镇节度，然据这两件和田出土的于阗军下属军镇的文书，简王很可能在建中四年至贞元十四年之间遥领安西节度大使。本件文书末署的简王府长史王某，是以专官遭丧后起复，以简王府长史兼于阗镇军某官的。本文书年代不早于建中四年。

Дx.18919　《大历十七年（782）闰三月廿九日韩披云收领钱抄》

1　□泥（?）先蓟（?）思略令分付韩云[

2　麦伍硕，钱伍伯文，折小麦伍硕，〔令〕[

3　足。大历十七年闰三月廿九日，左三[

4　韩披云抄。

* 文书首尾完整，下略残。图版见《俄藏敦煌文献》第17册，283页上。

1. 思略：又作斯略，见Дx.18917第2—3行“所由萨波思略”条注。

1. 韩云，当即第4行韩披云的省称，唐人习惯用法。

2. 麦伍硕，钱伍伯文，折小麦伍硕：按麻札塔格出《唐开元九年（721）于阗某寺支出薄》记有当时小麦价为“斗别卅文”，五硕为1 500文（池田温《中国古代籍帐研究》，东京大学出版会，1979年，

348 页，行 9；1996，221 页），可作参考。

3. 大历十七年闰三月：此处抄写清楚无误，证实我们过去据 D. VII.4. a（S.5871）原卷所识读的“大历十七年闰三月”的“三”字应当是正确的（张广达—荣新江 1988b，76 页；《于阗史丛考》，87 页），但当时因为没有旁证材料，而采用了“正”字的读法（张广达—荣新江 1988b，75 页；《于阗史丛考》，85 页）。本件文书纪年的更为重要的意义是，相当于大历十七年的建中三年，中原历闰正月，而本文书证明于阗当地同一年却闰三月，与中原不同。从大历十七年的纪年来看，于阗因与中原阻隔，也不知中原王朝早已改元建中。

Дx.18919v　残契尾

（前残）

1　保人男刘伏奴年廿[

2　保人姊夫梁怀玉[

* 前、下部均残，存字二行，为契约保人署名部分。图版见《俄藏敦煌文献》第 17 册，283 页下。

2. 梁怀玉，见下件 Дx.18920A 第 2 行。

Дx.18920　《大历十四至十五年（779—780 年）杰谢百姓纳脚钱抄》

（前缺）

A. 1　[脚]钱柒阡文，于张[

2　□梁怀玉边领得大十[

3　日，卫尉卿白（花押）抄。

B. 1　大历十四年十月内杰谢百[姓]□[

2　脚钱壹拾壹阡[文]。此留本[

3　[十]五年春[装]□□幞[

（后缺）

* 文书四周均残，惟上部略为完整。图版见《俄藏敦煌文献》第

17 册，284 页上。

A. 1. 脚钱：《唐六典》卷三度支郎中员外郎条："凡天下舟车水陆运载，皆具为脚直，轻重、贵贱、平易、险涩而为之制。"这里的脚钱或许是杰谢百姓所纳运送兵士春装的钱。

3. 卫尉卿：即卫尉寺卿，见《唐六典》卷十六："卫尉卿，从三品……天下兵器入京师者皆籍其名数而藏之。"此处是白某之检校官，非其职事。

4. 白□□：白为龟兹人姓氏，其姓后两字不似汉人所书，此人或是任职于阗的龟兹人。

B. 3. 春装：唐代后期节度使体制下的兵士，皆由官府支给春冬衣装。《唐会要》卷七八《诸使杂录》上记："大历十二年五月十日，中书门下状奏：'兵士量险隘召募，谓之健儿，给春冬衣，并家口粮。'"据本文书，这项制度也贯彻到于阗边镇。在库车出土的龟兹文书中也有反映，纳春装布而免掏拓徭役，见 Zhang Guangda，"L'irrigation dans la région de Koutcha"，*Les manuscrits chinois de Koutcha. Fonds Pelliot de la Bibliothèque Nationale de France*，par E. Trombert，pp. 147–148。

B. 3. 十五年：应是大历十五年，公元 780 年。

Дх.18921 《杰谢镇牒为杰谢百姓摊征事》

（前缺）

1 [ ]□□

2 杰谢百姓等[状][

3 牒得胡书状称：[所]摊萨[

4 其彼镇官夏打驼分外，更出鞍[

5 驮。伏望哀矜，商量放免。其□[

6 百姓共出，请归一硕[

7 月已后般送。今得百[

（后缺）

＊ 文书首尾及下部均残，第一行有粗笔所书二字残划。图版见《俄藏敦煌文献》第 17 册，284 页下。施萍婷 1997，329 页有录文。

3. 胡书：指于阗当地百姓所写于阗语文书。

3. 萨［　　］：或指“萨波斯略”。

4. 打驼分：Дx.18927 为建中六年十二月廿一日行官魏忠顺抄杰谢百姓讫罗捺供打驼麻条记，或即此处所说的打驼分。若然，则本件年代在建中六年十二月廿一日以前。

Дx.18922　《纳羊皮历》

（前缺）

1 ］〔八日〕

2 三人纳羊皮壹拾张。廿九日，纳羊皮三拾［

3 三十日，役四人纳羊皮肆拾张。

4 　　计皮壹百〔张〕。

＊ 文书前部下部残。图版见《俄藏敦煌文献》第 17 册，285 页上。

Дx.18923　《某年杰谢首领萨波思略牒为寻驴事》

1 ］驴壹头

2 ］〔神〕路寻玉河

3 ］例，恐被路

4 ］请处分。

5 ［牒件状如前，谨］牒。

6 ］月　日，首领萨波思略牒。

7 ］不得失。

8 ］四日，斯。

＊ 文书上部残半，可据第 5 行推知。第 7 行以后为判文。图版见《俄藏敦煌文献》第 17 册，285 页下。

2.〔神〕路：“神”字也可能是“押”。若是“神”字，其上或为

“山”，而“山神”为“神山”之误倒。神山路即从杰谢到玉河的道路。

2. 玉河：即于阗河。这种称法又见于敦煌写本 S.2113A《瑞像记》（张广达—荣新江《于阗史丛考》，248 页）。

6. 首领萨波思略：见 Дx.18917 第 2—3 行“所由萨波思略”条注。

Дx.18924　《勿日本男负思略物条记》

1　勿日本男负思略勿（物）契

2　分付残借五斗过时不付。

＊ 本文书上部两边均残，但文字可识。两行字体不同，虽书写工整，似出自于阗人手笔，不够规范，以上所识读的文字，文句不够通顺，尚待确定。图版见《俄藏敦煌文献》第 17 册，286 页上。

Дx.18925　《某年正月六城都知事牒为偏奴负税役钱事》

1　]里（?）胡书偏奴共负钱八十千文

2　]杰谢所由欠上件税役钱，余[

3　]急，遂取族落安达汉[

4　]索钱，欲往共债主相随[

5　]被彼镇官遮截，伏[

6　]镇同为征索发遣，请处分。

7　[牒件状]如前。[谨]牒。

8　正月　日，六城都知事[

（后缺）

＊ 文书上下残，字体颇工整。图版见《俄藏敦煌文献》第 17 册，286 页下。施萍婷 1997，330 页有录文。

1. 偏奴：又见 Дx.18926+Дx.18928《大历十六年六月廿一日契》，时为保人，年三十一。

1. 共负钱八十千文：据下文，所欠为税役钱。

2. 税役钱：《唐六典》卷三：“凡诸国蕃胡内附者亦定为九等，四等已上为上户，七等已上为次户，八等以上为下户。上户丁税银钱十文，次户五文，下户免之。附贯经二年以上者，上户丁输羊二口，次户一口，下户三户共一口。无羊之处，准白羊估，折纳轻货。百姓征行，令自备鞍马，过三十日已上者，免当年输羊。”这是唐朝开元二十五年规定的对羁縻州的赋役制度。唐中叶以后，唐朝正役往往是以庸代役。此处之税役钱，或为代役的课钱。

3. 族落安达汉：据安姓，达汉应是原出中亚安国的粟特裔移民，其名前贯以族落之名，或许表明其仍属于当地粟特族落中人，而与于阗当地百姓或驻防军士不同。

8. 六城：于阗文作 kṣvā auvā。我们曾考证六城指从质逻向北到杰谢的地域，由 Cira（质逻）、Phema（媲摩，即坎城）、Phaṃña（潘野）、Birgaṃdara、Āskvīra、Gayseta（杰谢）六个城镇组成（张广达—荣新江 1988a，62—63 页；《于阗史丛考》，142—144 页）。林梅村接受了我们的观点，并且力图落实各城镇的地望（1993，96、97、100、103—105 页）。沃罗比耶娃-捷夏托夫斯卡娅不考虑汉文文书和藏文文献，仅从她对若干于阗语文书的理解出发，提出全然不同的“六城”说。其中，她的《公元一千纪新疆出土的于阗语公务文书所见“六村”考》专文，集中论述了她前此多次发表的意见。她认为，媲摩常被称为 Kaṃtha，即坎城，因此不可能为“六村”之一。她根据若干于阗语文书列举的某些人名后附地名而提出“六村”当是 Phaṃnā、Tcina、Pa'、Viṃgūla、Jīvvā 和 Ysāḍa（M. I. Vorob'ëva-Desjatovskaja，“The Toponym ‘Six Villages’ in Khotanese Business Documents in the First Millennium A. D.”(in Russian)，*St. Petersburg Journal of Oriental Studies*，6，1994，pp. 395-414，395-414。参看同作者“The Toponym ‘Six Villages’ according to Khotanese Business Documents”，*La Persia e l'Asia Centrale da Alessandro al X Secolo*，Roma 1996，pp. 171-178）。她把她的这一解释纳入李特文斯基主编的《古代和中世纪早期的西域（突厥斯坦）》于阗章。熊本裕对她的论点做了全面的批驳，他指出从语言学上讲，某些人名后附有地名是为了区别同名人的缘故。他认为六城可能是一个州或州府的固有名称，不必强要寻求其中的“城”。于阗文的 au，从未见与 Birgaṃdara、Āskūra、Gaysāta 连用过（Kumamoto 1996，pp. 43-50）。限于目前所能掌握的材料，六城的确解尚未得到圆满的解答，但六城作为于阗毗沙都督府东北一个州的名字，是可以肯定的。该州的范围应当如我们上引文所示，本文书进一步证明了杰谢当在六城范围内。其州治所在，或即质逻，因为质逻一名常与六城连称。

8. 都知事：史籍中的知事多见于宋以降的材料，指掌管州县行政的地方官。由本文书看，中唐以后已有都知事一职，为州之行政官。

Дх.18926+SI P 93. 22+Дх.18928 《大历十六年（781）杰谢合川百姓勃门罗济卖野驼契》

1 野驼壹头父拾岁

2 大历十六年六月廿一日，杰谢合川百姓勃[门罗济]

3 等，为役次负税钱，遂将前件驼卖[

4 作驼[价钱]壹拾陆阡文。其钱及驼[当日]

5 [交]相分付了，后有识认，一仰[卖主知当，]

6 不关买人之事。官有政法，[人从私契，]

7 两共平章，画指为记。

8 钱主

9 驼主百姓勃门罗济[年六十五]

10 保人勃延仰年[卅五]

11 保人勿萨踵年[六十一]

12 保人末查年[卅一]

13 保人讫罗捺年[廿（?）五]

14 保人偏奴年卅一

15 保人勿苟悉年卅四

* 本文书原断为两片，可以直接缀合，上部略残，下部全残。又

文书系双语所写，正文于阗文与汉文间隔书写，第 8 行钱主以下于阗文写在汉文上方空白处。图版见《俄藏敦煌文献》第 17 册，287 页上、288 页上。Kumamoto 2001 对这件双语文书做了专题考释，他还把 SI P 93. 22 残片（*Saka Documents* VII, pl. 67e; *Saka Documents Text Volume* III, p. 94, No. 112）拼接到 Дх.18926 和 Дх.18928 两件文书中间的上部，这一点得到沃罗比耶娃-捷夏托夫斯卡娅据原件的确认。本文录文从之。

2. 大历十六年：即公元 781 年，唐朝建中二年。

2. 杰谢合川：从汉语的语序来看，合川或是杰谢镇下的小地名。但于阗文的对应词 hamīḍaka（意为“all together”），无法和汉文对应（Kumamoto 2001, p. 4）。

2. 勃门罗济：此名又见第 9 行，前三字基本清晰可识，末一字仅有“齐”字，但视其左侧残缺的空间，似可补“水”旁，则读为“济”字较佳。第三字“罗”，熊本裕读作“贸”。他据于阗文对应名字的残划和其他文书中出现的名字，推测为 Braṃmūjsai，并据此指出“门”当是“阑”的简写或讹误（Kumamoto 2001, p. 4）。但不论是勃门罗济，还是勃门贸齐，都无法与 Braṃmujsai 完全吻合。

3. 为役次负税钱：当即 Дх.18925 所说的“税役钱”。

4.（野驼壹头父拾岁）断作驼价钱壹拾陆阡文：这头野驼卖价为一十六千文。按《唐天宝二年（743 年）交河郡市估案》记当时物价，波斯敦父驼壹头，上价值大练 33 匹，次价 30 匹，下价残。又草驼壹头，仅存上价为 30 匹。同案记大练价是，一匹上价 470 文，次价 460 文，下价 450 文（池田温《中国古代籍帐研究》，453、448 页）。若依中价计，天宝二年吐鲁番地区一头波斯敦父驼值 13 800 文，草驼更低。大历十六年（781 年）于阗地区一头野驼售价为 16 000 文，可以看出西域地区物价的涨幅。

10. 勃延仰年〔卅五〕：人名的于阗文作 Puñargaṃ。“延”，Kumamoto 作“迩”。以下所补年龄均据于阗文部分（于阗文之解读均据 Kumamoto 2001, pp. 4–8）。

11. 勿萨踵：于阗文作 Visarrjāṃ。又见 Hedin 15 双语文书第 1 行："六城勿萨踵/cira visarrjāṃ"（*Khotanese Texts*，IV，pp. 29，173），与此完全对应，两者当为同一人，这可以证明杰谢合川在六城范围，而 Hedin 15、Hedin 16 号文书也应当来源于丹丹乌里克。

12. 末查：于阗文作 Marṣākä。

13. 讫罗捺：此名又见下面的 Дx.18927 建中六年十二月文书，也是杰谢百姓，当为同一人。其名字的头一字"讫"，熊本裕读作"纥"。于阗文作 Rruhadattä，应当对应于"讫罗捺"。其年龄的于阗文第一字母残，推测为"二十"。

14. 偏奴：原作"奴偏"，旁有倒乙符号，今正之。于阗文作 Pheṃdūkä。又见 Дx.18923，知亦为六城人。

15. 勿苟悉：于阗文对应词残，熊本裕据汉文和其他杰谢镇文书中的于阗人名，构拟为 Vikausä。

Дx.18927 《建中六年（785 年）十二月廿一日行官魏忠顺收驼麻抄》

1 守捉使牒：杰谢百姓讫罗捺供行军入碛，

2 打驼麻卌斤。（花押）。

3 建中六年十二月廿一日，行官魏忠顺抄。顺。

* 文书完整无缺，第 2 行下书于阗文，后亦接书于阗文两行。图版见《俄藏敦煌文献》第 17 册，287 下页。

1. 守捉使：据《新唐书》卷五〇《兵志》，唐朝守捉设使。此处之守捉，很可能是坎城守捉。参看 Дx.18915 第 3 行注。

1. 讫罗捺：见 Дx.18926+SI P 93. 22+Дx.18928 第 13 行并注。

1. 行军入碛：表明此时于阗镇守军曾派军队向北进发。

2. （花押）：似是"顺"字，但不类汉人所写，于阗文第 2 行末，也有同样花押。

3. 建中六年即公元 785 年，本年唐朝改元贞元，但于阗路远不知。

3. 行官:《资治通鉴》卷二一六天宝六载（747 年）记安西四镇节度使下行官王滔处，胡三省注云:“行官，主将命往来京师及邻道及巡内郡县。”又卷二二三广德二年（764 年）二月郭子仪使牙官卢谅至汾州条胡注:“节镇、州、府皆有牙官、行官，牙官给牙前驱使，行官使之行役四方。”知节镇州府皆有行官，为专门负责出使四方的使者。于阗出土大历十七年（782 年）契约（D. VII.4. a）中有“行官霍昕悦”（陈国灿 1995，545 页），建中八年契约（D. VII.3. d）中有“行官中郎廉奇”（陈国灿 1995，549 页），表明在于阗的行官不只魏忠顺一人，但从本文书中提到“供行军入碛”，则魏忠顺之在于阗，或与安西四镇从于阗征兵有关。

Дх.18929　《大历三（?）年正月百姓勿娑牒》

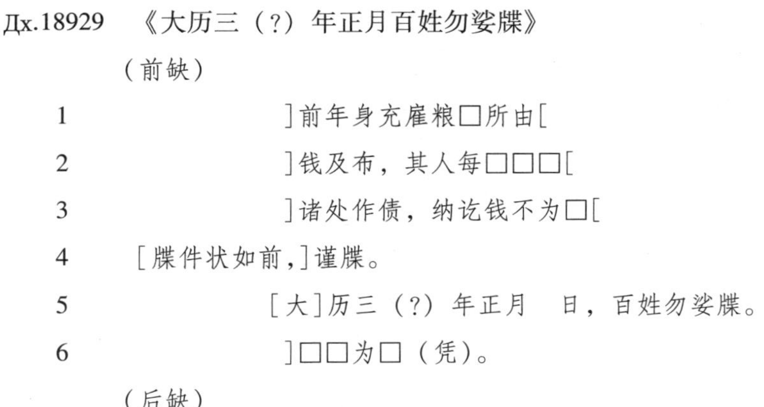

（前缺）

1]前年身充雇粮□所由[

2]钱及布，其人每□□□[

3]诸处作债，纳讫钱不为□[

4 [牒件状如前，]谨牒。

5 [大]历三（?）年正月　日，百姓勿娑牒。

6]□□为□（凭）。

（后缺）

* 文书四边均残，末行为大字判文。图版见《俄藏敦煌文献》第 17 册，288 页下。

5. 大历三年:“三”很像“元”字，但据考，西域于阗等地不知大历改元，吐鲁番、于阗均不见大历元年、二年纪年（张广达—荣新江 1997，346—347 页），因此这里可能是“三年”或“五年”。

5. 勿娑:应是于阗文 Viśa’ 的音译。

6. “为”字前两字，似是“中郎”。

Дх.18930 《杰谢百姓纳牛皮抄》

（前缺）

1 杰谢［

2 牛皮壹张□［

3 抄。（下有勾记）

（后缺）

＊ 文书前后下均残，后有于阗文一行，熊本裕转写翻译作：gayseta gūha kaṃṃgä "In Gaysata. Ox skin" (Kumamoto 1996, p. 57, n. 29)。图版见《俄藏敦煌文献》第17册，289页上。

2. 牛皮：参看 Дх.18916 第7行注。

Дх.18931 残文书

（前缺）

1 ］苏未士偏［

2 ］□□□［

（后缺）

＊ 文书上下及后部均残，字体较大，两行汉文间有于阗文一行。图版见《俄藏敦煌文献》第17册，289页下。

Дх.18937 《员通（?）等往丁谷细袄去事残文书》

（前缺）

1 员（?）通（?）等仰呈今月十五日，往丁谷细

2 袄去，须酒。今遣令狐二往彼去，仰

3 何五与史思布勒（?）康络（?）思敬米□［ ］

（后缺）

＊ 文书尾残，语句亦不太通顺。图版见《俄藏敦煌文献》第17册，293页上。按，俄藏 Дх.18932—18936 从内容上看，应当是敦煌文书，而本件（Дх.18937）的内容显然可以断定不是敦煌文书，其后的

Дх.18938 正面没有发表图版，背面为“七、八、九”三字的习字，Дх.18939—18942 明显的是属于和田出土文书。颇疑此件出自吐鲁番，我们暂将本文书归入和田文书之列。

1. 丁谷：吐鲁番有地名丁谷，库车库木吐拉石窟亦称丁谷寺，可见“丁谷”是西域常见地名的译音，此或为于阗之丁谷。

2. 祆：唐人称呼琐罗亚斯德教神的名字。参看 A. E. Dien，“A Note on Hsien 祆‘Zoroastrianism’”，*Oriens*，X. 2，1957，pp. 284-288.

3. 何、史、康、米：均粟特人姓。

Дх.18939　《贞元十年（?）条记》

（前缺）

1.　]□拔先负成副使床贰硕对萨[波][

2.　]贞元[十年]七月十日成嵩于[

（后缺）

* 文书上下残。图版《俄藏敦煌文献》第 17 册，294 页上。

Дх.18940（1）　《残牒为质逻六城百姓衣粮事》

（前缺）

1　]□□[

2　]　质逻六城百姓等[

3　]牒得状称：上件百姓[

4　　　]衣粮皆[

5　　　]因此[

（后缺）

* 文书四边均残。图版见《俄藏敦煌文献》第 17 册，294 页下。

2. 质逻六城：质逻，于阗文作 Cira，藏文作 Ji-la，今称策勒。六城见上 Дх.18925 第 8 行注。

Дx.18940（2） 残牒

（前缺）

1 ］不审得

2 ］

3 ］□□牒

4 ］□

5 ］

6 ］□使

（后缺）

* 文书仅存下部一条。图版见《俄藏敦煌文献》第 17 册，295 页上。

Дx.18942 文书残片

A. ］使兼［

B. 1. ］〔陆〕〔延若〕

2. ］特进大将军郭（花押）

C. 1. ］守捉使［

* 仅存三残片，字体工整，原本或是同一文书的残片。图版见《俄藏敦煌文献》第 17 册，296 页上。施萍婷 1997，330 页有录文。

三、出土地点与文书年代

这批编在 Дx（敦煌）号码下面的和田出土文书，可能是 19 世纪末 20 世纪初俄国驻喀什总领事彼得罗夫斯基（Petrovsky）从和田地区的挖宝人那里买到的，其中 Дx.18916、18926、18927、18928、18930、18931 六件上面有于阗语的文书，原编作一个号码 SI P 149，后来与没有于阗语而只写汉语的文书一起，全部编到 Дx 号码之下（俄藏 Дx 号码下不仅有和田出土文书，还有吐鲁番、黑城等地出土文书）。

至于这批从和田买到的汉语或汉语、于阗语双语文书的具体出土地点，应当和彼得罗夫斯基收集品中的于阗语文书一样，主要是来自丹丹乌里克，即唐朝于阗王国东北边镇杰谢，从唐朝的军事镇防体制来说，这里同时是安西节度使下属的于阗军的一个镇级机构，即杰谢镇。因此，这里既有于阗的胡族百姓，也有从唐朝内地防戍来的部队兵士。以上这些文书的内容，既有杰谢所属的质逻六城州的行政公文，也有杰谢镇及其上级机构守捉的往来牒状，还有当地百姓和士兵日常生活所留下的各类文书和杂写。

这批文书有不少原有纪年，有些可以考证出大致的年代，如Дx.18923《某年杰谢首领萨波思略牒为寻驴事》，从思略的“萨波”称号，参照我们根据和田出土文书编制的《思略年表》（张广达—荣新江1997，351页），可以将本文书放在建中六年（785年）以后。

我们曾经把俄藏文书发表以前所能见到的和田出土纪年文书列成一表（张广达—荣新江1988b，75页；《于阗史丛考》，85页），现用同一格式，将上面整理的文书中有年代或可以考订大致年代者，表列于下：

公元	文书年月日	编　　号	刊布或著录出处
768?	大历三（?）年正月	Дx.18929	《俄藏敦煌文献》17，288页
779—780	大历十四十月、十五年春	Дx.18920	《俄藏敦煌文献》17，284页
780	大历十五年	Дx.18916	《俄藏敦煌文献》17，281页
781	大历十六年六月廿一日	Дx.18926+SI P 93. 22+Дx.18928	《俄藏敦煌文献》17，287—288页
782	大历十七年闰三月廿九日	Дx.18919	《俄藏敦煌文献》17，283页
782前后		Дx.18915	《俄藏敦煌文献》17，280页
783—798		Дx.18918	《俄藏敦煌文献》17，282页

续 表

公元	文书年月日	编　　号	刊布或著录出处
785	建中六年十二月廿一日	Дx.18927	《俄藏敦煌文献》17，287页
785以后		Дx.18923	《俄藏敦煌文献》17，285页
788	贞元四年五月	Дx.18917	《俄藏敦煌文献》17，282页
794?	贞元十（?）年	Дx.18939	《俄藏敦煌文献》17，294页

四、余　论

感谢上海古籍出版社和俄罗斯圣彼得堡东方学研究所的研究人员，在他们的共同努力下，我们现在不仅能够看到全部俄藏敦煌文献的图版，也首次系统地见到俄藏和田出土汉文文书的真面目。我们曾经根据熊本裕教授提供的部分文书的照片和施萍婷教授的部分文书录文，撰写了《8世纪下半至9世纪初的于阗》，根据俄藏汉文文书的闰月记录，对比于阗语文书中的相关闰月记录，基本上厘清了唐朝统治于阗后期，吐蕃统治于阗以前，于阗王尉迟曜在位期间的于阗王纪年和公元纪年之间的关系，从而判定出一批属于767—802年之间的于阗语文书的确切公元纪年，这不仅对于进一步研究于阗语的语言分期，也为根据这些于阗语文书，结合汉语文书，探讨于阗的历史，提供了坚实的基础。

总之，这批汉语文书蕴涵着丰富的历史信息，而本文的目的只在于整理文书本身，至于其相关的各种问题，则有待深入讨论。

缩略语：

Chavannes, E. 1907 = "Chinese Documents from the Sites of Dandan-uiliq, Niya and Endere", Appendix A to *Ancient Khotan*, by A. Stein, Oxford, 1907, pp. 521-547.

陈国灿 1995 =《斯坦因所获吐鲁番文书研究》，武汉，武汉大学出版社，1995 年。

Kumamoto, H. 1996 = "The Khotanese Documents from the Khotan Area", *Memoires of the Research Department of the Toyo Bunko*, 54, 1996, pp. 27-64.

Kumamoto, H. 2001 = "Sino-Hvatanica Petersburgensia (Part I)", *Manuscripta Orientalia. International Journal for Oriental Manuscript Research*, 7.1, March 2001, pp. 3-9.

林梅村 1993 =《新疆和田出土汉文于阗文双语文书》，《考古学报》1993 年第 1 期，89—107 页；收入《西域文明》，北京，东方出版社，1996 年，209—233 页。

施萍婷 1997 =《俄藏敦煌文献经眼录》（二），《敦煌吐鲁番研究》第 2 卷，北京大学出版社，1997 年，313—330 页。

张广达—荣新江 1988a =《〈唐大历三年三月典成铣牒〉跋》，《新疆社会科学》1988 年第 1 期，60—69 页；收入《于阗史丛考》，上海书店出版社，1993 年，140—154 页。

张广达—荣新江 1988b =《关于和田出土于阗文献的年代及其相关问题》，《东洋学报》第 69 卷第 1.2 号，1988 年，59—86 页；收入《于阗史丛考》，71—97 页。

张广达—荣新江 1997 =《8 世纪下半至 9 世纪初的于阗》，《唐研究》第 3 卷，1997 年，339—361 页。

（附记：感谢熊本裕教授早在 1995 年就赠予我们以上文书的绝大部分照片，当时约定对这批和田出土的汉语文书考释的英文稿应首先发表在 *Manuscripta Orientalia* 上。在本文的写作过程中，我们也感谢施萍婷、陈国灿教授提供的帮助。）（原载《敦煌吐鲁番研究》第 6 卷，北京大学出版社，2002 年，221—241 页）

10 世纪于阗国的天寿年号及其相关问题

20 世纪初叶以来，敦煌藏经洞发现的于阗语或与于阗有关的汉语公私文书和佛教典籍，大大有助于我们考察 9、10 世纪于阗历史以及当时中原、敦煌与于阗的文化交流情况。

1982 年，我们在前人研究的基础上，就汉文、于阗文写卷、莫高窟题记中散见的国号和年号，撰写《关于唐末宋初于阗国的国号、年号及其王家世系问题》一文〔1〕。该文在年代上虽然向下推演到五代、宋初，但主旨仍然是为了考察中原与边疆的民族关系。为此，该文试图在于阗王国使用“开运”〔2〕等中原年号之外，为于阗国本身仿照中原王朝采用的年号及其王统世系做一整理。在撰写该文时，我们遇到了不少困难。例如，“天寿”年号的归属，就是悬而未决的问题之一。

一、天 寿 年 号

关于天寿年号，1979 年哈密屯（J. Hamilton）教授在《公元 851—1001 年于阗年号考》一文中，首次从孟列夫主编的《亚洲民族研究所所藏敦煌汉文写本注记目录》中，检出俄藏 Дx.1400 和 Дx.2148 两件敦煌文书上的“天寿”纪年，并成功地对证为 P.2928 于阗语文书中的年号 thyaina śiva。但是，由于他过分相信蒲立本（E. G. Pulleyblank）考

〔1〕 载《敦煌吐鲁番文献研究论集》，北京，中华书局，1982 年，179—204 页；收入张广达、荣新江《于阗史丛考》，上海书店出版社，1993 年，32—58 页。法译文“Les noms du royaume de Khotan. Les noms d'ère et la lignée royale de la fin des Tang au début des Song”, *Contributions aux études de Touen-houang*, III, ed. M. Soymié, Paris, 1984, pp. 23-46。

〔2〕 H. Kumamoto, “Miscellaneous Khotanese Documents from the Pelliot Collection”, *Tokyo University Linguistics Papers* (*TULIP*), 14, 1995, pp. 247-248 在 P.4091 第 6 行发现于阗文书使用开运年号（Khäyi-gvïnä）。

订的912—986年同庆、天尊、中兴纪年和他本人考订的986—999年天兴年号纪年，因此把天寿年号放在了999—1001—（1005?）年的范围里〔1〕。事实上，井之口泰淳教授早在1960年就已在《于阗语资料所记尉迟王家的系谱和年代》一文中，正确地考证出天兴年号的起始年份为950年，但因为他当时没有能够正确地对证出天寿年号，所以把天兴年号的末年放在966年〔2〕。我们在《关于唐末宋初于阗国的国号、年号及其王家世系问题》一文中，利用P.3016中的两件天兴七年和天兴九年文书，肯定了井之口氏关于天兴元年为950年的考证，并提出天兴最后一年，即天兴十四年，相当于963年。因为据P.4518（2）《天寿二年宝胜状》的内容，似可将天寿元年同样放在963年，即已经见于文书的天寿二至三年，相当于公元964—965年〔3〕。与此同时，熊本裕博士根据动物纪年，认为天寿始于987年〔4〕。这一看法为恩默瑞克（R. E. Emmerick）和施杰我（P. O. Skjærvø）所沿用〔5〕。另外，孟凡人先生在《五代宋初于阗王统考》一文中，对井之口教授和我们关于天兴、天寿年号的论证提出质疑，试图将两个年号重新放在哈密屯考订的986—999年和999—1001年〔6〕。但他的论据推测成分过多，且回避了一些关键材料，尚难成立，故此不予置论。

---

〔1〕 J. Hamilton, "Les règnes khotanais entre 851-1001", *Contributions aux études sur Touen-houang*, ed. M. Soymié, Genève-Paris, 1979, p. 49；荣新江汉译文，《新疆文物》1988年第2期，133、135—136页。

〔2〕 井ノ口泰淳《ウテン语资料によるViśa王家の系谱と年代》，《龙谷大学论集》第364号，1960年，27—43页；荣新江汉译文，《新疆文物》1988年第2期，118—119页。

〔3〕 《敦煌吐鲁番文献研究论集》192—201页；又《于阗史丛考》43—50页。

〔4〕 H. Kumamoto, *Khotanese Official Documents in the Tenth Century A. D.*, University of Pennsylvania Dissertation, 1982, 59; Idem, "Some Problems of the Khotanese Documents", *Studia Grammatica Iranica. Festschrift für Helmut Humbach*, eds. R. Schmitt & P. O. Skjærvø, München 1986, p. 235; Idem, "The Khotanese Documents from the Khotan Area", *The Memoirs of the Research Department of the Toyo Bunko*, 54, 1996, p. 37.

〔5〕 R. E. Emmerick, *A Guide to the Literature of Khotan*, 2nd ed., Tokyo 1992, p. 47; P. O. Skjærvø, "Kings of Khotan in the Eighth Century", *Histoire de l'Asie centrale préislamique. Sources écrites et documents archéologiques*, ed. P. Bernard & F. Grenet, Paris, 1991, pp. 259-260, 268.

〔6〕 载《中国边疆史地研究》1992年第3期，102—109页。

解决天寿问题的重要线索，是俄藏Дx.1400和Дx.2148两件汉文文书，但这两件文书很长时间里没有公布。1989年，我们撰写《关于敦煌出土于阗文献的年代及其相关问题》一文时，仍然深为无法读到这两件文书而感到遗憾。当时，我们所能做到的，只是根据手头已有的资料，在维持天寿（963—966年）为于阗国皇帝李圣天的最后一个年号这一观点外，进而据《续资治通鉴长编》卷七等史籍中的片断记载，推断乾德四年（966年）入贡于宋的于阗王李圣天的太子德从当是从德，也就是朝宋之后返回于阗，即接李圣天而续登于阗皇位的尉迟输罗（Viśa' Śūra）。我们在注中特别指出："天寿年号的最终考订有赖于新史料的发现"，并且特别期待上述两件重要汉文文书早日发表〔1〕。1991年7月间，本文作者之一荣新江曾有机会走访圣彼得堡东方学研究所，申请阅览而未获准。1995年5—7月，敦煌研究院施萍婷、李正宇先生等前往圣彼得堡调研敦煌写本，我们托施萍婷先生再次申请。施先生回国后，很快把她所抄录的Дx.1400、Дx.2148和与之相关的Дx.6069三件文书录文寄给我们，并告知据背面《道场应用文》，三件原系同一写本。不久以后，施先生发表了她的录文〔2〕。同行的李正宇先生也抄录了这三件文书，并且在《俄藏中国西北文物经眼记》中，发表了他的录文。关于文书的年代，他认为文书中提到了一位去世不久的"佛现皇帝"，而S.6249《归义军军资库司用纸破历》记有某年（公元962年?）三月"佛现"忌日，推测佛现皇帝指李圣天，他又据我们推定的天寿二年为964年的看法，认为李圣天崩于962年，其子尉迟输罗即位，改元天寿，966年遣子德从入贡于宋〔3〕。

Дx.1400+Дx.2148+Дx.6069三个编号写本的图版，现已缀合发表在《俄藏敦煌文献》第8册上〔4〕。以下据李正宇先生的整理排序，参考

---

〔1〕《纪念陈寅恪先生诞辰百年学术论文集》，北京，北京大学出版社，1989年，284—306页；收入《于阗史丛考》，98—139页。

〔2〕施萍婷《俄藏敦煌文献经眼录之一》，《敦煌研究》1996年第2期，77页；又《俄藏敦煌文献经眼录》（二），《敦煌吐鲁番研究》第2卷，1997年，314、323—324页。

〔3〕《敦煌研究》1996年第3期，39—42页。

〔4〕《俄藏敦煌文献》第8册，上海，上海古籍出版社，1997年，144—146页。

图版，抄录如次：

A.《天寿二年九月张保勋牒》（Дx.1400）

1 右马步都押衙检校户部尚书兼御史大夫张保勋

2 　　右保勋伏限关山阻远，不获祗候

3 　　天庭，下情无任

4 　　攀恋惶惧之至。谨具状

5 　　起居。谨录，状上。

6 　　牒件状如前，谨牒。

7 　　　天寿二年九月　日，右马步都押衙检校户部尚书兼御史大夫张保勋牒。

B.《天寿二年九月弱婢员娘、佑定牒》（Дx.2148（1））

1 弱婢员娘、佑定

2 　　右员娘、佑定，关山阻远，碛路程遥，不获祗候

3 　　宫闱，无任感

4 　　恩之至。弱婢员娘、佑[定]，自从

5 　　佛现皇帝去后，旦慕（暮）伏佐公主、太子，不曾抛离。

6 　　切望

7 　　公主等于

8 　　皇帝面前申说，莫交（教）弱婢员娘、佑定等身上捉

9 　　其罪过。谨具状

10 　　起居咨

11 　　闻。谨录状上。

12 　　牒件状如前，谨牒。

13 　　　天寿二年九月　日，弱婢员娘、佑定等牒。

C.《弱婢佑定等牒》（Дx.2148（2）+Дx.6069（1））

1 　弱婢佑定咨申

2　天女公主：佑定久伏事

3　公主，恩荫多受，甚时报答？今要胡锦裙腰一个，般次来时，

4　切望咨申

5　皇帝发遣者。

6　更有小事，今具披词，到望

7　宰相希听允：缘宕泉造窟一所，未得周毕，切望

8　公主、宰相发遣绢拾匹、伍匹，与硙户作罗底买来，

9　沿窟缠里工匠，其画彩色、钢铁及三界寺绣

10　像线色，剩寄东来，以作周旋也。娘子年高，气冷

11　爱发，或使来之时，寄好热细药三二升。又绀城细緤□

12　三、五十匹东来，亦乃沿窟使用。又赤铜，发遣二、三十

13　斤。又咨

14　阿郎宰相：丑子、丑儿要玉约子腰绳，发遣两鞓。又好箭三、四十只，寄

15　东来也。

D.《天寿二年九月新妇小娘子阴氏上于阗公主状》（Дх. 6069（2））

1　季秋霜冷，伏惟

2　公主尊体起居万福。即日新妇小娘子阴氏蒙恩，不审近日

3　尊体何似？惟以时倍加保重，远情所望。今于押衙安山胡手内，附漆緤子三个，到

4　日，以充丹信收领也。谨奉状起居，不宣，谨状。

5　　　　　　　　九月　日，新妇小娘子阴氏状上

6　公主阁下，谨空。　　　又，阿娘寄永先小娘信、青铜镜子一面，到日，

7　　　　　　　　　　　永先收留也。

以上是四封信函的内容，都是从敦煌寄往于阗的，不知是书信录副，还是由于某种原因没有寄出的原件，它们完整地保存下来。A 件发信人张保勋，带有“右马步都押衙检校户部尚书兼御史大夫”职衔，大概是其时于阗住敦煌的重要使臣。B、C 两件的发信人员娘、佑定，应是留在敦煌的于阗国公主、太子的侍婢。后者还在 C 件信中请求宰相和公主送东西来。D 件发信人是新妇小娘子阴氏，应当是下嫁给于阗某位太子的沙州女子。收信人是于阗国皇帝、皇后天公主、宰相。厘清了发信和收信人所在的地点和关系，我们认为 B 件中提到的“佛现皇帝去后”，并不是指佛现皇帝去世，而是说他离开敦煌回于阗以后，随他而去的公主是天公主，即皇后。但是，于阗皇帝和天公主走后，还有其他于阗皇帝的公主（女儿）和太子（儿子）留在敦煌，由侍婢照应。这种情形在敦煌汉文和于阗文文书中多有反映，详见我们在《关于敦煌出土于阗文献的年代及其相关问题》中所列举的史料〔1〕，此不赘述。李正宇先生推论佛现皇帝李圣天 962 年去世的基础是 S.6249，但这件文书没有任何年代标志〔2〕，把它放在 962 年是没有根据的。而且，《续资治通鉴长编》卷七明确记载，乾德四年（966 年）于阗王李圣天仍然在位，因此，李先生以下推论天寿为 962 年继李圣天为王的尉迟输罗的年号，入贡于宋的德从为尉迟输罗之子等说法也是难以接受的。S. 6249 的年代应当较晚，它所记“佛现忌日”目前无法确定其年份。“佛现皇帝”一名，又见于 S.4274 归义军《管内两厢马步军都教拣使银青光禄大夫检校工部尚书阴某致佛现皇帝状》，可惜没有时间〔3〕。此处的阴某，当即 S.289《李存惠墓志》所记“亡男内亲从都头知左右两厢马步军都校练使检校兵部尚书兼御史大夫上柱国阴住延”〔4〕，《墓志》

〔1〕 张广达、荣新江《关于敦煌出土于阗文献的年代及其相关问题》。

〔2〕 该文书图版、录文见唐耕耦等编《敦煌社会经济文献真迹释录》第 3 辑，北京全国图书馆文献缩微复制中心，1990 年，604 页。

〔3〕《英藏敦煌文献》第 6 册，成都，四川人民出版社，1993 年，13 页。

〔4〕 参看荣新江《唐五代归义军武职军将考》，《中国唐史学会论文集》（1993），三秦出版社，1993 年，82—83 页；冯培红《晚唐五代宋初归义军武职军将研究》，郑炳林编《敦煌归义军史专题研究》，兰州，兰州大学出版社，1997 年，122 页。

撰于天平兴国五年（980年）[1]，其时阴住延已亡，而其亡时的检校官兵部尚书也较S.4274的工部尚书要高。所以，不难推断S.4274《阴住延状》写于967年以前李圣天仍在世时。

李正宇先生指出，以上四件信稿的月份为九月，其中两件署“天寿二年”，可以推测四封书信俱写于天寿二年（964年）九月[2]。李先生的考订是正确的，我们完全信从。现在，我们就根据以上几件文书的内容，对我们先前文章中对天寿年代的某些推断做必要的再肯定。

在最后一封信中，提到“今于押衙安山胡手内，附漆楪子三个，到日，以充丹信收领也”，表明押衙安山胡曾在天寿二年九月时被从敦煌派往于阗。我们有幸在P.2703中又看到他的名字。P.2703背面存有三封书信的草稿或录副，文字如下[3]：

A.《沙州归义军节度使曹元忠致于阗王书》：

1 早者安山胡去后，倍切

2 攀思，其于衷肠，莫尽披寻。在此远近

3 亲情眷属，并总如常，不用忧心。今西天

4 大师等去，辄附音书。其西天大师到日，

5 希望重迭津置，疾速发送。谨奉状

6 起居，伏惟

7 照察。谨状。

8 舅归义军节度使特进检校太师兼中书令敦煌王曹状。

B.《沙州归义军节度使曹元忠致于阗王书》：

1 不审近日

[1] 郑炳林《敦煌碑铭赞辑释》，兰州，甘肃教育出版社，1992年，553页。
[2] 李正宇《俄藏中国西北文物经眼记》，《敦煌研究》1996年第3期，41页。
[3] 录文见陈祚龙《敦煌学园零拾》，台北，台湾商务印书馆，1986年，357—359页；图版及录文见《敦煌社会经济文献真迹释录》第4辑，1990年，399—400页。

2　圣体何似，伏惟俯为

3　社稷生灵，倍加

4　保重，远情悬望。谨状。

5　　　　舅归义军节度使特进检校太师兼中书令敦煌王曹元忠状。

C.《沙州归义军节度使曹元忠致于阗众宰相书》：

1　季春极暄，伏惟

2　众宰相尊体动止万福，即日

（以下未写）

由于这三封信中的主要内容是敦煌的归义军节度使介绍一位西天（印度）大师前往另外一个丝路王国，因此，自藤枝晃教授提出这是曹元忠致甘州回鹘可汗的一封信后，没有人提出异议[1]。今天我们有幸见到上述俄藏文书，不难使我们一眼就看出两处所记的安山胡必定是同一个人。按P.2703中两封书信（A和B）后，曹元忠均署“检校太师兼中书令”，这是他964—974年间使用的称号[2]，因此，可以据这一称号判定两封信当写于这一年代范围之内。从内容上看，我们过去考订天寿元年为963年，安山胡在天寿二年九月出使于阗。曹元忠在信（A）中提到了“早者安山胡去后”一事，则曹元忠信应当写于新妇小娘子阴氏信之后。进一步讲，阴氏的信写于天寿二年九月，曹元忠第三封信（C）提到了写信的时间——“季春”，即三月份，则曹元忠的三封信应写于964年以后的某年三月。又，曹元忠的署衔前面有“舅”

〔1〕 藤枝晃《沙州归义军节度使始末》（四），《东方学报》（京都）第13册第2分，1943年，65—67页。参看土肥义和《归义军（唐后期·五代·宋初）》，《讲座敦煌》第2卷《敦煌の历史》，东京大东出版社，1980年，238页；森安孝夫《ウイグルと敦煌》，同上书，326页；荣新江《敦煌文献所见晚唐五代宋初的中印文化交往》，《季羡林教授八十华诞纪念论文集》，南昌，江西人民出版社，1991年，964页；又《归义军史研究》，上海，上海古籍出版社，1996年，342页；陆庆夫《甘州回鹘可汗世次辨析》，《敦煌归义军史专题研究》，483页。

〔2〕 荣新江《归义军史研究》，121—122页。

字，表明他是对方的舅氏。据敦煌莫高窟第61窟题记，我们知道李圣天娶曹元忠的姐姐为于阗国皇后，那么，作为曹元忠外甥的于阗王，只能是967年继李圣天为王的尉迟输罗（Viśa' Śūra）。这位新国王曾在970年致信曹元忠，称之为舅[1]。因此，上述曹元忠的信，应当写于967年以后，距天寿二年（964年）九月，并不遥远，故信中说“早者”云云，收信人则是尉迟输罗。

在曹元忠的第一封信（A）中，先是说安山胡使团去了以后，十分想念。安山胡没有再回敦煌，说明他是于阗国使臣，天寿二年九月以前来到沙州，后返回于阗。曹元忠信接着说到，对方留在敦煌的远近亲情眷属，都一切平安如常。对比弱婢员娘、佑定信中所说，“自从佛现皇帝去后，旦慕（暮）伏佐公主、太子，不曾抛离”一段，完全吻合。因此，我们不难得出结论，P.2703的三封信，是在天寿二年九月安山胡使团走了以后，967年后的某年三月西天大师前往于阗时，曹元忠写给于阗王和众宰相的介绍、慰问信。

P.2703书信年代的大体判定，以及它们与上述俄藏文书内容上的联系，可以使我们排除天寿年号晚于974年曹元忠去世年份的可能性，并进一步确定于阗天寿年代是从963年开始，现在所能见到的天寿最晚纪年文书，即P.2928于阗语文书中的“天寿三年牛年六月十日”[2]，所以天寿年号至少延续到965年。由此确定了我们过去把天寿年号放在963—966年之间的看法。熊本裕教授的987—？年的意见似乎可以排除。

无论如何，于阗的天寿二年（964年）是一个值得注意的年份。是年，于阗与敦煌之间有着不寻常的频繁交往。据敦煌研究院藏No.001+董希文藏卷（现亦归敦煌研究院藏）+P.2629缀合而成的《归义军官府

---

〔1〕 H. W. Bailey, “Śrī Viśa' Śura and the Ta-Uang”, *Asia Major*, *new series*, XI. 1, 1964, pp. 1-26.

〔2〕 H. W. Baiely, *Khotanese Texts*, III, Cambridge 1969, p. 105, No. 41. 最新译文见M. Maggi, *Pelliot Chinois 2928. A Khotanese Love Story* (Istituto Italiano per l'Africa e l'Oriente LXXX), Roma, 1997, p. 29。

酒破历》，964年有如下记载[1]：

正月廿四日—六月五日	供于阗葛禄逐日酒，计129日。
三月十九日—六月五日	供于阗罗尚书逐日酒，计75日。
五月廿八日—六月五日	供修于阗文字孔目官逐日酒，计7日。
六月三日	太子屈（宴请）于阗使。
七月一日	太子迎于阗使。
三日	□□□（于）阗使。
廿一日	衙内看于阗使。
廿六日	衙内看甘州及于阗使、僧。
八月一日	看于阗使。
廿二日	看甘州使及于阗使。
十月二日	东园看于阗使及南山。
十日	衙内看于阗使。

同年，根据其他敦煌文献，可知还有如下史事：

五月　沙州僧宝胜入奏于阗天皇后。(P.4518-2v)[2]

八月七日　于阗太子三人来沙州，佛堂内供养诸佛。(P.3184v)[3]

九月　右马步都押衙张保勋自沙州牒上于阗皇帝。(Дx.1400)

九月　弱婢佑定自沙州牒上于阗天皇后。(Дx.2418)

九月　弱婢佑定等自沙州牒上于阗公主、宰相，切望发遣绢、画彩、钢铁、绀城细緤等，以供宕泉造窟；又为“年高娘子”要好热细药。(Дx.6069)

九月　新妇小娘子阴氏上于阗公主状。(Дx.6069)

---

〔1〕 此卷断代为964年，系据施萍婷先生的研究，见《本所藏〈酒帐〉研究》，《敦煌研究》创刊号，1983年，146页。

〔2〕《于阗史丛考》，49页。

〔3〕《于阗史丛考》，37页。

两相比照，可见964年一年内，敦煌和于阗间有着频繁的往来，有使者，有僧侣，也有皇亲国戚。

圣彼得堡藏三份敦煌文书中提到的留在敦煌的于阗公主不止一位。P.3111记有于阗公主于庚申年（960年）七月十五日在敦煌施舍官造花树、花叶、台子、瓶子等〔1〕。李正宇先生还举出P.1366《归义军宴设司面油破历》中的“阿摩公主”、P.2641《丁未年（947年）归义军宴设使宋国清牒》中的“速丁公主”〔2〕。在P.2027于阗文文书中，还可见到Śam Ttai Hvi大公主和Grïnä大公主〔3〕。至于生活在敦煌或来往于于阗、敦煌之间的于阗太子，人数大概更多。他们有的已在敦煌婚配，其配偶如“年高娘子”“阴氏新妇小娘子”等即是。

二、太子从德问题

于阗有不少太子生活在敦煌或时时往来于敦煌、于阗之间。在生活于敦煌的诸多于阗太子中，从德无疑是最值得注意的一位人物。根据P.3510于阗文《从德太子发愿文》（拟题）第39小节，从德是李圣天及皇后曹氏之子：

我至亲至善之母，大汉皇后，予我此生之轮回生命（gati）〔4〕。

此处的“大汉皇后”除李圣天的曹氏皇后外没有任何其他身份相符的角色。而“汉”或“中国”（Ciṃgga，Cïnga）在于阗作者的笔下，据贝利（H. W. Bailey）的研究，总是指曹氏治下的敦煌〔5〕。据《从德太子发愿文》，从德是李圣天和曹后之子可无疑义。因此，这位太子在莫高窟第244窟甬道壁上被画在乃舅曹元德身后也就易于解释了。

---

〔1〕《于阗史丛考》，115—116页。

〔2〕李正宇《俄藏中国西北文物经眼记》，41页。

〔3〕H. W. Bailey, *Khotanese Texts*, II, Cambridge, 1969, 79-82; III, pp. 53-54.

〔4〕张广达、荣新江《敦煌文书P.3510（于阗文）〈从德太子发愿文〉（拟）及其年代》，原载《1983年全国敦煌学术讨论会文集·文史遗书编》上，兰州，甘肃人民出版社；此据《于阗史丛考》，51页。

〔5〕H. W. Bailey, *Khotanese Texts*, VII, Cambridge, 1985, pp. 12-15.

此外，据向达先生1942—1943年所见，武威民众教育馆藏一木塔，内中有小银塔一座，原出敦煌千佛洞。银塔上镌刻“于阗国王大师从德”云云[1]。从敦煌文书中我们还没有找到“于阗国王大师”的题衔，但是，敦煌写卷P.3804-3中的一则《斋文》，却有“太子大师”的称号。文繁，姑引其重要部分如下（文中数字为行数）：

(1) 某乙闻：大雄立教，至觉垂文。八万门众妙宏开，十二部真经广设。自昙花西(2)谢，贝叶东来，累硕德而弘宣，九州敬仰；积高僧而演化，千帝归崇。然则前(3)后匡持，古今隆盛。是时也，韶年媚景，仲序芳春，皇储出俗之晨，帝子〔弃?〕(4)荣之日。于是幡花影日，金容出现于郊源；铃毂轰天，道俗云奔于法(5)席。经开八相，不异祇园，论讲百般，有同鹫岭。如斯胜因，尘累难量，则我(6)府主大王，盛匡佛事矣。

伏惟我天皇后大罗禀气，鼎族间生，名花夺于颊(7)红，初月偷于眉细。数载而治化大国，八表昭苏，即今而慈育龙沙，万民忻(8)怿。加以低心下意，敬佛礼僧，弃贵损荣，听经闻法者，即我天皇后之德也。

伏惟(9)府主大王，六眸表瑞，一角呈祥，禀岳渎之奇精，应星辰之秀气，习武则(10)武包七德，六番跪伏于沙场；揽文则文擅九功，四境输采（财）于阶下。加以四(11)社在念，十信寘怀，隆建法幢，年常不替者，即我大王之德也。

伏惟大师，圣(12)皇贵胤，天帝良苗，阐大教而声播九州，绍真宗而劳笼一郡者，即我(13)太子大师之德也。

伏惟我都僧统大师……（下略）

在这里，“太子大师”是“圣皇贵胤，天帝良苗”，而且在此《斋文》中颂德部分置于“数载而化治大国”的天皇后之后，可以推测，此

[1] 向达《唐代长安与西域文明》，北京，三联书店，1957年，340页。关于银塔外木塔的下落，见张广达、荣新江《敦煌文书P.3510（于阗文）〈从德太子发愿文〉（拟）及其年代》，《于阗史丛考》，69页，注9。

“太子大师”当是后来的“于阗国王大师从德”，他也应是李圣天的继承人尉迟输罗。

从德留在敦煌的踪迹不少，有待我们今后认真查核文书，进一步阐明这个人物的活动。

三、关于于阗皇后曹氏的出嫁年份

曹议金女、曹元忠姊嫁予于阗皇帝李圣天并以“皇后”或“天皇后”为称，因有莫高窟第 98 窟和 61 窟供养人题记及敦煌文书的记载而论定。据现有零星材料，曹氏之许嫁于阗殆可定在甲午年（934 年）。

哈密屯先生在整理 9—10 世纪敦煌所出的回鹘文文书过程中，研究了 P.2998 写卷背面第 1—2 叶之间的回鹘文残文书。该文书第 1—6 行称[1]：

> 吉年佳时……马岁五月，我等金国使者到来沙州，乞得百（?）王之女为〔皇〕偶。我等已获聘此女。

哈密屯在 1986 年刊布这件文书时，对文书中的马年未做判定，认为 922、934、970、982 或 994 年都有可能[2]。显然，哈密屯没有接受乃师巴赞（L. Bazin）先生将该马年定为 982 年的意见[3]。1996 年，哈密屯发表《论敦煌所出古突厥文书的断代定年》一文，明确指出 P. 2998 卷背回鹘文书所指婚姻的年份为 934 年[4]，他说：“沙州府主遣嫁

---

〔1〕 J. Hamilton, *Manuscrits ouïgours du IXᵉ–Xᵉ siècle de Touen-houang*, Paris, 1986, No. 16, pp. 93-96.

〔2〕 *Ibid.*, I, p. 95, n. 16. 4

〔3〕 L. Bazin, *Les Calendriers turcs anciens et médiévaux*, Lill, 1974, pp. 303-305.

〔4〕 J. Hamilton, “On the Dating of the Old Turkish Manuscripts from Tunhuang”, *Turfan, Khotan und Dunhuang. Vorträge der Tagung “Annemarie v. Gabain und die Turfanforschung”, veranstaltet von der Berlin-Brandenburgischen Akademie der Wissenschaften in Berlin (9.-12. 12. 1994)*, ed. R. E. Emmerick et al., Berlin: Akademie Verlag, 1996, p. 142. 无独有偶，见于于阗文文书的另一次求婚也发生在马年。于阗文写卷 Ch.i.0021 a, a（*Khotanese Texts*, II, 53-55）提及于阗菩萨王尉迟达磨（Viśa' Dharma, 978—982）于中兴五年（982）求婚于敦煌事：“马年（壬午）七月，圣意中产生欲娶纯汉土女为后，以延续金国皇祚的愿望”，乃遣高官显宦子弟、勇士健儿等百人为聘使，前往沙州 （转下页）

于阗为后的女儿必然是曹议金（914—935 年）之女，也是人们所知道的沙州府主曾经遣嫁于阗的唯一女子。这次婚嫁当在马年五月，即 934 年 6—7 月之后不久和 936 年之前。马年五月于阗使节到达沙州，及至 936 年，另外若干敦煌文书（936 年 1—2 月的 P.4638，936 年 6—7 月的 P.2638）已然称她为于阗皇后。因此，回鹘文 16 号文书（即 P.2998 卷背回鹘文文书）当写于 934 年下半年。”

确定了 934 年李圣天得到曹议金女为后这一事实后，可以归纳出不少敦煌文书作为旁证：

933 年癸巳　长兴四年十月　于阗宰相来沙州。（P.2704）[1]

934 年甲午　清泰元年五月十五日　于阗金国使团抵沙州求婚获允。（P.2998v）

934 年甲午　清泰元年五月十五日　阴家小娘子请荣亲客人的名单中，有皇后及都头等。（P.4700，参 P.3942）[2]

935 年乙未　清泰二年二月十日　曹议金去世。

936 年丙申　清泰三年六月之前　沙州遣使于阗上于阗皇后楼机绫一匹。（P.2638）[3]

936 年丙申　清泰三年六月十六日　押衙索胜全次着于阗去。（Дх.2143）[4]

937 年丁酉　清泰四年正月　马军武达儿状称：“先送皇后年”

（接上页）（H. W. Bailey, *Saka Documents*, *text volume*, London 1968, p. 69）。此次的使者，在 Ch.i.0021 a，a 于阗文部分之前的汉文《燃灯起塔文》中有“幸者张金山”的名字，在于阗文部分有 Cā Kamä-śī（张监使?）名。此张监使或许就是张金山。另外，张金山还见于其他一些于阗语文书，详见张广达、荣新江文，《于阗史丛考》126 页。又，Kīma-śanä 一名也出现在于阗文写卷 P.2745 第 65 行，熊本裕认为上述张金山或金山是否一人不得而知，但不无可能。参看 Kumamoto，“Miscellaneous Khotanese Documents from the Pelliot Collection”，243—245 页。

〔1〕《于阗史丛考》，113 页。

〔2〕《敦煌社会经济文献真迹释录》第 4 辑，10—15 页（唐耕耦断在 994 年）。

〔3〕《于阗史丛考》，48—49 页。

〔4〕《俄藏敦煌文献》第 9 卷，45 页。

(P.4638v-12)[1]

在这里，回鹘文书称934年即清泰元年五月十五日于阗使者代李圣天求婚获准，同年同月同日，《阴家小娘子荣亲客目》表明当时举行了盛大规模的喜庆宴会，而曹议金女以皇后名义赫然在目，这不应该是偶然的巧合，颇疑阴家小娘子的此次宴会，就是为了于阗李氏与敦煌曹氏联姻而举办的。阴氏小娘子的身份也颇值得研究，看来敦煌阴氏不仅与敦煌曹氏的关系非同一般，即便和于阗王室也关系至密。这也是Дx.6069《新妇小娘子阴氏上于阗公主状》和S.4274《归义军管内两厢马步军都教拣使银青光禄大夫检校工部尚书阴某致佛现皇帝状》透露给我们的信息。

（原载《欧亚学刊》第1辑，北京，中华书局，1999年，181—192页）

[1]《敦煌社会经济文献真迹释录》第4辑，507页。

于阗研究论著目录

荣新江　广中智之　编

凡　例

一、本目录收录近现代学者有关于阗及相关问题的研究著作、论文、书评等，书评主要收录有关于阗的专著的书评。所收论著研究的年代范围，是伊斯兰化（约公元11世纪中叶）以前，但有个别例外。

二、有关于阗的古籍标点本、通俗著作，一般不取，但有研究成分在内者例外。

三、具有参考价值的辞典或百科全书中的条目，亦予收录。

四、本目录按西文、俄文、日文、中文、其他文字顺序排列。

五、每一条目，先列作者姓名（姓在前），后写发表年份，按论著刊出年代为序。同一作者一年有一篇（部）以上论文（著作）者，分列为a、b、c……；再列论文或著作名，论文后写杂志或论文集名，卷、期，出版地、出版社（或两者取一），最后是页码；著作后写出版地、出版社。因每条作者名后有发表年份，故此出版社后一般不再重复，但有些年代表示某年号，则予以保留。

缩略语（Abbreviations）

AM ns. = *Asia Major*, new series, London-Leipzig etc.

AO = *Acta Orientalia*, *Societates Orientales Batava Danica Norvegica*, Leiden.

ARIRIAB = *Annual Report of the International Research Institute for Advanced Buddhology*, *Soka University*（《创价大学·国际佛教学高等研究所·年报》）, Tokyo.

AS = *Asiatische Studien / Études Asiatiques*, Bern.

BAI ns. = *Bulletin of the Asia Institute*, new series, Detroit.

BB 40 = *Bibliotheca Buddhica IL (see Бонгард-Левин, Воробьева-Десятовская и Темкин 2004)*

BEFEO = *Bulletin de l'École Française d'Extrême-Orient*, Paris-Hanoi.

BMFEA = *Bulletin of the Museum of Far Eastern Antiquities*, Stockholm.

BSL = *Bulletin de la Société Linguistique de Paris*, Paris.

BSO(A)S = *Bulletin of the School of Oriental (and African) Studies*, London.

CAJ = *Central Asiatic Journal*, The Hague-Wiesbaden.

EIr. = *Encyclopædia Iranica*, ed. E. Yarshater, London-New York 1982-.

EW = *East and West*, new series, Roma.

GJ = *The Geographical Journal*, London.

IHQ = *Indian Historical Quarterly*, Calcutta (repr. 39 vols., Delhi 1985/1998).

IIJ = *Indo-Iranian Journal*, Dordrecht-Boston-London.

IT = *Indologica Taurinensia. Official organ of the International Association of Sanskrit Studies*, Torino.

JA = *Journal Asiatique*, Paris.

JAOS = *Journal of the American Oriental Society*, New Haven-Ann Arbor.

JASB = *Journal of the Asiatic Society of Bengal*, *part I (History, Antiquities & c.)*, Calcutta.

JEĀS = *Journal of the European Āyurvedic Society*, Reinbek.

JCA = *Journal of Central Asia*, Islamabad.

JIABS = *The Journal of the International Association of Buddhist Studies*, Madison.

JRAS = *Journal of the Royal Asiatic Society of Great Britain and Ireland*, London.

KZ = *Zeitschrift für vergleichende Sprachforschung auf dem Gebiete der indogermanischen Sprachen*, begründet von A. Kuhn, Göttingen.

MO = *Manuscripta Orientalia*, *International Journal for Oriental Manuscript Research*, St. Petersburg.

MRDTB = *Memoirs of the Research Department of the Toyo Bunko*, Tokyo.

NAWG = *Nachrichten der Akademie der Wissenschaften in Göttingen*, *Philologisch-historische Klasse*, Göttingen.

NC = *The Numismatic Chronicle and Journal of the Royal Numismatic Society*, London.

NTS = *Norsk Tidsskrift for Sprogvidenskap*, Oslo.

OLZ = *Orientalistische Literaturzeitung*, Leipzig-Berlin.

SIr = *Studia Iranica*, Paris.

StII = *Studien zur Indologie und Iranistik*, Reinbek.

SPAW = *Sitzungsberichte der Preußischen Akademie der Wissenschaften*, *Philosophisch-historische Klasse*, Berlin.

TP = *T'oung Pao*, *ou Archives concernant l'histoire*, *les langues*, *la géographie*, *l'éthnographie et les arts de l'Asie Orientale*, Leiden–Paris.

TPhS = *Transactions of the Philological Society*, London.

TULIP = *Tokyo University Linguistics Paper* (《东京大学言语学论集》), Tokyo.

WZKM/S = *Wiener Zeitschrift für die Kunde des Morgenlandes / Südasiatiens und Archiv für indische Philosophie*, Wien.

ZDMG = *Zeitschrift der Deutschen Morgenländischen Gesellschaft*, Leipzig–Wiesbaden.

ZDMG Supplementa 9 = *Proceedings of the XXXII International Congress for Asian and North African Studies, Hamburg, 25th–30th August 1986* (*ZDMG* Supplementa 9), eds. A. Wazler & E. Hammerschmidt, Stuttgart 1992.

ЗВОРАО = *Записки Восточного отделения (Императорского) Русского археологического общества*, СПб., Пг.

НАА = *Народы Азии и Африки*, Москва.

С/ТГЭ = *Сообщени / Труды Государственного Эрмитажа*, Ленинград.

一、西文部分

Allan, J. 1921. "Inventory List of Coins found or obtained", Appendix B to *Serindia*, 1340–1349.

Ambolt, N. 1938. *Latitude and Longitude Determinations in Eastern Turkestan and Northern Tibet derived from Astronomical Observations*, Stockholm.

Andrews, F. H. 1928. "Descriptive List of Antiques brought from Khotan and presented by H. I. Harding, Esq., Chinese Consular Service", Appendix M to *Innermost Asia*, 1052–1056.

—— 1933. *Catalogue of Wall-paintings from Ancient Shrines of Central Asia and Sīstān recovered by Sir Aurel Stein*, Delhi (repr. New Delhi 1987).

—— 1935. *Descriptive Catalogue of Antiquities recovered by Sir Aurel Stein during his Explorations in Central Asia, Kansu and Eastern Iran*, Delhi.

—— 1948. *Wall-paintings from Ancient Shrines in Central Asia recovered by Sir Aurel Stein*, 2 vols., London (repr. New Delhi 1983).

Aquique, M. D. 1988. "Studies in the Antiquarian Remains of Khotan and Chinese Turkestan", *Studies in Orientology. Essays in Memory of Professor A. L. Basham*, eds. S. K. Maity et al., Shahganj, 210–217.

Asmussen, J. P. 1961. *The Khotanese Bhadracaryādeśanā. Text, Translation and Glossary together with the Buddhist Sanskrit Original* (Historisk-filosofiske Meddlelser udgivet af Det Kongelige Danske Videnskabernes Selskab 39. 2), København [Copenhagen].

—— 1962. "Review of *Khotanese Texts IV*", *JRAS* 1962, 94–96.

—— 1964. "Review of *Khotanese Texts V*", *JRAS* 1964, 121–122.

—— 1965. *X^u āstvānīft. Studies in Manichaeism* (Acta Theologica Danica VII) (tr. N. Haislund), Copenhagen.

—— 1972. "Review of H. W. Bailey, *Sad-dharma-puṇḍarīka-sūtra. The Summary in Khotan Saka*", *AM* ns. XVII. 2, 223–224.

Azarpay, G. 1987. "Art in Iran. vi. Pre-Islamic Eastern Iran and Central Asia", *EIr.* II, 595–603.

Baccali, G. 1990. "Il sacio di Tumšuq: nota morfologica", *Proceedings of the first European Conference of Iranian Studies held in Turin, September 7th–11th, 1987 by the Societas Iranologica Europaea, Part I: Old and Middle Iranian Studies*, eds. G. Gnoli & A. Panaino, Rome, 43–56.

Bagchi, P. Ch. 1946. "Indian Culture in Central Asia", *Journal of the Bihar and Orissa Research Society* XXXII: 1, 9–20.

—— 1950. *India and China. A Thousand Years of Cultural Relations*, Bombay (repr. Calcutta 1981).

—— 1955. *India and Central Asia*, Calcutta.

Bailey, H. W. 1934. "Review of S. Konow, *Saka Studies*", *BSOS* VII. 2, 412–413.

—— 1936a. "Handschriften aus Chotan und Tunhuang", *ZDMG* 90: 3, 573–578.

—— 1936b. "An Itinerary in Khotanese Saka", *AO* XIV. 4, 258–267+ 2 pls.

—— 1936c. "Review of M. Leumann, *Sakische Handschriftproben*", *JRAS* 1936, 121–122.

—— 1937a. "Ttaugara", *BSOS* VIII. 4, 883–921.

—— 1937b. "Hvatanica", *BSOS* VIII. 4, 923–936+ pl. VI.

—— 1937c. "Hvatanica II", *BSOS* IX. 1, 69–78.

—— 1938a. *Codices Khotanenses. India Office Library, Ch. ii 002, Ch. ii 003, Ch. 00274* (Monumenta Linguarum Asiae Maioris II), reproduced in facsimile with an introduction by H. W. Bailey, Copenhagen.

—— 1938b. "Vajra-prjñā-pāramitā", *ZDMG* 92: 2–3, 575–593, 605–606.

—— 1938–1939. "Hvatanica III", *BSOS* IX. 3, 521–543; "Attenda", *BSOS* IX. 4, 859–860.

—— 1939a. "Turks in Khotanese Texts", *JRAS* 1939, 85–91.

—— 1939b. "The Jātaka-stava of Jñānayásas", *BSOS* IX. 4, 851–859.

—— 1939c. "Khotanese Names", *A Volume of Eastern and Indian Studies presented to Professor F. W. Thomas on his 72nd Birthday* (New Indian Antiquary, extra series 1), eds. S. M. Katre & P. K. Gode, Bombay, 1–3.

—— 1939d. "The Rāma Story in Khotanese", *JAOS* LIX. 4, 460–468.

—— 1940a. "Rāma", *BSOS* X. 2, 365–376.

—— 1940b. "Rāma II", *BSOAS* X. 3, 559–598.

—— 1940c. "Ttāgutta", *BSOAS* X. 3, 599–605.

—— 1942a. "Hvatanica IV", *BSOAS* X. 4, 886–924.

—— 1942b. "Kanaiska", *JRAS* 1942, 14–28, 250.

—— 1942c. "Review of S. Konow, *A Medical Text in Khotanese*", *BSOAS* X. 4, 1021–1023.

—— 1944a. "The Colophon of the *Jātaka-stava*", *Journal of the Greater Indian Society* XI, 10–12.

—— 1944b. "A Turkish-Khotanese Vocabulary", *BSOAS* XI. 2, 290–296.

—— 1945a. *Indo-Scythian Studies, being Khotanese Texts*, vol. I, 1st ed., Cambridge. (=*KT* I)

—— 1945b. "The Khotan *Dharmapada*", *BSOAS* XI. 3, 488–512.

—— 1946a. "Gāndhārī", *BSOAS* XI. 4, 764–797.

—— 1946b. "Kāñcanasāra", *B. C. Law Volume*, Part II, eds. D. R. Bhandarkar et al., Poona, 11–13.

—— 1948a. "Irano-Indica", *BSOAS* XII. 2, 319–332.

—— 1948b. "Seven Princes", *BSOAS* XII. 3–4, 616–624.

—— 1948c. "Recent Work in 'Tokharian' ", *TPhS* 1947, 126–153.

—— 1949a. "A Khotanese Text concerning the Turks in Kanṭṣou", *AM* ns. I. 1, 28–52.

—— 1949b. "The Present State of Khotanese Studies", *Actes du XXIe Congress International des Orientalistes, Paris, 23–31 juillet 1948.*, Paris, 166–167.

—— 1949c. "Candra and Caṇḍa", *JRAS* 1949, 2–4.

—— 1949d. "Irano-Indica II", *BSOAS* XIII. 1, 121–139.

—— 1950a. "Irano-Indica III", *BSOAS* XIII. 2, 389–409.

—— 1950b. "The Tumshuq *Karmavācanā*", *BSOAS* XIII. 3, 649–670+ pl.

—— 1951a. *Khotanese Buddhist Texts* (Cambridge Oriental Series 3), 1st ed.; revised ed., Cambridge 1981. (=*KBT*)

—— 1951b. "The Staël-Holstein Miscellany", *AM* ns. II. 1, 1–45.

—— 1953. "Ariaca", *BSOAS* XV. 3, 530–540.

—— 1954a. *Indo-Scythian Studies, being Khotanese Texts*, vol. II, 1st ed., Cambridge. (=*KT* II)

—— 1954b. "Ariana", *Donŭm Natalicium H. S. Nyberg Oblatŭm 28 mense Dec. 1954*, Uppsala, 11.

—— 1954c. "An Indo-Scythian Version of the Kuśa Jātaka", *Sarūpa-bhāratī, or The*

Homage of Indology; *being The Dr. Lakshman Sarup Memorial Volume*, eds. J. N. Agrawal & B. D. Shastri, Hoshiarpur [Ph., India], 101–105.

—— 1954d. "*Madu*: A Contribution to the History of Wine", *Silver Jubilee Volume of the Zinbun-kagaku-kenkyusyo*, Kyoto University, Kyoto, 1–11.

—— 1955. "Turkish Proper Names in Khotanese", *60. Doğum gili münasebetiyle Zeki Velidi Togan'a armağan. Symbolae in honorem Z. V. Togan*, Istanbul, 200–203.

—— 1956a. *Indo-Scythian Studies*, *being Khotanese Texts*, vol. III, 1st ed., Cambridge. (=*KT* III)

—— 1956b. "A Title of Kaniṣka", *The Adyar Library Bulletin* XX. 3–4, 229–233.

—— 1956c. "Iranian *miṣṣa*, Indian *bīja*", *BSOAS* XVIII. 1, 32–42.

—— 1957. "A Problem of the Indo-Iranian Vocabulary", *Rocznik Orientalysticzny* XXI, 59–69.

—— 1958a. "Languages of the Sakas", *Handbuch der Orientalistik* I. Abt., IV. Bd., Iranistik 1, Linguistik, Leiden–Köln, 131–154.

—— 1958b. "The New Iranian Materials from Turkestan", *Journal of the K. R. Cama Oriental Institute* 39, 119–136.

—— 1958c. "Iranica et Vedica", *IIJ* II. 2, 99–102.

—— 1958d. "Review of M. J. Dresden, 'Jātakastava or "Praise of the Buddha's Former Births"'", *JRAS* 1958, 104–105.

—— 1959a. "Vijaya Sangrāma", *AM* ns. VII. 1–2, 11–24.

—— 1959b. "Ambages indoiranicae", *Annali Istituto Orientale di Napoli*, *Sezione linguistica* 1. 2, 127.

—— 1960a. *Saka Documents* (Corpus Inscriptionum Iranicarum, Part II: Inscriptions of the Seleucid and Parthian Period and of Eastern Iran and Central Asia, Vol. V: Saka): Plates. Portfolio. I, London. (=*SD* I)

—— 1960b. "Arya", *BSOAS* XXIII. 1, 13–39.

—— 1960c. "Mā'hyāra", *Bulletin of the Deccan College Research Institute* XX. 1–4, 276–280.

—— 1961a. *Indo-Scythian Studies*, *being Khotanese Texts*, vol. IV: Saka Texts from Khotan in the Hedin Collection, 1st ed., Cambridge; repr. 1979. (=*KT* IV)

—— 1961b. *Saka Documents* (Corpus Inscriptionum Iranicarum, Part II: Inscriptions of the Seleucid and Parthian Period and of Eastern Iran and Central Asia, Vol. V: Saka): Plates. Portfolio. II, London. (=*SD* II)

—— 1961c. "Gaustana: The Kingdom of the Sakas in Khotan", Introduction to *Khotanese Texts IV*, 1–18.

—— 1962a. "The Preface to the *Siddhasāra-śāstra*", *A Locust's Leg. Studies in Honour of S. H. Taqizadeh*, London, 31–38.

—— 1962b. "The Profession of Prince Tcūṃ-ttehi", *Indological Studies in Honor of W. Norman Brown* (American Oriental Series 47), ed. E. H. Schafer, New Haven, 18–22.

—— 1963a. *Indo-Scythian Studies, being Khotanese Texts*, vol. V, Cambridge. (=*KT* V)

—— 1963b. *Saka Documents* (Corpus Inscriptionum Iranicarum, Part II: Inscriptions of the Seleucid and Parthian Period and of Eastern Iran and Central Asia, Vol. V: Saka): Plates. Portfolio. III, London. (=*SD* III)

—— 1963c. "Sudhana and the Kinnarī", *Munshi Indological Felicitation Volume. A Volume of Indological Studies by eminent Scholars of India and other Countries presented to Dr. K. M. Munshi on his Completion of seventy-five years in December 1962* (Bhāratīya Vidyā XX: 1–4 (1960)–XXI: 1–4 (1961)), eds. J. H. Deve et al., Bombay, 192–195.

—— 1963d. "Romantic Literature in early Khotan", *Mélanges d'orientalisme offerts à Henri Massé à l'occasion de son 75ème anniversaire*, Téhéran, 17–20.

—— 1963e. "Review of J. Brough, *The Gāndhārī Dharmapada*", *JRAS* 1963, 282–283.

—— 1963f. "Kāśavittra", *Jñānamuktāvalī. Commemoration Volume in Honour of Johannes Nobel on the Occasion of his 70th Birthday offered by Pupils and Colleagues*, ed. C. Vogel, New Delhi, 38–41.

—— 1964a. "Śrī Viśa Śūra and the Ta-uang", *AM* ns. XI.1, 1–26.

—— 1964b. "Lyrical Poems of the Sakas", *Dr. J. M. Unvala Memorial Volume*, Bombay, 1–5.

—— 1964c. "Saka Miscellany", *Indo-Iranica. mélanges présentés à Georg Morgenstierne à l'occasion de son soixante-dixième anniversaire*, Wiesbaden, 8–12.

—— 1965a. "The Image of Gaustana", *Paranavitana Felicitation Volume on Art and Architecture and Oriental Studies presented to Professor Senarat Paranavitana*, ed. N. A. Jayawickrama, Colombo, 33–36.

—— 1965b. "Viśa Saṃgrāma", *AM* ns. XI.2, 101–119.

—— 1965c. "A Metrical Summary of the *Saddharmapuṇḍarīka-sūtra* in Gostana-deśa", *Bulletin of Tibetology* II.2, 5–7.

—— 1965d. "Vajrayāna Texts from Gostana", *Studies of Esoteric Buddhism and Tantrism in Commemoration of the 1150th Anniversary of the Founding of Koyasan*

（《高野山开创千百五十年记念：密教学密教史论文集》），高野山大学，27–40.

—— 1966a. "The Sudhana Poem of Ṛddhiprabhāva", *BSOAS* XXIX. 3, 506–532.

—— 1966b. "Vāsta", *AO* XXX, 25–43.

—— 1966c. "A Tale of Aśoka", *Bulletin of Tibetology* III. 3, 5–11.

—— 1967a. *Indo-Scythian Studies, being Khotanese Texts*, vol. VI: Prolexis to the Book of *Zambasta*, Cambridge. (=*KT* VI)

—— 1967b. *Saka Documents* (Corpus Inscriptionum Iranicarum, Part II: Inscriptions of the Seleucid and Parthian Period and of Eastern Iran and Central Asia, Vol. V: Saka): Plates. Portfolio. IV, London. (=*SD* IV)

—— 1967c. "Altun Khan", *BSOAS* XXX. 1, 95–104.

—— 1968a. *Saka Documents*, *Text Volume*, London. (=*SDTV*)

—— 1968b. "Saka of Khotan and Wakhān", *Pratidānam. Indian, Iranian and Indo-European Studies presented to Franciscus Bernardus Jacobus Kuiper on his sixtieth Birthday*, eds. J. C. Heesterman et al., The Hague–Paris, 157–159.

—— 1968c. "Kaniṣka", *Papers on the Date of Kaniṣka*, ed. A. L. Basham, Leiden, 35–38.

—— 1968d. "Saka **barza-*", *Mélanges d'indianisme à la mémoire de Louis Renou* (Publications de l'institu de Civilisation Indienne, Série in–8, Fascicule 28), Paris, 53–58.

—— 1969a. *Indo-Scythian Studies, being Khotanese Texts*, vol. I–III, in 1 vol. as 2nd ed. (repr. 1980), Cambridge. (=*KT* I–III)

—— 1969b. "Arya notes", *Studia classica et orientalia Antonino Pagliaro oblata*, Roma, 137–149.

—— 1970. "Saka Studies: the Ancient Kingdom of Khotan", *Iran*, *Journal of the British Institute of Persian Studies* VIII, 65–72.

—— 1971a. *Sad-dharma-punṇḍarīka-sūtra. The Summary in Khotan Saka* (The Australian National University, Faculty of Asian Studies, Occasional Paper Series 10), Canberra (reprinted with additional errata [p. 58] in 1973).

—— 1971b. "The Kingdom of Khotan", *Papers on Far Eastern History* IV, 1–16.

—— 1971c. "Trends in Iranian Studies", *MRDTB* 29, 1–16.

—— 1971d. "The Culture of the Iranian Kingdom of Ancient Khotan in Chinese Turkestan: The Expansion of Early Indian Influence into Northern Asia", *MRDTB* 29, 17–29.

—— 1972a. "The Story-telling in Buddhist Central Asia", *Acta Asiatica* 23, 63–77.

—— 1972b. "The Khotanese Summary of the *Sad-dharma-puṇḍarīka-sūtra*", 《大正

大学研究纪要》第 57 号，530—526（辻直四郎后记）；also in:《丰山学报》第 16 号，1971 年，2—8 页。

—— 1972c. "A Half-century of Irano-Indian Studies", *JRAS* 1972, 99-110.

—— 1973a. "Taklamakan Miscellany", *BSOAS* XXXVI. 2, 224-227+ pls. I-VIII.

—— 1973b. "Music in Ancient Khotan", *Bulletin of the Iranian Culture Foundation* I: 2, 41-46.

—— 1974a. "The Range of the Colour *zar-* in Khotan Saka Texts", *Mémorial Jean de Menasce*, eds. Ph. Gignoux & A. Tafazzoli, Louvain, 369-374.

—— 1974b. "The *Pradakṣina-sūtra* of Chang Tsiang-kuin", *Buddhist Studies in Honour of I. B. Horner*, eds. L. Cousins et al., Dordrecht-Boston, 15-18.

—— 1976a. "Transcription and Translation of the Khotanese Text of the Concluding Colophon to the Kashgar Sanskrit MS of the *Saddharmapuṇḍarīkasūtra*", *Saddharma-puṇḍarīka-sūtra, Kashgar Manuscript*, ed. L. Chandra, New Delhi (repr. Tokyo 1977), 1-2.

—— 1976b. "Sakastāna", *Farhang-e Irān Zamin* 21, 8-21.

—— 1976c. "Saka of Khotan and Ossetia", *Philologia Orientalis* IV, 34-39.

—— 1977a. "*Mahāprajñāpāramitā-sūtra*", *Prajñāpāramitā and related System. Studies in Honor of Edward Conze* (Berkeley Buddhist Studies Series I), ed. L. Lancaster, Berkeley, 153-162.

—— 1977b. "Khotan Saka Metal and Mineral Names", *Studia Orientalia* 47, 19-23.

—— 1978a. "North Iranian Saka", *Annals of the Bhandarkar Oriental Research Institute* 1977-1978 *(=Diamond Jubilee Volume)*, Poona, 45-46.

—— 1978b. "The Bodhisattva in the Prajñāpāramitā", *Senarat Paranavitana Commemoration Volume* (Studies in South Asian Culture VII), eds. L. Prematilleke et al., Leiden, 20-21.

—— 1978c. "Vajrayāna in Gostana-deśa", *JIABS* I. 1, 53-56.

—— 1979a. *Dictionary of Khotan Saka*, Cambridge.

—— 1979b. "North Iranian Problems", *BSOAS* XLII. 2, 207-210.

—— 1980. "The Great Prince Tcūṃ-ttehi", *Studies in Indo-Asian Art and Culture* vol. VI, ed. L. Chandra, 49-50.

—— 1981a. "Indo-Iranica", *IT* VIII-IX (1980-81) *(= Dr. Ludwik Sternbach Commemoration Volume)*, 15-18.

—— 1981b. *Opera Minora. Articles on Iranian Studies*, 2 vols., ed. M. Nawabi, Shiraz.

—— 1981c. *Khotanese Buddhist Texts*, revised ed., Cambridge. (=*KBT*)

—— 1982. *The Culture of the Sakas in Ancient Iranian Khotan* (The Columbia

Lectures on Iranian Studies Number I), New York.

—— 1983a. "Khotanese Saka Literature", *The Cambridge History of Iran* 3 (2) *: The Seleucid, Parthian and Sasanian Periods*, ed. E. Yarshater, 1230-1243.

—— 1983b. "The Pointed Top of a Stūpa", *Ṛtam. Journal of Akhila Bharatiya Sanskrit Parishad* XI-XV, July 1979 - July 1983 *(= Dr. Babu Ram Saksena Felicitation Volume)*, Licknow, 31-33.

—— 1985a. *Indo-Scythian Studies, being Khotanese Texts*, vol. VII, Cambridge. (= *KT* VII)

—— 1985b. "Khotan-Saka Khyeṣa", *Orientalia Iosephi Tucci Memoriae Dicata 1* (Serie Orientaria Roma LVI, 1), eds. G. Gnoli & L. Lanciotti, Roma, 39-40.

—— 1991. "Māṃkuya",《季羡林教授八十华诞纪念论文集》下卷，江西人民出版社，975—976页。

—— 1993. "Asiani and Pasiani", *BAI* ns. 7 *(=Iranian Studies in Honour of A. D. Bivar)*, 9-10.

Bailey, H. W. & E. H. Johnston 1935. "A Fragment of the *Uttaratantra* in Sanskrit", *BSOS* VIII. 1, 77-89+ pl. II.

Banerjee, A. C. 1984. "Buddhism in Khotan", *Bulletin of Tibetology* ns. 1984: 4, 1-3.

Banerjee, P. 1968. "Indra from Balawaste (Central Asia)", *The Indo-Asian Culture* XVIII. 4, 14-19; also in: *New Light on Central Asian Art and Iconography*, 148-156, pls. 67-68.

—— 1970. "Hārītī - Lakshmī from Dandan-Uliq, Central Asia", *Central Asia - Movements of People and Ideas from Times Prehistoric to Modern (=Proceedings of the Seminar of Central Asia held in Delhi, December, 1968)*, ed. A. Guha, Delhi; also in: *New Light on Central Asian Art and Iconography*, 46-54, pls. 25-30.

—— 1972. "Vairochana Buddha from Central Asia", *Oriental Art* XVIII. 2; also in: *New Light on Central Asian Art and Iconography*, 16-25, pls. 9-15.

—— 1992a. *New Light on Central Asian Art and Iconography*, New Delhi.

—— 1992b. "A Buddhist Triad from Central Asia", *New Light on Central Asian Art and Iconography*, 42-45, pl. 24.

—— 1992c. "Nilakantha Avalokiteshvara from Khotan", *New Light on Central Asian Art and Iconography*, 162-166, pls. 72-75.

—— 1992d. "A Warrior God from Dandan-Uliq, Central Asia", *New Light on Central Asian Art and Iconography*, 167-171, pl. 76.

—— 1993. "Buddhist Wall Paintings from India and Central Asia and Their Major

Themes–A Brief Survey", *Buddhist Art and Thought*, eds. K. K. Mittal & A. Agrawal, New Delhi, 13–24; also in: *Central Asian Art. New Revelations from Xinjiang*, § 39. Appendix II.

—— 1997. "Vairochana from Farhad-Beg-Yailaki, Central Asia", *Journal of the Lalit Kala Akademi*, Chandigarh (1996–97); also in: *Central Asian Art. New Revelations from Xinjiang*, § 6.

—— 1998. "New Revelations of Xinjiang Art", *Across the Himalayan Gap. An Indian Quest for Understanding China*, ed. Tan Chung, New Delhi, § 23.

—— 2001. *Central Asian Art. New Revelations from Xinjiang*, Noida.

Barnett, L. D. 1927. "A Plural Form in the Prakrit of Khotan", *JRAS* 1927, 848–849.

Barnett, L. D. & A. H. Francke 1907. "Tibetan Manuscripts and Sgraffiti discovered by Dr. M. A. Stein at Endere", Appendix B to *Ancient Khotan*, 548–569, pl. CXVII–CXVIII.

Barua, B. M. & S. N. Mitra 1921. *Prakrit Dharmmapada, based upon M. Senart's Kharoṣṭhī Manuscript, with Text, Translations and Notes* (Bibliotheca Indo Buddhica 43), Calcutta (repr. Delhi 1988).

Baumer, Ch. 1996. *Geisterstädte der Südlichen Seidenstraße. Entdeckungen in der Wüste Takla-Makan*, Stuttgart–Zürich.

—— 1999. "Dandan Oilik Revisited: New Findings a Century Later", *Oriental Art* XLV. 2, 2–14.

—— 2000. *Southern Silk Road. In the Footsteps of Sir Aurel Stein and Sven Hedin*, Bangkok.

Bazin, L. 1991. *Les systemes chronologiques dans le monde turc ancien* (Bibliotheca orientalis hungarica 34), Budapest.

Beal, S. (tr.) 1884a. *Si-yu-ki. Buddhist Records of the Western World, translated from the Chinese of Hiuen Tsiang (A. D. 629)*, 2 vols., London (repr. 1906; Delhi 1967/1980 in 4 vols.; New Delhi 1983).

—— 1884b. "Travels of Fa-hian, or *Fo-kwŏ-ki*" & "The Mission of Sung-yun and Hwei-sǎng", *Si-yu-ki*, xxiii-lxxxiii; lxxxiv-cviii. (original: *Travels of Fah-hian and Sung-yun, Buddhist Pilgrims from China to India*, London 1869)

—— 1911. *The Life of Hiuen-Tsiang, by the Shaman Hwui Li, with an introduction containing an account of the works of I-Tsing. new edition* (Trübner's Oriental Series), London (repr. New Delhi 1990) (1st ed. London 1888).

Bechert, H. 1972. "Über die 'Marburger Fragmente' des *Saddharmapuṇḍarīka* (mit einem Beitrag von Jongchay Rinpoche)", *NAWG* Jahrgang 1972, Nr. 1, 1–81.

—— 1973. "Remarks on the Textual History of *Saddharma-puṇḍarīka*", *Studies in Indo-Asian Art and Culture* 2 (*=Acharya Raghu Vira Commemoration Volume*), New Delhi, 21–27.

—— 1989. "Review of Г. М. Бонгард-Левин и М. И. Воробьева-Десятовская, *Памятники индийской письменности из Центральной Азии I*", *ZDMG* 139: 2, 508.

Bečka, J. 1988. "A Continuator of Judeo-Persian Literature", *A Green Leaf. Papers in Honour of Professor Jes P. Asmussen* (Acta Iranica 28), Téhéran – Liège – Leiden, 199–204.

Beckwith, Ch. I. 1987. *The Tibetan Empire in Central Asia. A History of the Struggle for Great Power among Tibetans, Turks, Arabs and Chinese during the Early Middle Ages*, Princeton.

Benveniste, É. 1932. "Review of S. Konow, *Saka Studies*", *BSL* XXXIII. 3, 33–34.

—— 1942–1945. "Review of *Khotanese Texts* I", *BSL* XXIII, 72.

—— 1954. "Review of *Khotanese Texts* II", *BSL* L. 2, 60.

—— 1956. "Review of *Khotanese Texts* III", *BSL* LII. 2, 35.

—— 1962. "Review of *Khotanese Texts* IV", *BSL* LVII. 2, 43.

—— 1964. "Review of *Khotanese Texts* V", *BSL* LIX. 2, 60.

—— 1971. "Review of R. E. Emmerick, *The Book of Zambasta*", *TP* LVIII. 1–4, 275–276.

Bernhard, F. 1970. "Gāndhārī and the Buddhist Mission in Central Asia", *Añjali. Papers on Indology and Buddhism, O. H. de A. Wijesekera Felicitation Volume*, ed. J. Tilakasiri, Peradeniya, 55–62.

Blanc, F. 1897. "Documents archéologiques relatifs à l'expansion de la civilisation gréco-bactriane au delà du Pamir et à son contact avec la civilisation chinoise dans l'antiquité", *Actes du Congrès International des Orientalistes, Session XI*, Paris, tome V, 233–253.

Bloch, J. 1912. "Le dialecte des fragments Dutreuil de Rhins", *JA* 1912 jan. -juin, 331–337.

Bongard-Levin, G. M. 1971. *Studies in Ancient India and Central Asia* (Soviet Indology Series 7), Calcutta.

—— 1973. "Buddhist Studies in the USSR and New Archaeological Excavations in Soviet Central Asia", *East Asian Cultural Studies* 12: 1–4, 11–28.

—— 1976a. "New Sanskrit and Prakrit Texts from Central Asia", *IT* III–IV (1975–76) *(=Proceedings of the Second World Sanskrit Conference, Torino, 9–15 June 1975)*, Torino, 73–80.

—— 1976b. "Buddhist Texts from Central Asia", *Actes du XXIXe Congrès International des Orientalistes, Paris 1973, Inde Ancienne.* t. I, Paris, 46–51.

—— 1976c. "Two New Fragments of *Saddharmapuṇḍarīka* (preliminary communication)", *Malalasekera Commemoration Volume*, ed. O. H. de A. Wijesekera, Colombo, 36–37.

—— 1981a. "A New Fragment of the Sanskrit *Sumukhadhāraṇī* and its Saka Version", *IT* VIII-IX (1980-81) *(= Dr. Ludwik Sternbach Commemoration Volume)*, 45–49.

—— 1981b. "New Buddhist Sanskrit Texts from Central Asia: An Unknown Fragment of the Mahāyāna *Mahāparinirvāṇasūtra*", *JIABS* 4: 2, 7–16.

—— 1982. "New Indian Texts from Central Asia (a new fragment of the *Mahāyāna Mahāparinirvāṇasūtra*)", *IT* X, 55–64.

—— 1984a. "A New Fragment of the Sanskrit *Sumukhadhāraṇī*", *Tibetan and Buddhist Studies, Commemorating the 200th Anniversary of the Birth of Alexander Csoma de Kőrös I* (Bibliotheca Orientalis Hungarica XXIX. 1), ed. L. Ligeti, Budapest, 125–130.

—— 1984b. "Unknown Dhāraṇīs from Eastern Turkestan", *Amrtadhārā. Professor R. N. Dandekar Felicitation Volume*, ed. S. D. Joshi, Delhi, 485–492.

—— 1986. *New Sanskrit Fragments of the Mahāyāna Mahāparinirvāṇasūtra (Central Asian Manuscript Collection at Leningrad)* (Studia Philologica Buddhica, Occasional Paper Series VI), Tokyo.

—— 1991. "Sanskrit Texts from Eastern Turkestan",《季羡林教授八十华诞纪念论文集》下卷，江西人民出版社，525—532 页。

—— 1993. "A Fragment of the *Pañcavim śatisāhasrikā Prajñāpāramitā-sūtra* from A Stein Collectin", *Annals of the Bhandarkar Oriental Research Institute* 72-73 (1991–1992) *(=Amr tamahotsava Volume)*, 715-717; also in: BB 40, 211-212.

—— 1994. "A Fragment of the *Pañcavimśatisāhasrikā Prajñāpāramitā-sūtra* from Eastern Turkestan", *JAOS* 114: 3, 383–385; also in: BB 40, 213–216.

Bongard-Levin, G. M. & Sh. Hori 1996. "A Fragment of the Larger *Prajñāpāramitā* from Central Asia", *JIABS* 19: 1, 19–60; also in: BB 40, 221–243.

Bongard-Levin, G. M. & T. Kimura 1995. "New Fragments of the *Pañcaviṃśatisāhasrikā Prajñāpāramitā* from Eastern Turkestan", *EW* 45: 1–4, 355–358; also in: BB 40, 217–220.

Bongard-Levin, G. M. & E. N. Tyomkin 1965. "Fragment of Unknown Manuscript of the *Saddharmapuṇḍarīka* from the N. F. Petrovsky Collection", *IIJ* VIII. 4,

268–274+ 4 pls.; also in: Bongard-Levin 1971, 238–246.

—— 1969a. "New Buddhist Texts from Central Asia", *Journal of the Asiatic Society* XI. 1–4, 63–67+ 4 pls.; also in: Bongard-Levin 1971, 229–237 [but exclusive of photocopies].

—— 1969b. "Fragment of Saka Version of the *Dharmaśarirasūtra* from the N. F. Petrovsky Collection", *IIJ* XI. 4, 269–280; also in: Bongard-Levin 1971, 257–272.

Bongard-Levin, G. M. & M. I. Vorobyova-Desyatovskaya 1984. "Indian Texts from Central Asia (Central Asian Collection of the Manuscript Fund of the Institute of Oriental Studies, Academy of Sciences, USSR)", *Orientalia Iosephi Tucci Memoriae Dicata 1* (Serie Orientaria Roma LVI, 1), eds. G. Gnoli & L. Lanciotti, Roma, 159–174.

—— 1986. *Indian Texts from Central Asia (Leningrad Manuscript Collection)* (Bibliographia Philologica Buddhica, Series Minor V), Tokyo.

Bongard-Levin, G. M., M. I. Vorob'eva-Desjatovskaja & E. N. Tyomkin 1967. "A Fragment of the Sanskrit *Sumukhadhāraṇī*", *IIJ* 10: 2/3, 150–159; also in: Bongard-Levin 1971, 247–256.

Bongard-Levin, G. M. & Sh. Watanabe 1997. "A Fragment of the Sanskrit Texts of *Śīlapāramitā*", *WZKS* 41, 93–98; also in: *BB* 40, 244–246.

Bosshard, W. 1929. "New Travel in the Track of Marco Polo: The First Post-War Exploration of Chinese Turkestan: Discoveries of Wonderful Buddhist Sculptures and Paintings", *Illustrated London News* 175, 718–721.

—— 1930a. *Durch Tibet und Turkistan. Reisen im unberührten Asien*, Stuttgart.

—— 1930b. *Hazards of Asia's Highlands and Deserts* (Pioneer Series 4), London.

Boucher, D. 1998. "Gāndhārī and the Early Chinese Buddhist Translations Reconsidered: The Case of the *Saddharmapuṇḍarīkasūtra*", *JAOS* 118: 4, 471–506.

—— 2001. "The Role of Gāndhārī in the Transmission of Buddhism from Northwest India to China", *Gandhāran Seminar, University of Washington, 1 March 2001*, 5.

Boyce, M. 1983. "Review of H. W. Bailey, *The Culture of the Sakas in Ancient Iranian Khotan*", *JRAS* 1983, 305–306.

Boyer, M. A., E. J. Rapson & É. Senart 1920, 1927, 1929. *Kharoṣṭhī Inscriptions discovered by Sir Aurel Stein in Chinese Turkestan, Part I: Text of Inscriptions discovered at the Niya Site, 1901; Part II: Text of Inscriptions discovered at Niya, Endere, and Lou-lan Sites, 1906–07; Part III: Text of inscriptions discovered at the Niya and Lou-lan sites 1913–14*, with complate index verborum, transcribed and edited by E. J. Rapson and P. S. Noble, Oxford (repr. Delhi 1997).

Brinkhaus, H. 2001. "Buddhismus an der Seidenstraβe: neue Forschungsergebnisse zur Gāndhārī, der frühbuddhistischen Missions- und Kirchensprache in Zentralasien", *Die Seidenstraβe. Handel und Kulturaustausch in einem eurasiatischen Wegenetz* (Asien und Afrika. Beiträge des Zentrums für Asiatische und Afrikanische Studien (ZAAS) der Christian-Albrechts-Universität zu Kiel, Band 3), eds. U. Hübner, J. Kamlah & L. Reinfandt, Hamburg, 63–74.

Brough, J. 1948. "Legends of Khotan and Nepal", *BSOAS* XII. 2, 333–339; also in: *John Brough Collected Papers*, [47–53].

—— 1962. *The Gāndhārī Dharmapada* (London Oriental Series 7), London (repr. Delhi 2001).

—— 1965. "Comments on Third-Century Shan-shan and the History of Buddhism", *BSOAS* XXVIII. 3, 582–612; also in: *John Brough Collected Papers*, [276–307].

—— 1970. "Supplementary Notes on Third-Century Shan-shan", *BSOAS* XXXIII. 1, 39–45; also in: *John Brough Collected Papers*, [351–357].

—— 1996. *John Brough Collected Papers*, eds. M. Hara & J. C. Wright, London.

Burrow, T. 1934. "Iranian Loanwords in the Kharoṣṭhī Documents [I]", *BSOS* VII. 3, 509–516.

—— 1935. "Iranian Loanwords in the Kharoṣṭhī Documents II", *BSOS* VII. 4, 779–790.

—— 1936. "The Dialectical Position of the Niya Prakrit", *BSOS* VIII, 419–435.

—— 1937. *The Language of the Kharoṣṭhī Documents from Chinese Turkestan*, London.

—— 1940. *A Translation of the Kharoṣṭhī Documents from Chinese Turkestan* (James G. Forlong Fund XX), London.

Bushell, S. W. & E. J. Rapson 1907. "Inventory List of Coins found or purchased", Appendix D to *Ancient Khotan*, 575–580.

Bussagli, M. 1953. "L'Influsso classico ed iranico sull'arte dell'Asia Centrale, Ricerche preliminari per uno Studio sulla pittura e la scultura centro-asiatiche", *Rivista dell'Istituto Nazionale d'Archeologia e Storia dell'Arte* ns. II, Rome, 171–262, illus.

—— 1963. *Die Malerei Zentralasien*, Genéve (*La peinture de l'Asie Centrale*, Genève 1963; *Central Asian Painting*, Genèva 1963 (repr. London 1978)).

Caffarelli, P. M. V. 1971. "Proposte per una nuova cronologia e per un Ulterire esame critico Dell'opera di Yu-ch'ih I-seng", *Rivista degli Studi Orientali* XLVI, 63-85+ pls. I-XVIII.

Canevascini, G. 1988. "Review of R. E. Emmerick & P. O. Skjærvø, *Studies in the Vocabulary of Khotanese* II", *BSOAS* LI. 1, 193.

—— 1990. "New Readings and New Words in the Khotanese *Saṅghāṭasūtra*", *SIr* 19: 1, 13-20.

—— 1991. "Medio-reflexive Verbs in Khotanese", *Corolla Iranica. Papers in Honour of Prof. Dr. David Neil MacKenzie on the Occasion of his 65th Birthday on the eighth of April 1991*, eds. R. E. Emmerick & D. Weber, Frankfurt am Main-Bern-Las Vegas, 23-26.

—— 1993. *The Khotanese Saṅghāṭasūtra. A Critical Edition* (Beiträge zur Iranistik 14), Wiesbaden.

—— 1995a. "A Selection of Khotanese Words", *Proceedings of the Second European Conference of Iranian Studies held in Bamberg, September 30th to October 4th, 1991 by the Societas Iranologica Europea* (Serie Orientale Roma 73), eds. B. G. Fragner et al., Roma, 113-117.

—— 1995b. "Review of *Saka Documents* VII", *BSOAS* LIX. 1, 163-164.

—— 1996. "Review of M. Maggi, *The Khotanese Karmavibhaṅga*", *AS* L. 4, 1022-1024.

—— 1997. "Review of M. Maggi, *The Khotanese Karmavibhaṅga*", *AS* LI. 3, 841-843.

Chandra, L. (ed.) 1976. *Saddharma-puṇḍarīka-sūtra. Kashgar Manuscript* (Śata-pitaka Series: Indo-Asian Literatures 229), with a foreword by H. Bechert, New Delhi (repr. Tokyo 1977).

—— 1998. "India and China: beyond and the within", *Across the Himalayan Gap. An Indian Quest for Understanding China*, ed. Tan Chung, New Delhi, § 19.

—— 2002. "Tun-huang as Power and Virtue", *Acta Orientalia Academiae Scientiarum Hungaricae* 55: 1-3, 89-98.

—— 2003. "The Khotanese Mural of Hārītī in Shrine D II at Dandan-Uiliq", *Archiv Orientální* 71: 3, 293-302; also in: *Purābhāratī. Studies in Early Historical Archaeology and Buddhism (=Commemoration Volume in Respect of Prof. B. P. Sinha)*, vol. 2, eds. B. R. Mani & S. C. Saran, Delhi 2006, 243-249.

—— 2006. "Suvarna-Bhasottama and the Defence of Serindic Khotan",《文津流觞》第 17 期（西域文献学术座谈会会议手册）, 23—36。

Chavannes, É. 1903a. "Voyage de Song-Yun dans l'Udyāna et le Gandhāra (518-522)", *BEFEO* III. 3, 379-441.

—— 1903b. *Documents sur les Tou-kiue (Turcs) occidentaux*, St. -Pétersbourg.

—— 1905. "Jinagupta (528–605 après J. -C.)", *TP* Série II. 6, 332–356.

—— 1907. "Chinese Documents from the Sites of Dandān-uiliq, Niya and Endere", Appendix A to *Ancient Khotan*, 521–547.

—— 1913. *Les documents chinois découverts par Aurel Stein dans les sables du Turkestan oriental*, Oxford.

Church, A. H. 1907. "Notes of Specimens of Ancient Stucco from Khotan Sites", Appendix F to *Ancient Khotan*, 586–587.

—— 1921. "Examination of Certain Speciman of Mural Painting and Plaster from Ak-Terek, Kara-Sai, Khādalik, Miran, 'Ming-oi', and Tun-Huang", Appendix D to *Serindia*, 1390–1391.

Clauson, G. L. M. 1931. "The Geographical Names in the Staël-Holstein Scroll", *JRAS* 1931, 297–309.

—— 1973. "The Turkish-Khotanese Vocabulary re-edited", *İslâm Tikikleri Enstitüsü Dergisi* V, 37–45.

Conze, Ed. 1978. *The Prajñāpāramitā Literature* (Bibliographia Philologica Buddhica, Series Major 1), 2nd ed. revised and enlarged, Tokyo (1st ed. (Indo-Iranian Monographs Series VI) 's-Gravenhage 1960).

Cribb, J. 1981. "A New Coin of Vima Kadphises, King of the Kushans", *Coins, Culture, and History in the Ancient World. Numismatic and other Studies in Honor of Bluma L. Trell*, eds. L. Casson & M. Price, Detroit, 29–37.

—— 1984–1985. "The Sino-Kharoṣṭhī Coins of Khotan: Their Attribution and Relevance to Kushan Chronology 1–2", *NC* 144, 128–152; *NC* 145, 136–149+ pl. 20–23.

Crosby, O. T. 1905. *Tibet and Turkestan. A Journey through Old Lands and a Study of New Conditions*, New York–London.

Csongor, B. 1972. "A Chinese Buddhist Texts in Brāhmī Script", *Unicorn (Chi-lin)* 10, 36–77.

Dabbs, J. 1963. *History of the Discovery and Explorations of Chinese Turkestan* (Central Asiatic Studies 8), The Hague.

Daffinà, P. 1968. "Review of R. E. Emmerick, *Tibetan Texts concerning Khotan*", *Rivista degli Studi Orientali* XLIII. 2, 229–234.

—— 1975. "Sulla più antica diffusione del buddismo nella Serindia e nell'Iran orientale", *Hommage et opera minora, Monumentaum H. S. Nyberg I* (Acta Iranica 4), Téhéran–Liège–Leiden, 179–192.

Dās, S. Ch. 1886. "Buddhist and other Legends about Khoten", *JASB* LV. 3, 193–

203.

Das Gupta, Ch. 1958. *The Development of the Kharoṣṭhī Script*, with a foreword by Dr. T. Burrow, Calcutta.

Debaine-Francfort, C. et Abdurassul Idriss (eds.) 2001. *Keriya, mémoires d'un fleuve. Archéologie et civilisation des oasis du Taklamakan*, Mission archéologique franco-chinoise au Xinjiang, CNRS et Institut d'Archéologie et du patrimoine du Xinjiang, Paris.

Debaine-Francfort, C., Abdurassul Idriss et Wang Binghua 1994. "Agriculture irriguée et art bouddhique ancien au cœur du Taklamakan (Karadong, Xinjiang, IIe – IVe siècles): Premieres résultats de l'Expédition franco-chinoise de la Keriya", *Arts Asiatiques* XLIX, 34–52.

Deeg, M. 2005. *Das Gaoseng-Faxian-zhuan als religionsgeschichtliche Quelle. der älteste Bericht eines chinesischen buddhistischen Pilgermönchs über seine Reise nach Indien mit Übersetzung des Textes* (Studies in oriental religions 52), Wiesbaden.

Degener, A. 1986a. "The Four Infinitudes (*apramānas*) in Khotanese", *SIr* 15: 2, 259–264.

—— 1986b. "Sudhanas Wanderung in khotanischer Fassung", *StII* 11–12, 21–32.

—— 1987. "Khotanische Komposita", *Münchener Studien zur Sprachwissenschaft* 48, 27–69.

—— 1989a. *Khotanische Suffixe* (Alt- und Neu-Indische Studien 39), Stuttgart.

—— 1989b. "Läuterung im 'Book of Zambasta'", *StII* 15, 51–58.

—— 1989c. "Zur Übersetzungstechnik in der khotanischen *Vajracchedikā*", *ZDMG* 139: 2, 346–367.

—— 1989d. "Beispiele der Klassification indischen Lehngutes im Khotanischen", *StII* 15, 41–49.

—— 1990. "Indisches Lehngut im Khotanischen", *XXIV. Deutscher Orientalistentag vom 26. bis 30. September 1988 in Köln, Ausgewählte Vorträge* (*ZDMG* Supplementa 8), eds. W. Diem & A. Falaturi, Stuttgart, 381–390.

—— 1992. "Fremdsprachiger Einfluβ auf khotanische Suffixe", *ZDMG* Supplementa 9, 207–209.

—— 1993. "Zur Syntax des Khotanischen", *Medioiranica. Proceedings of the International Colloquium organized by the Katholieke Universiteit Leuven from the 21st to the 23rd of May 1990*, eds. W. Skalmowski & A. van Tongerloo, Leuven, 45–56.

—— 1996. "Review of *Saka Documents, Text Volume* III", *JRAS* 1996, 439–440.

—— 1999. "Review of M. Maggi, *Pelliot Chinois 2928. A Khotanese Love Story*",

JRAS 1999, 306-307.

—— 2004. "Review of P. O. Skjærvø, *Khotanese Manuscripts from Chinese Turkestan in the British Library*", *IIJ* 47: 3-4, 369-372.

Demiéville, P. 1920. "Review of E. Leumann, *Maitreya-samiti, das Zukunftsideal der Buddhisten*", *BEFEO* XX. 4, 158-170.

Dhammarama, P. S. 1963. "Dharmapada, texte et traduction", *BEFEO* 51, 237-390.

Diakonova, N. V. 1960. "A Document of Khotanese Buddhist Iconography", *Artibus Asiae* XXIII. 3-4, 229-231(fig.).

Dresden, M. J. 1944. "Introductio ad linguam hvatanicam", *Jaarbericht* No. 9 *van het vooraziatisch-egyptisch Gezelschap, Ex Oriente Lux*, 200-206.

—— 1955a. "Jātakastava or 'Praise of the Buddha's Former Births'", *Transactions of the American Philosophical Society* NS. 45: 5, 397-508. (repr. Philadelphia 1962)

—— 1955b. "Review of *Khotanese Texts* II", *JAOS* 75: 2, 131-135.

—— 1957. "Review of *Khotanese Texts* III", *The Journal of Asian Studies* XVI. 3, 444-446.

—— 1959. "Review of *Khotanese Texts* IV", *BSOAS* XXII. 2, 371-372.

—— 1962. "Notes on Khotanese Poetry", *Indological Studies in Honor of W. Norman Brown*, New Haven, 42-50.

—— 1971. "Review of R. E. Emmerick, *The Khotanese Śūraṅgamasamādhisūtra*", *JRAS* 1971, 193-195.

—— 1972. "Review of *Khotanese Texts* I-III, 2nd ed., *Khotanese Texts VI*, *Saka Documents*, *Text Volume*, R. E. Emmerick, *The Book of Zambasta* and *Saka Grammatical Studies*", *IIJ* 14: 1/2, 103-115.

—— 1973. "Review of H. W. Bailey, *Sad-dharma-puṇḍarīka-sūtra. The Summary in Khotan Saka*", *JAOS* 93: 4, 599-600.

—— 1974. "On a 'Working' Dictionary of the Khotanese Language", *Commémoration Cyrus Hommage Universal III* (Acta Iranica 3), Téhéran-Liège-Leiden, 233-239.

—— 1977a. "A Lyrical Poem in Khotanese, Part I: Text", *Beiträge zur Indienforschung. Ernst Waldschmidt zum 80. Geburtstag gewidmet* (Veröffentlichungen des Museums für Indische Kunst Berlin 4), Berlin, 81-103.

—— 1977b. "Khotanese (Saka) Manuscripts: A Provisional Handlist", *Varia 1976* (Acta Iranica 12), Téhéran-Liège-Leiden, 27-85.

—— 1980. "Review of H. W. Bailey, *Dictionary of Khotan Saka*", *JRAS* 1980,

194–195.

—— 1981. "Review of H. W. Bailey, *Dictionary of Khotan Saka*", *JAOS* 101: 4, 466–467.

—— 1984. "Review of R. E. Emmerick & P. O. Skjærvø, *Studies in the Vocabulary of Khotanese* I", *JAOS* 104: 4, 770.

Drouin, E. 1899–1900. "Notice sur les monnaies Sino-Kharoṣṭhī et sur l'epoque probable de leur emission", *La Gazette Numismatique* 6, 105–112; *ibid.* 7, 129–134.

Duan Qing (段晴) 1987. *Aparimitāyuḥ-sūtra und das S 2471.* (University of Hamburg Dissertation)

—— 1992a. *Das Khotanische Aparimitāyuḥsūtra. Ausgabe, Übersetzung, Kommentar und Groβa* (*StII* Dissertationen Band 3, Dr. Inge Wezler Verlag für Orientalische Fachpuplikationen 120), Reinbeck–Stuttgart.

—— 1992b. "Einige Götter in dem khotanischen Text S 2471", *ZDMG* Supplementa 9, 207.

—— 2007. "Two New Folios of Khotanese *Suvarṇabhāsottamasūtra*", *ARIRIAB* 10 (2006), 325–336+ pl.

Dudbridge, G. & R. E. Emmerick 1978. "Pelliot tibétain 0821", *SIr* 7: 2, 283–285 + pl. XV.

Dutreuil de Rhins, J.-L. 1897–1898. *Mission scientifique dans la haute Asie 1890–1895. I: Récit du voyage (19 Février 1891.–22 Février 1895)*; *II: Le Turkestan et le Tibet, étude ethnographique et sociologique*; *III: Histoire – Linguistique – Archéologie–Geographie*, par F. Grenard, Paris.

Dutt, N. 1953. *Saddharmapuṇḍarīkasūtram*, with N. D. Mironov's Readings from Central Asian MSS, Calcutta.

Eimer, H. 1972–1978. "Tibetica Stockholmiensia", *Zentralasiatische Studien* VI, 1972, 603–681; VII, 1973, 301–352; VIII, 1974, 179–240; IX, 1975, 37–86; X, 1976, 625–674; XI, 1977, 507–554; XII, 1978, 317–358.

——. *Tibetica Stockholmiensia. Handliste der tibetischen Texte der Sven-Hedin-Stiftung und des Ethnographischen Museums zu Stockholm*, privately reprinted in one volume.

Elfenbein, J. 1985. "Balochi from Khotan", *SIr* 14: 2, 223–238.

Eliasberg, D. 1979. "Les signatures en forme d'oiseau dans les manuscrits chinois de Touen-houang", *Contributions aux études sur Touen-houang*, ed. M. Soymié, Genève–Paris, 29–44.

Emmerick, R. E. 1965. "Syntax of the Cases in Khotanese", *BSOAS* XXVIII. 1,

24–33.

—— 1966a. "The Nine New Fragments from the Book of Zambasta", *AM* ns. XII. 2, 148–178.

—— 1966b. "Some Khotanese past Participles", *BSOAS* XXIX. 3, 612–617.

—— 1967a. *Tibetan Texts concerning Khotan* (London Oriental Series 19), London. (= *TTK*)

—— 1967b. "Notes on the 'Tale of Bhadra' ", *BSOAS* XXX. 1, 83–94.

—— 1967c. "The Ten New Folios of Khotanese", *AM* ns. XIII. 1–2, 1–47.

—— 1967d. "The mustard *upamā*", *JRAS* 1967, 22–25.

—— 1968a. *Saka Grammatical Studies* (London Oriental Series 20), London.

—— 1968b. *The Book of Zambasta. A Khotanese Poem on Buddhism* (London Oriental Series 21), London.

—— 1968c. "Khotanese Metrics", *AM* ns. XIV. 1, 1–20.

—— 1968d. "Notes on the *Prophecy of the Arhat Samghavardhana*", *AM* ns. XIV. 1, 96–100.

—— 1968e. "Names from Central Asia", *CAJ* XII. 2, 88–91.

—— 1968f. "A Khotanese Verb-list", *AO* XXXI, 21–45.

—— 1968g. "Some Khotanese Inscriptions on objets d'art", *JRAS* 1968, 140–143+ pls. I–II.

—— 1968h. "Review of *Saka Documents* IV", *BSOAS* XXXI. 1, 203.

—— 1969a. "The Khotanese Manuscript 'Huntington K' ", *AM* ns. XV. 1, 1–16+ pls. I–IV.

—— 1969b. "Notes on the *Book of Zambasta*", *JRAS* 1969, 59–74.

—— 1969c. "Review of *Khotanese Texts* I–III", *AM* ns. XV. 1, 115–117.

—— 1969d. "Review of *Saka Documents*, *Text Volume*", *BSOAS* XXXII. 2, 401–402.

—— 1970a. "Nanda the Merchant", *BSOAS* XXXIII. 1, 72–81.

—— 1970b. "Some Chorasmian and Khotanese Etymologies", *JRAS* 1970, 67–70.

—— 1970c. " 'Speak' and 'Prosper' in Khotanese", *W. B. Henning Memorial Volume*, London, 143–151.

—— 1970d. *The Khotanese Śūraṇgamasamādhisūtra* (London Oriental Series 23), London.

—— 1970e. *The Sūtra of Golden Light, being a Translation of the Suvarṇabhāsottamasūtra* (Sacred Books of the Buddhist 27), London (repr. 1979); 2nd rev. ed. London 1990; 3rd rev. ed. London 1996.

—— 1971a. *Saka Documents* (Corpus Inscriptionum Iranicarum, Part II: Inscriptions of the Seleucid and Parthian Period and of Eastern Iran and Central Asia, Vol. V: Saka): Plates. Portfolio. V, London. (=*SD* V)

—— 1971b. "Four Khotanese Words", *AM* ns. XIV. 1-2, 61-68.

—— 1971c. "*Agane* no more", *TPhS* 1970, 115-120.

—— 1973a. *Saka Documents* (Corpus Inscriptionum Iranicarum, Part II: Inscriptions of the Seleucid and Parthian Period and of Eastern Iran and Central Asia, Vol. V: Saka): Plates. Portfolio. VI, London. (=*SD* VI)

—— 1973b. "Khotanese Metrics again", *AM* ns. XVIII. 2, 137-153.

—— 1973c. "Khotanese Glossary to Nanda the Merchant", *AO* XXXV, 115-126.

—— 1974a. "Commodianus and Khotanese Metrics", *TPhS* 1973, 138-152.

—— 1974b. "Note on a Khotanese Inscription in the Bremen Überseemuseum", *Archäologische Funde aus Khotan, Chinesisch-Ostturkestan*, by G. Gropp, Bremen, 362-364.

—— 1974c. "The Iranian Languages", *Encyclopaedia Britannica, 15th ed.*, *Macropaedia*, vol. 9, 450-457.

—— 1974d. "Some Khotanese Donors", *Mémorial Jean de Menasce* (Fondation Culturelle Iranienne 185), eds. Ph. Gignoux & A. Tafazzoli, Louvain, 383-388 + pls. XIX-XXI.

—— 1975. "A Khotanese Fragment: P5536 bis", *Hommage et opera minora, Monumentaum H. S. Nyberg I* (Acta Iranica 4), Téhéran-Liège-Leiden, 223-236.

—— 1977a. "The Confession of Acts", *Varia 1976* (Acta Iranica 12), Téhéran-Liège-Leiden, 87-115.

—— 1977b. "Three Monsters in Khotan", *SIr* 6: 1, 65-74.

—— 1977c. "The Concluding Verses of the Khotanese *Vajracchedikā*", *Prajñāpāramitā and Related System. Studies in Honor of Edward Conze* (Berkeley Buddhist Studies Series I), ed. L. Lancaster, Berkeley, 83-92.

—— 1978a. "Review of H. Bechert, 'Über die "Marburger Fragmente" des *Saddharmapuṇḍarīka*' (*NAWG* Jahrgang 1972, Nr. 1)", *OLZ* 73: 4, 390-392.

—— 1978b. "Review of Syūyo Takubo, *Tonkō syutsudo Uten go-himitsu Kyō-tensyū no kenkyū*（田久保周誉《燉煌出土于阗语秘密经典集の研究》）", *IIJ* 20: 3-4, 253-256.

—— 1979a. *A Guide to the Literature of Khotan* (Studia Philologica Buddhica, Occasional Paper Series III), 1st ed., Tokyo.

—— 1979b. "The Vowel Phonemes of Khotanese", *Studies in Diachronic, Synchronic, and Typological Linguistics. Festschrift for Oswald Szemerényi*

(Amsterdam Studies in the Theory and History of Linguistic Science, Series IV, Current Issues in Linguistic Theory, vol. 11 in two parts), ed. B. Brogyanyi, Amsterdam, 239–250.

—— 1979c. "Contributions to the Study of the *Jīvaka-pustaka*", *BSOAS* XLII. 2, 235–243.

—— 1979d. "The Historical Importance of the Khotanese Manuscripts", *Prolegomena to the Sources on the History of Pre-Islamic Central Asia*, ed. J. Harmatta, 167–177.

—— 1980a. "Khotanese *byāñä*", *KZ* 94: 1–2, 282–288.

—— 1980b. "The Verses of Prince Tcūṃ-ttehi:", *SIr* 9: 2, 185–193.

—— 1980c. *The Siddhasāra of Ravigupta*. vol. 1: The Skaskrit Text (Verzeichnis der Orientalischen Handschriften in Deutschland. Supplementbände 23. 1), Wiesbaden.

—— 1980d. "*r-/n*-stems in Khotanese", *Lautgeschichte und Etymologie, Akten der VI. Fachtagung der Indogermanischen Geselllschaft, Wien, 24.–29. September 1978*, eds. M. Mayrhofer et al., Wiesbaden, 166–172.

—— 1981a. "Two Indian Loanwords in Khotanese", *Studien zum Jainismus und Buddhismus, Gedenkschrift für Ludwig Aisdorf*, eds. K. Bruhn & A. Wezler, Wiesbaden, 79–82.

—— 1981b. "Khotanese *bihīya* again", *BSOAS* XLIV. 3, 445–452.

—— 1981c. "Khotanese *hamāñuna-*", *StII* 7, 71–75.

—— 1981d. "The Consonant Phonemes of Khotanese", *Monumentum Georg Morgenstierne I* (Acta Iranica 21), Téhéran–Liège–Leiden, 185–209.

—— 1981e. "Review of H. W. Bailey, *Dictionary of Khotan Saka*", *IIJ* 23, 66–71.

—— 1981f. "*elai . bāmä*", *Münchener Studien zur Sprachwissenschaft* 40, 27–33.

—— 1982a. "Hoernle and the *Jīvaka-pustaka*", *BSOAS* XLV. 2, 343.

—— 1982b. "A Stanza from the Verses of Prince Tcūṃ-ttehi:", *Societies and Languages of the Ancient Near East. Studies in Honour of I. M. Diakonoff*, eds. M. A. Dandamayev et al., Warminster, 62–63.

—— 1982c. *The Siddhasāra of Ravigupta*. vol. 2: The Tibetan version with facing English translation (VOHD Supplementbände 23. 2), Wiesbaden.

—— 1982d. "Khotanese *nuvāta*", *Indological and Buddhist Studies. Volume in Honour of Professor J. W. de Jong on his sixtieth Birthday* (Bibliotheca Indo-Buddhica 27), eds. L. A. Hercus, F. B. J. Kuiper, T. Rajapatirana & E. R. Skrzypcak, Canberra, 137–147.

—— 1982e. "Review of *Khotanese Buddhist Texts*, rev. ed.", *Bibliotheca Orientalis* 39: 3/4, 478-481.

—— 1983a. "Some Remarks on Translation Techniques of the Khotanese", *Sprachen des Buddhismus in Zentralasien. Vorträge des Hamburger Symposions vom 2. Juli bis 5. Juli 1981* (Veröffentlichungen der Societas Uralo-Altaica 16), eds. K. Röhrborn & W. Veenker, Wiesbaden, 17-26.

—— 1983b. "Some more Loanwords in Khotanese", *Die Sprache* XXIX. 1, 43-49.

—— 1983c. "Iranian Settlements to the East of the Pamirs", *The Cambridge History of Iran* 3 (1): *The Seleucid, Parthian and Sasanian Periods*, Cambridge, 263-275.

—— 1983d. "Buddhist among Iranian Peoples", *The Cambridge History of Iran* 3 (2): *The Seleucid, Parthian and Sasanian Periods*, Cambridge, 949-964.

—— 1984a. "Research on Khotanese: A Survey (1979-1982)", *Middle Iranian Studies*, eds. W. Skalmowski & A. van Tongerloo, 127-145.

—— 1984b. "Newly-discovered Buddhist Texts from Khotan", *Proceedings of the Thirty-First International Congress of Human Sciences in Asia and North Africa, Tokyo-Kyoto 31st August-7th September 1983*, ed. T. Yamamoto, Tokyo, vol. 1, 219-220.

—— 1984c. "A New Khotanese Document from China", *SIr* 13: 2, 193-198+ pl. XIV.

—— 1984d. "Cā tteya khī in the Musée Guimet", *SIr* 13: 2, 251-252+ pl. XVI.

—— 1984e. "Khotanese *vī hā*", *Orientalia J. Duchesne-Guillemin emerito oblata* (Acta Iranica 23), Téhéran-Liège-Leiden, 151-155.

—— 1985a. *The Tumshuqese Karmavācanā Text* (Academie der Wissenschaften und der Literature, Abhandlungen der geistes- und sozialwissenschaftlichen Klasse, Jahrgang 1985, Nr. 2), Mainz-Stuttgart.

—— 1985b. "A Khotanese Version of the *Sūtra of the Lord of Healing*", *Buddhism and Its Relation to Other Religions. Essays in Honour of Dr. Shozen Kumoi on his seventieth Birthday* (《云井昭善博士古稀记念；佛教と异文化》), Kyoto, 225-232.

—— 1985c. "Tibetan Loanwords in Khotanese and Khotanese Loanwords in Tibetan", *Orientalia Iosephi Tucci Memoriae Dicata 1* (Serie Orientale Roma LVI, 1), eds. G. Gnoli & L. Lanciotti, Roma, 301-317.

—— 1985d. "Khotanese *bāljse*", *Festgabe für Karl Hoffmann Teil II* (Münchener Studien zur Sprachwissenschaft 45), München, 39-53; Resümee in: *ZDMG* supplementa 6, Stuttgart 1985, 225.

—— 1985e. "*Adhyardhaśatikā Prajñāpāramitā*", *EIr.* I, 456.

—— 1985f. "*Amṛta-prabha-dhāraṇī*", *EIr.* I, 996.

—— 1986a. "Another Fragment of the Sanskrit *Sumukhadhāraṇī*", *Deyadharma. Studies in Memory of Dr. D. C. Sircar*, ed. G. Bhattacharya, Delhi, 165–167+ pls. 1–2.

—— 1986b. " 'ruki' in Khotanese?", *Studia Grammatica Iranica. Festschrift für Helmut Humbach*, eds. R. Schmitt & P. O. Skjærvø, München, 71–81.

—— 1987a. "Auxiliaries in Khotanese", *Historical Development of Auxiliaries* (Trends in Linguisties, Studies and Monographs 35), eds. M. Harris & P. Ramat, Berlin–New York–Amsterdam, 271–290.

—— 1987b. "The Transition from Old to Late Khotanese", *Transition Periods in Iranian History. Actes du Symposium de Fribourg-en-Brisgau (22–24 Mai 1985)* (Studia Iranica, Cahier 5), Leuven, 33–42.

—— 1987c. "Buddhism in Central Asia", *The Encyclopedia of Religion*, vol. 2, ed. M. Eliade, New York, 400–404.

—— 1987d. "*Anantamukhanirhāradhāraṇī*", *EIr.* II, 1–2.

—— 1987e. "*Aparimitāyuḥ-sūtra*", *EIr.* II, 150–151.

—— 1988. "Some Verses from the *Lankāvatārasūtra* in Khotanese", *A Green Leaf. Papers in Honour of Professor Jes P. Asmussen* (Acta Iranica 28), Téhéran–Liège–Leiden, 125–133.

—— 1989a. "Khotanese and Tumshuqese", *Compendium Linguarum Iranicarum*, ed. R. Schmitt, Wiesbaden, 204–229.

—— 1989b. "A Khotanese Nightmare", *Études irano-aryennes offertes à Gilbert Lazard* (Studia Iranica Cahiers 7), Paris, 95–98.

—— 1989c. "*Avalokiteśvara-dhāraṇī*", *EIr.* III, 32.

—— 1990a. "Some More Khotanese *aksaras*", *BAI* ns. 4, eds. C. A. Bromberg et al., 231–232.

—— 1990b. "Khotanese *ma* 'not' ", *Proceedings of the first European Conference of Iranian Studies held in Turin, September 7th–11th, 1987 by the Societas Iranologica Europaea, Part I: Old and Middle Iranian Studies*, eds. G. Gnoli & A. Panaino, Rome, 95–113.

—— 1990c. "Two More Khotanese Ghostwords", *Iranica Varia. Papers in Honor of Professor Ehsan Yarshater* (Acta Iranica 30), Téhéran–Liège–Leiden, 80–82.

—— 1990d. "Khotanese *śśāman-* 'face' ", *Tocharian and Indo-European Studies* 4, 33–34.

—— 1990e. "Khotanese *birre**", *JRAS* 1990, 7–9+ pl.

—— 1990f. “*Bhadracaryādeśanā*”, *EIr.* IV, 190.

—— 1990g. “*Bhadrakalpikāsūtra*”, *EIr.* IV, 190–191.

—— 1990h. “Book of Zambasta”, *EIr.* IV, 361–363.

—— 1990i. “Bhavānga”, *EIr.* IV, 195.

—— 1990j. “*Bhaisajyaguruvaidūryaprabharājasūtra*”, *EIr.* IV, 192–193.

—— 1990k. “Buddhism among Iranian Peoples, i. In pre-Islamic times”, *EIr.* IV, 492–496.

—— 1990l. “*Caityapradakṣinagāthā*”, *EIr.* IV, 645–646.

—— 1991. “Khotanese *kīrästānä* ‘Christian’?”, *Histoire et cultes de l'Asie centrale préislamique, sources écrites et documents archéologiques. Actes du colloque international de CNRS (Paris, 22–28 novembre 1988)*, eds. P. Bernard & F. Grenet, Paris, 279–282.

—— 1992a. *A Guide to the Literature of Khotan* (Studia Philologica Buddhica, Occasional Paper Series III), 2nd ed. revised and enlarged, Tokyo.

—— 1992b. “The Dunhuang MS. Ch00120: Its Importance for Reconstructing the Phonological System of Khotanese”, *Turfan and Tun-huang. The Texts, Encounter of Civilizations on the Silk Route* (Orientalia Venetiana IV), ed. A. Cadonna, Firenze, 145–170.

—— 1992c. “The Crosby Collection”, *ZDMG* Supplementa 9, 672–674.

—— 1992d. “The Svastika Antidote”, *JEĀS* 2, 60–81.

—— 1993a. “Crosby, Oscar Terry”, *EIr.* VI, 402–403.

—— 1993b. “Indo-Iranian Concepts of Disease and Cure”, *JEĀS* 3, 72–93.

—— 1993c. “ ‘Boys’ and ‘Girls’ in Khotanese”, *BAI* ns. 7 *(=Iranian Studies in Honour of A. D. Bivar)*, 51–54.

—— 1993d. “Notes on the Crosby Collection”, *Medioiranica. Proceedings of the International Colloquium organized by the Katholieke Universiteit Leuven from the 21st to the 23rd of May 1990*, eds. W. Skalmowski & A. van Tongerloo, Leuven, 57–64.

—— 1994a. “Khotanaise (Littérature)”, *Dictionnaire universel des littératures*, publié sous la direction de Béatrice Didier, Paris, ii, 1894–1895.

—— 1994b. “The *Mahāusauvarcalādi Ghee*”, *Memoriae munusculum. Gedenkband für A. von Gabain*, eds. K. Röhrborn & W. Veenker, Wiesbaden, 29–42.

—— 1995a. “On the St. Petersburg Folios of the Khotanese *Suvarṇabhāsottama-sūtra*”, *Au Carrefour des religions. mélanges offerts à Philippe Gignoux* (Res Orientales 7), Bures-sur Yvette, 51–66.

—— 1995b. “Khotanese *bärätandä*”, *Proceedings of the Second European Conference of Iranian Studies held in Bamberg, September 30th to October 4th, 1991 by the Societas Iranologica Europea* (Serie Orientale Roma 73), eds. B. G. Fragner et al., Roma, 163–167.

—— 1996a. "Khotanese *murahamga* and other *hamga*", *Convegno Internationale sul Tema. La Persia e l'Asia Centrale da Alessandro al X secolo, in collaborazione con l'Istituto Italiano per il Medio ed Estremo Oriente, Roma, 9–12 Novembre 1994* (Atti dei convegni Lincei 127), Roma, 113–121.

—— 1996b. "A Khotanese Monastic Account Book", *Turfan, Khotan und Dunhuang. Vorträge der Tagung "Annemarie v. Gavain und die Turfanforschung", veranstaltet von der Berlin-Brandenburgische Akademie der Wissenschaften in Berlin (9.–12. 12. 1994)* (Berlin-Brandenburgische Akademie der Wissenschaften: Berichte und Abhandlungen Sonderband 1), eds. R. E. Emmerick, W. Sundermann, I. Warnke & P. Zieme, Berlin, 51–65.

—— 1997a. "From the *Mañjuśrīnairātmyāvatārasūtra*", *Bauddhavidyā-sudhākarah. Studies in Honour of Heinz Bechert on the Occasion of his 65th Birthday* (Indica et Tibetica 30), eds. P. Kieffer-Pültz & J.-U. Hartmann, Swisttal–Odendorf, 81–90.

—— 1997b. "The Mahāsauvarcalādi Ghṛta in Hoernle's Unpublished Edition of the '*Jīvakapustaka*'", *JEĀS* 5, 76–81.

—— 1997c. "Two Problems in the Khotanese *Rāmāyaṇa*", *Language and Scripts of Central Asia*, eds. Sh. Akiner & N. Sims-Williams, London, 25–29.

—— 1998a. "Khotanese *ei*", *Proceedings of the Third International Conference of Iranian Studies, Part 1: Old and Middle Iranian Studies*, ed. N. Sims-Williams, Wiesbaden, 93–97.

—— 1998b. "More Verses from the *Mañjuśrīnairātmyāvatārasūtra*", *Sūryacandrāya. Essays in Honour of Akira Yuyama on the Occasion of his 65th Birthday* (Indica et Tibetica 35), eds. P. Harrison & G. Schopen, Swisttal–Odendorf, 33–42.

—— 1998c. "The Khotanese *Sumukhasūtra*", *IT* 23–24 (= *Professor Gregory M. Bongard-Levin Felicitation Volume*) (1997–98), 387–421.

—— 1999. "Harold Walter Bailey, 1899–1996", *Proceedings of the British Academy* 101 (1998 Lectures and Memoirs), 309–349.

—— 2000a. "Polyandry in the Khotanese *Rāmāyaṇa*", *Vividharatrakaraṇḍaka. Festgabe für Adelheid Mette* (Indica et Tibetica 37), eds. Ch. Chojnacki, J.-U. Hartmann & V. M. Tschannelrl, Swisttal–Odendorf, 233–238.

—— 2000b. "Khotanese *baṣṣä*", *Anusantatyai. Festschrift für Johanna Narten zum 70. Geburtstag*, Dettelbach, 31–37.

—— 2001. "Mount Alborz in Khotanese?", *Yādnāme-ye Doktor Aḥmad Tafazzoli. Tafazzoli Memorial Volume*, ed. ʿAlī Ašraf Aḥmad Sādeghī, Tehrān, 19–20.

—— 2002. "Hunting the Hapax: Sir Harold W. Bailey (1899–1996)", *Indo-Iranian Languages and Peoples* (Proceedings of the British Academy 116), Oxford, 1–17.

Emmerick, R. E. & M. Maggi 1991. "Thoughts on Khotanese *e* and *o*", *Corolla Iranica. Papers in Honour of Prof. Dr. David Neil MacKenzie on the Occasion of his 65th Birthday on the eighth of April 1991*, eds. R. E. Emmerick & D. Weber, Frankfurt am Main–Bern–Las Vegas, 67–73.

—— 2005a. "Khotanese Lexiography", *Middle Iranian Lexicography. Proceedings of the Conference held in Rome, 9–11 April 2001* (Serie Orientale Roma 98. Orientalia Romana 8), eds. C. G. Cereti & M. Maggi, Roma, 167–178.

—— 2005b. "A New Historical and Etymological Dictionary of Khotanese", *Middle Iranian Lexicography. Proceedings of the Conference held in Rome, 9–11 April 2001* (Serie Orientale Roma 98. Orientalia Romana 8), eds. C. G. Cereti & M. Maggi, Roma, 227–234.

Emmerick, R. E. & E. G. Pulleyblank 1993. *A Chinese Text in Central Asian Brāhmī Script. New Evidence for the Pronunciation of Late Middle Chinese and Khotanese* (Serie Orientale Roma LXIX), Roma.

Emmerick, R. E. & A. Róna-Tas 1992. "The Turkish-Khotanese Wordlist revisited", *CAJ* 36: 3–4, 199–241.

Emmerick, R. E. & P. O. Skjærvø 1982, 1987, 1997. *Studies in the Vocabulary of Khotanese* I–III (Österreichische Akademie der Wissenschaften, Philosophisch-historische Klasse, Sitzungsberichte 401/ 458/ 651. Band. Veröffentlichungen der Iranischen Kommission, Band 12/ 17 /27), Wien.

—— 1990. "Buddhism among Iranian Peoples, iii. Buddhist literature in Khotanese and Tumshuqese", *EIr.* IV, 499–505.

Emmerick, R. E. & M. I. Vorob'ëva-Desjatovskaja 1993. *Saka Documents* (Corpus Inscriptionum Iranicarum, Part II: Inscriptions of the Seleucid and Parthian Period and of Eastern Iran and Central Asia, Vol. V: Saka): Plates. Portfolio. VII, London. (=*SD* VII)

—— 1995. *Saka Documents*, *Text Volume* III, London. (=*SDTV* III)

Enoki, K.（榎一雄）1959. "On the Nationality of the Ephthalites", *MRDTB* 18; also in: *Studia Asiatica*, 129–186.

—— 1962. "Introductory Note to the Chinese Manuscripts" to *Catalogue of the Tibetan Manuscripts from Tun-huang in the India Office Library*, by L. de la Vallée Poussin, London, 250; also in: *Studia Asiatica*, 855.

—— 1965. "On the So-called Sino-Kharoṣṭhī Coins" (tr. R. Vulpitta), *EW* 15: 1-2, 231-267; also in: *Studia Asiatica*, 384-426.

—— 1998. *Studia Asiatica. The Collected Papers in Western Languages of the Later Dr. Kazuo Enoki*, Tokyo: Kyuko-Shoin.

Falconer, J., Á. Kárteszi, Á. Kelecsényi & L. Russell-Smith (comp.) 2002. *Catalogue of the Collections of Sir Aurel Stein in the Library of the Hungarian Academy of Sciences* (Keleti Tanulmányok Oriental Studies 11), eds. É. Apor & H. Wang, Budapest.

—— 2007. *Supplement to the Catalogue of the Collections of Sir Aurel Stein in the Library of the Hungarian Academy of Sciences* (Keleti Tanulmányok Oriental Studies 13), eds. É. Apor & H. Wang, Budapest.

Foltz, R. C. 1999. *Religions of the Silk Road. Overland Trade and Cultural Exchange from Antiquity to the Fifteenth Century*, New York-London.

Forsyth, Th. D. 1878. "On the Buried Cities in the Shifting Sands of the Great Desert of Gobi", *Journal of the Royal Geographical Society* 47 (1877), 1-17.

Forte, A. 1979. "Le moine khotanais Devendraprajña", *BEFEO* LXVI, 289-297.

—— 1992. "A Chinese State Monasteries in the Seventh and Eighth Centuries", 桑山正进编《慧超往五天竺国传研究》, 京都大学人文科学研究所, 213—258 页。

Francke, A. H. 1914. "Notes on Sir Aurel Stein's Collection of Tibetan Documents from Chinese Turkestan", *JRAS* 1914, 37-59; also extracted in *Serindia*, 1460-1466 as Appendix G.

—— 1921. *Durch Zentralasien in die indische Gefangenschaft*, Herrenhut.

—— 1928. "Königsnamen von Khotan (*a. ma. ca*) auf tibetischen Documenten der Turkistansammlungen von London und Berlin", *SPAW* 1928, 671-676.

—— 1929-1930. "Notes on Khotan and Ladakh (from a Tibetan point of view)", *Indian Antiquary* 58, 108-112, 147-152; *ibid.* 59, 41-45, 65-72.

Franke, O. R. 1906. "Zum Manuskript Dutreuil de Rhins", *ZDMG* 60, 477-511.

Franzini, S. 1993. "Un manuscrit medical chinois ancien conservé à Saint-Petersbourg", *JA* CCLXXI. 1-2, 211-224.

Fuchs, W. 1939. "Huei-chao's Pilgerrise durch Nordwest-Indien und Zentral-Asien um 726", *SPAW* XXX, 1938, 426-469.

Fussman, G. 1986. "Gāndhārī écrite, gāndhārī parlée", *Dialectes dans les Littératures indo-Aryens*, ed. C. Caillat, Paris, 433-501.

Gardner, P. 1879. "The Coins from Kashgar", *NC* 19, 274-291.

Gaulier, S., R. Jera-Bezard & M. Maillard 1976. *Buddhism in Afghanistan and*

Central Asia (Institute of Religious Iconography, State University Groningen. Iconography of Religions, Section XIII: Indian Religions, Fascicle 14, 1-2), 2 vols., Leiden.

Gernet, J. & Wu Chiyu (eds.) 1970. *Catalogue des manuscrits chinois de Touen-houang (Fonds Pelliot chinois)* I, Paris: Bibliothèque nationale.

Giles, H. A. 1877. *The Travels of Fa-hsien (399-414 A. D.), or Record of the Buddhistic Kingdoms*, London-Shanghai (2nd ed. Cambridge 1923, repr. 1956/1959).

Grenard, F. 1900. "La légend de Satok Boghra Khân", *JA* XV, 5-79.

Gropp, G. 1974. *Archäologische Funde aus Khotan, Chinesisch-Ostturkestan. Die Trinkler-Sammlung im Übersee-Museum, Bremen* (Monographien der Wittheim zu Bremen 11), Bremen.

—— 1984. "Eine neuentdeckte Sammlung khotanesischer Handschriftenfragmente in Deutschland", *Middle Iranian Studies*, eds. W. Skalmowski & A. van Tongerloo, 147-150.

—— 1989. "Balawaste", *EIr.* III, 585-586.

—— 1993. "Dandān öilïq", *EIr.* VI, 645.

—— 1996. "Dumaqu", *EIr.* VII, 585-586.

Gupta, S. P. 1993. "Khotan-Yotkan Terra-cottas in the Collection of the National Museum, New Delhi", *Buddhist Art and Thought*, eds. K. K. Mittal & A. Agrawal, New Delhi, 107-130.

Halén, H. 1999. "Baron Mannerheim's Hunt for Ancient Central Asian Manuscripts", *Studia Orientalia* 87, Writing in the Altaic World, 109-116; also in *C. G. Mannerheim in Central Asia 1906-1908*, Helsinki, 53-62.

Hambis, L. 1959. "Central Asia", *Encyclopaedia of World Art* I, New York, 815-838+ pls. 471-495.

—— 1963. "Khotanese Art", *Encyclopaedia of World Art* VIII, New York, 991-999+ pls. 378-384.

—— 1986. "Khotan", *Encyclopaedia of Islam*, new edition, V, 37-39.

Hamilton, J. 1958. "Autour du manuscrit Staël-Holstein", *TP* XLVI, 115-153.

—— 1977a. "Nasales instables en turc khotanais du Xe siècle", *BSOAS* XL. 3, 508-521.

—— 1977b. "Le pays des Tchong-yun, Čungul, ou Cumuḍa au Xe siècle", *JA* 265, 351-379.

—— 1979. "Les règnes khotanais entre 851 et 1001", *Contributions aux études sur Touen-houang* (Hautes études orientales 10), ed. M. Soymié, Genève-Paris,

49–54.

—— 1984. "Sur la chronologie khotanaise au IXe – Xe siècle", *Contributions aux études de Touen-houang* III (Publications de l'École française d'Extrême-Orient v. 135), ed. M. Soymié, Paris, 47–53.

—— 1986. *Manuscrits ouïgours du IXe – Xe siècle de Touen-houang. textes établis, traduits, et commentés*, I–II, Paris.

Hansen, O. 1935. "Das sakische Präverb *ha-*", *OLZ* 38: 6, 350–355.

—— 1940. "Sakische Etymologien", *BSOS* VIII. 2–3, 579–581.

—— 1963. "Review of *Saka Documents* I", *ZDMG* 113: 2, 324–325.

—— 1966. "Review of *Khotanese Texts* V", *OLZ* 61, 595–597.

—— 1968. "Die buddhistische Literatur der Chotansaken", *Handbuch der Orientalistik* I. Abt., IV. Bd, 2. Abschnitt, Literatur, Leiden–Köln, 79–83.

Harmatta, J (ed.) 1979. *Prolegomena to the Sources on the History of Pre-Islamic Central Asia*, Budapest.

Hartmann, J.-U. & K. Wille (eds.) 1992. *Die nordturkistanischen Sanskrit-Handschriften der Sammlung Hoernle*, Göttingen.

Hedin, S. 1898a. *En färd genom Asien, 1893–1897*, 2 vols., Stockholm.

—— 1898b. *Through Asia*, 2 vols., London.

—— 1899a. *Durch Asiens Wüsten*, 2 vols., Leipzig.

—— 1899b. *Trois ans de luttes aux desertes d'Asie*, Paris.

—— 1900. *Die Geographisch-wissenschaftlichen Ergebnisse meiner Reisen in Zentralasien, 1894–1897* (Dr. A. Petermanns Mitteilungen aus Justus Perthes' Geographischer Anstalt, Ergänzungsheft Nr. 131), Gotha.

Henning, W. B. 1938. "Argi and the 'Tokharians' ", *BSOS* IX. 3, 545–571.

—— 1949. "The Name of the 'Tokharian' Language", *AM* ns. I. 2, 158–162.

Hill, J. E. 1988. "Notes on the Dating of Khotanese History", *IIJ* 31: 3, 179–190.

Hinüber, O. von 1970. "Review of J. P. Asmussen, *The Khotanese Bhadracaryādeśanā*", *Erasmus* 22, 711–713.

—— 1971. "Review of *Khotanese Texts I–III*, 2nd ed.", *JRAS* 1971, 73–74.

—— 1973a. *Das Sanghātasūtra. Ausgabe und kommentierte Übersetzung eines nordbuddhistischen Lehrtextes in Sanskrit und Sakisch*, Mainz. (unpublished habilitation thesis, Universität Mainz)

—— 1973b. "Review of R. E. Emmerick, *Saka Grammatical Studies*", *OLZ* 68: 3/4, 182–185.

—— 1974. "Review of R. E. Emmerick, *The Khotanese Śūraṅgamasamādhisūtra*", *OLZ* 69: 9/10, 491–493.

—— 1976. "Review of *Saka Documents* VI", *JRAS* 1976, 159.

—— 1979. "Die Erforschung der Gilgit-Handschriften (Funde buddhistischer Sanskrit-Handschriften I)", *NAWG* Jahrgang 1979, Nr. 12, 327–360.

—— 1983a. "Sanskrit und Gāndhārī in Zentralasien", *Sprachen des Buddhismus in Zentralasien. Vorträge des Hamburger Symposions vom 2. Juli bis 5. Juli 1981*, eds. K. Röhrborn & W. Veenker, Wiesbaden, 27–34.

—— 1983b. "Review of H. W. Bailey, *Dictionary of Khotan Saka*", *OLZ* 78: 6, 599–601.

—— 1983c. "Review of R. E. Emmerick, *A Guide to the Literature of Khotan*", *WZKS* XXVII, 208.

—— 1985a. "Review of H. Toda, *Saddharmapuṇḍarīka-sūtra, Central Asian Manuscripts*", *IIJ* 28: 2, 137–139.

—— 1985b. "Review of R. E. Emmerick & P. O. Skjærvø, *Studies in the Vocabulary of Khotanese* I", *IIJ* 28: 2, 139–140.

—— 1985c. "Review of *Khotanese Buddhist Texts*, rev. ed.", *OLZ* 80: 4, 407–408.

—— 1987. "Review of *Khotanese Texts* VII", *OLZ* 82: 5, 508–509.

—— 1987–1988. "Dhāraṇīs aus Zentralasien", *IT* XIV, 231–249.

—— 1988. "Review of R. E. Emmerick, *The Tumshuqese Karmavācanā Text*", *OLZ* 83: 5, 619–620.

—— 1993. "Review of A. Degener, *Khotanische Suffixe*", *IIJ* 36: 4, 372–373.

—— 1995. "Review of 户田宏文《西域出土梵文法华经研究觉书》（1）—（7）", *WZKS* XXXIX, 252–254.

—— 2000. "Review of M. Maggi, *Pelliot Chinois 2928. A Khotanese Love Story*", *OLZ* 95: 2, 207–208.

—— 2001. "Review of B. A. Litvinsky, *Die Geschichte des Buddhismus in Ostturkestan*", *ZDMG* 151, 244–245.

Hirth, F. 1896. *Über fremde Einflüsse in der chinesischen Kunst*, München–Leipzig, 34–47.

—— 1905. *Scraps from a Collector's Note Book, being notes on some Chinese painters of the present dynasty, with appendices on some old masters and art historians*, Leiden–Leipzig–New York, 70–75.

Hitch, D. A. 1984. "Kharoṣṭhī Influences on the Saka Brāhmī Scripts", *Middle Iranian Studies*, eds. W. Skalmowski & A. van Tongerloo, 187–202.

—— 1987a. "Tumshuqese and Old Turkic Brāhmī *rū*", *Journal of Turkish Studies* 11, 249–252.

—— 1987b. "A Tumshuqese and Tocharian Word of Measure", *Tocharian and Indo-European Studies* 1, 59–62.

—— 1988a. "Penalty Clauses in Tumshuqese, Khotanese and the Shanshan Prakrit", *SIr* 17: 2, 147–152.

—— 1988b. "Kushan Tarim Domination", *CAJ* 32: 3–4, 170–192.

—— 1989. "Brāhmī", *EIr.* IV, 432–433.

—— 1992a. "Prakrit Administration at Tumshuq", *Contacts between Cultures, Eastern Asia. Literature and Humanities*, vol. 3, ed. B. Huang-Kay Luk, Lewiston–Queenston–Lampeter, 323–326.

—— 1992b. "Old Khotanese Synchronic Umlaut", *IIJ* 33: 3, 177–198. (summary in: *ZDMG* Supplementa 9, 674–675)

—— 1992c. "Tumshuqese *reṣth- (reṣṭh-)* : Khotanese **hiṣṭ-* 'send' ", *Journal of Turkish Studies* 16 *(=Festschrift für Richard N. Frye)*, 91–95.

Hoernle, A. F. R. 1897. "Three Further Collections of Ancient Manuscripts from Central Asia", *JASB* LXVI. 1, No. 4, 213–260+ 24 pls.

—— 1898. "A Note on Some Block-Prints from Khotan", *Proceedings of the Asiatic Society of Bengal* 1898, 124–131+ pls. I–II.

—— 1899a. "Indo-Chinese Coins in the British Collection of Central Asian Antiquities", *Indian Antiquary* 28, 46–56; also in: idem, "A Collection of Antiquities from Central Asia, part I", *JASB* LXVIII. 1 (1899), Extra No. 1, 1899, 1–16.

—— 1899b. "A Collection of Antiquities from Central Asia, part I", *JASB* LXVIII. 1, Extra No. 1.

—— 1900. "On an Ancient Block-Print from Khotan", *JRAS* 1900, 321–333.

—— 1902. "A Report on the British Collection of Antiquities from Central Asia, part II", *JASB* LXX. 1 (1901), Extra No. 1, 55pp., 13 pls.

—— 1903. "The *Vajracchedikā*", *JRAS* 1903, 364–365.

—— 1906. "Ancient Manuscripts from Khotan", *JRAS* 1906, 695–698.

—— 1907a. "Notes on above (D. III.) by Dr. Hoernle", *Ancient Khotan*, 295.

—— 1907b. "Notes by Dr. A. F. Hoernle on Brāhmī MSS. From E. i.", *Ancient Khotan*, 439–440.

—— 1910. "The 'Unknown Languages' of Eastern Turkestan", *JRAS* 1910, 834–838; 1283–1300+ 1 pl.

—— 1911a. "Note on the 'Unknown Languages' of Eastern Turkestan", *JRAS* 1911, 201–203.

—— 1911b. "The 'Unknown Languages' of Eastern Turkestan II", *JRAS* 1911,

447–477+ pls. I–VI.

—— 1915. "A Peculiarity of the Khotanese Script", *JRAS* 1915, 487–493.

—— 1916a. *Manuscript Remains of Buddhist Literature found in Eastern Turkestan. Facsimiles (of Manuscripts in Sanskrit, Khotanese, Kuchean, Tibetan and Chinese) with Transcripts, Translations and Notes*, edited in conjunction with other scholars by A. F. R. Hoernle, with critical introductions and vocabularies [vol. I], Oxford (repr. Amsterdam 1970; 2nd ed. Dehli 1988). (=*MR*)

—— 1916b. "An Early Text of the *Saddharma-puṇḍarīka*", *JRAS* 1916, 269–277.

—— 1916c. "The Sutta Nipāta in a Sanskrit Version from Eastern Turkestan", *JRAS* 1916, 709–732.

—— 1917. "An Ancient Medical Manuscript from Eastern Turkestan", *Commemorative Essays to presented Sir Ramakrishna Gopal Bhandarkar*, Poona, 415–432.

—— 1921. "Inventory List of Manuscripts in Sanskrit, Khotanese, and Kuchean", Appendix F to *Serindia* III, 1432–1459.

Hoffmann, H. 1950. "Die Qarluq in der tibetischen Litteratur", *Oriens* III, 190–208.

—— 1971. "The Tibetan Names of the Saka and the Sogdians", *AS* XXV, 440–455.

Hopkins, L. C. 1914. "Notes on '*Les documents chinois découverts par Aurel Stein dans les sables du Turkestan oriental*' by Édouard Chavannes", *JRAS* 1914, 428–435.

Hovdhaugen, E. 1971. "Turkish Words in Khotanese: A Linguistic Analysis", *NTS* XXIV, 163–209.

Hoyanagi, M. (保柳睦美) 1975. "Natural Changes of the Region along the Old Silk Road in the Tarim Basin during Historical Times", *MRDTB* 33, 85–113.

Hulsewé, A. F. P. 1979. *China in Central Asia, The Early Stage: 125 B. C.–A. D. 23., an annotated translation of chapter 61 and 96 of the "History of the Former Han Dynasty"* (Sinica Leidensia 14), with an introduction by M. A. N. Loewe, Leiden.

Huntington, E. 1907. *The Pulse of Asia. A Journey in Central Asia Illustrating the Geographic Basis of History*, Boston–New York.

Inokuchi, T. (井ノ口泰淳) 1981. "The Translation of Buddhist Texts at Tun-huang", *JA* 269, 99–100; 收入作者《中央アジアの言语・佛教》, 附录。

Institute for the Comprehensive Study of Lotus Sutra, Rissyo University (comp.) 1977–1982. *Sanskrit Manuscripts of Saddharmapuṇḍarīka-sūtra, Collected from Nepal, Kashmir and Central Asia*, 12 vols., Tokyo.

Jettmar, K. 1976. "Review of G. Gropp, *Archäologische Funde aus Khotan, Chinesisch-Ostturkestan*", *CAJ* 20: 1-2, 154-156.

Jiang Zhongxin (蒋忠新) 1990. "The Translation of the word-ending *-am* into *-o* and *-u* in the Kashgar Manuscript of the *Saddharmapuṇḍarīka*", *Asia-Pacific Studies*, Beijing, 42-55.

Johnson, W. H. 1868. "Report on his Journey to Ilchí, the Capital of Khotan, in Chinese Tartary", *Journal of the Royal Geographical Society* 37 (1867), 1-47.

Jong, J. W. de 1971. "Review of R. E. Emmerick, *The Khotanese Śūraṅgama-samādhisūtra*", *AM* ns. XVI. 1-2, 207-210.

—— 1972a. "Review of *Tibetan Texts concerning Khotan*", *IIJ* 13: 3, 222-225.

—— 1972b. "Review of L. Sander, *Paläographisches zu den Sanskrithandschriften der Berliner Turfansammlung*", *IIJ* 13, 317-318.

—— 1972c. "Review of *Manuscript Remains of Buddhist Literature found in Eastern Turkestan*", *IIJ* 14, 265.

—— 1975. "Review of G. M. Bongard-Levin, *Studies in Ancient India and Central Asia*", *IIJ* 16, 231-232.

—— 1977. "Sanskrit Fragments of the *Kāśyapaparivarta*", *Beiträge zur Indienforschung, Ernst Waldschmidt zum 80. Geburtstag gewidmet* (Vetöffentlichungen des Museums für Indische Kunst Berlin 4), Berlin, 247-255; also in: *Buddhist Studies by J. W. de Jong*, ed. G. Schopen, Berkley 1979, 247-255.

—— 1980. "Review of R. E. Emmerick, *A Guide to the Literature of Khotan*", *IIJ* 22: 4, 321.

—— 1982. "Review of *Prolegomena to the Sources on the History of Pre-Islamic Central Asia*, ed. J. Harmatta", *IIJ* 24, 219-223.

—— 1987. "Review of *Памятники индийской письменности из Центральной Азии* I", *IIJ* 30: 3, 215-221.

—— 1994. "Review of *Памятники индийской письменности из Центральной Азии* II", *IIJ* 37, 365-370.

—— 1999. "Review of M. Maggi, *Pelliot Chinois 2928. A Khotanese Love Story*", *IIJ* 42, 282-283.

—— 2000. "Review of *Catalogue of the Papers of Ernst Leumann in the Institute for the Culture and History of India and Tibet, University of Hamburg*", *IIJ* 43, 71-72.

Joyce, T. A. 1903. "On the Physical Anthropology of the Oases of Khotan and Keriya", *Journal of the Royal Anthropological Institute of Great Britain and Ireland*, New series XXXIII, 305-324+ pls. XXVI-XXVII.

Julien, S. 1853. *Histoire de la vie de Hiouen-Thsang et de ses voyages dans l'Inde, depuis l'an 629 jusqu'en 645, par Hoei-Li et Yen-Thsong: suivie de documents et d'eclaircissements géographiques, tirés de la relation originale de Hiouen-Thsang* (Voyages des Pèlerins Bouddhistes 1), Paris.

—— 1857-1958. *Mémoires sur les contrées occidentales, traduits du sanscrit en chinois en l'an 648, par Hiouen-Thsang* (Voyages des Pèlerins Bouddhistes 2-3), 2 vols., Paris.

Karashima, S. (辛嶋静志) 2001, "Identification of Some Buddhist Sanskrit Fragments from Central Asia (2)" (Brief Communication), *ARIRIAB* 4 (2000), 181-182.

—— 2003. "A Trilingual Edition of the *Lotus Sutra*-New editions of the Sanskrit, Tibetan and Chinese versions [1]", *ARIRIAB* 6 (2002), 85-182.

—— 2004a. "A Trilingual Edition of the *Lotus Sutra*-New editions of the Sanskrit, Tibetan and Chinese versions (2)", *ARIRIAB* 7 (2003), 33-104.

—— 2004b. "Sanskrit Fragments of the *Kāśyapaparivarta* and the *Pañcapāramitānirdeśa* in the Mannerheim Collection", *ARIRIAB* 7 (2003), 105-118+ 3 pls.

—— 2005a. "Two Sanskrit Fragments of the *Pañcavimśatisāhasrikā Prajñāpāramitā* in the Mannerheim Collection", *ARIRIAB* 8 (2004), 81-104.

—— 2005b. "A Trilingual Edition of the *Lotus Sutra*-New editions of the Sanskrit, Tibetan and Chinese versions (3)", *ARIRIAB* 8 (2004), 105-189.

—— 2005c. "An Old Tibetan Translation of the *Lotus Sutra* from Khotan: The Romanised Text Collated with the Kanjur Version (1)", *ARIRIAB* 8 (2004), 191-268+ 21 pls.

—— 2006a. "A Trilingual Edition of the *Lotus Sutra*-New editions of the Sanskrit, Tibetan and Chinese versions (4)", *ARIRIAB* 9 (2004), 79-88.

—— 2006b. "An Old Tibetan Translation of the *Lotus Sutra* from Khotan: The Romanised Text Collated with the Kanjur Versin" (2), *ARIRIAB* 9 (2005), 89-181, 22 pls.

—— 2006c. "The *Saddharmapuarīkasūtra* Manuscript from Farhād-Bēg in the Stein Collection (1)", *Buddhist Manuscripts from Central Asia. The British Library Sanskrit Fragments*, Vol. I, eds-in-chief: S. Karashima & K. Wille, Tokyo, 155-172.

—— 2006d. "A Sanskrit Fragment of the *Saddharmapuṇḍarīkasūtra* in the Stein Collection", *Buddhist Manuscripts from Central Asia. The British Library Sanskrit Fragments*, Vol. I, eds-in-chief: S. Karashima & K. Wille, Tokyo, 173-175.

—— 2006e. "Four Sanskrit Fragments of the *Ratnaketuparivarta* in the Stein Collection", *Buddhist Manuscripts from Central Asia. The British Library Sanskrit Fragments*, Vol. I, eds-in-chief: S. Karashima & K. Wille, Tokyo, 177-189.

—— 2007. "An Old Tibetan Translation of the *Lotus Sutra* from Khotan: The Romanised Text Collated with the Kanjur Version (3)", *ARIRIAB* 10 (2006), 213-324+ 21 pls.

Karashima, S. & M. I. Vorobyova-Desyatovskaya 2007. "Some Buddhist Sanskrit Fragments of the Collection of the St. Petersburg Branch of the Institute of Oriental Studies of the Russian Academy of Sciences (1)", *ARIRIAB* 10 (2006), 45-55+ 3 pls.

Karashima, S. & K. Wille (eds. -in-chief) 2006a. *Buddhist Manuscripts from Central Asia. The British Library Sanskrit Fragments*, Vol. I, Tokyo: IRIAB. (=BLSF I)

—— 2006b. "The Sanskrit Manuscripts of the *Sarvabuddhavisayā-vatārajñā-nālokālamkāra* from Endere in the Stein Collection", *Buddhist Manuscripts from Central Asia. The British Library Sanskrit Fragments*, Vol. I, eds-in-chief: S. Karashima & K. Wille, Tokyo, 191-254.

Kern, H. & B. Nanjio（南条文雄）(eds.) 1908-1912. *Saddharmapuṇḍarīka-sūtra* (Bibliotheca Buddhica X), St. Pétersbourg (repr. Tokyo: 名著刊行会 1977).

Kirste, J. 1912. "Review of E. Leumann, *Zur nordarischen Sprache und Literatur*", *WZKM* 26, 394-400.

Klimkeit, H.-J. 1988. *Die Seidenstraße. Handelsweg und Kulturbrücke zwischen Morgen- und Abendland* (DuMont Dokumente), Köln.

Kojima, B.（小岛文保）1957. "On the Fragment of Saddharmapuṇḍarīka 'dharma-bhānaka-anuśamsa-parivarto' Unearthed in Khādalik",《印度学佛教学研究》第5卷第1号, 317-316.

—— 1958. "On Some Variants in the *Lotus Sūtra*",《印度学佛教学研究》第6卷第1号, 301-299.

—— 1959. "On Some Colophons（后分）of the *Lotus Sūtra* Discovered in Central Asia",《印度学佛教学研究》第7卷第2号, 736-734.

—— 1960. "On the Gātā of Sadāparibhūta-parivartah in the *Lotus Sutra*",《印度学佛教学研究》第8卷第1号, 374-371.

—— 1961. "On Reading the Sanskrit Verses of the *Saddharmapuṇḍarīka*",《佛教学研究》第18/19号, 12-22.

Konow, S. 1912a. "Zwei Handschriftenblätter in der alten arischen Literatursprache aus Chinisisch-Turkistan", *SPAW* 1912, 1127-1139.

—— 1912b. "Review of E. Leumann, *Zur nordarischen Sprache und Literatur*",

Göttingische Gelehrte Anzeigen 174, 551–565.

—— 1914a. "Bemerkungen über die Kharoṣṭhī-Handschrift des *Dhammapada*", *Festschrift für Ernst Windisch zum siebzigsten Geburtstag*, Leipzig, 85–97.

—— 1914b. "Fragments of a Buddhist Work in the Ancient Aryan Language of Chinese Turkistan", *Memoirs of the Asiatic Society of Bengal* 2, 13–41+ pls. XXXIII–XXXV.

—— 1914c. "Khotan Studies", *JRAS* 1914, 339–353.

—— 1916a. "The *Vajracchedikā* in the Old Khotanese Version of Eastern Turkestan", *Manuscript Remains of Buddhist Literature found in Eastern Turkestan*, 214–288, 330–356+ pls. V–XI.

—— 1916b. "The *Aparimitāyuḥ Sūtra*: the Old Khotanese Version together with the Sanskrit Text and the Tibetan Translation", *Manuscript Remains of Buddhist Literature found in Eastern Turkestan*, 289–356.

—— 1924a. "Eine Neuausgabe des ältesten Prakrit-Textes", *Deutsche Literaturzeitung für Kritik der internationalen Wissenschaft* 45, 1899–1904.

—— 1924b. "The Royal Dates in the Niya Inscriptions", *AO* II, 113–141.

—— 1928. "Inventory List of Manuscript Remains in Sanskrit, Khotanese, and Kuchean", Appendix F to *Innermost Asia*, 1026–1028.

—— 1929a. *Saka Versions of the Bhadrakalpikāsūtra* (Avhandlinger utgitt av Det Norske Videnskaps-Akademi i Oslo II. Hist.-Filos. Klasse. 1929, no.1), Oslo.

—— 1929b. "The Dates in Saka Texts from Khotan and Tun-huang", *AO* VII, 66–76.

—— 1931. "Note on the neuter gender in Khotanā Saka", *Studia Indo-Iranica. Ehrengabe für Wilhelm Geiger zur Vollendung des 75. Lebensjahres 1856–21. Juli–1931.*, ed. W. Wüst, Leipzig, 261–266.

—— 1932a. *Saka Studies* (Oslo Etnografiske Museum Bulletin 5), Oslo.

—— 1932b. "Where was the Saka Language reduced to Writing?", *AO* X, 67–80.

—— 1934a. "The Arapacana alphabet and the Sakas", *AO* XII, 13–24.

—— 1934b. "Roruka and Chinese Turkestan", *AO* XII, 136–141.

—— 1934c. "The late Professor Leumann's Edition of a New Saka Text [I]", *NTS* VII, 5–55.

—— 1935a. "Ein neuer Saka-dialekt", *SPAW* XX, 1–54.

—— 1935b. "Zwölf Blätter einer Handschrift des *Suvarṇabhāsasūtra* in Khotan-Sakisch", *SPAW* XVIII, 428–486.

—— 1936a. "Note on Khotanī Saka and the Central Asian Prakrit", *AO* XIV, 231–240.

—— 1936b. "Note on the Ancient North-Western Prakrit", *BSOS* VIII. 2–3, 603–612.

—— 1939a. "The late Professor Leumann's Edition of a New Saka Text II", *NTS* XI, 5–84.

—— 1939b. "A Saka Name of Mazār-tāgh", *A Volume of Eastern and Indian Studies presented to Professor F. W. Thomas on his 72nd Birthday* (New Indian Antiquary, extra series 1), eds. S. M. Kater & P. K. Gode, Bombay, 146–147.

—— 1940. "Remarks on the Khotanese *Jātakastava*", *IHQ* XVI, 225–267.

—— 1941a. *A Medical Text in Khotanese. Ch. II 003 of the India Office Library, with Translation and Vocabulary* (Avhandlinger utgitt av Det Norske Videnskaps-Akademi i Oslo II. Hist. -Filos. Klasse. 1929, no.4), Oslo.

—— 1941b. *Khotansakische Grammatik, mit Bibliographie, Lesestücken und Wörterverzeichnis. Mit einer Schrifttafel* (Porta Linguarum Orientalium, Sammlung von Lehrbüchern für das Studium der orientalischen Sprachen 12), Leipzig.

—— 1941c. "The Oldenberg Folio of the Kharoṣṭhī *Dhammapada*", *AO* XIX. 1, 7–20.

—— 1941–1942. "Note sur une nouvelle forme aberrante du Khotanais", *JA* 233, 83–104+ 1 pl.

—— 1943. "Note on the Central Asian Kharoṣṭhī Documents", *AO* XIX, 65–78.

—— 1945. "Notes concerning Khotanese", *NTS* XIII, 200–224.

—— 1946. "Khotanese *āriyāmata*", *AO* XX. 1, 77–80.

—— 1947a. "Notes on Khotanese Saka", *NTS* XIV, 29–37.

—— 1947b. "The Oldest Dialect of Khotanese Saka", *NTS* XIV, 156–190.

—— 1948a. "The Khotanese Texts of the Staël-Holstein Scroll", *AO* XX, 133–160.

—— 1948b. "The Calendar", *AO* XX, 293–294.

—— 1949. "Primer of Khotanese Saka: Grammatical Sketch, Chrestomathy, Vocabulary, Bibiliography", *NTS* XV, 5–136. (repr. Oslo 1949)

Koskikallio, P. & A. Lehmuskallio (eds.) 1999. *C. G. Mannerheim in Central Asia 1906–1908*, Helsinki: National Board of Antiquities.

Kudo, N.（工藤顺之）2006. "A Sanskrit Fragment of the Larger *Prajñāpāramitā* in the Stein Collection", *Buddhist Manuscripts from Central Asia. The British Library Sanskrit Fragments*, Vol. I, eds-in-chief: S. Karashima & K. Wille, Tokyo, 255–259.

Kudo, N. & M. I. Vorobyova-Desyatovskaya 2007. "A Newly Identifed Fragment of the *Saddharmapuṇḍarīkasūtra* kept in the St. Petersburg Branch of the Institute of Oriental Studies", *ARIRIAB* 10 (2006), 57–66+ pl.

Kumamoto, H.（熊本裕）1982. *Khotanese Official Documents in the Tenth Century A. D.* (University of Pennsylvania Dissertation)

—— 1984. "The Khotanese Documents of the Pelliot MS P.2786", *Proceedings of the Thirty-First International Congress of Human Sciences in Asia and North Africa, Tokyo-Kyoto 31st August–7th September 1983*, vol. 2, ed. T. Yamamoto, Tokyo, 987–989.

—— 1986. "Some Problems of the Khotanese Documents", *Studia Grammatica Iranica. Festschrift für Helmut Humbach*, eds. R. Schmitt & P. O. Skjærvø, München, 227–244.

—— 1987. "Review of R. E. Emmerick, *The Tumshuqese Karmavācanā Text*", *Kratylos* 32, 176–177.

—— 1990. "A Sanskrit-Khotanese Conversation Manual for Central Asian Travelers", *Colloque franco-japonais de documents et archives provenant de l'Asie centrale, 4–8 octobre 1988, Kyoto International Conference Hall*, 29–59.

—— 1991a. "Two Khotanese Fragments concerning Thyai Padä-tsā", *TULIP* 11, 101–120.

—— 1991b. "Some Khotanese Letters in Verse", *TULIP* 12, 59–80.

—— 1993. "More Khotanese Letters and Verses", *TULIP* 13, 145–184.

—— 1995a. "Miscellaneous Khotanese Documents from the Pelliot Collection", *TULIP* 14, 229–257.

—— 1995b. "Did Late Khotanese have a Three Vowel System?", *Proceedings of the Second European Conference of Iranian Studies*, eds. B. G. Fragner et al., Roma, 383–390.

—— 1995c. "Review of *Saka Documents* VII", *IIJ* 38, 371–376.

—— 1996a. "The Khotanese Documents from the Khotan Area, with an Appendix by Saito, Tatuya", *MRDTB* 54, 27–64.

—— 1996b. "The Khotanese in Dunhuang", *Cina e Iran. Da Alessandro Magno alla Dinastia Tang*, eds. A. Cadonna e L. Lanciotti, Firenze, 79–101.

—— 1997. "Review of *Saka Documents TV* III", *OLZ* 92: 2, 240–246.

—— 1999a. "Textual Sources for Buddhism in Khotan", *Collection of Essays 1993. Buddhism across Boundaries–Chinese Buddhism and the Western Regions*, eds. E. Zürcher, L. Sander et al., Taiwan, 345–360.

—— 1999b. "*Dhāraṇī*, i. In Khotanese", *EIr.* VII, 356–357.

—— 1999c. "*Dharmaśarīra-sūtra*", *EIr.* VII, 358.

—— 2001. "Sino-Hvatanica Petersburgensia, Part 1", *MO* 7: 1, 3–9.

—— 2002a. "The Concluding Verses of a *Lyrical Poem in Khotanese*",

Harānandalaharī. Volume in Honour of Professor Minoru Hara on his seventieth Birthday, eds. R. Tsuchida & A. Wezler, Reinbek (2000), 143–154.

—— 2002b. "Review of *Proceedings of the Third International Conference of Iranian Studies, Part 1: Old and Middle Iranian Studies*, ed. N. Sims-Williams", *BAI* ns. 13 (1999), 196–201.

—— 2002c: "The Maitreya-samiti and Khotanese", a paper read at the "Symposium franco-japonais: «Interactions et translations culturelles en Eurasie». (Dynamic Interactions of Cultures in Eurasia)" jointly held by the University of Tokyo and l'École Pratique des Hautes Études, in Paris, December 12–13, 2002.

—— 2004. "The St. Petersburg Bilingual Documents and Problems of Chronology", Paper read at the symposium "The Kingdom of Khotan to AD 1000: A Meeting of Cultures" held at the British Library on May 10–11, 2004.

—— 2006. "Marginalia Hvatanica", *Philological Studies on Old Central Asian Manuscripts* (Contribution to the Studies of Eurasian Languages 10), Kyoto University, 75–79+ pl. i.

Lacouperie, T. de 1890. "Une monnaie bactro-chinoise bilingue du premier siècle avant notre ère", *Académie des Inscriptions et Belles-Lettres, Comptes-Rendus des séances de l'année (1889)*, 4: 17, Paris, 307–310.

Lalou, M. 1946. "Mythologie indienne et peintures de Haute Asie", *Artibus Asiae* IX. 1–3, 97–111+ pls. I–IV+ figs. 1–10.

—— 1950. *Inventaire des Manuscrits tibétains Touen-houang conservés à la Bibliothèque Nationale II*, Paris.

—— 1955. "Revendications des fonctionnaires du Grand Tibet au VIIIe siècle", *JA* CCXLIII, 171–212.

Lamotte, É. 1954. "Sur la formation du Mahāyāna", *Asiatica. Festschrift Friedrich Weller zum 65. Geburtstag gewidmet von seinen Freunden Kollegen und Schülern*, eds. J. Schubert & U. Schneider, Leipzig, 377–396.

—— 1958. *Histoire du bouddhisme indien. des origines à l'ère Śaka*, Louvain (repr. 1967; Louvain-la-Neuve 1976).

—— 1960. "Mañjuśrī", *TP* XLVIII, 1–96.

—— 1962. *L'enseignement de Vimalakīrti (Vimalakīrtinirdeśa)* (Bibliothéque du Muséon 51), Louvain.

—— 1988. *History of Indian Buddhism, from the Origins to the Śaka Era* (Publications de L'Institut Orientaliste de Louvain 36), tr. S. Webb-Boin, Louvain-la-Neuve.

Lancaster, L. 1977. "A Study of a Khotanese Prjñāpāramitā Texts: After the Work of

Sir Harold Bailey", *Prjñāpāramitā and related System. Studies in Honor of Edward Conze* (Berkeley Buddhist Studies Series I), ed. L. Lancaster, Berkeley, 163–183.

Laufer, B. 1912. *Jade. A Study in Chinese Archaeology and Religion*, Chicago (repr. South Pasadena 1946).

—— 1919. *Sino-Iranica. Chinese contributions to the history of civilization in ancient Iran*, with special reference to the history of cultivated plants and products (Publication: Field Museum of Natural History 201; Anthropological ser. 15: 3), Chicago (repr. Peking 1940; Taipei 1967/ 1973/ 1978).

—— 1924. *T'ang, Sung and Yüan Paintings, belonging to various Chinese Collectors*, Paris.

La Vallée Poussin, L. de 1911. "Documents Sanscrits de la Seconde Collection M. A. Stein", *JRAS* 1911, 759–777, 1063–1079.

—— 1912. "Documents Sanscrits de la Seconde Collection M. A. Stein", *JRAS* 1912, 355–377.

—— 1913a. "Documents Sanscrits de la Seconde Collection M. A. Stein", *JRAS* 1913, 569–580.

—— 1913b. "Nouveaux Fragments de la Collection Stein", *JRAS* 1913, 843–855.

—— 1962. *Catalogue of the Tibetan Manuscripts from Tun-huang in the India Office Library, with an appendix on the Chinese Manuscripts by Kazuo Enoki*, London.

Lazard, G. 1988. "Remarques sur le fragment Judéo-Persian de Dandān-uiliq", *A Green Leaf. Papers in Honour of Professor Jes P. Asmussen* (Acta Iranica 28), Téhéran–Liège–Leiden, 205–209.

Le Coq, A. von 1918. "Ein spätantiker Krug aus Chotän", *Túrán* 1918, 337–343+ figs. 1–7.

—— 1922. *Die Buddhistische Spätantike in Mittelasien I: Plastik*, Berlin.

—— 1925. *Bilderatlas zur Kunst und Kulturgeschichte Mittelasiens*, Berlin (repr. Graz 1977).

Legge, J. 1886. *A Record of Buddhistic Kingdoms, being an Account by the Chinese Monk Fâ-hien of his Travels in India and Ceylon (A. D. 399–414) in Search of the Buddhist Books of Discipline*, translated and annotated with a Corean Recention of the Chinese Text by James Legge, Oxford (repr. New York 1965).

Leumann, E. 1903. "Die Ligatur MH in der Kharoṣṭhī-Handschrift des *Dhammapada*", *Album Kern. opstellen geschreven ter eere van Dr. H. Kern: hem aangeboden door vrienden en leerlingen op zijn zeventigsten verjaardag den VI. april MDCCCCIII*, Leiden, 391–395.

—— 1907. "Über die einheimischen von Ostturkestan in frühen Mittelalter, I: Der Gang der Forschungen und ihre augenblickliche Gesamtlage", *ZDMG* 61, 648-658.

—— 1908. "Über die einheimischen von Ostturkestan in frühen Mittelalter, II: Von der arischen Textsprache", *ZDMG* 62, 83-110.

—— 1912. *Zur nordarischen Sprache und Literatur, Vorbemerkungen und vier Aufsätze mit Glossar* (Schriften der wissenschaftlichen Gesellschaft in Strassburg 10), Straßburg.

—— 1913. "Bibliographische Notizen über zwei nordarische und zwei sanskritish Fragmente", *ZDMG* 67, 679-680.

—— 1919. *Maitreya-samiti, das Zukunftsideal der Buddhisten. Die nordarische Schilderung in Text und Übersetzung*, nebst sieben andern Schilderungen in Text oder Übersetzung, Mit einer Begründung der indogermanischen Metrik, 2 vols., Strassburg.

—— 1920. *Buddhistische Literatur, Nordarisch und Deutsch, I. Teil: Nebenstücke* (Abhandlungen für die Kunde des Morgenlandes 15. 2), Leipzig (repr. Liechtenstein 1966).

—— 1926. "Nordarische Verba mit und ohne Präfix", *Beiträge zur Literaturwissenschaft und Geistesgeschichite Indiens. Festgabe Hermann Jacobi zum 75. Geburtstag*, ed. W. Kirfel, Bonn, 74-88.

—— 1928. "Angoka, der Name eines Groβkönigs von Khotan", *Zeitschrift für Indologie und Iranistik* 6, 184-186.

—— 1930a. "Die nordarischen Abschnitte des *Adhyardhaśatikā Prajñāpāramitā*", 《大正大学学报》(欧文部) 6/7 (《荻原云来还历记念论文集》)(重印:《荻原博士还历记念祝贺论文集》, 山喜房佛书林, 1972 年), 47-87.

—— 1930b. " 'Suppletivwesen' im Nordarischen", *KZ* 57, 184-200.

Leumann, E. & M. 1933-1936. *Das nordarische (sakische) Lehrgedicht des Buddhismus. Text und Übersetzung* (Abhandlungen für die Kunde des Morgenlandes 20), 3 vols., Leipzig (repr. in 1 vol. in Liechtenstein 1966).

Leumann, M. 1934. *Sakische Handschriftproben*, Zürich.

—— 1942. "Review of S. Konow, *A Medical Text in Khotanese*", *OLZ* 11/12, 465-467.

—— 1956. "Review of *Khotanese Texts* II", *Kratylos* 1: 1, 82-83.

—— 1957. "Review of M. J. Dresden, 'Jātakastava or "Praise of the Buddha's Former Births" ' (*Transactions of the American Philosophical Society* NS. 45: 5)", *Oriens* 10: 1, 338-340.

—— 1959. "Review of *Khotanese Texts* III", *Kratylos* 4: 2, 153–155.

—— 1963a. "Zu zwei khotansakischen Fragmenten", *ZDMG* 113, 80–86.

—— 1963b. "Review of *Khotanese Texts* IV", *Kratylos* 8: 2, 169–172.

—— 1965. "Review of *Khotanese Texts* V", *Kratylos* 10: 1, 70–73.

—— 1967a. "Neue Fragmente des altkhotansakischen 'Lehrgedichts' ", *ZDMG* 117: 2, 366–375.

—— 1967b. "Review of Л. Г. Герценберг, *Хотано-сакский язык*", *Kratylos* 12: 1, 94–95.

—— 1971. "Zur altkhotansakischen Metrik", *AS* XXV, 456–480.

—— 1974. "Review of R. E. Emmerick, *The Khotanese Śūraṅgamasamādhisūtra*", *JAOS* 94: 4, 478–479.

Lévi, S. 1902. "Notes chinoises sur l'Inde, I: L'écriture kharoṣṭhī et son berceau; II: Une version chinoise du Bodhicaryāvatāra", *BEFEO* II, 246–255.

—— 1904. "Notes chinoises sur l'Inde, IV: Le pays de kharoṣṭra et l'ecriture kharoṣṭhī", *BEFEO* IV, 543–579.

—— 1905. "Notes chinoises sur l'Inde, V: Quelques documents sur le bouddhisme Inden dans l'Asie centrale (première partie)", *BEFEO* V. 3–4, 253–305.

—— 1914. "Trois notes", *JRAS* 1914, 1016–1021.

—— 1915. "Le catalogue géographique des Yakṣa dans Mahāmāyūrī", *JA* V, 19–138.

—— 1925. "Le sūtra du sage et du fou dans littérature de l'Asie centrale", *JA* CCVII, 305–332.

Lévi, S. & É. Chavannes 1895. "Voyages des pélerins Bouddhistes: L'itinéraire d'Ou-K'ong (751–790)", *JA* neuvième série, tome 6/2, sep.-oct., 341–384.

Lin Meicun（林梅村）1996. "Kharoṣṭhī Bibliography: The Collections from China (1897–1993)", *CAJ* 40: 2, 188–221.

Litvinsky, B. A. 1999. *Die Geschichte des Buddhismus in Ostturkestan* (Studies in Oriental Religions 44), Wiesbaden.

Lóczy, L. de 1907. "Notes on Sand and Loess Specimens brought by M. A. Stein from the Region of Khotan", Appendix G to *Ancient Khotan*, 588–590.

Lorimer, F. M. G. & J. Allan 1928. "Inventory List of Coins found or obtained", Appendix B to *Innermost Asia*, 988–995.

Lüders, H. 1899. "Bemerkungen zu dem Kharoṣṭhī Manuscript des *Dhammapada*, Ms. Dutreuil de Rhins", *Nachrichten von der Königlichen Gesellschaft der Wissenschaften zu Göttingen*, *Phil.-hist. Kl.*, 474–494.

—— 1913. "Die Śakas und die 'nordarische' Sprache", *SPAW* 1913, 406–427;

also in: *Philologica Indica*, 236–255.

—— 1916. "Miscellaneous Fragments", *Manuscript Remains of Buddhist Literature found in Eastern Turkestan*, 139–166+ pl. XVIII: 1–2.

—— 1919. "Die śākischen *Mūra*", *SPAW* 1919, 734–766; also in: *Philologica Indica*, 463–493.

—— 1930. "Weitere Beiträge zur Geschichte und Geographie von Ostturkestan", *SPAW* 1930, 7–64; also in: *Philologica Indica*, 595–658.

—— 1940. *Philologica Indica. Ausgewählte kleine Schriften von Heinlich Lüders, Festgabe zum siebzigsten Geburtstage am 25. Juli 1939 dargebracht von Kollegen, Freunden und Schülern*, Göttingen.

Ma Yong (马雍) 1985. "A Historical Study on the Sino-Kharoṣṭhī Bilingual Coins of Khotan", *JCA* VIII. 1, 111–121.

Macdonald, A. et Y. Imaeda (今枝由郎) 1978. *Choix de documents tibétains conservés à la Bibliothèque nationale I, complété par quelques manuscrits de l'India office et du British Museum*, Paris.

Macdowall, D. W. 1968. "The Weight Standard of the Sino-Kharoṣṭhī Coins", *Papers on the Date of Kaniṣka*, ed. A. L. Basham, Leiden, 146–147, 149.

—— 1985. "Numismatic Links across the Karakorum", *JCA* VIII. 2, 153–157.

Maggi, M. 1991a. "Sul genitivo tumšuqese *-ā*", *Atti del Sodalizio Glottologico Milanese* XXIX (1988), 188–194.

—— 1991b. "Review of A. Degener, *Khotanische Suffixe*", *EW* 41: 1/4, 397–399.

—— 1991c. "Note Tumšuqesi", *Studia linguistica amico et magistro oblata. Scritti di amici e allievi dedicati alla memoria di Enzo Evangelisti*, Milano, 219–228.

—— 1992a. "The 'Limit' of Khotanese", *EW* 42: 2–4, 461–466.

—— 1992b. *Studi sul sistema accentuale del cotanese*, Napoli. (unpublished dissertation)

—— 1993a. "Sull'accento cotanese", *Atti del Sodalizio Glottologico Milanese* XXXI (1990), 180–187.

—— 1993b. "Alcune note lessicali cotanesi", *Atti del Sodalizio Glottologico Milanese* XXXII (1991), 167–168.

—— 1994a. "Late Khotanese *kauvāle*", *Studia Iranica, Mesopotamica et Anatolica* 1, 63–70.

—— 1994b. "Review of R. E. Emmerick, *A Guide to the Literature of Khotan*, 2nd ed.", *EW* 44, 542–543.

—— 1995a. *The Khotanese Karmavibhaṅga* (Serie Orientale Roma LXXIV), Roma.

—— 1995b. "Five Khotanese Ghostwords", *EW* 45: 1–4, 365–370.

—— 1995c. "Late Khotanese Numerals from 1 to 36 in Tibetan Transcription", *Proceedings of the Second European Conference of Iranian Studies, held in Bamberg, 30th September to 4th October 1991*, by the Societas Iranologica Europaea, eds. B. G. Fragner et al., Roma, 425–443.

—— 1995d. "Review of G. Canevascini, *The Khotanese Saṅghāṭasūtra*", *EW* 45: 1–4, 432–433.

—— 1996a. "A Chinese-Khotanese excerpt from the *Mahāsāhasrapramardanī*", *La Persia e l'Asia Centrale da Alessandro al X Secolo*, Roma, 123–137.

—— 1996b. "Review of *Turfan and Tun-huang. The Texts*", *EW* 46: 1–2, 225.

—— 1996c. "Preliminary Remarks Concerning an Edition of the Khotanese *Sudhanāvadāna*", *Turfan, Khotan und Dunhuang. Vorträge der Tagung "Annemarie v. Gavain und die Turfanforschung", veranstaltet von der Berlin-Brandenburgische Akademie der Wissenschaften in Berlin (9.–12. 12. 1994)* (Berlin-Brandenburgische Akademie der Wissenschaften: Berichte und Abhandlungen Sonderband 1), eds. R. E. Emmerick, W. Sundermann, I. Warnke & P. Zieme, Berlin, 201–209.

—— 1996d. "Notes on *The Khotanese Saṅghāṭasūtra*", *BSOAS* LIX. 1, 119–124.

—— 1997a. *Pelliot Chinois 2928. A Khotanese Love Story* (Serie Orientale Roma LXXX), Roma.

—— 1997b. "Two Reinterpretations in the Khotanese *Sudhanāvadāna*", *MO* III. 1, 6–8.

—— 1997c. "Review of *Saka Documents VII*", *OLZ* 92: 4/5, 589–590.

—— 1998a. "Review of *Saka Documents, Text Volume* III", *IIJ* 41: 3, 282–288.

—— 1998b. "Review of Duan Qing, *Das Khotanische Aparimitāyuḥ-sūtra*", *EW* 48: 3–4, 488–490.

—— 2001a. "Ronald Eric Emmerick 1937–2001", *EW* 51: 3–4, 408–415.

—— 2001b. "Three Indian Loanwords in Khotanese", *Le Parole e I Marmi. Studi in Onore di Raniero Gnoli nel suo 70° Compleanno*, ed. R. Torella, Roma, 535–540.

—— 2003a. "Canonical Quotations in the Khotanese *Book of Vimalakīrti*", *Buddhist Asia 1. Papers from the First Conference of Buddhist Studies held in Naples in May 2001*, eds. G. Verardi & S. Vita, Kyoto: Italian School of East Asian Studies, 85–101.

—— 2003b. "More Verses from the Khotanese *Book of Vimalakīrti*", *Religious Themes and Texts of Pre-Islamic Iran and Central Asia. Studies in Honour of Professor Gherardo Gnoli on the Occasion of his 65th Birthday on 6th December

2002 (Beiträge zur Iranistik 24) , eds. C. G. Cereti, M. Maggi & E. Provasi, Wiesbaden, 247–255.

—— 2003c. "Ronald Eric Emmerick and the *Siddhasāra*: Khotanese, Iranian and Oriental Studies", *Traditional South Asian Medicine* 7, ed. R. P. Das, Wiesbaden, 15–28.

—— 2004a. "The Manuscript T III S 16: Its Importance for the History of Khotanese Literature", *Turfan revisited. the first century of research into the arts and cultures of the Silk Road* (Monographien zur indischen Archäologie, Kunst und Philologie Bd. 17) , eds. D. Durkin-Meisterernst, S-Ch. Raschmann, J. Wilkens, M. Yaldiz & P. Zieme, Berlin, 184a–190b, 457.

—— 2004b. "Le *bhūmi* nel *Libro di Vimalakīrti* cotanese", *Varia Iranica* (Serie Orientale Roma 97. Orientalia Romana 7) , eds. C. G. Cereti, B. Melasecchi & F. Vajifdar, Roma, 131–136.

—— 2004c/d. "Il Grande veicolo in Asia Centrale: il buddhismo di Khotan e il *Libro di Zambasta*"; "Il libro di Zambasta: capitoli 1 – 2, 5, 13 – 4, 24", *La Rivelazione del Buddha 2: Il Grande veicolo* (I Meridiani. Classici dello spirito) , a cura e con un saggio di R. Gnoli, introduzione ai testi tradotti di C. Cicuzza e F. Sferra con contributi di M. Maggi e C. Pecchia, Milano, clii-clxv, ccxv-ccxviii, 1193–1285.

—— 2004e. "Iledong", *EIr.* XII, 645a.

—— 2004f. "Ronald Eric Emmerick (1937–2001)", *ZDMG.* 154, 1–8.

—— 2005a. "L'importanza del manoscritto T III S 16 per la storia della letteratura cotanese" [sunto], *Litterae caelestes* 1, 159–163.

—— 2005b. "Review of P. O. Skjærvø, *Khotanese Manuscripts from Chinese Turkestan in the British Library*", *Abstracta Iranica* 26 (2003).

—— 2007. "Nāgārjuna's Quotation in the Khotanese *Book of Zambasta*", *ARIRIAB* 10 (2006), 533–535.

Maillard, M. 1975. "À propos de deux statuettes en terre raportées par la Mission Ōtani: sarapis et harpocrates en Asie centrale", *JA* CCLXIII, 223–230+ figs. 1–3.

Mair, V. H. 1999. "The Khotanese Antecedents of *The Sūtra of the Wise and the Foolish (Xianyu jing)*", *Collection of Essays 1993. Buddhism across Boundaries–Chinese Buddhism and the Western Regions*, eds. E. Zürcher, L. Sander et al., Taiwan, 361–420.

Mair, V. & P. O. Skjærvø 1992. "Chinese Turkestan (Sinkiang, Xin-jiang), Iranian Elements in. ii. In pre-Islamic times", *EIr.* V, 463–469.

Mannerheim, C. G. 1940a. *Across Asia from West to East in 1906 – 1908* (Société Finno-ouigrienne: Travaux étnographiques 8), 2 vols., Helsinki (repr. Oosterhout N. B. 1969).

—— 1940b. *Matka Aasian Halki. Päiväkirja Matkalta Kaspianmeri – Peking 1906 – 1908*, Helsinki.

Margoliough, D. S. 1903. "An Early Judæo-Persian Document from Khotan, in the Stein Collection, with other early Persian Documents; with an Introductory Note by M. A. Stein and communications from W. Bacher, A. E. Cowley, and Wiesner", *JRAS* 1903, 735–760+ pl.

—— 1907. "The Judaeo-Persian Document from Dandān-uiliq", Appendix C to *Ancient Khotan*, 570–574.

Maspero, H. 1953. *Les documents chinois de la troisième expédition de Sir Aurel Stein en Asie Centrale*, London.

Matsuda, K. (松田和信) 1987. "New Sanskrit Fragments of the *Mahāyāna Mahāparinirvāṇasūtra* in the Stein/ Hoernle Collection: A Preliminary Report", *The Eastern Buddhist* ns. XX. 2, 105–114.

—— 1988. "Some Hitherto Unknown Fragments of the *Saddharmapuṇḍarīkasūtra* in the Hoernle Collection of the India Office Library and Records",《德岛大学教养部伦理学科纪要》第 15 卷, 25—26 页。

Mayer, A. L. 1990. "Die Gründungslegende Khotans", *Buddhistische Erzählliteratur und Hagiographie in türkischen Überlieferung* (Veröffentlichungen der Societas Uralo-Altaica 27), eds. J. P. Laut & K. Röhrborn, Wiesbaden, 37–65.

Miettinen, J. O. 1999. "Terracottas from Khotan in the Mannerheim Collection", *C. G. Mannerheim in Central Asia 1906–1908*, Helsinki, 113–116.

Minorsky, V. (tr.) 1937. *Hudūd al-'Ālam*, "*The Regions of the World*". *A Persian Geography 372 A. H.–982 A. D.*, translated and explained by V. Minorsky with the Preface by V. V. Barthold, London (2nd ed. 1970).

Mironov, N. D. 1923. *A List of Fragments of Brahmi MSS. belonging to Count Otani*, Shanghai.

—— 1927. "Buddhist Miscellanea, II: Central Asian Recension of the *Sad-dharma-puṇḍarīka*", *JRAS* 1927, 252–274.

Mirsky, J. 1977. *Sir Aurel Stein. Archaeological Explorer*, Chicago – London (repr. 1978).

Mode, M. 1992. "Sogdian Gods in Exile–Some Iconographic Evidence from Khotan in the Light of Recently Excavated Material from Sogdiana", *Silk Road and Archaeology* 2 (1991/1992), 179–214.

Montell, G. 1935. "Sven Hedin's Archaeological Collections from Khotan (I)", *BMFEA* VII, 145–221+ pls. I–XX.

—— 1938. "Sven Hedin's Archaeological Collections from Khotan, II", *BMFEA* X, 83–113+ pls. I–X.

—— 1952. "Archaeological Research in Central Asia by Sven Hedin Expedition", *Ethnos* XVII, 1–14+ illus.

Moorcraft, W. 1831. "Notice of Khotan", *Journal of the Royal Geographical Society of London* 1, 235ff.

Morgenstierne, G. 1942. "Iranica", *NTS* XII, 258–271.

Moriyasu, T.（森安孝夫）1981. "Qui des Ouigours ou des Tibetains ont gagne en 789–792 à Bes-baliq?", *JA* 269, 193–205.

Müller, H. 1920. "Der Dēvarāja des Wei-ch'ih I-sêng", *Ostasiatische Zeitschrift* XIII (1919–20) *(=Festschrift für F. Hirth)*, 300–309.

Mukherjee, B. N. 1973. "Central Asian Coins bearing Chinese and Kharoṣṭhī Inscriptions", *Journal of the Numismatic Society of India* 35, 101–105.

Nagahiro, T.（长广敏雄）1955. "On Wei-ch'ih I-sêng, A Painter of the early T'ang Dynasty", *Oriental Art* ns. I: 2, 70–74.

Nakatani, H.（中谷英明）1984. "Remarques sur la transmission des *Dharmapada*", *Bulletin des études indiennes* II, 135–151.

Nakamura, H.（中村元）1964. "A Critical Survey of Mahāyāna and Esoteric Buddhism Chiefly based upon Japanese Studies", *Acta Asiatica* 6, 57–88; 7, 36–94.

—— 1973. "A Critical Survey of Studies on *Lotus Sūtra*",《传教大师研究》, 早稻田大学出版部, 1—12 页。

Narain, A. K. & J. Cribb 1973. "On the Sino-Kharoṣṭhī Coins of Centrral Asia", *Résumés du XXIXe Congrès International des Orientalistes*, Paris.

Nattier, J. 1990. "Church Language and Vernacular Language in Central Asian Buddhism", *Numen* 37: 2, 195–219.

Neumann, C. F. 1833. *Pilgerfahrten buddhistischer Priester von China nach Indien*, Leipzig.

Ning Qiang（宁强）1999. "Doplomatic Icons: The Social and Political Meanings of the Khotanese Images in Dunhuang Cave 220", *Oriental Art* XLIV: 4 (1998/9), 2–15.

—— 2004. *Art, Religion, and Politics in Medieval China. The Dunhuang Cave of the Zhai Family*, Honolulu.

Noble, P. S. 1931. "A Kharoṣṭhī Inscription from Endere", *BSOS* VI. 2, 445–455.

Norman, K. R. 1974a. "Notes on the Gāndhārī *Dharmapada*", *Indian Linguistics* XXXII, 213–220; also in: *Collected Papers I*, 113–121.

—— 1974b. "The Gāndhārī Version of the *Dharmapada*", *Buddhist Studies in Honour of I. B. Horner*, Dordrecht, 171–180; also in: *Collected Papers I*, 170–180.

—— 1990. *Collected Papers I*, London, 1990.

—— 1991. "Gāndhārī",《季羡林教授八十华诞纪念论文集》上卷，江西人民出版社，133—143 页。

Oldenburg, S. 1900. "Bronzen aus Chotan: Aus der Sammlung N. F. Petrowskijs" (tr. A. Grünwedel), *Globus* 77: 5, 72–75.

Osten, H. H. von der 1952. "Geschnittene Steine aus Ost-Turkestan im Ethnographischen Museum zu Stockholm", *Ethnos* XVII, 158–216.

Pargiter, F. E. 1916. "*Vajracchedikā* in the Original Sanskrit", *Manuscript Remains of Buddhist Literature found in Eastern Turkestan*, 176–195.

—— 1923. "Dr. Hoernle's Ms. Papers", *JRAS* 1923, 551–558.

—— 1928. "Inventory List of Manuscript Remains mainly in Sanskrit", Appendix E to *Innermost Asia*, 1017–1025.

Pelliot, P. 1911. *Les influences iraniènnes en Asie centrale et en Extrême-Orient*, Paris; also in: *Revue d'histoire et de littérature religieuses*, Nouvelle Série III. 2, 1912, 97–119.

—— 1913. "Un fragment du *Suvarṇaprabhāsasūtra* en iranien oriental", *Mémoires de la Société de Linguistique de Paris* 18, 89–125.

—— 1914. "Notes à propos d'un catalogue du Kanjur", *JA* IV, 111–150.

—— 1931. "Review of G. L. M. Clausen, The Geographical Names in the Staël-Holstein Scroll", *TP* XXVIII, 139–141.

—— 1959. "Cotan", *Notes on Marco Polo* I, Paris, 408–425.

—— 1981 – 1992. *Grottes de Touen-Houang, carnet de notes de Paul Pelliot. inscriptions et peintures murales, I–VI* (Documents archéologiques, edité sous la direction de Louis Hambis, 11), Paris.

Petech, L. 1966. "La «description des pays d'occident» de Che Tao-ngan", *Mélanges de Sinologie offerts à Monsieur Paul Demiéville I* (Bibliothéque de l'Institut des Haute Études Chinoises XX), Paris, 167–190.

Plutat, B. 1998. *Catalogue of the Papers of Ernst Leumann in the Institute for the Culture and History of India and Tibet, University of Hamburg* (Alt- und neuindische Studien 49), Stuttgart.

Pulleyblank, Ed. G. 1954. "The Date of the Staël-Holstein Roll", *AM* ns. IV. 1, 90–97.

—— 1961. "The Date of (Hedin) 15, 16", *Khotanese Texts* IV, 179–181.

—— 1962. "The Consonantal System of Old Chinese", *AM* ns. IX, 58–144.

—— 1966. "Chinese and Indo-Europeans", *JRAS* 1966, 9–39.

—— 1992. "Chinese-Iranian Relations. i. In pre-Islamic times", *EIr.* V, 424–431.

Puri, B. N. 1987. *Buddhism in Central Asia* (Buddhist Traditions 4), Delhi.

Rapson, E. J. 1902. "Review of M. A. Stein, *Preliminary Report on a Journey of Archaeological and Topographical Exploration in Chinese Turkestan*", *JRAS* 1902, 212–215.

Rémusat, J. P. A. 1820. *Histoire de la ville de Khotan, tirée des annales de la Chine et traduite de chinoines*, Paris.

—— 1836. *Foĕ-Kouĕ-Ki, ou relation des royaumes bouddhiques. Voyage dans la Tartarie, dans l'Afganistan et dans l'Inde, exécute a la fin du IVe siécle, par Chy Fa Hian*, Paris.

Reuter, J. N. 1918. "Some Buddhist Fragments from Chinese Turkestan in Sanskrit and 'Khotanese' ", *Journal de la Société Finno-Ouigrienne* XXX. 37 (1913–1918), 1–37; also in: *Across Asia from West to East in 1906–1908, vol. II*, by C. G. Mannerheim, Helsinki 1940, 35 pp.

Rhie, M. M. 1999. *Early Buddhist Art of China and Central Asia* (Handbuch der Orientalistik 4 Abt., China 12), 2 vols., Leiden–Boston.

Rhys Davids, T. W. 1899. "The Gośringa Kharoṣṭhī MS", *JRAS* 1899, 426–428.

Rice, T. T. 1965. *Ancient Arts of Central Asia* (World of Art Library) (Praeger World of Art Series), London–New York.

Rockhill, W. W. 1884. *The Life of the Buddha and the Early History of his Order*, London (repr. Peking 1941; Varanasi 1972; New Delhi 1991).

Rong Xinjiang (荣新江) 1991. "mThong-khyab or Tongjia: A Tribe in the Sino-Tibetan Frontiers in the Seventh to Tenth Centureis" (tr. W. K. Müller), *Monumenta Serica* 39 (1990–91), 247–299.

—— 1992. "Caves of the Thousand Buddhas", *EIr.* V, 97–99.

—— 1997. "Ye Changchi: Pioneer of Dunhuang Studies", *IDP NEWS*, No. 7, 1–5 + 3 pls.

—— 2000a. "The Nature of the Dunhuang Library Cave and the Reasons of Its Sealing" (tr. V. Hansen), *Cahiers d'Extreme-Asie* 11 (1999–2000) (Nouvelles etudes de Dunhuang), ed. J.-P. Drège, Paris–Kyoto, 247–275.

—— 2000b. " [Chinese] Research on the History of the Western Regions: A Retrospective and Prospects" (tr. Lin Yi), *Social Sciences in China* 2, 111–123.

—— 2004. "Land Route or Sea Route? Commentary on the study of the paths of transmission and areas in which Buddhism was disseminated during the Han period" (tr. Xiuqin Zhou), *Sino-Platonic Papers* 144, ed. V. H. Mair, 1–32.

—— 2005. "Khotanese Felt and Sogdian Silver: Foreign Gifts to Buddhist Monasteries in Ninth and Tenth-Century Dunhuang", *AM* 3rd ser. XVII. 1 (2004), 15–34.

—— 2006. "Sogdians around the Ancient Tarim Basin", *Ērān ud Anērān. Studies presented to Boris Il'ic Maršak on the Occasion of his 70th Birthday*, eds. M. Compareti, P. Raffetta & G. Scarcia, Venezia, 513–524.

Rowland, B. [Jr.] 1947. "Indian Images in Chinese Sculpture", *Artibus Asiae* X, 5–20+ illus.

—— 1974. *The Art of Central Asia*, New York.

Russell-Smith, L. 2005. *Uygur Patronage in Dunhuang. Regional Art Centres on the Northern Silk Road in the Tenth and Eleventh Centurie* (Brill's Inner Asian Library 14), Leiden–Boston.

Saha, Kshanika 1970. *Buddhism and Buddihst Literature in Central Asia*, Calcutta.

Sahay, B. K. 2006. "Some Exquisite Seals from Central Asia: with special reference to Khotan", *Purābhāratī. Studies in Early Historical Archaeology and Buddhism (=Commemoration Volume in Respect of Prof. B. P. Sinha)*, vol. 1, eds. B. R. Mani & S. C. Saran, Delhi, 79–82

Salomon, R. 1999. *Ancient Buddhist Scrolls from Gandhara. The British Library Kharoṣṭhī Fragments*, Seattle–London.

—— 2002. "A Stone Inscription in Central Asian Gāndhārī from Endere (Xinjiang)", *BAI* ns. 13 (1999), 1–13.

Samolin, W. 1955. "Historical Ethnography of the Tarim Basin before the Turks", 《古代学》(*Palaeologia*) IV. 1, 33–44.

—— 1958. "Ethnographic Aspects of the Archaeology of the Tarim Basin", *CAJ* IV. 1, 45–67.

—— 1964. *East Turkestan to the Twelfth Century. A Brief Political Survey* (Central Asiatic Studies 9), The Hague.

Sander, L. 1968. *Paläographisches zu den Sanskrithandschriften der Berliner Turfansammlung* (Verzeichnis der Orientalischen Handschriften in Deutschland, Supplementband VIII), Wiesbaden.

—— 1979. "Buddhist Literature in Central Asia", *Encyclopaedia of Buddhism* IV. 1, ed. G. P. Malalasekera, Colombo, 52b–75b.

—— 1983. "Buddhist Sanskrit Manuscripts from Chinese Turkestan: Eighty Years of Research Work", *Prajñā-Bharati* 3: 2, ed. P. N. Ojha, Patna, 1–18.

—— 1984. "Zu dem Projekt 'Paläographie khotan-sakischer Handschriften'", *Middle*

Iranian Studies, eds. W. Skalmowski & A. van Tongerloo, 159–186.

—— 1985. "Remarks on the Formal Brāhmī Script of Gilgit, Bamiyan and Khotan", *JCA* VIII. 1, 69–92.

—— 1986a. "Brāhmī Script on the Eastern Silk Roads", *StII* 11–12, 159–192.

—— 1986b. "*Oṃ* or *siddhaṃ*- Remarks on Openings of Buddhist Manuscripts and Inscriptions from Gilgit and Central Asia", *Deyadharma. Studies in memory of D. C. Sicar*, Dehli, 251–261.

—— 1988. "Auftraggeber, Schreiber und Schreibeigenheiten im Spiegel khotansakischer Handschriften in formaler Brāhmī", *Studia Indogermanica et Slavica. Festgabe für Werner Thomas zum 65. Geburtstag* (Specimina Philologiae Slavicae, Supplementband 26), eds. P. Kosta unter Mitarbeit von G. Lerch und P. Oliver, München, 533–549.

—— 1989a. "Remarks on the Formal Brāhmī Script of Gilgit, Bamiyan and Khotan", *Antiquities of Northern Pakistan, Reports and Studies, vol. 1: Rock Inscriptions in the Indus Valley*, ed. K. Jettmar, Mainz, Text volume, 107–130+ pl. 196–215.

—— 1989b. "Review of *Памятники индийской письменности из Центральной Азии* I", *OLZ* 84: 1, 92–97.

—— 1999. "Early Prakrit and Sanskrit Manuscripts from Xinjiang (second to fifth/sixth centuries C. E.): Paleography, Literary Evidence, and Their Relation to Buddhist Schools", *Collection of Essays 1993. Buddhism across Boundaries – Chinese Buddhism and the Western Regions*, eds. E. Zürcher, L. Sander et al., Taiwan, 61–106.

Schafer, Ed. H. 1963. *The Golden Peaches of Samarkand. A Study of T'ang Exotics*, Berkeley–Los Angeles.

Schindler, B. 1949. "Preliminary Account of the Work of Henri Maspero concerning the Chinese Documents on Wood and on Paper discovered by Sir Aurel Stein on His Third Expedition to Central Asia", *AM* ns. I. 2, 216–272.

Schlesinger, K. 1921. "Notes on Musical Instruments represented in the Stein Collection", Appendix H to *Serindia*, 1467–1469.

Schroeder, L. von 1901. "Neue Funde in Ostturkestan (Mitteilungen aus Briefen aus Stein's)", *WZKM* 15, 310–312.

Schwentner, E. 1954a. "Khotansakisch *aṣṣänaka*- 'Tause' ", *KZ* 71, 89.

—— 1954b. "Khotansakisch *ktrau* 'Ente' ", *KZ* 71, 161.

—— 1961. "Khotansakisch *sahä*, *sahe* 'Hase' ", *KZ* 77, 160.

Senart, É. 1898a. "Le manuscrit Kharoṣṭhī du *Dhammapada*: les fragments Dutreuil de Rhins", *JA* sér. 9 vol. 12, 193–308+ pls.

—— 1898b. "Sur un passage manuscrit Dutreuil de Rhins", *JA* sér. 9 vol. 12, 545-548.

Seth, H. C. 1937. "Central Asiatic Provinces of the Maurya Empire", *IHQ* XIII. 2, 400-417.

—— 1939. "The Kingdom of Khotan under the Mauryas", *IHQ* XV. 3, 389-402.

Shafer, R. 1961. "Languages of Ancient Khotan", *Archiv Orientální* 29: 1, 35-52.

—— 1967. "Place Names in Khotani Saka", *Monumenta Serica* XXVI, 445-454.

Simon, W. 1958. "A Note on Chinese Texts in Tibetan Transcription", *BSOAS* XXI. 2, 334-343.

Simonsson, N. 1957. *Indo-tibetische Studien. Die Methoden der tibetischen Übersetzer, untersuch im Hinblick auf die Bedeutung ihrer Übersetzungen für die Sanskritphilologie I*, Uppsala.

Sims-Williams, N. 1977. "The Sogdian Fragments of the British Library", *IIJ* 18, 43-74.

—— 1981a. "Review of *Prolegomena to the Sources on the History of Pre-Islamic Central Asia*, ed. J. Harmatta", *BSOAS* XLIV. 1, 217-218.

—— 1981b. "Review of R. E. Emmerick, *A Guide to the Literature of Khotan*", *JRAS* 1981, 85.

—— 1983a. "Chotano-Sogdica I", *BSOAS*, XLVI. 1, 40-51.

—— 1983b. "Review of *Khotanese Buddhist Texts*, rev. ed.", *BSOAS* XLVI. 2, 359-360.

—— 1983c. "Review of R. E. Emmerick & P. O. Skjærvø, *Studies in the Vocabulary of Khotanese* I", *BSOAS* XLVI. 2, 358-359.

—— 1989. "Review of R. E. Emmerick & P. O. Skjærvø, *Studies in the Vocabulary of Khotanese* II", *IIJ* 32: 1, 47-49

—— 1990. "Chotano-Sogdica II: Aspects of the Development of Nominal Morphology in Khotanese and Sogdian", *Proceedings of the First European Conference of Iranian Studies held in Turin, September 7th - 11th, 1987 by the Societas Iranologica Europaea*, Part I: Old and Middle Iranian Studies, eds. G. Gnoli & A. Panaino, Rome, 275-296.

Sims-Williams, N. & J. Hamilton 1990. *Documents turco-sogdiens du IXe-Xe siècle de Touen-houang*, London.

Sims-Williams, N., F. Grenet & É. de la Vaissière 2001. "The Sogdian Ancient Letter V", *BAI ns.* 12 *(=Alexander's Legacy in the East. Studies in Honor of Paul Bernard)*, 91-104.

Sims-Williams, U. 2003. "Forgeries from Chinese Turkestan in the British Library's

Hoernle and Stein Collections", *BAI* ns. 14 (2000), 111–129, 17 figs.

—— 2005a. "Shorter Notice of Exhibition: *The Silk Road: Trade, Travel, War and Faith*", *BAI* ns. 15 (2001), 163–170.

—— 2005b. "Shorter Notice of Symposium: *The Kingdom of Khotan to AD 1000: A Meeting of Cultures*", *BAI* ns. 15 (2001), 171–172.

—— 2006. "The Papers of the Central Asian Scholar and Sanskritist Rudolf Hoernle", *Buddhist Manuscripts from Central Asia. The British Library Sanskrit Fragments*, Vol. I, eds-in-chief: S. Karashima & K. Wille, Tokyo, 1–26.

Singh, A. K. 1984. "Buddhism in Central Asia", *Proceedings of the Thirty-First International Congress of Human Sciences in Asia and North Africa, Tokyo-Kyoto 31st August–7th September 1983*, ed. T. Yamamoto, Tokyo, vol. 1, 178–179.

Singh, N. K. 1996. "Khotan's Debt to Buddhism", *International Encyclopaedia of Buddhism (A continuing series)* vol. 1 (Afganistan), ed. N. K. Singh, New Delhi, 218–220.

Sirén, O. 1956. *Chinese Painting. Leading Masters and Principles, vol. I: Early Chinese Painting*, London–New York.

Skalmowski, W. & A. van Tongerloo (eds.) 1984. *Middle Iranian Studies. Proceedings of the International Symposium organized by the Katholieke Universiteit Leuven, from the 17th to the 20th of May 1982* (Orientalia Lovaniensia Analecta 16), Leuven.

Skjærvø, P. O. 1981. "The Old Khotanese Fragment H 147 NS 115 and Remarks on Old Khotanese *hamdärväto*, *patīśu*, *vya* and *ya*", *BSOAS* XLIV. 3, 453–467.

—— 1983a. *The Khotanese Suvarṇabhāsottamasūtra.* pt. 1: The manuscripts: transcription with critical apparatus and indices; pt. 2: Synoptic Khotanese text and English translation containing the corresponding Sanskrit text compared with the Tibetan and Chinese versions; pt. 3: Commentary. (habilitation thesis, Mainz)

—— 1983b. "Review of *Khotanese Buddhist Texts*, rev. ed.", *JRAS* 1983, 120–121.

—— 1984a. "On the Editing of Khotanese Buddhist Texts", *Middle Iranian Studies*, eds. W. Skalmowski & A. van Tongerloo, 151–158.

—— 1984b. "Review of R. E. Emmerick, *A Guide to the Literature of Khotan*", *OLZ* 79: 3, 298–300.

—— 1985. "Khotanese *v*- < Old Iranian **dw*-", *BSOAS* XLVIII. 1, 60–73.

—— 1986. "Khotanese Fragments of the *Vimalakīrtinirdeśasūtra*", *Kalyāṇamitrārāgaṇam. Essays in Honour of Nils Simonsson*, ed. E. Kahrs, Oslo, 229–

260+ pls.

—— 1987a. "On the Tumshuqese *Karmavācanā* Text", *JRAS* 1987, 77–90.

—— 1987b. "Aśoka: iii. The Legend of Aśoka in Khotanese; iv. The Legends of Aśoka and the Founding of Khotan", *EIr.* II, 782–785.

—— 1988. "The Khotanese *Hṛdayasūtra*", *A Green Leaf. Papers in Honour of Professor Jes P. Asmussen* (Acta Iranica 28), Téhéran–Liège–Leiden, 157–171+ pls. II–IV.

—— 1990. "Review of A. Degener, *Khotanische Suffixe*", *Kratylos* 35, 99–102.

—— 1991. "Kings of Khotan in the Eighth Century", *Histoire et cultes de l'Asie centrale préislamique, sources écrites et documents archéologiques. Actes du colloque international de CNRS (Paris, 22–28 novembre 1988)*, eds. P. Bernard & F. Grenet, Paris, 255–278.

—— 1992. "Chinese Turkestan (Sinkiang, Xin-jiang), Iranian Elements in. ii. In pre-Islamic times, Iranian Religious Terms in Pre-Islamic Central and Inner Asia", *EIr.* V, 469–471.

—— 1994. "Review of *A Green Leaf. Papers in Honour of Professor Jes P. Asmussen* (Acta Iranica 28)", *JAOS* 114: 2, 270–273.

—— 1999a. "Khotan, An Early Center of Buddhism in Chinese Turkestan", *Collection of Essays 1993. Buddhism across Boundaries–Chinese Buddhism and the Western Regions*, eds. E. Zürcher, L. Sander et al., Taiwan, 265–344.

—— 1999b. "Review of M. Maggi, *The Khotanese Karmavibhaṅga*", *BSOAS* LXII. 3, 570–571.

—— 2002a. *Khotanese Manuscripts from Chinese Turkestan in the British Library. A complete catalogue with texts and translations*, with contribution by U. Sims-Williams (Corpus inscriptionum iranicarum pt. 2. Inscriptions of the Seleucid and Parthian periods and of eastern Iran and Central Asia v. 5. Saka texts 6), London: British Library Publishing (corrected repr. 2003).

—— 2002b. "Recent Khotanese Ghostwords", *BAI* ns. 13 (1999), 151–155.

—— 2002c. "The Stein Khotanese Collection", *BAI* ns. 13 (1999), 204–206.

—— 2002d. "Obituary: Ronald Eric Emmerick", *SIr* 31: 2, 275–279.

—— 2003. "Fragments of the *Ratnakūṭa-sūtra* (*Kāśyapaparivarta*) in Khotanese", *Religious Themes and Texts of Pre-Islamic Iran and Central Asia. Studies in Honour of Professor Gherardo Gnoli on the Occasion of his 65th Birthday on 6th December 2002* (Beiträge zur Iranistik 24), eds. C. G. Cereti, M. Maggi & E. Provasi, Wiesbaden, 409–420, pls. 11–12.

—— 2004a. *The Most Excellent Shine on Gold, King of Kings of Sutras. The*

Khotanese Suvarṇabhāsottamasūtra. Vol. I: The Khotanese text with English translation and the complete Sanskrit text; Vol II: Manuscripts, commentary, glossary, indexes (Central Asian Sources V-VI), Cambridge (Mass.), Harvard University. The Department of Near Eastern Languages and Civilizations.

—— 2004b. "Iranians, Indians, Chinese and Tibetans: the rulers and ruled of Khotan in the first millennium", *The Silk Road. Trade, Travel, War and Faith*, eds. S. Whitfield & U. Sims-Williams, 34-42.

—— 2005a. "Khotanese", *Encyclopaedia of Language and Linguistics*, 2nd ed., VI, 195.

—— 2005b. "An Account Tablet from Eighth-century Khotan", *BAI* ns. 15 (2001), 1-8.

Skrine, C. P. 1926. *Chinese Central Asia*, London (repr. Oxford 1986).

Smith, H. 1938. "Appendix" to G. Montell, "Sven Hedin's Archaeological Collections from Khotan II", *BMFEA* X, 101-102+ pls. IX-X.

Snellgrove, D. L. 1968. "Review of R. E. Emmerick, *Tibetan Texts concerning Khotan*", *AM* ns. XIV. 2, 260-262.

—— 1987. *Indo-Tibetan Buddhism. Indian Buddhists and Their Successors*, London.

Soper, A. C. 1965. "Representations of Famous Images at Tun-huang", *Artibus Asiae* XXVII. 4, 349-364+ figs. 1-9.

Soymié, M. 1984. "Quelques representations de statues miraculeuses dans les grottes de Touen-houang", *Contributions aux études de Touen-houang III*, ed. M. Soymié, Paris, 77-102.

Spanien, A. et Y. Imaeda 1979. *Choix de documents tibétains conservés à la Bibliothèque nationale II, complété par quelques manuscrits de l'India office et du British Museum*, Paris.

Specht, M. 1898. "Note de M. Specht", *J. -L. Dutreuil de Rhins, Mission scientifique dans la Haute Asie 1890 - 1895. Pt. 3: Histoire - Linguistique - Archéologie-Geographie*, par F. Grenard, Paris, 129-134.

Staël-Holstein, A. F. von 1926. *The Kāçyapaparivarta. a Mahāyānasūtra of the Ratnakūṭa Class*（大宝积经迦叶品梵藏汉六种合刻）, edited in the original Sanskrit in Tibetan and in Chinese by Baron A. von Staël-Holstein, Shanghai: Commercial Press.

Stein, M. A. 1901a. "Stein's Letter to E. J. Rapson from Kashgar, September 10, 1900 & May 24, 1901", *JRAS* 1901, 189-190; 642-643.

—— 1901b. "Archaeological Work about Khotan", *JRAS* 1901, 295-300.

—— 1901c. *Preliminary Report on a Journey of Archaeological and Topographical*

Exploration in Chinese Turkestan, London (repr. Delhi 1985).

—— 1901d. "Note on Topographical Work in Chinese Turkestan", *GJ* XVIII. 4, 409–414.

—— 1902. "A Journey of Geographical and Archaeological Exploration in Chinese Turkestan", *GJ* XX. 6, 575–610+ map; also in: *Annual Report Smithsonian Institution for 1903*, Washington 1904, 747–774+ 3 pls., map.

—— 1903. *Sand-buried Ruins of Khotan. Personal Narrative of a Journey of Archaeological and Geographical Exploration in Chinese Turkestan*, London (repr. New Delhi 2000).

—— 1904. "A Journey of Archaeological Exploration in Chinese Turkestan", *Verhandlungen XIII. Internationaler Orientalisten-Kongress*, 85–87.

—— 1906. "Hsüan-Tsang's Notice of P'imo and Marco Polo's Pein", *TP* Série II. 7, 469–480. [=*Ancient Khotan*, Section II, chapter XIII: 452–457]

—— 1907. *Ancient Khotan. Detailed Report of Archaeological Explorations in Chinese Turkestan*, 2 vols., Oxford (repr. New York 1975; New Delhi 1981/1988).

—— 1909. "Explorations in Central Asia, 1906–8", *GJ* XXXIV, 5–36, 241–271.

—— 1912. *Ruins of Desert Cathay. Personal Narrative of Explorations in Central Asia and Westernmost China*, 2 vols., London.

—— 1921. *Serindia. Detailed Report of Explorations in Central Asia and Westernmost China*, 5 vols., Oxford (repr. Delhi 1980–1983). (Abridged in French by V. Goloubew, *BEFEO* XXV (1925). 3–4, 1926, 496–541)

—— 1925. "Innermost Asia: its geography as a factor in history", *GJ* LXV, 377–403, 473–498.

—— 1928. *Innermost Asia. Detailed Report of Explorations on Central Asia, Kansu and Eastern Iran*, 4 vols., Oxford (repr. New Delhi 1981/1988).

—— 1931. "A 'Persian Bodhisattva'", *Studia Indo-Iranica. Ehrengabe für Wilhelm Geiger zur Vollendung des 75. Lebensjahres 1856–21. Juli–1931*, ed. W. Wüst, Leipzig, 267–273.

—— 1933. *On Ancient Central-Asian Tracks. Brief Narrative of three Explorations in Innermost Asia and North-Western China*, London (repr. New York 1964).

Stein, R. A. 1959. *Recherches sur l'épopée et le barde au Tibet* (Bibliothèque de l'Institut des Hautes Études chinoises III), Paris.

—— 1968. "Review of R. E. Emmerick, *Tibetan Texts concerning Khotan*", *BSOAS* XXXI. 2, 416–419.

—— 1987. "Un genre particulier d'exposés du Tantrisme ancien tibétain et khotanais", *JA* CCLXXV. 3–4, 265–282.

Suzuki, K.（铃木健太）2006. "A Sanskrit Fragment of the *Prajñāpāramitāstotra* in the Stein Collection", *Buddhist Manuscripts from Central Asia. The British Library Sanskrit Fragments*, Vol. I, eds-in-chief: S. Karashima & K. Wille, Tokyo, 261-262.

Tachibana, Z.（橘瑞超）1914. "Mr. Tachibana's Second Expedition to Central Asia", *GJ* XLIII. 1, 80-81.

Takakusu, J.（高楠顺次郎）1901. "Tales of the Wise Man and Fool, in Tibetan and Chinese", *JRAS* 1901, 447-460.

Takeuchi, T.（武内绍人）1994. "Three Old Tibetan Contacts in the Sven Hedin Collection", *BSOAS* LVII. 3, 576-587.

—— 1995. *Old Tibetan Contracts from Central Asia*, Tokyo: Daizo Shuppan.

—— 1997-1998. *Old Tibetan Manuscripts from East Turkestan in the Stein Collection of the British Library*, vol. 1-2, Tokyo-London.

—— 2004. "The Tibetan Military System and its Activities from Khotan to Lop-nor", *The Silk Road. Trade, Travel, War and Faith*, eds. S. Whitfield & U. Sims-Williams, 50-56.

—— 2006. "Old Tibetan Buddhist Texts from the Post-Tibetan Imperial Period (mid-9 c. to late 10c.)", 荒川正晴代表《东トルキスタン出土〈胡汉文书〉の总合调查》, 39—47 页。

Tallgren, A. M. 1919. "Den Mannerheimska samlingen: nationalmuseet", *Veckaus Kronika (Helsing fors)*, 16 arg., No. 11.

—— 1940. "The Mannerheim Archaeological Collection from Eastern Turkestan", *Across Asia from West to East in 1906-1908*, vol. II, by C. G. Mannerheim, Helsinki, 53 pp.

Taube, M. 1980. *Die Tibetica der Berliner Turfansammlung*, Berlin. (=*BTT* X)

Terra, H. de 1931. "On the World's Highest Plateaus: Through an Asiatic no man's land to the desert of ancient Cathay", *The National Geographic Magazine* 59, 318-367.

Thomas, F. W. 1907. "Extracts from Tibetan Accounts of Khotan", Appendix E to *Ancient Khotan*, 581-585.

—— 1916a. "*Mahāparinirvāṇa sūtra*", *Manuscript Remains of Buddhist Literature found in Eastern Turkestan*, 93-97.

—— 1916b. "Miscellaneous Fragments", *Manuscript Remains of Buddhist Literature found in Eastern Turkestan*, 132-138+ pl. XX: 2.

—— 1924. "Drakhme and Stater in Khotan", *JRAS* 1924, 671-672.

—— 1925a. "Notes Relating to Sir M. A. Stein's *Ancient Khotan*", *Zeitschrift für*

Buddhismus VI (1924–25), 184–187.

—— 1925b. "The Language of Ancient Khotan", *AM* II, 251–271.

—— 1925c. "Chinese in Ancient Khotan", *JRAS* 1925, 108–110.

—— 1925d. " 'No-le' and 'Ratuara' ", *JRAS* 1925, 498–501.

—— 1926a. "Names of Places and Persons in Ancient Khotan", *Beiträge zur Literaturwissenschaft und Geistesgeschichite Indiens. Festgabe Hermann Jacobi zum 75. Geburtstag*, ed. W. Kirfel, Bonn, 46–73.

—— 1926b. "Peoples and Languages in Ancient Khotan", *JRAS* 1926, 391–392.

—— 1927a. "Buddhism in Khotan: Its Decline according to two Tibetan Accounts", *Sir Asutosh Mookerjee Silver Jubilee Volumes* Vol. III, Orientalia–Part 3, Calcutta, 30–52.

—— 1927b. "*Amātya–A-mo-chih*", *JRAS* 1927, 121–123.

—— 1927c. "A Plural Form in the Prakrit of Khotan", *JRAS* 1927, 544–546.

—— 1928. "A Plural Form in the Prakrit of Khotan", *JRAS* 1928, 399.

—— 1929. "Review of M. A. Stein, *Innermost Asia*", *JRAS* 1929, 944–951.

—— 1930. "Tibetan Documents concerning Chinese Turkestan IV: The Khotan Region", *JRAS* 1930, 47–94+ pl. I, 251–300; also in: *Tibetan Literary Texts and Documents concerning Chinese Turkestan* II, 167–266.

—— 1933. "Tibetan Documents concerning Chinese Turkestan VI: The Tibetan Army", *JRAS* 1933, 379–400; 537–568; also in: *Tibetan Literary Texts and Documents concerning Chinese Turkestan* II, 417–470.

—— 1934. "Tibetan Documents concerning Chinese Turkestan VII: Government and Social Conditions", *JRAS* 1934, 85–112; 249–282; 457–504; also in: *Tibetan Literary Texts and Documents concerning Chinese Turkestan* II, 307–416.

—— 1934 – 1936. "Some Notes on the Kharoṣṭhī Documents from Chinese Turkestan", *AO* XII, 37–70; *AO* XIV, 44–80.

—— 1935a. *Tibetan Literary Texts and Documents concerning Chinese Turkestan*, Part I: Literary Texts (Oriental Translation Fund, New Series XXXII), London. (= *TLTD* I)

—— 1935b. "Khotan: A Few Particulars concerning its Topography and Social Usages", *JA* CCXXVII, 148–149.

—— 1936. "Some Words found in Central Asian Documents", *BSOS* VIII. 2–3, 789–794.

—— 1937. "A Buddhist Chinese Text in Brāhmī Script", *ZDMG* 91, 1–48.

—— 1938a. "An Old Name for the Khotan Country", *JRAS* 1938, 281–282.

—— 1938b. "Notes in Consideration of Professor Bailey's Critical Observations",

ZDMG 92：2-3，594-604，606-610.

—— 1944. "Sino-Kharoṣṭhī Coins"，*NC* IV，83-98.

—— 1945. "Some Notes on Central-Asian Kharoṣṭhī Documents"，*BSOAS* XI. 3，513-549.

—— 1948. "Review of *Khotanese Texts I*"，*BSOAS* XII. 2，453-457.

—— 1951. *Tibetan Literary Texts and Documents concerning Chinese Turkestan*，Part II：Documents (Oriental Translation Fund，New Series XXXVII)，London.（= *TLTD* II)

—— 1954. "Brāhmī Script in Central-Asian Sanskrit Manuscripts"，*Asiatica. Festschrift Friedrich Weller zum 65. Geburtstag gewidmet von seinen Freunden Kollegen und Schülern*，eds. J. Schubert & U. Schneider，Leipzig，667-700.

—— 1955. *Tibetan Literary Texts and Documents concerning Chinese Turkestan*，*Part III: Addenda and Corrigenda*，*with Tibetan Vocabulary*；*Concordance of Document Numbers and Plates* (Oriental Translation Fund，New Series XL)，London.（= *TLTD* III)

—— 1963. *Tibetan Literary Texts and Documents concerning Chinese Turkestan*，Part IV：Indices（Oriental Translation Fund，New Series XLI)，by Ed. Conze，London.（= *TLTD* IV)

Thomas，F. W. & S. Konow 1929. "Two Medieval Documents from Tun-huang"，*Publications of the Indian Institute* I. 3：*Oslo Etnografiske Museums Skrifter* III. 3，122-160.

Thomas，W. 1979. "Review of *Khotanese Texts* I-III，2nd ed."，*OLZ* 74：3，273-276.

Toda，H.（户田宏文）1977. *Note on the Kashgar Manuscript of the Saddharmapuṇḍarīka-sūtra* (Bibliographia Philologica Buddhica，Series Minor II)，Tokyo (repr. 1980).

—— 1977-1978. "*Saddharmapuṇḍarīkasūtra*：Kashgar Manuscript"，《德岛大学教养部伦理学科纪要》I，49pp.；II，80pp.；III，20pp.；IV，30pp.

—— 1978. "*Saddharmapuṇḍarīkasūtra*：Kashgar Manuscript"，《德岛大学教养部纪要（人文·社会科学）》第13卷，319—361页。

—— 1981. *Saddharmapuṇḍarīka-sūtra*，*Central Asian Manuscripts*（《中央アジア出土梵文法华经》）. *Romanized Text*，Edited with an Introduction，Tables and Indices by Hirofumi Toda，Tokushima：Kyoiku Shuppan Center.

—— 1988. "Central Asian Fragments of the Hoernle Collection，Romanized Text"，《德岛大学教养部伦理学科纪要》第15卷，20—23页+ Pl. I-VII。

Trinkler，E. 1930a. *Im Land der Stürme*，*mit Yak-und Kamelkaravanen durch*

Innerasien, Leipzig.

—— 1930b. "Die Zentralasien-Expedition 1927/28: geographische und archäologische Ergebrisse", *Deutsche Forschung* 13, 76–100.

—— 1930c. "Geographical and Archæological Explorations in the Takla-Makan Desert of Chinese Turkestan", *Journal of the Central Asian Society* XVII. 1, 5–18.

—— 1931a. *The Stormswept Roof of Asia, by Yak, Camel & Sheep Caravan in Tibet, Chinese Turkistan & over the Kara-Koram*, tr. B. K. Featherstone, Philadelphia.

—— 1931b. "Neue archäologische Funde in der Takla-Makan-Wüste Chinesisch-Turkistans", *Sinica* VI, 34–40+ Tafel 2–4.

Trinkler, E. et al. 1932. *Wissenschftliche Ergebnisse der Dr.-Trinkler'schen-Zentralasien-Expedition*, 2 vols., Berlin.

Uray, G. 1979a. "The Old Tibetan Sources of the History of Central Asia up to 751 A. D.: A Survey", *Prolegomena to the Sources on the History of Pre-Islamic Central Asia*, ed. J. Harmatta, 275–304.

—— 1979b. "Khrom: Administrative Units of the Tibetan Empire in the 7th–9th Centuries", *Tibetan Studies in Honour of Hugh Richardson (=Proceedings of the International Seminor on Tibetan Studies, Oxford 1979)*, eds. M. Aris & Aung San Sun Kyi, Westminster, 310–318.

—— 1981. "L'emploi du tibétain dans les chancelleries des états du Kan-sou et de Khotan postérieurs à la domination tibétaine", *JA* CCLXIX, 81–90.

—— 1988. "New Contributions to Tibetan Documents from the post-Tibetan Tun-huang", *Tibetan Studies. Proceedings of the 4th Seminar of the International Association for Tibetan Studies Schlosse Hohenkammar–Munich 1985*, eds. H. Uebach & J. L. Panglung, München, 515–528.

Utas, B. 1969. "The Jewish-Persian Fragment from Dandän-Uiliq", *Orientalia Suecana* XVII (1968), 123–136.

Vorobyova-Desyatovskaya, M. I. 1992. "The Leningrad Collection of the Sakish Business Documents and the Problem of the Investigation of Central Asian Texts", *Turfan and Tun-huang. The Texts, Encounter of Civilizations on the Silk Route* (Orientalia Venetiana IV), ed. A. Cadonna, Firenze, 85–95.

—— 1995a. "A Unique Manuscript of the 'Kāśyapaparivarta-sūtra' in the Manuscript Collection of the St. Petersburg Branch of the Institute of Oriental Studies, Russian Academy of Sciences", *MO* 1: 1, 12–16.

—— 1995b. "The S. E. Malov Collection of Manuscripts in the St. Petersburg Branch of the Institute of Oriental Studies", *MO* 1: 2, 29–39.

—— 1996a. "Religions and Religious Movements-II, Part Two: Buddhism", *History of Civilizations of Central Asia*, Vol. III. The Crossroads of Civilizations: A. D. 250 to 750, ed. B. A. Litvinsky, co-ed. Zhang Guang-da & R. Shabani Samghabadi, UNESCO (repr. Delhi 1999), 431–448.

—— 1996b. "The Toponym 'Six Villages' according to Khotanese Business Documents", *La Persia e l'Asia centrale. Da Alessandro al X secolo*, Roma, 171–178.

—— 1996c. "Review of M. Maggi, *The Khotanese Karmavibhaṅga*", *MO* II. 3, 69–70.

—— 1998. "Review of M. Maggi, *Pelliot Chinois 2928. A Khotanese Love Story*", *MO* IV. 3, 70–71.

—— 1999. "Sanskrit Manuscripts from the N. F. Petrovsky Collection in the St. Petersburg Branch of the Institute of Oriental Studies", *MO* 5: 4, 36–39.

—— 2002. *The* Kāśyapaparivarta. *Romanized Text and Facsimiles* (Bibliotheca Philologica et Philosophica Buddhica V), in collaboration with S. Karashima & N. Kudo, Tokyo: IRIAB.

—— 2006a. "The Central Asian Manuscript Collection of the St. Petersburg Branch of the Institute of Oriental Studies of the Russian Academy of Sciences" (tr. J. Nattier), *ARIRIAB* 9 (2005), 61–78.

Waldschmidt, E. 1959. "Chinesische archäologische Forschungen in Sin-kiang (Chinesisch-Turkistan)", *OLZ* 54: 5–6, 229–242; also in: *Ausgewählte Kleine Schriften* (Glasenapp-Stiftung 29), eds. H. Bechert & P. Kieffer-Pülz, Stuttgart 1989 [173–179].

Walker, A. 1995. *Aurel Stein. Pioneer of the Silk Road*, London.

Wang, H. 1999. *Handbook to the Stein Collectins in the UK* (British Museum Occasinal Paper), London.

—— 2000. "Money on the Eastern Silk Road in the pre-Islamic Period", *XII. Internationaler Numismatischer Kongress Berlin 1997. Proceedings II*, eds. B. Kluge & B. Weisser, Berlin, 1350–1364.

—— 2002. *Sir Aurel Stein in The Times*, London.

—— 2004a. *Money on the Silk Road. The evidence from Eastern Central Asia to AD 800*, London.

—— 2004b. "How much for a Camel? A new understanding of money on the Silk Road before A. D. 800", *The Silk Road. Trade, Travel, War and Faith*, eds. S. Whitfield & U. Sims-Williams, 24–33.

Wang Jiqing (王冀青) 1998. "Photographs in the British Library of Documents and

Manuscripts from Sir Aurel Stein's Fourth Central Asian Expedition", *The British Library Journal* 24: 1, 23-74.

Watanabe, Sh. (渡边章悟) 1994. "A Comparative Study of the *Pañcaviṃśatisāhasrikā Prajñāpāramitā*", *JAOS* 114: 3, 386-396.

Watters, Th. 1879-1880. "Fa-Hsien and his English Translators", *China Review* VIII, 107-116, 131-140, 217-230, 277-284, 323-341.

—— 1904-1905. *On Yuan Chwang's Travels in India 629-645 A. D.* (Oriental Translation Fund, New Series XIV), 2 vols., London (repr. Leipzig 1923; Delhi 1961).

Weber, D. 1982. "Das Perfekt transitiver Verben im Khotansakischen", *Die Sprache* 28: 2, 165-170.

Whitfield, S. & U. Sims-Williams (eds.) 2004. *The Silk Road. Trade, Travel, War and Faith*, London: The British Library.

Wille, K. 1997. "Die Fragmente Or. 9610 in der British Library", *Bauddhaviayāsudhākarah. Studies in Honour of Heinz Bechert on the Occasion of his 65th Birthday* (Indica et Tibetica 30), eds. P. Kieffer-Pültz & J.-U. Hartmann, Swisttal-Odendorf, 717-728.

—— 1998a. "Weitere kleine *Saddharmapuṇḍarīkasūtra*-Fragmente aus der Sammlung Hoernle (London)", *Sūryacandrāya. Essays in Honour of Akira Yuyama on the Occasion of his 65th Birthday* (Indica et Tibetica 35), eds. P. Harrison & G. Schopen, Swisttal-Odendorf, 241-256.

—— 1998b. "The Rediscovered *Saddharmapuṇḍarīkasūtra* Fragment Khad. 016 in the Stein Collection (London)", *Facets of Indian Culture. Gustav Roth Felicitation Volume, published on the Occasion of his 82th Birthday*, ed. C. P. Sinha, Patna, 473-479.

—— 2000. *Fragments of a Manuscript of the Saddharmapuṇḍarīkasūtra from Khādalik* (Lotus Sutra Manuscript Series 3), Tokyo: Soka Gakkai.

—— 2001. "The Sanskrit *Saddharmapuṇḍarīkasūtra* Fragment in the Mannerheim Collection (Helsinki)", *ARIRIAB* 4 (2000), 43-52+ pl.

—— 2004. "Some Recently Identified *Saddharmapuṇḍarīkasūtra* Fragments in the British Library (London)", *ARIRIAB* 7 (2003), 139-146.

—— 2005. "Some Recently Identified Sanskrit Fragments from the Stein and Hoernle Collections in the British Library, London (1)", *ARIRIAB* 8 (2004), 47-79.

—— 2006a. "Some Recently Identifired Sanskrit Fragments from the Stein and Hoernle Collections in the British Library, London (2)", *Buddhist Manuscripts from Central Asia. The British Library Sanskrit Fragments*, Vol. I, eds-in-chief:

S. Karashima & K. Wille, Tokyo, 27-64.

—— 2006b. "Die Sanskrit-Fragmente der Crosby-Sammlung (Washington D. C.)", *Jaina-itihāsa-ratna. Festschrift für Gustav Roth zum 90. Geburtstag* (Indica et Tibetica 47), eds. U. Hüsken, P. Kieffer-Pülz & A. Peters, Marburg, 483-510.

Williams, J. 1973. "The Iconography of Khotanese Painting", *EW* 23: 1-2, 109-154.

Yaldiz, M. 1987. *Archäologie und Kunstgeschichte Chinesisch-Zentralasiens (Xinjiang)* (Handbuch der Orientalistik 7 Abt., 3 Band., 2 Abs.), Leiden.

Yamamoto, T.（山本达郎）& O. Ikeda（池田温）1987. *Tun-huang and Turfan Documents concerning Social and Economic History III, Contracts (A), (B)*, Tokyo.

Yamazaki, G.（山崎元一）1990. "The Legend of the Foundation of Khotan", *MRDTB* 48, 55-80.

Yang, Hansung, Yünhua Jan, Sh. Iida & L. W. Preston 1984. *The Hye Ch'o Diary. Memoir of the Pilgrimage to the Five Regions of India* (Religions of Asia Series 2), Berkeley-Seoul (repr. Seoul 1985).

Yang Lien-sheng（杨联生）1955. "Review of H. Maspero, *Les documents chinois de la troisième expédition de Sir Aurel Stein en Asie Centrale*", *Harvard Journal of Asiatic Studies* 18: 1-2, 142-158.

Yoshida, Y.（吉田丰）1997. "Review of *Saka Documents, Text Volume III*", *BSOAS* LX. 3, 567-569.

—— 2004. "Review of P. O. Skjærvø, *Khotanese Manuscripts from Chinese Turkestan in the British Library*",《神户外大论丛》第55卷第7号，21—33页。

—— 2006. "Notes on the Khotanese Secular Documents of the 8th-9th Centuries", 荒川正晴代表《东トルキスタン出土〈胡汉文书〉の总合调查》，31—38页。

Yuyama, A.（汤山明）1966. "Supplementary Remarks on 'Fragment of an Unknown Manuscript of the *Saddharmapuṇḍarīka* from the N. F. Petrovsky Collection' by G. M. Bongard-Levin and E. N. Tyomkin", *IIJ* IX. 2, 85-112.

—— 1970. *A Bibliography of the Sanskrit Texts of the Saddharmapuṇḍarīkasūtra* (Faculty of Asian Studies Oriental Monograph Series 5), Canberra.

—— 2001. "Random Remarks on and around the Mannerheim Fragment of the *Saddharmapuṇḍarīkasūtra*", *ARIRIAB* 4 (2000), 53-69.

—— 2004. "The *Golden Light* in Central Asia-To the Memory of Ronald Emmerick (1937-2001)", *ARIRIAB* 7 (2003), 3-32.

Yuyama, A. & H. Toda 1977. *The Huntington Fragment F of the Saddharmapuṇḍarīkasūtra* (Studia Philologica Buddhica, Occasional Paper Series II), Tokyo (repr. 1980).

Zieme, P. 1990. "Xuanzangs Biographie und das *Xiyuji* in alttürkischer Überlieferung", *Buddhistische Erzählliteratur und Hagiographie in türkischen Überlieferung* (Veröffentlichungen der Societas Uralo-Altaica 27), eds. J. P. Laut & K. Röhrborn, Wiesbaden, 75–107+ pls. I–XXI.

—— 1997. "Review of T. Takeuchi, *Old Tibetan Contracts from Central Asia*", *OLZ* 92: 1, 124–128.

Zhang Guangda (张广达) & Rong Xinjiang 1984. "Les noms du royaume de Khotan, les noms d'ère et la lignée royale de la fin des Tang au début des Song", *Contributions aux études de Touen-houang III*, ed. M. Soymié, Paris, 23–46+ pls. I–IV.

—— 1987. "Sur un manuscrit chinois découvert à Cira près de Khotan", *Cahiers d'Extrême-Asie* 3, 77–92.

Zürcher, E. 1959. *The Buddhist Conquest of China. The Spread and Adaptation of Buddhism in Early Medieval China* (Sinica Leidensia 11), 2 vols., Leiden (repr. with additions and corrections, in 1972).

—— 1990. "Han Buddhism and the Western Region", *Thought and Law in Qin and Han China. Studies dedicated to Anthony Hulsewé on the Occasion of his 80th Birthday* (Sinica Leidensia 24), eds. W. L. Idema & E. Zürcher, Leiden, 158–182.

二、俄文部分

Бонгард-Левин, Г. М. 1972. «Два новых Фрагмента "Саддхармапундарики" (предварительное сообщение)», *Индийская культура и Буддизм*, Москва, 187–191.

—— 1975a. «Санскритские рукописи из Центральной Азии (Фрагмент из махаянской "Махапаринирвана-сутры")», *Вестник Древней Истории* 1975: 4, 75–79.

—— 1975b. «Новый индийские тексты из Центральной Азии (неизвестный фрагмент махаянской «Махапаринирванасутры»)», *НАА* 1975: 6, 145–151.

—— 1977. «Новый фрагмент махаянской «Махапаринирванасутры»», *Acta Antiqua Academicae Scientiarum Hungaricae* 25, 243–248.

—— 1979. «Фрагмент санскритской Samādhirājasūtra из Центральной Азии»,

Санскрит и древнеиндийская культура I, Москва, 62-72 [2 Факсимиле: 71-72].

—— 1982. «Фрагмент «Махапаринирванасутры» из коллекции Н. Ф. Петровского», *НАА* 1982: 3, 121-124.

—— 1983. «К исследованию санскритских текстов из Центральной Азии (Новый фрагмент махаянской "Махапаринирванасутры")», *История и культура Центральной Азии в памятниках письменности*, Москва, 6-14, 333 [рис 1].

—— 1985. «Новый санскритский фрагмент махаянской «Махапаринирвана-сутры» из Центральной Азии», *Древняя Индия. Язык-Культура-Текст*, Москва, 146-155.

Бонгард-Левин, Г. М. и М. И. Воробьева-Десятовская 1985, 1990. *Памятники индийской письменности из Центральной Азии I-III*, *Издание текстов*, *исследование*, *перевод и комментарий* (Памятники письменности Востока LXXIII, 1/2; Bibliotheca Buddhica XXXIII/ XXXIV), Москва - Ленинград.

—— 1986. «Новый текст фрагмента санскритской "Сумукха-дхарани"», *Переднеазиатский сборник IV: Древняя и средневековая история и филология стран Переднего и Среднего Востока*, Москва, 156-159.

—— 1987. «Новые санскритские тексты из Центральной Азии», *Центральная Азия. Новые памятники письменности и искусства*, Москва, 6-17, 302-311 [=Факсимиле].

Бонгард-Левин, Г. М., М. И. Воробьева-Десятовская и Э. Н. Тёмкин 1968. «Об исследовании памятникиов инддийской письменности из Центральной Азии», *Материалы по истории и филологии Центральной Азии* 3, Улан-Удэ, 105-117.

—— 2004. *Памятники индийской письменности из Центральной Азии I-III*, *Издание текстов*, *исследование*, *перевод и комментарий* (Памятники письменности Востока LXXIII, 3; Bibliotheca Buddhica IL), Москва - Ленинград.

Бонгард-Левин, Г. М. и Э. Н. Тёмкин 1967. «Отрывок сакской версии Дхармашарира-сутры (Dharmaśarira-sūtra)», *Историко-филологические исследования. Сборник статей к семидесятипятилетию академика Н. И. Конрада*, Москва, 247-252.

—— 1968. «Фрагмент неизвестной рукописи "Саддхармапундарики" (Saddharmapuṇḍarīka) из коллекции Н. Ф. Петровского», *Языки Индии*,

Пакистана, Непала и Цейлона. Материалы научной конференции 18–20 января 1965 года, Москва, 439–451.

—— 1974. «Работы В. С. Воробьева-Десятовского и исследование буддийских текстов из коллекции Н. Ф. Петровского», *Проблемы истории языков и культуры народов Индии*, Москва, 12–19.

Воробьев-Десятовский, В. С. 1955. «Новые листы сакской рукописи «Е» (предварительное сообщение)», *Краткие сообщения института востоковедения* XVI, Москва, 68–71.

—— 1957. «Вновь найденные листы рукописей Кāшйапапариварты», *Rocznik Orjentalistyczny* XXI, 491–500.

—— 1958. «Памятники центральноазиатсой письменности», *Ученые записки института востоковедения* XVI, 280–308.

Воробьев-Десятовский, В. С. и М. И. Воробьева-Десятовская 1965. *Сказание о Вхадре (Новые листы сакской рукописи "Е"). Факсимиле текста, транскрипция, перевод, предисловие, вступительная статья, глоссарий и прложение* (Памятники письменности Востока I), Москва.

Воробьева-Десятовская, М. И. 1988. «Рукописная книга в культуре Центральной Азии в домусульманский период», *Рукописная книга в культуре народов Востока (очерки) II*, Москва, 313–357.

—— 1992a. «Хотано-саки», *Восточный Туркестан в древности и раннем средневековье [Т. 2]: Этнос. Языки. Религии.*, Под ред. Б. А. Литвинского, Москва, 32–76.

—— 1992b. «Рукописи буддийских канонческих текстов I тыс. н. э., обнаруженные в Восточном Туркестане и Средней Азии», *Восточный Туркестан в древности и раннем средневековье* [*Т. 2*], 493–507.

—— 1994. «Топоним "Шесть деревень" по хотаносакским деловым документам I тыс. н. э. из Восточного Туркестана», *Петербургское востоковедение* 6, 395–414.

Герценберг, Л. Г. 1965. *Хотано-сакский язык* (Языки народов Азии и Африки), Москва.

—— 1966. *Язык хотано-сакских буддийских памятников*, Ленинград. (unpublished dissertation)

—— 1974. «Кушанский и сакский», *Центральная Азия в кушанскую эпоху I: Труды международной коференции по истории, археологии и культуре Центральной Азиив кушанскую эпоху. Душанбе, 27 сентября–6 октября 1968 г.*, Москва, 344–349.

—— 1981. «Хотаносакский язык», *Основы иранского языкознания. Среднеиранские язык*, кн. 2, Москва, 233–313.

—— 1992. «Памятники хотано-сакской письменности VIII–X вв.», *Восточный Туркестан в древности и раннем средневековье* [*Т. 2*]: *Этнос. Языки. Религии.*, Под ред. Б. А. Литвинского, Москва, 75–76.

Гумилев, Л. Н. 1959. «Терракотовые Фигурки обезьян из Хотана (опыт интерпретации)», *СГЭ* XVI, 55–57.

Дьяконова, Н. В. 1958. «Культурное наследие национальных меньшинснв Синьцзяна», *ТГЭ* II, 201–213.

—— 1960a. «Материалы кулътовой иконографии Хотана», *СГЭ* XVII, 65–67+ табл.

—— 1960b. «Буддийская иконка из собрания Петровского», *СГЭ* XIX, 35–37+ табл.

—— 1961. «Материалы по кулътовой иконографии Централъной Азии домусульманского периода», *ТГЭ* V, 257–272.

—— 1967. «Сакские печати из Сериндии», *Вестник Древней Истории* 1967: 2, 175–182.

—— 1975. «Три перстная из Восточного Туркестана», *Культура и искусство Индии и стран Дальнего Востока*, Ред. Е. И. Любо-Лесниченко, Ленинград, 21–26. [Eng. sum. 130]

—— 1978. «Фольклорные мотивы и апотропеи в изобразительном искусстве Восточного Туркестана», *Культура Востока. Древность и раннее средневековье*, Ленинград, 222–228. [Eng. sum. 238]

—— 1980. «К истории одежды в Восточном Туркестане II–VII вв.», *Страны и народы Востока* XXII, 174–195.

—— 1983. «"Иранские" божества в буддийском пантеоне Центральной Азии», *История и культура Центральной Азии в памятниках письменности*, Москва, 266–281, 351–352 [Рис. 23–24].

—— 2000. «Изобразительное искусство», *Восточный Туркестан в древности и раннем средневековье* [*Т. 4*]: *Архитектура. Искусство. Костюм.*, Под ред. Б. А. Литвинского, Москва, 218–295. [Eng. sum. 582]

Дьяконова, Н. В. и С. С. Сорокин 1956. «Хотанская терракотовая ваза», *СГЭ* IX, 49–51.

—— 1960. *Хотанские древности. Каталог хотанских древностей, хранящихся в Отделе Востока Государственного Эрмитажа (Терракота и штук)*, Ленинград.

Залеман, К. 1904. «По поводу эвреиско-персидскаго отривка из Хотана», *ЗВОРАО* XVI (1904–1905), 046–057.

Зеймаль, Е. В. 1971. «Сино-Кхароштийские Монеты», *Страны и народы Востока* X, 109–120.

—— 1990. «Браслеты из Хотана», *СГЭ* LIV, 34–38.

—— 1995. «Денежное обращение в Восточном Туркестане», *Восточный Туркестан в древности и раннем средневековье* [*Т. 3*]*: Хозяйство, материальная культура.*, Под ред Б. А. Литвинского, Москва, 430–473.

Кибирова, С. 2000. «Музыкальная культура», *Восточный Туркестан в древности и раннем средневековье* [*Т. 4*]*: Архитектура. Искусство. Костюм.*, Под ред. Б. А. Литвинского, Москва, 385–537. [Eng. sum. 583]

Кизерицкий, Г. 1896. «Хотанские древности из собрания Н. Ф. Петровского», *ЗВОРАО* IX. 1–4 (1895), 167–190.

Косолапов, А. И. и Б. И. Маршак 1999. *Стенная живопись Средней и Центральной Азии. Историко-художественное и лабораторное исследование / Murals along the Silk Road. Combined Art Historical and Laboratory Study*, Санкт-Петербург.

Крюков, М. В. 1988. «Восточный Туркестан в III в. до ни. э.–VI в. н. э.», *Восточный Туркестан в древности и раннем средневековье* [*Т. 1*]*: Очерки истории.*, Под ред. С. Л. Тихвинского и Б. А. Литвинского, Москва, 223–296.

Ивочкина, Н. В. 1975. «Монеты первой Восточнотуркестанской экспедиции С. Ф. Ольденбурга», *Культура и искусство Индии и стран Дальнего Востока*, Ред. Е. И. Любо-Лесниченко, Ленинград, 27–38. [Eng. sum. 131]

Литвинский, Б. А. 1980. «Сакская проблема», *НАА* 1980: 6, 82–85.

—— 1982. «Изучение древней истории и культуры Восточного Туркестана в отечественной и зарубежной науке», *НАА* 1982: 1, 69–78.

—— 1983. «Древняя этнокультурная общность Восточного Туркестана и Средней Азии», *НАА* 1983: 6, 61–69.

—— 1984. «Исторические Судьбы Восточного Туркестана и Средней Азии (проблемы этнокультурной общности)», *Восточный Туркестан и Средняя Азия, История. Культура. Связи.*, Под ред. Б. А. Литвинского, Москва, 4–28.

—— (М. И. Воробьева-Десятовская) 1992. «Буддизм», *Восточный Туркестан в древности и раннем средневековье* [*Т. 2*]: *Этнос. Языки. Религии.*, Под ред. Б. А. Литвинского, Москва, 427–507.

—— 1995. «Бытовой инвентрь», *Восточный Туркестан в древности и раннем средневековье* [*Т. 3*]: *Хозяйство, материальная культура.*, Под ред Б. А. Литвинского, Москва, 106–123.

—— 1997. «Буддизм и буддийская культура Центральной Азии (древность)», *Московское востоковедение. Очерки, исследования, разработки*, Москва, 55–78.

Литвинский, Б. А., М. Н. Погребова и Д. С. Раевский 1985. «К ранней Истории Саков Восточного Туркестана», *НАА* 1985: 5, 65–74. [Eng. sum. 219–220]

Литвинский, Б. А. и А. П. Терентьев-Катанский (с дополнениями М. В. Крюкова) 1988. «История изучения», *Восточный Туркестан в древности и раннем средневековье* [*Т. 1*]: *Очерки истории.*, Под ред. С. Л. Тихвинского и Б. А. Литвинского, Москва, 17–82.

Малявкин, А. Г. (с дополнениями Б. А. Литвинского) 1988. «История Восточного Туркестана в VII–X вв.», *Восточный Туркестан в древности и раннем средневековье* [*Т. 1*], 297–351.

Ольденбург, С. Ф. 1893. «Кашгарская рукопись Н. Ф. Петровскаго», *ЗВОРАО* VII. 1–4 (1892), 81–82, 2 л. табл.; also in: *Buddhist Texts from Kashgar and Nepal*, New Delhi 1983, 154–158.

—— 1894a. «Отрывки кашгарских санскритских рукописей из собрания Н. Ф. Петровскаго, I», *ЗВОРАО* VIII. 1–2 (1893), 47–67; also in: *Buddhist Texts from Kashgar and Nepal*, 159–179.

—— 1894b. «К кашгарским буддийским текстам», *ЗВОРАО* VIII. 1–2 (1893), 151–153; also in: *Buddhist Texts from Kashgar and Nepal*, 253–254.

—— 1894c. «Еще по поводу кашгарских буддийских текстов», *ЗВОРАО* VIII. 3–4 (1893–1894), 349–351; also in: *Buddhist Texts from Kashgar and Nepal*, 256–258.

—— 1897. *Предварительная заметка о буддийской рукописи, написанной письменами kharoṣṭhī* (Издание Факультета восточных языков Императорского Санкт-Петербургского университета ко дню открытия XI международного съезда ориенталистов в Париже [Publications de la Faculté des Lettres orientales en l'honneur du XI Congrès des Orientalistes à Paris]), Санкт-Петербург; also in: *New Indian Antiquary* 1946, 183–186; and also in: *Buddhist Texts from Kashgar and Nepal*, 259–267.

—— 1899. «Отрывки кашгарских и санскритских рукописей из собрания Н. Ф. Петровскаго, II», *ЗВОРАО* XI. 1–4 (1897–1898), 207–264, 2 л. табл.; also in: *Buddhist Texts from Kashgar and Nepal*, 180–139.

—— 1900a. "Рец.: A. F. R. Hoernle, 'Three Further Collections of Ancient Manuscripts from Central Asia; A Note on Some Block-Prints from Khotan'", *ЗВОРАО* XII. 1 (1899), 028–036.

—— 1900b. «Два хотанских изображения Майтреи (из собрания Н. Ф. Петровского)», *ЗВОРАО* XII. 4 (1899), 0106–0107, 1 табл.

—— 1902. «Рец.: M. A. Stein, *Preliminary Report on a Journey of Archaeological and Topographical Exploration in Chinese Turkestan*», *ЗВОРАО* XIV. 4 (1901), 0138–0143.

—— 1904. «Отрывки кашгарских санскритских рукописей из собрания Н. Ф. Петровскаго, III», *ЗВОРАО* XV. 4 (1902–1903), 0113–0122, 3 л. табл.; also in: *Buddhist Texts from Kashgar and Nepal*, 240–252.

—— 1910. «О научном значении коллекции Н. Ф. Петровскаго», *ЗВОРАО* XIX. 1 (1909), XXV–XXVIII.

—— 1911. «Памяти Николая Федоровича Петровскаго 1837–1908.», *ЗВОРАО* XX. 1 (1910), 01–08, 1 л. порт.

—— 1920. «Индийское собрание», *Азиатский Музей Российской Академии Наук 1818–1918*, *Краткая памятка*, Петербург, 87–90.

—— 1983. *Buddhist Texts from Kashgar and Nepal* (Śata-Pitaka Series, Indo-Asian Literatures 322), eds. I. P. Minayeff & S. Oldenburg, New Delhi.

Ольденбург, С. Ф. и Е. Г. 1930. «Гандарские скульптурные памятники Государственного Эрмитажа», *Записки Коллегии Востоковедов* 5, 145–186+ 5 таблицы.

Петровский, Н. Ф. 1893. «Загадочныя яркендския монеты», *ЗВОРАО* VII. 1–4 (1892), 307–310.

Сорокин, С. С. 1961. «Керамика древнего Хотана», *Археологический сборник Государственного Эрмитажа* 3, 195–209.

Тугушева, Л. Ю. 1980. *Фрагменты уйгурской версии биографии Сюань-Цзана. Транскрипция, перевод, примечание, комментарий и указатели*, Москва.

—— 1991. *Уйгурская версия биографии Сюань-Цзана. Фрагменты из ленинградского рукописного собрания Института востоковедения АН СССР*, Москва.

Яценко, С. А. 2000. «Костюм», *Восточный Туркестан в древности и раннем средневековье* [*Т. 4*]*: Архитектура. Искусство. Костюм.*, Под ред. Б.

A. Литвинского, Москва, 296-384. [Eng. sum. 582-583]

三、日文部分

秋山光和、鈴木敬（編著）1973.《中國美術》第1卷（繪畫I），講談社。

東裕子 1978.《西域の美術に於ける駱駝の作例——ことに形態上の諸問題の作例による一考察》,《清和女子短期大学紀要》第7号，39—67。

足立喜六 1940.《法顯傳——中亞・印度・南海紀行の研究》，法藏館（重印：鳥影社，2006年）（初版：《考證法顯傳》，三省堂，1936年）。

—— 1942—1943.《大唐西域記の研究》二卷，法藏館。

荒川正晴 1994.《唐代コータン地域のulaγについて——マザル=ターク出土、ulaγ關係文書の分析を中心にして》，龍谷大学史学会《小田教授華甲記念特集》（=《龍谷史壇》第103—104号），17—38。

—— 1997.《クチャ出土〈孔目司文書〉攷》,《古代文化》第49卷第3号，1—18。

—— 2005.《オアシス王國ホータン點描》,《新シルクロード》第2卷，NHK出版，208—223。

——（代表）2006a.《東トルキスタン出土〈胡漢文書〉の総合調査》（科学研究費補助金（基盤研究（B））研究成果報告書 平成15年度——平成17年度）。

—— 2006b.《調查の概略とコータン新出漢文文書》，荒川正晴代表《東トルキスタン出土〈胡漢文書〉の総合調査》，1—29。

池田温 1979.《中国古代籍帳研究——概觀・録文》（東京大学東洋文化研究所報告），東京大学出版会。

—— 1982.《中國における吐魯番文書整理研究の進展——唐長孺教授講演の紹介を中心に》,《史學雜誌》第91編第3号，59—85。

池田百合子 1975.《西域南道とインドの關係——多面・多臂像に關する一考察》,《松田壽男博士古稀記念・東西文化交流史》，雄山閣（重印：1980年），58—74。

石田幹之助 1929. 书评：M. A. Stein, *Innermost Asia*,《史學雜誌》第40編第12号，108—114。

—— 1930.《中央亜細亜探検の経過とその成果》,《東洋史講座》XIV，雄山閣（1941年重印版：第15卷），1—87。

—— 1952. 介绍：F. H. Andrews, *Wall-paintings from Ancient Shrines in Central Asia recovered by Sir Aurel Stein*,《学灯》Vol. 49, No. 8（1952年第8期），20—22。

—— 1962.《增補・長安の春》（東洋文庫），平凡社（初版：創元社，

1941年）。

石濱純太郎 1918.《于闐出土梵本法華経考を讀んで》,《藝文》第9年第7号, 86—91。

——（昙隐）1921. 新刊紹介：E. Leumann, *Buddhistische Literatur, Nordarisch und Deutsch, I. Teil: Nebenstücke*,《支那學》第2卷第3号, 79。

——（昙隐）1922a. 新刊紹介：寺本婉雅《于阗国史》,《支那學》第2卷第4号, 77—78。

——（昙隐）1922b.《書後》,《支那學》第2卷第7号, 81—83。

—— 1937.《ベイレイ氏の近業》,《東洋史研究》第2卷第5号, 82—84。

—— 1961.《西域古代語の佛典——研究の回顧と展望》, 西域文化研究會編《西域文化研究》第四（中央アジア古代語文献）, 法藏館, 9—48。

石濱純太郎、芳村修基 1958.《無量寿宗要経とその諸寫本——西曆八二二年を示す寫本の基準》, 西域文化研究會編《西域文化研究》第一（敦煌佛教資料）, 法藏館, 216—219。

泉芳璟 1917.《西藏発掘の梵語経典斷片》,《無盡燈》第22卷第2号, 58—59。

—— 1922a.《西藏発掘の梵語古経典——ヘルンレ文庫を回顧して》,《佛教研究》第3卷第4号, 113—124。

—— 1922b. 新刊紹介：M. A. Stein, *Serindia*,《佛教研究》第3卷第3号, 111。

伊瀬仙太郎 1955.《西域経営史の研究》, 日本學術振興會（重版：《中國西域経営史研究》, 巌南堂書店, 1968年）。

磯部信孝 1983.《求法僧の旅行記に見られる中央アジアの佛教》,《佛教史研究》第17号, 49—85。

—— 1987.《コータン佛教史の研究》,《龍谷大学大学院研究紀要》第8集, 175—176。

稲本泰生 1998.《優填王像東傳考——中國初唐期を中心に》,《東方學報》（京都）第69卷, 357—457。

井ノ口泰淳 1959.《ウテン語普賢行願讚考》,《佛教學研究》第16/17号, 87—97；《中央アジアの言語と仏教》, 168—182。

—— 1960a.《ウテン語佛名經について》,《印度學佛教學研究》第8卷第2号, 208—211；《ウテン語佛名經》,《中央アジアの言語と佛教》, 210—216。

—— 1960b.《ウテン語資料によるViśa王家の系譜と年代》,《龍谷大学論集》第364号, 27—43；《中央アジアの言語と佛教》, 217—238。

—— 1961.《トカラ語及びウテン語の佛典》, 西域文化研究會編《西域文化研究》第 4，别冊，法藏館，317—388；《中央アジアの言語と佛教》，46—167。

—— 1963.《大集經關係の梵文およびウテン文資料》，《大正新脩大藏經會員通訊》第 32 號；《中央アジアの言語と佛教》，239—243。

—— 1966.《中央アジア古代語佛典——中央アジア・サカ語》，《仏教学研究》第 22 号，1—17。

—— 1975.《出土佛典の種々相》，井ノ口泰淳、水谷幸正編《シルクロードの宗教——幻の寺院をたずねて》（アジア佛教史・中國編 V），佼成出版社，199—274。

—— 1978a.《東トルキスタン出土の佛典》，《月刊シルクロード》第 4 巻第 2 号，18—21。

—— 1978b.《クォータン・サカ語研究の現状（中央アジア言語研究の現状）》，《言語》第 7 巻第 7 号，60—62。

—— 1978c.《普賢行願讚考》（1），《龍谷大学論集》第 412 号，35—50；《中央アジアの言語と佛教》，183—209。

—— 1978—1979.《シルクロード出土の佛典（1）—（2）》，《東洋學術研究》第 17 卷第 6 号，1—16；第 18 卷第 1 号，90—100；《シルクロードと佛教文化》，東洋哲學研究所，1979 年，181—218；收入作者《中央アジアの言語と佛教》，3—26。

—— 1982.《普賢行願讚考》（2），《龍谷大学論集》第 420 号，23—33；《中央アジアの言語と佛教》，183—209。

——（编）1986.《龍谷大学図書館蔵大谷探検隊將來・西域文化資料選》，龍谷大学図書館。

—— 1992.《シルクロードの佛典》，《佛教東漸——シルクロード巡歴》，京都新聞社，303—309。

—— 1993.《カローシュティー文字資料と佛教》，《佛教史学研究》第 36 巻第 1 号，109—125；《中央アジアの言語と佛教》，27—45。

—— 1995.《中央アジアの言語と佛教》（山田明爾、上山大峻、百濟康義、入澤崇編集），法藏館。

伊藤唯眞 1952.《于闐文（Khotanese）金剛經歸敬文に就て》，《佛教學紀要》第 1 集，1—5。

—— 1954a.《ウテン文金剛般若經に於ける二三の問題》，《印度學佛教學研究》第 2 巻第 2 号，207—209。

—— 1954b.《一翻譯佛典を通じてみたるウテン人の佛教受容の態度について》，《史峰》第 2 卷，33—39。

岩井大慧 1954.《オーレル・スタイン卿第三次中亞探檢將來文書考釋》，《學

燈》Vol. 51，No. 10，56—60。

岩松浅夫 1985.《敦煌のコータン語佛教文獻》，山口瑞鳳編《敦煌胡語文獻》（講座敦煌 6），大東出版社，141—183。

岩本裕 1962.《解題：〈法華經〉のサンスクリット語原典》，坂本幸男、岩本裕（譯注）《法華經》（共 3 冊），岩波書店（改版：1976 年；2001 年ワイド版，407—438）。

—— 1963.《Brough，J. 著 *The Gāndhārī Dharmapada*》，《インド學試論集》第 4・5 號，74—80。

上野照夫 1962.《西域の雕塑》，西域文化研究會編《西域文化研究》第 5（中央アジア佛教美術），法藏館，213—238+11—13。

上原芳太郎（编）1937.《新西域记》，有光社。

上山大峻 1967—1968.《大蕃國大德三藏法師沙門法成の研究》，《東方學報》（京都）第 38 冊，133—198；第 39 冊，119—222；《大蕃國大德三藏法師沙門法成——人と業績》，《敦煌佛教の研究》，84—246。

——1972.《曇倩訳〈金剛壇広大清浄陀羅尼経〉——8 世紀安西における末伝漢訳経典》，《龍谷大学論集》第 399 号，60—82；《敦煌佛教の研究》，460—469，圖 50。

—— 1990.《敦煌佛教の研究》，法藏館。

鱼尾舜兴 1905.《于阗古代史》，《宗粹》第 9 卷第 4 号，213—219；第 6 号，348—355。

内田吟風 1961.《後魏宋雲釋惠生西域求經記考證序説》，《佛教史學論集：塚本博士頌壽記念》，京都，113—124。

——（編）1980.《中國正史西域傳の譯注》，龍谷大学文学部。

榮新江 1991.《唐宋時代于闐史概説》，木田知生訳，《龍谷史壇》第 97 号，28—38。

—— 2001.《敦煌歸義軍節度使曹氏出自攷——ソグド後裔説をめぐって》，張銘心、廣中智之訳，《内陸アジア史研究》第 16 号，1—12。

—— 2002.《ソグド祆教美術の東伝過程における転化—ソグドから中國へ—》，西林孝浩訳，《美術研究》第 384 号，57—72。

江上波夫（編）1987.《中央アジア史》（世界各國史 16），山川出版社。

榎一雄 1940—1941.《ベイリイ氏〈コータン語のラーマ王物語〉》，《東洋学報》第 27 巻第 3 号，139—150；同《補訂》，《東洋学報》第 28 巻第 3 号，143—144；《シルクロードの歴史から》，100—112，205—208；又《榎一雄著作集》第 3 巻，408—421。

—— 1950.《アウレル・スタイン卿小傳：附著作目録》，《東洋学報》第 33 巻第 1 号，102—122。

—— 1960.《所谓シノ=カロシュティー銭について》,《東洋学報》第 42 巻第 3 号, 237—292; 收入《榎一雄著作集》第 1 巻, 196—250。

—— 1964.《仲雲族の牙帳の所在地について》,《鈴木俊教授還暦記念東洋史論叢》, 東京, 89—102;《榎一雄著作集》第 1 巻, 149—161。

—— 1971.《中央アジア・オアシス都市國家の性格》,《岩波講座・世界歴史》古代 6, 327—358;《シルクロードの歴史から》; 又《榎一雄著作集》第 1 巻, 3—36。

—— 1975.《小月氏と尉遲氏》,《末松保和博士古稀記念・古代東アジア史論叢》下卷, 吉川弘文堂, 391—418;《榎一雄著作集》第 1 巻, 322—348。

—— 1979.《シルクロードの歴史から》, 研文出版。

—— 1980. 書评: *Prolegomena to the Sources on the History of Pre-Islamic Central Asia*, ed. J. Harmatta,《东方学》第 59 辑;《榎一雄著作集》第 3 卷, 491—499。

—— 1985.《禺氏邊山の玉》,《東洋学報》第 66 巻第 1—4 号, 109—132;《榎一雄著作集》第 1 巻, 265—285。

—— 1992—1993.《榎一雄著作集》第 1/3 巻 (中央アジア史 I—III), 汲古書院。

大谷勝眞 1916.《孔雀經中藥叉の地理的列表に就きて》,《東洋学報》第 6 巻第 2 号, 277—287。

—— 1925.《安西四鎮の建置と其の異同に就いて》,《白鳥博士還暦記念東洋史論叢》, 岩波書店, 271—292。

大西龍峰 1985.《華厳经の成立流伝に關する古伝説——上中下三本説について》,《印度學佛教學研究》第 33 巻第 2 号, 85—90。

小笠原宣秀 1939.《回教のトルキスタン弘通の一形式——特に于闐を中心として》,《回教事情》第 2 巻第 3 号, 73—80。

—— 1954.《西域出土資料による中世佛教生活の一齣》,《印度學佛教學研究》第 3 巻第 1 号, 292—295。

小口雅史 2007a.《ベルリン・吐魯番コレクション中のコータン人名録 (Ch 3473) をめぐって》,《法政史學》第 67 号, 16—29。

—— 2007b.《前号拙稿〈ベルリン・吐魯番コレクション中のコータン人名録 (Ch 3473) をめぐって〉補訂》,《法政史學》第 68 号, 113—119。

小谷仲男 1971.《佛教美術の東方伝播》, 山田信夫編《ペルシアと唐》(東西文明の交流 2), 平凡社;《ガンダーラ美術とクシャン王朝》(東洋史研究叢刊 51), 同朋舎出版, 1996 年, 309—375。

小田義久 1962.《西域における寺院經濟について》,《龍谷大学佛教文化研究所紀要》第 1 号, 140—147。

—— 1963.《西域における葬送様式について》,《印度學佛教學研究》第 11 卷第 2 号，182—183。

小野勝年 1970.《敦煌の釋迦瑞像圖》,《龍谷史壇》第 63 号，28—61。

—— 1976.《空海將來の〈悟空入竺記〉とその行程》,《東洋學術研究》第 15 卷第 3 号，33—52。

—— 1984.《空海の將來した〈大唐貞元新訳十地等経記〉—悟空入竺記のこと—》,《密教文化》第 148 号，48—80；高野山大学密教研究會編《弘法大師と密教の文化：弘法大師御入定千百五十年記念論文集》，高野町，1985 年。

—— 1985.《空海と西域地方》,《東洋史苑》第 24・25 号，89—116。

—— 1989.《中国隋唐长安・寺院史料集成》，史料篇/解说篇，法藏馆。

小野玄妙（二楞學人）1903.《于闐國の佛教》,《宗粹》第 7 卷第 10 号，35—44。

—— 1906.《佛教文明推移史論》,《和融志》第 10 卷第 5 号，404—408。

——（小野二楞）1908.《于闐及び龜茲附近の古代文明》,《宗教界》第 4 卷第 5 号，253—256；《佛教之美術及歷史》（佛教學叢書第 2 編），佛書研究會，1916 年，572—578（增補版：金尾文淵堂，1922 年）；《小野玄妙佛教藝術著作集》第 2—3 卷，開明書院，1977 年。

香川孝雄 1956.《如來藏經典の成立について》,《印度學佛教學研究》第 4 卷第 1 号，196—199。

—— 1962.《カダリック出土 Bhadrapāla-sūtraの梵文斷簡について》,《印度學佛教學研究》第 10 卷第 2 号，199—203。

香川默識（編）1915.《西域考古圖譜》二帙，國華社（重印：柏林社，1972 年；学苑出版社，1999 年）。

片山章雄 1981.《Toquz Oγuzと九姓の諸問題について》,《史学雜誌》第 90 編第 12 号，39—55。

—— 1987.《大谷探検隊とその將來品》,《小さな蕾》Nos. 228—231。

—— 2001.《大谷探検隊の足跡——未紹介情報と蒐集品の行方を含めて》,《季刊・文化遺産》第 11 号，30—33。

勝木言一郎 1999.《中國——二つの壁畫を通して考えるホータン王のファッション戰略》（アジア諸民族の生活、文化誌〈衣装〉），《ASIA 21 基礎教材編》8，大東文化大學國際關係學部現代アジア研究所廣報出版部，94—100。

勝崎裕彦、小峰彌彦、下田正弘、渡辺章悟（編著）1997.《大乗経典解說事典》，北辰堂。

加藤九祚 1994.《シルクロード文明の旅》（中公文庫），中央公論社。

金岡照光 1975a.《コータンの佛教》，井ノ口泰淳、水谷幸正編《シルクロードの宗教——幻の寺院をたずねて》（アジア佛教史・中國編 V），佼成出版社，121—136。

—— 1975b.《敦煌本讚偈類数則》，《東方宗教》第 46 号，1—14。

金倉圓照 1935.《陀羅尼一滴》，《文化》第 2 巻第 1 号；《インド哲學佛教學研究》（一）《佛教學篇》，春秋社，1973 年，175—193。

金子良太 1973.《敦煌出土未解明文書一、二に就いて》，《豐山学報》第 17—18 号，150—142。

—— 1974.《敦煌出土張金山関係文書》，《豐山学報》第 19 号，109—118。

—— 1977.《Pelliot 2782 文書所見のDyau Tceyi-śīṅä》，《豐山学報》第 22 号，125—130。

鎌田茂雄 1965.《中國華厳思想史の研究》，東京大学出版會。

—— 1991.《華厳経物語》，大法輪閣。

辛嶋静志 1997.《法華経の文献学的研究》，《印度學佛教學研究》第 45 巻第 2 号，124—129。

—— 1998.《法華経梵本の原典批判覺書》，《創価大学・國際仏教学高等研究所・年報》創刊号，49—68。

韓國國立中央博物館（編著）1989.《中央アジアの美術——韓國國立中央博物館所蔵》，学生社。

関東廳博物館 1933.《関東廳博物館考古圖録》；《旅順博物館陳列品圖録》，1935 年；《旅順博物館圖録》，座右寶刊行會，1953 年。

菊地章太 2003a.《闇をやぶる光——中國の彌勒信仰、中央アジアへ》，福井文雅編《東方学の新視点》，五曜書房，537—572。

—— 2003b.《彌勒信仰のアジア》（あじあブックス51），大修館書店，135—169。

岸辺成雄 1936.《琵琶の淵源——ことに正倉院五弦琵琶について》，《考古学雜誌》第 26 巻第 10 号，18—42；同 12 号，27—51；東洋音楽学会編《唐代の樂器》（東洋音楽選書），音楽之友社，1968 年，117—156；又收入作者《唐代音楽の歷史的研究・續卷》，310—368。

—— 1944.《東亜音楽史考》，龍吟社。

—— 1948.《東洋の楽器とその歷史》，弘文堂。

—— 1952.《西域楽東流における胡乐人來朝の意義》，《東京大学教養学部人文科学科紀要》第 1 輯（歷史と文化——歷史学研究報告第 1 集）；收入作者《唐代音楽の歷史的研究・續卷》，597—623。

—— 1960—1961.《唐代音楽の歷史的研究・楽制篇》上巻/下巻，東京大学出版會（重印：和泉書院，2005 年）。

—— 1982.《古代シルクロードの音楽——正倉院・敦煌・高麗をたどって》，講談社。

—— 2005.《唐代音楽の歴史的研究・續卷：楽理篇、楽書篇、楽器篇、楽人篇》，和泉書院。

北村高 1977a.《尉遲氏の中國入居について》，《東洋史苑》第 11 号，19—36。

—— 1977b.《コータン出身の訳経僧について》，《東洋史苑》第 11 号，109—110。

—— 1978.《コータン出身訳経僧と華厳経について》，《龍谷大学佛教文化研究所紀要》第 17 号，88—93。

橘堂晃一 2002.《敦煌出土コータン語〈右繞仏塔功徳経〉》，《佛教史学研究》第 45 卷第 2 号，22—53。

木村清孝 1984.《華厳経典の成立》，《東洋學術研究》第 23 卷第 1 号，212—231；《華厳経典の成立と流佈》，《中国華厳思想史》，平楽寺書店，1992 年，3—28。

—— 1997.《華厳経をよむ》，NHK 出版。

清田寂雲 1957.《ペトロフスキー本法華經原典について》，《印度學佛教學研究》第 5 卷第 1 号，188—191+1 圖版。

—— 1960.《ペトロフスキー本法華經原典の特色について——序品より人記品まで》，《天台学報》第 1 号，25—32。

久野芳隆 1938a.《西域出土佛教梵本とその聖典史論上の地位（上）——大寶積經と雜阿含經の原典》，《佛教研究》第 2 卷第 3 号，1—40。

—— 1938b.《西域出土梵本阿含經斷片と現存聖典以前の言語》，《大正大學學報》第 28 輯，61—83。

熊谷宣夫 1944.《西域雕塑雜記——主として恩賜京都博物館大谷伯搜集品について》，《清閑》第 19 号，33—42。

—— 1949.《ミィランの壁畫と法隆寺》，《佛教藝術》第 4 号，139—146+3—4。

—— 1950.《西域の美術》，《世界美術全集》8：中國古代 II，平凡社，105—119。

—— 1953.《東トルキスタンと大谷探検隊》，《佛教藝術》第 19 号，3—23。

—— 1956a.《西域出土の双面壺と人面のアプリケ》，《美術研究》第 186 号，7—20。

—— 1956b.《考古學，VI. 中央アジア，1. 東トルキスタン，B. 歷史時代》，《東洋史料集成》，平凡社，52—56。

—— 1956c.《大谷コレクションの西域出土塼二種》，《美術史》19（Vol. V,

No. 3），97—101+图 a—b。
—— 1957a.《西域》（中國の名畫），平凡社。
—— 1957b.《西域出土のテラ・コッタ共命鳥像》，《美術研究》第 194 号，119—129。
—— 1958.《ホータン・和闐》，《世界大百科事典》26，平凡社，432—433；1981 年版：28，334。
—— 1959.《コォタン將來の金銅佛頭》，《美術研究》第 200 号，85—103+112（+i）+1—2。
—— 1962.《西域の美術》，西域文化研究會編《西域文化研究》第 5（中央アジア佛教美術），法藏館，31—170。
—— 1963.《コータンのテラコッタ》，《みづゑ》699，9—11+i—viii。
—— 1965.《西域佛寺の伽藍配置に關して》，《石田博士頌壽記念東洋史論叢》，石田博士古稀記念事業會，219—238。
熊本裕 1984.《イラン学の現段階——古、中期イラン語研究案内》，《IBU 四天王寺国際佛教大学文学部紀要》第 16 号，90—95。
—— 1985a.《コータン語文献概說》，山口瑞鳳編《敦煌胡語文献》（講座敦煌 6），大東出版社，101—140。
—— 1985b.《Hagausta. Sūlī》，《IBU 四天王寺国際佛教大学文学部紀要》第 17 号，1—22。
—— 1988.《西域旅行者用サンスクリット=コータン語会話練習帳》，《西南アジア研究》第 28 号，53—82。
—— 1989.《サカ語》，《言語學大詞典》第 2 巻：世界言語編（中），三省堂（重印：1996 年），16—27。
—— 1991.《コータン寫本学》，《しにか》第 2 巻第 1 号，39—46。
—— 1992.《コータン語寫本の分類について》，《東方學》第 83 輯，169。
—— 1997.《東洋学研究所所蔵コータン語文書の意義》，《東洋学報》第 78 巻第 4 号，77—81。
—— 1998.《"表音文字"の背後にあるもの——中央アジア・ブラーフミー文字の場合》，《東京大学言語学論集》17，221—229。
—— 2001.《東洋文庫所蔵 St. Petersburgコータン・サカ語寫本マイクロフィルム暫定目錄》，《東京大学言語学論集》20，301—345。
桑原隲藏 1926.《隋唐時代に支那に來住した西域人に就いて》，羽田亨編《内藤博士還暦記念支那學論叢》，弘文堂書店，565—660；《東洋文明史論叢》，弘文堂書店，1934 年；《桑原隲藏全集》第 2 巻，岩波書店，1968/1987 年，270—360。
桑山正進 1990.《カーピシー=ガンダーラ史研究》，京都大学人文科学研究所。
——（編）1992.《慧超往五天竺国传研究》，京都大学人文科学研究所。
桑山正進、袴谷憲昭 1981.《玄奘》（人物　中国の仏教），大蔵出版（新訂：1991 年）。
小泉惠英 2000.《西北インドの携帯用龕像》，《東京国立博物館紀要》第 35 号，85—158。
光島督 1953.《于闐の名刹グマティ寺について》，東京教育大学東洋史研究室編《東洋史学論集》第一，清水書院，111—117。
—— 1954.《ツアルマ寺の僧侶達の流転について》，東京教育大学東洋史研究室編《東洋史学論集》第三，不昧堂書店，359—368。
小島文保 1952.《ファルハード・ベーグ出土梵本法華経寶塔品に就て》，《仏教学研究》第 7 号，54—59。
—— 1953.《カダリック出土梵本法華経如來神力品に於ける一二の問題》，《仏教学研究》第 8/9 号，9—16。
—— 1955.《ファルハード・ベーグ出土梵本法華如來壽量品に就いて》，《印度學佛教學研究》第 3 巻第 2 号，132—133。
—— 1956.《梵本法華経如來寿量品覚え書》，《龍谷大学論集》第 353 号，44—48。
—— 1959a.《西域出土梵本法華経の諸問題》，《龍谷大学論集》第 361 号，1—6。
—— 1959b.《カダリック出土梵本法華経普賢菩薩勧発品の一斷簡》，《仏教学研究》第 16/17 号，84—89。
—— 1961.《法華経の原典解明：西域出土梵文法華経八行本をめぐって》，《龍谷大学論集》第 367 号，1—8。
—— 1965a.《カダリック本法華經序品斷簡》，《印度學佛教學研究》第 13 巻第 1 号，65—69。
—— 1965b.《カダリック本法華經法師功德品偈頌斷簡》，《印度學佛教學研究》第 14 巻第 1 号，55—59。
—— 1967.《カダリック出土梵文法華經随喜功德品について》，《天台学報》第 8 号，26—31。
小杉一雄 1953.《行像》，《佛教艺术》第 19 号，40—45。
後藤勝 1954.《唐代の西域南道経営》，東京教育大学東洋史研究室編《東洋史学論集》第三，不昧堂書店，141—156。
小森彦次 1922.《中央亜細亜和闐地方に於ける埋没寺院に就いて》，《東洋》第 25 巻第 10 号，209—225。
小師順子 2003.《中国における毘沙門天霊験譚の成立——安西城霊験譚を中

心に》，《駒澤大学佛教学部論集》第 34 号，263—278。

—— 2004.《毘沙門天霊験譚の成立について—不空と毘沙門天の關係を中心に—》，《印度學佛教學研究》第 53 巻第 1 号，208—210。

子安善之助（編訳）1904a.《スヴェン、ヘディンSven Hedinの中央亜細亜探検記》，《歴史地理》第 6 巻第 1 号，47—54。

——（編訳）1904b.《スヴエンヘデイン（Sven Hedin）の中央亜細亜探検》（第二）～（第五），《歴史地理》第 6 巻第 2 号，142—145；第 3 号，235—243；第 4 号，328—342；第 5 号，438—444。

小山满 2002.《ホータン地區ブザク古墓出土の木棺》，《シルクロード研究》第 3 号，1—11。

境野黄洋 1906.《支那佛教史上の四大翻譯と于闐國》，《東洋哲學》第 13 巻第 1 号，8—18。

—— 1927.《于闐及龜兹佛教》，作者《支那佛教史讲话》上，共立社，102—140；《境野黄洋選集》第 3 巻，うしお書店，2005 年。

—— 1930.《佛教伝來の諸國》，作者《支那佛教史の研究》，共立社，114—135。

—— 1935.《于闐及び龜兹佛教》，作者《支那佛教精史》，境野黄洋博士遺稿刊行會（重印：國書刊行會，1972 年），251—303；《境野黄洋選集》第 1 巻，うしお書店，2003 年。

櫻井益雄、三上次男 1937.《コータン》，《東洋歴史大辞典》第 3 巻，平凡社，117—118。

佐藤武敏 1977—1978.《中国古代絹織物史研究》，風間書房。

—— 1980.《シルクロード出土の絹織物》，樋口隆康編《續シルクロードと佛教文化》，東洋哲学研究所，101—130。

佐藤長 1958—1959.《古代チベット史研究》（東洋史研究叢刊 5—1/2），東洋史研究會（重印：同朋社，1977 年）。

眞田有美 1954.《西域出土梵本法華經の一斷簡に就いて》，《印度學佛教學研究》第 3 巻第 1 号，94—97。

—— 1958.《西域梵本法華經の一寫本に就いて》，《石濱先生古稀記念東洋学論叢》，關西大学文学部東洋史研究室石濱先生古稀記念會，54—61。

—— 1961.《大谷探検隊将来梵文資料》，西域文化研究會編《西域文化研究》第 4（中央アジア古代語文獻），法藏館，49—118。

—— 1963.《スタイン氏將來中央アジア梵文佛典資料について》，《龍谷大学佛教文化研究所紀要》第 2 号，16—26。

眞田有美、清田寂雲 1961.《ペトロフスキー本法華經梵本の研究——序偈より法師品まで》，西域文化研究會編《西域文化研究》第 4（中央アジア古

代語文獻)，法藏館，119—170+3圖版。

澤村專太郎[=胡夷] 1920.《尉遲派の絵畫に就いて》，《美術寫眞畫報》第1卷第2号，22—31；《東洋美術史の研究》，星野書店，1932年，348—363。

三才筐吉 1933.《西域佛教美術の源流》，《宗教研究》新第10卷第5号，45—60。

澀谷誉一郎 2000.《スタイン第四次中央アジア踏查について——民国初期における文物保護への道程》，山本英史編《伝統中国の地域像》，慶応大学出版會，289—326。

島田貞彦 1937.《中央亜細亜和闐出土の陶制動物小像に就いて》，《考古学雜誌》第27卷第8号，8—12。

蒋忠新 1999.《梵文法華經のテキストに關する若干の問題》，大江平和訳，《東洋学術研究》第38卷第1号，184—170[逆頁，(1) ～(15)]。

白井長助 1929.《毘沙都督府の名稱に就いての一考察》，《文学思想研究》第10卷，379—392。

—— 1933.《上代于闐国の都城の位置に就いて——特に河水問題を中心として》，《市村博士古稀記念東洋史論叢》，富山房，463—489。

白須淨眞 1974.《敦煌における〈廻向輪經〉の傳承——吐蕃支配期の中原未傳漢譯經典の研究》，《佛教史学研究》第17卷第1号，34—69。

—— 2004.《大谷探検隊に關する日本外務省外交記録の紹介——第3次大谷探検隊員橘瑞超の消息不明問題を中心として》，責任編集：森安孝夫《中央アジア出土文物論叢》，朋友書店，163—181。

白鳥庫吉 1911—1913.《西域史上の新研究》，《東洋学報》第1卷第3号，1911年；第2卷第1号，1912年，第3卷第1—2号，1913年；《西域史研究》上，岩波書店，1941年；《白鳥庫吉全集》第6卷，岩波書店，1970年，57—227。

代田貴文 1975.《カラハン朝の東方発展》，《中央大学大学院研究年報》第5号，255—270。

—— 1992.《〈遼史〉に見える"大食(國)"について》，《中央大学アジア史研究》第16号，54—36[逆頁]。

杉山二郎(解説) 1971.《東京国立博物館図録目録・大谷探検隊將來品篇》，東京国立博物館。

鈴木隆一 1983.《青唐阿里骨政権の成立と契丹公主》，《史滴》第4号，35—50。

須永梅尾 1981.《于闐(ホータン)語服飾考》，《新潟青陵女子短期大学研究報告》第11号，49—60。

諏訪義譲 1931.《于闐の建国伝説に對する一考察》，《宗教研究》新第 8 巻第 5 号，115—126。

—— 1937.《〈于闐国悬記〉漢訳考》，《支那佛教史学》第 1 巻第 4 号，79—88。

關尾史郎 1997.《コータン出土唐代税制關係文書小考——領抄文書を中心として》，《平田耿二教授還暦記念論文集：歴史における史料の発見——あたらしい"讀み"へむけて》，東京，177—204。

相馬秀廣 1995.《タクラマカン砂漠の環境變化——人工衛星データの利用との關わりから》，《シルクロード学研究》1，27—34。

臺信佑爾 1998.《西域南道の美術》，田邊勝美、前田耕作編《世界美術全集·東洋編》第 15 巻（中央アジア），小學館，273—285。

—— 2002.《大谷光瑞と西域美術》（日本の美術 434），至文堂。

高崎直道 1987.《大乗の大般涅槃經梵文斷簡について——ボンガードレヴィン教授の近業によせて》，《佛教学》第 22 号，1—20。

高田時雄 1988a.《敦煌資料による中国語史の研究——九·十世紀の河西方言》，創文社。

—— 1988b.《コータン文書中の漢語語彙》，《漢語史の諸問題》（京都大学人文科学研究所研究報告）別冊，71—127。

田口栄一 1996.《壁画（ホータン·キジル）解説》，東京大学総合研究資料館ホームページ。

田久保周誉 1975a.《燉煌出土于闐語秘密經典集の研究——論説篇·賢劫佛名と毘盧遮那佛の研究》，春秋社。

—— 1975b.《佛教文書による于闐語とその文字の考證》，《豐山教学大會紀要》第 3 号，31—43。

武内紹人 1986a.《敦煌·トルキスタン出土チベット語手紙文書の研究序説》，山口瑞鳳編《チベットの佛教と社會》，春秋社，563—602。

—— 1986b. 書評：山口瑞鳳編《敦煌胡語文献》（講座敦煌 6），《東洋史研究》第 45 巻第 2 号，190—200。

—— 2002.《歸義軍期から西夏時代のチベット語文書とチベット語使用》，《東方学》第 104 輯，124—110。

—— 2003.《中央アジア出土チベット語木簡の総合的研究》（科学研究費補助金研究成果報告），神戸。

橘瑞超 1912.《中亜探検》，博文館（重印：中央公論社，1989 年）。

—— 1927.《西域旅行の一つの記錄と于闐の玉に就き（一）》，《大乘》第 6 巻第 4 号，69—77。

舘野和己、武内紹人 2004.《中央アジア出土のチベット語木簡——その特徴

と再利用》，《木簡研究》第26号，259—282。

田邊勝美 1992.《兜跋毘沙門天像の起源》，《古代オリエント博物館紀要》第13卷，95—145。

—— 1999.《毘沙門天像の誕生——シルクロードの東西文化交流》，吉川弘文館。

—— 2006.《毘沙門天像の起源》，山喜房。

田邊勝美、前田耕作（編）1998.《世界美術全集・東洋編》第15卷（中央アジア），小学館。

塚本善隆 1950.《陳の革命と佛牙》，《東方学報》（京都）第19冊，1—22；《塚本善隆著作集》第3卷，101—128。

—— 1958.《敦煌本・シナ佛教教團制規——特に"行像"の祭典について》，《石濱先生古稀記念東洋学論叢》，關西大学文学部東洋史研究室石濱先生古稀記念會，301—324；《塚本善隆著作集》第3卷，285—315。

—— 1975.《塚本善隆著作集》第3卷《中国中世仏教史論攷》，大東出版社。

辻直四郎 1952. 書評：H. W. Bailey, *Khotanese Buddhist Texts*,《東洋学報》第35卷第1号，85—87。

—— 1964. 書評：H. W. Bailey, *Khotanese Texts* I-V,《東洋学報》第47卷第1号，120—124。

—— 1969. 書評：H. W. Bailey, *Khotanese Texts* I-III, 2nd ed.,《東洋学報》第52卷第2号，118—120。

—— 1971a. 書評：*Saka Documents* I-IV 和 *Saka Documents*, *Text Volume*,《東洋学報》第54卷第2号，119—120。

—— 1971b. 書評：H. W. Bailey, *Sad-dharma-puṇḍarīka-sūtra. The Summary in Khotan Saka*,《東洋学報》第54卷第2号，120。

—— 1972. 後記：H. W. Bailey, "The Khotanese Summary of the *Sad-dharma-puṇḍarīka-sūtra*",《大正大学研究紀要》第57号，526。

寺本婉雅 1919.《西藏文于闐国史について》，《親鸞と祖国》第1卷第4月号，15—16。

—— 1921a.《于闐国史》，丁字屋書店（重印：《于闐国仏教史の研究》，國書刊行會，1974年）；《寺本婉雅著作選集》第3卷，うしお書店，2005年。

—— 1921b.《于闐国佛教史の研究》，作者《于闐国史》，66—171。

—— 1922.《于[闐]国史の批評に就いて》，《支那學》第2卷第7号，75—81。

東野治之 1980.《古代税制と荷札木簡》，《ヒストリア》第86号，1—29；《日本古代木簡の研究》，塙書房，1983年。

東洋哲学研究所、ロシア科学アカデミー東洋学研究所サンクトペテルブルグ支部 1998.《法華経とシルクロード展——東洋学研究所（サンクトペテルブルグ）所蔵の仏教文献遺産》(*The Lotus Sutra and Its World. Buddhist Manuscripts of the Great Silk Road* —— Manuscripts and block prints from the collection of St. Petersburg Branch of the Institute of Oriental Studies)，東洋哲学研究所。

栂尾祥云、泉芳璟（共編）1917.《般若理趣經：梵藏漢對照》[私立大学智山勧学院蔵版]，智山勧学院。

戸田宏文 1969—1976.《西域出土梵文法華経研究覺書》(1) — (7)，《徳島大学教養部紀要（人文・社会科学）》第 4 巻，12—41；第 6 巻，35—74；第 7 巻，93—161；第 8 巻，63—131；第 9 巻，21—74；第 10 巻，139—174；第 11 巻，204—246。

—— 1971.《西域出土梵文法華経研究覚え書》，《日本佛教学会年報》第 36 号，33—49。

—— 1973.《西域出土梵文法華経研究ノート》，《印度學佛教學研究》第 21 巻第 2 号，66—74。

—— 1974.《中央アジア出土梵文法華経斷片》，《印度學佛教學研究》第 22 巻第 2 号，47—54。

—— 1979.《梵文法華経寫本研究ノート》，《印度學佛教學研究》第 27 巻第 2 号，36—41。

土肥義和 2002.《大宋の道圓三藏と西域旅行》，《国学院雜誌》第 103 巻第 10 号，32—33。

友松圆谛 1921a.《于闐考》，《無礙光》第 17 巻第 3 号，2—18。

——（無记名）（編訳）1921b.《于闐研究の資料》，《無礙光》第 17 巻第 4 号，30—49。

——（無记名）（編訳）1921c.《于闐研究資料》，《無礙光》第 17 巻第 5 号，12—30。

—— 1921d.《于闐の産物玉についての資料》，《無礙光》第 17 巻第 6 号，28—32。

—— 1921e.《スタイン于闐發見の貨幣卑見》，《無礙光》第 17 巻第 7 号，28—30。

長尾雅人 1973.《〈迦葉品〉の諸本と〈大寶積経〉成立の問題》，《鈴木学術財団研究年報》10，13—25。

長澤和俊 1968.《いわゆる〈宋雲行紀〉について》，《古代学》第 14 巻第 2 号，93—107+162；《シルクロード史研究》，459—480；《法顯伝・宋雲行紀》，250—276。

—— 1971a.《絹の西漸と文化交流》,《東洋学術研究》第10巻第3号, 75—103。

——(訳注)1971b.《法顯伝・宋雲行紀》(東洋文庫194), 平凡社。

—— 1974.《法顯の入竺求法行》,《東洋学術研究》第13巻第5号, 103—128;《シルクロード史研究》, 415—439。

—— 1975a.《釋智猛の入竺求法行》,《東洋学術研究》第14巻第3号, 129—148;《シルクロード史研究》, 440—458。

—— 1975b.《五代・宋初における河西地方の中継交易について》,《松田壽男博士古稀記念・東西文化交流史》, 雄山閣(重印: 1980年), 109—119;《五代・宋初における河西地方の中継交易》,《シルクロード史研究》, 291—304。

—— 1975c.《继業の西域行程について》,《東洋学術研究》第14巻第6号, 112—134;《继業の西域行程小考》,《シルクロード史研究》, 564—585。

—— 1975d.《釋悟空の入竺について》,《東洋学術研究》第14巻第4号, 105—126。

—— 1977a.《再び〈悟空入竺記〉について》,《東洋学術研究》第16巻第2号, 125—141。

—— 1977b.《高居誨の于闐紀行について》,《東洋学術研究》第16巻第4号, 133—154;《高居誨の于闐紀行》,《シルクロード史研究》, 540—563。

—— 1978.《玄奘三藏——西域・インド紀行》, 桃源社(初版:《玄奘法師西域紀行》(東西交涉旅行記全集6), 桃源社, 1965年)(重印:《玄奘三藏・大唐大慈恩寺三藏法師傳》, 光風社出版, 1985/1988年; 講談社(講談社學術文庫1334), 1998年)。

——(編)1978.《大谷探検隊・シルクロード探検》, 白水社。

—— 1979a.《シルクロード史研究》, 國書刊行会。

—— 1979b.《釋悟空の入竺求法行》,《シルクロード史研究》, 512—539。(=1975d+1977a)

—— 1979c.《拘彌國考》,《史觀》第100冊, 51—67;《楼蘭王國史の研究》, 雄山閣, 1996年, 591—608。

—— 1983.《古代西域南道考》, 護雅夫編《内陸アジア・西アジアの社会と文化》, 山川出版社, 57—77;《楼蘭王国史の研究》, 雄山閣, 1996年, 571—589;《西域南道と精絶国考》,《中日共同尼雅遺跡学術調査報告書》第1巻, 228—266(中訳要旨: 267—268)。

—— 1985.《漢・唐の染織と西域への伝播》,《早稲田大学大学院文学研究科紀要》第30輯, 256—279。

—— 1988.《〈水経注〉巻二の西域地理》,《史觀》第 119 冊, 2—15。

中野三男 1964.《于闐国都考》,《鈴木俊教授還歷記念東洋史論叢》, 東京, 409—418。

長廣敏雄 1954.《畫家尉遲乙僧について》,《京都大学人文科学研究所創立廿五周年記念論文集》(=《東方学報》(京都) 第 25 冊・人文学報第 5 冊;《京都大学人文科学研究所紀要》第 14 冊), 京都大学人文科学研究所/座右寶刊行會, 251—263;《西域畫家なる尉遲乙僧》,《中國美術論集》, 講談社, 1984 年, 318—325。

中村元 1960.《華厳経の思想史的意義》,《華厳思想》, 法藏館, 81—144;《中村元選集〔決定版〕》第 21 巻《大乘佛教の思想——大乘佛教 II》, 春秋社, 1995 年, 811—874。

中村道雄 1970.《ウテン研究ノート》,《駒澤大学大学院佛教学研究会年報》第 4 号, 1—11。

西村実則 1988.《ガンダーラ語佛教圏と漢訳佛典》,《三康文化研究所年報》第 20 号, 49—125。

—— 1992.《〈四分律〉・コータン・仏陀耶舍》,《印度学佛教学研究》第 40 巻第 2 号, 58—63。

野村博 1973.《北京図書館藏敦煌文書"丽 73 号"于闐文》,《東洋史苑》第 7 号, 16—25。

則武海源 2003.《吐蕃・于闐佛教交涉史の一考察》,《渡邊寶陽先生古稀記念論文集: 法華佛教文化史論叢》, 平樂寺書店, 251—265。

—— 2004.《西チベット佛教史・佛教文化研究》, 山喜房佛書林。

蓮池利隆 1993.《Khotan 本〈アパリミターユル陀羅尼経〉について (1)》,《印度学佛教学研究》第 42 巻第 1 号, 136—138。

—— 1994.《Khotan 本〈アパリミターユル陀羅尼経〉について (2)》,《印度學佛教學研究》第 43 巻第 1 号, 212—214。

—— 2002.《Khotan 本アショーカ王伝とカニシカ王伝について》,《印度學佛教學研究》第 50 巻第 2 号, 247—250。

—— 2004.《〈衆善奉行〉と〈諸善奉行〉——訳経上の相違について》,《印度學佛教學研究》第 52 巻第 2 号, 228—232。

羽溪了諦 1911.《西域に於ける純大乘教国》,《六條学報》第 118 号, 16—26;《于闐附近の纯大乘教国》,《西域之佛教》, 308—323。

—— 1912.《于闐と迦濕彌羅との佛教的交涉》,《六條学報》第 128 号, 20—28;《于闐佛教伝來の事情》,《西域之佛教》, 261—274。

—— 1913.《于闐國の佛教》(1) — (2),《藝文》第 4 年第 1 号, 105—123; 第 2 号, 76—86;《于闐佛教の盛衰》,《西域之佛教》, 275—307。

—— 1914.《西域之佛教》，法林館/森江書店（重印：興教書院，1928 年）。

—— 1928.《西域佛教の研究》，《宗教研究》（大正三年特輯号——最近宗教研究動態思潮），223—280。

—— 1929.《中亜佛教の特徴》，《日本佛教学協会年報》第 1 年，83—113。

—— 1934.《大集經と佉羅帝との關係》，《宗教研究》新第 11 卷第 5 号，1—14。

—— 1935.《イラン語族民衆と大乗佛教》，《日本宗教学会第三回大会紀要》，立正大学宗教学研究室，296—309。

—— 1937.《中亜佛教教会の特異相》，《佛教研究》第 1 巻第 1 号，23—51。

—— 1954.《西域佛教文化概論序説》，《龍谷大学論集》第 347 号，1—20；《羽溪博士米壽記念佛教論説選集》，641—666。

—— 1962.《西域佛教美术序説》，西域文化研究会編《西域文化研究》第五《中央アジア佛教美術》，法蔵館，1—29+1—2。

—— 1971a.《羽溪博士米壽記念佛教論説選集》，大東出版社。

—— 1971b.《西域に於いて創作された譬喩譚》，《羽溪博士米壽記念佛教論説選集》，667—679。

羽田亨 1917.《龜兹・于闐の研究》，《史林》第 2 卷第 3 號，100—108；《羽田博士史学論文集》上巻，507—515。

—— 1922.《释迦牟尼如来像法滅盡之記解説》，《史林》第 8 卷第 1 號；收入《羽田博士史学论文集》下巻，358—359。

—— 1923.《書後》，《支那学》第 3 巻第 5 号；收入《羽田博士史学論文集》下巻，360—364。

—— 1931.《西域文明史概論》，弘文堂（重印：東洋文庫 545，平凡社，1992 年）。

—— 1957—1958.《羽田博士史学論文集》上巻：歷史篇；下巻：言語・宗教篇，同朋舍出版（重印：1975 年）。

幅田裕美 1993.《大乘〈涅槃経〉の未比定の梵文斷片について（1）》，《印度哲学佛教学》第 8 号，129—144。

濱田耕作 1906.《希腊印度式美術の東漸に就いて》，《國華》第 188/189/191/192/193/196 号；《東洋美術史研究》，座右寶刊行会，1942 年，39—79。

—— 1908.《和闐発見の希腊的印章を有する文書に就て》，《東洋時報》第 118 号，56—58。

林良一 1962.《シルクロード》（美術選書），美術出版社。

原田淑人 1958.《西域発見の繪畫に見えたる服飾の研究》（東洋文庫论叢第 4），東洋文庫。

平井宥慶 1978.《于闐における漢訳密教経典考》，《豐山教学大会紀要》第 6

号，137—150；松長有慶編《中国密教》（密教大系第 2 卷），法藏館，1994 年，107—124。

—— 1984.《千手千眼陀羅尼経》，牧田諦亮、福井文雅編《敦煌と中国佛教》（講座敦煌 7），大東出版社，131—153。

平川彰 1960.《律蔵の研究》，山喜房佛書林；《平川彰著作集》第 9—10 卷，春秋社，1999—2000 年。

廣中智之 2004.《ヨートカン出土の馬と駱駝に騎乗するサルのテラコッタをめぐって》，《シルクロード研究》第 4 号，39—62。

藤枝晃 1941—1943.《沙州歸義軍節度使始末》（一）—（四），《東方學報》（京都）第 12 册第 3 分，58—98；第 12 册第 4 分，42—75；第 13 册第 1 分，63—95；第 13 册第 2 分，46—98。

—— 1972.《于闐の鼠》，《日本美術工藝》第 400 号，26—33。

藤田豐八 1924.《西域研究》（第一回），《史学雑誌》第 35 編第 11 号，1—19；《東西交涉史の研究》西域篇，岡書院，1933 年；《同》西域篇及附篇，荻原星文館，1943 年，253—359。

—— 1910.《慧超往五天竺国伝箋釋》，北京；校訂再版：東京，1911 年；錢稻孙校印，北平，1931 年。

船木勝馬 1950.《北魏の西域交通に關する諸問題（その一）——宋雲・惠生の西方求法の年代を中心として》，《西日本史学》第 4 号，46—67。

舟橋水哉 1905.《龍樹の所谓龍宫と于闐國》，《無盡燈》第 10 卷第 6 号，27—35。

保柳睦美 1962.《シルク・ロードとターリム盆地》，《地学雑誌》第 71 卷第 5・6 号；《シルク・ロード地帯の自然の變遷》，9—52。

—— 1965.《西域の滅びた町と河川の縮小》，《地学雑誌》第 74 卷第 1—2 号。

—— 1968.《西域の歴史時代における自然の變動》，《史苑》第 28 卷第 2 号，1—51；《シルク・ロード地帯の自然の變遷》，53—103

—— 1976.《シルク・ロード地帯の自然の變遷》，古今書院。

堀谦德 1912a.《アウラル・スタイン著“古代の和闐”》（1）—（3），《東洋学報》第 2 卷第 1 号，110—119；第 2 号，274—278；第 3 号，432—434。

—— 1912b.《于闐考》，《史学雑誌》第 23 編第 5 号，1—20。

—— 1912c.《解説西域記》，前川文栄閣（重印：国書刊行会，1971 年）。

—— 1913—1914.《法顯の行路》（上）（下の一）（下の二），《東洋学報》第 3 卷第 2 号，285—293；第 4 卷第 1 号，121—128；第 4 卷第 3 号，423—435。

本田義英 1918.《于闐出土梵本法華経と妙本との關係》，《宗教研究》第 2 卷第7号，115—152；《カダリック出土法華経梵本三種五本の斷簡に就て》，《佛典の内相と外相》，479—512。

—— 1931.《西域出土梵本法華方便品の一斷簡》，《宗教研究》新第8卷第3号，108—119。

—— 1933.《カダリツク出土法華方便品梵文斷簡二種》，《聖語研究》第1輯，3—14。

—— 1934a.《法華経西域本の特質》，《大崎学報》第85号，16—58。

—— 1934b.《スタイン氏搜集西域出土梵本法華経》，作者《佛典の内相と外相》，475—478。

—— 1934c.《ファルハードベーグ出土梵本法華寶塔品の研究》，作者《佛典の内相と外相》，511—531。

—— 1934d.《十如本文否定の積極的論料》，作者《佛典の内相と外相》，403—419。

—— 1934e.《佛典の内相と外相》，弘文堂書房。

——（编）1949.《西域出土梵本法華経》，本田博士还歷記念法華経刊行会。

松田和信 1987a.《中央アジア出土〈首楞嚴三昧經〉梵文寫本殘葉——インド省圖書館の知られざるヘルンレ・コレクション》，《佛教学セミナー》第46号，34—48。

—— 1987b.《ロンドン・インド省図書館の一室から——スタイン・ヘルンレ中亞梵語寫本を調查して》，《大谷大学眞宗総合研究所研究所報》第16号，13—15。

—— 1988.《インド省図書館所蔵中央アジア出土大乘涅槃経梵文斷簡集——スタイン・ヘルンレ・コレクション》，in collaboration with Dr. G. M. Bongard-Levin（Studia Tibetica 14），東洋文庫。

松田壽男 1956a.《古代天山の歷史地理学的研究》，早稲田大学出版部（增補版：1970年）。

—— 1956b.《碎葉と焉耆》，作者《古代天山の歷史地理学的研究》，357—391（初出：《市村博士古稀記念東洋史論叢》，富山房，1933年，1111—1134）。

—— 1961.《ホータン》，《アジア歷史事典》8，平凡社，308—309。

—— 1963.《釋氏西域記集注》，《岩井博士古稀記念典籍論集》，東京，635—644；收入《松田壽男著作集》第1卷（砂漠の文化），六興出版，1986年，342—351。

松田寿男、小林元、木村日纪 1935.《中央亜細亜史・印度史》（世界歷史大系10），平凡社。

增田精一 1970.《砂に埋もれたシルクロード》（沈默の世界史7：西域），新潮社。

松本栄一 1925.《于闐國王李聖天と莫高窟》,《國華》第 410 号，14—19。

—— 1931.《和闐地方の佛畫に見る一特殊性とその流伝》,《東方学報》（東京）第 2 册，227—237。

—— 1933.《和闐壁畫の一斷片に就いて》,《國華》第 507 号，37—41。

—— 1936.《西域華嚴經美術の東漸》（上）（中）（下）,《國華》第 46 巻第 7 号，195—200；第 8 号，243—247；第 10 号，279—284。

—— 1937.《燉煌畫の研究》，二卷，東方文化学院東京研究所（重印：同朋舍，1985 年）。

—— 1950.《“かた”による造像》,《美術研究》第 156 号，1—15+図 I—II。

松本文三郎 1939.《兜跋毘沙門考》,《東方学報》（京都）第 10 册第 1 分，1—34。

間野潜龍 1966.《宋代の西行求法とその意義》,《印度學佛教學研究》第 14 巻第 2 号，248—252。

水谷眞成 1959.《Brāhmī 文字転寫〈羅什訳金剛経〉の漢字音》,《名古屋大学文学部十周年記念論集》，名古屋大学文学部，749—774。

—— 1971.《大唐西域记》（中国古典文学大系 22），平凡社（第二版：1979 年；第一版重印：東洋文庫 653・655・657，共 3 册，平凡社，1999 年）。

水野弘元 1963.《Gāndhārī Dharmapadaについて》,《印度學佛教學研究》第 11 巻第 2 号，370—376。

水野清一 1950.《いわゆる華嚴教主盧遮那佛の立像について》,《東方學報》（京都）第 18 册；《中国の佛教美術》，平凡社，1966 年（復刊：1990 年），135—155。

御牧克巳 1984.《無量壽宗要経》，牧田諦亮、福井文雅編《敦煌と中国佛教》（講座敦煌 7），大東出版社，167—172。

三宅米吉 1901.《迦膩色迦王の貨幣》,《考古界》第 1 篇第 5 号，1—4；第 7 号，15—18。

宮崎市定 1941.《毗沙門天信仰の東漸に就て》，京都大学史学科編《紀元二千六百年記念史学論文集》，京都，514—538；《アジア史研究》2，同朋舍，1959 年；《宮崎市定全集》第 19 巻（東西交通），岩波書店，1992 年，51—81。

宮崎純一 1983.《8 世紀以前の中央アジアの農業問題について——タ一リム盆地地方を中心として》,《古代文化》第 35 巻第 8 号，18—24。

宮治昭 1991.《西域の佛教美術》,《講座・佛教の受容と變容——インド佛教美術の受容と變容》4，佼成出版社，241—284。

—— 2005.《ガンダーラから敦煌へ》,《新シルクロード》第 3 巻，NHK 出版，206—225。
森川哲雄 1975.《ホータン・于闐，和闐 Khōtan》，前嶋信次、加藤九祚共編《シルクロード事典》，芙蓉書房（新装版：1993 年），286—288。
森安孝夫 1979.《増補：ウィグルと吐蕃の北庭争奪戰及びその後の西域情勢について》，流沙海西奨学会編《アジア文化史論叢》3，山川出版社，199—238（初出：《東洋学報》第 55 巻第 4 号，1973 年，60—87）。
—— 1980.《イスラム化以前の中央アジア史研究の現状について》，《史学雑誌》第 89 編第 10 号，50—71。
—— 1984.《吐蕃の中央アジア進出》，《金澤大学文学部論集・史学科篇》第 4 号，1—85+図版 II+年表+地図。
—— 2000.《河西歸義軍節度使の朱印とその編年》，《内陸アジア言語の研究》XV，1—121+図表。
山崎元一 1972a.《于闐建国伝説の一考察——特にアショーカ王傳説との關係について》，《山本博士還曆記念東洋史論叢》，山川出版社，469—480。
—— 1972b.《于闐建国伝説成立の背景》，《国学院雑誌》第 73 巻第 3 号，6—16。
—— 1979.《アショーカ王伝説の研究》，春秋社。
山崎宏 1942.《北朝・隋唐時代の柔然・突厥佛教考》，《史潮》第 11 巻第 4 号，1—13；后改名《北朝・隋唐時代の柔然・突厥佛教》，收入作者《支那中世佛教の展開》，清水書店（重印：法蔵館，1971 年），876—895。
山田龍城 1959a.《梵語佛典の諸文獻——大乘佛教成立論序説・資料篇》，平楽寺書店。
—— 1959b.《大乘佛教成立論序説》，平楽寺書店。
大和文華館 1988.《シルクロードの絵畫——中國西域の古代絵畫》（展覧図録）
山本達郎 1938.《Drug-gu（Dru-gu，Drug）に就いて》，《東洋学報》第 26 巻第 1 号，1—43。
山本智教 1957.《西域美術の系統》（1）—（2），《密教文化》第 38 号，23—44；第 39 号，42—61；《佛教美術の源流》，東京美術，1981 年，401—449。
—— 1987.《佛教美術の本流》，毎日新聞社。
湯山明 1984.《中央アジアの梵語佛典》，《東洋学術研究》第 23 巻第 1 号，68—92。
—— 1998.《法華経の文献学的研究課題》，《創価大学・国際佛教学高等研究所・年報》創刊號，29—47。
吉田豊 1983. 書评：H. W. Bailey, *The Culture of the Sakas in Ancient Iranian*

Khotan,《東洋史研究》第42卷第2号，169—171。
—— 1996. 書評：井ノ口泰淳《中央アジアの言語と佛教》，《佛教史学研究》第39卷第1号，1—6。
—— 2003.《イラン語圏の佛教信仰とイラン語佛典》，《平成10~14年度・文部科学省科学研究費補助金・特定領域研究（A）118〈古典学の再構築〉研究成果報告集 II：A01〈原典〉調查班研究報告》論集《原典》，217—238。
—— 2006.《コータン出土8—9世紀のコータン語世俗文書に關する覺え書き》（神戸市外国語大学研究叢書第38冊（2005）），神戸市外国語大学外国学研究所。
林梅村 2005.《よみがえるホータン川の古代交通》，作者《シルクロードと古代中国文明——流沙の記憶をさぐる》，杉山正明監修，川上陽介、申英蘭選訳，NHK出版，21—46。
渡邊海旭 1904.《二楞学人に寄す（于闐迦濕彌羅の佛教に關し）》，《宗粹雜誌》第8卷第4号，25—30；《壺月全集》上卷，336—340。
—— 1907.《古于闐及其珍貴の古物》，《新佛教》第8卷第10号，676—684；又《學燈》第11卷第10号，1907年，236—245；收入《壺月全集》上卷，445—456。
—— 1908.《新に発見せられたる西域古語聖典の研究》，《新佛教》第9卷第4号，292—302（正誤表：《新佛教》第9卷第9号，857）；《壺月全集》上卷，474—485。
—— 1909a.《大般涅槃経梵文斷片》，《宗教界》第5卷第3号，117—125；收入《壺月全集》上卷，570—585。
—— 1909b.《漢代佛教古経典の発見——スタイン博士の古物学及地理学的の大成功》，《宗教界》第5卷第4号，213—217；《壺月全集》上卷，586—593。
—— 1912a.《于闐発見の大品般若斷片》，《宗教界》第8卷第6号，428—437；收入《壺月全集》上卷，539—549。
—— 1912b.《摩咥哩制吒讚佛頌の原文》，《宗教界》第8卷第8号；《壺月全集》上卷，653—661。
—— 1933.《壺月全集——渡邊海旭遺文集》二卷，壺月全集刊行会（改订版：大東出版社，1977年）。
渡邊章悟 1993a.《未比定の般若経写本研究 II——ペテロフスキー・コレクションNo. SI. P/19a （1）》，《印度學佛教學研究》第41卷第2号，996—991。
—— 1993b.《中央アジア出土の般若経梵文斷簡 I——PV 第六現観をめぐっ

て》，《東洋学研究》第30号，41—67。

渡邊照宏 1935a.《理趣経于闐文並に語彙》，《智山学報》新7/8号，174—204；《渡邊照宏佛教学論集》，331—354。

—— 1935b.《理趣経于闐文和訳》，《聖語研究》第3輯，83—93；收入《渡邊照宏佛教学論集》，335—365。

—— 1969.《法華経梵語諸本の系統について（序品から引例して）》，《福井博士頌壽記念東洋文化論集》，早稲田大学出版部，59—78；《渡邊照宏佛教学論集》，283—302。

—— 1977.《理趣経コータン語讃歎文の復元和訳》，《高井隆秀教授還暦記念論文集・密教思想》，種智院大学，34—42；《渡邊照宏佛教学論集》，367—376。

—— 1982.《渡邊照宏佛教学论集》，筑摩書房。

ウィットフィールド（R. Whitfield）1982—1984.《西域美術——大英博物館スタイン・コレクション》，共3卷，講談社。

シャヴァンヌ（É. Chavannes）1971.《スタインによって東トルキスタン沙迹中より発見されたるシナ語文書》（1）—（4），竹内誠子譯，《書品》第217号，68—73；第218号，34—41；第219号，66—75；第220号，58—65。

スタイン（M. A. Stein）1903—1904.《支那土耳其斯坦に於ける地理学的及考古学的探検旅行記》，高桑駒吉譯，《考古学》第3編第11号，33—36；第3編第12号，37—42；第4編第11号，16—27[未完]。

—— 1904.《支那土耳其斯坦に於ける地理的考古的探検旅行記》，白雲訳，《史学界》第6卷第4/5/6/7号。

—— 1939.《中央アジア踏査記》（アジア内陸叢刊2），風間太郎訳，生活社。

—— 1942—1943.《スタイン和闐紀行序》（1）—（2），友成米子訳，《ひのもと》第5卷第11号，19—25；第6卷第1号，14—25。

—— 1960.《コータンの废墟》（世界ノンフィクション全集10），松田寿男摘訳，筑摩書房，199—248（重印：中央公論新社（中公文庫），2002年）。

—— 1966.《中央アジア踏查記》（西域探検紀行全集8），澤崎順之助訳，白水社（重印：2000年）。

—— 1999.《砂に埋もれたコータンの廃墟》，山口静一、五代徹訳（加藤九祚解説），白水社。

ダップス（J. Dabbs）1967.《東トルキスタン探検史》，水野勉訳，日本山書の会。

ディヤコノヴァ（H. B. Дьяконова）1989.《東トルキスタンの美術工藝》，五木寛之、NHK 取材班編著《NHKエルミタージュ美術館》4（スキタイとシルクロードの文化）（美術監修：加藤九祚），日本放送出版協会，168—178。

ネフスキ，ニコライ（H. A. Невский）、石濱純太郎 1932.《于闐文智炬陀羅尼経の斷片（静安学社叢稿）》，《龍谷大学論叢》第 302 号，口絵，111—113。

フォルツ（R. C. Foltz）2003.《シルクロードの宗教——古代から15 世紀までの通商と文化交流》，常塚聴訳，教文館。

ブシェ（D. Boucher）1998.《ガンダーラ語と初期漢訳：以前の假說の再考察（Gāndhārī and the early Chinese translations: an old hypothesis reconsidered）》，吹田隆道訳，《佛教大学佛教学会紀要》第 6 号，33—47。

ブラフ（J. Brough）1966.《西域出土のインド語系文書——特に鄯善および初期漢訳佛典に關联して》，田村智淳訳，《東方学》第 32 輯，164—172。

ベイリィ（H. W. Bailey）1971.《コータン語〈法華経綱要〉について》，金子良太訳，《豐山学報》第 16 号，1—25。

—— 1978.《コータン・サカ王家》，北村高訳注，《東洋史苑》第 12 号，1—39。

ヘディン（S. Hedin）1953.《中央アジヤ探検記》（創元文庫 D-78），岩村忍訳，創元社（重印：角川文庫 658，同年，角川書店）。

—— 1964.《アジアの砂漠を越えて》下（ヘディン中央アジア探検紀行全集 2），横川文雄訳，白水社。

ペリオ（P. Pelliot）1912.《イラン語族の民衆が中央亜細亜並に極東の地に及ぼせる影響》，榊亮三郎訳補，《藝文》第 3 年第 8 号，1—38。

ボンガルト・レーヴィン（G. M. Bongard-Levin）1973.《ソ連の佛教研究と中央アジアにおける最近の考古学的発掘》，青柳正規訳，《佛教藝術》第 93 号，66—83。

ミルスキー（J. Mirsky）1984.《考古學探検スタイン伝》（共 2 册），杉山二郎、伊吹寛子、瀧梢訳，六興出版。

NHK、NHKプロモーション、産経新聞社 2005.《新シルクロード展——幻の都楼蘭から永遠の都西安へ》（展覧図錄）。

無名氏 1902.《スタイン氏の支那土耳其斯坦新探検報告に就て》，《史学雑誌》第 13 編第 4 号，103—104。

無名氏 1909.《玉隴哈什河源の探検》，《史学雑誌》第 20 編第 5 号，110—111。

無名氏 1922.《スタイン氏第二回中亜探検調查報告の出版》，《史学雑誌》第

33 編第 3 号，74—76。

無名氏 1978. 書评：L. Chandra (ed.), *Saddharma-puṇḍarīka-sūtra. Kashgar Manuscript* (repr.),《鈴木学術財団研究年報》15，101—104。

四、汉文部分

阿合买提·热西提 1985.《洛浦县山普拉古墓地》，《新疆文物》1985 年第 1 期，109—111 页。

阿丽娅·托拉哈孜 1996.《试论山普拉古墓出土的铺垫毯》，《新疆文物》1996 年第 1 期，15—23 页。

—— 1998.《马人和武士纹壁挂浅析》，《新疆艺术》1998 年第 3 期，41—44 页。

—— 2002a.《洛普山普拉和且末扎滚鲁克古墓出土刺绣品的比较研究》，《新疆文物》2002 年第 1—2 期，72—77 页。

—— 2002b.《新疆山普拉的刺绣品及其艺术》，《西域研究》2002 年第 2 期，94—98 页；收入伊斯拉菲尔·玉苏甫主编《新疆维吾尔自治区博物馆论文集》，新疆大学出版社，2005 年，383—388 页。

—— 2004.《从希腊风格的"马人"壁挂到于阗人的灯笼裤》，《文物天地》2004 年第 4 期，20—21 页

埃默瑞克（R. E. Emmerick）1986.《一份和阗文人口买卖契约》，项嘉仁编译，《新疆社会科学情报》1986 年第 1 期，20—21 页。

—— 1987a.《于阗文献指南》（上）（下），田卫疆译，《新疆社会科学情报》1987 年第 9 期，2—8 页；第 10 期，20—27 页。

—— 1987b.《古代于阗文佛教文献研究概述》，田卫疆译，胡锦洲校，《新疆文物》1987 年第 4 期，44—58 页。

—— 1990.《和阗语文书的历史价值》，王冀青译，《敦煌学辑刊》1990 年第 2 期，135—140 页。

—— 1992.《中亚的佛教》，殷晴译，《西域研究》1992 年第 2 期，58—62 页。

艾买江 2004.《买力克瓦提遗址》，《新疆文物》2004 年第 1 期，79 页。

艾再孜·阿布都热西提 1998.《和田发现汉文、于阗文双语木简》，《新疆文物》1998 年第 3 期，104 页。

—— 2002.《从山普拉墓葬出土遗物看古代于阗的畜牧与纺织业》，《新疆文物》2002 年第 1—2 期，68—71 转 153 页。

艾再孜·阿布都热西提、买提卡斯木·铁木尔 2001.《夏羊塔克发现刻写佉卢文土块旋削精美的木柱》，《新疆文物》2001 年第 3—4 期，103 页。

岸边成雄 1973.《唐代音乐史的研究》共 2 册，梁在平、黄志炯译，台湾中华书局。

—— 1984.《古代丝绸之路的音乐》，邹仲华摘译，《新疆艺术》1983 年第 4 期，45—50 转 72 页。
—— 1988.《古代丝绸之路的音乐》，王耀华译，陈以章校，人民音乐出版社。
巴桑旺堆 1986.《藏文文献中的若干古于阗史料》，《敦煌学辑刊》1986 年第 1 期，69—73 页。
巴赞（L. Bazin）1998.《突厥历法研究》（法国西域敦煌学名著译丛），耿升译，中华书局。
白井长助 1935.《上代于阗国都之位置》，杨炼译，《西北古地研究》（史地小丛书），上海商务印书馆，38—58 页。
白鸟库吉 1940.《塞外史地论文译丛》第 2 辑，王古鲁译，长沙商务印书馆。
白须净真 2004.《日本外务省藏大谷探险队外交记录介绍——以第三次大谷探险队员橘瑞超下落不明问题为中心》，《敦煌吐鲁番研究》第 7 卷，中华书局，28—51 页。
榜迦德-列文（Г. М. Бонгард-Левин）、沃罗巴耶娃-吉斯雅托夫斯卡雅（М. И. Воробьева-Десятовская）2004.《新疆出土梵文佛典及其相关问题》，王新青、杨富学译，《佛学研究》2004 年，344—352 页。
贝利（H. W. Bailey）1989a.《于阗王国》，荣新江译，《新疆社会科学研究》1989 年第 3 期，37—43 页。
—— 1989b.《中亚佛教时期的说讲故事》，许章真译，《西域与佛教文史论集》，台北学生书局，3—33 页。
—— 1992.《于阗的塞人王国——〈于阗文献〉序言》，田卫疆译，胡锦洲校，《新疆文物》1992 年译文专刊，99—111 页。
贝罗（T. Burrow）1988.《新疆出土佉卢文残卷译文集》，王广智译，韩翔、王炳华、张临华主编《尼雅考古资料》，中国科学院新疆分院民族研究所，183—267 页。
博依丝（M. Boyce）1985. 书评：贝利著《古代伊兰和田的萨迦文化》，李玉昌译，《新疆社会科学情报》1985 年第 1 期，7—8 页。
伯恩哈德（F. Bernhard）1996.《犍陀罗语与佛教在中亚的传播》，姚崇新译，《西域研究》1996 年第 4 期，61—66 页。
伯希和（P. Pelliot）1934.《塞语中之若干西域地名》，冯承钧译，《西域南海史地考证译丛二编》，商务印书馆，46—47 页（重印：1962 年；1995 年）。
—— 1993.《伯希和敦煌石窟笔记》，耿升、唐健宾译，甘肃人民出版社。
布萨格里（M. Bussagli）1992.《中亚绘画》，许建英、何汉民译，同译者编译《中亚佛教艺术》，新疆美术摄影出版社，27—90 页，附图版。
才吾加甫 2004.《汉代佛教传入西域诸地考》，《新疆师范大学学报》2004 年第 3 期，47—49 页。

岑仲勉 1934.《佛游天竺记考释》，上海商务印书馆。
—— 1948.《于阗文护照之关外路程考》，《新疆论丛》第 2 期，55—77 页。
—— 2004.《敦煌于阗文件地理译考》，《岑仲勉史学论文续集》，中华书局，275—357 页。
长广敏雄 1957.《尉迟乙僧画迹考》，庄申、曹汉旗译，《大陆杂志》第 14 卷第 7 号，15—20 页。
常任侠 1981.《丝绸之路与西域文化艺术》，上海文艺出版社。
常素霞 2007.《昆仑山与和田玉——兼谈中国山岳玉石崇拜》，《上海文博》2007 年第 2 期，16—22 页。
长泽和俊 1986.《拘弥国考》，李步嘉译，《西北史地》1986 年第 2 期，106—114 页。
—— 1990.《丝绸之路史研究》，钟美珠译，天津古籍出版社。
陈戈 1990.《新疆古代交通路线综述》，《新疆文物》1990 年第 3 期，55—92 页。
陈国灿 1993.《唐麟德二年西域道行军的救于阗之役——对吐鲁番阿斯塔那四号墓部分文书研究》，《魏晋南北朝隋唐史资料》第 12 辑，27—36 页。
—— 1994.《斯坦因所获吐鲁番文书研究》，武汉大学出版社（修订本：1997 年）。
—— 1996.《安史乱后的唐二庭四镇》，《唐研究》第 2 卷，417—425 页。
陈华（主编）1988.《和田绿洲研究》，新疆人民出版社。
陈明 2000a.《印度梵文医典〈药理精华〉及其敦煌于阗文写本》，《敦煌研究》2000 年第 3 期，115—127 页。
—— 2000b.《敦煌梵文于阗文医典〈耆婆书〉中的“十味酥”药方解读》，《中华文史论丛》第 63 辑，112—132 页。
—— 2001.《敦煌出土的梵文于阗文双语医典〈耆婆书〉》，《中国科技史料》第 22 卷第 1 号，77—90 页。
—— 2002a.《敦煌西域出土胡语医学文书研究述略》，《敦煌吐鲁番研究》第 7 卷，中华书局，311—326 页。
—— 2002b.《印度梵文医典〈医理精华〉研究》（华林博士文库 1），中华书局。
—— 2004.《生命吠陀：西域出土胡语医学文献的知识来源》，《欧亚学刊》第 4 辑，215—241 页。
—— 2005a.《敦煌出土胡语医典〈耆婆书〉研究》（香港敦煌吐鲁番研究中心丛刊 10），台北新文丰出版公司。
—— 2005b.《殊方异药——出土文书与西域医学》，北京大学出版社。
—— 2006.《汉译密教文献中的生命吠陀成分辨析——以童子方和眼药方为

例》,《古今论衡》第 14 期,28—40 页。
陈世良 1991.《敦煌菩萨竺法护与于阗和尚无罗叉》,《新疆文物》1991 年第 4 期,99—106 转 82 页。
陈亚宁、王志超 1990.《新疆南部历史时期环境演变及其原因的探讨》,李江风主编《中国干旱区、半干旱地区气候、环境与区域开发研究》,气象出版社。
陈寅恪 1935.《武曌与佛教》,《历史语言研究所集刊》第 5 本第 2 分;收入作者《金明馆丛稿二编》,上海古籍出版社,1980 年;《陈寅恪集·金明馆丛稿二编》,三联书店,2001 年,153—174 页。
陈垣 1961.《佛牙故事》,《人民日报》1961 年 7 月 20 日;收入《陈垣集》,243—245 页。
—— 1962.《法献佛牙隐现记》,《文史》第 1 辑;收入《陈垣史学论著选》,上海人民出版社,1981 年;《陈垣集》,234—242 页。
—— 1995.《陈垣集》(近现代著名学者佛学文集),中国社会科学出版社。
陈祚龙 1986.《李唐开天时代于阗僧侣的物质生活之一斑》,《海潮音》第 67 卷第 6/7/8 号,4—9/ 27—33/ 12—18 页;收入作者《敦煌学散策新集》,新文丰出版公司,1989 年,89—134 页。
成崇德 1993.《沿和田河河道到麻札塔格》,《中国边疆史地研究》1993 年第 1 期,6—7 页。
程溯洛 1990.《〈宋史·于阗传〉中几个问题补正》,《西北史地》1990 年第 1 期,1—17 页;收入作者《唐宋回鹘史论集》,人民出版社,1994 年,306—337 页。
程越 1996.《古代和田玉向内地输入综略》,《西域研究》1996 年第 3 期,36—42 页。
池田温 1996.《麻札塔格出土盛唐寺院支出簿小考》,《段文杰敦煌研究五十年纪念文集》,世界图书出版公司,207—225 页。
褚俊杰 1982.《羌人西迁与和阗起源》,《西藏民族学院学报》1982 年第 3 期,74—77 转 93 页。
崔明德 1997.《唐代西北少数民族人口初探》,《历史研究》1997 年第 5 期,64—81 页。
大谷胜真 1934.《安西四镇之建置及其异同》,周一良译,《禹贡》第 1 卷第 11 号(花山文艺出版社影印,1994 年),15—22 页;收入张国领、裴孝曾主编《龟兹文化研究》(一),新疆人民出版社,2006 年,554—560 页。
丹曲、朱悦梅 2007.《藏文文献中“李域”(li-yul,于阗)的不同称谓》,《中国藏学》2007 年第 2 期,83—94 页。
东初 1979.《于阗国之佛教》,张曼涛主编《西域佛教研究》,337—346 页。

段晴 1988.《于阗文中的八曜》,《民族语文》1988年第4期，36—40页。

—— 1991.《于阗文的蚕字、茧字、丝字》,《季羡林教授八十华诞纪念论文集》上卷，江西人民出版社，46—50页。

—— 1993a.《于阗语〈出生无边门陀罗尼经〉残片释读》,《西域研究》1993年第2期（=《新疆文物》1993年第2期），46—51页。

—— 1993b.《旅顺博物馆藏于阗语〈出生无边门陀罗尼经〉残片释读》，叶奕良编《伊朗学在中国论文集》第1集，北京大学出版社，9—14页［包括英文摘要和图版］。（=1993a）

—— 1993c.《于阗经文中“作茧自缚”的来源》,《民族语文》1993年第1期，63—66页。

—— 1998a.《〈大唐西域记〉瞿萨旦那国拾零》，北京大学东方学系、东方文化研究所编《东方研究》（1996年、1997年），蓝天出版社，139—146页。

—— 1998b.《几件与册封于阗王有关的于阗文书》，叶奕良编《伊朗学在中国论文集》第2集，北京大学出版社，9—13页。

—— 2003.《于阗语〈罗摩衍那〉的故事》，张玉安主编《东方民间文学比较研究》，北京大学出版社，138—157页。

—— 2005.《西域的胡语文书》,《敦煌与丝路文化学术讲座》第2辑，北京图书馆出版社，36—62页。

—— 2006.《新发现的于阗语〈金光明最胜王经〉》,《敦煌吐鲁番研究》第9卷，中华书局，7—22页。

段晴、王炳华 1996.《新疆新出土于阗文木牍文书研究》,《敦煌吐鲁番研究》第2卷，北京大学出版社，1—12页。

敦煌文物研究所 1978.《莫高窟第220窟新发现的复壁壁画》,《文物》1978年12期，41—46页。

恩默瑞克（R. E. Emmerick）1989.《于阗语中的藏文借词和藏语中的于阗文借词》，荣新江译,《国外藏学研究译文集》6，136—161页。

—— 1992.《于阗文文献的历史重要性》，王欣译,《新疆文物》1992年译文专刊，93—98页。

俄国科学院东方学研究所圣彼得堡分所、俄国科学出版社东方文学部、上海古籍出版社 2001.《俄藏敦煌文书》第17册，上海古籍出版社。

范祥雍（校注）1978.《洛阳伽蓝记校注》（修订重版），上海古籍出版社（重印：1999年；初版：上海古典文学出版社，1958年）。

方壮猷 1930.《三种古西域语之发现及其考释》,《女师大学术季刊》第1卷第4号，1--32页。

冯承钧 1930.《中亚新发现的五种语言与支白安康尉迟五姓之关系》,《女师大学术季刊》第1卷第4号；收入《西域南海史地考证论著汇辑》，中华书局香港分局，1976 年，158—161 页。

——（原编）1980.《西域地名》（增订本），陆峻岭增订，中华书局（初版：西北科学考察团，1931 年；中华书局，1955 年）。

府宪展 2004.《圣彼得堡藏丝绸之路文献文物》，荣新江、李孝聪主编《中外关系史：新史料与新问题》，科学出版社，225—232 页。

福安敦（A. Forte）1989.《于阗僧提云般若》，许章真译，《西域与佛教文史论集》，台北学生书局，233—246 页。

高田时雄 2005.《于阗文书中的汉语语汇》，钟翀译，作者《敦煌·民族·语言》（世界汉学论丛），钟翀等译，中华书局，213—305 页。

高永久 1990.《丝绸之路上的于阗国》，《西北史地》1990 年第 4 期，89—96 页。

—— 1997.《西域古代民族宗教综论》（高等文科博士文库），高等教育出版社。

—— 1998.《论 11 世纪初伊斯兰教在于阗的传播问题》，《兰州大学学报》1998 年第 2 期，94—100 页。

—— 2001.《西域古代伊斯兰教综论》，民族出版社。

高永久、王国华 1991.《吐蕃统治于阗的若干问题》，《西北民族研究》1991 年第 2 期，60—66 页。

耿世民 2001.《新疆文史论集》，中央民族大学出版社。

—— 2003.《维吾尔古代文献研究》，中央民族大学出版社。

—— 2004.《古代和田塞语》，《新疆文物》2004 年第 1 期，96—98 页。

龚方震 1989.《丝绸之路上的犹太商人》，《西北民族研究》1989 年第 1 期，92—99 页；收入朱威烈、金应忠主编《90 中国犹太学总汇》，上海三联书店，1992 年。

古丽比亚 1999.《西天的回声——西域佛教艺术》（失落的文明丛书），湖南美术出版社。

—— 2002.《和田佛寺遗址的“龙女索夫”壁画》，《华林》第 2 卷，中华书局，214 页。

古正美 2000.《武则天的〈华严经〉佛王传统与佛王形象》，《国学研究》第 7 卷，279—322 页。

—— 2003a.《于阗与敦煌的毗沙门天王信仰》，敦煌研究院编《2000 年敦煌学国际学术讨论会文集·历史文化卷》上，甘肃民族出版社，34—66 页。

—— 2003b.《从天王传统到佛王传统——中国中世佛教治国意识形态研究》，台北商周出版。

广中智之 2003.《和田约特干出土猴子骑马俑与猴子骑驼俑源流考》，《西域研究》2003 年第 1 期，70—83 页。

—— 2005.《慧超所见于阗大乘佛教的戒律》,《敦煌学辑刊》2005年第4期,67—76页。

—— 2006.《和田考古发现与文物收藏现状》,朱玉麒主编《西域文史》第1辑,科学出版社,295—304页。

郭锋 1993.《斯坦因第三次中亚探险所获甘肃新疆出土汉文文书——未经马斯伯乐刊布的部分》,甘肃人民出版社。

郭建国 1991.《试析塔里木盆地南缘古墓出土的木祭器》,《新疆文物》1991年第4期,79—82页。

哈密屯(J. Hamilton)1985.《仲云考》,耿升译,《西域史论集》第2辑,新疆人民出版社,163—189页。

—— 1986.《哈密屯〈钢和泰藏卷考释〉述要》,耿升译,《亚洲文明论丛》,四川人民出版社,247—259页(重印:《亚洲文明》第1集,安徽教育出版社,1992年,206—216页)。

—— 1987.《九至十世纪的于阗纪年》,耿升译,《中国敦煌吐鲁番学会研究通讯》1987年第1期,21—24页。

—— 1988.《公元851—1001年于阗年号考》,荣新江译,《新疆文物》1988年第2期,133—138页。

韩康信 1988.《新疆洛浦山普拉古墓人骨的种系问题》,《人类学学报》1988年第3期,239—248页;收入作者《丝绸之路古代居民种族人类学研究》,305—329页。

—— 1991.《新疆古代居民的种族人类学研究和维吾尔族的体质特点》,《西域研究》1991年第2期,1—14页。

—— 1992.《塞、乌孙、匈奴和突厥之人类学特征》,《西域研究》1992年第2期,3—23页;收入作者《丝绸之路古代居民种族人类学研究》,378—413页。

—— 1993.《丝绸之路古代居民种族人类学研究》,新疆人民出版社。

韩康信、左崇新 1987.《新疆洛浦山普拉古代丛墓葬头骨的研究与复原》,《考古与文物》1987年第5期,91—99页;收入韩康信《丝绸之路古代居民种族人类学研究》,330—344页。

和田地区文管所(编著)2004.《于阗》(新疆历史文化丛书),新疆美术摄影出版社。

贺昌群 1932.《近年西北考古的成绩》,《燕京学报》第12期;收入《贺昌群文集》第1卷(史学论丛),商务印书馆,2003年,54—97页。

—— 1956.《古代西域交通与法显印度巡礼》,湖北人民出版社;收入《贺昌群文集》第2卷(学术专著),商务印书馆,2003年,209—275页。

赫定(S. Hedin)2000.《生死大漠》(探险与发现丛书),田杉编译,新疆人民出版社。

赫恩雷（A. F. R. Hoernle）1994a.《英国中亚古物收集品中的印-汉二体钱》，杨富学译，《新疆文物》1994年第3期，98—107页。

—— 1994b.《〈英国中亚古物收集品中的印-汉二体钱〉考补》，杨富学译，《新疆文物》1994年第3期，108—109页。

亨廷顿（E. Huntington）2001.《亚洲的脉搏》（探险与发现丛书），王彩琴、葛莉摘译，新疆人民出版社。

侯灿 1985a.《和田河西岸麻札塔赫古戍堡考察与研究报告》，《和田河中下游农业资源综合考察报告集》，新疆自治区国土整治局。

—— 1985b.《和田河综合考察简介》，《新疆社会科学情报》1985年第1期，4—6页。

—— 1987a.《从麻札塔格古戍堡考察看南道走向与和田绿洲的变迁》，《新疆文物》1987年第1期，36—44页。

—— 1987b.《死海中的古戍堡——和田河考古记》，《文物天地》1987年第3期，26—29页。

—— 1987c.《麻札塔格古戍堡及其在丝绸之路上的重要位置》，《文物》1987年第3期，63—75页。

—— 1988.《从麻札塔格古戍堡看南道走向与和田绿洲变迁》，陈华主编《和田绿洲研究》，244—256页。（=1987a）

—— 1994.《从考古发掘看塔里木绿洲环境的变化》，马大正、王嵘、杨镰主编《西域考察与研究》，新疆人民出版社，494—504页。

华涛 1991.《萨图克布格拉汗与天山地区伊斯兰化的开始》，《世界宗教研究》1991年第3期，10—23页。

荒川正晴 1995.《唐代于阗的“乌骆”》，章莹译，《西域研究》1995年第1期，66—76页。

黄慧贤 1983.《从西州高昌县征镇名籍看垂拱年间西域政局之变化》，《敦煌吐鲁番文书初探》，武汉大学出版社，396—438页。

黄烈 1989.《谈汉唐西域四个古文化区汉文的流行》，《纪念陈寅恪教授国际学术讨论会文集》，中山大学出版社，414—431页。

黄盛璋 1981.《敦煌写本〈西天路竟〉历史地理研究》，《历史地理》创刊号，9—20页；收入作者《中外交通与交流史研究》，88—110页。

—— 1983a.《和田塞语七件文书考释》，《新疆社会科学》1983年第3期，107—120页。

—— 1983b.《和田文〈于阗王尉迟徐拉与沙州大王曹元忠书〉与西北史地问题》，《历史地理》3，203—219页。

—— 1984a.《〈钢和泰藏卷〉与西北史地研究》，《新疆社会科学》1984年第2

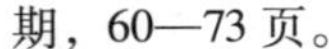

期，60—73 页。

—— 1984b.《〈西天路竟〉笺证》，《敦煌学辑刊》1984 年第 2 期，1—13 页。

—— 1984c.《回鹘译本〈玄奘传〉残卷五玄奘回程之地望与对音研究》，《西北史地》1984 年第 3 期，9—32 页；收入作者《中外交通与交流史研究》，242—287 页。

——（黄茂琳）1986a.《哈密屯〈钢和泰藏卷考释〉辨证》，《亚洲文明论丛》，四川人民出版社，235—246 页；重印：《亚洲文明》第一集，安徽教育出版社，1992 年，196—205 页。

—— 1986b.《于阗文〈使河西记〉的历史地理研究》上，《敦煌学辑刊》1986 年第 2 期，1—18 页。

—— 1987.《于阗文〈使河西记〉的历史地理研究》下，《敦煌学辑刊》1987 年第 1 期，1—13 页。

—— 1989a.《敦煌于阗文书与汉文书中关于甘州回鹘史实异同及回鹘进占甘州的年代问题》，《西北史地》1989 年第 1 期，1—8 页。

—— 1989b.《敦煌文书中"南山"与仲云》，《西北民族研究》1989 年第 1 期，4—12 转 116 页。

—— 1989c.《敦煌于阗文 P.2741，Ch.00296，P.2790 号文书疏证》，《西北民族研究》1989 年第 2 期，41—71 页。

—— 1989d.《关于甘州回鹘的四篇于阗语文书疏证》，《新疆文物》1989 年第 1 期，1—33 页。(= 1989c)

—— 1989e.《敦煌于阗文几篇使臣奏稿及相关问题综论》，《敦煌研究》1989 年第 2 期，51—60 页。

—— 1990a.《再论于阗王尉迟徐拉与沙州大王曹元忠书》，《新疆社会科学》1990 年第 1 期，99—112 页。

—— 1990b.《敦煌于阗文书中河西部族考证》，《敦煌学辑刊》1990 年第 1 期，51—67 转 115 页。

—— 1990c.《继业西域行记历史地理研究》，《新疆文物》1990 年第 3 期；收入作者《中外交通与交流史研究》，111—134 页。

—— 1990d.《炽俟考——Chigil 的族名对音、分布地域及其和喀剌汗朝的关系》，《新疆社会科学》1990 年第 5 期，87—100 页。

—— 1992.《关于沙州曹氏和于阗交往的诸藏文文书及相关问题》，《敦煌研究》1992 年第 1 期，35—43 页。

—— 1994.《敦煌写卷于阗文〈克什米尔行程〉历史地理研究》，《新疆文物》1994 年第 4 期，27—48 页。

—— 1995.《敦煌汉文与于阗文书中龙家及其相关问题》，台湾中正大学中国文学系所编《全国敦煌学研讨会论文集》，嘉义，57—84 页。

—— 1996.《敦煌汉文与于阗文书中之龙家及其相关问题》,《西域研究》1996年第1期,26—39页。

—— 2002.《中外交通与交流史研究》,安徽教育出版社。

—— 2005.《喀喇汗朝征服于阗圣战年代过程与于阗国都变迁综考》,《新疆文物》2005年第4期,49—65页。

黄文弼 1940.《古代于阗国都之研究》,《史学季刊》第1卷第1号;收入作者《西北史地论丛》,上海人民出版社,1981年;收入黄烈编《黄文弼历史考古论集》,文物出版社,1989年,210—215页。

—— 1958.《塔里木盆地考古记》(中国田野考古报告集·考古学专刊丁种第三号),科学出版社。

黄振华 1981.《于阗文及其研究》,《中国史研究动态》1981年第3期,20—23页。

—— 1984.《于阗文研究概述》,中国民族古文字研究会编《中国民族古文字研究》,中国社会科学出版社,64—86页。

—— 1987.《于阗文》,中国民族古文字研究会编《中国民族古文字》,天津古籍出版社,175—169页。

—— 1988.《敦煌所出于阗文千佛名经校释》,《敦煌吐鲁番文集》,北京图书馆,109—227页。

—— 1993.《于阗文贤劫经千佛名号考证》,《中国民族古文字研究》第2辑,天津古籍出版社,1—36页。

霍巍 2007.《于阗与藏西:新出考古材料所见两地间的古代文化交流》,《藏学学刊》第3辑(吐蕃与丝绸之路研究专辑),四川大学出版社,146—156页。

霍旭初、王子初(合编)1999.《中国音乐文物大系·新疆卷》,大象出版社。

季羡林 1947.《论梵本〈妙法莲华经〉》[1947年执笔],作者《印度古代语言论集》,中国社会科学出版社,1982年;收入《季羡林文集》第7卷《佛教》,江西教育出版社,1998年,28—31页。

—— 1982.《中国蚕丝输入印度问题的初步研究》,作者《中印文化关系史论文集》,三联书店,51—96页;收入《季羡林文集》第4卷《中印文化关系》,1996年,86—137页。

——(等)1985.《大唐西域记校注》,中华书局(重印:1990/1995年;2000年[2册])。

—— 1990.《〈罗摩衍那〉在中国》,作者《佛教与中印文化交流》(东方文化丛书),江西人民出版社,78—116页;收入《季羡林文集》第8卷《比较文学与民间文学》,1996年,289—324页。

—— 1991.《新疆古代民族语言中语尾-am >u 的现象》,《中国文化》第4期,

171—176 页；收入《季羡林文集》第 3 卷《印度古代语言》，1998 年，546—559 页。
—— 1998.《吐火罗文〈弥勒会见记〉译释》，《季羡林文集》第 11 卷。
—— 2001.《弥勒信仰在新疆的传布》，《文史哲》2001 年第 1 期，5—15 页。
纪宗安 1989.《塞人对早期中西文化交流的贡献》，《西北民族研究》1989 年第 1 期，199—204 转 233 页。
贾丛江 1997.《唐末宋初于阗人的社会生活》，《新疆文物》1997 年第 3 期，75—81 页。
贾建飞 2004.《文明之劫——近代中国西北文物的外流》（西域文明探秘丛书），人民美术出版社。
贾应逸 2002.《新疆佛教寺院遗址研究概况》，《中华佛学学报》第 15 卷，141—153 页。
—— 2003.《藏经洞遗书与和阗佛教遗址》，敦煌研究院编《2000 年敦煌学国际学术讨论会文集·历史文化卷》上，甘肃民族出版社，83—103 页。
—— 2006.《七至九世纪的新疆佛教艺术》，古正美编《唐代佛教与佛教艺术》，觉风佛教艺术文化基金会，223—238 页。
贾应逸、祁小山 2002.《印度到中国新疆的佛教艺术》（敦煌学研究丛书），甘肃教育出版社。
—— 2006.《佛教东传中国》，上海古籍出版社。
榎一雄 1980.《小月氏与尉迟氏》，斯英琦、徐文堪译，《民族译丛》1980 年第 3 期，48—54 页；第 4 期，55—60 页。
姜伯勤 2004a.《中国祆教画像石在艺术史上的意义》，《中山大学学报》2004 年第 1 期，70—78 页。
—— 2004b.《中国祆教艺术史研究》，三联书店。
蒋忠新 1985.《记旅顺博物馆收藏的梵文〈法华经〉写本残片》，国家文物局古文献研究室编《出土文献研究》，文物出版社，191—195 页。
—— 1986.《关于〈法华经〉Kashgar（疏勒）写本中语尾-am 向-o 和-u 的转化》，《南亚研究》1986 年第 2 期，55—66 转 87+3 页。
—— 1992.《关于旅顺博物馆藏西域语文书的初步研究报告》，《南亚研究》1992 年第 3 期，2—12 页。
——（编）1997.《旅顺博物馆所藏梵文法华经断简·影印版罗马字版》，旅顺博物馆、创价学会。
金维诺 1960.《阎立本与尉迟乙僧》，《文物》1960 年第 4 期，61—69 页；收入作者《中国美术史论集》，人民美术出版社，1981 年，117—134 页。
井之口泰淳 1988.《于阗语资料所记之尉迟王家系谱和年代》，荣新江译，《新疆文物》1988 年第 2 期，113—124 转 131 页。

橘瑞超 1994.《中亚探险》，柳洪亮译，新疆人民出版社。

—— 1998.《中亚探险》，章莹译，同译者《丝路探险记》，新疆人民出版社，169—271 页。

科索拉波夫（А. И. Косолапов）、马尔沙克（Б. И. Маршак）2005.《中亚壁画——艺术史与实验研究》（上）（下），杨军涛译，《新疆师范大学学报》2005 年第 2 期，72—80 页；同 2005 年第 3 期，33—38 页。

克力勃（J. Cribb）1987.《和田汉佉二体钱》，姚朔民编译，《中国钱币》1987 年第 2 期，31—40 页+附图。

克林凯特（H.-J. Klimkeit）1994.《丝绸古道上的文化》，赵崇民译，新疆美术摄影出版社。

堀谦德 1935.《于阗国》，纪彬译，《禹贡》第 4 卷第 1、4 号（花山文艺出版社影印，1994 年）；收入张曼涛主编《西域佛教研究》，347—390 页。

朗措 2004.《试述古藏文文献研究的重要性》，《西藏研究》2004 年第 3 期，94—98 页。

—— 2005.《吐蕃与于阗关系考述——于阗和鄯善地区吐蕃部落的族属及特点》，《西藏研究》2005 年第 4 期，29—32 页。

劳费尔（B. Laufer）1964.《中国伊朗编：中国对古代伊朗文明史的贡献》，林筠因译，商务印书馆（重印：2001 年）。

—— 1975.《中国与伊朗：古代伊朗与中国之文化交流》，杜正胜译，刘崇鋐校订，台湾中华书局。

勒柯克（A. von Le Coq）、瓦尔特施密特（E. Waldschmidt）2006.《新疆佛教艺术》上、下，管平、巫新华译，新疆教育出版社。

李静杰 2000.《卢舍那法界图像研究简论》，《故宫博物院院刊》2000 年第 2 期，53—63 页。

李泰玉 1983.《新疆佛教由盛转衰和伊斯兰教兴起的历史根源》，《新疆社会科学》1983 年第 1 期，105—117 页。

李特文斯基（Б. А. Литвинский）1983.《国内外有关新疆古代历史文化的研究》，王小甫摘译，《中亚研究资料》1983 年第 1 期，26—35 页。

—— 1988.《论东突厥斯坦塞人的早期历史》，李琪译，《新疆文物》1988 年第 3 期，115—124 页。

李吟屏 1985.《和田地区沙漠与绿洲的变迁——从文学史料与考古资料得到的启示》，《新疆大学学报》1985 年第 3 期，70—80 页。

—— 1988a.《和田地区岩画》，《新疆文物》1988 年第 1 期，22—25 页+图。

—— 1988b.《论历史上和田的采玉和蚕桑生产》，《新疆大学学报》1988 年第 3 期，36—43 页。

—— 1988c.《对〈麻札塔格古戍堡及其在丝绸之路上的重要位置〉一文的两

点补正》,《文物》1988 年第 4 期, 92—93 页。
—— 1988d.《和田地区岩画考述》,《新疆艺术》1988 年第 4 期, 20—24 页。
—— 1989a.《于阗都城再研究》,《新疆大学学报》1989 年第 3 期, 40—47 页。
—— 1989b.《于阗佛教兴衰史述略》,《喀什师范学院学报》1989 年第 6 期, 36—47 页。
—— 1990a.《古代于阗国都再研究》,《西北史地》1990 年第 3 期, 28—36 页。(= 1989a)
—— 1990b.《洛浦县山普拉古墓地出土绰毛裤图案马人考》,《文物》1990 年第 11 期, 72—74 页。
—— 1991a.《佛国于阗》(丝路丛书), 新疆人民出版社。
—— 1991b.《克里雅河末端古遗址踏察简记及有关问题》,《新疆文物》1991 年第 1 期, 54—58 页; 收入《新疆文物考古新收获(续)》, 513—517 页。
—— 1992a.《于阗牛角山新考》,《新疆大学学报》1992 年第 3 期, 61—64 转 70 页。
—— 1992b.《关于和田的"六城"》,《新疆文物》1992 年第 3 期, 94 转 89 页。
—— 1992c.《论西方文化对古于阗的影响》,《喀什师范学院学报》1992 年第 2 期, 34—40 页。
—— 1993a.《热瓦克访古》,《中国边疆史地研究》1993 年第 1 期, 8—9 页。
—— 1993b.《和田历代交通的经营与管理》,《喀什师范学院学报》1993 年第 2 期, 23—30 页。
—— 1994.《和田历代交通路线研究》, 马大正、王嵘、杨镰主编《西域考察与研究》, 新疆人民出版社, 173—194 页。
—— 1995a.《和田史话》, 新疆人民出版社。
—— 1995b.《新疆洛浦县发现长方穿铅钱》,《中国钱币》1995 年第 1 期, 36 页+封底。
—— 1996a.《新疆墨玉县出土的窖藏铜钱》,《新疆文物》1996 年第 1 期, 64—48 页。
—— 1996b.《于田县喀拉墩古城附近发现南北朝时期的铜匕》,《新疆文物》1996 年第 2 期, 90 页。
—— 1996c.《新疆和田发现无穿铅币》,《中国钱币》1996 年第 2 期, 30 页。
—— 1997a.《古代西域的自然崇拜》,《西域研究》1997 年第 1 期, 105—111 页。
—— 1997b.《论我国古代西北民族的多神崇拜》,《喀什师范学院学报》1997 年第 2 期, 39—45 页。

—— 1998a.《古于阗坎城考》，马大正、杨镰主编《西域考察与研究续篇》，新疆人民出版社，236—262 页。

—— 1998b.《新疆洛浦县发现西域古钱币》，《中国钱币》1998 年第 4 期，50+80 页。

—— 2001.《新发现于新疆洛普县的两件唐代文书残页考释》，《西域研究》2001 年第 2 期，57—61 页。

—— 2002.《新疆和田出土彩棺及其相关问题》，《考古与文物》2002 年增刊，52—61 页。

—— 2003.《新疆洛浦县发现兹泉内化铜钱及长方穿铅钱》，《中国钱币》2003 年第 2 期，39 页。

—— 2004.《近年发现于新疆和田的四件唐代汉文文书残页考释》，《西域研究》2004 年第 3 期，83—90 页。

—— 2005a.《关于古于阗自铸和仿铸的中央王朝钱币》，《新疆钱币》2005 年第 1 期，2—4 页。

—— 2005b.《和田历代地方政权发行货币概论》，《新疆钱币》2005 年第 2 期，21—26 页。

—— 2006a.《和田考古记》（新疆社会史丛书），新疆人民出版社。

—— 2006b.《和田春秋》（新疆历史研究丛书），新疆人民出版社。

—— 2007a.《发现于新疆策勒县的四件唐代汉文文书残页考释》，《西域研究》2007 年第 4 期，17—23 页。

—— 2007b.《发现于新疆策勒县的 C8 号至 C11 号唐代汉文文书考释及研究》，《新疆师范大学学报》2007 年第 4 期，11—16 页。

李遇春 1980.《约特干出土的陶制人物》，《美术研究》1980 年第 4 期，80—81 页+封三。

—— 1981.《新疆和田县买力克阿瓦提遗址的调查和试掘》，《文物》1981 年第 1 期，33—37 页；收入《新疆文物考古新收获》，506—509 页。

李正宇 1988a.《归义军曹氏“表文三件”考释》，《文献》1988 年第 3 期，3—14 页。

—— 1988b.《敦煌遗书 P.4065 表文三件的初步考释》，《新疆社会科学》1988 年第 3 期，94—101 页。

—— 1996.《俄藏中国西北文物经眼记》，《敦煌研究》1996 年第 3 期，36—42 页。

李仲光（主编）1993.《塔克拉玛干沙漠研究文献目录索引》，中国科学院塔克拉玛干沙漠综合科学考察队，科学出版社。

廖肇羽、贾东 2007.《龟兹于阗道考证》，中国中外关系史学会、暨南大学文学院编《丝绸之路与文明的对话》（《中外关系史论丛》第 11 辑），新疆人民出版社，53—72 页。

烈维（S. Lévi）1932.《大藏方等部之西域佛教史料》，冯承钧节译，《史地丛考续编》，商务印书馆；收入同译者《西域南海史地考证译丛九编》，中华书局，1958 年，160—234 页（重印：商务印书馆，1995 年）。

林梅村 1985.《藏文古籍所述于阗王谱系迄始年代研究》，《新疆社会科学》1985 年第 5 期，83—90 页。

—— 1987a.《佉卢文书及汉佉二体钱所记于阗大王考》，《中国钱币》1987 年第 2 期，35—43 页；收入《西域文明》，279—294 页。

—— 1987b.《再论汉佉二体钱》，《中国钱币》1987 年第 4 期，3—11 转 20 页；收入作者《西域文明》，295—314 页。

—— 1988a.《沙海古卷——中国所出佉卢文书初集》，文物出版社。

—— 1988b.《中国出土佉卢文书研究综评》，《新疆社会科学》1988 年第 2 期，81—92 页；韩翔、王炳华、张临华主编《尼雅考古资料》，中国科学院新疆分院民族研究所，1988 年，171—182 页；收入作者《沙海古卷》（导言）。

—— 1988c.《汉佉二体钱佉卢文解诂》，《考古与文物》1988 年第 2 期，85—87 转 84 页。

—— 1989a.《新疆佉卢文书释地》，《西北民族研究》1989 年第 1 期，72—80 页。

—— 1989b.《犍陀罗语〈法句经〉残卷初步研究》，《出土文献研究续集》，文物出版社，253—262 页；后改名《犍陀罗语〈法句经〉的部派问题》，收入作者《西域文明》，405—419 页。

—— 1989c.《于阗汉文钱币考》，《中国钱币》1989 年第 3 期，3—7 页；收入作者《西域文明》，315—323 页。

—— 1990a.《贵霜大月氏人流寓中国考》，《敦煌吐鲁番学研究论文集》，上海汉语大词典出版社，715—755 页；收入作者《西域文明》，33—67 页。

——（梅邨）1990b.《疏勒考古九十年》，《文物天地》1990 年第 1 期，24—27 页；第 2 期，24—28 页。

——（梅邨）1990c.《于阗古代文明的兴衰》，《文物天地》1990 年第 4 期，36—40 页+附图。

—— 1990d.《漫话十二生肖》（上）（下），《瞭望》1990 年第 34 和 35 期；后改名《十二生肖源流考》，收入作者《西域文明》，111—129 页。

—— 1991.《犹太入华考》，《文物》1991 年第 6 期，74—80 页；收入作者《西域文明》，80—93 页。

—— 1992.《疏勒佛教考古概述》，《新疆文物》1992 年第 2 期，35—43 页。

—— 1993.《新疆和田出土汉文于阗文双语文书》，《考古学报》1993 年第 1

期，89—107 页；后改名《新疆和田出土汉文—于阗文双语文书跋》，收入作者《西域文明》，209—233 页。

—— 1994.《中国所出佉卢文研究目录（1875—1992）》，马大正、王嵘、杨镰主编《西域考察与研究》，新疆人民出版社，205—255 页。

—— 1995a.《疏勒语考》，《传统文化与现代化》1995 年第 4 期，55—64 页；收入作者《西域文明》，234—251 页。

—— 1995b.《疏勒语〈羯磨言〉戒本残卷研究》，《新疆文物》1995 年第 1 期，51—54 页；收入作者《西域文明》，420—430 页。

—— 1995c.《穿越塔克拉玛干沙漠》，《文物天地》1995 年第 2 期，22—26 页；第 3 期，21—23 转 33 页；后改名《汉唐和田河的古代交通》，收入作者《汉唐西域与中国文明》，文物出版社，1998 年，211—226 页。

—— 1995d.《西域文明——考古、民族、语言和宗教新论》，东方出版社。

——（梅邨）1996.《楼兰公主与蚕种西传于阗和罗马》，《文物天地》1996 年第 4 期，12—15 页。

—— 1997a.《敦煌写本钢和泰藏卷所述帕德克城考》，《敦煌研究》1997 年第 1 期，127—133 页。

—— 1997b.《犍陀罗语文书地理考》，《传统文化与现代化》1997 年第 6 期，29—39 页；收入作者《古道西风》，323—347 页。

—— 1999.《从考古发现看隋末唐初于阗与中原的关系——大唐毗沙郡将军叶和墓表考证》，《西域研究》1999 年第 2 期，10—19 页；收入作者《古道西风》，243—262 页。

—— 2000a.《古道西风——考古新发现所见中西文化交流》（三联・哈佛燕京学术丛书第 6 辑），三联书店。

—— 2000b.《昆山之玉》，作者《古道西风》，77—84 页。

—— 2000c.《于阗乐舞与梵剧东渐》，作者《古道西风》，231—242 页。

—— 2000d.《犍陀罗语文学与中印文化交流》，作者《古道西风》，348—369 页。

—— 2003.《汉代艺术中的希腊文化因素》，《九州学林》1 卷 2 期，香港城市大学中国文化研究中心、复旦大学出版社，2—35 页。

—— 2006.《丝绸之路考古十五讲》（名家通识讲座书系），北京大学出版社，185—220 页。

刘秉钧 1933.《于阗国之研究》，《盘石杂志》第 1 卷第 2—3 号，97—110 页；第 4 号，89—102 页。

刘戈 1985.《两个智严》，《西域史论丛》第 1 辑，新疆人民出版社，166—170 页。

刘国瑞、屈涛、张玉忠 2005.《新疆丹丹乌里克遗址新发现的佛寺壁画》，《西域研究》2005 年 4 期，52—61 页；收入殷晴主编《吐鲁番学新论》，新疆人民出版社，2006 年，347—355 页。

刘文锁 1991.《安迪尔新出汉佉二体钱考》，《中国钱币》1991 年第 3 期，3—7 页。

—— 1993a.《古代于阗国的货币》，《中国钱币》1993 年第 4 期，67—68 页。

—— 1993b.《佉卢文遗物在新疆的考古发现》，《新疆文物》1993 年第 4 期，75—81 页。

—— 2002.《山普拉墓地的埋葬制度》，《西域研究》2002 年第 3 期，50—55 页。

刘文锁、王磊 2004.《论丝绸技术的传播》，《欧亚学刊》第 4 辑，243—253 页。

刘迎胜 1994.《忙古带拔都儿及其在斡端的活动》，马大正、王嵘、杨镰主编《西域考察与研究》，新疆人民出版社，331—342 页。

陇夫 1996.《和田地区文管所藏汉佉二体钱》，《中国钱币》1996 年第 2 期，56 转 55 页。

—— 1998.《新疆墨玉县窖藏铜钱》，《中国钱币》1998 年第 4 期，52 页。

娄雨亭 1989.《〈新五代史·四夷附录〉标点辨误一则》，《中国历史地理论丛》1989 年第 2 期，14 页。

—— 1990.《后晋〈于阗国行程记〉作者订讹》，《中国历史地理论丛》1990 年第 4 期，114 页。

卢向前 1986.《关于归义军时期一份布纸破用历的研究》，《敦煌吐鲁番文献研究论集》第 3 辑，北京大学出版社，460—463 页。

吕澂 1979.《中国佛学源流略讲》，中华书局；收入《吕澂佛学论著选集》第 5 卷，齐鲁书社，1991 年。

罗常培 1931.《梵文颚音五母的藏汉对音研究》，《历史语言研究所集刊》第 3 本第 2 分；收入《罗常培语言学论文选集》，中华书局，1963 年，54—64 页。

—— 1933.《唐五代西北方音》（历史语言研究所单刊甲种之十二），上海（重印：科学出版社，1961 年）。

罗新 2001.《吐谷浑与昆仑玉》，《中国史研究》2001 年第 1 期，43—52 页。

罗振玉 1909.《慧超往五天竺国传残卷札记》，《敦煌石室遗书》第 1 册。

马昌仪 1998.《西域鼠国及其信仰》，《中国历史博物馆馆刊》1998 年第 1 期，107—114 页。

马承源、岳峰（主编）1998.《新疆维吾尔自治区丝路考古珍品》，上海译文出版社。

马达汉（C. G. Mannerheim）2004.《马达汉西域考察日记：穿越亚洲——从里

海到北京的旅行：1906—1908》，王家骥译，中国民族摄影艺术出版社。

马国荣 1985a.《和田绿洲经济史略》，《新疆社会科学研究》1985 年第 21 期，20—38 页。

—— 1985b.《汉唐时期和田地区之经济述略》，《新疆历史研究》1985 年第 3 期，14—25 页。

马雍 1979.《新疆出土佉卢文书的断代问题——兼论楼兰遗址和魏晋时期的鄯善郡》，《文史》第 7 辑，73—98 页；收入作者《西域史地文物丛考》，89—111 页。

—— 1983.《萨曼王朝与中国的交往》，《学习与思考》1983 年第 5 期，69—75 页；收入作者《西域史地文物丛考》，174—182 页。

—— 1984.《古代鄯善、于阗地区佉卢文字资料综考》，《中国民族古文字研究》，中国社会科学出版社，6—49 页；收入作者《西域史地文物丛考》，60—88 页。

—— 1990.《西域史地文物丛考》，文物出版社。

马筑 2005.《国外有关英藏敦煌、和田等地出土古藏文写本的研究》，《敦煌研究》2005 年第 2 期，84—87 页。

孟凡人 1987.《新疆古代雕塑辑佚》，新疆人民出版社。

—— 1992.《五代宋初于阗王统考》，《中国边疆史地研究》1992 年第 3 期；收入作者《新疆考古与史地论集》，215—231 页。

—— 1993a.《于阗汉佉二体钱的年代》，《中国考古学论丛》，科学出版社，390—400 页；收入作者《楼兰鄯善简牍年代学研究》，新疆人民出版社，1995 年，410—432 页。

—— 1993b.《汉魏于阗王统考》，《西域研究》1993 年第 4 期，39—48 页；收入作者《新疆考古与史地论集》，197—207 页。

—— 1994a.《隋唐时期于阗王统考》，《西域研究》1994 年第 2 期，43—50 页；收入作者《新疆考古与史地论集》，208—216 页。

—— 1994b.《于阗国都城方位考》，马大正、王嵘、杨镰主编《西域考察与研究》，新疆人民出版社，449—476 页；收入作者《新疆考古与史地论集》，233—248 页。

—— 2000.《新疆考古与史地论集》，科学出版社。

孟楠 1993.《中原西行求法第一人——朱士行》，《新疆大学学报》1993 年第 1 期，54—59 转 65 页。

米诺尔斯基（V. Minorsky）1983.《世界境域志》，王治来、周锡娟译，新疆社会科学院中亚所。

米斯基（J. Mirsky）1992.《斯坦因：考古与探险》，田卫疆等译，新疆美术摄影出版社。

莫任南 1981.《东汉和贵霜关系史上的两个问题》,《世界历史》1981 年第 2 期，67—74 页。

穆克吉（B. N. Mukherjee）1994.《以汉文佉卢文为铭的中亚钱币》，杨富学译,《新疆文物》1994 年第 3 期，118—120 页。

穆舜英、王明哲 1985.《论新疆古代民族考古文化》，新疆维吾尔自治区考古研究所编《新疆古代民族文物》，文物出版社，1—22 页。

牛汝辰 1996.《〈钢和泰藏卷〉地名研究评述》,《喀什师范学院学报》1996 年第 1 期，40—43 页。

彭信威 1965.《中国货币史》，上海人民出版社（初版：群联出版社，1954 年)。

片山章雄 1986a.《关于 Toquz Oγuz 与“九姓”的几个问题》，章莹摘译，吴大山校,《西北史地》1986 年第 3 期，110—121 页。

—— 1986b.《关于 Toquz Oγuz 和“九姓”的若干问题》，邢玉林、刘世哲译,《民族译丛》1986 年第 5 期，42—53 页。

普里（B. N. Puri）1992.《中亚佛教》，许建英，何汉民译，同译者编译《中亚佛教艺术》，新疆美术摄影出版社。

蒲立本（E. G. Pulleyblank）1988.《钢和泰藏卷年代考》，荣新江译,《新疆文物》1988 年第 2 期，125—131 页。

齐陈骏、王冀青 1989.《阿富汗商人巴德鲁丁·汗与新疆文物的外流》,《敦煌学辑刊》1989 年第 1 期，5—15 页；又《敦煌吐鲁番学研究论文集》，上海，1990 年，394—414 页。

钱伯泉 1985.《〈使于田记〉笺证》,《新疆社会科学研究》1985 年第 22 期，1—8 页。

—— 1989.《仲云族始末考述》,《西北民族研究》1989 年第 1 期，64—71 页。

—— 1996.《和田地区发现的长方穿铅钱初探》,《新疆钱币》1996 年第 2 期，7—11 页。

—— 1998a.《于阗国使刘再升的国籍及出使过程探微》,《敦煌研究》1998 年第 1 期，96—101 页。

—— 1998b.《和阗出土的长方穿铅钱释文研究》,《中国钱币》1998 年第 4 期，41—42 页。(摘自 1996)

—— 1999.《和田地区的小马钱研究》,《新疆钱币》1999 年第 4 期，4—5 页。

饶宗颐（Jao Jsong-yi）1971.《燉煌曲》(*Airs de Touen-houang*)，巴黎。

—— 1982.《论释氏之昆仑说》,《选堂集林·史林》，中华书局香港分局，446—458 页。

—— 1990.《刘萨河事迹与瑞像图》,《（1987）敦煌石窟研究国际讨论会文集·石窟考古编》，辽宁美术出版社，336—349 页。

—— 1993.《上古塞种史若干问题——于阗史丛考序》,《中国文化》1993 年第 1 期,170—175 页;收入张广达、荣新江《于阗史丛考》,上海书店出版社,1993 年,1—13 页;又《饶宗颐东方学论集》,汕头大学出版社,1999 年,68—81 页。

任树民 1997.《北宋时期的于阗》,《西域研究》1997 年第 1 期,27—32 页。

荣新江 1986a.《欧洲所藏西域出土文献闻见录》,《敦煌学辑刊》1986 年第 1 期,119—133 页。

—— 1986b.《归义军及其与周边民族的关系初探》,《敦煌学辑刊》1986 年第 2 期,24—44 页。

—— 1987a.《九、十世纪于阗族属考辨》,《新疆社会科学》1987 年第 4 期,76—83 页。

—— 1987b.《吐鲁番文书〈唐某人自书历官状〉所记西域史事钩沉》,《西北史地》1987 年第 4 期,53—55 页。

—— 1987c.《从敦煌的五台山绘画和文献看五代宋初中原与河西于阗间的文化交往》,《文博》1987 年第 4 期,70—77 页。

—— 1988a.《关于敦煌和田出土于阗文献年代问题研究概述》,《中国敦煌吐鲁番学会研究通讯》1988 年第 1 期,17—27 页。

—— 1988b.《敦煌文献和绘画反映的五代宋初中原与西北地区的文化交往》,《北京大学学报》1988 年第 2 期,55—62 页;收入作者《归义军史研究》,247—265 页。

—— 1990a.《新出吐鲁番文书所见西域史事二题》,《敦煌吐鲁番文献研究论集》第 5 辑,339—354 页。

—— 1990b.《小月氏考》,《中亚学刊》第 3 辑,中华书局,47—62 页。

—— 1990c.《敦煌学研究揭开晚唐五代宋初西北史的新篇章》,《中国文化》第 2 期,7—9 页;收入作者《鸣沙集》,219—225 页。

—— 1990d.《通颊考》,《文史》第 33 辑,119—144 页。

—— 1992a.《于阗在唐朝安西四镇中的地位》,《西域研究》1992 年第 3 期,56—64 页。

—— 1992b.“于阗”(条目),《中国大百科全书·中国历史》III,中国大百科全书出版社,1416—1417 页。

—— 1992c.《所谓图木舒克语中的“gyaździ-”》,《内陆アジア言语の研究》VII,1—12 页。

—— 1992d. 评介:*Turfan and Tun-huang. The Texts*,《汉学研究通讯》第 44 卷第 4 号,收入作者《鸣沙集》,277—285 页。

—— 1993a.《关于唐宋时期中原文化对于阗影响的几个问题》,《国学研究》第 1 卷,401—424 页。

—— 1993b.《古代塔里木盆地周边的粟特移民》,《西域研究》1993 年第 2 期(=《新疆文物》1993 年第 2 期),8—15 页。

—— 1994a.《西域粟特移民聚落考》,马大正、王嵘、杨镰主编《西域考察与研究》,新疆人民出版社,157—172 页;收入作者《中古中国与外来文明》,19—36 页。

—— 1994b.《于阗王国与瓜沙曹氏》,《敦煌研究》1994 年第 2 期,111—119 页。

—— 1995.《龙家考》,《中亚学刊》第 4 辑,北京大学出版社,144—160 页。

—— 1996a.《归义军史研究——唐宋时代敦煌历史考索》(中国传统文化研究丛书第二辑),上海古籍出版社。

—— 1996b.《海外敦煌吐鲁番文献知见录》(东方文化丛书),江西人民出版社。

—— 1997a.《敦煌藏经洞的性质及其封闭原因》,《敦煌吐鲁番研究》第 2 卷,北京大学出版社;收入作者《鸣沙集》,15—63 页。

—— 1997b. 书评:*Cina e Iran. Da Alessandro Magno alla Dinastia Tang*,《唐研究》第 3 卷,538—543 页;收入作者《中古中国与外来文明》,419—426 页。

—— 1997c. 书评:陈国灿《斯坦因所获吐鲁番文书研究》,《唐研究》第 3 卷,572—575 页;收入作者《鸣沙集》,371—374 页。

—— 1997d. 书评:郭锋《斯坦因第三次中亚探险所获甘肃新疆出土汉文文书》,《唐研究》第 3 卷,575—577 页;收入作者《鸣沙集》,365—370 页。

—— 1997e.《叶昌炽——敦煌学的先行者》,*IDP NEWS*, No. 7, 1-5 + 3 pls.;收入作者《敦煌学新论》,78—84 页。

—— 1998a.《西域史研究的回顾与展望》,《历史研究》1998 年第 2 期,132—148 页。

—— 1998b.《贝利教授与于阗语文献研究》(附有 Bailey 的论著目录),《敦煌吐鲁番研究》第 3 卷,北京大学出版社,309—324 页;收入作者《鸣沙集》,387—390 页(论著目录从略)。

—— 1998c. "于阗语(Khotanese)"及有关于阗语的敦煌文书的条目,《敦煌学大辞典》,上海辞书出版社,500—504 页。

—— 1999.《鸣沙集——敦煌学学术史与方法论的探讨》(敦煌丛刊二集 12),台北新文丰出版公司。

—— 2001a.《敦煌归义军曹氏统治者为粟特后裔说》,《历史研究》2001 年第 1 期,65—72 页;收入作者《中古中国与外来文明》,258—274 页。

—— 2001b.《粟特祆教美术东传过程中的转化——从粟特到中国》,巫鸿主编

《汉唐之间文化艺术的互动与交融》，文物出版社，51—67 页；收入作者《中古中国与外来文明》，301—325 页。

—— 2001c.《中古中国与外来文明》（三联・哈佛燕京学术丛书第 7 辑），三联书店。

—— 2002a.《近年于阗语及其文献研究论著评介》，《东方语言与文化》，东方出版社，360—372 页；收入作者《敦煌学新论》（敦煌学研究丛书），甘肃教育出版社，2002 年，323—336 页。

—— 2002b. 书评：*C. G. Mannerheim in Central Asia 1906-1908*，《敦煌吐鲁番研究》第 6 卷，北京大学出版社，419—423 页；收入作者《中国中古史研究十论》，256—263 页。

—— 2003a.《略谈于阗对敦煌石窟的贡献》，敦煌研究院编《2000 年敦煌学国际学术讨论会文集・历史文化卷》上，甘肃民族出版社，67—82 页。

—— 2003b.《慧超所记唐代西域的汉化佛寺》，《冉云华先生八秩华诞寿庆论文集》，法光出版社，399—407 页。

—— 2003c.《唐代禅宗的西域流传》，《禅学研究の诸相：田中良昭博士古稀记念论集》，大东出版社，59—68 页。

—— 2003d.《于阗花毡与粟特银盘——九、十世纪敦煌寺院的外来供养》，胡素馨主编《佛教物质文化：寺院财富与世俗供养》，上海书画出版社，246—260 页。

—— 2003e.《海路还是陆路——佛教传入汉代中国的途径和流行区域研究述评》，《北大史学》9，北京大学出版社，320—342 页；收入作者《中国中古史研究十论》，15—43 页。

—— 2003f.《佛像还是祆神？——从于阗看丝路宗教的混同形态》，《九州学林》1 卷 2 期，香港城市大学中国文化研究中心、复旦大学出版社，93—115 页。

—— 2004. 书评：H. Wang, *Handbook to the Stein Collectins in the UK* 与 *Catalogue of the Collections of Sir Aurel Stein in the Library of the Hungarian Academy of Sciences*，《敦煌吐鲁番研究》第 7 卷，中华书局，496—499 页；收入作者《中国中古史研究十论》，270—278 页。

—— 2005a.《唐代西域的汉化佛寺系统》，新疆龟兹学会编《龟兹文化研究》第 1 辑，香港天马出版有限公司，130—137 页。

—— 2005b.《西域粟特移民聚落补考》，《西域研究》2005 年第 2 期，1—11 页。

—— 2005c.《丹丹乌里克的考古调查与唐代于阗杰谢镇》，《新疆文物》2005 年第 3 期，31—35 页。

—— 2005d.《杰谢（丹丹乌里克）：唐代于阗的边境城镇》，《日中共同ダンダンウイリク遗迹学术研究の成果をめぐって》，2005 年 8 月 20 日，106—109 页。

—— 2005e.《中国中古史研究十论》（名家专题精讲系列第 5 辑），复旦大学出版社。

—— 2007.《阚氏高昌王国与柔然、西域的关系》，《历史研究》2007 年第 2 期，4—14 页。

荣新江、段晴 2000.《据史德语考》，《中亚学刊》第 5 辑，新疆人民出版社，9—21 页。

柔克义（W. W. Rockhill）1987.《李域（于阗）古代史》，胡锦洲译，《新疆文物》1987 年第 4 期，37—45 页。

桑原骘藏 1941.《隋唐时代西域人华化考》，何健民译，中华书局。

森安孝夫 1981.《关于伊斯兰时期以前的中亚史研究之现状》，陈俊谋摘译，《中国史研究动态》1981 年第 4 期，1—10 页。

—— 1982.《究竟是回鹘还是吐蕃在公元 789—792 年间夺据了别失八里?》，罗贤佑摘译，《民族译丛》1982 年第 3 期，38—41 页。

—— 1983.《伊斯兰化以前的中亚史研究现状》，刘世哲、邢玉林摘译，《民族译丛》1983 年第 1 期，53—59 页；第 2 期，50—56 页。

—— 1985a.《回鹘、吐蕃 789—792 年的北庭之争》，耿升译，《敦煌译丛》第 1 辑，甘肃人民出版社，1985 年，247—257 页。

—— 1985b.《吐蕃在中亚的活动》，劳江摘译，《国外藏学研究译文集》第 1 辑，64—130 页。

——（等）2006.《〈往五天竺国传研究〉记载的西域史料研究》，广中智之、尹磊译，《新疆师范大学学报》2006 年第 3 期，11—18 页。

沙畹（É. Chavannes）1932.《西突厥史料》，冯承钧译，商务印书馆（重印：中华书局，1958 年/2004 年）。

—— 1935.《宋云行纪笺注》，冯承钧译注，《禹贡》第 4 卷第 1、6 期；收入同译者《西域南海史地考证译丛六编》，中华书局，1956 年，1—68 页（重印：商务印书馆，1995 年）。

沙武田 2004.《敦煌石窟于阗国王“天子窟”考》，《西域研究》2004 年第 2 期，60—68 页。

—— 2005.《敦煌 P.4049“新样文殊”画稿及相关问题研究》，《敦煌研究》2005 年第 3 期，26—32 页。

—— 2006a.《敦煌石窟于阗国王画像研究》，《新疆师范大学学报》2006 年第 4 期，22—30 页。

—— 2006b.《敦煌画稿研究》（敦煌学博士文库），民族出版社。

沙武田、段小强 2003.《莫高窟第 454 窟窟主的一点补充意见》，《敦煌研究》

2003 年第 3 期，7—9 页。

沙武田、赵晓星 2003.《归义军时期敦煌文献中的太子》，《敦煌研究》2003 年第 4 期，45—51 页。

沙知、吴芳思（编著）2005.《斯坦因第三次中亚考古所获汉文文献（非佛经部分）》，上海辞书出版社。

山崎元一 1990.《于阗建国传说成立的背景》，荣新江译，《新疆社会科学研究》1990 年第 4 期，44—53 页。

邵兴周、崔静、杨振江、王博、常喜恩 1988.《洛浦县山普拉出土颅骨的初步研究》，《人类学学报》1988 年第 1 期，26—38 页。

施杰我（P. O. Skjærvø）2006.《于阗——西域的一个早期佛教中心》，文欣译，朱玉麒主编《西域文史》第 1 辑，科学出版社，87—110 页。

施萍亭 1983.《本所藏〈酒帐〉研究》，《敦煌研究》创刊号，142—155 页。

施萍婷 1996.《俄藏敦煌文献经眼录之一》，《敦煌研究》1996 年第 2 期，51—83 页。

—— 1997.《俄藏敦煌文献经眼录（二）》，《敦煌吐鲁番研究》第 3 卷，北京大学出版社，313—330 页。

石泰安（R. A. Stein）1990.《古代吐蕃和于阗的一种特殊密教论述法》，耿升译，《国外藏学研究译文集》7，140—161 页。

—— 1994.《西藏史诗与说唱艺人的研究》，耿升译，西藏人民出版社。

史树青 1960.《新疆文物调查随笔》，《文物》1960 年第 6 期，22—31 页；收入《新疆考古三十年》（页码分散）。

斯坦因（M. A. Stein）1936.《斯坦因西域考古记》，向达译，上海中华书局（重印：中华书局/上海书店，1987 年）。

—— 1957.《西域考古记举要》，冯承钧译，中华书局；收入冯承钧译《西域南海史地考证译丛》第 3 卷，商务印书馆，1999 年，757—843 页。

—— 1994a.《沙埋和阗废墟记》，殷晴、剧世华、张南、殷小娟译，新疆美术摄影出版社。

—— 1994b.《亚洲腹地》，孙守先译，魏长洪、何汉民编《外国探险家西域游记》，新疆美术摄影出版社，144—183 页。

—— 2000a.《西域考古图记》，中国社会科学院考古研究所主持翻译，广西师范大学出版社。

—— 2000b.《重返和田绿洲》，刘文锁译，广西师范大学出版社。（=2000a 的一部分）

—— 2004a.《斯坦因中国探险手记》共 4 册，巫新华、伏霄汉译，春风文艺出版社。

—— 2004b.《亚洲腹地考古图记》，中国社会科学院考古研究所主持翻译，广西师范大学出版社。

松本文三郎 2003.《兜跋毗沙门考》，金申译，《敦煌研究》2003 年第 5 期，36—42 页。

松田寿男 1935.《碎叶与焉耆》，杨炼译，《西北古地研究》（史地小丛书），上海商务印书馆，18—37 页。

—— 1987.《古代天山历史地理学研究》，陈俊谋译，中央民族学院出版社。

宋肃瀛 1986.《试论佛教在新疆的始传》，阎文儒、陈玉龙编《向达先生纪念论文集》，新疆人民出版社，396—424 页。

苏北海 1980.《和田名称新考》，《新疆大学学报》1980 年第 3 期；收入作者《西域历史地理》，新疆大学出版社，1988 年（重印：1993 年），46—64 页。

—— 1989.《古代塞种在哈萨克草原的活动》，《西北民族研究》1989 年第 1 期，184—198 页。

苏北海、丁谷山 1990.《瓜沙曹氏政权与甘肃回鹘、于阗回鹘的关系》，《敦煌研究》1990 年第 3 期，32—39 页。

苏远鸣（M. Soymié）1996.《敦煌石窟中的瑞像图》，耿升译，《法国学者敦煌学论文选萃》，中华书局，151—175 页。

孙培良 1985.《斯基泰贸易之路和古代中亚的传说》，《中外关系史论丛》第 1 辑，世界知识出版社，3—25 页。

孙修身 1981.《于阗媲摩城、坎城两地考》，《西北史地》1981 年第 2 期，67—72 页。

—— 1982a.《莫高窟佛教史迹画内容考释(1)》，《敦煌研究文集》，甘肃人民出版社，332—353 页。

—— 1982b.《莫高窟佛教史迹画内容考释(2)》，《敦煌研究》试刊 1，98—110 页。

—— 1983.《莫高窟佛教史迹画内容考释(3)》，《敦煌研究》2，88—107 页。

—— 1984.《莫高窟的佛教史迹故事画》，《中国石窟·敦煌莫高窟》4，文物出版社，204—213 页。

—— 1986.《敦煌佛教艺术和古代于阗》，《新疆社会科学》1986 年第 1 期，52—59 页。

—— 1988.《莫高窟佛教史迹画内容考释(9)》，《敦煌研究》1988 年第 4 期，26—35 页。

—— 1996.《中国新样文殊与日本文殊三尊五尊像之比较研究》，《敦煌研究》1996 年第 1 期，44—58 页。

——（主编）2000.《敦煌石窟全集》12《佛教东传故事画卷》，上海人民出版社。

孙毓修 1923.《唐写本公牍契约考》,《考古学零简》,上海,65—79 页。
谭蝉雪 1994.《西域鼠国与鼠神摭谈》,《敦煌研究》1994 年第 2 期,120—126 页。
—— 2000.《〈君者者状〉辨析——河西达怛国的一份书状》,《1994 年敦煌学国际研讨会文集·宗教文史卷》下,甘肃民族出版社,100—114 页。
谭吴铁 1992.《于阗故都新探——兼议西域南道的变迁》,《西北史地》1992 年第 3 期,40—47 页。
汤开建、王叔凯 1984.《关于于阗政权与喀剌汗王朝关系的探讨》,《敦煌学辑刊》1984 年第 1 期,110—121 页;收入《西域史论丛》第 3 辑,新疆人民出版社,1990 年,96—117 页。
托马斯(F. W. Thomas)(编)1992.《有关于阗地区的藏文文书》,杨铭译,方玲校,《新疆文物》1992 年第 3 期,115—164 页。
汤用彤 1963.《汉魏两晋南北朝佛教史》,中华书局(初版:商务印书馆,1938 年;重印:北京大学出版社,1997 年);收入《汤用彤全集》第 1 卷,河北人民出版社,2000 年。
—— 1982.《隋唐佛教史稿》(汤用彤论著集第 2 卷),中华书局;收入《汤用彤全集》第 2 卷,河北人民出版社,2000 年。
唐耕耦、陆宏基 1986—1990.《敦煌社会经济文献真迹释录》,5 辑,书目文献出版社、全国图书馆文献缩微复制中心。
唐长孺 1982.《新出吐鲁番文书发掘整理经过及文书简介》,《东方学报》(京都)第 54 册,83—100 页;后改名《新出吐鲁番文书简介》,收入作者《山居存稿》,中华书局,1989 年,310—332 页。
—— 1983.《南北朝期间西域与南朝的陆路交通》,作者《魏晋南北朝史论拾遗》,中华书局,189—193 页。
—— 1985.《吐鲁番文书中所见丝织手工业技术在西域各地的传播》,文化部文物局古文献研究室编《出土文献研究》[1],文物出版社,146—151 页;收入作者《山居存稿》,中华书局,1989 年,388—398 页。
特林克勒(E. Trinkler)2000.《未完成的探险》(探险与发现丛书),赵凤朝译,新疆人民出版社。
藤田丰八 1935.《西域研究》,杨炼译,上海商务印书馆。
藤枝晃 1990.《关于 220 窟改修的若干问题》,《(1987)敦煌石窟研究国际讨论会文集·石窟考古编》,辽宁美术出版社,67—84 页。
田琳 1987.《和田彩色鞍毯的修复》,《新疆文物》1987 年第 1 期,65—66 页。
田卫疆 1983.《简述伯希和氏对于古代和阗地名的研究》,《和田师专教学与研究》第 6 期,36—41 页。
—— 1987.《和田达玛沟三迁传说辨析》,《新疆社会科学研究》1987 年第 23

期，1—6页。

佟柱臣 1981.《从考古材料看汉、唐对西域的管辖》，《社会科学战线》1981年第4期，214—221页。

土登班玛 1994.《关于新疆所出汉-佉二体钱及其他》，《中国边疆史地研究》1994年第1期，22—29页。

托玛斯（F. W. Thomas）1994.《汉佉二体钱》，杨富学译，《新疆文物》1994年第3期，110—117页。

——（编著）2003.《西域古藏文社会历史文献》，刘忠、杨铭译，民族出版社。

王邦维 1991.《略论大乘〈大般涅槃经〉的传译》，《季羡林教授八十华诞纪念论文集》下卷，江西人民出版社，769—787页；又《中华佛学学报》第6期，1993年，103—127页。

王北辰 1983.《古代西域南道上的若干历史地理问题》，《地理研究》1983年第3期，30—43页；收入《王北辰西北历史地理论文集》，307—330页。

—— 1985a.《〈大唐西域记〉中的睹货逻、折摩驮那、纳缚波故国考》，《西北史地》1985年第3期，26—38页；收入《王北辰西北历史地理论文集》，177—199页。

—— 1985b.《新疆地名考五条——和田、于田、若羌、鄯善、罗布泊》，《干旱区地理》1985年第4、5期；收入《王北辰西北历史地理论文集》，408—420页。

—— 2000.《王北辰西北历史地理论文集》，学苑出版社。

王炳华 1985.《古代新疆塞人历史钩沉》，《新疆社会科学》1985年第1期，48—58页；收入作者《丝绸之路考古研究》，新疆人民出版社，1993年，210—230页。

王博 2002.《新疆考古出土手制黑衣陶器初探》，《西域研究》2002年第3期，41—49页。

王国维 1921.《于阗公主供养地藏菩萨画像跋》，《观堂集林》第20卷，叶23a—25a；中华书局1959年影印版（共4册），999—1003页；河北教育出版社2001年排印版，619—622页。

王冀青 1984.《古代和田派美术初探》，《敦煌学辑刊》1984年第2期，91—100页。

—— 1987.《〈英国博物院藏敦煌汉文写本注记目录〉中误收的斯坦因所获和阗文书辨释》，《敦煌学辑刊》1987年第2期，94—108页。

—— 1991.《英国图书馆东方部藏“霍尔宁搜集品”汉文写本的调查与研究》，《兰州大学学报》1991年第1期，143—150页。

—— 1993.《奥莱尔·斯坦因的第四次中央亚细亚考察》，《敦煌学辑刊》1993

年第 1 期，98—110 页。
—— 1994.《中英关于斯坦因第四次中亚考察所获文物的交涉内幕》，《近代史研究》1994 年第 4 期，242—257 页。
—— 1998.《斯坦因第四次中亚考察所获汉文文书》，《敦煌吐鲁番研究》第 3 卷，北京大学出版社，259—290 页。
—— 2004a.《斯坦因第四次中国考古日记考释》(国际敦煌学丛书)，甘肃教育出版社。
—— 2004b.《斯坦因与日本敦煌学》(国际敦煌学丛书)，甘肃教育出版社。
王琳 1987.《旅顺博物馆藏新疆出土钱币》，《中国钱币》1987 年第 2 期，26—29 页。
王明哲 1985.《伊犁河流域塞人文化初探》，《新疆社会科学》1985 年第 1 期，59—64 页。
王嵘 1998a.《誉满中原画坛的尉迟乙僧》，《西域研究》1998 年第 3 期，61—70 页；后改名《成功于中原的于阗画家尉迟乙僧》，收入作者《西域文化的回声》，153—169 页。
—— 1998b.《丹丹乌里克出土木板画释疑》，《新疆艺术》1998 年第 5 期，12—21 页；收入作者《西域文化的回声》，226—244 页。
—— 1999a.《中原文化在西域的传播》，《新疆大学学报》1999 年第 1 期，63—68 页；收入作者《西域文化的回声》，25—41 页。
—— 1999b.《热瓦克佛寺艺术觅踪》，《丝绸之路》1999 年第 2 期，12—16 页；收入作者《西域文化的回声》，259—270 页。
—— 2000.《西域文化的回声》，新疆青少年出版社。
王守春 1987.《塔里木盆地近现代环境变迁》，《地理集刊》第 18 号，99—115 页。
—— 2006.《释道安与〈西域志〉》，《西域研究》2006 年第 4 期，30—33 页。
王小甫 1987.《先秦我国西北的塞种》，《西北史地》1987 年第 1 期，57—64 页。
—— 1991a.《唐初安西四镇的废置》，《历史研究》1991 年第 4 期，117—128 页。
—— 1991b.《论安西四镇焉耆与碎叶的交替》，《北京大学学报》1991 年第 6 期，95—104 页。
—— 1992a.《盛唐与吐蕃在西域的较量（720—755 年）》，《新疆大学学报》1992 年第 4 期，70—77 转 85 页。
—— 1992b.《唐·吐蕃·大食政治关系史》，北京大学出版社。
王欣 1989.《吐蕃驿站制度在西域的实施》，《新疆社会科学》1989 年第 5 期，119—123 页。

—— 2004.《唐末宋初于阗王国的社会经济》,《中国历史地理论丛》2004 年第 1 期,52—56 页。

王新青 2007.《于阗文明与于阗语言》,《西北第二民族学院学报》2007 年第 1 期,23—29 页。

王尧、陈践 1982.《于阗教法史——敦煌古藏文写卷 P. T960 译解》,《西北史地》1982 年第 3 期;收入作者《敦煌吐蕃文献选》,140—159 页。

—— 1983.《敦煌吐蕃文献选》,四川民族出版社。

—— 1986.《吐蕃简牍综录》,文物出版社。

—— 1987.《归义军曹氏与于阗之关系补正——P. T. 1285 号吐蕃文书译释》,《西北史地》1987 年第 2 期,60—62 页;收入作者《敦煌吐蕃文书论文集》,33—41 页。

—— 1988a.《P. T. 1256 于阗遣使名单》,作者《敦煌吐蕃文书论文集》,63—64 页。

—— 1988b.《敦煌吐蕃文书论文集》,四川民族出版社。

王一丹 1993.《波斯、和田与中国的麝香》,《北京大学学报》1993 年第 2 期,78—88 页。

王永生 1993.《汉佉二体钱中的珍品》,《中国钱币》1993 年第 4 期,49 页。

王宇、刘广堂 1992.《旅顺博物馆所藏西域文书》,《西域研究》1992 年第 2 期,107—110 页。

王珍仁、刘广堂 1992.《旅顺博物馆收藏的唐代陶塑猿猴》,《辽海文物学刊》1992 年第 1 期,132—135 转 117 页。

—— 1993.《新疆地区出土唐代陶塑猿猴艺术》/《新疆地区出土唐代の猿の艺术》,《旅顺博物馆藏新疆出土文物研究文集》(龙谷大学西域研究丛书②),龙谷大学佛教文化研究所·西域研究会,12—18/65—74 页。

王珍仁、孙慧珍 1996.《新疆出土的五弦琵琶纹陶片》(文物介绍),《西域研究》1996 年第 2 期,109—110 页。

王志兴 2003.《辉耀历史的传奇巨匠尉迟乙僧》,《新疆艺术学院学报》第 1 卷第 2 期,50—54 页。

王仲荦 1998.《于阗物价考》,作者《金泥玉屑丛考》,中华书局,215—222 页。

威廉斯(J. Williams)1992.《于阗绘画中的佛像》,荣新江摘译,《新疆文物》1992 年译文专刊,169—176 页。

韦陀(R. Whitfield)1990.《瑞像图(摘要)》,《(1987)敦煌石窟研究国际讨论会文集·石窟艺术编》,辽宁美术出版社,328—329 页。

魏长洪(等)1998.《西域佛教史》(西域文化研究文库),新疆美术摄影出版社。

温玉成 1993.《中国石窟与文化艺术》，上海人民美术出版社。

沃罗比耶娃-捷夏托夫斯卡娅（M. I. Vorobyova-Desyatovskaya）2003.《佛教》，马小鹤译，《中亚文明史》第 3 卷，中国对外翻译出版公司，369—383 页。

乌瑞（G. Uray）1985.《吐蕃统治结束以后甘肃和于阗官府中使用藏语的情况》，耿升译，《敦煌译丛》1，甘肃人民出版社，212—220 页。

—— 1986.《KHROM（军镇）：公元七至九世纪吐蕃帝国的行政单位》，荣新江译，《西北史地》1986 年第 4 期，106—113 页。

—— 1989.《有关公元 751 年以前中亚史的古藏文史料概述》，荣新江译，《国外藏学研究译文集》5，39—81 页。

吴州、黄小江 1991.《克里雅河下游喀拉墩遗址调查》，《克里雅河及塔克拉玛干科学探险考察报告》，中国科学技术出版社；收入《新疆文物考古新收获（续）》，496—512 页。

吴焯 1985.《从考古遗存看佛教传入西域的时间》，《敦煌学辑刊》1985 年第 2 期，62—72 页；收入《新疆艺术》编辑部编《丝绸之路造型艺术》，新疆人民出版社，1985 年，290—308 页。

—— 1991.《佛教东传与中国佛教艺术》，浙江人民出版社（重印：台北淑馨出版社（世界文化丛书 22），1994 年）。

—— 1996.《于阗》，余太山主编《西域通史》，中州古籍出版社，225—237 页。

—— 2000.《尉迟乙僧综考》，《中亚学刊》第 5 辑，新疆人民出版社，300—332 页。

武伯纶 1954.《新疆天山南路的文物调查》，《文物参考资料》1954 年第 10 期；收入《新疆考古三十年》，153 页。

武敏 1992.《织绣》（中华古文物鉴藏系列），台北幼狮文化事业公司。

—— 1996.《从出土文物看唐代以前新疆纺织业的发展》，《西域研究》1996 年第 2 期，5—14 页。

奚国金 1988.《历史时期的塔里木盆地南部绿洲分布》，《中国干旱半干旱地区自然资源研究》，科学出版社，132—141 页。

西门华德（W. Simon）1959.《记汉藏对音本》，周达甫译，《现代佛学》1959 年 12 月号，23—29 页。

希契（D. A. Hitch）1992.《贵霜与塔里木》，胡锦洲译，《新疆文物》1992 年译文专刊，124—134 转 117 页。

夏鼐 1962.《“和阗马钱”考》，《文物》1962 年第 7—8 期；收入《新疆考古三十年》，466—470 页；收入《夏鼐文集》（考古学专刊甲种第二十六号）下，社会科学文献出版社，2000 年，12—17 页。

向达 1931.《斯坦因第三次中亚考古略记》，《大公报文学副刊》第 159 至 162

期；收入向达译《斯坦因西域考古记》，上海中华书局，1936 年，239—253 页［附录一］。

—— 1933.《唐代长安与西域文明》（燕京学报专号之二）；收入作者《唐代长安与西域文明》，1—116 页。

—— 1950.《西征小记》，《国学季刊》第 7 卷第 1 期，1—24 页；后改名《西征小记——瓜沙谈往之一》，收入作者《唐代长安与西域文明》，337—372 页。

—— 1957.《唐代长安与西域文明》，三联书店，1957 年（重印：1979 年；河北教育出版社，2000 年）。

肖小勇 1997.《探索沙漠遗址丹丹乌里克》，《新疆文物》1997 年第 4 期，13—19 页，图版三、四。

—— 1998.《寻访丹丹乌里克》，《丝绸之路》1998 年第 2 期，20—21 页。

肖小勇、郑渤秋 2000.《新疆洛浦县山普拉古墓地的新发掘》，《西域研究》2000 年第 1 期，42—46 页。

谢弗（Ed. H. Schafer）1995.《唐代的外来文明》，吴玉贵译，中国社会科学出版社（重印：陕西师范大学出版社，2005 年）。

新疆《和田简史》编纂委员会 2002.《和田简史》，中州古籍出版社。

新疆社会科学院考古研究所（编）1983.《新疆文物考古三十年》，新疆人民出版社。

新疆维吾尔自治区博物馆 1988.《试探山普拉古墓反映的几个问题》（王博、黄小江、张铁男、郭建国执笔），《新疆社会科学研究》1988 年第 10 期；收入《新疆文物考古新收获》，470—478 页。

—— 1989.《洛浦县山普拉古墓发掘报告》，《新疆文物》1989 年第 2 期，1—48 页+图版一、二；收入《新疆文物考古新收获》，421—469 页。

新疆维吾尔自治区博物馆、新疆文物考古研究所（编）2001.《中国新疆山普拉——古代于阗文明的揭示与研究》，新疆人民出版社。

新疆维吾尔自治区文物事业管理局等 1999.《中国新疆文物古迹大观》，新疆美术摄影出版社。

新疆文物考古研究所（编）1995.《新疆文物考古新收获（1979—1989）》，新疆人民出版社。

—— 2000.《洛浦县山普拉 II 号墓地发掘简报》，《新疆文物》2000 年第 1—2 期，11—35 页。

—— 2004.《和田地区文物普查资料》，《新疆文物》2004 年第 4 期，15—39 页。

—— 2005.《2002 年丹丹乌里克遗址佛寺清理简报》，《新疆文物》2005 年第 3 期，8—19 页。

新疆文物考古研究所、法国科学研究中心 315 所 = 中法联合克里雅河考古队 1998.《新疆克里雅河流域考古考察概述》,《考古》1998 年第 12 期,28—37 页,图版四、六。

新疆文物考古研究所、新疆维吾尔自治区博物馆(编)1997.《新疆文物考古新收获(续)1990—1996》,新疆美术摄影出版社。

熊黑钢、韩春鲜 2006.《历史时期塔里木盆地南缘交通线路变迁与环境的关系》,《人文地理》2006 年 6 期,40—44 页。

徐文堪 1991.《从一件婆罗谜字帛书谈我国古代的印欧语和印欧人》,《季羡林教授八十华诞纪念论文集》上卷,江西人民出版社,373—403 页;收入作者《吐火罗人起源研究》,2—48 页。

—— 1996. 书评:R. E. Emmerick & E. G. Pulleyblank, *A Chinese Text in Central Asian Brāhmī Script*,《敦煌吐鲁番研究》第 1 卷,北京大学出版社,410—414 页;收入作者《吐火罗人起源研究》,306—312 页。

—— 1998.《马洛夫所获写本收藏和研究情况简介》,马大正、杨镰主编《西域考察与研究续篇》,新疆人民出版社,140—147 页;收入作者《吐火罗人起源研究》,357—365 页。

—— 2005.《吐火罗人起源研究》(东方文化集成),昆仑出版社。

许理和(E. Zürcher)1998a.《佛教征服中国》(海外中国研究丛书),李四龙、裴勇等译,江苏人民出版社。(重印:2003 年)

—— 1998b.《汉代佛教与西域》,吴虚领译,《国际汉学》2,大象出版社,291—310 页[注释从略]。

薛德林 2007.《和田达玛沟发现的"乾元重宝"》,《新疆钱币》2007 年第 2 期,57—61 转 20 页。

薛宗正 1995.《安西与北庭——唐代西陲边政研究》(边疆史地丛书),黑龙江教育出版社(修订版:1998 年)。

—— 1996.《大唐毗沙郡将军叶和之墓考释》,《新疆文物》1996 年第 3 期,1—2 页。

—— 1997.《关于安西、北庭研究中的几个问题》,《西域研究》1997 年第 1 期,21—26 页。

—— 2004.《于阗的名称与佛法初传》,《新疆文物》2004 年第 4 期,43—54 页。

—— 2005.《古代于阗与佛法初传》,《西北民族研究》2005 第 2 期,17—31 页。

阎万钧 1998.《于阗与龟兹佛教之兴衰》,《北京图书馆馆刊》1998 年第 3 期,86—93 页。

阎文儒 1962.《就斯坦因在我国新疆丹丹乌里克、磨朗遗址发现几块壁画问题的新评述》，《现代佛学》1962 年第 5 期，23—32 页；收入《新疆考古三十年》，613—621 页。

杨富学 1994a.《德藏西域梵文写本：整理与研究回顾》，《敦煌研究》1994 年第 2 期，127—138 页；收入作者《西域敦煌宗教论稿》，150—170 页。

—— 1994b.《论所谓的“喀什本梵文〈法华经〉写卷”》，《中华佛学学报》第 7 卷，74—93 页；收入作者《西域敦煌宗教论稿》，277—304 页。

—— 1998a.《〈法华经〉胡汉诸本的传译》，《敦煌吐鲁番研究》第 3 卷，北京大学出版社，23—43 页。

—— 1998b.《西域敦煌宗教论稿》（敦煌学文库），甘肃文化出版社。

—— 1998c.《从出土文书看〈法华经〉在西域、敦煌的传译》，作者《西域敦煌宗教论稿》，171—196 页。

杨镰 1994.《法国杜特雷依探险队遭际考实》，马大正、王嵘、杨镰主编《西域考察与研究》，新疆人民出版社，59—79 页。

—— 1995.《荒漠独行——西域探险考察热点寻迹》，中共中央党校出版社。

杨铭 1986.《吐蕃统治下的于阗》，《西北师院学报》特刊《敦煌学研究》，39—45 页；收入作者《吐蕃统治敦煌研究》，87—100 页。

—— 1989.《吐蕃简牍中所见的西域地名》，《新疆社会科学》1989 年第 1 期，87—94 页；收入作者《吐蕃统治敦煌研究》，209—222 页。

—— 1993.《和田出土有关于阗王的藏文写卷研究》，《西域研究》1993 年第 4 期，66—72 页；收入作者《吐蕃统治敦煌研究》，195—207 页。

—— 1997.《吐蕃统治敦煌研究》（香港敦煌吐鲁番研究中心丛刊 7），台北新文丰出版公司。

—— 2002.《英藏新疆麻札塔格、米兰出土藏文写本选介（一）——托马斯〈有关西域的藏文文献和文书〉部分》，《敦煌学辑刊》2002 年第 1 期，22—37 页。

—— 2003—2005.《英藏新疆麻札塔格、米兰出土藏文写本选介（二）~（三）——武内绍人〈英国图书馆藏斯坦因收集品中的新疆出土古藏文写本〉部分》，《敦煌学辑刊》2003 年第 1 期，18—28 页；2005 年第 3 期，44—52 页。

—— 2005.《唐代吐蕃与西域诸族关系研究》（边疆史地丛书），黑龙江教育出版社。

—— 2006.《新刊西域古藏文写本所见的吐蕃官吏研究》，《中国藏学》2006 年第 3 期，40—44 页。

杨铭、何宁生 1995.《曹（Tshar）——吐蕃统治敦煌及西域的一级基层兵制》，《西域研究》1995 年第 4 期，49—54 页；收入杨铭《吐蕃统治敦煌研究》，283—293 页。

杨森 2003.《五代宋时期于阗皇太子在敦煌的太子庄》,《敦煌研究》2003 年第 4 期,40—44 页。

羊毅勇 1992.《佛教在新疆南部传播路线之管见》,《西北史地》1992 年第 3 期,57—63 转 70 页。

伊弟利斯·阿不都热苏勒、张玉忠 1997.《1993 年以来新疆克里雅河流域考古述略》,《西域研究》1997 年第 3 期,39—42 页。

殷红梅 1998.《从出土文书看唐代西域的赋役》,《西域研究》1998 年第 3 期,46—55 页。

殷晴 1980.《丝绸之路和古代于阗》,《新疆史学》1980 年第 1 期,53—65 页;收入《西域史论丛》第 3 辑,新疆人民出版社,1990 年,73—95 页。

—— 1981.《和田玉古今谈》,《新疆社会科学》1981 年第 1 期,83—87 页。

—— 1982.《关于大宝于阗国的若干问题》,《新疆历史论文续集》,新疆人民出版社,241—258 页。

—— 1983a.《于阗尉迟王家世系考述》,《新疆社会科学》1983 年第 2 期,123—146 页。

—— 1983b.《古代于阗的西城和东城——于阗古都及绿洲变迁之探索》,《新疆社会科学》1983 年第 6 期,1—14 页。

—— 1983c.《于阗古都及绿洲变迁之探讨》,《和田师专教学与研究》第 6 期,23—35 页。

—— 1984.《和田绿洲区域的历史变迁与生态经济初探》,《新疆社会科学研究》1984 年第 2 期,1—24 页。

—— 1985a.《湮埋在沙漠中的绿洲古国——扜弥故地考索》,《新疆社会科学》1985 年第 1 期,65—79 页。

—— 1985b.《塔里木盆地南缘的人类活动与环境演变——从历史窗口探讨新疆和田地区沙漠化问题》,《新疆社会科学研究》第 17 期,1—28 页。

—— 1986a.《一件新发现的于阗语文书——兼从有关文书探察古代塔里木南端的社会经济情况》,《新疆社会科学研究》1986 年第 12 期,1—8 页。

—— 1986b.《大宝于阗王李圣天简介》,《新疆历史研究》1986 年第 1 期,12—13 转 34 页。

—— 1986c.《从历史窗口看和田地区绿洲的开发建设》,《民族研究》1986 年第 1 期,41—48 页;后改名《从历史窗口看和田地区的开发建设》,收入陈华主编《和田绿洲研究》,102—114 页。

——(衡之)1986d.《面向实际的新探索——介绍〈和田地区绿洲的历史变迁及生态经济研究〉》,《新疆社会科学》1986 年第 1 期,124 转 102 页。

—— 1986e.《历史上新疆和田地区的人类活动与土地沙漠化的演变》,《新疆师范大学学报》1986 年第 1 期,21—33 页。(摘自 1985b)

—— 1987a.《和田地区的环境演变与生态经济研究》,《新疆社会科学》1987 年第 3 期，49—55 页；收入陈华主编《和田绿洲研究》，11—21 页。

—— 1987b.《唐代塔里木盆地南缘的社会经济生活——试析和田出土的一册帐簿残页》,《新疆文物》1987 年第 3 期，60—73 页。

—— 1987c.《和田水系变动和绿洲兴衰的历史考察——兼述穿越塔克拉玛干沙漠的两条南北通道》,《新疆社会科学》1987 年第 5 期，79—91 页；收入陈华主编《和田绿洲研究》，195—216 页。

—— 1987d.《一件新发现的于阗语文书——兼析古代塔里木南端的社会经济情况》,《民族研究》1987 年第 6 期，94—101 页。(=1986a)

—— 1988a.《和田地区土地沙漠化的历史演变及综合治理》，陈华主编《和田绿洲研究》，115—161 页。(=1985b)

—— 1988b.《埋没沙漠中的扜弥古国》，陈华主编《和田绿洲研究》，217—243 页。(=1985a)

—— 1989a.《古代新疆商业的发展及商人的活动》,《西北民族研究》1989 年第 2 期，138—153 页。

—— 1989b.《唐代于阗的社会经济研究——出土文书析释》,《新疆社会科学》1989 年第 6 期，67—80 页。

—— 1990a.《于阗都城研究——于阗绿洲变迁之探索》,《西域史论丛》第 3 辑，新疆人民出版社，133—155 页。(=1983b)

—— 1990b.《古代新疆的南北交通及经济文化交流》,《新疆文物》1990 年第 4 期，111—128 页。

—— 1991.《新疆古代度量衡的发展——中原与西域经济文化交流的一个侧面》,《新疆文物》1991 年第 4 期，87—98 页。

—— 1992.《古代于阗的南北交通》,《历史研究》1992 年第 3 期，85—99 页。

—— 1993a.《新疆古代畜牧业的发展》,《西域研究》1993 年第 4 期，77—95 页。

—— 1993b.《古代于阗和吐蕃关系中的几个问题》,《新疆文物》1993 年第 4 期，96—105 页。

—— 1994a.《古代于阗和吐蕃的交通及其友邻关系》,《民族研究》1994 年第 5 期，65—72 转 9 页。(= 1993b)

—— 1994b.《和田采玉与古代经济文化交流》,《新疆文物》1994 年第 3 期，77—84 页。

—— 1994c.《斯坦因和他的〈和阗沙漠废墟记〉》,《西域研究》1994 年第 4 期，118—122 页；收入斯坦因着《沙埋和阗废墟记》，殷晴、剧世华、张南、殷小娟译，新疆美术摄影出版社，1994 年。

—— 1995a.《充分利用出土文书资料把西域史的研究推向新水平——以〈于阗

史丛考〉为例》,《新疆文物》1995 年第 2 期,66—69 页。

—— 1995b.《把西域史的研究推向新水平——读〈于阗史丛考〉》,《北京大学学报》1995 年第 5 期,121—123 页。

—— 1996a.《丝路探微四题》,《西域研究》1996 年第 1 期,60—71 页。

—— 1996b.《蚕桑西传研究》,《新疆文物》1996 年第 3 期,57—65 页。

—— 1997.《3—8 世纪新疆寺院经济的兴衰》,《西域研究》1997 年第 2 期,29—38 页。

—— 1998.《中国古代养蚕技术的西传及其相关问题》,《民族研究》1998 年第 3 期,56—65 页。

—— 2000.《从出土文书看唐末宋初于阗的社会经济——兼及南道复兴后的玉石贸易》,《新疆文物》2000 年第 1—2 期,57—69 页。

—— 2006.《唐宋之际西域南道的复兴——于阗玉石贸易的热潮》,《西域研究》2006 年第 1 期,38—50 页。

印顺 1979.《论大乘国之子合》,张曼涛主编《西域佛教研究》,81—87 页。

余太山 1985.《柔然与西域的关系述考》,《新疆社会科学》1985 年第 4 期,67—77 转 80—81 页;收入作者《嚈哒史研究》,193—216 页。

—— 1986.《嚈哒史研究》,齐鲁书社。

—— 1992.《塞种史研究》,中国社会科学出版社。

—— 1995.《两汉魏晋南北朝与西域关系史研究》,中国社会科学出版社。

—— 2000b.《楼兰、鄯善、精绝等的名义——兼说玄奘自于阗东归路线》,《西域研究》2000 年第 2 期,32—37 页;收入作者《两汉魏晋南北朝正史西域传研究》,477—485 页。

—— 2003.《两汉魏晋南北朝正史西域传研究》,中华书局。

—— 2005.《两汉魏晋南北朝正史西域传要注》,中华书局。

于颍 2007.《洛浦山普拉出土毛织物》,赵丰、伊弟利斯·阿不都热苏勒主编《大漠联珠——环塔克拉玛干丝绸之路服饰文化考察报告》,东海大学出版社,76—89 页。

羽田亨 1932.《西域文明史概论》,钱稻孙译。

—— 1934.《西域文明史概论》,郑元芳译,上海商务印书馆。

—— 2005.《西域文明史概论(外一种)》,耿世民译,中华书局。

羽溪了谛 1933.《西域之佛教》,贺昌群译,上海商务印书馆(重印:北京商务印书馆,1956/1999 年)。

—— 1928.《西域佛教之研究》,许敦谷译,《燕京学报》第 4 期,653—701 页;收入张曼涛主编《西域佛教研究》,17—71 页。

原田淑人 1958.《西域绘画所见服装的研究》,常任侠译,《美术研究》1958 年第 1 期,100—112 页。

月氏 1987.《汉佉二体钱（和田马钱）研究概况》,《中国钱币》1987 年第 2 期，41—47 页。

张光福 1979.《尉迟乙僧的绘画艺术》,《中央民族学院学报》1979 年第 1—2 期，110—112 页。

—— 1980.《尉迟乙僧画迹考》，中央民族学院科研处编《中央民族学院学术论文选集》第 2 册（历史学），217—242 页。(摘自 1982a 与 1983a)

—— 1981a.《尉迟跋质那与大云寺壁画和〈外国宝树图〉》,《中央民族学院学报》1981 年第 1 期，87—88 页。

—— 1981b.《尉迟跋质那与尉迟乙僧（节选）》,《新疆艺术》1981 年第 3 期，12—20 页；收入《新疆艺术》编辑部编《丝绸之路造型艺术》，新疆人民出版社，1985 年，177—192 页。(摘自 1982a 与 1983a)

—— 1982a.《尉迟跋质那、尉迟乙僧史料钩稽》,《中国画研究》第 2 期，人民美术出版社，90—113 页。

—— 1982b.《关于尉迟乙僧的〈天王图〉》,《考古与文物》1982 年第 5 期，105—112 页。

—— 1983a.《尉迟跋质那与尉迟乙僧》(中国画家丛书)，上海人民美术出版社。

—— 1983b.《尉迟乙僧的绘画及其成就》,《新疆艺术》1983 年第 2 期，9—13 页；收入《新疆艺术》编辑部编《丝绸之路造型艺术》，新疆人民出版社，1985 年，193—201 页。

张广达 1985.《论隋唐时期中原与西域文化的几个问题》,《北京大学学报》1985 年第 4 期，1—13 页；收入作者《西域史地丛稿初编》，281—310 页。

—— 1988.《唐灭高昌国后的西州形势》,《东洋文化》68，69—107 页；收入作者《西域史地丛稿初编》，113—173 页。

—— 1995.《西域史地丛稿初编》，上海古籍出版社。

张广达、荣新江 1982.《关于唐末宋初于阗国的国号、年号及其王家世系问题》,《敦煌吐鲁番文献研究论集》，中华书局，179—209 页；收入作者《于阗史丛考》，32—58 页。

—— 1983a.《和田、敦煌发现的中古于阗史料概述》,《新疆社会科学》1983 年第 4 期，78—88 页；收入作者《于阗史丛考》，1—31 页。

—— 1983b.《敦煌“瑞像记”、瑞像图及其反映的于阗》,《敦煌吐鲁番文献研究论集》第 3 辑，69—147 页，图 20—34；收入作者《于阗史丛考》，212—279 页。

—— 1986.《于阗佛寺志》,《世界宗教研究》1986 年第 3 期，140—149 页；收入《于阗史丛考》，280—297 页。

—— 1987a.《巴黎国立图书馆所藏敦煌于阗语写卷目录初稿》,《敦煌吐鲁番文献研究论集》第 4 辑，90—127 页；收入作者《于阗史丛考》，155—190 页。
—— 1987b.《敦煌文书 P.3510（于阗文）〈从德太子发愿文〉（拟）及其年代——〈关于于阗国的国号、年号及其王家世系问题〉一文的补充》，《1983 年全国敦煌学术讨论会文集·文史遗书编》上，甘肃人民出版社，163—175 页；收入作者《于阗史丛考》，59—70 页。
—— 1988a.《关于和田出土于阗文献的年代及其相关问题》，《东洋学报》第 69 卷第 1/2 号，59—86 页；收入作者《于阗史丛考》，71—97 页。
—— 1988b.《〈唐大历三年三月典成铣牒〉跋》，《新疆社会科学》1988 年第 1 期，60—69 页；收入作者《于阗史丛考》，140—154 页。
—— 1989a.《上古于阗的塞种居民》，《西北民族研究》1989 年第 1 期，172—183 页；收入作者《于阗史丛考》，191—211 页。
—— 1989b.《关于敦煌出土于阗文献的年代及其相关问题》，北京大学中国中古史研究中心编《纪念陈寅恪先生诞辰百年学术论文集》，北京大学出版社，284—306 页；收入作者《于阗史丛考》，98—139 页。
—— 1993.《于阗史丛考》，上海书店出版社。
—— 1997.《八世纪下半至九世纪初的于阗》，《唐研究》第 3 卷，339—361 页。
—— 1999.《十世纪于阗国的天寿年号及其相关问题》，《欧亚学刊》第 1 辑，中华书局，181—192 页。
—— 2002.《圣彼得堡藏和田出土汉文文书考释》，《敦煌吐鲁番研究》第 6 卷，北京大学出版社，221—241 页。
张良渡 1989.《尉迟乙僧的西域画风与凹凸法之东渐》，《新疆艺术》1989 年第 2 期，47—50 页。
张曼涛（主编）1979.《西域佛教研究》（现代佛教学术丛刊 80），台北大乘文化出版社。
张小刚 2005.《敦煌瑞像图中的于阗护国神王》，《敦煌研究》2005 年第 1 期，50—55 页。
张亚莎 1999.《吐蕃与于阗关系考》，《西藏研究》1999 年第 1 期，29—37 页。
张毅 1994.《往五天竺国传笺注》，中华书局（重印：2000 年）。
张玉忠、屈涛、刘国瑞 2005.《丹丹乌里克新发现的佛寺壁画》，《日中共同ダンダンウイリク遗迹学术研究の成果をめぐって》，佛教大学，2005 年 8 月 20 日，79—85 页。
张云 1990.《吐蕃与西域诸族的关系》，《新疆社会科学》1990 年第 5 期，101—109 页。
—— 1992.《唐代吐蕃统治西域的各项制度》，《新疆大学学报》1992 年第 4

期，78—85 页。
章巽 1985.《法显传校释》，上海古籍出版社。
赵丰、王乐、万芳、李甍 2007.《和田布扎克彩棺墓出土的织物与服饰》，赵丰、伊弟利斯·阿不都热苏勒主编《大漠联珠——环塔克拉玛干丝绸之路服饰文化考察报告》，东海大学出版社，90—99 页。
郑渤秋 2006.《试析山普拉出土缀织毛绦图案》，《新疆文物》2006 年第 1 期，80—83 页+封三。
中法联合克里雅河考古队 1997.《新疆克里雅河流域考古考察概述》，《新疆文物》1997 年第 4 期，1—12 页，图版一、二。
中国科学院塔克拉玛干沙漠综考队考古组 1990a.《于田县玛坚勒克遗址调查简报》（何德修、张铁男执笔），《新疆文物》1990 年第 3 期，8—13 页；张铁男重新整理的《新疆于田县玛坚勒克遗址调查》，《考古与文物》1991 年第 3 期，1—4 转 31 页；收入《新疆文物考古新收获（续）》，490—495 页。
—— 1990b.《墨玉县扎瓦遗址》（刘文锁执笔），《新疆文物》1990 年第 4 期，47—53 转 54 页；收入《新疆文物考古新收获（续）》，535—542 页。
—— 1990c.《安迪尔遗址考察》（肖小勇执笔），《新疆文物》1990 年第 4 期；收入《新疆文物考古新收获（续）》，518—534 页。
中国社会科学院考古研究所新疆队 2006.《于田县流水墓地考古发掘简报》（巫新华等执笔），《新疆文物》2006 年第 2 期，38—43 页+封三；后改名《新疆于田县流水青铜时代墓地》，《考古》2006 年第 7 期，31—38 页。
—— 2007.《新疆和田地区策勒县达玛沟佛寺遗址发掘报告》，《考古学报》2007 年第 4 期，489—525 页+图版叁~拾陆。
中国新疆维吾尔自治区档案馆、日本佛教大学尼雅遗址学术研究机构 2001.《近代外国探险家新疆考古档案史料》，新疆美术摄影出版社。
—— 2006.《中瑞西北科学考察档案史料》，新疆美术摄影出版社。
中日共同尼雅遗迹学术考察队 1996.《中日共同尼雅遗迹学术调查报告书》第 1 卷，法藏馆。
—— 1999.《中日共同尼雅遗迹学术调查报告书》第 2 卷（共 3 册），法藏馆。
仲高 2001a.《隋唐时期的于阗文化》，《西域研究》2001 年第 1 期，81—88 页。
—— 2001b.《两汉魏晋南北朝时期的于阗文化》，《新疆师范大学学报》2001 年第 2 期，37—40 页。
—— 2002.《转型期的于阗文化》，《西域研究》2002 年第 1 期，66—71 页。
钟兴麒 1988.《〈钢和泰藏卷〉中的一首抒情诗》，《新疆师范大学学报》1988 年第 3 期，74—76 页。
周菁葆 1988.《西域音乐艺术家及其贡献》，《新疆社会科学》1988 年第 1 期，

112—120 页；收入作者《丝绸之路艺术研究》（丝绸之路研究丛书 4），新疆人民出版社，1994 年，350—363 页。

—— 2005.《西域音乐艺术家及其对中国音乐史的贡献》,《新疆艺术学院学报》第 3 卷第 3 期，7—11 转 48 页。(略同于 1988)

周连宽 1984.《大唐西域记史地研究丛稿》，中华书局。

周祖谟 1958.《洛阳伽蓝记校释》，科学出版社（重印：香港中华书局，1976 年；北京中华书局，1987 年；上海书店出版社，2000 年)。

朱云宝 1992.《丝绸之路上的佛塔》,《西域研究》1992 年第 2 期，63—68 页。

庄申 1960.《隋唐时代的于阗祖籍之父子画家》,《历史语言研究所集刊》外编第 4 种上册，403—454 页+4 图；收入作者《中国画史研究续集》，台北正中书局，1972 年，226—307 页。

足立喜六 1937.《考证法显传》，何健民、张小柳译，国立编译馆。

[无记名]（P. O. Skjærvø）1985. 书评：贝利编著《和田佛教文书》（修订版)，李玉昌译,《新疆社会科学情报》1985 年第 1 期，9—10 页。

Konow, Sten 1930.《所谓东伊兰语即于阗语考》，方壮猷译,《女师大学术季刊》第 1 卷第 4 号，1—21 页。

五、其他

国立中央博物馆（국립중앙박물관）（编著）1986.《中央아시아美术・国立中央博物馆所藏（중앙아시아미술: 국립중앙박물관소장）》，汉城（서울）三和出版社。

—— 2003.《国立中央博物馆所藏（국립중앙박물관소장）西域美术》（*Arts of Central Asia. Special Exhibition*)，汉城（서울)。

索　引

人名

地名、寺院名

文书、典籍

文书编号

敦煌石窟编号

初版后记

位于今新疆塔里木盆地西南沿的和田，古称于阗，在 11 世纪突厥化以前，居民操一种中古伊朗语，即于阗语。作为丝绸之路上的一个绿洲王国，她曾在东西文化交往中扮演了至关重要的角色。过去，由于解读研究于阗文献的伊朗语专家大多不谙汉文，而熟悉汉文材料的中亚史学者又难以接触中古伊朗语文献，因此，于阗的历史在中亚史家笔下往往轻描淡写，几笔带过。然而，我们认为，对于像于阗这样的中亚王国做细致的个案考察，是推动中亚研究的进步、深入阐释西域历史文化所必不可少的环节。

1980 年，我们开始以敦煌汉文文书为基础，参照欧美学者数十年来研究于阗文献的成果，探讨于阗历史。1982 年发表了第一篇研究报告——《关于唐末宋初于阗国的国号年号及其王家世系问题》，虽然现在看来有些结论不免粗疏，但却受到海内外中亚史、敦煌学和伊朗学研究者的重视，并被译成法文，发表在 1984 年巴黎出版的《敦煌研究论文集》（*Contributions aux études de Touen-houang*）第 3 集上。感谢法国突厥学家 J. Hamilton 教授和日本伊朗语学者熊本裕博士，他们针对我们的论述的商榷文章，推动了我们进一步的研究。此后，我们有机会先后游学欧洲和日本，较为系统全面地收集了国外学者有关的研究成果，并与一些学者如 H. W. Bailey、R. E. Emmerick、J. Hamilton、熊本裕等先生，就有关问题交换了看法。与此同时，我们还系统地收集了汉、藏及其他文献中的于阗史料，将研究视野扩大到伊斯兰时代以前的整个于阗历史和文化。1988—1989 年发表的《关于和田出土于阗文献的年代及其相关问题》和《关于敦煌出土于阗文献的年代及其相关问题》，是我们系统探讨于阗语文献年代的姊妹篇，同时也是整理唐宋时代于阗史料的基础性工作。与此相关联的文章还有《和阗、敦煌发现的中古于阗史料概述》《敦煌文书 P.3510（于阗文）〈从德太子发愿文〉及其年代》《巴黎国立图书馆所藏敦煌于阗语写卷目录初稿》《〈唐大历三年三月典成铣牒〉跋》诸文。此外，收入本集的《敦煌“瑞像记”、瑞像图及其反映的于阗》，是对有关于阗瑞像的文字和图像材料的全面整理，并借以探讨晚期于阗佛教思想；《于阗佛寺志》一文，是从佛寺的角度来看于阗的佛教史；而《上古于阗的塞种居民》，则是用文献史料，印证考古研究的结果。

与丰富的于阗历史文化内涵相比，我们的工作是初步的，今后尚有许多课题有待我们去努力研究。近日欣闻，圣彼得堡藏有 242 件于阗语世俗文书，这接近了今天已知的于阗语文书 300 件的数量。在这 242 件文书中，118 件较大，124 件为小片，118 件中 20 件完整，98 件为碎片。这批文书尚待拼接。尤其值得注意的是，这批文书出于人们已知的杰谢镇（Gayseta），村正也是斯略（Sīḍaka）。闻 Emmerick 教授已有该批文书的复印件，其中不少件上有汉文，我们对杰谢镇、村正斯略留下的文献所做的研究，因而需做大大的补充。

我们借此机会，感谢以下学者对我们这项研究给予的鼓励和帮助，他们是北京大学季羡林教授、邓广铭教授、周一良教授、香港中文大学饶宗颐教授、英国剑桥大学 Harold Walter Bailey 教授、德国汉堡大学 Annemarie von Gabain 教授、Ronald E. Emmerick 教授、日本京都大学藤枝晃教授、东京大学池田温教授、熊本裕博士、荷兰莱顿大学 Eric Zürcher 教授、法国法兰西学院 Jacques Gernet 教授、高等实验研究院 Michel Soymié 教授、James Hamilton 教授、Jean-Pierre Drège 教授、法国科研中心吴其昱先生、法国国立图书馆 Monique Cohen 夫人、Hélèn Vetch 女士、英国图书馆 Frances Wood 博士、Beth Mickillop 博士、新疆社会科学院殷晴先生、上海汉语大词典出版社徐文堪先生、美国哈佛大学 Prods Oktor Skjaervø 博士以及已故的美国宾夕法尼亚大学 Mark J. Dresden 教授、匈牙利科学院 Geza Uray 教授等。我们还要衷心感谢上海书店出版社的同志们，他们不计名利，为学术专著的出版做了大量的工作。

作　者

1992 年 7 月 10 日

图书在版编目(CIP)数据

于阗史丛考：增订新版/张广达,荣新江著. —
上海：上海书店出版社,2021.9
(经典力量)
ISBN 978-7-5458-2089-8

Ⅰ.①于… Ⅱ.①张… ②荣… Ⅲ.①于阗一地方史
一文集 Ⅳ.①K294.52-53

中国版本图书馆 CIP 数据核字(2021)第 185792 号

责任编辑 俞芝悦
封面设计 郦书径

经典力量丛书
于阗史丛考：增订新版
张广达 荣新江 著

出 版 上海书店出版社
(200001 上海福建中路 193 号)
发 行 上海人民出版社发行中心
印 刷 江阴市机关印刷服务有限公司
开 本 640×965 1/16
印 张 30.5
字 数 400,000
版 次 2021 年 9 月第 1 版
印 次 2021 年 9 月第 1 次印刷
ISBN 978-7-5458-2089-8/K·412
定 价 138.00 元